仏教教団史論

袴谷憲昭

大蔵出版

まえがき

平川彰博士がお亡くなりになられた。本年三月三十一日のことである。私はそのことを四月一日早朝に新聞で知った。その後で、その日のうちに、二つの方面から電話連絡も頂いたが、本書の書き下ろし部分である第一部を既に出版社へ渡し了えていた私は、この日で既刊の拙稿よりなる第二部の点検を畢える予定であったのである。本書は、ある意味でいえば、平川博士の「大乗仏教在家教団起源説」に対する批判の書でもあるが、その全面否定なのでは決してない。既刊の拙稿において批判を展開し始めて以来、不幸にして誤解がなかったわけでもないので、私には本書全体を公けにすることでその誤解を溶いて平川博士の御業績を顕彰してみたいとの思いも強かったのである。しかし、それももはや叶わぬ夢となった。ただし、本書を読んで頂ける読者には、私の「大乗仏教出家教団起源説」が、例えば、ショペン教授の「大乗仏教周辺地域起源説」などよりは、遙かに平川説に近いものであるということを理解して頂けるのではないかと思う。というのも、大乗仏教のみならず、いかなる仏教も、基本的には、周辺地域などでは決してない、正にその中枢ともいうべき伝統的仏教教団においてのみ展開しえたというのが、本書における私の一貫した主張だからである。

本書に、従来にない独創的な点があるとすれば、それは、大乗仏教を含む、その前後の仏教史の展開がいかにして伝統的仏教教団のみを舞台として可能であったかを具体的に推測すると共に、その展開の中で、「思想」と「習慣」との対立と妥協とがいかなるものであったかを理想態としての「全教団（cāturdiśa- saṃgha-、四方僧伽）」を断えず想定しつつ「思想」の側から教団史を論究しようと努めてきたことにあるであろう。

第一部は、この方面での私自身の従来の成果を踏まえながら、現時点での私の考えを明確にすべく、仏教教団史を仏教思想史の側から論述したものである。第一章では、考古学的知見を導入しつつ教団史的問題を設定し、第二章では、教団分裂の問題を「思想」と「習慣」との対立と妥協という観点から論じてみた。第三章では、仏教がインド的「習慣」を取り込む形で確立した「作善主義」なるものの基本的構造が考察されている。第四章は、その「作善主義」が伝統的仏教教団内で「悪業払拭の儀式」として確立されたものこそ大乗仏教にほかならないということを論証したものである。第五章においては、その伝統的仏教教団の実態が葬式と布薩の採用という面から明らかにされた上で、かかる延長線上での「全教団」の想定下で、仏教の「思想」の展開が今後のあるべき姿も含めて論じられている。

第二部は、第一部が現時点での書き下ろしであるのとは全く異り、カギカッコの補いや各章末の「研究小補」を除けば、原則として旧稿そのままの再録である。しかし、第二部冒頭にも断ったように、旧稿の題名「悪業払拭の儀式関連経典雑考」は「悪業払拭の儀式と作善主義の考察」に変更されている。しかも、第二部は、当初より緻密なプランを立てて着手されたものではないので、その執筆過程では、実に多くの方々の御教示やお世話に預ることになった。遺憾ながら、ここにその全ての方々のお名を記すことは不可能であるが、特に、第十章、註3で触れた方々、とりわけ、その時のみならずその前後にわたって御教示以外にも数々の詳細な資料提供をして下さった遠藤康氏と、dakṣiṇā（噠嚫）に関してその後の私の考察を決定するような重大なヒントを与えて下さった松原光法博士とには、この場を借りて、衷心より感謝の誠を捧げたい。第二部は、かかる次第もあって紆余曲折しているが、全十三章の内容は、却ってよく各章題に示されていると思うので、ここに各章の要約をなすことは省略させて頂く。

本書全体がこのような形で公けになるについては、第二部の批判的執筆の切っ掛けを身をもって示して下さった上その第二部を含む『仏教教団史論』をできるだけ早く世に問うべきであると熱心に勧めて下された山口瑞鳳先生と、『高僧伝』のアーサー＝リンク教授の英訳遺稿との縁から『高僧伝』の注釈的研究に着手された当時にはその御研究の意義にほとんど関心を示すことのできなかった不肖の弟子に最終講義によって『高僧伝』の教団史的重要さをまざまざと実感させて下された平井俊榮先生とには、以前にも増して有形無形のお世話になっているが、その学恩に本書によってまた少しでも報いることができればと願いつつ、ここに深謝の意を表させて頂く次第である。

本書の実際の刊行に当っては、これまでと同様に、大蔵出版の井上敏光氏にまたまた筆舌に尽し難いお世話になった。そのことについては、経緯を含めて「あとがき」に記させて頂きたいと思っているが、まずはこの冒頭で満腔の感謝の意を表しておきたい。いつもと書けば新鮮味も薄らいでしまうかもしれないが、本書の刊行がかくも迅速に実現したのは、やはり井上氏なしには考えられないことなのである。

本書の執筆に当って、特に第二部では紆余曲折のあったこと上述のごとくであるが、その分入手困難な文献の蒐集を必要とする機会も多かったが、その際には、駒沢大学図書館司書の鈴木英子氏のお世話になることがほとんどであった。とりわけ、第一部の執筆を構想した暮れから正月にかけてはそうであったが、ここに記して、これまでの分も含め、厚くお礼申し上げたい。

ところで、本書のような性格の著書には、索引のある方が望ましいかもしれない。しかし、そうしなかったのは、スペースをできるだけ縮めたいという物理的事情もあったことは事実であるが、拾い読みせずに最初から順次に読んで頂きたいという私の願いがあったからでもある。ただ、少しでも索引の代用となるべく、可能な限り関連事項の連絡はつけるようにしたので、その辺の事情はできればお汲み取り頂きたい。

本書は、題名のごとく、仏教教団史そのものの研究ではなく、説一切有部の見解のごとく、「思想」は善悪の決択をつけうるが「習慣」は無記であるとの立場から、教団史を論じたものである。もしこれによって「全教団」的観点から「思想」上の論争が更に風通しのよいものになるなら、著者としての喜びのこれに過るものはない。

二〇〇二年五月十九日

著　者

仏教教団史論——目　次

第一部　仏教思想史と仏教教団史

第一章　問題群と問題設定

バーミヤーンのあの大石仏がタリバンによって破壊されたことが二十一世紀に入ったその年の三月になって明らかとなった。[1] バーミヤーンそのものは、この憎むべき蛮行の遙か以前に既に考古学的廃墟と化していたが、バーミヤーンを含むこのカーピシーやガンダーラの一帯こそ仏教東漸の出発点でもあり、また同時に、最初インド中原のマガダを中心に起った仏教が再び中原に戻るまでの間の、インド仏教自体の拠点でもあったのである。従って、この一帯に展開された仏教教団の活況を見ずして仏教を語ることなどは到底許されない。しかも、仏教史的な観点からいえば、あの破壊された石仏よりも、これの造営を支えたバーミヤーンの仏教教団とそこで学んでいたに違いない出家者たちの仏教の研究もしくは実践の方がずっと大事な意味をもっていたのである。勿論、これら全てを可能ならしめたものこそ、六世紀中葉に、エフタル族の支配の変化によってもたらされた交通路の遷移のために、零落したガンダーラに代わって急速に富裕化したバーミヤーン経済にほかならなかったのである。この時、バーミヤーンと共に急浮上したのがカーピシーであるが、この地を繁栄させる要路となったヒンドゥークシュ西脈道と、それ以前に栄えたカラコルム西脈道との、この地一帯における後者から前者への遷移の意味について、桑山正進博士は、次のように指摘しておられる。[2] なお、引用中に示した地図は、桑山博士によって別々な頁に掲載されている三つの図を、この場の地名の位置どりの理解に便ならしめるだけの目的で、一枚で用が足りるように若干の操作を加えて転載したものである。[3]

ここ〔バーミヤーン〕は中央アジアとインドとの中間に位置し、古くから交通の要衝だなどと従来いわれてきた。たしかにローカルな意味においては山の南北を細細とつなぐ路上になかったとは言えまい。しかし、このような細々とした状況は、大像を造立することを可能にするものではない。つまり歴史に意味をもつ路は、六世紀

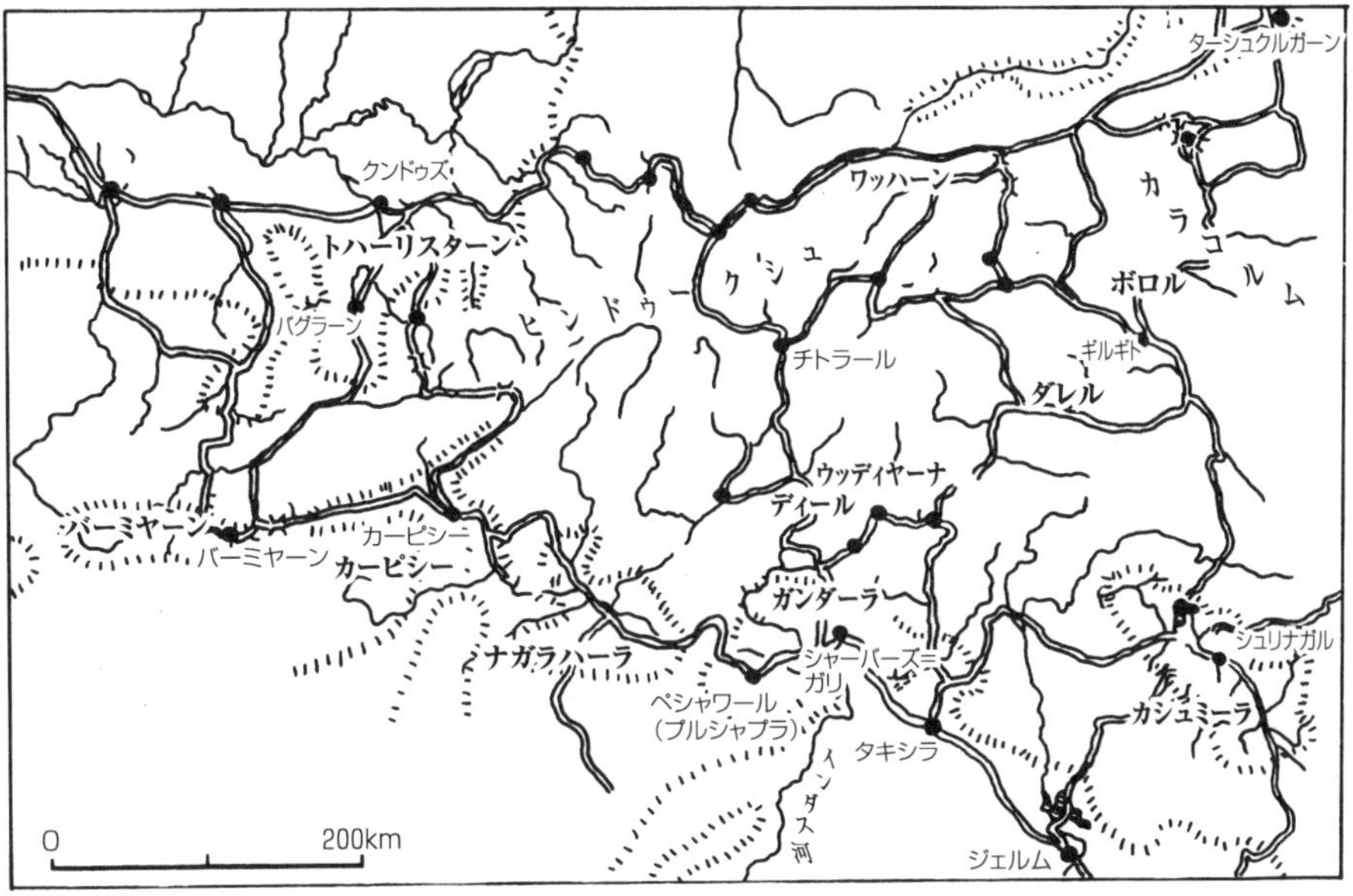

北西インド交易路（桑山正進『カーピシー＝ガンダーラ史研究』による）

中ごろより前にあってはカラコルム西脈道であり、ガンダーラをインドの出口とすると、そこから北上してワッハーンにいたり、ワッハーンから一方は現ターシュクルガーンへ出、一方はトハーリスターンへ出る、そういった交通路である。トハーリスターンからはソグドへ通じ、ターシュクルガーンからはいわば中国の疆域に通じる。バーミヤーンとかカーピシーはこの路上から完全に外れていたのである。ところがエフタルの衰勢とともにガンダーラの位置がインドの要衝としての意味をもたなくなり、カラコルム西脈道が不通になるとともに、ヒンドゥークシュ西脈道がにわかに舞台に登場する。僧伝にみえる「雪山西足」をとおる道路である。カラコルム西脈道はその後ほとんど不通の状態をつづける。トハーリスターンからワッハーンを通り、吐蕃へというようにこの道路の北方地域は、その後いわば東西、横方向の聯絡はあったらしい。しかし、ついに南北、縦方向において再開するのは、近代のハイウェイをまたねばならなかった。それに対してヒンドゥークシュ西脈道はインドから、ザーブリスターンから、北上してトハーリスターンに通じ、トハーリスターンから一方はワッハーン経由でタ－リム盆地へ、一方はテルメズをその主要な渡河地点としてソグドへ通じたのである。遠距離の商業活動が山麓のカーピシーと山中のバーミヤーンに活況を与えたのである。

しかるに、ヒンドゥークシュ西脈道の登場と共に活況を呈したバーミヤーンの仏教のピークが一時期に限られるものだったのに比べれば、カラコルム西脈道と共に栄えたガンダーラ仏教の歴史は遙かに永くしかも更に重要である。そこは、単に中央アジアに向って開かれた遠距離貿易の交通の要衝であったのみならず、その中心こそ、インド北辺を征して仏教の活動にも理解を示したカニシカ王以来のクシャーナ王朝の都したプルシャプラ（ペシャワール）であったからにほかならない。かかるガンダーラの地が、中国側文献において「乾陀羅」「健駄羅」などと音写されているものであるが、桑山正進博士によれば、[4]一般に「カシュミーラ（Kaśmīra）」に対応していると見做されている「罽賓」という地名も実はこのガンダーラを指しているのだという。桑山博士は、「罽賓」とあれば全てをガンダーラと見做す、一事が万事式の敷衍のされ方には注意を促しつつも、慧皎の『高僧伝』に出る「罽賓」はガンダーラを指すとの立場から、四世紀中葉以降五世紀になって急速に増えた仏教僧のインド=中国間の直接の往来でクローズアップされることになった「罽賓」に注目し、その地と深い繋りをもった十人の仏教僧、即ち、仏図頂（*Buddhadāna）、鳩摩羅什（Kumārajīva）、仏陀耶舎（Buddhayaśas）、仏陀跋陀羅（Buddhabhadra）、曇無讖（*Dharmarakṣa）、卑摩羅叉（*Vimalākṣa）、曇摩密多（Dharmamitra）、僧伽跋摩（*Saṃghabhūti）、僧伽提婆（Saṃghadeva）、弗若多羅（Puṇyatāra）を取り上げ、問題の「罽賓」とはガンダーラでなければならないということを、「罽賓」文化の中心的象徴であった、仏が四天王から受けその四つを一つの鉢にまとめたとされる「四際画然」たる「仏鉢」を中心に、考古学的に論証されたのである。左に、その結論的文言の一節を示しておきたい。[5]

　中国の一部で罽賓とよばれたガンダーラ仏教は、おそくとも四世紀から五世紀前半にかけて、仏法興隆のシムボルたる四天王奉上と称する仏鉢をその中軸にすえて繁栄した。そこはシャカの本地である中インドからさえも仏教僧を誘致せしめ、そこで学習せしめるほどであった。一方、ガンダーラ出自の仏教僧も多数輩出し、かれらのなかから他のインド地域出身僧ともども中国へ渡るひとが多数あらわれた。

ガンダーラは、このような意味では、確かに、当時のアジア全域の文化の頂点の一つとして君臨し、とりわけ仏教においては、その中心が再びインド中原のマガダに戻るまでは、ガンダーラを淵源として仏教はアジア全域に向って発進し続けられていたのである。その夥しい証拠をここに一々指摘する必要もないであろうが、我々に最も親しい一例のみを挙げておけば、あの七世紀前半の我が国に見られる「弥勒半跏思惟像」がある。この淵源は、周知のごとく、三、四世紀頃のガンダーラ彫像にあるのである。(6) また、仏教が、ガンダーラから北へばかり進んでいったわけではないことを示すために、北を経て東漸していった仏教ほどではない、罽賓から南経由の仏教の伝来の一例を、やはり『高僧伝』から挙げておけば、求那跋摩（Guṇavarman、三六七—四三一）がある。(7) 彼も「罽賓」の仏教僧であったが、他の多くの事例のように陸路を取って中国に入ったのではなく、南下し一旦スリランカ（師子国）に滞在した後、元嘉元年（四二四年）、海路で南朝劉宋の広州に入ったとされることが注目される。求那跋摩は、特に吉蔵によって愛好されたことで有名な「無諍」偈を含む遺偈を残したことでも知られるが、この遺偈に関連して、今後、『高僧伝』の成立史的問題もいろいろ議論の対象になるかもしれないとはいえ、求那跋摩のような「罽賓」出身の海路経由の仏教僧もあったという事例までをも撤回する必要が生じるとは思えないので、敢えて一例として加えておく次第である。(8)

さて、以上のように、「罽賓」という地域が、その当時のアジアの仏教の一大中心地であったことを思えば、それは、山間に閉ざされたスリーナガル（シュリナガル、シュリーナガラ）盆地にあるカシュミーラであるよりは、開かれた交通の要路でもあるガンダーラであるとする方が余程納得のいくことなのであるが、仏教思想を研究するものの側から見るならば、カシュミーラ（罽賓）をガンダーラのうちに解消していく方向は断じて取れない。なぜなら、当時の仏教思想研究の一大集成書である『大毘婆沙論（*Mahā-Vibhāṣā*）』では、仏教の重要な教義に関して、同じ説一切有部

(Sarvāstivāda) であっても、ガンダーラ学派とカシュミーラ学派とでは、しばしば深刻な見解の対立がみられ、それを今日の研究者も容易に解消してしまうことはできないからである。[9] ここでは、その見解の対立に網羅的に触れる必要はないと思うので、近年、加藤純章博士によっても指摘された典型的な一例[10]のみを挙げておくことにしたい。

(a) 健駄羅(Gandhāra)国諸論師言。唯受三帰、及律儀欠減、悉成近事。

(b) 迦湿弥羅(Kaśmīra)国諸論師言。無有、唯受三帰、及欠減律儀、名為近事。

仏教信者 (upāsaka、優婆塞、近事) たることの要件に関する、(a)がガンダーラ学派の見解、(b)がカシュミーラ学派の見解である。仏教信者であるためには、一般に仏法僧の三宝に帰依する三帰 (śaraṇa-traya) を受けかつそれなりの律儀 (saṃvara、この場合には五戒) を守らなければならないが、(b)がそれを厳格に要求しているのに対して、(a)はそれを弛めて三帰を受けるだけでよいとしている。概して、カシュミーラ学派が説一切有部の伝統説に対して保守的であるのに較べ、ガンダーラ学派は進歩的であると言われるが、その傾向がここにも見て取れるであろう。しかも、かかる傾向は、ガンダーラやカシュミーラ一帯の経済や文化の遷移とも歩調を合わせていたもののようにも感じられるのである。開けていて種々の文化で永いこと賑って北インドに君臨したガンダーラも、先の桑山博士御指摘のように、交通路の要衝がカラコルム西脈道からヒンドゥークシュ西脈道へ遷移するや、たちまち凋落し始めるのであるが、山間に残ったカシュミーラは細々とその伝統を守ったのであった。かかる経緯もあって、七世紀前半に、この周辺一帯を往復した玄奘は、カシュミーラには往路で足かけ二年滞在して説一切有部の正統説を研究することができるほどだったのであるが[11]、彼の実見しえたガンダーラの方は、かつての栄光が信じ難いくらいに無残なものであった。その情況を玄奘は『西域記』中で次のように伝えている。[12]

健駄邏国。東西千余里、南北八百余里。東臨信度 (Sindhu＝Indus) 河。国大都城、号布路沙布邏 (Puruṣapura＝Peshawar)、周四十余里。王族絶嗣、役属迦畢試 (Kāpiśī) 国。邑里空荒、居人稀少。宮城一隅、有千余戸。穀稼殷盛、花果繁茂。多甘蔗、出石蜜。気序温暑、略無霜雪。人性恇怯、好習典芸。多敬異道、少信正法。自古已来、印度之境、作論諸師則有、迦*多衍那（Kātyāyaniputra）・無著（Asaṅga）菩薩・世親（Vasubandhu）菩薩・法救（Dharmatrāta）・如意（Manoratha）・脇（Pārśva）尊者等、本生処也。僧伽藍（saṃghārāma）、千余所、摧残荒廃、蕪漫蕭條。諸窣堵波（stūpa）、頗多頽圮。天祠（caitya）、百数、異道雑居。

かつては説一切有部の代表的論師を輩出したガンダーラの仏教教団も、今はsaṃghārāmaやstūpaの昔日の偉容を残し留めるだけの廃墟と化し、わずかに存続した百数のcaityaには仏教外の宗徒が雑居していたのである。しかるに、かかるガンダーラの仏教の状況は、七世紀以降のインドにあっては、仏教の中心地が再びインド中原のマガダの地に完全に復し、その中心の中心こそ玄奘が最終的に目指したナーランダー寺にほかならなかったことを物語っているのだということに注目しなければならない。従って、少なくとも玄奘にとっては、仏教の重要な教義に関して説一切有部のカシュミーラ学派とガンダーラ学派との間に明確な見解の相違があると知られていたように、地理的にも二地域の境に関して彼なりの明確な線引きはなされていたと思われるので[13]、真諦が「罽賓」と訳し玄奘が「迦湿弥羅」と訳すカシュミーラを単純にガンダーラに解消してしまうことは極めて困難なことであるが、それにもかかわらず、この二地域が互いに接近し時によっては重なりあうような曖昧な面を残していることも事実なのである。例えば、インドにおける仏教の中心が、ガンダーラからマガダのナーランダー寺へ大きく移行する直前の時期に、仏教思想の展開に重要な役割を演じたアサンガ（無著）とヴァスバンドゥ（世親）の兄弟について述べる真諦訳『婆藪槃豆法師伝』[14]では、冒頭に「婆藪槃豆法師者、北天竺富婁沙富羅（Puruṣapura）国人也。富婁沙（puruṣa）訳為丈夫、富羅（pura）訳為土。」（一八八頁上）とあって彼らの伝記がプルシャプラを都とするガンダーラでのこととして語られていると思って読み進めるうちに、突如、説一切有部の歴史的な立役者ともいうべきカーティヤーヤニープトラ（Kātyāyanīputra、迦旃延子、迦多衍那尼子）の話となり、彼は「本是天竺人、後往罽賓国。罽賓在天竺之西北。」（一八九頁上）とあって、今度は「罽賓」が舞台となるが、インドの中央に視点を置いて読む人にとっては、これではこの「天竺之西北」とされた「罽賓」の方が「北天竺」とされたプルシャプラよりは西にあるように錯覚されるような曖昧さが感じられるのである。というのも、冒頭からの記述がプルシャプラにある以上、この直後の記述にカシュミーラが登場したならば、その位置はプルシャプラの東にあるとした方が余程明確になると思われるからにほかならない。しかし、それを敢えてそうしないのは、ガンダーラの一部と見做されてもよいような「罽賓」に、ガンダーラ学派とは全く別個の説一切有部の正統説としてのカシュミーラ学派の権威を与えるために、「罽賓」という名目の下に伝統に閉ざされた正統説の門外不出の印象を抱かせる意図があったのかもしれない。事実、同伝は、カーティヤーヤニープトラが造った『発智論（*Jñāna-prasthāna*）』を基にして註釈『大毘婆沙論』が完成された時に、それが外部に持ち出されることのないように、「今去、学此諸人、不得出罽賓国。八結文句（『発智論』）及毘婆沙文句（『大毘婆沙論』）、亦悉不得出国。恐余部及大乗汚壊此正法。」（一八九頁上）と記した石碑が建てられたことを伝えているのである。しかし、『大毘婆沙論』がカシュミーラの論師たちによって著わされそこで伝承されていったことが事実であったとしても、かかる大事業には教団全体を含むような大きな経済的支援が必要とされたであろうから、『大毘婆沙論』の最終決定版ともいうべき後代のサンスクリット原典を唐に訳し訖えた玄奘が認めていたように[15]、この編纂事業にはガンダーラのプルシャプラに都しカシュミーラをも支配したカニシカ（Kaniṣka、迦膩色迦）王以下のクシャーナ王朝の庇護も預って大きな力となっていたであろうと考えられる。もっとも、その後、アサンガやヴァスバンドゥがプルシャプラに生を受けた時には、もはやかつてのクシャーナ王朝ではなかったと思われるが[16]、そのせいもあってか、ヴァスバンドゥはアヨーディヤー（Ayodhyā、阿緰闍）の教団に移って『倶舎論』を著作することになったが、それが完成した時、その見事な出来栄えに対し、アヨーディヤーの王と王母とは計三ラクシャ（lakṣa、洛沙、十万を表わす）の報酬金を彼に与えたものの、『婆藪槃豆法師伝』によれば、彼は「分此金為三分、於丈夫（Puruṣapura）国・罽賓（Kaśmīra）国・阿緰闍（Ayodhyā）国、各起一寺。」（一九〇頁下）とされている。この記述は、あくまでも一つの伝説として受け取るべきなのかもしれないが、しかし、出家者たる論師が王族より金銭を受領することも論師が寺を建立することも、当時の仏教教団においては少しも奇異なことではなかったということをここで銘記しておくことは決して無駄なことではあるまい。

以上で、いささか冗長に過ぎた点があったかもしれないが、カニシカ王以降のガンダーラを中心とする、インド北辺というよりは今日的感覚でいえばむしろ中央アジアと呼んだ方がよい地域の仏教を、インド中原のそれをも遙かに凌ぐ中心的な仏教として捉えながら、桑山正進博士の考古学上の最近の成果を参照しつつ、概略してきたが、当該の地域の当該の時代の仏教について、桑山博士は、次のような知見を洩らされている。それは通常の仏教研究者の知見とは全く異ったものだと思われるゆえに重要なので、それぞれにやや長くなるかもしれないが、敢えて二箇所より引用させて頂きたい。(17)

㈠仏教がほとんどその最初からもっていた二つの傾向、哲学（抽象）と土俗信仰（具体）とのうち、仏教を広大な地域へとおし進める力となったのは、首から上の部分の果した役割ではなく、臍下の役割である。深い教理の研鑽は少数の出家の専有であり、おそらく九割をこえる僧たちと在俗信者たちとはこの部分には参与しない、あるいは参与できないのであった。かれらはもっぱら布施・礼拝という具体を拠りどころとし、仏陀自身の遺骸を古来かれらが保有してきた樹木信仰などの豊饒・再生産・増殖儀礼の中へとりこんで、仏塔（ストゥーパ）を創造し、展開させ、更に歴史上の仏陀を彫像として再構成し、再確認したのである。仏像を創始したのは、ほかならぬ北西インドの風土であり、それを多仏へとおしひろげていったのも北西インドであった。その過程がまた逆に教理のうえに映りかえったことも十分考えられるのである。四、五世紀のガンダーラと中国をむすぶ仏僧の動きが、前代と比較にならない程度に、大きくなったとき、中国仏教に与えたインド仏教の意味は、ガンダーラ・ヴッディヤーナ・ナガラハーラにおける可視可触仏教の衝撃であった。

㈡もともと中央アジアの強烈な自然のなかで高度な哲学や深い瞑想がえられるものではない。はじめからそこでは理論仏教はマイナーであった。百歩譲ってたとえそうではなかった時期があったとしても、僧団の中がすべて戒行うるわしく、仏教教学一色であるはずがない。古くからのその土地の信仰を生来もっている在俗の仏教徒が、高度な抽象や理論と無縁であるように、出家集団の中でも、その大多数は在俗信者とほとんどかわらないひとたちであったはずである。もともとストゥーパは在俗信者のものであり、そこにかれらのもつ古くからの土着の信仰があらわれたが、北西インドではほとんどその仏教流行の当初から既にストゥーパは出家集団の場である僧坊と密着してセットになっていた。玄奘は僧伽藍（建物）とストゥーパを必ず別別に記し、あたかも両者が独立して機能していたように記しているけれども、この二つはひとつの仏教の場を構成していたのである。このようにストゥーパとサンガーラーマという本来峻別されるべき建造物が一処に合成されたように、圧倒的に優勢な俗界の状況が出家者側にとり込まれることは少しも不思議な事態ではない。出家者側の凡庸な大多数は在俗信者と「具体性」というひとつの重要な事態を共有しているからである。在俗信者はとくにその信仰の上でこの具体性を拠りどころとしている。トハーリスターンの一部からヒンドゥークシュの南部ではとりわけこの現象が強烈であった。仏の聖なる遺物に対する信仰である。ガンダーラが仏誕の地でもなく、また仏陀活動の地でもなかったのに、そこがインド仏教のセンターとしての役割を果すようになったとき、本地垂迹の地が多く創り出されていった現象に通じるものがある。

上引の桑山博士の御主張は、時代的にいえば、そのうちの㈠はガンダーラがまだ活況を呈している四、五世紀の時期、㈡は玄奘が往来した七世紀前半より八世紀頃までのガンダーラ凋落以降の時期を念頭に述べられているという違いはあるものの、北西インドという同じ地域に展開した仏教の特性に関して共通の知見が重ねて示されたものと見做すことができよう。桑山博士によれば、そこには、哲学（抽象）と土俗信仰（具体）との対立、少数者の理論と大多数の現象との対立があるとはいえ、仏教のダイナミックな展開は、その対立両項中の首上の部分のごとき前者に対する臍下の部分のごとき後者の圧倒的優勢によってもたらされたものとされている。この両項は、仏教の術語でしかも私も本書中で比較的多く用いるはずの言葉でいえば、「思想（diṭṭhi, dṛṣṭi、見）」と「習慣（sīla, śīla、戒）」とにほぼ見合うものであるが、実際問題としては、仏教研究者も、桑山博士が主張されるごとき、前者に対する後者の優位は、まず率直に認めるべきであろう。頑なに一方を執することは、仏教研究者にとっても歴史研究者にとっても不幸なことである。従って、私自身は、実際問題としての後者の圧倒的優位を当然のこととして認める立場に立つ。しかし、その上で、臍下の後者の役割が全てを決定するわけではないとの考えから、たとえいかに前者が実際問題としては劣勢に見えようとも、絶えず前者から後者を照射することによって後者の「思想」的意味を問い続けることにしたい。なぜなら、仏教自体がかかる「思想」的営みこそ仏教であると主張していると考えられるからであり、また、そうでなければ、「習慣」の卑近な理論化を取り上げて、その単なる通俗説にしかすぎないものを、まるで仏教の崇高な「思想」ででもあるかのように祭り上げてしまわないとも限らないからである。しかるに、かかる仏教自体の「思想」的営みは、とりわけ紀元前一、二世紀頃よりガンダーラを中心とする北西インドで顕著になっていったと考えられ、『発智論（*Jñānaprasthāna*）』を著わしたカーティヤーヤニープトラなどの説一切有部の論師の活躍によって仏教研究が積み重ねられて『大毘婆沙論（*Mahā-Vibhāṣā*）』の編纂が進められ、それと平行して「哲学（abhidharma, mētaphysique, philosophie）」が形成され「生活（abhisamācāra, morale）」も律せられるようになったが、その『発智論』や『大毘婆沙論』によれば、仏教（Buddha-vacana）とは、如来（Tathāgata＝釈尊）の言葉であり、その集大成である三蔵（tri-piṭaka）のことにほかならない。このうち、如来が「思想」に関して直接語ったと信じられた言葉の集大成である経蔵（sūtra-piṭaka）とそれに関する論師たちの研究の集大成である論蔵（abhidharma-piṭaka）とは、多分に善（kuśala）とされ、如来が「習慣」に関して定められたと信じられた言葉の集大成である律蔵（vinaya-piṭaka）は多分に無記（avyākṛta）

とされた。[18] なぜこのように見做されたかといえば、仏教では、「思想」に関して吟味される言説は、多くの場合、論理的に正しく倫理的に善いものと考えられたのに対して、「習慣」に関して生活の必要上から規定された言説は、多くの場合、論理的にも倫理的にも善悪いずれでもない「無記（avyākṛta）」と考えられたからであろうと判断される。

従って、説一切有部の考えによれば、「無記」の問題に関して、ある特定の「習慣」だけを「思想」的に正しいと決め付けることは許されないはずであり、それゆえに、「思想」的問題は、「経蔵」に基づきながら、言葉だけの論争によって「哲学（abhidharma）」的に正邪が決択されなければならない。そのためには、世間的な「習慣」や「生活」に左右されやすい「人（pudgala）」に頼ってはならず、「思想」や「哲学」の対象としても充分考察に耐えうる「法（dharma）」を基準とすべしとされる。それが「法は依であるが人はそうではない（dharmaḥ pratisaraṇam na pudgalaḥ、依法不依人）」という原則[19]である。しかも、説一切有部の「哲学」によれば、かかる「人（pudgala＝ātman）は存在しない（nāsty ātmā）」のであり、「〔五〕蘊だけが人である（skandhā eva pudgalāḥ）」[20]とされる。従って、世間における寄進行為に関しても、個人（pudgala）崇拝を避けるべく、この「哲学」においては、全教団（cāturdiśa- saṃgha-、四方僧衆）に対する寄進の方が個人的なものより効果が大きいとされるのであるが、そのような考え方を示唆する一節を『大毘婆沙論』より引けば次のごとくである。[21]

此経復言。若以飲食奉施如来、有造僧伽藍（saṃghārāma）施四方僧衆（cāturdiśa- saṃgha-）、此獲施福果、大於彼。以僧伽藍無障礙故。問。施仏功徳、勝於施僧。此中施福、皆先挙劣、後挙其勝、何故此中、先仏後僧。答。即以是故、先仏後僧。所以者何。若声聞僧便不摂仏、若四方僧則亦摂仏。是福田僧苾芻僧故。若唯施仏、但仏応受僧衆不受、故福為劣。若施僧衆、僧衆与仏倶応納受、故福為勝。無障礙故、獲福無限故、雖所挙先仏後僧、而猶得名先劣後勝。

この主張に説一切有部の「哲学」が見事に貫徹されているとは必ずしも言い難いにせよ、個人崇拝の延長になりがちな仏に対する寄進よりは全教団に対する寄進の方を重視した説一切有部の姿勢はここにも明白に見て取れると思う。しかも、先の引用中で、桑山博士が、玄奘が別々に記しあたかも独立して機能していたかのように描いたストゥーパとサンガーラーマとに関し、実は「この二つはひとつの仏教の場を構成していたのである」と指摘された背景もまさにこの「哲学」によって支えられていたと見做さなければならないのである。

ところで、首上の「思想」や「哲学」を単純に上位に置くだけの仏教研究者はややもすれば臍下の「習慣」や「生活」を吟味もせずに軽視しがちであるが、自省をも籠めてそうあってはなるまい。「習慣」や「生活」も精しく知りうれば知りうるほどよいに決まっている。ただ、あまりにもそこへのめり込んで臍下のことしか知らないようになり、仏教の「思想」や「哲学」がどうにでもよいことになってしまったのでは、「仏教」という立場に身を置くものであればあるほど情ない状況に甘んじざるをえないことになろう。玄奘が北西インドを往復した頃あるいは我が国に仏教が定着した頃から千年近い年を経た永禄十二年（一五六九年）、入京していた織田信長の面前で、かかる情ない状況が演じられることになった。ルイス＝フロイスの『日本史（*Historia de Japam*）』の伝えるところによれば、その時のキリシタンのフロイス一行の日本人修道士（irmão）ロレンソ（Lourenço）と仏教側の日乗との論争は次のごとくである。(22)

（ロレンソ曰く、）「殿下の御命令により、天（にまします）御主について貴僧に少しくお話するためには、まずもって貴僧は日本の宗教（seita）についてどのような御見解（opinião）に達しておられるかを承りたい。と申すのは、通常、（自分の考えよりも）より重要かつ肝要な他人の考え方を知りたく思う者は、まずもって自分自身がどう思っているかを述べねばならぬ（とされている）からである。すなわち、もしそれが、私たちが説いている（教え）よりも劣るものならば、私たちはそれを無視いたそう。だがもし、より高度なものならば喜んで承り（たい）からである。日本の八宗（seita）九宗のうち、貴僧はいずれに帰依しておられるか」

日乗は大いに偽りを装い、まず平然とした表情で、「拙僧は何宗にも属しておらず、知りもせぬ」と答えた。

ロレンソ（曰く）、「しからば貴僧は俗人でもないのになぜ頭を剃り、修道僧（pessoa religioza）を装っておられるのか」

日乗（曰く）、「拙僧がかく装うは、（仏教の）戒律とか、神《カミ》（camis）仏《ホトケ》（fotoques）のことを顧みてのことではなく、ましてや巡礼をしたり、懺悔の修行（exercicios de penitencia）をなさんがためでもない。ただ拙僧は世の煩わしさと、移りやすき世情に嫌気がさしたからで、かく、憂いもなく、気が向くままの生活をいたしおる次第でござる」

ロレンソ（曰く）、「某《それがし》は、貴僧が比叡山《ヒエノヤマ》の僧院（mosteiros de Fiyenoyama）で、しばらくの間、著名な僧侶、心《シン》海上人《カイシヨウニン》（Xincai Xonin）の教えを受けて生活しておられたことを承知している。ところで（その上人）は貴僧に仏《ホトケ》の教えを授けられたに違いあるまいが、いったい何を貴僧に教えたのか承りとうござる」

日乗（曰く）、「拙僧は（その上人）について教わり申したが、何を（学んだか）承知いたさぬ。今となってはもう忘れてしもうた」

ロレンソ（曰く）、「某も（貴僧）同様、かつて比叡山に赴き、心海にお目にかかり、お話いたしたことがある。ところで某が（仏）教の成因は何かと（彼に）伺い申したところ、（心海）はこうお答えになった。『我々が今身につけている（もろもろの）要素（elementos）は、最後には（我々から）離れて行くに違いないものである。ところが仏性《ブッショウ》（buxxo）〔我らの見解では、霊魂（alma）を意味する〕はいかがかと申すに、それは死の最後の一歩（を踏み出した）後にも、去らず、戻らず、まして留まりもせぬ。そしてそれは実体（sustancia）も形態（figura）も色彩（cor）も備えず、白黒の区別もないもので、要するに苦とか楽には係わりなきものである』と。ところで貴僧の師（の心海上人）はそのような表現でもって某に答えられたのであり、某は貴僧がその師匠のお教えどおりに今も従っておられるかどうかを承りたく存ずる。と申すのは、それに応じて某は、貴僧に我らの（教えの）

ことを明かし、貴僧がその（教えの）真理をしかと判るようにいたしたいからである」

日乗（曰く）、「その必要はござらぬ。拙僧はそのこと（について）は識別できず、何も判らぬ者だと見なされよ。それゆえ貴殿は、拙僧がどういう考えかなどと訊ねたりせず、まず、貴殿の教えの眼目、すなわち要点を述べる方がよかろう」

このように、日乗は、論争の冒頭で自らの「思想」的立場がなんであるかを明示することを勝手に放棄し、比叡の僧院（mosterio＝monastery）で学んだ仏教がどのようなものであるかさえも語ろうとせず、いかにも自由豁達になにも知らない無執着振りを自慢げに誇示さえしていたのであるが、終には腹を立てて信長の面前でロレンソに切りつけ、「その霊魂を見せよ（mostrai-me esta alma）」と怒鳴り散らして周りの顰蹙を買う。しかし、その後半の場面は直接読んでもらう方がよいだろう。ただ、ここで知っておいてもらいたいことは、日乗のようにいかなる立場にも囚われない態度こそ仏教の奥義のように大方の日本人には見做されてしまって、それが再びキリスト教と出合うことになる明治維新の近代まではおろか今日にまでさえ続いているかもしれないということなのである。もっとも、フロイス一行が日本の仏教全体を日乗のようなものと見做していたわけでは毛頭ない。恐らく、彼らは、比叡山のような日本の寺を、ヨーロッパの「一種の大学（alguma universidade）」のごとき意味で「僧院」と呼んでいた形跡さえ認められるが、それを我々が再認識するためには、叡山教団の教学の大成者である源信の「思想」などをもう一度虚心に学び直す必要があろうかとも思われ、それには他日を期すほかはない[23]。

しかし、そんなことより、当面は目下の本書の問題を述べねばなるまい。首上と臍下の問題には一応ケリを付けたと思うので、次は教団の問題である。これまでは、パーリやサンスクリットの saṃgha を想い描きながらむしろ漠然と「教団」という語を用いてきたが、その厳格な意味の展開を跡付けようということになれば、当然のことながら、話の基点を、仏教発祥の地であるマガダを中心とする紀元前五、六世紀のガンジス河中流域に置かなければならない。

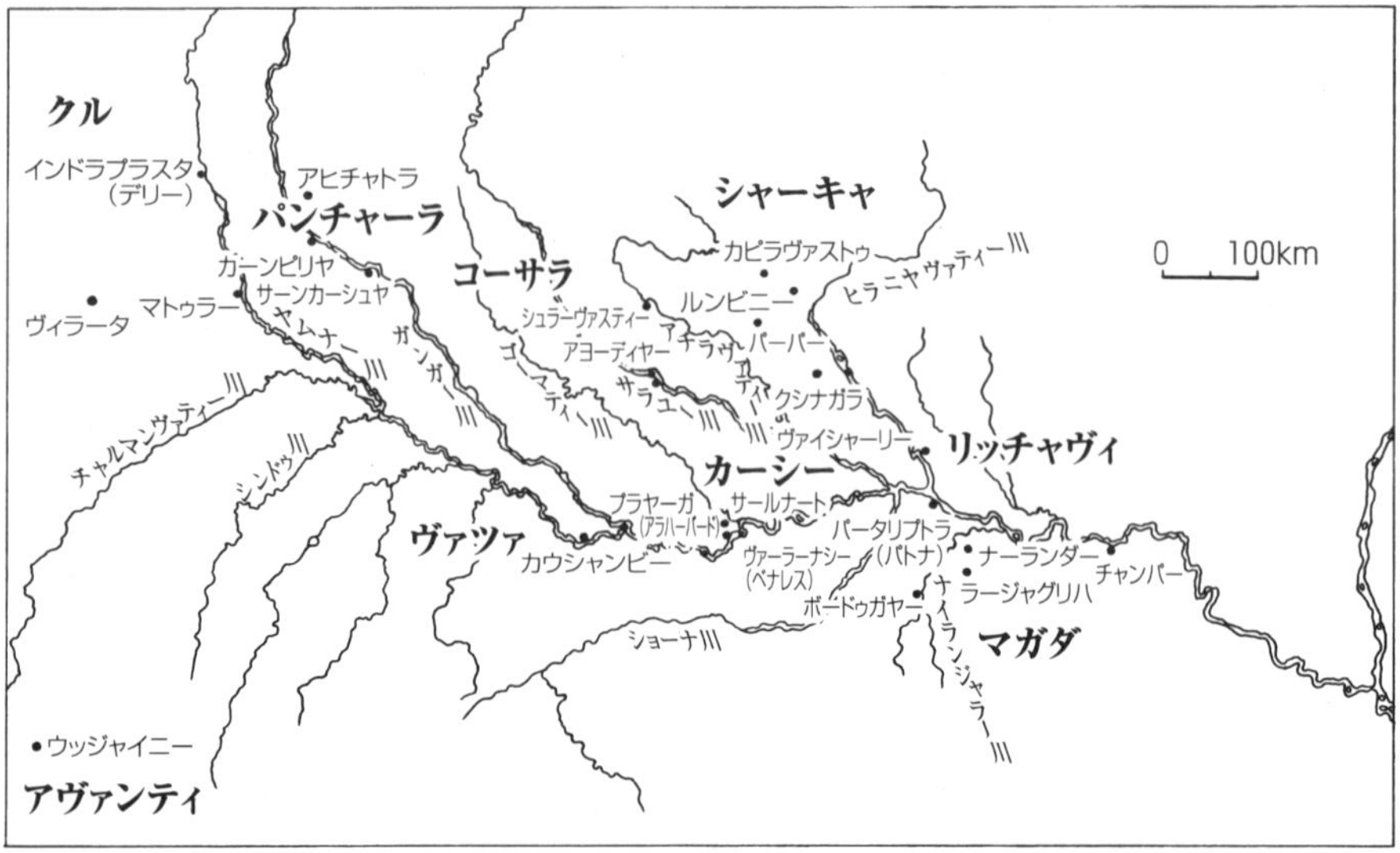

ガンジス河流域図（**É. Lamotte, *Histoire de Bouddhisme Indien*** による）

ガンジス河流域全体を示せば、図のごとくであるが、[24] この辺りを現在のインド的地理感覚から北インドと呼んで、その紀元前六世紀頃の宗教状況について、S＝ダットは、次のように述べている。[25]

それでももし我々が仏教の三蔵やジャイナ教の聖典を紀元前六世紀の北インドの生活を表わしているものと見做せば、そこにはある顕著な特徴が際立ってくる。それは、社会組織の外でくらす人々で溢れた共同体の存在である。彼らは、遊行者（paribbājaka）、比丘（bhikkhu）、沙門（samaṇa）、行者（yati）、放擲者（saṃnyāsin）などの種々の名称で呼ばれたが、しかし、最後の名称は仏教やジャイナ教の文献ではほとんど用いられていない。彼らは共通に一つの本質的な特性をもっていたが、それは即ち、彼らが全て公然たる宗教上の家なき放浪者であったということである。この生活様式を奉ずるもののためのお決りの文句が"agārasmā anagāriyaṃ pabbajati（家より家なき状態に出家する）"というパーリ聖典中の表現にほかならない。従って、我々は以下の頁においてもこの放浪する宗教的共同体のあらゆる種類のものを［パーリ paribbājaka のサンスクリット対応語である］遊行者（parivrājaka）という一般的名称によって呼ぶことにしているのである。

しかも、S＝ダットによれば、saṃgha や gaṇa の元々の意味は、このような放浪する遊行者たちの集団を指していたのであり、その集団の指導者たちこそ釈尊とほぼ同時代の六師外道と呼ばれた代表的六つの沙門集団の師（satthā）にほかならず、従って、彼らは、例えば、仏典の『沙門果経（*Sāmaññaphala-sutta*）』でも、saṅghin（saṃgha をもつ人）、gaṇin（gaṇa をもつ人）、gaṇācariya（gaṇa の先生）などと称されているのだとされる[26]。しかし、雨期の一定期間、特定の同じ僧院に滞在する生活が承認され、そのような生活様式が一般的に定着するについては、仏教の動向が他の宗教集団よりも圧倒的に先行していたと考えられるが、それゆえに、仏教においては逸速く、saṃgha とは「特定の僧院に居住する僧の組織体（a body of resident monks at a particular monastery）」を意味するようになり、それに伴って、かかる特定の僧院を超えた普遍的な「理想同盟体（an ideal confederation）」が「全教団（cātuddisa- bhikkhu-saṅgha-, cāturdiśa- bhikṣu-saṃgha-、四方僧伽、招提僧）」と言われるようになった[27]。ここに、仏教の「教団」のいわば「僧院化」があるが、S＝ダットは、これを「発展（development）」と見做して、『初期仏教僧院制度（*Early Buddhist Monachism*）』を著わしたのである。しかるに、その第五章の「仏教の共住制の成長（The Growth of the Buddhist Cœnobium）」という章の冒頭で、彼は、キリスト教の『聖ベネディクト会則』による四種の僧の区分即ち「共住者（cenobite）」と「独住者（anchorite）」と「不適者（sarabite）」と「遍歴者（gyrovagus）」とに触れた上で、その「独住者」兼「遍歴者」の観念にほぼ見合う「遊行者」のような語しかない仏教の集団には、元来「共住的理想（the cenobitical ideal）」は知られていなかったが、「時の経過と仏教教団の成長に伴って、比丘たちの共同生活は益々共住制（cœnobium）の方向へと引き込まれていくようになった」と述べている[28]。しかし、その方向は必ずしも一直線に進むものではなかったようで、この点に関して、S＝ダットは、次のような極めて示唆的な見解を表明している[29]。

かくして〔四〕依（nissaya）は今なお現在の仏教入門者にも形式的には勧められているものの〔当時既に〕実質的には単なる嗜好や随意の問題にしかすぎなくなっていたのである。即ち、デーヴァダッタ（Devadatta、提婆達多、調達、天授）は四依のいくつかに関して厳格さを課そうとしたが全く認められなかったのである。しかし、こうであってさえ、永い期間、隠遁主義（the eremitical principle）は僧院主義（the cenobitical principle）と競い合い恐らく前者が後者に優位を占めていたのではないかと思われる。そして、その二つの主義の間の争いの最初期の挿話がデーヴァダッタ物語の中に化石化されているのかもしれない。彼は昔の理想の復活を試みたが成功しなかったと思われる。〔しかし、隠遁主義の優位は根深かったので、〕僧院の設立以降でさえ、多くの比丘たちは、彼らの隠遁的習慣〔である四依〕、即ち、森林住（āraññaka, living in forests）、常乞食（piṇḍapātika, feeding solely on alms）、糞掃衣（paṃsukūlika, dressing in cast-off rags）、三衣（tecīvarika, possessing only three pieces of cloth）を保持したのである。

この引用中に言及されているデーヴァダッタの挿話については、次章においてアショーカ王治下の教団分裂の問題との関連で取り上げることにして、ここでは、仏教教団の僧院化が進行していく過程の中にあっても、なおかつ僧院主義に対して隠遁主義が隠然たる勢力を保ち続けていたという、S＝ダットの指摘について若干の私見を述べておきたい。

この僧院主義対隠遁主義という対立については、例えば、『ローマ帝国衰亡史』を著わしたギボンも、その第三七章において、「共通の定まった規律の下に生活した（who lived under a common and regular discipline）」「共住者（cœnobite）」と「非社交的な独立の狂信に没頭した（who indulged their unsocial, independent fanaticism）」「独住者（anachoret）」という言葉に置き換えた対比において論じているくらいであるから[30]、「共住者」に基づく「僧院主義」の前者に対して「独住者」に基づく「隠遁主義」は中世の西欧キリスト教においてさえ根強かったことが分かるわけであるが、この問題はまた中世キリスト教の正統説（orthodoxy）と異端説（heterodoxy）との論争とも関係している。この論争において論点となるのは、洗礼や叙品などの秘蹟（sacramentum, sacrament）の効力（efficacia）は、「作された作用によるとする（ex opere operato、事効論）」のか、「作す者の作用によるとする（ex opere operantis、人効論）」のか、ということなのであるが、神がキリストを通して教会に効力を及ぼしていると考えるカトリック教会は、「作された作用（opus operatum）」を重んずる外在主義的聖務重視論に立って前者を正統説と主張し、「作す作用（opus operans）」を重んずる内在主義的執行者重視論に立つ後者を異端説と排斥するのである。[31] とはいえ、ここで私が述べたいことは勿論中世のカトリック論争問題についてではない。私は、「僧院主義」と「隠遁主義」の対立は中世のキリスト教においてさえ見られたということの類比から、仏教教団史におけるこの種の対立の解明に資するようなことをいささか述べてみたいと思っているにすぎないのである。内在主義的執行者重視論に立つ異端説は、聖務執行者個人に対して品行方正で徳高きことを強く要求しがちなので、どちらかといえば孤高に俗権を断ち切って修行に励む「隠遁主義」の方を圧倒的に支持するが、この傾向は、インドを土壌として花開いた仏教の場合には、より一層強く現われていると言わなければならない。ヴェーダ以来の純潔行（brahma-carya、梵行）至上主義は、インドにおいてより深く根を張っていたからである。この土壌は、個人崇拝を産み易く、熱狂的な崇拝者たちが特定のグル（guru）を担ぎ出してラディカルに振る舞うことはしばしば起りえた。デーヴァダッタによる教団分裂もかかる動向の一つと言えなくもないわけであるが、かかるラディカルな振る舞いは、現代社会においてさえ、宗教の原初形態に回帰することをもって正義と見做す原理主義（fundamentalism）となって現われがちなので充分警戒しなければならない。私自身は、「法は依であるが人はそうではない」という仏教の考え方に従って、内在主義的な個人崇拝を避け、外在主義的な「法」に基づいて、教団史を、「習慣」を分析しつつ「思想」を積み重ねていく「発展（development）」の総体と見做していきたいと思っている。その意味で、私は、J＝ニューマンや富永仲基にも同じるものであるが、[32]「歴史」観については、K＝ポパーの次のような主張[33]に従って、それを自分の研究にも活かしていくことができればと希っている。

　私は、歴史は如何なる意味をも持っていない（History has no meaning）、と主張する。しかし、この主張の含意は、われわれはせいぜいのところ唖然として権力史に見とれるだけか、或いは歴史を残虐なジョークとして見つめざるをえない、ということではない。なぜなら、われわれの時代に解決すべく選択された権力政治上の諸問題を視野に収めつつ、われわれは歴史を解釈しうるからである。われわれは、権力政治史を、開かれた社会、理性の支配、正義、自由、平等、そして国際的犯罪の統制に向けてわれわれの闘争という観点から解釈することができる。歴史は如何なる目的も持たないにせよ、われわれは歴史にこのようなわれわれの諸目的を課すことができる。歴史は如何なる意味をも持たないとはいえ、われわれは歴史に意味を与えることができるのだ。

われわれがここで再び出会うのは自然（nature）と規約（convention）の問題である。自然も歴史もわれわれに、何を為すべきかを告げることはできない。自然の事実であれ歴史の事実であれ、諸多の事実（facts）はわれわれのために決定（decision）を下すことはできない。それらは、われわれが選択しようとしている諸目的を決定することはできないのである。自然と歴史に目的と意味とを導入するのはわれわれである。人間は平等ではない。しかし、われわれは、平等の権利に向けて闘おうと決定することはできる。（中略）

この事実と決定との二元論は根本的である、と私は信じている。事実そのものは意味を持っていない。事実は、われわれの諸決定を通じてのみ、意味を獲得しうるのである。歴史信仰（historicism）はこの二元論をすり抜けるための多数の試みのうちの一つにすぎない。

さて、本章もそろそろ終りにしなければならないが、この章では、元来、インドのガンジス河中流域で成立した仏教が、アショーカ王治下の紀元前三世紀頃にはインド半島全体に拡まったものの、紀元二世紀のカニシカ王以降になると、仏教の中心的拠点は次第にガンダーラに移っていったことを念頭に、仏教教団の僧院化に伴う様々な問題に触れながら、教団史について、思想史の側をも考慮しつつ、若干の問題設定を試みてきたつもりであるが、その仏教の中心がマガダからガンダーラに移った時に、後者の繁栄の具体的シンボルに据えられたものが、釈尊に四大王（cattāro mahā-rājāno, catvāro mahā-rājāḥ＝catvāro loka-pālāḥ、四人の護世神、四天王）が奉上した鉢（patta, pātra）即ち仏鉢である、というのが先に紹介した桑山正進博士の御見解であった。[34] この仏鉢の話は、更に、釈尊がこれによってタプッサ（Tapussa、サンスクリット名は、トラプシャ、トラプサ、Trapuṣa, Trapusa もしくはトリプシャ、Tripusa、黄苽）とバッリカ（Bhallika、村落）という二商人からの施食を受領したという話をもその骨子に含むものであるが、その全体の仏鉢譚は、釈尊に対する在家者の最初の寄進ということもあって、種々のヴァリエーションを伴いながらではあるものの、ほとんどの仏伝中で重んじられている。[35] 諸文献につきそのヴァリエーションを克明に辿ることも興味深いことではあるが、今はかかる余裕もないので、その後世の「加上」の特徴を一言で言うとすれば、それは教団の僧院化に伴う教団の金品の受領（paṭiggaha, pratigraha）の増大を反映しているということなのである。ここでは、その点を、ある程度詳しく、しかも鮮明に示すために、最も簡古なスタイルを示す南方分別説部[36]の伝える律蔵『大品（*Mahāvagga*）』の仏鉢譚[37]の全体を和訳によってまず提示した後、最も後代の増広部分を有していると思われる説一切有部[38]の伝える経蔵中の『四衆経（*Catuṣpariṣat-sūtra*）』もしくは律蔵中の『破僧事（*Saṃghabheda-vastu*）』に述べられる仏鉢譚[39]の前者と比較した場合の大きな違いを簡単に指摘するという手法を採る。一方、その過程で、大衆部（Mahāsāṃghika）の説出世部（Lokottaravādin）の伝える『大事（*Mahāvastu*）』のそれ[40]にも若干目を配ったのは、上記の南北を代表する両教団とは最も大きく異っていたとされる大衆部の文献ではどうかということを多少気にかけたからにほかならない。なお、以下の引用中に示した分節番号は、H＝オルデンベルク校訂本のそれを踏襲したものである。

I 41　実にそれから、世尊は、七日を過ぎてのち、その精神集中より起ち上って、ムチャリンダ樹下からラージャーヤタナ樹のあるところへ近づき、近づいてから、ラージャーヤタナ樹下において、一度の結跏趺坐で、七日間、解放感にひたりながら坐っていた。

I 42　さて、実にその時、タプッサとバッリカという二商人（vāṇija）がウッカラよりその地への旅路の途中であった。実にそれから、タプッサとバッリカという二商人の親族血縁である神が、タプッサとバッリカという二商人に、以下のことを語った。「我が友よ、ここなる世尊が初めて現等覚なさってラージャーヤタナ樹下に滞在しておられる。行って、かの世尊に麦菓子（mantha）や蜜団子（madhu-piṇḍika）を差し上げなさい。それはお前たちに長夜にわたって利益と安楽をもたらすであろう。」と。

I 43　実にそれから、タプッサとバッリカという二商人は、麦菓子と蜜団子とを持って、世尊のいらっしゃるところへ近づいた。近づいてから、世尊に挨拶して一方に立った。実に一方に立ちながら、タプッサとバリッカという二商人は、世尊に、以下のことを語った。「尊師よ、世尊は私たちのために麦菓子と蜜団子とを受領して下さい（patigaṇhātu）。それが私たちに長夜にわたって利益と安楽をもたらしますように。」と。

I 44　実にそれから、世尊は〔次のように〕思われた。「如来たちは〔直接〕手では受領しないものだ。では一体〔如来である〕私はなにによって麦菓子と蜜団子とを受領したらよいであろうか。」と。実にそれから、四大王は、世尊の心の検討を、心によって知り、四方より、四つの石でできた（sela-maya）鉢（patta）を世尊に献じた。「尊師よ、世尊はこれで麦菓子と蜜団子とを受領して下さい。」と。世尊は、新しい石でできた鉢で麦菓子と蜜団子とを受領し、受領してから召しあがられた。

I 45　実にそれから、タプッサとバッリカという二商人は、世尊が鉢と手とを洗われたのを知って、世尊の両足を頭で拝し、世尊に、以下のことを語った。「尊師よ、ここなる私たちは、世尊と法とに帰依いたします。世尊は私たちを在家信者（upāsaka）としてお許し下さい。私たちは今日以降生きている限り帰依いたします。」と。彼らこそこの世において初めて二〔帰依〕を唱えた（dvevācika）在家信者であった。

南方分別説部のパーリ本『大品』の仏鉢譚は、以上で全てであるが、これと比較すると、説一切有部の伝えるそれは、その当該対応箇所のみならず前後にわたっても相当大きな増広の跡を示し、それらのほとんどは教団の僧院化の痕跡を濃厚に物語るものである。トルファン出土のサンスクリット本『四衆経』の仏鉢譚と、これとほぼ同文のギルギト出土のサンスクリット本『破僧事』のそれ、もしくは後者の義浄訳やチベット訳のそれとの以上の間には、既にE＝ワルトシュミットの対照本中にも示されているごとく、大きな違いはないが、これら後者と、前者のパーリ本との間には、上述のごとき著しい増広の跡が見られるので、ここではそれを要約的に指摘しておくだけにしたい。まず、仏鉢譚の話の順序が、前者では、釈尊が縁起を初めて考えた場面の後に展開されていて自然であるのに対し、後者では、同じ場面の前に挿入されて在家信者の寄進を優先させようとの意図が感じられる。[41] また、前者のI45の末尾が在家信者による初めての二帰依であることを強調しているのに対して、後者のその箇所は「およそまたこれは未来世に教団《サンガ》といわれるものになるであろうがそれに対しても私たちは帰依するでありましょう (yo' py asau bhaviṣyaty anāgate 'dhvani saṅgho nāma tam api śaraṇaṃ gacchāvaḥ)」の一文を加えて三帰依になっているが、これも既に僧院化していた教団の存在を予めアピールしておく必要があったからだと考えられる。しかも、その最初の在家信者も、前者ではただ「商人」とされていたものが、後者ではいかにも大金持ちであるかのように「五百台ほどの荷車を引き連れた商人 (vaṇijau pañca-mātraiḥ śakaṭa-śataiḥ sārdham anuyavaharamāṇau)」とされている。他方、四大王が献じた仏鉢の方も、前者と同じく後者の場合でも「石でできた鉢 (śaila-mayāni pātrāṇi)」とされながらも、やはり人間のものとは思えない清美なものであることが強調されているのである。ところで、ガンダーラで「四際画然」たるものとして作られ据えられることになった仏鉢としては最も重要な点である、釈尊が四大王を平等に扱うために「四つの鉢を受領して一つの鉢に変形した (catvāri pātrāṇi pratigṛhya ekaṃ pātram adhimuktavān)」[42]という話は、前者にはなく、後者を含む後代の文献になってから挿入されたものであるが、さすがに有名となったらしく、所謂アショーカ＝アヴァダーナでは、ウパグプタ上座がアショーカ王にこの話を語ったことにされている。[43] いずれにせよ、以上の増広加筆が教団の僧院化を背景としていたことは明白であるが、後者のその傾向を、先に触れた大衆部の『大事』の当該箇所と比較するならば、それが更に増幅された形で示されていることは極めて興味深い。トラプサとバッリカとの二人が三帰依の形を取るのはいうまでもないが、彼らは莫大な財産を所有する貿易商主（sārthavāha）として描かれ、釈尊に差し出した食物も高価なものであることを示唆する形容詞を伴った「蜜とバターを含んだ茶菓（madhu-sarpi-saṃyuktaṃ tarpaṇam）」という表現に変えられている。また、四大王の献ずる鉢も、石のそれが受領されるまでは、結局は釈尊に認められなかったことになるとはいえ、順次に、金（suvarṇa）、銀（rūpya）、真珠（muktā）、瑠璃（vaiḍūryā）、水晶（sphaṭika）、琥珀（musāragalva）、赤真珠（lohitikā）でできた豪華な宝鉢（ratana-pātra）が提供されたことにされているのである。なお、『大事』はまた、一つに変形された鉢に四つそれぞれの鉢の縁が残った（catvāri pātra-koṭīni dṛśyanti）ということも明瞭に記しているが、この他の些細な相違については、ここでは省略する。ただし、『四衆経』『破僧事』『大事』の仏鉢譚中に見出される所謂の「呪願頌」については、「作善主義」の確立と関係するので、第三章で取り上げることにしたい。(44)

註

（1）当時このことは種々のメディアによって報道されたわけであるが、私は、二〇〇一年三月十九日（月）の『毎日新聞』（夕刊）の記事によっていることを明記しておきたい。

（2）桑山正進『カーピシー＝ガンダーラ史研究』（京都大学人文科学研究所、一九九〇年）、三四二頁。私は、本書の存在を、伊藤義教『ゾロアスター教論集』（平河出版社、二〇〇一年）、四九三頁で知ったが、通常の販売ルートに乗っていなかったために、その入手に苦慮した。思い切って、桑山博士にお願いしてみたところ、御好意を得て、人文科学研究所への御推挙を頂き、二〇〇二年一月二十八日に、桑山博士からの私信、同、三十日には、同研究所よりの献本を頂くことができた。記してここに深く感謝の意を表しておきたい。

（3）桑山前掲書、六一頁、一〇四頁、一二四頁の図による。ここに、私の幾分勝手な採用を加えた上での転載であることに、お詫びと御海容を乞う次第である。

（4）桑山前掲書、特に、四三―五九頁参照。これは、主として、白鳥庫吉「罽賓国考」『西域史研究』上、白鳥庫吉全集、第六巻（岩波書店、一九七〇年）、二九五―三五九頁などの先行研究を踏まえながら、桑山博士御自身の見解を示したものである。なお、同博士には、これに先立って「罽賓と仏鉢」樋口隆康教授退官記念論集『展望アジアの考古学』（新潮社、一九八三年）、五九八―六〇七頁もあるので、合わせて参照されたい。また、一事が万事式の敷衍に対する警告については、桑山前掲書、三五六―三五七頁、註13を参照のこと。

（5）桑山前掲書、六〇頁。これに先立つ、罽賓を中心とする来支僧については、同上書、三五―四二頁参照。なお、僧名カッコ内のサンスクリットは私によるものであるが、推定の域を出ないものについては、アスタリスク記号を付した。また、これらの来支僧については、鎌田茂雄『中国仏教史』第一巻（東京大学出版会、一九八二年）、三〇七―三三七頁、同、第二巻（同、一九八三年）、二〇九―三八三頁、同、第三巻（同、一九八四年）、ほぼ全体、を参照されたい。

（6）拙稿「弥勒菩薩半跏思惟像考」木村清孝博士還暦記念論集『東アジア仏教の形成』（春秋社、二〇〇二年十月刊行予定）参照。

（7）『高僧伝』、大正蔵、五〇巻、三四〇頁上―三四二頁中参照。

（8）求那跋摩に帰せられる遺偈については、拙稿「「善悪不二、邪正一如」の思想的背景に関する覚え書」『駒沢短期大学研究紀要』第三〇号（二〇〇二年三月）、一六九―一九一頁、参照。なお、『高僧伝』の成立史的問題の可能性については、その拙稿末尾に補足したので、そこを参照されたい。

（9）以上の件については、多少古いとも思われるが、今日でもそれを超えたまとまった研究はないと思われるので、木村泰賢「大毘婆沙論結集の因縁について」『阿毘達磨論の研究』、木村泰賢全集、第四巻（大法輪閣、一九六八年）、一七五―二一一頁を参照されたい。その初出版は、一九二二年のこととされる。

（10）『阿毘達磨大毘婆沙論』、大正蔵、二七巻、六四五頁下―六四六頁上。なお、この解釈をも含めて、加藤純章『経量部の研究』（春秋社、一九八九年）、二九―三〇頁をも参照されたい。

（11）玄奘のカシュミーラ滞在については、桑山正進・袴谷憲昭『玄奘』（人物中国の仏教、大蔵出版、一九八一年、新装版、一九九一年）、九七―九九頁、一九八―一九九頁、二二二頁参照。また、桑山前掲書（前註2）、二八五―二八八頁には、その間の表に、玄奘の就学地と所学テキストが対比されていて便利である。

（12）『大唐西域記』、大正蔵、五一巻、八七九頁中―下。この現代語訳については、水谷真成訳『大唐西域記』（中国古典文学大系22、平凡社、一九七一年）、八一―八二頁、桑山前掲書（前註2）、一四六―一四七頁参照。なお、引用中、ガンダーラに因む論師の列挙の最初にアスタリスク記号を付したものは、原漢文では「那羅延天」とされ、これを水谷訳はNārāyaṇadevaと推定し、その限りでは正しいと思われるが、実在した論師名としては私にどうもしっくりこないので、元々は説一切有部の初期の代表的論師であるKātyāyanīputraであったのではないかと考え、かなり強引と感じつつも、敢えて訂正を試みた。

(13) エフタル侵入後のガンダーラとカシュミーラとの位置関係、および、ガンダーラをインダスの西側までとした玄奘の見方に関しては、桑山前掲書（前註2）、一三六—一四〇頁を参照されたい。

(14) 『婆藪槃豆法師伝』、大正蔵、五〇巻、一八八頁上—一九一頁上参照。以下の本文中の引用末のカッコ内に示した頁はこれによるものである。なお、この現代語訳には、三枝充悳『ヴァスバンドゥ』（人類の知的遺産14、講談社、一九八三年）、二〇—四九頁、また、部分訳には、定方晟『カニシカ王と菩薩たち』（大東名著選4、大東出版社、一九八三年）、八七—九二頁、九六—一〇八頁があるので、合わせて参照されたい。

(15) 『阿毘達磨大毘婆沙論』の最末尾、大正蔵、二七巻、一〇〇四頁上に、「仏涅槃後四百年　迦膩色迦王瞻部　召集五百応真士　迦湿弥羅釈三蔵　其中対法毘婆沙　具獲本文今訳訖　願此等潤諸含識　速証円寂妙菩提」とある。ただし、この識語を含む玄奘の見解に問題のあることについては、木村前掲論文（前註9）参照。

(16) カニシカ王治下のクシャーナ王朝より、三世紀以降の王朝末期の衰微した時期に至るまでの北西インドの状況については、中村元『インド史III』、中村元選集〔決定版〕、第七巻（春秋社、一九九八年）、二三七—二八〇頁参照。

(17) 桑山前掲書（前註2）、九〇頁、二八九—二九〇頁。

(18) 以上につき、『発智論』の回収されたサンスクリット原文、および、その和訳、更に、『大毘婆沙論』を踏まえた私の解釈に関しては、拙書『法然と明恵——日本仏教思想史序説——』（大蔵出版、一九九八年）、三九四—三九五頁参照。

(19) この原則については、拙書『唯識思想論考』（大蔵出版、二〇〇一年）、二一一頁を中心にその前後を参照されたい。

(20) *Abhidharmakośabhāṣya*, Pradhan ed., p. 462, l. 22 によるが、この一句を含む「破我品」については、拙稿「無我説と主張命題——「破我品」の一考察——」前田専学博士還暦記念論集『〈我〉の思想』（春秋社、一九九一年）、一五五—一六七頁参照。

(21) 大正蔵、二七巻、六七八頁中—下。なお、この一節の解釈については、平川彰『初期大乗仏教の研究』（春秋社、一九六八年）、六一一—六一二頁：同『初期大乗仏教の研究II』、平川彰著作集、第四巻（春秋社、一九九〇年）、二六四—二六五頁参照。しかるに、『大毘婆沙論』のこの箇所の所釈の経がなにを指しているかは必ずしも明らかになっていないようであるが、"cātuddisaṃ saṃghaṃ uddissa vihāraṃ karoti（全教団の名義で寺を造る）" ことが "maha-pphalataro ca mahânisaṃsataro ca（より果報が大きく、より功徳が大きい）" との一節（D. N., I, p. 145, ll. 11-16）をもつ *Kūṭadanta-sutta* と同系の説一切有部所伝の経だったのかもしれない。

(22) P. Luís Fróis, S. J., *Historia de Japam*, II, Edição anotada por José Wicki, S. J., Biblioteca Nacional, Lisboa, 1981, pp. 283-284: 松田毅一・川崎桃太訳『フロイス日本史』4（中央公論社、一九七八年）、一七二—一七三頁。引用は後者による。なお、引用中の「心海」については、同、3（同、一九七八年）、三七頁、註15で、『陰徳太平記』巻十七の「帝釈寺の心海と云ふ老僧」が該当するとされている。

(23) 拙稿「源信思想研究——第一部：『大乗対倶舎抄』の註釈的研究——(1)」『駒沢短期大学仏教論集』第八号（二〇〇二年十月刊行予定）参照。なお、Fróis, *op. cit.*, I, p. 81 では "universidade de Fiyenoyama" と比叡山が「大学」と呼ばれ、II, p. 23 では、京都の東福寺が "alguma universidade" とされている。

(24) É. Lamotte, *Histoire du Bouddhisme Indien*, Louvain, 1958, réimpr., 1967, p. 862 の直後に付せられた図により、地名表記をカタカナに改め、若干の地名の省略を伴って、転載したものであることをお断りしておきたい。

(25) Sukumar Dutt, *Early Buddhist Monachism*, London, 1924, p. 40: First Indian Edition, Asia Publishing House, 1960, p. 31. 表現にはかなり相違したところが見られるが、初出を重んじて、引用の訳は前者による。なお、引用中で関説されている "agārasmā anagāriyaṃ pabbajati" の文句については、拙稿「貧女の一灯物語——「小善成仏」の背景(1)——」『駒沢短期大学紀要』第二九号（二〇〇一年三月）、四五四—四五五頁、および、阪本（後藤）純子「髪と髭」『日本仏教学会年報』第五九号（一九九四年三月）、七七—九〇頁（横）を参照のこと。

(26) S. Dutt, *op. cit.*, pp. 76-79: pp. 62-64 参照。

(27) S. Dutt, *op. cit.*, pp. 82-87: pp. 67-71 参照。なお、この「全教団」との関連で、四方僧伽と現前僧伽との対比については、佐藤密雄『原始仏教教団の研究』（山喜房仏書林、一九六三年）、二九三—二九四頁、平川彰『原始仏教の研究』（春秋社、一九六四年）、二九三—三九六頁：同『原始仏教の教団組織II』、平川彰著作集、第一二巻（春秋社、二〇〇〇年）、三—一一七頁を参照されたい。

(28) S. Dutt, *op. cit.*, pp. 110-112: pp. 90-91 参照。その四種の僧については、脚註にて "The Cenobites are those who live in a monastery under a Rule or an Abbot. The Anchorites are in effect those who do not belong to any cenobitical society. The Sarabites are unschooled and undisciplined monks who "lie to God by their tonsure". The Gyrovagi are those who move about all their lives through various countories, "who are always on the move and never settle down."" なる説明が与えられている。なお、ベネディクト会を中心とした僧院規則については、John Henry Cardinal Newman, *An Essay on the Development of Christian Doctrine*, Oxford, 1878, Notre Dame Series in the Great Books, University of Notre Dame Press, Notre Dame, 1989, pp. 395-399 を参照されたい。

(29) S. Dutt, *op. cit.*, pp. 117-118: p. 96. 示した和訳は前者による。なお、このS＝ダットの言及については、既に、田賀龍彦『授記思想の源流と展開——大乗経典形成の思想史的背景——』（平楽寺書店、一九七四年）、二四一頁においても、後者によって和訳引用された上で、コメントが付せられているので、私も参照して大いに啓発させて頂いた。ところで、この四依の典拠について、S＝ダットは、*Mahāvagga*, vii, 1, 1 (Vinaya, I, p. 253), *Cullavagga*, XII, 1, 8 (Vinaya, II, p. 299) を指示するが、仏教辞典などで説明されている通常の四依では、tecivarika の代わりに、pūtimutta（陳棄薬）を採ることとされている場合が多いものの、この四依も捨て難い。通常の四依については、佐々木閑『出家とはなにか』（大蔵出版、一九九九年）、二四―二七頁、一〇五―一〇六頁、および、本書、第二部第四章、二一七頁参照。

(30) Edward Gibbon, *The Decline and Fall of the Roman Empire* (in Six Volumes), Everyman's Library, IV, p. 20: 村山勇三訳『ローマ帝国衰亡史』㈤（岩波文庫）、三〇七頁参照。cœnobite, anachoret が、村山訳では、それぞれ「教団員」「孤独の隠者」と訳されているが、類似の他語と訳し分ける必要と私なりの訳語統一のために、この両語のみは、村山訳に従っていないことをお断りしておきたい。なお、この一節に対する私見については、拙書評「グレゴリー・ショペン著、小谷信千代訳『大乗仏教興起時代・インドの僧院生活』」『仏教学セミナー』第七三号（二〇〇一年五月）、七四―七五頁を参照されたい。

(31) 以上の、正統説と異端説、事効論と人効論に関しては、堀米庸三『正統と異端――ヨーロッパ精神の底流――』（中公新書、一九六四年）、特に、二九―八二頁, Colman O'Neill, "The Role of the Recipient and Sacramental Signification", *The Thomist: A Speculative Quarterly Review of Theology and Philosophy*, Vol. XXI (1958), pp. 257-301, pp. 508-540, esp., pp. 296-301, pp. 539-540 参照。なお、この問題に関して、私は、先に、P・グリッフィス教授のお世話になったが、その経緯等については、拙稿「自己批判としての仏教」『駒沢短期大学仏教論集』第一号（一九九五年十月）、一二七頁、註62参照のこと。

(32) 前者については、J. Newman, *op. cit.*（前註28）, esp., pp. 31-54、後者については、富永仲基『出定後語』（日本思想大系43、岩波書店）、特に、一四―一五頁、同『翁の文』（日本古典文学大系97、岩波書店）、特に、五五四頁参照。前者は "This process, whether it be longer or shorter in point of time, by which the aspects of an idea are brought into consistency and form, I call its development, being the germination and maturation of some truth or apparent truth on a large mental field." (p. 38) と言い、後者は「みなあひ加上してもつて説をなせり」と言う。後者は、所謂「加上説」で通常はマイナスの方面でしか語られないし、事実、仲基もその方面で論究しているわけであるが、勿論「思想」とはプラスの方にも「加上」しうるものである。

(33) Karl R. Popper, *The Open Society and Its Enemies*, Vol. II, Princeton University Press, Princeton, 1971, pp. 278-279: 小河原誠・内田詔夫『開かれた社会とその敵』第二部（未来社、一九八〇年）、二五七―二五八頁。引用は後者による。

(34) 前註5下の本文中に引用した桑山博士の御見解参照。なお、同博士は、この仏鉢譚の典拠についても、桑山前掲書（前註5）、四五―四七頁で種々の御指摘をなさっておられるが、玄奘『大唐西域記』のそれについては、「隋天竺三蔵ジナグプタ訳『仏本行集経』巻三二の二商主奉食品下から採用した可能性が高い。」（四七頁）とされている。しかし、本書の骨格の一部をなした同博士の先行論文「バーミヤーン大仏成立にかかわるふたつの道」『東方学報』京都第五七冊（一九八五年三月）、一一〇頁では、「帰国ののち『大唐西域記』編纂に際してどこからか引いたのであろうが、出典はあきらかではない。」として敢えて特定はされていない。私自身は、玄奘以前のものであっても仏伝中のこの話はかなりの数にのぼると思われるので、やはり特定するのはなかなか難しいのではないかとの考えである。

(35) ここで、その仏鉢譚の典拠の一々を指摘することはしない。それらについては、便宜的ではあるが、赤沼智善『印度仏教固有名詞辞典』(法蔵館複刊、一九六七年)、九二頁、Bhalliya の項、六八〇—六八一頁、Tappussa' の項を参照されたい。しかるに、本書の執筆を全て完了してしまった後の初校時になってからであるが、この仏鉢譚のほぼ全ての関連文献を網羅した論文が公けにされたので補っておきたい。定方晟「二商人奉食の伝説について」『東海大学紀要文学部』第七六輯(二〇〇二年三月)、一—二〇—七七頁がそれで、この論文においては、特に、私がほとんど言及していない *Lalitavistara* について、その当該個所のサンスクリット文、チベット訳が示された上で、定方晟氏御自身の和訳も施されており、同時に掲示されている漢訳等の他の関連文献とも比較するならば、本書の欠を補いうると思うので必ずや参照されるべきである。

(36) 「現在スリランカを初めとした南アジア諸国に伝わっている仏教部派」をなんと呼ぶべきかについては、佐々木閑『インド仏教変移論——なぜ仏教は多様化したのか——』(大蔵出版、二〇〇〇年)、三八六頁、註1において、問題が提起され、便宜上と断られた上で、「南方分別説部」という呼称が採用されている。私の呼称はこれに従ったものである。なお、この呼称は以下においても用いられる。

(37) *Mahāvagga*, Vinaya Piṭakam, H. Oldenberg ed., Vol.I, pp. 3-4: 渡辺照宏訳、南伝蔵、三巻、六—七頁:前田惠学訳「ブッダの開教——マハーヴァッガ——」『インド集』(世界文学大系4、筑摩書房)、一一二—一一三頁。以下の引用は、渡辺訳、前田訳を参照しながら、私によって訳されたものである。

(38) これは従来の厳密な呼称に従えば「根本説一切有部」としなければならないが、私は、北西インドのカシュミーラやガンダーラで確立された「説一切有部」の「哲学」が更にインド中央のナーランダーを拠点に再発展させられた時に、その教団が自ら「根本」たることを意識して「根本説一切有部」と呼ぶようになったと考えて、「教団史」的には、教団の「発展」を認めさえすれば、一応は同一「教団」と見做して同じ呼称で呼んでもよいと思っている。なお、私と同じ見解ではないかもしれないが、この方面の最近の研究には、榎本文雄「「根本説一切有部」と「説一切有部」」『印仏研』四七—一(一九九八年十二月)、四〇〇—三九二頁がある。この榎本説に対する意見には、平岡聡「血脈か法脈か——根本有部律破僧事と Mahāvastu とに見る釈尊の系譜——」『印度哲学仏教学』(二〇〇〇年十月)、三三三頁、註2、前掲拙稿(前註25)、四五一—四五三頁、拙稿「貧女の一灯物語——「小善成仏」の背景(2)——」『駒沢短期大学仏教論集』第七号(二〇〇一年十月)、二八七頁、註13があるので参照されたい。ただし、『十誦律』と『根本有部律』との関係については、榎本説が同一有部律の「部分と全体」と見做しているように私が記したことに対して、後に、榎本文雄博士御自身より拙稿に対する礼状(二〇〇一年十一月十九日受領)にて、そのように書いた覚えはないとの御指摘を受け、そのとおりの文言のないことは私も確認したので、ここにお詫びして撤回したい。なお、漢訳諸律を比較しようともしないで、チベット訳『根本有部律』を最も古い広律であるように主張するショペン説が到底認め難いものであることについては、前掲拙書評（前註30）、七二―八六頁を参照されたい。また、本書、第二部が全て完了してしまった後に気づいたために、本書中に活かせなかったことは申し訳ないのであるが、桑山前掲書（前註2）の後になったカシュミーラ関係の論稿には、榎本文雄「罽賓――インド仏教の一中心地の所在――」塚本啓祥教授還暦記念論文集『知の邂逅――仏教と科学』（佼成出版社、一九九三年）、二五九―二六九頁がある。

（39）Ernst Waldschmidt, *Das Catuṣpariṣatsūtra: Eine kanonische Lehrschrift über die Begründung der buddhistischen Gemeinde*, Akademie-Verlag, Berlin, 1957, pp. 78-91 参照。必要最小限のものは全てそこに対照されている。ただし、『破僧事』の義浄訳原漢文については、大正蔵、二四巻、一二五頁上、一三行―同、下、一〇行参照。また、その後に出版されたギルギト本については、Raniero Gnoli, *The Gilgit Manuscript of the Saṅghabhedavastu*, Pt. 1, Roma, 1977, pp. 122-124 を参照されたい。なお、今の問題と直接関連するものではないが、この仏鉢譚のことも視野に入れながら、仏舎利塔以前の仏塔について論じたものに、杉本卓洲『インド仏塔の研究――仏塔崇拝の生成と基盤――』（平楽寺書店、一九八四年）、二四九―二五七頁があるので、参考にされるべきであろう。

（40）É. Senart (ed.), *Le Mahâvastu*, Tome III, Paris, 1897, Meicho-fukyū-kai, repr., Tokyo, 1977, pp. 303-311 参照。なお、この文献の背景に関しては、水野弘元「梵文『大事』について」『仏教文献研究』、水野弘元著作選集、第一巻（春秋社、一九九六年）、二九一―三一七頁参照。水野博士の内容区分では、この話は、三ノ二七に当る。ところで、今頃になって知ったと思われるのは、非常に恥しいことであるが、同上著作集、六一―八三頁所収の、水野弘元「仏教聖典とその翻訳」は、その初出が半世紀以上前の一九四八年であるにもかかわらず、仏教聖典を「全教団」史的に見る場合には、極めて示唆に富んだものであることを痛感した。このことを今回知るに至った自らの不明を恥じた上で、ここにその参照をお勧めしておく次第である。

（41）その結果、『四衆経』と『破僧事』では、この話の後に、釈尊が縁起を考える場面が展開するが、この箇所については、前掲拙書（前註19）、一三頁を参照されたい。なお、本章のこれ以下の本文中に示すサンスクリットは、両者中の後者、即ち『破僧事』の Gnoli. ed. によるものである。

（42）adhimukta の "changed magically" の意味については、F. Edgerton, *Buddhist Hybrid Sanskrit Dictionary*, p. 14, col. 1 参照。ただし、*Lalitavistara*, Lefmann ed., p. 385, ll.4-5 のこの語対応箇所には "adhitiṣṭhati sma/ adhimukti-balena" とある。

（43）*Divyāvadāna*, Cowell and Neil ed., p. 393: 定方前掲書（前註14）、七五頁参照。

（44）本書、第一部第三章、七二―七七頁参照。

第二章　思想と習慣と教団分裂

西暦紀元前二六八年頃に即位したとされるアショーカ（Asoka）王[1]によって、祖父王のチャンドラグプタ王の代に創始されたマウリヤ王朝は、インド最初の強大な統一国家として益々発展させられ、その領土はマガダを中心にインド史上空前の拡がりを示したといわれている。ガンジス河中流域のマガダで成立した仏教は、恐らく、アショーカ王が即位する以前までにも、徐々にインド全域に拡がる気配をみせていたと思われるが、即位後十年ほどで熱心な仏教の在家信者（upāsaka）になっていたとされるアショーカ王が、インド全域に法勅を建立したことによって、仏教のインド全域への伝播も決定的なものとなった[2]。そのアショーカ王の功績により、仏教徒は、アショーカ王の即位年を基点として、その開祖たる釈尊の没年（仏滅）を数えるが、その間の年数を北伝が約百年とするのに対して南伝は約二百年とするため、主としてどちらに基づくかによって、釈尊の生存年代に関しても約百年の差が出てきてしまうことになる。この釈尊の生存に絡む仏滅の年に関する論争を「仏滅年代論」と学界では称しているが、本書はそれを扱うものではない。ただ、仏教教団史的観点からいえば、私は、アショーカ王即位以前に仏教教団の最初の大きな分裂は起っていたのではないかと見做す立場に傾いているので、仏滅とアショーカ王即位の間を約二百年と伝える南伝の方が自然のような気もしているのである[3]。

しかるに、この最初の大きな教団分裂に関連する画期的な研究成果が、佐々木閑博士によって、従来の論文を新たに一書にまとめるという形で、最近、『インド仏教変移論』として世に問われることになった[4]。これは、アショーカ王法勅碑文中の“Schism Edict（分裂法勅）”と称せられる三碑文の示す記述内容が、大衆部（Mahāsāṃghika）所伝の律蔵の漢訳である『摩訶僧祇律』中の教団分裂の危機を回避するための手順を述べた一節と完全に一致することを論証し、次に、それとは関連するものの、方法的に一旦は別途に、諸部派における「破僧（saṃgha-bheda）」の定義の変化を考察し、そこには cakra-bheda と karma-bheda という全く性質の異った二種の概念があることを指摘した上で、「破僧」と言われるものは、cakra-bheda から karma-bheda へと、基本的に変化したことを明らかにしつつ、その変化が部派間で異っていることも明確にした上で、更に、その発端はともかく置くとしても、それ以降に一貫して karma-bheda を採用していると見なされる点で他律とは全く違った『摩訶僧祇律』の特異性を、その全体の構成の分析を通して解明し、その後に、「和合布薩（sāmaggiuposatha）」と二種の「破僧」との関係に関する考察を介在させて、それまで別々に論じられてきたことを結論としてまとめながら、それを仮説の提示として示したものである。この佐々木書は、この後にも、南伝史料としての *Dīpavaṃsa* と北伝資料としての『大毘婆沙論』や『舎利弗問経』の分析に及び、更に付録として、「ノーマンへの再反論」と「大乗仏教在家起源説の問題点」を加えて、その全体を見事にまとめている。方法はそれぞれの対象に応じて個々に選び取られ、論理的にも厳密が期されているが、研究対象はストイックなまでに歴史的事実のみに限定されている。それでいて、この佐々木書は、教団史に基づく今後の思想史研究にも大きな展望を開いたものとして高く評価できるのである。それゆえ、私も、この画期的研究成果を、従来の佐々木博士の意識的には数年前から知るようになった諸論文とも合わせて、私自身の「思想」と「習慣」という観点から、批判的に活用させて頂きたいと思っているが、論を進めていく上で、まず その前に、佐々木博士が明確にされた、①cakra-bheda と②karma-bheda との二つの概念規定を掲げておいた方がよいであろう。(5)

① cakrabheda とは、たとえばデーヴァダッタのような主導者がブッダの教説に背く教義を主張して仲間を募り独自の僧団をつくることとされている。独立した僧団をつくるためには最低四人の比丘が必要であるから cakrabheda が成立するためには敵味方合わせて八人の比丘がいなければならない。さらに破僧の主導者（たとえばデーヴァダッタ）はブッダと同じ立場におり僧団のメンバーには勘定されないので、その分が別個に加えられて

合計九人の比丘が必要となる。最低九人の比丘がいなければ cakrabheda は起こり得ないのである。すなわち cakrabheda とは「仏説に背く意見を主張することで仲間を募り、独自の僧団をつくること」であ〔る。〕②karmabheda は、同一僧団内の比丘たちが二派に別れ、それぞれが別個に僧団行事を行うことと定義される。ヤショーミトラによれば、僧団行事（羯磨）とは布薩等の行事のことであるとされている。karmabheda の場合は特定の主導者がいないから最低八人の比丘がいれば起こりうる。cakrabheda より必要人数は一人少ないのである。

〔すなわち〕karmabheda とは「一つの僧団内で別個に布薩などの行事を行うこと」なのである。〔従って karmabheda によれば〕「意見が違っていても布薩などの僧団行事を一緒におこなえば破僧にはならない」〔ということになる。〕

この佐々木博士の両規定は、自ら断っておられるように、基本的には、ヴァスバンドゥの『倶舎論（*Abhidharma-kośabhāṣya*）』のそれに基づきながら、その検討を通して、明確な形に導かれたものであるが、ヴァスバンドゥの出家した説一切有部の伝統では、元々破僧の定義は一貫して cakra-bheda のみに依っていたものの、アショーカ王の時代に起ったと推定される①から②への破僧概念の転換によって、その影響が徐々に説一切有部にも及んで、後には karma-bheda による破僧の定義も並存するようになったとされる(6)。かかる破僧概念の転換をも念頭に置きながら、佐々木博士が「仮説の提示」として下される結論の一節は次のごとくである。少し長くなるが、私が要約したりするよりは、同博士御自身の慎重に選ばれた言葉をそのまま示す方がよいと思われるので、敢えて長文の引用を試みることを許されたい(7)。

いま私が言える確実なことは、アショーカ以前のある時点で、大衆部、南方分別説部、法蔵部、化地部、説一切有部の五部派がならんで存在していたということである。そして、それらの部派が保持していた律蔵の破僧定義はすべて cakrabheda であった。したがってこれらの部派は、同一僧団の中で共住することはできなかったはずである。また、ある部派の者から見ると、他部派の者たちは、仏説すなわち自分たちが主張する教義とは異なる教義を主張して、別個に僧団をつくっているのだから破僧人である。このように当時並び立っていた部派は、互いに相手を破僧僧団と見て敵対し合っていたであろう。もちろん中には友好的な関係の部派があったかもしれないが、cakrabheda を保持している限り、全部の部派が単一の宗教集団として行動することはできなかったはずである。このような状態の時にアショーカが登場する。アショーカは仏教信者になるが、僧団がこのような分裂状態にあることを憂慮して、その統一に力を注ぐようになる。仏教僧団の統一化の動きがアショーカ個人の発想によって生じたものか、あるいはすでにそのような動きが起こっていたところへアショーカが後から協力するようになったのかは不明であるが、とにかくアショーカは、仏教僧団の統一に力を貸すのである。

この時の統一は、各派の教義を一本化して仏教界を完全な均一な状態に復元するものではなく、分裂状態にある仏教界を、律の規定にある sāmaggiuposatha〔和合布薩〕の共同執行によって形式上和合させるのが目的であった。この和合には当然、律の専門家が重要な役割を果したはずであるから、sāmaggiuposatha によって形式上和合しても、cakrabheda が保持されている限り、破僧状態を免れることができないことは分かっていたはずである。したがって sāmaggiuposatha による和合が執行される時点で、cakrabheda が変更されることは承認済みであったと予測される。つまり、破僧定義を変更して、対立する部派が共存できるようにするという案に賛成する部派が集まって、sāmaggiuposatha による和合を執行したと考えられるのである。この動きに同調したのは、大衆部、南方分別説部、法蔵部、化地部であり、そしてこの案に反対して、和合に加わらなかったのが説一切有部である。

律の改変状況から見て、和合に最も熱心だったのは大衆部である。アショーカが、この和合に協力している点を考え合わせるなら、アショーカの肝煎りで大衆部が活動の中心となり、南方分別説部、法蔵部、化地部を取り込んで和合を達成した可能性は十分考えられる。いずれにしても、これら四つの部派は破僧定義を cakrabheda から karmabheda に変更することを承認して和合した。これによって彼らは、各自の教義を変えることなく、仏教の名の下に共存する道を獲得したのである。その後彼らは、自分たちの律蔵をそれぞれのやり方で改変して、新たな破僧定義である karmabheda を導入した。その際、南方分別説部、法蔵部、化地部という上座部系の諸派は、大衆部のような根本的改変はせず、本来あった cakrabheda の後ろに karmabheda を付加するという方針を採用して、最小の改変で karmabheda を導入した。以後、和合したこれらの部派は、それぞれの僧団において行われる布薩などの僧団行事への相互参加を承認し合い、単一の宗教団体として自由に交流することができるようになったのである。

言うまでもないことだが、これは上記の部派に属する比丘（比丘尼）たちが全員一ヵ所に集まって僧団行事を行ったという意味ではない。そのようなことは現実問題として不可能であろう。私が想定している状況は次のようなものである。それまで互いに相手を破僧僧団として非難し合っていた各部派が、sāmaggiuposatha によって和合し、破僧定義を変更することによって僧団行事の共同執行を和合の必要条件として設定した。これによって、異なる教義を主張する僧団が併存していても、それらはすべて仏教僧団であるとの共通認識ができた。一般社会に対しても、教義の違いは仏教界の分裂ではないと主張することが可能になり、それぞれの部派はそれまでと変わらぬ状態を保ちながら、全体が一つの仏教僧団（四方サンガ〔cāturdiśa- saṃgha-〕）として自立していくことができるようになったのである。sāmaggiuposatha の執行に関しても、すべての比丘が一ヵ所に集まって布薩を行ったと考える必要はないだろう。たとえば各派の代表者が集まって布薩を行うことによって和合が達成されたとしても不合理ではない。その時の布薩が半月に一度の定期的な布薩以外の特別な機会に行われたのならそれは sāmaggiuposatha であるが、もし定期的な布薩儀式の機会を利用して行われたのなら、sāmaggiuposatha という呼び方さえされなかった可能性がある。

各地には特定の界を持つ現実の個別僧団（現前サンガ）が存していたはずだが、和合が行われる前は、単一僧団の中に意見の異なる者が共住することはなかった。つまり一つの僧団は必ず一つの部派に属していたのである。そしてある僧団にいた比丘が、別の部派に属する別の僧団へ行って生活することはできなかった。もちろん事は人間活動のレベルであるから、そこにはある程度の融通性もあったであろう。だが少なくとも、ある部派の中へ、別の部派の比丘が入った場合、彼は正統なる仏教比丘として同等に扱われることはなかったはずである。

しかし和合が成立して破僧定義が変更された結果、異部派間での比丘の交流は自由となった。布薩等の集団行事にさえ出席すれば、どの僧団でも生活することが可能になったのである。

以上の長い引用は、佐々木閑博士御自身のこれ以前の個別的な分析を初めて一つにまとめつつ「仮説の提示」という形で結論として述べられているものだけに非常に説得性に富み、私もこれを基本的にほぼ承認した上で、少しでも先へ進みうればと希っている。しかるに、佐々木博士には余りにも自明なことだったせいかもしれないのであるが、「破僧（saṃgha-bheda）」とその定義に絡む cakra-bheda と karma-bheda という重要な二つの概念との計三つの用語それ自体の説明は意外にも明確な形ではどこにも示されていないようなので、ここでは簡単にそれに触れておきたい。saṃgha-bheda は、私も現代語で「教団分裂」と言う時には、このパーリもしくはサンスクリット語を想起するかもしれないが、その複合語の後分 bheda は、一つの教団が自ずと二つに「分裂」するというような意味での自動詞的機能を指す言葉ではないことに注意しなければならない。"śrāvaka-saṃghaṃ bhittvā（声聞教団を破壊して）" や "saṃghaṃ bhinatti（教団を破壊する）" などの表現[8]があることからも分かるように、bheda とは、ある者が具体的対象を目的語として「破壊する」ということを表わす動詞の名詞化された語である。従ってもし saṃgha-bheda に対して「教団分裂」という訳語を使ったとすれば、それは「教団を分裂させること」の意味でなければならない。このように、この場合の複合語では、後分の bheda は前分を目的語とする tatpuruṣa（依主釈）複合語を構成しているが、それは cakra-bheda の場合でも karma-bheda の場合でも同じである。残る問題は、その両語の前分の意味内容であるが、karma-bheda の方は、佐々木博士も再三明示しているように、この場合の karman は「〔僧団の〕行事」を指すから、その複合語はその意味での「行事破壊」を表わしている。では、cakra-bheda の cakra とはいかなる意味なのか。それは、ヴァスバンドゥが『倶舎論』の説明中で cakra を “dharma-cakra（法輪）” と言い換えているように[9]、「法輪」を意味しているので、cakra-bheda とは、端的には、「法輪破壊」を意味する。勿論「法輪」とは、仏教徒にとっては言うまでもなく、釈尊がヴァーラーナシーで初めて説法したこと、およびそれ以降にも示し続けた説法のことを象徴的に示す言葉で、「転法輪（dhamma-cakka-ppavattana, dharma-cakra-pravartana）」と言うのと実質的には同じことを指す[10]。それゆえに、「法輪破壊（cakra-bheda）」とは、佐々木博士も右の長い引用中の冒頭で指摘されているように、ある者たち（五人以上の集団）が、「仏説すなわち自分たちが主張する教義とは異なる教義を主張して、別個に僧団をつく」ること、と言うことができるのである。

しかるに、私が導入せんとしている「思想」対「習慣」という対比の観点から cakra-bheda を見るとき、問題はむしろその先にあるようにさえ思われてくる。というのも、cakra-bheda とは、釈尊によって転ぜられた「法輪」即ち仏説としての経蔵やその継承分析展開としての論蔵という極めて「思想」的な営為を破壊する行為であるはずなのに、それを扱う文献には「思想」的要素がほとんど認められないからである。教団分裂（saṃgha-bheda）に関して、その具体例としてほとんどの教団の律蔵中に示される話が有名なデーヴァダッタの破壊行動であるが、これはどの場合を取り上げても私の目には「思想」的対立としての「法輪破壊」とは決して映じてこず、彼の行為はただ単にインド的宗教「習慣」に根差した破壊行動を示しているとしか私には思えない。なぜなら、デーヴァダッタの主張は、仏説たる「法輪」には全く関与するものではなく、当時の仏教外の苦行者の方がより讃美したであろうような非仏教的な「習慣」

上の「五事（pañca vatthūni）」でしかないからである。[11] 確かに「習慣」を重視すべきだという主張も「思想」ではありうるかもしれないが、無記の「習慣」を「思想」的な決択もつけずに一方的に讃美することは、説一切有部の教義では、「五見」の一つである「習慣と習癖とに対する偏執（śīla-vrata-parāmarśa、戒禁取）」として避けられている。しかし、一般的に圧倒的な支持を得たとされる大衆部は、「思想」的な決択には緩く、より「習慣」を容認しがちであったと思われるが、佐々木博士も指摘されたごとく、「教団破壊（saṃgha-bheda）」に関しても、「行事破壊（karma-bheda）」をなさない限り破壊行為とはならないとする寛容な立場を逸速く採用していたわけである。従って、佐々木博士も、大衆部の律蔵としての『摩訶僧祇律』は、デーヴァダッタを「教団破壊」者として悪し様に罵るような強い関心さえ示すことなく、ただ、「比丘が一緒に布薩をしている限りは、たとえ教義を異にする者が争いながら共住していても破僧とはならない」という解釈を正当化することのためだけに、デーヴァダッタの話を用いていると分析されている。[12] しかるに、これと対極にある説一切有部の律蔵としての『十誦律』も『破僧事』も、「思想」重視の敵ともいうべきデーヴァダッタに対しては、まるで極悪人並みの扱いとなるのである。それらについても、佐々木博士は詳細な分析を試みておられるが、今はその博士の「千慮の一失」とでも言うべきほんの些細な瑕疵[13]に触れながら、同時に説一切有部のデーヴァダッタ譚に対する特徴をも捉えうるという利点から、『十誦律』の次の一節[14]を拙訳と共に示しておきたい。これは、釈尊がデーヴァダッタの「五事」の主張による「教団破壊」行為を知った直後の場面である。

世尊、晡時、従禅室起、於僧中坐、告諸比丘。「調達、以八邪法覆心、不覚破僧。何等八、利衰毀誉称譏苦楽。」悪知識悪伴党調達、聞仏説其破僧壊転法輪、歓喜作是念。「瞿曇沙門有大神通力勢。我能破彼和合僧。我好名声流布四方。「瞿曇沙門有大神通力勢。調達能破彼和合僧。」」

世尊は、明け方に、禅室（prahāṇa-śālā）より出て教団の中に坐って比丘たちにおっしゃった。「デーヴァダッタは八つの邪法に心を覆われて教団破壊を自覚することができなかったのだ。八つとはなにか。所得（lābha、利）

と不得（alābha、衰）と名誉（yaśas、誉）と不名（ayaśas、毀）と非難（nindā、譏）と称賛（praśaṃsā、称）と安楽（subha、楽）と苦悩（duḥkha、苦）とである。」と。〔すると、〕悪知識で悪伴党のデーヴァダッタは、仏が彼の教団破壊（saṃgha-bheda）と転法輪破壊（dharma-cakra-bheda）とを説いたことを聞いて大喜びをして思った。「沙門（śramaṇa）ガウタマ（Gautama, Gotama、瞿曇）は強烈な神通と威力（mahārdhikānubhāva、大神通力勢）をもっているが、俺は彼の和合した教団（samagraḥ saṃghaḥ）を破壊することができたのだ。俺の素晴しい名声は四方に広がるぞ。「沙門ガウタマは強烈な神通と威力をもっているが、デーヴァダッタは彼の和合した教団を破壊することができたのだ。」となる。」と。

佐々木博士の「千慮の一失」とは、右の八つの邪法というものを数え違えただけのことなのであるが、デーヴァダッタはこのつまらない「世間法（loka-dharma）」[15]に惑わされているにすぎないと釈尊は指摘しているのである。現に、デーヴァダッタの「五事」の主張が全く「思想」的なものではなかったように、「世間法」に惑わされた彼の「教団破壊」もなんら「思想」的主張に基づくものではない。彼の憧れているのは、ただ世間的名声を得るために、修行者として世間が讃美してやまない神通（ṛddhi）や威力（anubhāva）において釈尊を凌駕することだけだったのである。それゆえに、釈尊の教団を破壊すれば名声は自分のものだと思い込めたのにちがいない。そのデーヴァダッタを説一切有部側が「悪知識悪伴党」と呼ぶのは、彼の行為には全く「思想」性がなく、ただ数を恃んで徒党を組むしかなかったからだと考えられる。従って、説一切有部の側から見れば、デーヴァダッタの「教団破壊」は、仏説たる「転法輪」を破壊する「法輪破壊」に映じたがゆえに、アショーカ王の時代には既にあったと思われる saṃgha-bheda[16] に、実質的な内容を示す cakra-bheda を並置するような表記が後々試みられるようになっていったのだと推測される。それゆえ、より後代の（根本）説一切有部の『破僧事』では、かかる傾向もより鮮明になっているようである。次には、その点を確かめつつ、直前の引用を補強する意味をも兼ねて、先の場面とほぼ重なるデーヴァダッタ譚の一節を、『破僧事』

中より、義浄訳、サンスクリット原文、原文拙訳の順に、示してみることにしたい[17]。

爾時、天授苾芻語、四苾芻、一名孤迦利迦、二名騫荼達驃、三名羯吒謨洛迦、四名三没達羅達多、言。「汝等可来与我同伴。彼喬答摩沙門、見今在世。我等五人同意、破大衆及破法輪、我等滅後、名称後世、我得如是名出。「具寿提婆達多等、昔沙門喬答摩在世、多有神通威力、提婆達多等五人、得破衆僧法輪。」我名伝流四方。」

atha devadattaḥ kokālika-khaṇḍadravya-kaṭamorakatiṣya-samudradattān āmantrayate: eta evaṃ kokālika-khaṇḍadravya-kaṭamorakatiṣya-samudradattāḥ; tiṣṭhata eva śramaṇasya gautamasya samagraṃ śrāvaka-saṅghaṃ bhetsyāmaḥ; cakra-bhedaṃ kariṣyāmaḥ; tad asmākam abhyatīta-kālagatānāṃ dig-vidikṣu udāraḥ kalyāṇaḥ kīrti-śabda-ślokaḥ abhyudgamiṣyati: tiṣṭhata eva śramaṇasya gautamasya tāvan-mahârdhikasya tāvan-mahânubhāvasya (devadattena, kokālikena, khaṇḍadravyeṇa, kaṭamorakatiṣyeṇa, samudradattena) samagraḥ śrāvaka-saṅghaḥ bhinnaś cakra-bhedaś ca kriyate iti;

それから、デーヴァダッタ（天授、提婆達多）は、コーカーリカとカンダドラヴィヤとカタモーラカティシュヤとサムドラダッタとに語った。「ここなるものたちは、かくしてコーカーリカとカンダドラヴィヤとカタモーラカティシュヤとサムドラダッタとであるが、我々は、まさに今活躍中の沙門ガウタマの和合した声聞教団（samagraṃ śrāvaka-saṅgham）を破壊することにしよう。我々は〔法〕輪破壊（cakra-bheda）をなそう。それで、我々が死んでしまってから、四方八方に、高く素晴しい名誉と声望と名声とが次のように湧き起ってくるだろう。「まさに今活躍中のあらん限りの強烈な神通（mahārddhika）をもちあらん限りの強烈な威力（mahânubhāva）をもった沙門ガウタマの和合した声聞教団が（彼ら五人によって）破壊され、そして〔法〕輪破壊がなされた。」とな。」と。

ここでも、デーヴァダッタは修行者としての世間的名声だけを求めて「教団破壊」をなそうとしていることは明らかである。しかも、その「教団破壊」が「法輪破壊（cakra-bheda）」でなければならないことは、先に見た、佐々木博士の規定①に明確にされているように、敵味方合わせて八人の他に主導者一人の計九人が最低必要な中、「教団破壊」をなす側は五人でなければならないことを承知した上で、主導者のデーヴァダッタの他に、わざわざそれに加わる四人の名を明記している点からも明らかと言わねばならない。(18) 更に、この点は、これと全く対応する『十誦律』においても、同じ名の四人が列挙されていることによって確認されるのみならず、そこでは、「教団破壊」は決して一人ではなしえないことが明言されているので、説一切有部では、「教団破壊」を「法輪破壊」で解釈しようとしていたことは明白であり、その傾向は、既に、佐々木博士が指摘されているように、南方分別説部においても然りなのである。(19)

しかるに、アショーカ王の時代に、この「法輪破壊（cakra-bheda）」による「教団破壊」の定義が、説一切有部を除く大衆部を中心とする他部派によって「行事破壊（karma-bheda）」によるそれに改められた、というのが佐々木博士の御見解であった。その変更に関する同博士の御見解を先とは別な箇所から引いて再確認しておけば次のとおりである。(20)

cakrabheda は意見の異なる者が共存することを認めないが、これを karmabheda に変更すれば、布薩等の僧団儀式を一緒に行う限りは共存が可能となる。cakrabheda が karmabheda に変わったということは、それまで共存不可能であった者たちが、互いの存在を認めざるを得ないような状況が生じたということを意味しているのである。互いの存在を認めるようになったのは南方分別説部、法蔵部、化地部、大衆部であり、ひとり有部だけはこれを拒否したと考えられる。

ところで、この直後に、著者自らが、「私は今まで、「cakrabheda によって共住することが許されなかった者たちが karmabheda によって共住可能となった」という事実を何度も強調してきた」と認めているように、右引用中にも示されるこの見解は『インド仏教変移論』中に頻出する。そして、私も、この事実を認めることに決して吝かではないのだが、しかし、それは「習慣」上のことであって、「思想」上では全く別な様相を呈するのではないかと思わざるをえないのである。「cakrabheda は意見の異なる者が共存することを認めない」と佐々木博士はおっしゃるが、それはデーヴァダッタの「習慣」や「生活」上の主張を意見と認めた場合のことであって、その時には確かにデーヴァダッタ譚のように共住は不可能であろうが、仏説たる「法輪」に関する真の「思想」や「哲学」上の意見の対立や相違であるならば、それはあくまでも共住しながらきちんと論争しあうべきものでこそあれ、数を恃み徒党を組んで教団を出て行くような性質のものではないであろう。しかるに、そのような行動をとるものは「思想」上の敗者となるほかはないが、しかし、例えば、ガンダーラやカシュミーラを中心に北西インドで発展した僧院の中では、恐らく、カーティヤーヤニープトラを始めとする歴代の諸論師間では活発な論争があってたとえ敵対していたとしても「法輪破壊」に及ぶような行動をとったものはほとんど知られていないのである。それゆえに、数を恃むような行動は却って大衆の支持を得やすい「習慣」重視の修行者や苦行者の側に起りがちであることを思い知っておかなければならない。しかも、その行動は、これを支持する大衆の側から見れば、まさに個人崇拝に値する清貧この上ない宗教「習慣」を遵守するものに思われるにもかかわらず、僧院内で仏教の学問を学ぶ「思想」重視の「哲学者（ābhidhārmika）」の側から見れば、単に頭数を恃んだ「悪知識悪伴党」にしかすぎないわけである。従って、私には、このデーヴァダッタ譚に託けられた「教団破壊」がいつ起ったかを特定することは難しいにせよ、ここには明らかに教団の僧院化が反映されているように思われる。その意味で私は、次に引く田賀龍彦博士の御見解に全面的に賛意を表したいのである。田賀博士は、デーヴァダッタの「五事（五法）」の考察を進められた後で、その結論を以下のように述べておられる。(21)

以上、提婆〔デーヴァダッタ〕の五法〔＝五事〕の歴史的背景について概観したが、結論として、根本分裂以後の上座部において隠遁主義を奉ずる人々と、僧院主義を奉ずる人々との間の修行態度の異りから、僧院主義者達が隠遁主義者達の在り方を取り上げて、仏教本来の主旨にもとる苦行として非難したものであろう。この態度は枝末分裂以後に至って更に明らかとなり、ついには十誦律に言う如く、「外道の法」とまでするに至ったものであろう。このように、根本分裂以後社会経済の進展にともない、教団内においても安易な修行生活が大勢を占めるに至って、隠遁主義を奉ずる人々を特異な存在として異端視し、彼等の修行態度をもって提婆の破僧伽の伝承に付加したものと見る事ができよう。

まさに卓見と言うべきであると私には思われる。周知のごとく、根本分裂をいつとすべきかという点では研究者間に必ずしも一致が見られるわけではないが、私は、佐々木博士に従って、アショーカ王即位以前にその根本分裂と後に言われるようになったものは完全に終っていたと見做しているので、田賀博士が右の引用中でおっしゃっておられる「社会経済の進展」に伴う隠遁主義から僧院主義への変化というものは、アショーカ王即位以降のマウリヤ王朝下では急速に進んでいったのではないかと私には思われるのである。そのマウリヤ王朝の経済活動に関連する土地問題について、中村元博士は次のように記しておられる。(22)

ゴータマ〔Gotama, Gautama、本書のガウタマに同じ〕の時代には、都市貴族(Stadtadel)ともいうべき富商(śreṣṭhin)が巨富を掌握していたから、富商が仏教に対する最大の経済的後援者であった。ところがマウリヤ王朝時代になると、そのような富商の社会的勢威が衰え、土地および資本は国家(ないし国王)の手中に集中された。当時の富商はもはや勢力が弱くなっていたために、経済的にも国王に対抗しうるものではなかった。そこで国王は経済上の寄進の競争相手を〔、例えば、ガウタマ在世中のアナータピンダダ居士の寄進のような〕過去のうちに見出したのである。

ところでこの土地国有の原則も徐々に崩壊せざるをえなかった。その特に有力な一つの原因となったものは、仏教教団に対するマウリヤ王朝の荘園の寄進であり、その数字はよく解らないが、その面積は巨大なものとなったらしい。

ここで注目したいのは、土地が私有から国有に変ったということではなく、仏教教団がやがては土地国有の原則をも崩壊させるような荘園の所有者であったということなのである。しかも、このような背景があってこそ始めて田賀博士のおっしゃる「教団内においても安易な修行生活が大勢を占めるに至って」いたわけなのであるが、ただここでは、我々自身もまた隠遁主義者の側に立って教団の僧院化に関して安易な生活を即放埒な堕落と短絡してしまうようなことは厳に慎しまなければならない。苦行主義を排し「縁起」している「法（dharma）」を前五識ではない第六の「意識（mano-vijñāna）」によって認識していくことを重視した仏教にとって「安易な生活」は歓迎すべきものでこそあれそれ自体が悪であるようなことは決してありえなかったはずだからである。しかも、僧院の経済的基盤の充実によって「習慣」や「生活」の上にも余裕が出てくれば、仏教の「法」の考究を進めていく「思想」や「哲学」の上で、たとえ論争上の対立があったとしても、それがデーヴァダッタのような「教団破壊」即ち「法輪破壊」の数を恃む行動に連なることは、本来ありうることではない。軋轢は、己れの「習慣」や「生活」を他人にも強いる隠遁主義者の側にむしろ大いに起りがちなのである。かかる軋轢を避けるためには、「行事破壊（karma-bheda）」をしない、即ち、教団行事を妨げずに一緒にそれに参加している限りは「教団破壊」にならない、という規則の導入は、従って、「思想」や「哲学」の問題について一つ一つ決択をつけていくことを嫌う隠遁主義者にとっては大歓迎だったに違いない。一方、「習慣」や「生活」の上での孤高を守り抜く隠遁者の生き方は却って「思想」や「哲学」に関心のない大衆の支持も受けやすいものである。そういう意味では、saṃgha-bheda の cakra-bheda に代わる karma-bheda による定義の導入は、その真の発案者がだれであったにせよ、首都パータリプトラ（Pāṭaliputra）から法勅によって命令を発してインド統一を企ろうとしていたアショーカ王には好都合であり、当時の仏教のうち最大多数の支持を得ていたであろう大衆部には最適であったことは、佐々木博士の指摘されたように、明白と言わなければならない。そして、その佐々木博士が、先の同じ長い引用の中で、この saṃgha-bheda の karma-bheda による定義の導入と共に、全教団たる「四方サンガ（cāturdiśa- saṃgha-、四方僧伽、招提僧）」の観念の成立もあったように示唆されていることにも私は同意したいと思うのである。しかるに、私の知る限り、「四方僧伽」の観念の成立を明確に論じ切ったものはないようではあるが、私には左の、平川彰博士の御見解が(23)、従来の研究の中では、最も具体的かつ妥当なものであるように思われる。

四方僧伽という概念が、どのような経路をたどって考えられるようになったかは、明らかでない。しかしこれは「阿含」において考えられたものではなく、おそらく「律蔵」において考え出されたものであろう。おそらく現前僧伽との対比において生じた概念であろう。阿含経にも四方僧伽の用例はあるが、これは律蔵の影響であろう。しかし律蔵においても、最古層には見出だされない。すなわち波羅提木叉の中には、現前僧、四方僧ともに現われていない。「サンガ」の用語が波羅提木叉に現われていることはすでに指摘したが、その中には、内容的には四方僧伽であるものがたんに「サンガ」の用語で現わされている場合がある。(中略)すなわち最初は「サンガ」という一つの言葉で呼ばれていたものが、内容が複雑になるにつれて、現前僧伽と四方僧伽とに分化したのであろうと思われる。それがいつ頃であったかは明瞭にしがたいが、諸律にすべて四方僧伽を説いている点から考えて、部派分裂以前すなわち原始仏教時代から「四方僧」の考えが行なわれていたと見てよいであろう。すなわちいずれの律蔵にも四方僧の用例が見られる。

私には、いずれの律蔵にも説かれていれば、そのことが直ちに部派分裂以前の成立を証することになるのかどうかという点についてはよく分からない面があるが、平川博士が「原始仏教」とおっしゃる時には、アショーカ王時代の仏教までをも含んでおられる場合がほとんどと考えられるので(24)、佐々木博士やそれに従った私のように、アショーカ王即位以前に所謂の根本分裂が終了しており、その頃に「四方僧伽」の観念も成立したと見做せば、右引用末尾の平川博士のその観念の成立時期に関する御見解とは多少の齟齬が生じざるをえないが、私としては、「四方僧伽」の用例が律蔵の最古層には見出しえず経蔵に認められる例も却って新しい律蔵の影響だとおっしゃる平川博士の御見解の方を重視したいと思うのである。一方、これより四十年ほど先んじて「四方僧伽」について論じたS=ダットは、平川博士のような文献批判的視点はほとんど取らないので、「四方僧伽」の観念の成立をかなり古くに想定しがちであるという欠点は示しながらも、その観念の全体的な展開については、次のように述べておられる。(25)

本来の cātuddisa sangha（四方僧伽）は絶えず解体されて異った住所（āvāsa）に属す多くの sangha（僧伽）となり互いに区別されるようになった。〔後の時代には、その「四方僧伽」が、既に指摘したように、理想の団体（an ideal confraternity）の名称である一方で、一つの sangha はある住所あるいは僧院（vihāra）にいる僧たちの実際の居住組織体を意味した。〕

そして、この「理想の団体」としての「四方僧伽」と「実際の居住組織体」としての sangha の用例として、S＝ダットが比較的詳しく触れているのが、ナーシク碑文であるが、それを今、塚本啓祥博士の訳で示しておけば次のとおりである。(26)

〔この〕窟院（leṇa）は、Chākalepa の（住民）Velidāta（Vellidatta）の息子である商人 Rāmaṇaka の四方比丘僧伽（catudisa- bhikhu-saṃgha-, cāturdiśa- saṃgha-）に対する寄進物（deya-dhaṃma）として贈与された。そして彼によって一〇〇 kāhāpaṇa の永代寄付（akhaya-nivi, akṣaya-nīvī）が僧伽（saṃgha）の手に与えられた。この中から、雨安居に住する出家者に対して一二〔kāhāpaṇa〕の衣料費が与えられるべきである。

このナーシク碑文は、考古学的知見によれば、紀元後三世紀のものとされるから、この時代ともなれば、「理想の団体」としての「全教団（cāturdiśa- saṃgha-）」と「実際の居住組織体」としての「教団（saṃgha）」との観念が、教団の僧院化の定着にともなって、明確にされ、寄進の対象も明記されているのも当然のことであるが、平川彰博士が恐らくアショーカ王の頃とされている律蔵の新しい層に認められる「全教団」の用例も、また寄進の対象もしくは所属に関連したものであることは、ここに注意しておいた方がよいかもしれない。それらの用例は、"āgatânāgatassa cātuddisassa saṃghassa avissajjikaṃ avebhaṅgikaṃ（〔寄進物xは〕已来未来の四方僧伽に属し、譲渡されるものではなく分配されるものでもない）” “āgatānāgatassa cātuddisassa saṃghassa patiṭṭhāpesi（〔寄進物xを〕已来未来の四方僧伽に奉上した）” のような表現[27]にパターン化できるようであるが、「全教団」に寄進される寄進物xはどういうものでもよいというわけにはいかず当然不動産的なものに限定されるようである。そして、ここでは、不動産的な寄進物を受領する「全教団」が存在するという観念は、それを永続的に維持管理しうる「実際の居住組織体」としての教団の僧院化が進展し定着していなければ起りえないということだけを確認しておくことにしたい。

さて、かかる教団の僧院化が進んでいく中で、その僧院主義の傾向に対抗して、「習慣」や「生活」の純潔を主張することによって自派の結束を企ろうとした隠遁主義者たちは、却って「教団破壊」的行動に及んだであろうが、その最大規模の根本分裂とも言われるようなものを、大衆部もしくはアショーカ王は、「教団破壊」の定義を「行事破壊」に変更することによって回避しえたとするのが、佐々木博士の御見解であり、私はそれに全面的に従った。ただし、「思想」や「哲学」を重んじる説一切有部では、「法輪破壊」による定義のままでも、却って「教団破壊」的行動は起らなかったであろうということのみは、佐々木博士とは別様に私は考えたのである。かかる私にとって、説一切有部は、「思想」や「哲学」の上で様々な教義論争を展開しようとも、「習慣」や「生活」上の最も重い罪である四つの「教団追放罪（pārājika、波羅夷）」を犯さない限りは特定の論争相手を「共住できない（asaṃvāsa）」ものとして排斥できなかった以上、教義上の対立者もなんら問題なく「教団」内に「共住（saṃvāsa）」しえたとしか思われない[28]。しかし、そのように事が運ばない可能性の強かった、とりわけ他部派では、「習慣」や「生活」上の軋轢に関しては、「教団破壊」の定義を「行事破壊」によるものに変更するような対処が必要であったのである。しかるに、かかる対処の一環がアショーカ王法勅碑文中の “Schism Edict” と称せられるものであるとすれば、そこには「思想」性が希薄であるゆえに、その教団分裂は、キリスト教における東方正教会のローマ＝カトリック教会よりの分離（Schism of the East）を意味する場合の “Schism”[29] のようなわけにはいかないであろうが、しかし、説一切有部からみれば、問題の根本分裂は、「思想」上の schism であるようには思われていたらしい。デーヴァダッタの主張した「五事」や根本分裂や第二結集に関係していただろうと思われる「十事」[30]は、「習慣」や「生活」上の軋轢を示唆しているのに対して、説一切有部が根本分裂の原因と見做すマハーデーヴァ（Mahādeva、大天）の主張した「五事」[31]は、必ずしも高度に「思想」や「哲学」に絡む問題とは言えないにせよ、それが説一切有部の阿羅漢（arhat）の規定に関する正統説に対する異端説であることは明らかなので、説一切有部が schism の原因を「思想」上の問題に求めようとしたことは、なぜそれをマハーデーヴァの「五事」にしたかの理由は定かでないにしても、明白と言わなければならないからである。この「五事」は『大毘婆沙論』中でも論究されているが、その詳細な検討は佐々木閑博士によって既になされているので[32]それに譲り、ここでは、この「五事」を根本に据えて部派の教義の違いを「思想」上から捉えようとした、その名もまさに『教義区別形成輪（*gZhung lugs kyi bye brag bkod pa'i 'khor lo*, **Samayabhedoparacanacakra*、異部宗輪論、部執異論、十八部論）』と称する説一切有部の論典より、その本論ではなく、分裂を要約した序論[33]を一瞥してみることにしたい。

（A）以下のように伝えられている。仏世尊が入滅して（yongs su mya ngan las 'das, parinirvṛta）勝者（rgyal po, jina）の日が没して以来、百年が過ぎ、更に若干の時を経てから、クスマプラ（Me Tog grong, Kusumapura、倶蘇摩城）を中間の依処（bar gyi rten）とせるパータリプトラ（Shing skya nar gyi bu, Pāṭaliputra）にて[34]、アショーカ（Mya ngan med, Aśoka）王が一傘下の領地を守護して政治をなさり給いしときに、教団（dge 'dun, saṃgha）の大多数のもの（phal chen pa）が分裂する（gyes pa）事件が起った。即ち、「〔阿羅漢には、〕㈠他人による誘惑（gzhan gyis nye bar bsgrub pa, parôpasaṃhṛta）があり、㈡無知（mi shes pa, ajñāna）があり、㈢疑惑（som nyi, kāṅkṣā）があり、㈣他人による考察（gzhan gyis[35] rnam par spyod pa, para-vicāraṇa）があり、㈤発声を伴った道[36]（lam sgra 'byin pa dang bcas pa, sa-śabdôdhāraṇo mārgaḥ）がある、との以上が仏説（sangs rgyas kyi bstan pa, buddha-śāsana）である。」という五つの論点（gnas lnga, pañca sthānāni、五事）を随唱し随宣して、上座龍[37]（gNas brtan glu, Sthaviranāga）と東方部（Shar phyogs pa, Prācya）と多聞部（Mang du thos pa, Bāhuśrutīya）とが起った。それらの五つの論点が[38]随唱され随宣されて後にまた、大衆部（dGe 'du phal chen po'i sde, Mahāsāṃghika）と上座部（gNas brtan pa'i sde, Sthaviraka）という二部派（sde pa, nikāya）が設立された（rnam par bzhag）。

（B）その同じ百年にある間に、部派の大衆部より一説部（Tha snyad gcig pa'i sde, Ekavyavahārika）と説出世部（'Jig rten 'das smra'i sde, Lokottaravādin）と鶏胤部（Bya gag ris kyi sde, Kaukkuṭika, Kaurukullaka）という他の部派も形成された（rnam par bkod）。その同じ百年の間に、部派の大衆部より多聞部（Mang du thos pa'i sde）という他の部派も設立された（rnam par bzhag）。その同じ百年の間に、部派の大衆部より説仮部（bTags par smra ba'i sde, Prajñaptivādin）という他の部派も設立された。第二百年にある間に、マハーデーヴァ（lHa chen po, Mahādeva、大天）という名の遊行者（kun du rgyu, parivrājaka）が出家して、チャイティヤギリ（mChod rten gyi ri, Caityagiri、制多山）に住し、あの大衆部の五つの教則（lugs, naya）が正しく随唱され正しく随宣されて、制多山部（mChod rten pa'i sde, Caityaka）と西山住部（Nub kyi ri bo'i sde, Aparaśaila）と北山住部（Byang gi ri bo'i sde, Uttaraśaila）という三部派が形成された。このように、教団の大多数のもの（dge 'dun phal chen pa）のその部派（sde pa, nikāya）は、大衆部（dGe 'dun phal chen pa'i sde, Mahāsāṃghika）と一説部と説出世部と鶏胤部と多聞部と説仮部と制多山部と西山住部と〔北山住部〕[39]という、〔前半の〕四部派と〔後半の〕五部派として形成された。

（C）部派の上座部としばらくは一致して過して以来、第三百年にある間に、ある論争のために[40]、説一切有部（Thams cad yod par smra ba, Sarvāstivāda）のあるもので説因部（rGyur smra ba'i sde, Hetuvādin）というものと、以前の[41]上座部（sngon gNas brtan pa'i sde, pūrva-Sthaviraka）のあるもので雪山部（Gangs ri pa'i sde, Haimavata）というものとの、二部派が設立された。その同じ第三百年の間に、部派の説一切有部より犢子部（gNas ma'i bu,

Vātsīputrīya）という他の部派が設立された。その同じ百年にある間に、部派の犢子部より法上部（Chos mchog pa'i sde, Dharmottarīya）と賢冑部（bZang po'i bu'i sde, Bhadrāyanīya）と正量部（Kun gyis bkur ba'i sde, Saṃmatīya）と密林山部（Grong khyer drug pa'i sde, Ṣaṇṇagarika）という他の部派が形成された。その同じ百年にある間に、部派の説一切有部より化地部（Sa ston gyi sde, Mahīśāsaka）という他の部派が設立された。その同じ百年にある間に、部派の化地部より、彼らによって論師[42]（slob dpon, ācārya）はマウドゥガリヤーヤナ（Maud gal, Maudgalyāyana）であると示して、法蔵部（Chos srung sde, Dharmaguptaka）という他の部派が設立された。その同じ百年にある間に、部派の説一切有部よりある場合には飲光部（'Od srungs kyi sde, Kāśyapīya）といわれ〔ある場合には〕善歳部（Lo bzang ba'i sde, Sauvarṣaka）といわれる他の部派が設立された。また、〔第〕四百年にある間に、部派の説一切有部より、彼らは論師はダルモータラ（Chos mchog, Dharmottara）であると示して、ある場合には経量部（mDo sde smra ba'i sde, Sautrāntika）といわれ〔ある場合には〕説転部（'Pho bar smra ba'i sde, Saṃkrāntika）といわれる他の部派が設立された。このように、上座部といわれるその部派は、説一切有部と雪山部と犢子部と法上部と賢冑部と正量部と密林山部と化地部と法蔵部と飲光部と説転部という、十一種として設立されたのである。

右の引用中、(A)は総論、(B)は大衆部九部派の形成各論、(C)は上座部一一部派の形成各論を示したもので、以上の序論の直後に本テキストは教義内容の区別について叙する本論に入っていくのであるが、今はそれに触れない。ここでは、右引用の序論の部分だけに注目して、それをできる限り忠実に図に再現すれば、左掲のごとくになるであろう。この図の作成に当っては、佐々木閑博士が「部派分裂図の表記方法」という論文において、パーリ文献の『島史（*Dīpavaṃsa*）』だけに基づいて、それの意図するとおりに作図しようとされた試み[43]が刺激になっているので、その図と左掲図とを対比されることをお勧めしたい。しかるに、佐々木博士が、かかる作図と並行して明確にされたことは、

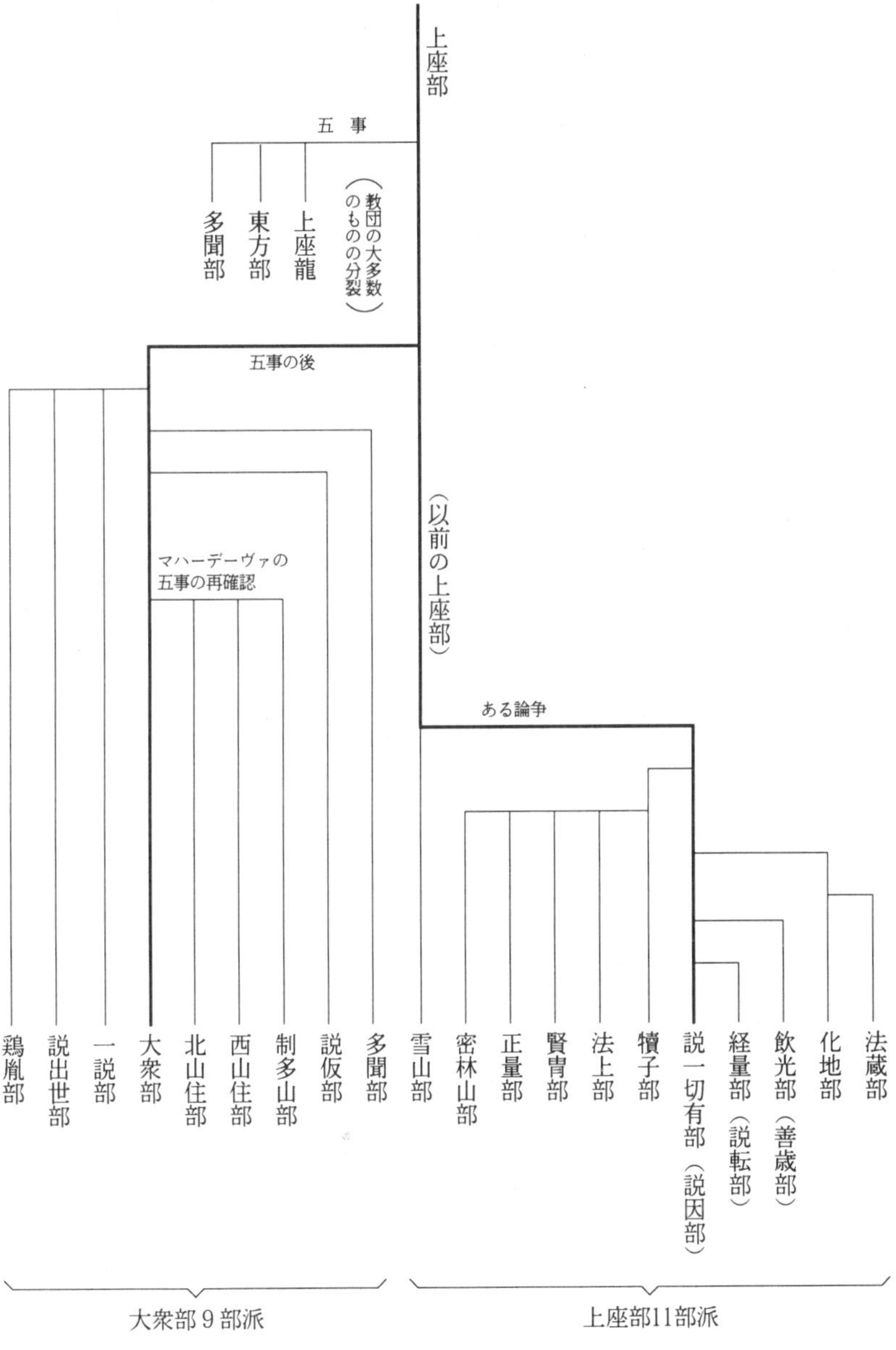

『教義区別形成輪』に基づく仏教20部派形成図

『島史』によれば、仏教は全部で一八の部派になるが、その記述の基本は、図にも現われるとおり、自派である上座部（Theravāda）を唯一の正統説と見做して、それがあたかも一本の太い幹のように真ん中を貫き、他の一七の部派はそれから枝分かれしているように描いている点にあるという。ただ、佐々木博士は、これを『教義区別形成輪』の示す説一切有部のそれとは対蹠的な関係にある特徴として指摘されているのであるが、しかし、私の理解するところによれば、これもむしろ右掲図のごとく『島史』の意図に近いのである。確かに、右掲図では、『島史』のように、上座部が太い一本の幹のように図の中央を真直ぐに貫いているとは言い難いが、ある論争を経た結果、なるほど真直ぐではないにせよ、やはり上座部が説一切有部として太い線で継承されているとは言いうるであろう。なお、部派の数は、『島史』では一八、『教義区別形成輪』では二〇と異る上に、後者では「経量部もしくは説転部」と一つに数えられるものが前者では Suttavāda と Saṃkantika と二つに数えられた中での一八[44]であるから、実質で前者は後者よりも三つ少いことになる。因みに、その三つとは、西山住部と北山住部と説出世部とであるが、このうちの前の二つは、後者だけが伝えるマハーデーヴァと五事の再確認という記述の中で言及されるものであるから、やはりここに説一切有部特有の考えが反映されているのかもしれない。

さて、以上のごとく、『島史』と『教義区別形成輪』とでは部派形成に関して若干の相違はあるにせよ、「思想」の上で自派を正統説であると見做そうとする姿勢には意外にも却って共通する面があるということは重要であると思う。両者の記述が示す部派形成がアショーカ王の時代までにどこまで進展していたかをここで確定することはできないものの、大きな「教団破壊」があったことは、佐々木閑博士の御指摘のとおり、私にも確実なことと思われる。しかるに、かかる破壊を企てるものは、「思想」上の決択を試みることなく頭数を恃んで「習慣」の善し悪しに訴えて行動を選ぼうとすること、あたかも、デーヴァダッタが世間的名声を求めて「世間法」に惑わされていると釈尊に指摘されたごとくである。この点には先に既に触れたが、その場面の少し前に当る『破僧事』の記述では、「教団破壊」を画策しているデーヴァダッタが、ビンビサーラ（Bimbisāra）王の息子アジャータシャトル（Ajātaśatru）に取り入って、彼より莫大な「所得と尊敬（lābha-satkāra、利養）」を勝ち得た話が綴られている。[45]この「所得（lābha、利）」と「尊敬（satkāra、養）」とは、いわば「世間法」のごとく、インドの宗教家が「習慣」上で世間的名声を博するための基準ともなるような重要な語なのである。従って、「所得（lābha）」や「尊敬（sakkāra, satkāra）」に貪著（icchā）しない少欲の人（appiccha, alpêccha）は却って「所得」や「尊敬」に値するが、そうでない人は icchantika として排斥さるべき人となる。[46]しかも、lābha や sakkāra が、かかるニュアンスをもって『島史』の教団の興亡の記述にも現われていること[47]は注目すべきことであると思われるのである。

註

（1） アショーカ王の即位については、中村元『インド史II』、中村元選集〔決定版〕、第六巻（春秋社、一九九七年）、六二一―六三頁参照。

（2） アショーカ王については、中村前掲書全体をも参照すべきであるが、それとはかなり異った視点に立つものとして、山崎元一『アショーカ王伝説の研究』（春秋社、一九七九年）もあるので参照されたい。

（3） 仏滅年代論については、中村前掲書、五八一―六一九頁、山崎前掲書、二〇七―二一一頁参照。前者は、北伝を重んじて、紀元前三八三年仏滅説を採り、後者は、南伝を重んじて、アショーカ王即位を「仏滅後二一八年」とする説を採る。なお、この問題については、山崎元一『アショーカ王とその時代』（春秋社、一九八二年）、二五八―二八二頁参照のほか、最も最近の研究動向については、H. Bechert (ed.), *When Did the Buddha Live?: The Controversy on the Dating of the Historical Buddha*, Bibliotheca Indo-Buddhica Series No. 165, Delhi, 1995 を参照されたい。また、佐々木閑次掲書、三八三―三八四頁、註11には、その書独自の観点から、この問題に簡潔なコメントが記されているので有益である。

（4） 佐々木閑『インド仏教変移論――なぜ仏教は多様化したのか――』（大蔵出版、二〇〇〇年）参照。なお、本書については、あまり批判的な視点は含まれていないものの、全体に対する極めて的確な紹介が、平岡聡「佐々木閑著『インド仏教変移論／なぜ仏教は多様化したのか』」『仏教学セミナー』第七三号（二〇〇一年五月）、八七―九六頁でなされているので参照されたい。

（5） 佐々木前掲書、八〇―八一頁、一一八頁より、①と②とに分けて適宜引用した。

(6) 佐々木前掲書、特に、一六七—一六九頁を参照されたい。

(7) 佐々木前掲書、一九七—二〇〇頁。なお、佐々木博士が、アショーカ王以前にあったとする部派とその名称との関係に対してどうお考えかについては、同、三八〇頁、註5を参照されたい。

(8) 以上の文例中、前者は, R. Gnoli (ed.), *The Gilgit Manuscript of the Saṅghabhedavastu*, Pt. II, Serie Oriental Roma, Roma, 1978, p. 273, l.7 により、後者は, P. Pradhan (ed.), *Abhidharmakośabhāṣya of Vasubandhu*, Tibetan Sanskrit Works Series, Vol. VIII, Patna, 1967, p. 261, l. 6 による。

(9) Pradhan, *ibid.*, p. 261, l. 23 に "dharma-cakraṃ hi tadā Bhagavato bhinnaṃ bhavati/" とある。なお、この句を含む『倶舎論』の関連箇所は、佐々木前掲書(前註4)、七七—八二頁で考察されているので参照されたい。また、アビダルマ論典の漢訳における「破法輪」およびそれに準ずる表現の使用例については、佐々木同上書、三五五—三六〇頁、註34に引用されている諸漢訳中で確かめられたい。

(10) そのヴァーラーナシーでの初めての説法、即ち初「転法輪」は四聖諦であったとされるが、それに因んで、ヴァーラーナシーは、生誕地、成道地、入滅地と共に、四大聖地の一つに数えられる。後世、それは、例えば、"śata-sahasrāṇi dattāni jātau bodhau dharma-cakre parinirvāṇe(十万〔金〕が生誕地と成道地と転法輪地と入滅地とに布施された)" (*Divyāvadāna*, Cowell and Neil ed., p. 429, ll. 15-16) というように表現されたりもするが、また、釈尊滅後の教義展開が「転法輪」を用いて「第二転法輪」「第三転法輪」などのように表現されたりもする。

(11) デーヴァダッタの「五事」については、本書、第二部第三章、一九一頁参照。これが『十誦律』では「外道法」とされていることについては、田賀龍彦『授記思想の源流と展開——大乗経典形成の思想史的背景——』(平楽寺書店、一九七四年)、二三六頁、および、二四八頁、註28を参照されたい。

(12) 佐々木前掲書(前註4)、五九—六二頁、七〇—七一頁参照。

(13) いちいち指摘しないが、誤訳と思われる箇所のみ示しておくので、以下の本文中に示した拙訳と比較されたい。「「調達は八つの邪法に心を覆われているために破僧〔の重大さを〕自覚することができなかったのだ。八つというのは利、衰、毀誉、称譏、苦、楽、悪知識、悪伴党である」。調達が破僧し、転法輪を破壊したと仏が説いた、ということを聞いて調達は歓喜し」(六四頁)がその箇所である。これは、恐らく、国訳一切経、律部六、三七六頁の訓読の誤りを踏襲したものと思われる。

(14) 『十誦律』、大正蔵、二三巻、二六五頁上—中。

(15) この八つの「世間法」については、『倶舎論』に "aṣṭau loka-dharmāḥ lābho 'lābhaḥ yaśo 'yaśaḥ nindā praśaṃsā sukhaṃ duḥkham"

(Pradhan, *op. cit.* (前註8), p. 199, ll. 3-4: 玄奘訳、大正蔵、二九巻、七〇頁上) とあり、*Saṅgīti-suttanta* に "Aṭṭha loka-dhammā. Lābho ca alābho ca yaso ca ayaso ca nindā ca pasaṃsā ca sukhañ ca dukkhañ ca." (Dīgha Nikāya, III, p. 260, ll. 6-7: 大正蔵、一巻、二三三頁上) とある。

(16) ただし、アショーカ王法勅碑文中には、このような複合語として現われることはなく、"saṃghaṃ bhākhati" のように目的語と動詞という形でのみ現われているようである。佐々木前掲書(前註4)、四〇頁、三行、一五—一六行、四一頁、五行を参照のこと。

(17) 『根本説一切有部毘奈耶破僧事』、大正蔵、二四巻、一七〇頁中—下: Gnoli, *op. cit.* (前註8), p. 79. なお、対応のチベット訳は、P. ed., No. 1030, Ce, 157b7-158a1 である。因みに、この箇所と実質的に対応する『十誦律』のそれは、大正蔵、二三巻、二五九頁上なので比較されたい。

(18) この点については、佐々木前掲書(前註4)、三六三頁、註72でも示唆されているので参照されたい。

(19) 以上のうち、『十誦律』については、前註17で指摘の箇所、パーリ律については、佐々木前掲書(前註4)、一〇四—一〇六頁所引のものを参照されたい。なお、後者において、佐々木博士が saṃgha-bheda の後に下線を付して示した cakra-bheda は、私には、まるで前者を言い替える後世の付加を物語っているかのように見えてしまうのである。

(20) 佐々木前掲書(前註4)、一九三頁。

(21) 田賀前掲書(前註11)、二四三—二四四頁。カッコ内の補いは私による。

(22) 中村前掲書(前註1)、一八五頁。カギカッコ内の補いは私による。なお、そこに補ったアナータピンダダの寄進の話について、中村博士は、*Divyāvadāna*, p. 429 を指示しておられるが、この箇所の現代語訳については、定方晟『アショーカ王伝』(法蔵選書、一九八二年)、一六〇—一六一頁を参照されたい。また、本書、第一部第四章、九一—九二頁も参照のこと。

(23) 平川彰『原始仏教の研究——教団組織の原型——』(春秋社、一九六四年)、三五二—三五三頁：同『原始仏教の教団組織II』、平川彰著作集、第一二巻(春秋社、二〇〇〇年)、六八—六九頁。なお、佐藤密雄『原始仏教教団の研究』(山喜房仏書林、一九六三年)、二九三—二九六頁をも参照されたい。

(24) 平川彰『インド仏教史』上巻(春秋社、一九七四年)、一三〇頁参照。

(25) S. Dutt, *Early Buddhist Monachism*, London, 1924, p. 131: First Indian Edition (revised), Asia Publishing House, 1960, p. 108. ここでは、後者によって訳したが、カギカッコ内は前者のこの箇所にはないものの、「既に指摘した」という箇所、即ち、前者 p. 85 には、ほぼそれと同じような言及がなされている。

(26) 塚本啓祥『インド仏教碑銘の研究』I(平楽寺書店、一九九六年)、五〇五頁、Nāsik 18〔窟院10銘文〕。なお、カッコ内の原語は、塚本博士による同箇所の転写より私が補ったものである。

(27) この表現中、前者は *Mahāvagga*, Vinaya Piṭakaṃ, I, p. 305、後者は *Cullavagga*, Vinaya Piṭakaṃ, II, p. 147, p. 164 である。この指摘は既に多くの学者によってなされているが、ここでは、私の知る限り最も古いものとして、S. Dutt, *op. cit.*（前註25）, p. 83, n. 2: p. 67, n. 17 を指摘しておくに留めたい。

(28) 以上に言及中の四つの pārājika の規定については、Vinaya Piṭakaṃ, III, p. 1-109: 南伝蔵、一巻、一―一八四頁、その解釈については、平川彰『二百五十戒の研究Ⅰ』、平川彰著作集、第一四巻（春秋社、一九九三年）、一〇一―二三五頁、佐藤前掲書（前註23）、二二四―二二八頁、佐々木閑『出家とはなにか』（大蔵出版、一九九九年）、三〇―三一頁、七七―七八頁を参照されたい。なお、佐々木同上書、二五六頁、註46によれば、私は未見なるも、最近、S. Clarke 氏が、pārājika を犯しても教団から永久追放にならなかったのではないかとの見解を表明しているようである。

(29) キリスト教における schism, sect, heresy 三語の共通点や相違点などに関しては、Jaroslav Pelikan, *The Growth of Medieval Theology (600-1300)*, The Christian Tradition 3, The University of Chicago Press, Chicago/London, 1978, pp. 17-18, pp. 229-242 参照。

(30) 以上の「五事」と「十事」とに関する概説は、平川前掲書（前註24）、一四六―一五〇頁参照。また、デーヴァダッタの「五事」については、佐藤前掲書（前註23）、七七九―八三七頁、「十事」については、金倉圓照「十事非法に対する諸部派解釈の異同」『インド哲学仏教学研究〔Ⅰ〕仏教学篇』（春秋社、一九七三年）、二六三―二八九頁を参照されたい。

(31) マハーデーヴァの「五事」については、次註32で指摘する『大毘婆沙論』の論述や、後註33下の本文中に示す『教義区別形成輪』の記述を参照されたい。なお、後者の記述において、冒頭の「五事」の列挙の段階ではまだ「五事」とマハーデーヴァとは結びつけられておらず、第二百年に入った段階でマハーデーヴァが初めて登場し先に起っていた「五事」を彼が再確認するようになっていることには充分注意を払うべきかもしれない。また、マハーデーヴァという名で呼ばれた複数の人に関する問題については、山崎前掲書（前註2）、一三八―一四三頁も参照されたい。

(32) 佐々木前掲書（前註4）、二四三―二六一頁参照。

(33) 寺本婉雅・平松友嗣『蔵漢和三訳対校異部宗輪論』（黙働社、一九三五年、国書刊行会、一九七四年再刊）、三―一二頁、横、一―四頁参照。漢訳三本中、『十八部論』は、羅什訳とされたこともあるらしいが、失訳である。同論のことは、『開元釈教録』巻第四（大正蔵、五五巻、五一九頁上）に記載されている。寺本・平松同上書、横組のチベット訳校訂本は、北京版のみに基づくものである。以下に示した拙訳は、チベット訳によるものであるが、P. ed., No. 5639, U, 169a4-170b2 と共に、D. ed., No. 4138, Su, 141b1-142b1 をも参照した。このチベット訳は、*lDan dkar ma* 目録, Lalou, No. 511 に記載されているものと同じと思われるので、チベット仏教の「前伝期」には伝訳されていたと考えられるが、チベット訳題名同士が正確に一致しないことや、現行本の訳語に *Mahāvyutpatti* のそれと一致しないものも多く見受けられることなどがあるので、古く研究されてきたものであるにもかかわらず、問題は意外に残っているかもしれない。訳出に当っては、漢訳間の相違はここでは特に取り上げることをせず、専らチベット訳によることを心がけたが、部派名については玄奘訳を採用した。なお、部派名の諸本対照については、塚本啓祥『初期仏教教団史の研究――部派の形成に関する文化史的考察――』（山喜房仏書林、一九六六年、一九八〇年改訂増補版）、四二一頁の表参照。また、部派名を含む部派全般の問題については、同上書、四一三―五〇五頁を参照されたい。

(34) チベット文を "shing skya nar gyi bu me tog gi grong (gro in P.) bar gyi rten na (ma in D.)" と改めて読んだ。この箇所の読みについては、寺本・平松前掲書、四頁、註3に若干の説明が与えられているが、解決には至っていない。私も必ずしも自信があるわけではないが、「中期においてクスマプラの名で発展してきた地域を基盤に繁栄した都市パータリプトラにおいて」というのが私の理解である。なお、寺本・平松同上箇所は shingを不明とするが、これは Pāṭaliputra の名の由来である樹を指しているゆえ、shing をも含めて固有名詞として扱わなければならない。また、マガダの都としてのパータリプトラについては、水谷真成訳・玄奘『大唐西域記』（中国古典文学大系22、平凡社、一九七一年）、二四二―二四三頁、特に、二四三頁、註2を参照されたい。

(35) P. ed. は "gyi" なるも D. ed. により "gyis" とす。

(36) これは玄奘訳で「道因声故起」とされるものであるが、この解釈については、佐々木前掲書（前註4）、二四九―二五〇頁を参照されたい。

(37) 寺本・平松前掲書（前註33）、五頁は「上座の龍（派）」とする。これは「五事」を承認した側であるから、正統説側の「上座部」とは全く関係ないとの認識が必要であると思う。いずれにせよ、この時「五事」を承認した、この上座龍と東方部と多聞部とは、本文中の以下の図（五一頁）にも示したように、部派形成過程の中では、途切れてしまった格好になっていることに注意。

(38) チベット訳には、"gnas lnga de dag" の直後のここに "par" なる語があるが、私には不明の用語で、ここに訳し切れていないことをお断りしておきたい。因みに、P. ed. のみによっている寺本・平松前掲書は、この語についてはなにも触れていないが、D. ed. によれば "par" ではなく "bar" にも見えるので、これに従って、「(論点が) 中間に (随唱され)」と「中間に」を補って訳し改めれば、それですむことなのかもしれない。なお、この語を含む一文は、佐々木後掲論文（後註43）、三七七頁、註10でも、二部派への大きな分裂を示すものとして注目されているが、「二部派が設立された」と言われているわけであるから、単純な亀裂のみを指しているのではないであろう。

(39) P. ed., D. ed. とも "Byang gi ri bo'i sde" なる語を欠如しているが、寺本・平松前掲書のなすごとく、補わるべきである。

(40) チベット文は“rtsod pa 'ga' zhig gi phyir”であるが、これは文末の「二部派が設立された（sde pa gnyis〔P. ed. は“su”を有するも、不要とみて D. ed. に従って削除〕rnam par bzhag go//）」へ続く。論争が重視されていることに注意。

(41) 「以前の（sngon）」という意味には、以前上座部であったものが今は雪山部であるとの言外の意が込められているように思われる。その「雪山」が、もしガンダーラやカシュミーラなどの北西インドを指しうるなら、「雪山部」とはその周辺の説一切有部を表わすとも考えられるが、確かなことは不明である。

(42) チベット訳のここには“de dag las”とあるが、ほとんど同じ文型を示すはずの以下のダルモータラの直前では“de dag”とあるのみ。いずれが正しいか、また、その正確な意味はなにかは不明。

(43) 佐々木閑「部派分派図の表記方法」『印仏研』四七―一（一九九八年十二月）、三八五―三七七頁参照。

(44) 佐々木前掲論文、三八一頁の図に示されるパーリ部派名一八に上から下へ玄奘訳中のそれを補っていけば、Paññati（説仮部）、Bahussutaka（多聞部）、Gokulika（鶏胤部）、Ekabyohāra（一説部）、Cetiya（制多山部）、Mahāsaṃgītika（大衆部）、Suttavāda（経量部）、Saṃkantika（説転部）、Kassapika（飲光部）、Sabbatthavāda（説一切有部）、Dhammagutta（法蔵部）、Mahiṃsāsaka（化地部）、Theravāda（上座部）、Vajjiputtaka（犢子部）、Dhammuttarika（法上部）、Bhaddayānika（賢冑部）、Chandagārika（密林山部）、Sammiti（正量部）である。

(45) Gnoli, *op. cit.*（前註8）, pp. 71-73:『破僧事』、大正蔵、二四巻、一六八頁下―一六九頁上参照。

(46) 拙稿「icchantika（一闡提）の意味と lābha-satkāra」『仏教学セミナー』第七四号（二〇〇一年一月）、二〇―三四頁参照。なお、その、二〇―二一頁、註5の箇所でも触れたように、望月良晃『大乗涅槃経の研究――教団史的考察』（春秋社、一九八八年）は、私の知る限り、教団史的観点から「所得（lābha）」と「尊敬（satkāra）」という問題に論及した初めての研究成果と思われるが、その問題が望月博士が当初お考えになっていた以上の重要な意味をもっていたことは、本書によってある程度証明されたのではないかと期待する。

(47) 佐々木前掲書（前註4）、二一三―二一七頁参照。ただし、佐々木博士は、lābha を「利得」、sakkāra を「尊敬」もしくは「尊重」と訳しておられる。

第三章　作善主義の基本理論

本章では、私が仏教教団史論の中に導入することになった「作善主義」というあり方に関する基本的な理論を、その前提となる観念背景の分析を含めて、様々な角度から検討していくことにしたいが、その前に、「作善主義」とも深く関連していると思われる前章の最末尾に触れた「所得（lābha、利）」と「尊敬（sakkāra, satkāra、養）」という語について若干触れておいた方がよいと思う。先においては、「所得」や「尊敬」に貪著しない少欲の人こそ却って「所得」や「尊敬」に値するという形で言及したが、教団の僧院化が進み、それが例えば、カニシカ王治政以降のガンダーラなどで栄えた仏塔（stūpa）を備えた大きな僧院ともなると[1]、その仏塔に参詣する在家信者（upāsaka）にとっては、「思想」ではなく「習慣」の極致としての仏（buddha）がそこに祀られていることになり、その仏こそ少欲知足の究極の宗教的達人として真の「所得」や「尊敬」に値する人と考えられるようになるのである。しかも、かかる仏を表現した典型の一つこそ説一切有部の文献である『アヴァダーナ゠シャタカ（*Avadānaśataka*）』の冒頭では必ず繰り返され[2]、また『ディヴィヤ゠アヴァダーナ（*Divyāvadāna*）』でもかなり頻繁に繰り返される次のような常套的な文言にほかならない。サンスクリット原文が重要ゆえ、まずそれを示した上で、拙訳をも示すことにしたい。

buddho bhagavān satkṛto gurukṛto mānitaḥ pūjito rājabhī rājamātrair dhanibhiḥ pauraiḥ śreṣṭhibhiḥ sārthavāhair devair nāgair yakṣair asurair garuḍaiḥ kinnarair mahoragair iti deva-nāga-yakṣâsura-garuḍa-kinnara-mahoragâbhyarcito buddho bhagavān jñāto mahā-puṇyo lābhī cīvara-piṇḍa-pāta-śayanâsana-glāna-pratyaya-bhaiṣajya-pariṣkārāṇāṃ sa-śrāvaka-saṅghaḥ Śrāvastyāṃ viharati Jetavane 'nāthapiṇḍadasyârāme/

[a]仏（buddha）世尊（bhagavat）は、国王（rājan）たちや、大臣（rājamātra）たち、[b]資産家（dhanin）たち、市民

(paura) たち、商組合主 (śreṣṭhin) たち、貿易商主 (sārthavāha) たち、神々 (deva) たち、龍 (nāga) たち、ヤクシャ (yakṣa) たち、アスラ (asura) たち、ガルダ (garuḍa) たち、キンナラ (kinnara) たち、また、マホーラガ (mahoraga) たちによって、[c]尊敬され (satkṛta) 尊重され (gurukṛta) 崇拝され (mānita) 供養されていた (pūjita) ので、[d]神々、龍、ヤクシャ、アスラ、ガルダ、キンナラ、マホーラガに尊崇された (abhyarcita) 仏世尊は、[e]有名な大功徳者 (jñāto mahā-puṇyaḥ) であり、[f]衣服 (cīvara) 食飲物 (piṇḍa-pāta) 寝臥具 (śayanâsana) 医薬品 (glāna-pratyaya-bhaiṣajya) 生活必需品 (pariṣkāra) の[g]所有者 (lābhin) であるが、声聞教団と共に (sa-śrāvaka-saṅgha) シュラーヴァスティー (Śrāvastī) のジェータ林 (Jetavana) にある[h]アナータピンダダ (Anāthapiṇḍada) の園林 (ārāma) に滞在していらっしゃった。

ここには、高度に圧縮された情報が詰っていると考えられるので、それを丁寧に解説していけば、それだけで一つの論文を書き上げる必要が生ずるであろうが、ここでは、押えておくべき要点のみを指摘しておきたい。まず、この文章全体の主語である傍線aの「仏 (buddha)」は、傍線cの四つの過去分詞によって崇敬されるべきものであることが表明されている。satkāra (sakkāra), gurukāra (garukāra), mānā, pūjā の名詞の四連語でも用いられ、パーリでは“sakkareyyuṃ garukareyyuṃ māneyuṃ pūjeyyuṃ” “sakkaronti garukaronti mānenti pūjenti” など[3]とも使用されているこの四連語を、私は「崇敬の四連語」と呼んでいる[4]が、これを先の問題の二語、即ち「所得 (lābha)」と「尊敬 (sat-kāra)」とに絞っていえば、四連語で崇敬を表明された「仏」が、それによって「尊敬」されるものであると示されていると同時に、更に、傍線fで指示されている寄進物の「所得者 (lābhin、即ち lābha を有するもの)」であることが傍線gの箇所で明言されていることになるわけである。しかも、その「仏」がかく「所得」と「尊敬」を受けうるのは、当の「所得」や「尊敬」に貪著しない少欲の極致にある傍線eの「有名な大功徳者 (jñāto mahā-puṇyaḥ)」であるからにほかならない。恐らく、そのことを保証する役割を担っているのが、傍線dの所謂「八部衆」からガンダルヴァ

(gandharva) を除いた七部衆なのである。「八部衆」をサンスクリットの複合語で列挙すれば deva-nāga-yakṣa-gandharvâsura-garuḍa-kiṃnara-mahoraga-(manuṣya) であるが、[5] なにゆえに傍線dが大部分で gandharva を欠如しているかの理由は今の私には定かではないものの、人間の存在を超えた残りの七部衆が「仏」の「大功徳者 (mahā-puṇya)」たることを保証していることは確かであろう。そして、その間違いのない「大功徳者」たる「仏」に寄進物を実際に寄進するのが、人間としての傍線bの箇所を含む国王や大臣であるが、ここでは、そのクシャトリヤ (kṣatriya) 階級としての国王や大臣ではない傍線bのヴァイシュヤ (vaiśya) 階級としての特に紀元後になって益々社会的勢力を得ていったと見做される「資産家 (dhanin)」や「商組合主 (śreṣṭhin)」や「貿易商主 (sārthavāha)」が列挙されていることが注目される。というのも、それらは、説一切有部の *Prātimokṣa-sūtra* の没収罪第十条において教団に寄進をなす人として後世新たに書き加えられた人々の職名であり、かつ碑文中にも明記されるようになった職名だからである。[6] しかるに、これらの人々によって寄進される傍線fの寄進物の表現は、例えば、パーリ文献に "cīvara-piṇḍa-pāta-senâsana-gilāna-paccaya-bhesajja-parikkhāra"[7] と現われるものを踏襲していながら、その実質は、寄進者の経済的変化や成長に応じて当然高価なものになっていたであろう。しかも、それを受領 (pratigraha, parigraha) するのは、名目上は仏塔に祀られている「仏」であっても、実質上は、今の場合であれば、当然、その仏塔を教団として所有している説一切有部であったはずであり、その説一切有部が有したアヴァダーナや律の文献では、多くの寄進に纏わるような話の場面設定には、従って、冒頭所引の一節のごとく、仏教教団史上で過去最大の寄進者と考えられていたアナータピンダダのその園林が、先の傍線hのごとくに、選ばれているのだと推測されるのである。

ところで、当時の仏教寺院が、仏塔のある塔地と僧院のある僧地とで截然と区別されながらも全体で一つの結構をなしていたことは、考古学的成果が明らかにしているところであるが、[8] 如上の考察との関係から、紀元一世紀頃から北西インドに展開した説一切有部の仏教寺院の結構の典型的な例を挙げれば、左に示したカーラワーン (Kālawān) 遺

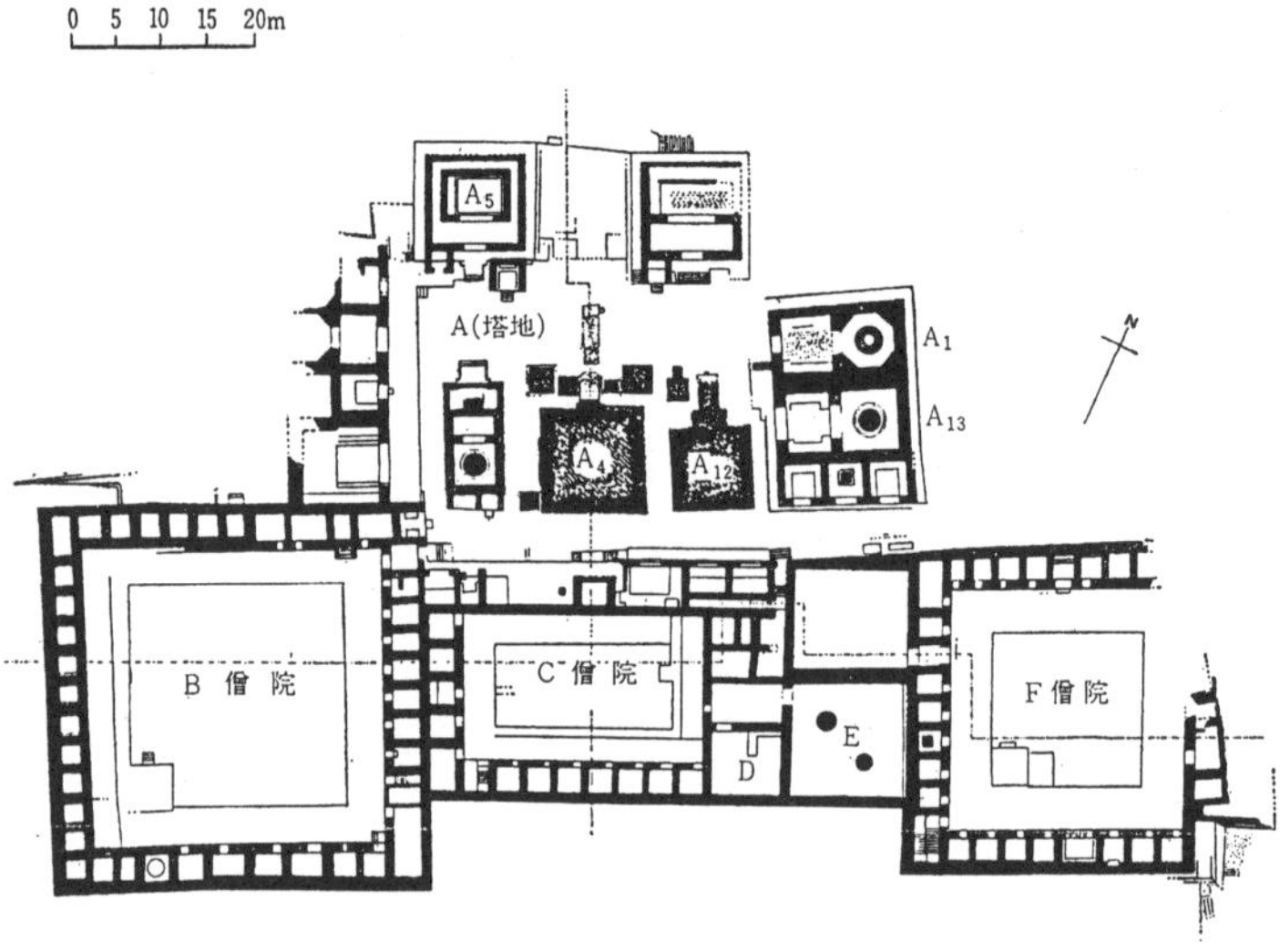

カーラワーン遺跡寺院の結構（**J. Marshall,** ***A Guide to Taxila*** による）

跡のそれがある。カーラワーンは、ガンダーラのプルシャプラとカシュミーラのシュリナガルの中間地点にあるタキシラの東南近郊に位置するらしいが、この寺院の結構は、紀元一世紀から六世紀にかけて上図のごとき最終形態にまで展開したもののようである。高田修博士によれば、図中の塔地のA_1のチャイティヤ堂は古層に属するクシャーナ王朝初期のものらしいが、そこから発見された銅板銘文には、「説一切有部の受領（Sarvastivaaṇa parigrahe）」と記されているとの指摘があるので、今その全文を、塚本啓祥博士の読解(9)によって、左に示しておきたい。

Aja（Azes）の一三四年、Śrāvaṇa 月二三日に。この時 Dhraṃma（Dharma）長者の娘で Bhadravala（Bhadrapāla）の妻である Caṃdrabhi（Candrābhī）優婆夷（uasia＝upāsikā）は、Chaḍaśila における祠堂内の塔（gahathuba）に〔仏〕舎利を奉安する。〔それは、彼女の〕弟 Naṃdivaḍhaṇa（Nandivardhana）長者と共に、〔彼女の〕息子 Śama と Saita（Sacitta）と〔彼女の〕娘 Dhramā（Dharmā）と共に、〔彼女の〕娘 Rajā（Rājā）と Idrā（Indrā）と共に、Śama の息子 Jivaṇaṃdin（Jivanandin）と共に、Sarvastivaa（Sarvāstivāda 説一切有部）の軌範師たちの受領（parigraha）として（or

Śama の息子 Jīvanandin 及び〔彼女の〕軌範師と共に、Sarvāstivāda の受領として）、国都を尊敬して、一切衆生の供養のため、涅槃の証得のためとならんことを。

この銅板銘文は、塔地に属するチャイティヤ堂から発見されたわけであるが、その全体が説一切有部という教団に属していたことは銘文自体の語るところより明らかなのである。その銘文の記された Azes 一三四年は西暦七七年に比定されているが、その紀元一世紀より、右のような結構をなした仏教寺院が説一切有部を中心に北西インドで次第に教線を拡大していったことを、ここに再確認しておきたい。勿論、説一切有部の「思想」や「哲学」は、僧地の側の僧房に居住していた出家比丘によって構築されていったであろうものの、右の銘文に見るように、在家信者の関心は、その理由を含めて後により詳しく検討するであろうが、塔地にある仏塔（stūpa）やチャイティヤ（caitya）の方に向けられていたのである。

さて、在家信者の関心が仏塔の側に向けられていた理由を、先に論及した範囲で簡単に指摘しておくならば、それは、そこに、「所得」と「尊敬」に値しながら全くそれには貪著しないマジカルな霊力をもった方として信じられていた「有名な大功徳者（jñāto mahā-puṇyaḥ）」たる「仏」がおわすと見做されていたからにほかならない。そして、「所得」や「尊敬」に貪著しないということは、言葉を換えていえば、八つの「世間法（loka-dharma）」にも貪著しないということになるが、このことは、「仏」という言葉をカイネーヤ仙人より初めて聞いて身毛竪立せんばかりに喜んだシャイラ仙人の話として増広されたものが、（根本）説一切有部の『薬事（*Bhaiṣajya-vastu*）』に「カイネーヤ仙人物語」となって伝えられているが、その第三六頌で、以下のように述べられている。[10]

lābhālābha-sukhair duḥkhair nindayâtha praśaṃsayā/ yaśo 'yaśobhyāṃ aliptaḥ paṅkajaṃ vāriṇā yathā//

〔仏は、〕所得によりても不得によりても安楽によりても苦悩によりても、はたまた、非難によりても称賛によりても、また名誉によりても不名によりても、あたかも蓮の水によりてのごとくに、染められざりしなり。

しかも、このように「仏」が八つの「世間法」によって染められていないのは、次の一節にあるような「少欲（appiccha＝alpêcchā）」の修行の結果だと考えられていたに違いないのである。その一節は、『増一阿含経』「増上品」、および、それと対応するパーリの『恐怖経（*Bhayabherava-sutta*）』中にあるのだが、その両者とも、以下に、後者には和訳をも付して、示しておくことにしたい。(11) なお、引用中に、「我」「私（mayhaṃ）」とあるのは、今の「仏」が過去の自分を指したものであることに注意を払っておく必要がある。

諸有沙門、求於利養、不能自休。然我今日、無有利養之求。所以然者、我今無求於人、亦自知足。然我知足之中、我最為上首。我観此義、已倍復歓喜。

Tassa mayhaṃ brāhmaṇa etad-ahosi: Ye kho keci samaṇā vā brāhmaṇā vā lābha-sakkāra-silokaṃ nikāmayamānā araññe-vana-patthāni pantāni senâsanāni paṭisevanti, lābha-sakkāra-siloka-nikāma-sandosa-hetu have te bhonto samaṇa-brāhmaṇā akusalaṃ bhaya-bheravaṃ avhayanti; na kho panâhaṃ lābha-sakkāra-silokaṃ nikāmayamāno araññe-vana-patthāni pantāni senâsanāni paṭisevāmi, appiccho 'ham-asmi, ye hi vo ariyā appicchā araññe-vana-patthāni pantāni senâsanāni paṭisevanti tesam-ahaṃ aññatamo. Etam-ahaṃ brāhmaṇa appicchataṃ attani sampassamāno bhiyyo pallomam-āpādiṃ araññe vihārāya.

バラモンよ、またその私につぎのような思いが生じました。〈どのような沙門であれバラモンであれ、所得や尊敬や名声を求めて、森や山林の遠く離れた寝臥具に親しむならば、所得や尊敬や名声を求める欠点のゆえに、その尊敬すべき沙門・バラモンたちは、必ず不善の恐怖を招くことになる。しかし、私は所得や尊敬や名声を求めて、森や山林の遠く離れた寝臥具に親しんでいるのではない。私は少欲の者である。私は、実に少欲にして森や山林の遠く離れた寝臥具に親しむ聖者たちの〔唯〕一人である〉と。バラモンよ、私は、この少欲を自己の中でよく観て、森に住むことにいよいよ安らぎを覚えました。

両者のうち、前者の方がより古い形態を保存しているのに対し、後者はかなり進展した様相を呈しているが、前者の「利（lābha）」と「養（sakkāra）」の二語に対し、後者が更に「名声（siloka）」を加えて三語としているのも、かかる傾向を物語っているかもしれない。しかし、これはむしろ量的な増広として処理しうるのに対して、既に指摘されている両者間の次の相違はかなり根本的なものである[12]。

(α)(イ)我本未覚無上正尽覚時、亦如是念。

(ロ)我曩昔未成仏道時、為菩薩行、恒作是念。

(β)Mayham-pi kho brāhmaṇa pubbe va sambodhā anabhisambuddhassa bodhisattass' eva sato etad-ahosi:

バラモンよ、私も、成道以前、覚りを得ていない菩薩であったときに、つぎのような思いが生じました。

右のうち、前者として(α)にまとめた(イ)と(ロ)とは、厳密にいえば、同じ文献ではなく、(α)(イ)はむしろ別な文献の一文と言うべきなのであるが、「仏」が自分の過去を回想して説法するという形態を取る点で一群のものと見做されて論及されることが多い。それを承知した上で、両者を比較すると、前者の(α)(イ)は昔の自分を「未覚」とは言いながら「菩薩」であるとまでは示唆することもないが、(α)(ロ)はその昔の自分のあり方を「為菩薩行」であったと示唆し、後者である(β)はそれを明確に「菩薩（bodhisatta＝bodhisattva）」であったと言い切っていることになる。これらは、平川彰博士が御指摘になられたように[13]、「仏」となる以前の状態を「菩薩」と呼ぼうとする観念が次第に進展し増広されていったことを明らかに物語っているのである。そして、この「菩薩」の観念の定着と共にもたらされた決定的な違いこそ、仏教による「輪廻（saṃsāra）」からの「解脱（mokṣa）」という「解脱思想」の肯定的導入であったと言わなければならないであろう。なぜなら、「菩薩（bodhi-satta, bodhi-sattva）」という複合語の後分をなすsatta/ sattva（有情）という語は、仏教にとっては、「思想」的もしくは「哲学」的吟味を経ずしては到底厳密に使用しえないインド一般の通俗的用語であるにもかかわらず、bodhi-satta/ bodhi-sattva という観念が定着したということは、その通俗的用法に従ってしまったと言わざるをえないからなのである。霊魂否定説である「無我（anātman）」説を主張した仏教は、「思想」「哲学」上は、霊魂肯定説に連なる「我（ātman）」は勿論のこと、それとの同義語と見做された「人（pudgala）」や「有情（sattva）」や「命者（jantu）」などの霊魂を意味する用語には極めて慎重な態度を取ったのであり、それは、恐らく『雑阿含（*Saṃyuktāgama*）』にトレースされてよいと思われる『人契経（*Mānuṣyaka-sūtra*）』の次のような表現[14]のうちによく現われていると考えられる。

cakṣuḥ pratītya rūpāṇi côtpadyate cakṣur-vijñānaṃ trayānāṃ saṃnipātaḥ sparśaḥ sparśa-sahajātā vedanā saṃjñā cetanā itîme catvāro['] rūpiṇaḥ skandhāś cakṣur-indriyaṃ ca rūpam etāvan manuṣyatvam ucyate/ atrêyaṃ saṃjñā sattvā naro manuṣyo mānavaś ca poṣaḥ puruṣaḥ pudgalo jīvo jantur iti

眼（視覚）と諸色（諸物体）とによって眼識（視覚による認識）が生じ、これら三者の結合した感触と、感触と共に生じた感受と概念と意志との、以上の四つの非物体的蘊と物体的眼根（視覚器官）という、これだけに限って人間たること（manuṣyatva）がいわれるのであり、これに対して、有情（sattva）民（nara）人間（manuṣya）儒童（mānava）養者（poṣa）士夫（puruṣa）人（pudgala）命者（jīva）生者（jantu）という、この概念がある〔だけな〕のである。

しかし、bodhi-satta/ -sattva という複合語の後分の意味する satta/ sattva とは、決して「これだけに限って」というような「思想」的限定を受ける語なのではない。それゆえに、この語は、インド的通念に馴染んだアニミスティックな「霊魂」を意味していることになり、これが、「覚り」を表わす更に一般的なインドの言葉としての bodhi と一緒になり、それを前分とする bodhi-satta/ sattva という複合語になれば、「菩薩」とは「覚りを目指す霊魂」を意味するほかはないというのが私の解釈である。[15]とはいえ、これは私だけの独自な解釈なのでは決してなく、例えば、H＝ダヤルの「菩薩」の意味の解釈案[16]の一部はこれとも合致していると見做しうるものであり、また、本生経（jātaka）類の文献に基づいて菩薩思想の展開を考察された干潟龍祥博士も、釈尊以降のインドにおいて本生経的寓話が隆盛をみた原因を、輪廻思想の背景をなすインドの「アニマチズム的乃至アニミズム（Animism）的（人間と利害関係ある、或は少くも人間が関心を持つ所の動物、又時には植物にも、人間と同じような霊魂の如きものがあると考える考え方）傾向」に求めておられるほどなのである。(17)

ところで、多少脱線気味となることを承知の上で、ここに、アニミズム的霊魂の是非を巡る問題に関して、断えず繰り返されがちな誤解を予め幾分なりとも避けるために、若干のコメントを差し挟んでおいた方がよいかもしれない。アニミズム（animism）とは、言うまでもなく、ラテン語の anima（気息）に由来する宗教学上の学説としてタイラーによって提唱されたもので、彼は、未開人は動植物から無生物に至るまで生きているものには全て霊魂（anima）があると信じていたと見做し、その「霊的存在への信念（the belief in spiritual beings）」を核心とする未開人の（場合によっては今日までも残存している）考え方をタイラーは「アニミズム（animism）」と呼んだのである。しかも、そのような霊魂は、肉体や様々な存在から分離しても不滅であるとも信じられているので、ここに「霊魂の転生（transmigration of souls）」もアニミズムでは当然のこととして容認されていることになる。(18) しかし、キリスト教のみならず、私見によれば、仏教においても、このような知性の規定とは無関係な霊魂の転生は否定されていたはずだと考えられるのである。今、この問題を、ポルトガルの宣教師によって十六世紀後半に我が国へ伝えられたキリスト教を例にとって、『妙貞問答』に基づいて見ることにすれば、霊魂（anima, alma）は三種類に分けて述べられている。(19) 即ち、アニマベゼタチイハ（alma vegetativa、植物的霊魂）とアニマセンシチハ（alma sensitiva、感覚的霊魂）とアニマラショナル（alma racional、理性的霊魂）とであるが、「天地万像ノ御作者」たるデウス（Deus）によって人間だけがアニマラショナルをもつ存在として創造されていると主張するキリスト教としては、人間のみは死後も理性的霊魂として永続するとされ、従って、様々な生存形態に輪廻転生するというアニミズム的な考え方は否定される。そのキリスト教からみると、仏教は、「後生ニ地獄ノ、極楽ノナト云フコトヲ立ル」輪廻転生を方便として説きながら、究極的には「死ノ後、焼ハ灰ト成、埋メハ土ト成テ、水ハ水ニ帰リ、火ハ火ニ帰テ分散シ」「後世ニ生キ残ル者ハ有マシキ」と信じているように見えたらしい。しかし、仏教は、霊魂（ātman）肯定説のインド的通念に殉ずるならともかく、霊魂否定説の無我説に立脚する限り、ātman や pudgala や sattva は存在せず、「思想」的に吟味されれば、五蘊（skandha）だけがそういった ātman や pudgala や sattva であるにすぎないと見做し、更に、五蘊中の六識からなる識蘊（vijñāna-skandha）の第六意識（mano-vijñāna）は縁起（pratītyasamutpāda）している法（dharma）を対象として「知性（prajñā）」的に判断（pravicaya）しなければならないと主張したはずである。その第六意識の対象である法が三世にわたって死後も存続するかどうかについては複雑な論争もあったが、しかし、そこへ、「菩薩」という観念が導入され定着したということは、かかる「思想」的論争をさえ瓦解させるに充分であった。

この過程を、先に見た『恐怖経』絡みの(α)(イ)→(α)(ロ)→(β)の例文の変化に突き合わせてみると、(α)(イ)の段階では、「仏」も過去の自分を「法」として認識していたと言えるとしても、(α)(ロ)では「菩薩行」を意識していたわけであるから、「覚りを目指す霊魂」として修行を重ねたということになり、(β)ではまさに「覚りを目指す霊魂」そのものとしての「菩薩」であったわけであるから、その ātman/ sattva は、前世の幾カルパにもわたって bodhi を求めて善業を積んでいたに違いないと考えられて展開された *Jātaka* の bodhi-satta/-sattva のそれと同様に、過去世の輪廻転生における夥しい善業の結果、あらゆる束縛から解放されて今は「仏」になっていると考えられていたに違いないのである。しかし、このような意味での「仏」とは、決して仏教独自の考えによるものではなく、むしろ古代よりインド一般に流布していた極めて通俗的な観念にしか過ぎなかったことに注意しなければならない。かかる「仏（buddha）」の通俗的な観念を、かつて私は、中村元博士の御成果に俟ちながら、ジャイナ文献について調べてみたことがある[20]が、それをここに再提示しておきたい。因みに、例文①②は *Dasaveyāliya-sutta*（= *Daśavaikālika-sūtra*）、③は *Āyāraṅga-sutta*（= *Ācārāṅga-*

sūtra)、④は *Uttarajjhayaṇa*（＝*Uttarādhyayana*）によるものである。

①mahukāra-samā buddhā je bhavaṃti aṇissiyā/ nāṇā-piṇḍa-rayā daṃtā teṇa vuccaṃti sāhuṇo//

仏たちは、蜜蜂のごとく、執着より自由となりて（aṇissiya＝aniśrita）、雑多な施食に満足して食せり。ゆえに、苦行者（sāhu＝sādhu）といわれたり。

②khavettā puvva-kammāiṃ saṃjameṇa taveṇa va/ siddhi-maggam aṇuppattā tāiṇo parinivvuḍa//

自制（saṃjama＝saṃyama）と苦行（tava＝tapas）とにて、過去の業（puvva-kamma＝pūrva-karman）を滅して、成就の道に至りたる救世者（tāi＝tāyin）たちは完全に離脱せり（parinivvuḍa＝parinirvṛta）。

③se hu pannāṇamaṃte buddhe āraṃbhôvarae/ sammam etaṃ ti pāsahā/ jeṇa baṃdhaṃ vahaṃ ghoraṃ paritāvaṃ ca dāruṇaṃ/ palichiṃdiya bāhiragaṃ ca sotaṃ ṇikkammadaṃsī iha macciehiṃ/ kammuṇā saphalaṃ daṭṭhuṃ tato ṇijjāti vedavī/

実に、かの智慧ある人が起業を停止させた（āraṃbhôvaraya＝āraṃbhôparata）仏である。これは正しいと観ぜよ。それによって、智者は、束縛と恐ろしい殺害とものすごい苦痛（paritāva＝paritāpa）とを〔断ち切り〕、また、外からの〔業の〕流れも断ち切って、業なき〔状態である霊魂〕を見（ṇikkamma-daṃsī＝niṣkarma-darśin）、この世において人々のあいだにあって、業が報いを伴うことを見て、そ〔の業〕から離脱する（ṇijjāti＝niryāti）。

④evaṃ karanti saṃbuddhā paṇḍiyā paviyakkhaṇā/ viṇiaṭṭanti bhogesu Miyāputte jahā-m-isī//
mahā-pabhāvassa mahā-jasassa Miyāi puttassa nisamma bhāsiyaṃ/
tava-ppahāṇaṃ cariyaṃ ca uttamaṃ gai-ppahāṇaṃ ca ti-loga-vissutaṃ//
viyāṇiyā dukkha-vivaddhaṇaṃ dhaṇaṃ mamatta-bandhaṃ ca mahā-bhayâvahaṃ/
suhâvahaṃ dhamma-dhuraṃ aṇuttaraṃ dhārejja nivvāṇa-guṇâvahaṃ mahaṃ//

聡明にして熟練せし等覚者（saṃbuddha）たちはかく行えり。彼らは、仙人（isi＝ṛṣi）ミヤープッタのごとくに、

享受を謝滅せり (viṇiaṭṭanti＝vinivartante)。偉大な威力をもち偉大な名声をもてるミヤープッタの話と、最勝の苦行 (tava-ppahāṇa＝tapaḥ-pradhāna) の最上の所行と、三界に聞こえし最勝の趣 (gai-ppahāṇa＝gati-pradhāna) とを聞き、苦悩を増大せしむる財と、大いなる怖畏をもたらす執着の束縛とを知りて、安楽 (suha＝sukha) をもたらし離脱の徳 (nivvāṇa-guṇa＝nirvāṇa-guṇa) をもたらす偉大な無上の法の荷 (dhamma-dhura＝dharma-dhura) を汝らは担うべし。

右の引用中に付した、実線は文中の主語たる buddha もしくはそれに類する語を表わし、点線はその主語の性質を規定する述語たることを表わすが、それを一括して図示すれば、以下のようになる。

主語：buddha, sāhu, tāi, vedavī, saṃbuddha

述語：aṇissiya, khavettā puvva-kammāiṃ, parinivvuḍa, āraṃbhôvaraya, ṇikkamma-daṃsī, tato ṇijjāti, viṇiaṭṭanti bhogesu

さて、右の例文中において、意味上、主語同士は等しく、述語同士も等しい上に、述語はその主語を規定したものであるから、直前の図示中の用語は、互いに等号で結びつけることが可能となるが、それを一文に単純化して言えば、左のごとくになろう。

仏 (buddha) もしくは等覚者 (saṃbuddha) は業 (kamma) や享受 (bhoga) を断ち切った完全に離脱したもの (parinivvuḍa) である。

しかし、かかる「仏」は単に通インド的な「解脱者」を意味しているにすぎないが、buddha のその種の用法は、古くは *Suttanipāta* などにも認められるものの、先の『恐怖経』の場合や有名な「七仏通戒偈」[21] などを介して、上引の『破僧事』などに見出されるほか、大乗経典成立以降は数え挙げるに暇ないほどになってしまうのである。このように、仏教においても、霊魂があらゆる束縛から離脱した「解脱者」こそ「仏」にほかならないということになってしまったので、先に見たように、「仏」は「所得（lābha）」にも「尊敬（sakkāra, satkāra）」にも貪著せず、八つの「世間法」にも染められないものとされるのであるが、実はかかる無関心こそヒンドゥーイズムの讃美するところにほかならない。従って、ヒンドゥーイズムの聖典『バガヴァッド＝ギーター』でも、クリシュナ神は、かかる無関心の平等を好んで次のごとく言う。(22)

samaḥ śatrau ca mitre ca tathā mānâvamānayoḥ/ śītôṣṇa-sukha-duḥkheṣu samaḥ saṅga-vivarjitaḥ//
tulya-nindā-stutir maunī saṃtuṣṭo yena kenacit/ aniketaḥ sthira-matir bhaktimān me priyo naraḥ//

怨敵と親友とに平等たり、崇拝と侮蔑とにもかくのごとく、寒冷と酷暑、安楽と苦悩とに対しても、平等にして執着を離れ、非難と称賛（stuti＝praśaṃsā）とにも等しく、沈黙し、いかなるものにても満足し、住処なく、知慧堅固にして、信愛に充てる民は、余（クリシュナ）の好みしものなり。

「怨親平等」とは、実はこのようなヒンドゥーイズムの理想とする無関心を指すのであるが、その理想は、パーリの『ミリンダ王の問い』においても、一方〔の腕〕を斧（vāsī）で切られ他方を香（gandha）で塗られても憎（paṭigha）愛（rāga）なきものが真の沙門（samaṇa）であるとの詩句が唱えられるに至るが、(23)谷川泰教氏は、これが『マハーバーラタ』の一頌やジャイナ文献中の文言と密接な関係のあるものであることを指摘なされたのである。(24)左に、その御指摘に従い、前者の問題の一頌を掲げておくに留めたい。(25)

vāsyâikaṃ takṣato bāhuṃ candanenâikaṃ ukṣataḥ/ nâkalyāṇaṃ na kalyāṇaṃ cintayann ubhayos tayoḥ//

一方の腕を斧（vāsī）で切られもう一方に栴檀〔の香〕を振られても、その双方につきて悪とも善とも思惟せず。

ドイツのインド学者P＝ドイッセンの友人ニーチェは、その影響ゆえか、このような考え方を仏教そのものと思い込んで、釈尊のことを「あの深い生理学者仏陀（jener tiefe Physiolog Buddha）」と呼び、その宗教を「衛生学（Hygiene）」と見做して、これを「霊魂を怨恨の情より解放すること（die Seele davon [von dem Ressentiment] frei machen）」

と捉えたのである。[26] 芥川龍之介もまた、『西方の人』において、ニーチェに従って釈尊を誤解し、孔子を「支那のクリスト」と理解しながら、釈尊には老子と挨拶をかわさせたのであるが[27]、日本が仏教国と言われるからには、我々は努めてこのようなヒンドゥーイズム的仏教観からは脱却しなければならないであろう。

　しかし、かかる誤解が決して根も葉もないものではないのは、既に見たように、仏教自身がヒンドゥーイズムの影響を受けてしまっていたからである。なるほど、確かに、「思想」や「哲学」を重んじた説一切有部は、その学派の編纂になる『大毘婆沙論』の中において、「仏」とはなにかということを、例えば、有説として、「若世八法所不能染、功徳彼岸無能逮者、一切危厄堪能抜済、説名為仏、二乗不爾」と先の八つの「世間法」絡みで「仏」を讃美する説や、大乗の『涅槃経』にもあるような「三獣渡河」の譬喩によって「仏」の卓越性を指摘する説を出しながらも、「三無漏根」などの「知性」の問題として規定しようとする態度を濃厚に示していたのであるが[28]、同じ学派の「無記」の「習慣」や「生活」を重んずる律蔵中においては、例えば、先にみたごとく、『破僧事』の「所得」と「尊敬」とに貪著しないことや、『薬事』の八つの「世間法」に染められないこと、などをもって「仏」を称賛するヒンドゥーイズム的通俗性には既にたっぷりと浸蝕されていたと言わざるをえないであろう。しかも、かかる意味での通俗的な「仏」の超俗性に関わってくるのが、第一章末尾でその考察をここに譲った『四衆経』『破僧事』『大事』の仏鉢譚中に見出される「呪願頌」なのである。今は、これら文献間の異同を文献学的に検討する場ではないので、左には、それらのうちで最も整備されていると考えられる『破僧事』のサンスクリット本[29]を便宜上中心に考察してみることにしたい。因みに、この「呪願頌」は、例の仏鉢によって釈尊が二商人より施食を受領した直後に説いたとされるものである。

（1）　yad-arthaṃ dīyate dānaṃ tad-arthāya bhaviṣyati/ sukhârthaṃ dīyate dānaṃ tat sukhāya bhaviṣyati//
（2）　sukho vipākaḥ puṇyānāṃ abhiprāyaḥ ca siddhyati/ kṣipraṃ ca paramāṃ śāntiṃ nirvṛtiṃ câdhigacchati//
（3）　parato hy upasargāṃś ca devatā mārakāyikāḥ/ na śaknuvanty antarāyaṃ kṛta-puṇyasya kartu vai//

（4） saced hi sa vyāyamate ārya-prajñayā tyāgavān/ duḥkhasyântakriyāyai sparśo bhavati vipaśyataḥ//

（1）布施は、ある目的のために寄進されなば、まさにその目的のためならん。布施の安楽のために寄進されなば、そは安楽のためならん。（2）福徳（puṇya）の果報は安楽にして、また、希願も成就せり。かくして、彼は速やかに最高の寂静（śānti）と離脱（nirvṛti）とを証得せん。（3）神々も魔衆も、作善の人（kṛta-puṇya）に対しては、まこと他によりし不幸をも、はたまた障害をも、実になすこと能わず。（4）げにもしかの放捨をなさんものの聖なる知性もて精励せば、苦悩の終焉のために観察しつつあるものに愉悦（sparśa）あらん。

さて、第一章においては、仏伝に託けて仏鉢譚が次第に増広されていく傾向を見たのであるが、この「呪願頌」はパーリ（南方分別説部）の伝える『大品』には本来全く欠如していたものである。それが後に付加され、最終的に右に引いたような『破僧事』の「呪願頌」に調えられた時には、私のいう「作善主義」は既に充分に形成されていたと見做されてよい。その第三頌に「作善の人（kṛta-puṇya）」という意味の用語が現われているが、この kṛta-puṇya が「作善主義」の「作善」に当る。puṇya（善）が作された（kṛta）という意味であるが、問題は、puṇya によって含意される意味内容にある。[30] 非常に複雑な語であり、仮りに「善」と訳しうるとしても決して一義的に倫理的な意味での「善」なのでも論理的な意味の「善」なのでもない。そのため、「善」というよりは「功徳」や「福徳」と訳されることの方が多いかもしれない。puṇya と対に見做される pāpa（悪）と共に、恐らくそこにはマジカルな霊力も働いていると信じられており、その力が、(イ)「作善の人」である在家信者の二商人より、(ロ)この「呪願頌」を唱えている「解脱者」たる「仏」に達するが、その「仏」は、本章の冒頭でも見たように、問題の puṇya を自由に支配できるからこそ“jñāto mahā-puṇyaḥ[31]（有名な大功徳者）”として「尊敬され尊重され崇拝され供養されていた」のである。(イ)である在家信者は、その(ロ)の puṇya の支配力を信じればこそ、(ハ)安楽のために、また苦悩の終焉のために、布施の寄進という「作善」を積んでいるにほかならない。その結果、(ロ)が間違いのないものである限りは、puṇya の果報も希望も必ず安楽なものとして(ロ)からは勿論、(ハ)からも返って、(イ)において結実し、(イ)は最高の寂静や離脱さえ獲得できるかもしれないのである。このような、(イ)(ロ)(ハ)の関係[32]が成り立っている時、更に詳細な説明は後に加えるであろうが、私はそこに「作善主義」が充分に機能していると考えている。しかも、この(イ)(ロ)(ハ)の関係において、(ロ)自身がその支配力の間違いのなさを(イ)に対して保証する時、この保証の詩句が「呪願頌」と呼ばれるものであるが、その形式は、かつて、外薗幸一博士が考察されたように、必ずしも同じものではない[33]。ここでは、単純化して、二つの形式のみを挙げれば、次のとおりである。Aは『破僧事』のそれにより、Bは『大事』のそれによる[34]。なお、A中のサンスクリット原文と拙訳間に介在されているものは、順次に、その対応チベット訳と義浄訳とである。言うまでもないことだが、拙訳はサンスクリット原文による。

A　atha Bhagavāṃs Trapuṣa-Bhallikayor vaṇijos tad dānam anayā abhyanumodanayā abhyanumodate

de nas bCom ldan ’das kyis tshong pa Ga gon dang bZang po’i sbyin pa de la rjes su yi rang bas rjes su yi rang bar mdzad de/

〔世尊〕受商主供、既受供已、即為商主、説諸呪願頌曰。

それから、世尊は、トラプシャとバッリカという二商人のその布施を、以下の随喜〔の頌〕によって随喜なさり給えり。

B　Bhagavāṃ dāni Trapusa-Bhallikānāṃ vāṇijānāṃ madhu-tarpaṇaṃ pītvā pratyagra-praṇīta-varṇa-gandha-rasôpetaṃ dakṣiṇām ādiśati//

今や、世尊は、トラプサとバッリカという商人の新鮮で素晴しい色と香りと味とに充ちた蜜と茶菓とを飲みし後、布施の功徳（dakṣiṇā）を指名なさり給えり。

ここでは、「随喜〔の頌〕」と訳されたabhyanumodanāと「布施の功徳」と訳されたdakṣiṇāとがまず問題となるが、外薗幸一博士は、「呪願」という漢訳の原語として dakṣiṇā もあるということを指摘された上で、その音写としての「達嚫」をも考察の対象に加えられて、それらの語が互いに交叉し合うことに関して、次のような一応の結論を与えておられる。(35)

供養を受けた人（受納者）が、施主に対して、その布施行を歓喜讃歎することを以て「謝辞」としたものが、随喜であったと思われる。そうであれば、随喜の内容が施主の福利を祈願するものとして、「吉慶の願」つまり「呪願」と同類のものであったとしても、少しも不思議ではない。また、随喜にせよ呪願にせよ、布施行全般に向けられるものであって、決して施食供養に限られるわけではない。例えば、履物や衣服や園林精舎等の奉上に対しても、謝辞としての「呪願」または「随喜偈」が説かれる。

私はこの外薗博士の御見解には全く異議はなく当然従うべきだと思っているが、ただ dakṣiṇā の意味の規定とそれに伴う ādiśati の意味内容についてはまだ検討の余地があると思う。外薗博士も御指摘のように、dakṣiṇā（パーリ語では dakkhiṇā）は、元来は『リグ＝ヴェーダ（*Ṛg-veda*）』に由来するインドでも古い重要な祭式用語であるが、それゆえに当然仏教固有の用語ではない。恐らく、仏典中に圧倒的痕跡を残すようになったのは、四阿含外という意味では蔵外と見做してもよいパーリ経蔵の Khuddaka-nikāya（「小部」と訳されるが、実際は「つまらないものの集成」の意味）所収の『天宮事（*Vimāna-vatthu*）』や『餓鬼事（*Peta-vatthu*）』あたりであったろうと推測されるが、夙にこの二文献を中心に "dakkhiṇam ādisati" の意味を考察された櫻部建博士は、それを「自業自得」の原則を超える「施を向ける（廻向する）」という意味であると結論づけられたのである。(36) 私も、このうちの ādisati/ ādiśati に関しては、dakṣiṇā を向ける対象が具体的にだれ（なに）であるかを指示するという意味で「指名する」という訳語を用いているので、櫻部博士の理解に近いのであるが、より基本的な問題はやはり dakṣiṇā そのものの意味にあると言わなければならない。しかるに、dakṣiṇā もまた puṇya に似て複雑な面があるのであるが、ちょうど(イ)から(ロ)へ差し出された puṇya が(ロ)からもハからもイへ返ってくることが期待されているように、dakṣiṇā もまたこれと類似の性質を持っているように思われる。ただし、dakṣiṇā はバラモン祭官に対する「報酬（Lohn, fee）」を原義としているので[37]、意味の変遷を経た後もこの原義を保有し、その具体的内容が、先に外薗博士が指摘されていたように、施食の「食」のみならず履物や衣服や園林精舎等に及んだとしても「報酬」であることには変わりはないと思われ、この点からいえば、「報酬」を差し出すことをも「作善」の善業（puṇya）のうちに含んでしまう puṇya の方が意味内容としてはより包括的であろう。従って、puṇya を仮りに包括的に「功徳」と訳しうるとすれば、dakṣiṇā はそれよりも意味が限定されて、「布施の功徳」などというようにされなければならないだろうし、実際私もそのように用いたいと思っている。そこで、「作善の人」たるイは、「功徳」もしくは「布施の功徳」をロにもハにも実は「指名する」ことができ、事実そのような意味でも使われているのであるが、しかし、上述のごとく、真の「解脱者」たる「仏」としてのロこそが、マジカルな霊力をもってその「功徳」もしくは「布施の功徳」を本当の意味で支配してそれをイやハに「指名する」ことができるわけであるから、その指名の意味もイがロやハに「指名する」場合と自ずと異ったものとなってくる。しかも、その指名が詩句によってなされる形態を取れば、その詩句にまでもマジカルな霊力が保有されていると考えられて、それが「呪願頌」もしくはそれに類する語によって漢訳されることになるのも当然であろう。それゆえに、dakkhiṇam ādisati/ dakṣiṇām ādiśati は、漢訳ならずとも、「布施の功徳を指名する」という意味から「呪願頌を唱える」という意味までをも含意しうると考えられるのである。しかし、dakkhiṇā/ dakṣiṇā は太古のヴェーダ以来の歴としたバラモンの用語であるから、なかなか仏教には入り難かったとも想像されるが、先にみた、蔵外に準ずるパーリの『天宮事』や『餓鬼事』には明確な形で導入され、前章でみたように、「思想」的な決択には緩く、より「習慣」を容認しがちであった大衆部は、逸速くその表現をこの派の律蔵の『摩訶僧祇律』中に採用したように思われる[38]。一方、説一切有部は、先のAの側にも見るように、仏伝のより古い表現の方を保存していたような痕跡を留めながらも、律蔵中にアヴァダーナ類の話を多量に取り込むような時代になるとその限りではなかったようである。それらの用法については、「カイネーヤ仙人物語」や「貧女の一灯物語」を参照されたい。(39) ただし、「指名」ということをあくまでも明確な形でなそうとした説一切有部の姿勢は、その「指名」を取り付けることができずに悩むコーサラ国王プラセーナジットの後者における話によっても見て取れるのである。

さて、以上に説明してきた(イ)(ロ)(ハ)の関係において、(ロ)が根幹的役割を担っているということは自ずと明らかだと思うが、それゆえに、(ロ)は差し出された「作善」の「功徳（puṇya）」を間違いなく受けとめて増幅させる「田《はたけ》（kṣetra）」として「功徳の田」即ち「福田（puṇya-kṣetra）」とも呼ばれ、また、同じく(ロ)は差し出された「布施の功徳（dakkhiṇā, dakṣiṇā）」に最も相応しい依り所として「布施の功徳に値するもの」もしくは「報酬に値するもの」の意味で dakkhiṇeya/ dakṣiṇīya とも呼ばれる。その結果、(ロ)は puṇya-kṣetra とも dakkhiṇeya/ dakṣiṇīya とも呼ばれていることになり、実際、漢訳においては、前者が「福田」と訳されるのみならず、後者も「福田」と訳されることが意外に多いのである。(40) また、仏教文献の中には、(ロ)の役割を讃美する記述も大乗経典が登場するようになると夥しい数に上ってしまうが、ここでは、律文献を中心に比較的多く認められる一種定型化した頌の記述を掲げておくことにしたい。ここで(ロ)は以上のいずれでもなく「供犠さるもの」の意味で yajat/ ijyat が使われているが、それが(ロ)を指すゆえ、漢訳は多く「福田」と訳して特に区別していないことが注意される。なお、掲載中の、(I)はパーリ『大品』、(II)(i)はサンスクリット『破僧事』、(II)(ii)はそのチベット訳、(III)は弗若多羅訳『十誦律』、(IV)は義浄訳『破僧事』、(V)は(II)(i)の拙訳を指す。(41)

(I) aggi-hutta-mukhā yaññā, sāvitthī chandaso mukhaṃ, rājā mukhaṃ manussānaṃ, nadīnaṃ sāgaro mukhaṃ,
nakkhattānaṃ mukhaṃ cando, ādicco tapataṃ mukhaṃ, puññaṃ ākaṅkhamānānaṃ saṃgho ve yajatam mukhan

(II)(i) agni-hotra-mukhā yajñāḥ gāyatrī chandasāṃ mukham/ rājā mukhaṃ manuṣyāṇāṃ nadīnāṃ sāgaro mukham//
nakṣatrāṇāṃ mukhaṃ candra ādityas tapatāṃ mukham/ ūrdhvaṃ tiryag adhaś câpi yāvatī jagato gatiḥ/

sadevakeṣu lokeṣu saṃbuddho hījyatāṃ varaḥ//

(II)(ii) sbyin sreg mchod sbyin rnams kyi mchog// sdeb sbyor mchog ni nyi ma'i lha//
mi yi mchog ni rgyal po ste// rgya mtsho chu bo rnams kyi mchog//
zla ba rgyu skar rnams kyi gtso// nyi ma snang byed rnams kyi gtso//
steng dang 'og dang thad kar yang// 'gro ba'i 'gro ba ji snyed pa//
lha dang bcas pa'i 'jig rten na// smra ba'i mchog ni rdzogs sangs rgyas//

(III) 若在天祠中　供養火為最　婆羅門書中　薩鞞帝為最　一切諸人中　帝王尊為最　一切江河中　大海深為最
於諸星宿中　明月第一最　一切照明中　日光曜為最　十方天人中　仏福田為最

(IV) 諸祭祀中火為上　圍陀之中神為上　世間所尊王為上　一切衆流海為上
諸星宿中月為上　諸耀之中日為上　上下四維及天等　供養世尊最為上

(V) 火祀は祭祀の中の最高なり。ガーヤトリー〔讃美〕は神讃歌中の最高なり。王は人中の最高なり。大海は河川中の最高なり。月は星辰中の最高なり。太陽は輝くものの中の最高なり。上でも横でも下にても、人々の趣のあらん限り、神々を伴える世間にて、実に等覚者（saṃbuddha）は供犠さるもの（ijyat）の中の最勝なり。

以上の頌によって、「供養さるもの」即ち「福田」中の最勝のものが「仏（saṃbuddha = buddha）」だと讃美されているわけであるが、しかし、例外的に、(I)のそれによっては、最高のものが「教団（saṃgha）」だと言われていることに注目すべきである。というのも、ここに、少くとも、南方分別説部は、僧院主義に立脚していたと推測しうる要素が認められるからにほかならない。では、これ以外の(II)―(IV)の説一切有部の頌は隠遁主義を表わしていることになるのであろうか。確かに、これらの頌で判断する限りでは然りである。しかし、問題を説一切有部の律蔵全体やこの部派の「思想」の上から捉えるならば必ずしもそうとはいえない。なぜなら、既に第一章でも見たように、説一切有部は、律蔵でも仏伝に即した仏鉢譚の中では二商人にわざわざ未来の「教団《サンガ》」に帰依させているのであり、『大毘婆沙論』のbuddhaとsaṃghaを巡る「思想」的議論においては、前者を含む後者の方に優位を認めているからである。[42]従って、説一切有部は、恐らく、経済や社会の進展に伴う教団の僧院化を積極的に肯定していたはずであるが、同時に進行していたヒンドゥーイズムの影響による隠遁主義重視の「作善主義」を容認せざるをえない現実を他方に抱えていたということであろう。その現実は、例えば、本章の冒頭に引用したカーラワーン遺跡から発見された銅板銘文にも現われているはずであるから、今はそれを、以上に考察した「作善主義」の(イ)(ロ)(ハ)の関係から、再度確認して図式化すれば左のようになるであろう。

(イ)在家女性信者 Caṃdrabhi（弟、息子、娘、孫）
(ロ)祠堂の〔仏〕舎利、説一切有部教団
(ハ)一切衆生の供養、涅槃の証得

在家女性信者（upāsikā）(イ)のチャンドラビにしてみれば、インド人（必ずしもそうではないかもしれないがインド的社会に生きた人）としてヒンドゥーイズム的隠遁主義の究極にあると信じられた最終「解脱者」の(ロ)の〔仏〕舎利にpuṇya もしくは dakṣiṇā を託するだけで充分であっただろうが、教団側は僧院主義を貫いてそれを説一切有部教団の「受領（parigraha＝pratigraha）」と明記するスタイルを採り、教団が「仏」になり代わって(ハ)を保証したのだ、と私は考えているわけである。

しかし、教団側がいかに僧院主義に立脚しようが、実際に数の上でも突出してきたのは隠遁主義的「作善主義」であり、その中心こそ言わずと知れた(ロ)の「仏」にほかならない。しかるに、この(ロ)に関連して、大乗経典になると、「仏（たち）」が「(有情たちの）哀愍のゆえに受領する（prati/pari-GRAH...anukampām upādāya）」[43]という表現が頻出するようになるが、ここでは、「作善主義」との絡みで、この表現の背景を一瞥しておきたい。まず、なぜこのような表現が可能かというと、「仏」はインドでは dakṣiṇā を無駄にすることのないバラモン祭官にも等しき霊力を持っていると信じられていたからであり、その霊力ゆえに、(ロ)「仏」は「哀愍のゆえ」に、(イ)有情の提供した dakṣiṇā（報酬、施物）を「受領」してやることができるのであり、これを(イ)の側から言えば、親切にも(ロ)に「受領」して頂けるということになるわけである。しかも、恐らく、この考えは、太古のバラモンの「祭式主義」の時代に遡るのであり、現に、『リグ＝ヴェーダ』第一篇第一二六章第五頌では次のように述べられている。[44]

pūrvām anu prayatim ā dade vas trīn yuktāṃ aṣṭāv aridhāyaso gāḥ/
subandhavo ye viśyā iva vrā anasvantaḥ śrava eṣanta pajrāḥ//

最初のそれに続き、われは汝らのために贈与を受領せり、〔車に〕繋がれたる三頭の〔牡牛〕、部外者を養う八頭の牝牛を。よき縁者として、部族の婦女のごとく、荷車を伴い、名声を求めたるパジュラの族、〔汝のために〕。

ここに、「哀愍のゆえに受領する」というのと全く同じ表現が現われているわけではないが、「汝らのために受領す(ā-DĀ vas)」という表現は、その註釈で“yuṣmad-arthaṃ svikṛtavān asmi（余は汝らのために〔贈与 prayati を〕自己の所有となせり）”と言い換えられているように、一人称で示される(ロ)のカクシーヴァット（Kakṣīvat）[45]が、祭官か詩人かはともかく、ヴェーダの「祭式主義」の権威をもって、(イ)のために贈与を「受領」してやるという発想は、仮りに萌芽的であるにせよ、完璧な形で示されているといえるのである。しかるに、ヴェーダやウパニシャッドの時代に、かかる「祭式主義」の権威の体現者として絶対的権力を振ったバラモン（brāhmaṇa）も、仏教の成立した紀元前五、六世紀になってガンジス河中流域のマガダを中心として都市や農村が発展するようになると、新たな宗教家としてサマナ（samaṇa, śramaṇa、沙門）が輩出し、バラモンの祭式による霊魂支配ではなくサマナの苦行（tapas）による霊魂支配の方が圧倒的に支持されるようになった。それは、古代的祭式至上主義の閉じられた社会からある程度人々が開放されたことを意味するが、その時代の苦行による霊魂の個人的解放を謳歌する考え方を私は「苦行主義」と呼び、この「苦行主義」を一旦経由して、社会や文化が更に進展し経済の貨幣化や社会の階層化が進むと共に、宗教の上でもより拡大化された形での差別化された職能上の分業が進み、それが教団を舞台として、苦行を自らに課して苦行によって「仏」のように霊魂の解脱を得たと信じられるような出家苦行者(ロ)と、自ら苦行をなすことはないが出家苦行者もしくはそれを擁する教団に puṇya や dakkhiṇā/dakṣiṇā を差し出すことによって霊魂の解放を企ろうとする在家寄進者(イ)との分業が、社会的に広く認知された形で確立されていれば、私はそれを「作善主義」と呼んでいるのである。(46) そして、そういうことを可能にする舞台としての教団が、紀元一世紀に入るや、北西インドを中心に、本章の初めの方に図示したカーラワーン遺跡のそれを典型として、急速に拡まり、やがてはインド全土に及んでいったと考えられるのは言うまでもない。

註

(1) 仏塔のみならず仏像と、それらを含めた僧院の結構等については、高田修『仏像の起源』(岩波書店、一九六七年)、杉本卓洲『インド仏塔の研究——仏塔崇拝の生成と基盤——』(平楽寺書店、一九八四年)、桑山正進『カーピシー=ガンダーラ史研究』(京都大学人文科学研究所、一九九〇年)を参照されたい。

(2) ここでは, J. S. Speyer (ed.), *Avadānaçataka*, Bibliotheca Buddhica III, Vol. I, St. -Pētersbourg, 1906–1909, Osnabsück, 1970, p. 13, ll. 2-6 によるが、この常套句が基本的に百話全ての冒頭に示される。ただし、場所は Rājagṛha や Vaiśālī などに変わることがある。また、傍線 d に相当するサンスクリットの複合語では、大部分の箇所で、所謂「八部衆」から gandharva を除いた形が示されるので、この箇所はむしろ例外的に gandharva を含む例ではあるものの、敢えてない方が本来の形と判断してここでは省いた。なお, E. B. Cowell and R. A. Neil (ed.), *The Divyāvadāna*, Cambridge, 1886, Indian Second Edition, Delhi/ Varanasi, 1987 については、一々指摘しないが、この件を含め、この常套句については、拙稿「『法華経』と『無量寿経』の菩薩成仏論」『駒沢短期大学仏教論集』第六号(二〇〇〇年十月)、二七八頁、および、二五八頁、註32を参照されたい。

(3) パーリ文献におけるこの種の用例は夥しいものになると思うが、ここでは, *Anaṅgaṇa-sutta*, Majjhima-Nikāya, Vol. I, pp. 29–31 : 片山一良訳『無垢経』、パーリ仏典第一期1『中部(マッジマニカーヤ)根本五十経篇 I』(大蔵出版、一九九七年)、九五—一〇一頁のみを指摘しておきたい。

（4） 前掲拙稿（前註2）、二八〇—二七七頁参照。

（5） 大乗経典ではとりわけこの「八部衆」の用例は多いと思われるが、ここでは、Y. Ejima *et al.*, *Index to the Saddharmapuṇḍarīkasūtra — Sanskrit, Tibetan, Chinese —*, Fascicle V, The Reiyukai, 1988, p. 491 によって、その十六箇所を参照されたい。

（6） 没収罪第十条において新たに書き加えられた職名については、本書、第二部第五章、二三〇頁参照。なお、当時の社会経済的な動向については、中村元『宗教と社会倫理——古代宗教の社会理想——』（岩波書店、一九五九年）、三五三—三七二頁、碑文中の職名については、G. Schopen, "Two Problems in the History of Indian Buddhism: The Layman/ Monk Distinction and the Doctrines of the Transference of Merit", *Studien zur Indologie und Iranistik*, Heft 10 (1985), p. 40: *do.*, *Bones, Stones, and Buddhist Monks: Collected Papers on the Archaeology, Epigraphy, and Texts of Monastic Buddhism in India*, University of Hawai'i Press, Honolulu, 1997, p. 39 を参照されたい。

（7） パーリ文献におけるこの例文も夥しいものになるであろうが、ここでは、Vinaya Piṭakaṃ, Vol. I, p. 248, Majjhima-Nikāya, *op. cit.* (前註3), pp. 104-108：片山前掲訳、二八九—二九六頁のみを指摘するに止めたい。

（8） 高田前掲書、桑山前掲書（前註1）参照。なお、本文中（六二頁）に示した、カーラワーン遺跡寺院の結構の図については、高田前掲書、二七二頁によったもの（実際は J. Marshall のそれに同じ）であることをお断りしておきたい。なお、桑山前掲書、二二頁の図左側には、この寺院の発展遷移の様子が三段階にわたって示されている。また、奈良康明『仏教史Ⅰ』（世界宗教史叢書7、山川出版、一九七九年）、三三九頁には、高田前掲書によった図が示されると共に、その遺跡の写真も掲げられているので参考になる。

（9） 塚本啓祥『インド仏教碑銘の研究』Ⅰ（平楽寺書店、一九九六年）、九七二頁。この読解以前の碑文転写、註記については、同、九七一—九七二頁参照。なお、引用中のカッコ内のうち、uasia＝upāsikā, parigraha は、私が転写中より補ったものである。しかるに、この parigraha に対する塚本訳は「所領」であるが、私がこれを自分の訳語に統一するため「受領」と変更したことを記してお許しを頂きたい。実際の文献では parigraha も pratigraha も同じ意味に使われるように思われる。また、読解中のカッコ内の or 以下に示された別な読みについていえば、私に判断の資格はないが、意味的には、カッコ内の別な読みの方を採用したい気持である。ところで、前註8で触れた図に関していえば、塚本同上書、Ⅱ（平楽寺書店、一九九八年）、四五五頁に、J. Marshall, *A Guide to Taxila*, 4th ed., Cambridge, 1960, Fig. 9 によると明記した上で、同じ図であるが、より大きくて見易いものが付されているので、他の多くの有益な図と共に参照されたい。

（10） この頌を含む『薬事』の「カイネーヤ仙人物語」については、訳註研究が、拙稿「カイネーヤ仙人物語——「一音演説法」の背景——』『駒沢短期大学仏教論集』第六号（二〇〇〇年十月）、五五—一一四頁でなされているので全てそれに譲りたい。なお、『薬事』のこの箇所が義浄訳にないのは、そこでも触れておいたように、元々なかったのではなく、義浄訳出後の散逸である。また、カイネーヤ（ケーニヤ）とシャイラ（セーラ）との間で「仏」の素晴しさが讃えられる、これと同種の話が *Suttanipāta*, pp. 102-112 にあることについてもそこで触れたが、これについては、中村元訳『ブッダのことば——スッタニパーター』（岩波文庫、一九八四年改訳）、一一七—一二八頁を参照されたい。後註41下の本文中に引用したパーリ『大品』と同じ頌が *ibid.*, p. 111（vv. 568, 569）：中村訳、一二七頁に見出されることにも注意すべきである。更に、「仏（buddha）」という言葉が、「呪力を秘めた音」と見做されて用いられている用例を説一切有部系の説話資料を中心に考察したものに、平岡聡「呪力を秘めた音 "Buddha"——有部系梵文説話資料に見られる Buddha の用例——」石上善應教授古稀記念論文集『仏教文化の基調と展開』（山喜房仏書林、二〇〇一年）、一九一—二〇二頁（横）があり、*Suttanipāta* の例に言及がないのは残念であるが、有益であり必ず参照されるべきである。

（11） 以下の引用は、大正蔵、二巻、六六六頁上, Majjhima-Nikāya, *op. cit.*（前註3）, p. 19：片山前掲訳、七七頁。和訳は片山訳によったものであるが、他の箇所の拙訳と訳語を統一するため、「利得」は「所得」に、「臥坐所」は「寝臥具」に改められていることを諒とされたい。

（12） (α)(イ)は、『中阿含経』「羅摩経」、大正蔵、一巻、七七六頁上、(α)(ロ)は、『増一阿含経』「増上品」、大正蔵、二巻、六六五頁中、(β)は, Majjhima-Nikāya, *op. cit.*（前註3）, p. 17：片山前掲訳、七二頁。

（13） 平川彰『初期大乗仏教の研究』（春秋社、一九六八年）、一四〇—一四七頁：同『初期大乗仏教の研究Ⅰ』（春秋社、一九八九年）、二三九—二四九頁参照。

（14） 以下のサンスクリット文は, P. Pradhan (ed.), *Abhidharmakośabhāṣya of Vasubandhu*, Patna, 1967, p. 465, ll. 10-15 より回収されたものである。これを『雑阿含経』にトレースしたのは、私の知る限り、荻原雲来・木村泰賢訳註『国訳大蔵経』論部第一三巻（国民文庫刊行会、一九二一年）、一四二頁、註178が最初のように思われる。『雑阿含経』については、大正蔵、二巻、八七頁下—八八頁上、第三〇六経、および、印順編『雑阿含経論会編』(上)（正聞出版会、一九八三年）、三八九—三九二頁参照。

（15） 拙稿「菩薩成仏論と捨身二譚」『駒沢短期大学研究紀要』第二八号（二〇〇〇年三月）、二九八頁参照。

（16） Har Dayal, *The Bodhisattva Doctrine in Buddhist Sanskrit Literature*, London, 1932, repr, Motilal Banarsidass, 1970, pp .4-9 参照。

（17） 干潟龍祥『本生経類の思想史的研究』（東洋文庫、一九五四年）、九—一三頁参照。引用は一一頁。

（18） 「アニミズム」の定義については, E. B. Tylor, *Religion in Primitive Culture*, Harper Torchbook edition publised 1958 as Chapters

XI-XIX of *Primitive Culture*, 1871, repr. Peter Smith, Gloucester, 1970, pp. 8-12, pp. 83-86' 「霊魂の転生」については, *ibid.*, pp. 53-63参照。また、「気息（breath）」に由来する ātman を始めとする諸言語における用語は, *ibid.*, pp. 16-17 に列挙されている。なお、原始宗教における「霊魂」の問題については、古野清人『原始宗教の構造と展開』、古野清人著作集2（三一書房、一九七三年）参照。タイラーについては、同、四四—四八頁に論じられている。

（19） 海老沢有道他編著『キリシタン教理書』、キリシタン文学双書、キリシタン研究第三十輯（教文館、一九九三年）、三九四—四〇二頁参照。『妙貞問答』全体については、上巻がこの時点で初めて公刊されたので、当然これによるべきであるが、この箇所は下巻に属するゆえ、既に流布している日本思想大系25『キリシタン・排耶書』（岩波書店、一九七〇年）で指示すれば、同、一五五—一六四頁がこれに相当する。なお、本文の引用中のカッコ内には、原文の仮名に合わせたラテン語とポルトガル語のミックス表記形ではなくポルトガル語のみの表記に統一したものを挿入した。また、キリスト教と仏教の問題については、拙書『法然と明恵——日本仏教思想史序説——』（大蔵出版、一九九八年）、一一八—一五八頁を参照されたい。

（20） 出典を含めて、全て、前掲拙稿（前註2）、二七三—二七二頁で述べられているので、詳細はそれに譲りたい。

（21） *Suttanipāta* の件については、前註10参照のほか、前掲拙稿（前註10）、七〇—七一頁、九一—九五頁、註67、75、76を参照されたい。また、「七仏通戒偈」については、拙稿「七仏通戒偈ノート」『駒沢短期大学仏教論集』第一号（一九九五年十月）、二二四—一八一頁参照のこと。

（22） *The Mahābhārata, Text as Constituted in Its Critical Edition*, Vol. II, The Bhandarkar Oriental Research Institute, Poona, 1972, p. 1177, vv. 6.34.18-19（= *Bhagavadgītā*, vv. 12.18-19）. 上村勝彦訳『バガヴァッド・ギーター』（岩波文庫）、一〇六頁参照。

（23） V. Trenckner (ed.), *The Milindapañho*, p. 383. 中村元・早島鏡正訳『ミリンダ王の問い』3（東洋文庫28、平凡社、一九六四年）、二四〇—二四一頁参照。

（24） 谷川泰教「斧と栴檀——vāsi-caṃdaṇa-kappa 考——」『（高野山大学）仏教学会報』（一九九四年十一月）、一—一四頁（横）参照。私はこの論文の存在に気づくのが遅すぎたが、この件を含む若干の事情については、前掲拙稿（前註2）、二五三—二五二頁、註56を参照されたい。

（25） *The Mahābhārata, op. cit.*（前註22）, Vol. III, p. 1997, vv. 12.9.25. なお、これの第四句の "cintayaṃn" を "pradhyāyaṃn" とする以外は、これと全く同じ偈として 1.110.14 も知られている。この第一篇第一一〇章は、極最近刊行となった、上村勝彦訳『原典訳マハーバーラタ』Ⅰ（ちくま学芸文庫、二〇〇二年）に含まれている部分であるが、残念ながら、同、三九五頁で、この第一四頌を含む第七—一二四頌は、省略されている。しかし、参照すれば、ここにあるはずのこの頌の意義については得ることがあるかもしれない。

（26）F. Nietzsche, *Ecce homo*, "Warum ich so weise bin" 6, G. Colli und M. Montinari (ed.), Friedrich Nietzsche Sämtliche Werke, Kritische Studienausgabe in 15 Bänden, Band 6, Berlin/New York, 1980, pp. 272-273：氷上英広訳『この人を見よ』、世界文学大系42、ニーチェ（筑摩書房、一九六〇年）、三六五―三六六頁参照。因みに、ニーチェの友人ドイッセン（一八四五―一九一九）は、前註25の一頌を前半に含む『マハーバーラタ』第一二篇「寂静篇（Śānti-parvan）」の後半 Mokṣa-dharma-parvan を、Paul Deussen, *Vier Philosophische Texte des Mahābhāratam: Sanatsujāta-parvan— Bhagavadgītā— Mokṣadharma— Anugītā*, Kiel, 1906, repr., Wiesbaden, 1980, pp. 111-884 にドイツ語訳しているので、刊行は、ニーチェの死後であるものの、かかる知識は友人を介してニーチェにも知られていた可能性はある。なお、その当時の十九世紀後半のドイツの知識人の仏教理解については、Carl Suneson, *Richard Wagner und die Indische Geisteswelt*, E. J. Brill, 1989, pp. 20-44：吉水千鶴子訳『ヴァーグナーとインドの精神世界』（法政大学出版局、二〇〇一年）、二六―五八頁が参考になろう。

（27）芥川龍之介『西方の人』の最終章「37　東方の人」を参照のこと。なお、拙書『批判仏教』（大蔵出版、一九九〇年）、四七―五二頁、六七―六九頁をも参照されたい。

（28）『大毘婆沙論』、大正蔵、二七巻、七二八頁下―七四二頁下：国訳一切経、毘曇部十四、一四七―二〇二頁参照。また、この箇所を考察対象に含んだアビダルマの仏陀観については、木村泰賢『小乗仏教思想論』、木村泰賢全集、第五巻（大法輪閣、一九六八年）、一一一―一三三頁参照。なお、『大毘婆沙論』中で「三獣渡河」を説く経に言及がなされるのは、同上、七三五頁中であるが、『大般涅槃経』のそれらしき箇所については、大正蔵、一二巻、五〇一頁中―五〇二頁下、五二三頁下―五二四頁中：田上太秀訳『ブッダ臨終の説法』（完訳大般涅槃経）3（大蔵出版、一九九七年）、一三三―一三九頁、二六七―二七一頁を参照されたい。また、このテーマを巡る『大毘婆沙論』と『大般涅槃経』との関係については、『優婆塞戒経』を介在させながら、本書、第二部第七章、註23、および、その註下の本文でも論じられているので参照のこと。

（29）R. Gnoli (ed.), *The Gilgit Manuscript of the Saṅghabhedavastu*, Pt. I, Roma, 1977, p. 124. 第（3）頌の第一句の読みは、E. Waldschmidt (ed.), *Udānavarga*, Göttingen, 1965, p. 395, v. XXX, 12 の第一句に従う。他の校異については、E. Waldschmidt (ed.), *Das Catuṣpariṣatsūtra*, Berlin, 1957, pp. 88-91 に全て譲る。ただし、義浄訳原漢文は、大正蔵、二四巻、一二五頁下を見られたい。

（30）前掲拙稿（前註15）、三四五頁、註72参照。また、原實『古典インドの苦行』（春秋社、一九七九年）、三三四頁、註13を中心に、その全体、および、櫻部建「「功徳」という語について」『増補仏教語の研究』（文栄堂書店、一九九七年）、一三六―一四四頁参照。

（31）後に、この表現が jñāta-mahā-puṇya という複合語となって、教団内の一種の役職名のように用いられていたことが『瑜伽師地論』の用例によって知られる。これについては、拙稿「*Yogācārabhūmi* における64種の有情分類リストについて」『駒沢短期大学研究紀要』

第二七号（一九九九年三月）、一三九―一七二頁参照。なお、後代のその役職の実質的な内容については、グレゴリー・ショペン著、小谷信千代訳『インドの僧院生活――大乗仏教興起時代――』（春秋社、二〇〇〇年）、二一〇―二一四頁で論及がなされているので参照されたい。

(32) この(イ)(ロ)(ハ)の記号は、本書、第二部第十二章で用いたのと全く同じ意味をもたせて用いているので、同、四一三頁に示された「作善主義の図」も合わせて参照されたい。なお、ここで「作善主義」について付言しておけば、それはインドの「習慣」の反映にほかならないと私が主張している以上、その方面の研究も怠ってはいけないことになるが、この点に関し、原實博士より、Paul Thieme, "Indische Wörter und Sitten" [1939], *Paul Thieme Kleine Schriften*, Glasenapp-Stiftung, Band 5, Wiesbaden, 1984, pp. 343-370 のあることを御教示頂いた（二〇〇二年三月十日付私信）。しかし、私がすぐ腰を挙げなかったため、その入手が遅れて本文中に活かすことはできなかったが、その後読むことを得て、重要なものと判明したのでここに補足しておきたい。これによって、(イ)の(ロ)に対する「供養」のあり様が satkṛ で表わされ、「供養」そのものである pūjā がいかなる手段によってなされるかが明らかとなり、しかもそれらがいかにインド的なものであるかも明らかとなるのである。

(33) 外薗幸一「廻施と呪願（Dakṣiṇā）」『伊原照蓮博士古稀記念論文集』（同記念会、一九九一年）、一九三―二二五頁（横）参照。

(34) Aのサンスクリットは、前註29に同じ。チベット訳は、P. ed., No. 1030, Ce, 35a1、義浄訳『破僧事』は、大正蔵、二四巻、一二五頁中。Bは、É. Senart (ed.), *Le Mahāvastu*, III, Société Asiatique, Paris, 1897, Meicho-Fukyū-kai repr., Tokyo, 1977, p. 305, ll. 1-2. ただし、Bは位置上対応するものであって、これ以下に示される頌は、A以下と同じものを含まず、しかも大幅に増広されたものである。なお、Bの英訳については、J. J. Jones (tr.), *The Mahāvastu*, III, Secred Books of the Buddhists, Vol. 19, London, 1956, repr. 1978, pp. 292-293 を参照されたい。因みに、本書の稿が全て成った後に刊行された、定方晟「二商人奉食の伝説について」『東海大学紀要文学部』第七六輯（二〇〇二年三月）では、Bは、同、一一一頁、(IV)節の冒頭に示されているので、同論文所掲の他の文献の(IV)節冒頭と比較されることが望ましい。

(35) 外薗前掲論文（前註33）、一九七頁。

(36) 櫻部建「功徳を廻施するという考え方」『仏教学セミナー』第二〇号（一九七四年十月）、九三―一〇〇頁参照。因みに、この櫻部論文は、つい最近、櫻部建『阿含の仏教』（文栄堂、二〇〇二年）、一三六―一四六頁に補修再録されていることを付記しておきたい。なお、この櫻部論文とは別途に、チベット訳の『根本説一切有部律』や碑銘文などの用例を基に、この表現を考察したショペン教授は、これに "direct the reward" というほぼ同じような理解を示す訳語を与えている。Schopen, *op. cit.* (前註6後者), p. 78, p. 229, n. 43, p. 231, n. 61 参照。

(37) dakṣiṇā の原義に関するヴェーダ学者やインド学者の成果については、本書、第二部第十一章において、ヘスターマン(Heesterman)教授、オギベニン(Oguibenine)教授、原實(Minoru Hara)博士の論文に基づいて若干の考察をなしているので、それに譲らせて頂きたい。ただし、その後、渡辺重朗氏の御教示(二〇〇〇年六月二十一日)によって、K＝ミリウス(Klaus Mylius)教授の論文 "*dakṣiṇā*: Eine Studie über den altindischen Priesterlohn" [1979], *Das Altindische Opfer: Ausgewählte Aufsätze und Rezensionen*, Jubiläumsausgabe zum 70. Geburtstag von Klaus Mylius, Wichtrach, 2000, pp. 272-321 を知り、前者三者と明確に見解を異にする研究成果にも視野が及ぶようになった。しかし、知ったからとて、ヴェーダ学者でもインド学者でもない私は、その異った研究成果の是非を判断できる立場にはいないが、渡辺氏への感謝の意を表するつもりで、ミリウス論文のほんの要点だけはここに記しておきたい。ミリウス論文の第一の論点は、dakṣiṇā が西欧的な意味での fee(謝礼)や salary(給与)や remuneration(報償)ではないことを主張した、とりわけ、ヘスターマン論文批判に置かれているということである。従って、ミリウス教授は、dakṣiṇā を Priester(司祭者たち)が受け取る Lohn(報酬)とするヒレブラント(Hillebrandt)論文(一八九七年)を始めとする従来のヴェーダ学者やインド学者の「司祭者たちに対する供犠の報酬(der Opferlohn für den Priester)」とか「儀式の謝礼(les honoraires du sacrifice)」という解釈の方を支持して、それを論証するために、ヴェーダ文献を中心とする詳細な文献学的考察を展開するのである。しかるに、私には、前言のごとく、これを厳密に判断する資格はないが、ミリウス論文は、極めて厳格な文献学的説得性を示しているように感じられる。しかし、他方で、仏教文献、とりわけ、大乗経典以降のそれに親しんでいる私にとっては、ヘスターマン論文側の見解や主張もある程度合点のいくものなのである。恐らく、ヘスターマン論文側の研究は、ヴェーダ文献そのものというよりは、ブラーフマナ文献やヒンドゥー文献にウェイトを置いて、そこから得られた感触をヴェーダ文献の解釈にも反映させてしまうために、このような違いが生じてきているのではないかと私には思われる。かくして、以上の双方の解釈のうち、一方を明確に否定しない私の立場は非常に曖昧に見えるかもしれないが、dakṣiṇā の原義ということになれば、ミリウス教授の主張に従って、「報酬(Lohn, fee)」の意味の方を採りたいと考えているわけである。

(38) その実際の用例については、外薗前掲論文(前註33)、一九五―一九六頁に、*Abhisamācārikā* や *Mahāvastu* にも基づきながら、指摘されているので参照されたい。

(39) 前者については、前掲拙稿(前註10)、後者については、拙稿「貧女の一灯物語――「小善成仏」の背景(1)(2)――」『駒沢短期大学研究紀要』第二九号(二〇〇一年三月)、四四九―四七〇頁、『駒沢短期大学仏教論集』第七号(二〇〇一年十月)、三〇六―二七一頁参照。

(40) この件については、拙書『唯識思想論考』(大蔵出版、二〇〇一年)、五〇頁、註21参照のこと。また、「福田」については、パーリ文献を主としたものではあるが、早島鏡正『初期仏教と社会生活』(岩波書店、一九六四年)、六八七―七三四頁所収の「福田思想の発達とその意義」において、非常に詳しい検討がなされているので参照されるべきである。なお、その七〇七―七一三頁で示される「福田」の分類中、「仏福田」と「僧福」とは、順次に、以下で私が述べる dakṣiṇīya としての「仏」と「教団」とを指し、最後の「施物福田」は dakṣiṇīya というよりは、dakṣiṇā そのものを指すであろうと考えられる。

(41) 以下の引用とほぼ同じものの提示は既に前掲拙稿（前註39後者(1)、四五六頁でなされていることをまずお断りしておきたい。出典箇所についていえば、(I)は Vinaya Piṭakaṃ, Vol. I, p. 246、(II)(i)は, Gnoli, *op. cit.*（前註29）, Pt. II, p. 29、(II)(ii)は, P. ed., No. 1030, Ce, 125a7-8、(III)は、大正蔵、二三巻、一九二頁中、(IV)は、大正蔵、二四巻、一五八頁中。(I)と同じ頌が *Suttanipāta* 中にあることについては、前註10参照。(III)の漢訳者については、仮りに弗若多羅としておいたが、これに関しては、平川彰『律蔵の研究』（山喜房仏書林、一九六〇年）、一二一―一三一頁参照。また、細かな校異には触れないが、(III)と同じ頌は、大正蔵、二三巻、一八八頁下―一八九頁上、同、一八九頁下―一九〇頁上にも見出される。なお、それぞれの頌の示し方についていえば、(I)は "imāhi gāthāhi anumodi"、(II)は "anayânumodanayâbhyanumodate"、(III)は「説偈呪願」、(IV)は「随喜便説偈言」であり、前註34下の本文中所引のAのタイプである。

(42) 順次に、本書、第一部第一章、二三頁、註41下の本文、および、同、一二頁、註21下所引の『大毘婆沙論』の一節参照。

(43) ここでは, Ejima, *op. cit.*（前註5）, Fascicle III, p. 211. upā-√dā の項下の用例に挙げられている『法華経』の六箇所のみを指摘しておくに止める。なお、前掲拙稿（前註2）、二四九頁、註71も参照のこと。

(44) *Ṛgveda-Saṁhitā with the Commentary of Sāyaṇācārya*, Vol. I, Second ed., Vaidika Saṁśodhana Maṇḍala, Poona, 1972, pp. 797-799 により、引用頌は p. 799. 和訳は、辻直四郎『リグ・ヴェーダ讃歌』（岩波文庫、一九七〇年）、二七八頁によるものである。

(45) この名が出る、同、第二頌を、辻前掲訳で示せば、「〔われに〕援助を求めたる王より、われは一日の中に受領せり、黄金百片・馬百頭を贈り物として、われカクシーヴァット（詩人の名）は大王より牛百頭を。彼は不易の名を天際まで拡げたり。」である。

(46) 「苦行主義」を経由した「作善主義」のあり方については、前掲拙書（前註19）、一六―二三頁を参照されたい。なお、その拙書の原案となったものが、本書、第二部第十二章、四一三頁に示された図、および、その図に前後する記述である。

第四章　大乗仏教成立論

本章では、前章までに論じた説一切有部を中心とする伝統的仏教教団を舞台として、より一層滲透していった「作善主義」の下に、大乗経典が創作され、その経典の創作およびそれに基づく論述活動が後に大乗仏教と呼ばれるものになったが、その全てが伝統的仏教教団を拠点として営まれていたのであって、大乗仏教なるものがかかる伝統的仏教教団とは別個に存在していたわけでは決してないということを考察していくことにしたい。

『ディヴィヤ＝アヴァダーナ』の成立状況については、まだ充分正確に解明されていない面は多いが、その編纂が、右のような伝統的仏教教団を代表する説一切有部によって西暦紀元一世紀以降になされたと見做すことには余り異論はないのではないかと思う。[1] しかるに、この『ディヴィヤ＝アヴァダーナ』と説一切有部の律蔵との関係について、『根本説一切有部律』が『ディヴィヤ＝アヴァダーナ』から借用したとの考えを最初に表明したと思われるJ＝プシルスキーは、逸速く『大智度論』の次のような記述に注目している。[2]

毘尼（vinaya）名比丘作罪、仏結戒、応行是、不応行是、作是事、得是罪。略説有八十部。亦有二分。一者、摩偸羅（Mathurā）国毘尼、含阿波陀那（avadāna）本生（jātaka）、有八十部。二者、罽賓（Kaśmīra）国毘尼、除却本生阿波陀那、但取要、用作十部。有八十部毘婆沙解釈。

これを踏まえながら、プシルスキーは次のように述べる。

〔第三四話のごとき〕一種の大乗経典を含む『ディヴィヤ＝アヴァダーナ』は、恐らく、後に再操作されたものであろう。マトゥラーのアヴァダーナ叢書は、たぶん〔チベット大蔵経の〕mDo 'grel 所収の四つのアヴァダーナを含んでいたであろうが、そのうち三つは現行の『ディヴィヤ＝アヴァダーナ』中には見出されない。

上述の考察は、一見したところでは、根本説一切有部（Mūlasarvāstivādin）の律はカシュミーラで編纂されたとする誠にもっともらしい見解とは矛盾するように思われる。この記念碑的律は夥しいアヴァダーナを含んでいるのに、我々はまた、『大智度論』によれば、カシュミーラの律がアヴァダーナを捨てたということも知っているのである。しかし、その困難は解決しえないものではない。根本説一切有部の律は、一種の貯水池のように思われ、そこへ、説一切有部（Sarvāstivādin）文献の全ての潮流が流れ込んできているのである。

私には、mDo 'grel 所収の四つのアヴァダーナと『ディヴィヤ=アヴァダーナ』との関係についての示唆も今なお再考するに値するもののように思われるのであるが、(3) ここでは、右引用中の、説一切有部から根本説一切有部への展開を殊更違った部派への展開とは見做していない表現に注目したいと思う。しかるに、私自身も、あまり自覚的ではないにせよ、なんとなくそういう見方に立って考えているような気になっていたところ、プシルスキー以降の近年になって、いつの間にか「説一切有部と根本説一切有部とは決して同一の実体ではない」ということを前提とした議論が学界では多くなっていたようであるが、これに批判的な見解を取る榎本文雄博士は、プシルスキーに関する言及はないものの、この問題に対して次のような結論を導くに至っている。私もその結論には賛成であり、「説一切有部」という呼称についても、そこで指摘されているような意味で用いていきたいと考えているので、以下にその一文を引く。(4)

このように、「根本説一切有部」と「説一切有部」が同一である以上、『根本説一切有部律』『十誦律』の両者とも「説一切有部」所属であり、この点では両者は区別できない。したがって、「説一切有部」内部に二種類の律が存在したことになる。『大智度論』の「摩偸羅国毘尼」と「罽賓国毘尼」の記事も、両者が部派の違いとは位置づけられず、後者は『十誦律』に相当することから、同じ時代に地方によって異なる律が「説一切有部」内部に存在したことを示すと考えられる。すなわち、律を異にする分派が「説一切有部」内部に存在したこととなる。

この分派が、第二章末尾の図にも示したごとく、上座部内部でのある論争による雪山部と説一切有部との形成のようなものであったかもしれないとの可能性を含め、更に、『十誦律』から『根本説一切有部律』への展開には圧倒的増広が試みられたということを明確に付帯条件とした上で、私は右のような榎本博士の御見解に従いたいと思っているのである。しかるに、その前者から後者への増広過程で、プシルスキーも認めていたように、『根本説一切有部律』は『ディヴィヤ=アヴァダーナ』から増広の素材として種々のアヴァダーナを、あたかも「摩偸羅国毘尼」がなしたごとくに、借用していったのだと考えられる。その『ディヴィヤ=アヴァダーナ』の現行本の第二六—二九章が、周知のごとく、所謂「アショーカ=アヴァダーナ」と呼ばれる一文献群を構成している。[5] これは、史実のアショーカ王に題材を取りながら、虚実を織り交ぜて一篇の伝承譚に仕上げられたものであるが、そこには、その文献を作りあげていった、当時の教団の大規模な僧院化の現状が反映されているように感じられるのである。それゆえ、以下に、その一部を取り上げて大乗仏教成立の背景を考えてみることにしたい。「アショーカ=アヴァダーナ」の四章中、最後の第二九章[6]は、アショーカ王とマウリヤ王朝の没落を述べるものであるが、昔の大寄進者アナータピンダダ居士に見倣ってクルクタアーラーマ(Kurkuṭārāma、鶏園)寺に寄進の限りを尽したアショーカ王は、畢《つい》に国庫を使い果してしまい、最後に彼の手には「半分のアーマラカ果(ardhâmalaka)」しか残っていなかったという。この「半分のアーマラカ果」というのは、これの布施が「土塊(pāṃśu)」の布施と関連づけて物語られていることからも分かるように、本章の後でも触れるであろう「小善成仏」の「小善」[7]を示唆していると考えられるのであるが、この最後に残った「半分のアーマラカ果」をアショーカ王が家来を介して教団に寄進するように依頼する時に、教団に伝言するよう命じた言葉は次のとおりである。[8]

Jambudvīpâiśvaryasya rājña eṣa sāṃpratam vibhava iti idaṃ tāvat paścimaṃ dānaṃ tathā paribhoktavyaṃ yathā me saṃgha-gatā dakṣiṇā vistīrṇā syād

こ〔の半分のアーマラカ果〕が今やジャムブドゥヴィーパを支配する王の財産ですので、とにかく、この最後の布施を、〔教団が、〕私の布施の功徳（dakṣiṇā、報酬）が教団所属となって（saṃgha-gata）普ねく行きわたるように、享受して下さい。

この命令に従って、「その半分のアーマラカ果は粉末にされスープに入れて教団に振る舞われた（tad ardhâmalakaṃ cūrṇayitvā yūṣe prakṣipya saṃghe cāritam）」のであるが、王はその後大地を教団に寄進してこの世を去る。しかし、アショーカ王を嗣いだサンパディ王の時に、その大地は買い戻され、王位は次第して最後のプシュヤミトラまで継承されるが、プシュヤミトラ王は世に名声を残すことに腐心する。次に引用する箇所は、そのプシュヤミトラ王に取り入った宮廷祭官とそれに応じた王の挙動に触れた一節である。単なるお話ではあるが、重要なので、先と同じくサンスクリット原文も示す。(9)

tasya brāhmaṇa-purohitaḥ pṛthag-jano 'śrāddhaḥ/ tenâbhihitam/ deva dvābhyāṃ kāraṇābhyāṃ nāma ciraṃ sthāsyati/ 〔一者作悪、二者作善。〕 yāvad rājā Puṣyamitraś catur-aṅga-bala-kāyaṃ saṃnāhayitvā Bhagavac-chāsanaṃ vināśayiṣyāmîti Kukkuṭārāmaṃ nirgataḥ/ dvāre ca siṃha-nādo muktaḥ/ yāvat sa rājā bhītaḥ Pāṭaliputraṃ praviṣṭaḥ/ evaṃ dvir api trir api yāvad bhikṣūṃś ca saṃgham āhūya kathayati/ Bhagavac-chāsanaṃ nāśayiṣyāmîti kiṃ icchatha stūpaṃ saṃghārāmān vā/ bhikṣubhiḥ [stūpāḥ] parigṛhītāḥ/ yāvat Puṣyamitro yāvat saṃghārāmaṃ bhikṣūṃś ca praghātayan prasthitaḥ/

彼〔プシュヤミトラ〕には凡庸で無信仰なバラモンの宮廷祭官がいた。彼が言った。「王様、二つの原因によれば名前を永久に残すことになりましょう。一つは作悪で、一つは作善でございます。」と。やがて、プシュヤミトラ王は〔象と戦車と騎兵と歩兵との〕四支よりなる軍隊を武装させ、「余は世尊の教誡を滅ぼそう」と思って、クックタアーラーマ（クルクタアーラーマ、鶏園に同じ）寺にやってきた。すると門のところで獅子吼が放たれ、やがて、かの王は怖れてパータリプトラに引き返した。二度目も三度目も同様であったので、〔王は〕比丘たちと教団とを呼び寄せて告げた。「余は世尊の教誡を滅ぼそうと思うが、一体お前たちは仏塔（stūpa）と僧院（saṃghārāma）とどちらを望むのか。」と。比丘たちによって仏塔の方が受領された（parigṛhita）。やがて、プシュヤミトラは、まず僧院を、それから比丘たちを破壊しはじめた。

以上の物語は、全財産を叩き尽して寄進したアショーカ王の「作善」と名声のために教団破壊に走ったプシュヤミトラ王の「作悪」とが対比的に示されたものであるが、勿論、舞台はアショーカ王の時代ではなく、恐らくは、紀元後、二、三世紀頃の北西インドのどこかであろう。そして、この物語のアショーカ王があたかも寄進の手本をアナータピンダダに求めていたように、この物語の作者はその手本をまさに当のアショーカ王に求めて、作者の時代の説一切有部の教団の状況をそこに反映しているのだと考えなければならない。しかも、私見によれば、まさに今この物語が演じられている舞台において、既に大乗仏教は成立していたとみなければならないのである。

大乗仏教の成立を詳細に論じられた平川彰博士は、最古の大乗経典の一つに古訳の『法鏡経』にも関説される『三品経（*Triskandhaka*）』のあることを指摘され、それは「おそらく三章より成る経典で、過去の悪を懺悔することを述べる経典であろう」と推測されたが[10]、その後、木村高尉博士は、東京大学所蔵の *Triskandhaka* と題するサンスクリット写本に基づいて、これを三つの漢訳と対照させながら校訂本を刊行され、その成果によって『三品経』が所謂「経」ではなく「懺悔実修のための次第のようなもの」であるという御見解を示された[11]。私は、極めて遺憾なことに最近までこの木村論文のあることを知らず、従って別途にではあるが、やはり「懺悔講式」のようなものを想定しながら、そのような講式によって「悪業払拭の儀式」が儀式として完成していたなら、そこには既に大乗仏教が成立していると考えてその考えを従来論証してきたのであった[12]。しかるに、その「悪業払拭の儀式」とは、かかる経緯を踏まえた上での今の私の言葉を加味していえば、「作善主義」の中で確立されたものなのであるが、「作善」によって「作悪」を払拭すると考えれば、「作善」と「作悪」とはかかる意味において対になりうるものである。しかも、この「作善」

と「作悪」という用語は、先の引用で、プシュヤミトラ王が名前を残すための二種の原因として宮廷祭官より勧められたものと同じ語であることに注意されたい。残念ながら、その二語のサンスクリット原文はないのであるが、文脈からいってなんらかの欠落と考えられるので、元々はそこに puṇya-kara 対 pāpa-kara のごとき二語があったように思われ、漢訳によったH＝リューダースはそれぞれを "Böses zu tun（悪をなすこと）" と "Gutes zu tun（善をなすこと）" とにドイツ語訳している。(13) そして、その二種のうち「作悪」を採ったプシュヤミトラ王について述べる物語の末尾は、王が「作悪」のままで「作善」に向わなかったからマウリヤ王朝が滅んだように結ばれるが、実際に物語の言いたい核心は、プシュヤミトラ王と対称的に「作悪」から「作善」に転じたアショーカ王の方にあったことは今更言うまでもない。しかるに、その同じ物語中で頌によって示されるアショーカ王の懺悔は、まさに「悪業払拭の儀式」そのものを明白に語っているのである。(14)

daśa-bala-suta kṣantum arhasîmaṃ kukṛtam idaṃ ca tavâdya deśayāmi/
śaraṇam ṛṣim upaimi taṃ ca Buddhaṃ gaṇa-varam ārya-niveditaṃ ca dharmam//

十力の子（＝仏）よ、お許し下され。吾はこの作されし悪を今や汝に懺悔せん。吾は、仙人なるかの仏と最勝の衆と聖者に示されし法とに帰依せん。

この時点よりアショーカ王は「作善」を積んでいくのであるが、その結果、前世での積善によって今の王位もあることがウパグプタ上座によって次のごとく明らかにされる。(15)

paśya kṣetrasya māhātmyaṃ pāṃśur yatra viruhyate/ rāja-śrīr yena te prāptā ādhipatyam anuttaram//

〔福〕田の偉大な霊力（māhātmya）を見よ。そへ〔前世に〕土塊が播かれ、そによりて汝に王の吉祥得られたり。〔また汝に〕無上の統治権ありしなり。

以上によって、所謂「アショーカ＝アヴァダーナ」では、「作悪」と「作善」とが明瞭に対で意識されていることが分かるのであるが、このことを、先に触れた *Triskandhaka* の次のような一節[16]と関係づければ、当時行われていたであろう「懺悔講式」の実情が明らかになると思われる。

yathā pariṇāmitam atītair buddhair bhagavadbhiḥ, yathā pariṇāmayiṣyanti anāgatā buddhā bhagavanto, yathā pariṇāmayanty etarhi pratyutpannā buddhā bhagavantas tathā 'ham api pariṇāmayāmi. sarva-pāpaṃ pratideśayāmi sarva-puṇyam anumodayāmi. sarvān bhddhān adhyeṣayāmi bhavatu me jñānam anuttaram.

あたかも、過去の諸仏世尊が廻向したように、また未来の諸仏世尊が廻向するであろうように、また現在の諸仏世尊が今廻向をなしているように、そのように、私もまた廻向をなすでありましょう。私は全ての悪業を懺悔いたします。私は全ての福徳に随喜いたします。私は全ての諸仏を勧請いたします。私に無上の智がありますように。

短かい「懺悔講式」のようなものとはいえ、『三品経（*Triskandhaka*）』自体にも時代の推移があったことは言うまでもないだろうが、*Ugradattaparipṛcchā* の最古訳たる『法鏡経』が示唆する『三品経』の右の「廻向（pariṇāmanā）」と「懺悔（pratideśanā）」と「随喜（anumodanā）」と「勧請（adhyeṣaṇā）」とを四本柱[17]とする中核に大きな増減があったとは到底考えられない。しかも、この『三品経』に触れる『法鏡経』が言うように、「在家菩薩（gṛhī bodhisattvaḥ、開士居家）」が、「出家菩薩（pravrajito bodhisattvaḥ、開士去家）」のいる教団に趣いて、「悪業払拭の儀式」を執行してもらうときに、右の引用部分を中核とする『三品経』が唱えられたのである[18]。しかるに、その中核が成り立つためには、偉大な霊力（māhātmya）をもった「仏」たちが予め「勧請」されなければならないが、その「仏」を巡っては当然時代の変遷が顕著となる。最も単純な変化は、列挙される「仏」の名と数であるはずだが、後代に一番安定した形で調えられたものが三十五仏であったと考えればよいのかもしれない。しかし、以下の *Vinayaviniścayopāliparipṛcchā* とも一致する *Triskandhaka* の一節[19]はやはり後代の「仏」観念が反映されたかなり本質的な増広部分と見做されよう。

tat sarvaṃ karma'āvaranaṃ teṣāṃ buddhānāṃ bhagavatāṃ jñāna-bhūtānāṃ cakṣur-bhūtānāṃ sākṣi-bhūtānāṃ pramāṇa-bhūtānāṃ jānatāṃ paśyatāṃ agrataḥ pratideśayāmy āviṣkaromi na praticchādayāmi

私は、その全ての行為《カルマ》の障害を、智であり眼であり証人であり真実の基準であり現に知っているものであり現に見ているものであるそれらの仏世尊たちの御前で、懺悔し、発露し、覆蔵いたしません。

㋑如是等処、所作罪障、今皆懺悔。

㋺如是一切業障、我今対、一切諸仏世尊、具一切智者、具五眼者、証実際者、称量者、知者、見者、前、我今誠心、悉皆懺悔、不敢覆蔵。

この御前に「勧請」されている「仏」たちが偉大な霊力をもったものであればあるほど、その「福田」の御前で執行される「悪業払拭の儀式」の効果は確実なものになると信じられていたわけであるから、これらの「仏」たちの数や名称や性質規定に力点が置かれて、そこを中心に変化がみられるのも当然なのであるが、右引用箇所についていえば、古い方の漢訳である㋑の『決定毗尼経』と『大宝積経』「優波離会」とが「仏」の性質規定を全く欠如しているのに対して、新しい漢訳『三十五仏名礼懺文』とサンスクリット本やチベット訳とがその規定を有することからみても、後者が後世に増広されたものであることは歴然としている。その規定を示す語は、サンスクリットでいえば、jñāna-bhūta, cakṣur-bhūta, sākṣi-bhūta, pramāṇa-bhūta, jānat, paśyat であるが、このうち、最も新しい用語と考えられるのが sākṣi-bhūta と pramāṇa-bhūta とである。しかるに、この二語が説一切有部所属の文献である『ラリタヴィスタラ（*Lalitavistara*）』において同じような「仏」の規定の用語として使用されていることは知られており、その一文についてはこれと類似の『無量寿経（*Sukhāvatīvyūha*）』の一文と共に既に私も考察したことがあるので、以下に、ⓐ問題の一文を拙訳と共に示し、ⓑそれに対する私の考察の一部を示してみることにしたい。[20]

ⓐbhagavaṃs tvam eva sa-devakasya lokasya parama-sākṣi-bhūtaḥ pramāṇa-bhūtaś ca

世尊よ、あなただけが、神々と共なる人々にとっての最高の証人でありかつ真実の基準である。

ⓑさて、この〔『ラリタヴィスタラ』と『無量寿経』との〕両者の一節がいずれも後世の付加だとして、どちらがより後世であったかといえば、私は *Lalitavistara* の一節の方が後世的な新しい要素を示していることが明らかであると判断する。そこで、この一節に関し、*Sukhāvatīvyūha*→*Lalitavistara* という展開についての私の推測を示せば次のとおりである。まず、前者〔『無量寿経』〕において、buddha（仏）が pramāṇa（基準）であり sākṣin/*vaśin（監視者〔証人〕／支配者）であるということが言われるようになった後に、sākṣin の方は sākṣībhūta/vaśībhūta などとも呼称されるようになり、その後、pramāṇa と sākṣībhūta/vaśībhūta の双方が対で意識されるようになった上で、仏世尊（buddho bhagavān）が超越的な存在者として勝れたものであることが益々意識されるようになると、前の語には後分として bhūta（真実）が付され、後の語には前分として parama（最高の）が付され、しかも、その双方の語が二つの機能を示していることが明瞭に意識されて ca が添えられた。その結果、後者〔『ラリタヴィスタラ』〕においては、基本的な構造として、“*bhagavān eva lokasya parama-vaśī[/sākṣī]bhūtaḥ pramāṇa-bhūtaś ca（世尊だけが人々にとっての最高の支配者〔証人〕でありかつ真実の基準である）”という表現が与えられるようになった、というものである。

右引用のうち、ⓑで示した私の推測がもし成り立つとすれば、説一切有部において現行のごとき『ラリタヴィスタラ』が成立したときには、既に現行の大乗経典たる『無量寿経』は少なくとも説一切有部教団の周辺には知られていたとしなければならない。しかるに、私などは、この件に関し、大乗経典たる『無量寿経』でさえ説一切有部によって作られたと考えてもよいと思うくらいなのであるが、しかし、大乗経典が説一切有部によって作られることなどありえないという先入見に固執する人は、ヒンドゥーイズムの影響の濃厚なプラーナや大乗経典的性格を示す『ラリタヴィスタラ』自体すら、従来の伝承を誤りと否定してまで、説一切有部所属ではありえないと主張せざるをえないのである。そこで、以下に、ⓐその伝承を伝えた法蔵部（Dharmaguptaka）所属の『仏本行集経』の一節と、ⓑ伝承否定説の最有力のものと思われる外薗幸一博士の御見解とを並記してみることにしたい。(21)

ⓐ摩訶僧祇師（Mahāsāṃghika、大衆部）、名為大事（*Mahāvastu*）。薩婆多師（Sarvāstivādin, Sarvāstivāda、説一切有部）、名此経為大荘厳（*Lalitavistara*）。迦葉維師（Kāśyapīya、飲光部）、名為仏生因縁。曇無徳師（Dharmaguptaka、法蔵部）、名為釈迦牟尼仏本行。尼沙塞師（Mahīśāsaka、化地部）、名為毘尼蔵根本。

ⓑ現存の Lv〔*Lalitavistara*〕は確かに大乗経典に属するものであり、『方広大荘厳経』も確かにそうなのであるから、小乗の部派たる有部に所属すると考えることには、明らかな矛盾がある。（中略）以上のような諸点より見て、Lv を有部系所属と見るのは、長い間承け継がれてきた錯誤であると見なされるべきである。

このように、「長い間承け継がれてきた」伝承の方が「錯誤である」との判断が下されても当然とされることの背景には、大乗経典が伝統的仏教教団内で創作されるはずはないという平川彰博士の「大乗仏教在家教団起源説」が、ほとんど定説として滲透してしまっているという事情があるであろう。しかし、その平川説に対して、最近ようやく、種々の観点から疑義が呈せられるようになってきたこともまた周知のことである。私自身、平川説からは多大な恩恵を受けながらも、その「大乗仏教在家教団起源説」に反対してきた一人であるが、私の主張は「大乗仏教出家教団起源説」と呼んでよいかもしれない。この自説の呼称は、平川説のほかに、ショペン教授による「大乗仏教周辺地域起源説」をも念頭に、その両説のいずれでもない私の立場を明白にするために用いたものであるが、(22)私の「大乗仏教出家教団起源説」によるならば、先に見た『法鏡経』もしくはそれと同本異訳の経典において、「在家菩薩」が「出家菩薩」のいる教団に趣くように記述されていれば、その教団は伝統的な「出家教団」以外を指すはずはないものの、平川彰博士の「大乗仏教在家教団起源説」によるならば、そのように単純に考えることはできなくなる。それゆえに、平川博士は、『法鏡経』もしくはそれと同本異訳の経典の描く「在家菩薩」と「出家菩薩」との両者の会する舞台を、大乗仏教成立の当初は在家教団の拠点としての stūpa だったものが後になって vihāra に変わったものであると、諸訳の訳語の比較を通して解釈せざるをえなかったのである。しかるに、佐々木閑博士は、その平川博士の訳語の比較に基づく解釈を、非常に丁寧に吟味検討した上で、成立困難であることを論証して次のような結論を導いている。(23)

このように菩薩たちの住処が stūpa であると確定できない以上、それが部派僧団以外の場所に存在していたとは主張できないのである。むしろ、平川も指摘しているように、その住処に声聞乗の比丘と思える人々が住んでいたことや、菩薩と声聞乗の者たちが常に接触を持っていたという点を考慮するなら、出家菩薩と声聞は共住していたと考えた方が合理的であろう（省略）。仏塔は僧団の中に建てられることもあったであろうし、僧団とは別の場所に建っていた場合もあるだろう。前者の場合、在家の大乗教徒たちは僧団の中へ出向いて行って出家菩薩と共に仏塔供養や経典読誦などの修行を行うことになるだろうし、後者の場合なら、決まった日時に在家、出家両方の大乗教徒が仏塔に集まってそのような活動を行っていたことになる。

私は、この佐々木説を全面的に支持した上で、仏塔の場所の設定に関しては、圧倒的に前者の場合、即ち、大抵の仏塔は考古学的知見の示すように伝統的出家教団所属のものとして実際上も僧房（僧地）に隣接して存在し、市街地や聖地に建立された仏塔はむしろ例外的だったと考えているほどである。

では、「在家菩薩」と「出家菩薩」とが会する舞台がそのような意味での仏塔であったとすれば、そこで活躍し場合によっては大乗経典の創作に携わっていたかもしれない「出家菩薩」とはどのような人々だったのであろうか。しかし、それは恐らく初期ほど多様な群像であったはずであろうから一様なものとして描き出すことは困難であるが、次第に姿を明確にし出した一群に dharma-bhāṇaka と呼ばれるものがいたことは確実である。それについて、外薗幸一博士は次のように述べておられる。(24)

Lv (*Lalitavistara*) が元来「初期大乗の作品」であったものとすれば、その著者に関して付言しておくべきことが新たに生じてくる。すなわち、大乗経典を編纂した人々は、一般にDharmabhāṇaka（法師《ほっし》）と呼ばれる人々であった、ということが認められているからである。特に『法華経』において「法師」への尊重が強調されることが知られており、法師とは「大乗経典の流布の役割を担った人々」である、とされている。塚本啓祥博士は、「前二世紀にはすでに仏塔を中心として、聖地を訪れる巡礼者のために、誦経等の讃仏供養の儀式を執り行ない、種々の譬喩（ジャータカや仏伝）を用いて説いたバーナカの存在が窺われる」と述べられ、また、杉本卓洲博士によれば「このようなバーナカは、仏塔と密接な関係を有し、周囲にめぐらされた門柱や欄楯に刻むための、ジャータカや仏伝等を始めとする彫刻の内容選定にあたり、それらの図の説明役、絵解きの仕事を引き受けた者であった。彼らの語り方は歌謡的特徴を具え、訪れる信者たちを魅了するものであった。彼らこそ、仏塔を生気あらしめた立て役者であったのである」という。このようなバーナカ（bhāṇaka）が当初から「仏伝」と深い関わりを持っていたことは用意《ママ》に推定しうるところであるが、彼らは単に「ジャータカや仏伝を物語る」というのみならず、「新しいダルマとして登場してきた大乗の教説」を説くようになったことによって、ダルマ・バーナカ（Dharma-bhāṇaka）と呼ばれるようになったもののようである。ダルマ・バーナカによって大乗の精神は高らかに唱道《ママ》せられ、また、大乗経典の受持・読誦・書写等の功徳の絶大なることが強調せられるようになったのであり、ここに「仏塔信仰から経典崇拝へ」という思想的展開が起こってきたものと考えられる。

右引用中で「仏塔信仰から経典崇拝へ」という展開に絡めて語られるbhāṇakaからdharma-bhāṇakaへという展開も、私には、思想的展開というよりは社会経済的展開の反映と思われる以外は、もし彼らが伝統的出家教団所属の仏塔を拠点に活動していると見做されさえすれば、私は右の外薗博士の御見解には全く賛成なのである。また、私は、dharma-bhāṇaka も dharma-kathika や dhārmakathika と用語法上の違いはあるにしても基本的に異るものではないとの立場から既に考察したことがあるので、[25] その役職の内容についてはそれに譲り、ここでは、この役職を含む「出家菩薩」と「在家菩薩」とが教団内で一堂に会する場合に、それを仕切る出家比丘も必要とされていたということに言及しなければなるまい。

ところで、「在家菩薩」が教団に参詣するのは、「悪業の払拭」を求めてできるだけ確実な「福田」の下で「悪業払拭の儀式」が執行されることを願って dakṣiṇā や dāna を「福田」に寄進するわけであるが、その dakṣiṇā や dāna は実質的には物であり金銭である。かかる物や金銭に出家比丘が直接手を触れてはいけないという規定が生きていた古い時代には、それらを管理する役職である veyyāvaccakara/ vaiyāvṛtyakara (管理人) は、ārāmika や upāsaka という在家者に臨時に指名された可能性が高いのであるが、紀元後になって、教団の僧院化が急速に進んでヒンドゥーイズムや大乗の新しい動向が教団にも及ぶような時代になると、その役職の vaiyāvṛtyakara は、伝統的仏教教団内部に常駐する出家比丘に委されるようになっていたと考えられる。しかし、これについても既に考察したことがあるので[26]、ここで、これ以上詳しく論ずる必要はないと思うが、今回新たに第二章や第三章で問題とした lābha-satkāra や八つの「世間法」などの関係からのみ、若干のコメントを加えておきたい。vaiyāvṛtyakara は、右のような時代の変化によって、物や金銭に直接手を触れて管理しうる比丘となったが、インド的通念によれば、かかる管理自体が「世間法」に染められることだと見做されたにちがいない。実は、かかる観点からの推測でしかないのだが、時代が進んで、従来は vaiyāvṛtyakara が従事していたような管理のような仕事も更に複雑化して、vaiyāvṛtyakara だけの仕事に収まりきらない一層卑近な雑務に従事するような必要が生じてくると、その種の仕事に当る比丘や沙弥 (śrāmaṇera、勤策) は、かかる職種ゆえに、高価な金品や世間的名誉を望んでいるように見做されて、その役職が lābha-kāma (所得に貪著するもの) とか satkāra-kāma (尊敬に貪著するもの) と呼ばれるようになっていったようである。*Yogācārabhūmi* (『瑜伽師地論』) では、出家教団を構成する役割が、従来の「七衆 (sapta-naikāyika)」だけでは充分でなくなってしまったためか、それ以外に仏教教団所属関係者の役割が二一種列挙されているが、その中には当然のことながら vaiyāvṛtyakara も

lābha-kāma も satkāra-kāma も含まれている。(27) 私見によれば、これら二一種からなる出家者集団は大きくは二分されると考えられ、一つは、第三章の「作善主義」に絡めて論じた(ロ)の出家苦行者で大乗的観点からいえば「出家菩薩」と呼ばれる出家者であり、他は、彼らに奉仕し彼らを管理し世話する出家者である。しかも、この前者と後者とを基軸とする出家者集団の秩序は、所謂「年功序列（yathā-vuḍḍham, yathā-vṛddham）」によって守られていたと考えられる。出家者集団の「習慣」や「生活」上の秩序がこの「年功序列」の原則に従って維持されるべきであるとの記載は、各部派の律において多少の変化を伴いながらも全てに認められるものであるが、今は便宜的に根本説一切有部の *Śayanāsana-vastu* によれば、その趣旨は、例の「崇敬の四連語」を踏まえながら、「比丘たちよ、諸氏によりて年功を積んだもの（vṛddhataraka）が尊敬され尊重され崇拝され供養されるべきである（satkartavyo gurukartavyo mānayitavyaḥ pūjayitavyaḥ）」と述べられているのである。(28)

しかるに、この「崇敬の四連語」は、第三章の冒頭で考察した『アヴァダーナ=シャタカ』や『ディヴィヤ=アヴァダーナ』などに見られた「仏」に対して用いられていたものと基本的に同じものであることに注目しなければならない。教団内の出家者集団中の「年功を積んだもの（vṛddhataraka）」が全て出家苦行者ではなかったであろうから、一概には言えないが、教団内で「仏」に対すると同じ「崇敬の四連語」をもって遇せられねばならないと考えられた出家苦行者は、教団内での他の出家者によっては勿論、教団外でも在家寄進者によって、その苦行ゆえに「覚り（bodhi）」を目指す霊魂（sattva）」として bodhi-sattva（菩薩）と呼ばれ、出家者なるがゆえに「出家菩薩（pravrajito bodhisattvaḥ）」と呼ばれたであろうが、その霊魂は最終的に苦行によってあらゆる束縛から解放されて畢には最終解脱者たる「仏」になると信じられていたからこそ、「出家菩薩」は「仏」に対して用いられていたのと同じ「崇敬の四連語」をもって遇せられねばならないと考えられていたにちがいないのである。その意味で、「出家菩薩」は「作善主義」の(ロ)の「福田」に明らかに相当するが、その背後には真の「福田」としての偉大な霊力（māhātmya）をもった「仏」が控えていると見られていたのである。かかる(ロ)の「福田」に対してその霊魂支配力を信じて dakṣiṇā や dāna を寄進するのが(イ)の在家寄進者としての「在家菩薩」にほかならない。しかも、彼らもまた「菩薩」と呼ばれたのは、彼らは「出家菩薩」のように「苦行」によってでこそないが「仏」たちの御前で「作善」によってやはり「成仏」することが可能と考えられたからである。このように、「覚りを目指す霊魂」としての菩薩は、出家であれ在家であれ、いずれ必ず解脱して「成仏」すると考えられるようになったが、その「霊魂（sattva＝ātman）としての菩薩（たち）が仏になる」という考えを私は「菩薩成仏論」と呼び、その場合の「成仏」という観念そのものが霊魂肯定説の「解脱思想」にほかならないことを従来指摘してきたが、ここでは、大乗仏教の興起と共に鮮明となってきた、「菩薩成仏論」中の「菩薩複数説」の方に力点を置いて、その規定を以下に示しておきたい。(29)

（1）「菩薩複数説」の菩薩は、「菩薩単数説」を継承しながらも、内的な「菩提心（bodhi-citta）」の不動や慈悲が強調された内在的な存在者である。

（2）「菩薩複数説」の菩薩も、仏になることを最終目的としていることはいうまでもないが、仏になる決意（bodhi-citta、菩提心）さえ不動であれば、在家である方が常態であると考えられるに至った。

（3）「菩薩複数説」は「苦行主義」を経由した「祭式主義」の復活としての「作善主義」の確立と共に流行し、そこでは、「出家菩薩（pravrajito bodhisattvaḥ）」と「在家菩薩（gṛhī bodhisattvaḥ）」という差別的役割分担に基づく儀式が執行された。

（4）「作善主義」の時代の「菩薩成仏論」では、「出家菩薩」であれ「在家菩薩」であれ、六波羅蜜の修行が理想とされたが、なかでも、「捨身」が重じられ、「出家菩薩」には「捨身」そのもののような苦行が求められ、「在家菩薩」には「捨身」に代わるような布施（dakṣiṇā/dāna）が求められた。

（5）「作善主義」による儀式の中心となる場や人は「福田（dakṣiṇīya/ puṇya-kṣetra）」として崇められ、それに対する寄進には、なんらかの形での「dakṣiṇā 寄進の定型句」が存在した。ジャータカ類文献のように、いろいろの菩薩が登場しようとも、それらはやがて釈尊という一人の「仏」となる場合の前世における種々の霊魂の有り様を語っているにすぎないとすれば、それはやはり原則的に「菩薩単数説」の「菩薩成仏論」であると言わざるをえないが、「成仏」の結果が釈尊だけに限定されず、更に菩薩も現にこの世で生きている実質的に別々の人だということになれば、それは名実ともに「菩薩複数説」の「菩薩成仏論」であると言わなければならない。しかも、この「菩薩成仏論」が成り立っているところであれば、そこには既に大乗仏教が成立しているとみてよいと思うが、説一切有部所属の『ディヴィヤ＝アヴァダーナ』には明らかにかかる「菩薩成仏論」が成り立っていると見做しうるのである。

本章の初めにおいて、『ディヴィヤ＝アヴァダーナ』中の所謂「アショーカ＝アヴァダーナ」と呼ばれる箇所について論及したが[30]、後世に名を残すために結局「作悪」のみを選んで自分自身のみならずマウリヤ王朝までをも滅亡に至らしめたプシュヤミトラ王のことはともかく、それとは対照的に、「作悪」を悔い「作善」に勤《いそし》んだアショーカ王は、その結果、前世の「作善」によって今の王位のあることが明かされたのであった。このようなアショーカ王はほとんど「菩薩成仏論」の「在家菩薩」と言ってしまってもよいくらいなのであるが、史実の制約のゆえか、彼に「成仏」の授記が明言されることはない。しかるに、同じ『ディヴィヤ＝アヴァダーナ』の所謂「貧女の一灯物語」としての第七章もしくはこれに相当する根本説一切有部の『薬事』中の一章では、やはり地位上主役のコーサラ国王プラセーナジット（Prasenajit）は「作善」に勤みながらも畢に「成仏」の授記が与えられることなく「手に頬を着けて物思いに耽って佇んでいる（kare kapolaṃ dattvā cintā-paro vyavasthitaḥ）」ほかはなかったが、むしろ主話を前後する客話中の脇役的存在である都会の清掃婦（nagarâvalambikā）が歓喜で心澄浄になって生天したり、乞食（koṭṭa-mallaka/ kroḍa-mallaka）が世尊による布施の功徳の指名を受けた（dakṣiṇā ādiṣṭā）り、貧女（都会の清掃婦）が世尊に供養した一灯

(dīpa) によって「成仏」の授記を与えられたりしているのである。[31] もっとも、説一切有部は、話がここに及んでも「菩薩単数説」の「菩薩成仏論」を死守しようとする形跡が濃厚であるが、しかし、このような話は、大乗仏教が説一切有部の教団内に既に存在していたことを証して余りあることだと思われる。事実、大乗経典の粋とも見做しうる「一音演説法」や『優婆塞戒経』の一節は明らかに説一切有部の『大毘婆沙論』にも知られていたのであるが[32]、右に要約したような『ディヴィヤ＝アヴァダーナ』の話はまた、『法華経』の語る「小善成仏」とも明らかに通底したところのあるものなのである。

「小善成仏」の「小善」とは、以上に見た『ディヴィヤ＝アヴァダーナ』の、アショーカ王前世の「土塊（pāṃśu）」今世の「半分のアーマラカ果（ardhāmalaka）」、都会の清掃婦の米湯（ācāma）、乞食の「澄浄心（abhiprasannaṃ cittaṃ）」、貧女の「一灯」、あるいは、『法華経』の「土塊の仏塔（pāṃsu-stūpa）」や「泥の像（mṛttika-vigraha）」などのように、物質的には全く微小なものか、あるいは「澄浄心」のように物質的に零のものを「小」は指し、それと反比例するかのような広大な心による善業を「善」は意味している。[33] しかるに、かかる「小善成仏」を中軸にしたような話は、必ずしも貧しいものや権力のないものに説示されたわけではなく、むしろ社会経済の目覚しい時代の進展と共に益々強大な権益を手中にした武士階級（kṣatriya）や司祭階級（brāhmaṇa）や屋敷持ち（gṛhapati、居士）などに対して「その作されし悪業が善によって閉じられる（yasya pāpa-kṛtaṃ karma kuśalena pidhīyate）」[34]ように説示されたのではないかとすら考えられるが、以下に、恐らくはかかる権益をもったもしくはそれを期待した「在家菩薩」を念頭に伝統的仏教教団内で創作増広編纂されたであろう(t)『二万五千頌般若（*Pañcaviṃśatisāhasrikā-prajñāpāramitā*）』の一節[35]と、それを所釈の経とする(c)『大智度論』の一節[36]とを、示してみることにしたい。

(t) punar aparaṃ Śāriputra bodhisattvo mahāsattvaḥ prajñā-pāramitāyāṃ carañ jānāti evaṃ dānaṃ dattaṃ mahā-phalaṃ bhavati/ evaṃ dānaṃ dattaṃ kṣatriya-mahā-śāla-kuleṣûpapādayati/ brāhmaṇa-mahā-śāla-kuleṣûpapādayati/ gṛhapati-mahā-śāla-kuleṣûpapādayati/....evaṃ dānaṃ dattaṃ para-nirmita-vaśa-vartiṣu deveṣûpapādayati/ evaṃ dānaṃ dattaṃ prathama-dhyāna-pratilambhāya saṃvartate/....evaṃ dānaṃ dattam arhat-phala-pratilambhāya saṃvartate/ evaṃ dānaṃ dattaṃ pratyekabuddhatva-pratilambhāya saṃvartate/ evaṃ dānaṃ dattaṃ samyak-saṃbuddhatva-pratilambhāya saṃvartate/

更にまた、シャーリプトラよ、菩薩大士は、般若波羅蜜において行じつつ知る。このように布施が布施されるならば、大きな果報となる。このように布施が布施されるならば、〔その人は、〕武士階級の大門構えの良家（kṣatriya-mahā-śāla-kula、刹利大姓）に生まれ、司祭階級の大門構えの良家（brāhmaṇa-mahā-śāla-kula、婆羅門大姓）に生まれ、屋敷持ちの大門構えの良家（gṛhapati-mahā-śāla-kula、居士大家）に生まれる。……このように布施が布施されるならば、彼は他化自在天に生まれる。このように布施が布施されるならば、彼は初禅を獲得するようになる。……このように布施が布施されるならば、彼は阿羅漢果を獲得するようになる。このように布施が布施されるならば、彼は独覚果を獲得するようになる。このように布施が布施されるならば、彼は正等覚果を獲得するようになる。

(c)菩薩摩訶薩、知、諸法実相、無取、無捨、無所破壊。行不可得般若波羅蜜、以大悲心、還修福行。福行初門、先行布施。菩薩行般若波羅蜜、智慧明利、能分別施福。(1)施物雖同、福徳多少、随心優劣。如、(イ)舎利弗、以一鉢飯上(ロ)仏、(ロ)仏即迴施(ハ)狗、而問舎利弗。(イ)汝以飯施(ロ)我、(ロ)我以飯施(ハ)狗、誰得福多。舎利弗言。如我解仏法義、(ロ)仏施(ハ)狗、得福多。(イ)舎利弗者、於一切人中、智慧最上、而(ロ)仏福田最為第一、不如、(ロ)仏施(ハ)狗悪田、得福極多。以是故知、(2)大福従心生、不在田也。如、(イ)舎利弗千万億倍、不及(ロ)仏心。問曰。如汝説、福田妙故、得福多、而舎利弗施仏、不得大福。答曰。(3)良田雖復得福多、而不如心。所以者何。心為内主、田是外事故。或時、布施之福、在於福田。如、億耳（Koṭikarṇa）阿羅漢、昔以一華、施於仏塔、九十一劫、人天中受楽、余福徳力、得阿羅漢。又如、阿輸迦（Aśoka）

王、小児時、以土施仏、王閻浮提、起八万塔、最後得道。[4]施物至賎、小児心浄、但以福田妙故、得大果報。当知、大福従良田生。若大中之上、三事都具、心物福田三事皆妙。如般若波羅蜜初品中説、仏以好華、散十方仏。復次、又如、[5]以般若波羅蜜心布施、無所著故、得大果報。復次、為[い]涅槃故、施亦得大報。以大悲心、為度[い]一切衆生故、布施亦得大報。復次、大果報者、如是中説、生刹利家、乃至、得仏者是。問曰。云何布施、得生刹利家、乃至、得仏。答曰。若有人、布施及持戒故、得人天中富貴。如有人、至心布施持戒故、生刹利家、刹利者王及大臣。若著於智慧経書、而不悩衆生、布施持戒故、生婆羅門家。若布施持戒減少、而楽著世楽、生居士大家、居士者小人而巨富。……若布施時清浄、持戒転深、好楽多聞、自貴情多、不能自苦、従他求楽、生他化自在天。……復次、有人布施持戒、修布施時、其心得楽、若施多楽亦多、如是思惟、捨五欲、除五蓋、入初禅。……離三界布施、為[い]涅槃故、得声聞道。布施時、悪厭憒閙、好楽閑静、喜深智慧、得辟支仏。布施時、起大悲心、欲度一切、為第[い]一甚深畢竟清浄智慧、得成仏道。

以上、(t)(c)ともかなり長い引用となったが、とりわけ(t)を所釈の経とする(c)には「福田」思想と並行して「小善成仏」の理論もほとんど完全な形で示されていると思われるので重要である。道世が『法苑珠林』の「福田篇」[37]「優劣部」で右引用の『大智度論』の前半部分を示しているのもそのためであると考えられ、『法苑珠林』の「福田篇」全体も考察に値するが、ここでは割愛せざるをえない。

さて、『大智度論』では、(t)も(c)も勿論一括して掲載されているわけであるが、ここでは、一応切り離して、まず(t)を、『般若経』の展開をも考慮しながら、吟味してみたい。(t)の『二万五千頌般若』の一節は、これと相応する羅什訳『大品般若』では「序品」中の一節になるが、これに先行して存在したと考えられる『八千頌般若』の第一章や『小品般若』の「初品」にかかる布施を強調する一節は認められないので、この部分は明らかに後世の増広だと分かる。また、布施が行われた場合にその果報として望まれる身分が、武士階級か司祭階級か屋敷持ちかの大門構えの良家である、といわれているような、その身分は『八千頌般若』全体でも明確には用いられることはないようであるから、これまた時代の進展と共に流布するようになった身分の呼称だと考えられる。[38] ただし、この呼称は、パーリ文献でも後代のものには khattiya-mahā-sāla, brāhmaṇa-mahā-sāla, gahapati-mahā-sāla という形で用いられているようであるから、『二万五千頌般若』のそれが、例えば、『般若経』の流布した北西インドや中央インドのみに限定されるような性質の呼称ではなかったということも知られるのである。[39] また、(t)の引用の末尾によって、この『二万五千頌般若』の流布したような時代になると、布施によって「成仏」を含めた三乗の果も得られると期待されていたことも明らかであろう。

次の(c)については引用中に記号を付したのでそれを利用しながら説明を加えたい。まず、傍線（1）—（5）の箇所は、「小善成仏」を意図した「作善主義」による果報の偉大さを理論的に強調したものと理解してもらえればよい。その上で、傍線（1）の「福徳の多少は心の優劣に随う」、傍線（2）の「大福は心に従って生ず」、傍線（3）の「心を内主と為すも田は是れ外事」、傍線（4）の「施物は至って賤しきも小児の心浄し」、傍線（5）の「般若波羅蜜心」の「無所著」などの語句に注目すれば、いかに内在的な目に見えぬ精神（内主）としての「心」が外在的な目に見える物質（外事）と反比例する形で強調されているかが明らかとなろう。そこで、かかる意味での「小善成仏」を強調する「作善主義」の構造の中で、先に規定しておいた(イ)(ロ)(ハ)の関係を見ていけば、引用中に付した傍線(イ)(ロ)(ハ)がその関係を示していることが明らかになるのではないかと思う。このうち、傍線（1）の箇所以下に例として示される、(イ)舎利弗、(ロ)仏、(ハ)狗という関係についていえば、(ロ)は話の上では現に生きている仏ということになるわけであるから、これは例えば、『ディヴィヤ＝アヴァダーナ』の「貧女の一灯物語」の中で、(ロ)世尊が(ハ)乞食に dakṣiṇā を指名する（ā-DIŚ）場合と同じケースと考えればよいであろう。ただし、今の場合は、(ハ)乞食の「澄浄心（abhiprasannaṃ cittam）」に話題の関心があるわけではなく、(ロ)仏の「内主」としての「仏心」の方に専ら関心が注がれているために、通常の(ロ)の

「福田」の力を超えたマジカルな仏の霊力のみが強調されているのである。その結果、(ハ)狗悪田に対する仏の「廻施」という dakṣiṇā の指名は「得福極多」ということになるが、実はこれが仏塔の大多数の「在家菩薩」の熱烈な支持を得た理由でもある。仏亡き後は、(ロ)の「出家菩薩」を介して、仏塔におわすと信じられた仏による(ハ)に対する指名が誤りなく果報の大きなものであると考えられたに違いないからである。その(ハ)が、傍線（5）の箇所以下では、抽象的となり、(イ)と(ロ)も明示されていないが、抽象的な名目が(ハ)に現われているのは、確立された大乗仏教の理想が反映されているためと考えられる。明示されていない(イ)(ロ)のうち、(イ)が「在家菩薩」であることは文脈上明白である。(ロ)は、特定するのが難しいが、この前後の舞台が、仏たちが声聞教団と一緒であるという設定でなされているので、仏と声聞教団を(ロ)と想定するのが最も穏当であろうが、具体的には、教団内塔地にある仏塔もしくは教団比丘中の「出家菩薩」が(ロ)と想定されていたかもしれないという可能性を否定することはできない。

ところで、(c)中の傍線（3）の箇所以下に示されるコーティカルナ（Koṭikarṇa、億耳）阿羅漢とアショーカ（Aśoka、阿輸迦）王との例話は、明らかに「小善成仏」を示唆したものであるが、後者は『ディヴィヤ＝アヴァダーナ』の「アショーカ＝アヴァダーナ」中のアショーカ王前世の「土塊（pāṃśu）」の施として既に言及したものである。前者については、詳しくはÉ＝ラモットの考証があるが、その名の前にシュローナ（Śroṇa, Soṇa）を付すかどうかはともかく、シュローナ＝コーティヴィンシャ（Śroṇa-Koṭiviṃśa, Soṇa-Kolivīsa、二十億耳）とも同じなのか、あるいはスマナス（Sumanas）やカルナスマナ（Karṇasumana）とも呼ばれるのかという問題が残る上に、いずれの話にも、私の見た限り、「一華」の施であることを明示したものはないように思われる。[40] しかし、そういう問題が片付いていないにせよ、『ディヴィヤ＝アヴァダーナ』第一章のコーティカルナの話、『アヴァダーナ＝シャタカ』第八二章のスマナスの話[41]が、この『大智度論』の話の有力な素材になっているとすれば、『般若経』を伝持し、その『二万五千頌般若』を所釈の経典として『大智度論』なる論典を編纂していった「出家菩薩」は、その論典中において説一切有部の論師であるカーティヤーヤニープトラやその弟子たちに言及することまで[42]加味するならば尚更のこと、説一切有部の教団もしくは伝統的仏教教団のいずれかに所属していたと考えてなんの不都合もないと私には結論づけられるのである。

しかるに、ショペン教授の「大乗仏教周辺地域起源説」とは、同教授自身のそれまでの「大乗仏教経巻崇拝地起源説」とでも呼んでよいような説すらも全く放棄してしまったかのように、同教授は新たに、大乗経典の代表である『八千頌般若』のようなものでさえ、インドの中枢で重用された形跡は全くなく、従って、大乗仏教は地理的にも文化的にもインドの周辺に興り、五、六世紀になってやっとインドの公けの場に姿を現わすようになったものである、と主張するに至った。[43] この主張が「大乗仏教周辺地域起源説」と称されているのであるが、これに私の「大乗仏教出家教団起源説」を対比させて言えば、私には、大乗仏教とは、インドの周辺地域であるどころか、まさにインドにおいて伝統的仏教教団が教線を張った、その中枢で育ったもの、としか言い様のないものとなる。その点では、私の説は、むしろ平川彰博士の「大乗仏教在家教団起源説」に近い。ただし、それは、在家教団（bodhisattva-gaṇa）は伝統的仏教教団とは別途には全く存在しなかった、という付帯条件の下においてのみである。しかも、もし私が上来述べてきたような「大乗仏教出家教団起源説」が正しいとするならば、今後の大乗経典の研究は、その当の研究対象の大乗経典がどのような伝統的仏教教団の中で形成されてきたかが明らかにされなければならないであろう。その意味では、小さいが古い大乗経典で *Lokānuvartanā-sūtra* と称され支婁迦讖（Lokakṣema/ Lokarakṣa）によって『内蔵百宝経』として漢訳されたものが、大衆部の東山住部（Shar gyi ri bo'i sde, Pūrvaśaila）もしくは西山住部（Nub kyi ri bo'i sde, Aparaśaila）の所属と伝えられている背景に最近の研究者が注意を向けていることに、むしろ私は大いなる興味と関心を覚えるのである。[44]

註

（1） Jean Przyluski, "Fables in the Vinaya-Piṭaka of the Sarvāstivādin School", *The Indian Historical Quarterly*, Vol. 5, No. 1 (1929), pp. 1-5、岩本裕「後期アヴァダーナ文献の展開について」『仏教史学』第一一巻第三・四号（一九六四年七月）、七八頁、中村元『原始仏教から大乗仏教へ』、中村元選集〔決定版〕、第二〇巻（春秋社、一九九四年）、八八八―八八九頁参照。

（2） Przyluski, *op. cit.*, p. 2 参照。引用の『大智度論』は、大正蔵、二五巻、七五六頁下による。また、これを踏まえたプシルスキーの本文中の以下の引用は Przyluski, *op. cit.*, pp. 4-5 による。なお、『根本説一切有部律』と『ディヴィヤ=アヴァダーナ』との貸借関係については、従来二説があり、それについて、山田龍城『梵語仏典の諸文献』（平楽寺書店、一九五九年）は、「早くユベールはこの書（ディヴャーヴダーナ」の源流に関する研究を行い、レヴィも亦、その構成要素について研究を発表したが、何れもディヴャーヴダーナの物語が有部毘奈耶より由来したものと考えた。然るにプシルスキーはこの考えに反対し、むしろ律の編纂がディヴャーヴダーナから物語を借用したのであると主張した」（六四頁）とまとめておられる。最近の研究は、どちらかといえば、プシルスキー以前の立場を取るものの方が多いのかもしれず、例えば、平岡後掲論文（後註31）、八三頁、註37などの分析は、立場の明示はないものの、『ディヴィヤ=アヴァダーナ』が『根本説一切有部律』の話を借用したとのお考えに基づくものなのかもしれない。私は、とりわけ本章において、プシルスキーに従って、『根本説一切有部律』が『ディヴィヤ=アヴァダーナ』を借用したように考えているとの印象を与えていると思うが、その意味は、説一切有部の律が『十誦律』より『根本説一切有部律』へ展開していく間に、『ディヴィヤ=アヴァダーナ』へ集約されていくような個々のアヴァダーナ的な話を説一切有部の律が取り込んでいったという状況を指そうとしているだけで、特に新たな見解を述べようとしているわけではない。もし今後、新たな見解がまとまれば、将来、私の『律蔵説話研究』において述べる機会をもちたいと考えている。

（3） Przyluski, *op. cit.*, p. 3 に Nos. 17-20 として示されているものを、現行の北京版でいえば、P. ed., Nos. 5645-5648 に当る。なお、Heinrich Lüders, *Bruchstücke der Kalpanāmaṇḍitikā des Kumāralāta*, Kleine Sanskrit-Texte, Heft II, Leipzig, 1926, pp. 71-132, esp. p. 73 も参照されたい。

（4） 榎本文雄「「根本説一切有部」と「説一切有部」」『印仏研』四七―一（一九九八年十二月）、三九四頁。

（5） E. B. Cowell and R. A. Neil (ed.), *The Divyāvadāna*, Cambridge, 1886, Indian Second Edition, Delhi/ Varanasi, 1987, pp. 364-434, E. Burnouf, *Introduction a l'Histoire du Buddhisme Indien*, Deuxième édition, Paris, 1876, pp. 319-385, J. Przyluski, *La Légende de l'Empereur Açoka (Açoka-Avadāna) dans les Textes Indiens et Chinois*, Paris, 1923, pp. 225-304 参照。なお、以上の全てを参照しつつ、相当漢訳の対照も怠らずに試みられた邦語訳に、定方晟『アショーカ王伝』（法蔵選書9、法蔵館、一九八二年）があり、私も大い

に利用させて頂いたが、極めて有益なので参照されたい。

(6) 『ディヴィヤ=アヴァダーナ』のこの章は、本書、第一部第二章、四三頁、および、五五頁、註22で指摘した内容で始まる。定方前掲書によって、その話の全体を読まれたい。

(7) 「小善成仏」の「小善」の規定については、後註33を付した直前の本文（本書、一〇五頁）を参照されたい。

(8) Cowell and Neil, *op. cit.*(前註5), p. 431, ll. 21-23. なお、この校訂本中に "tāvad apaścimaṃ" とあるのは、引用に際して "tāvat paścimaṃ" と改めた。

(9) Cowell and Neil, *op. cit.*(前註5), p. 434, ll. 2-11. カギカッコ内の漢訳の補いは、『阿育王経』、大正蔵、五〇巻、一四九頁上による。

(10) 平川彰『初期大乗仏教の研究』（春秋社、一九六八年）、一二三—一二七頁：同『初期大乗仏教の研究Ⅰ』、平川彰著作集、第三巻（春秋社、一九八九年）、二一七—二二〇頁参照。引用は、同、一二四頁：二一八頁による。

(11) 木村高尉「梵文三品経について」『大正大学綜合仏教研究所年報』第二号（一九八〇年三月）、一九四—一七九頁参照。引用は、同、一九四頁による。「次第のようなもの」という語によって、所謂「講式」が意味されていると私は理解した。ところで、私が、この御論文のあることを知ったのは、Takayasu Kimura (ed.), *Pañcaviṃśatisāhasrikā Prajñāpāramitā*, II-V, Sankibo Busshorin, Tokyo, 1986-1992 の奥付を昨年あたりにたまたま見たことによるのであるが、そこには所掲誌が記されていなかったものの、いずれ分かるだろうと高を括っているうちに、本書刊行の話が具体化し、最も簡便な道を選んで急遽御本人にお願いしたところ、御親切にもその抜刷を直接拝受することができた。今年の一月のことである（抜刷に挿んでおいた受領日を記録したお手紙が失礼なことに今見当らなくなりその日を正確に記せないことをお許し頂きたい）。ここに、私の不明のために、これまで言及できなかった非礼をお詫びすると共に、今回の御好意に深甚の謝意を表しておきたい。

(12) 拙稿「悪業払拭の儀式関連経典雑考」のことを指すが、これは、今回、本書の第二部を構成することになったので、ここにその詳細を記すことは省略する。

(13) Lüders, *op. cit.*(前註3), p. 98, l. 4 参照。定方前掲書（前註5）、一七〇頁では、二二八頁の註で断られているように、漢訳によって、「善いことをするのと、悪いことをするのと」の語が補われている。

(14) Cowell and Neil, *op. cit.*(前註5), p. 380, ll. 2-4. この校訂本では頌型で示されていないが、ヴァイディヤ本に従えば、第八四頌。定方前掲書（前註5）は後者に従っている。

(15) Cowell and Neil, *op. cit.*(前註5), p. 388, ll. 29-30. また定方上掲書、六三頁参照。その前世のことについては, *ibid.*, pp. 368-369, pp. 384-385、定方上掲書、一九—二〇頁、五三頁参照。

(16) 木村前掲論文（前註11)、一八一—一八〇頁。本書、第二部第二章、一六七頁、註17下の本文所引のものと同じ。チベット訳については、これの訳ではないが、同文を示す、Pierre Python (ed., tr.), *Vinaya-Viniścaya-Upāli-Paripṛcchā: Enquête d'Upāli pour une Exégèse de la Discipline*, Collection Jean Przyluski, Paris, 1973, pp. 36-37 を参照されたい。

(17) 今ここに「四本柱」と称するものは、本書、第二部第一章、一五一頁、(iii)として掲げた「四種類型」と同じものである。

(18) 以上の箇所につき、関連諸訳の列挙は省略し、『法鏡経』を中心にしていえば、大正蔵、一二巻、一八頁下—一九頁中を参照されたい。カッコ内の「開士居家」と「開士去家」はこれによるものである。なお、チベット訳からの現代語訳については、櫻部建訳「郁伽長者所問経（ウグラ居士の問い)」『宝積部経典』（大乗仏典9、中央公論社、一九七四年)、二六七—二八二頁参照。しかるに、この経がなにゆえに『法鏡経』と呼ばれていたかと推測するに、もしこれがパーリやサンスクリットでもそう呼ばれていたのなら、*Dhammādāsa-sutta*, *Dharmādarśa-sūtra* であるが、悪業や善業を仏の面前で「法の鏡」に照らすように見る、という考えがあったのかもしれない。パーリの一群のそういう経典については、前田惠學『原始仏教聖典の成立史研究』（山喜房仏書林、一九六四年)、四九七—四九九頁参照。また、本書、第二部第八章、註25も参照されたい。

(19) 木村前掲論文（前註11)、一八三頁。漢訳の㋑は、『決定毗尼経』、大正蔵、一二巻、三九頁上と、『大宝積経』「優波離会」、大正蔵、一一巻、五一六頁上、㋺は、『三十五仏名礼懺文』、大正蔵、一二巻、四三頁上であるが、全て、木村上掲論文中に対照されている。チベット訳については、Python, *op. cit.* (前註16), p. 35 を参照されたい。ところで、引用のサンスクリット文中に繰り返される複合語後分の -bhūta をいかに理解するかは難しい問題なのであるが、ここのチベット訳は、全ての場合において "(du) gyur pa（となる)" の理解を示すものの、私はサンスクリットとして一番普通の理解と考えられる「……である」と見做して訳した。ただし、pramāṇa-bhūta のみは、前後の理解からみて不自然ではあるものの、敢えて「真実の基準」と訳した。これについては、拙稿「pramāṇa-bhūta と kumāra-bhūta の語義——bhūta の用法を中心として——」『駒沢短期大学仏教論集』第六号（二〇〇〇年十月)、三二八—二九九頁、同「Pramāṇa-bhūta 補記」『駒沢短期大学研究紀要』第二九号（二〇〇一年三月)、四三三—四四八頁を参照されたい。

(20) 前掲拙稿（前註19の前者）により、ⓐは、三二五頁、ⓑは、三一五—三一四頁からの引用である。なお、ⓐ中の sākṣi-bhūta に関し、私は元々 vaśī-bhūta とあった可能性もありうることを示唆したのであるが、これに対し、山部能宜博士より反対の御意見のあったことは、拙稿「貧女の一灯物語——「小善成仏」の背景(1)——」『駒沢短期大学研究紀要』第二九号（二〇〇一年三月)、四六八頁、註25中で触れておいたが、前註19の本文所引箇所では vaśī-bhūta の可能性を考えることは難しいので、やはり山部博士の御意見の方が正しいかもしれない。

(21) α⃝は、大正蔵、三巻、九三二頁上による。カッコ内は私の補いである。β⃝は、外薗幸一『ラリタヴィスタラの研究』上巻（大東出版社、一九九四年）、一〇三頁、一〇六頁による。なお、ⓐについては、平川前掲書（前註10）、一六七―一六九頁：二六九―二七〇頁も参照されたい。

（22）拙稿「グレゴリー・ショペン著、小谷信千代訳『大乗仏教興起時代・インドの僧院生活』」『仏教学セミナー』第七三号（二〇〇一年五月）、七二―八六頁参照。

（23）佐々木閑『インド仏教変移論――なぜ仏教は多様化したのか――』（大蔵出版、二〇〇〇年）、三三一頁。なお、この言及対象となっている、平川前掲書（前註10）、五四九―六〇一頁：平川彰『初期大乗仏教の研究II』、平川彰著作集、第四巻（春秋社、一九九〇年）、一八九―二五五頁も参照されたい。

（24）外薗前掲書（前註21）、九〇頁。

（25）本書、第二部第十二章、四〇五―四〇八頁参照。

（26）一箇所で集中的に考察したわけではないが、vaiyāvṛtyakara については、特に、本書、第二部第五章、第九章を参照されたい。

（27）拙稿「*Yogācārabhūmi* における64種の有情分類リストについて」『駒沢短期大学研究紀要』第二七号（一九九九年三月）、一三九―一七二頁参照。二一種とは、そのうちの、(35)―(55)であるが、それらが全て重複なしの役職名を指しているわけではないことに注意されたい。例えば、(38)―(40)は「年功序列」を示すだけであり、(41)―(44)は師弟関係を示すだけであって、純然たる役職名ではない。

（28）以上の「年功序列」に関する律文献については、拙稿「貧女の一灯物語――「小善成仏」の背景(2)――」『駒沢短期大学仏教論集』第七号（二〇〇一年十月）、三〇四―三〇五頁、二八八―二八七頁、註10―15を参照されたい。なお、ここでは、その時点で参照しえなかったニョーリ本を示せば、Raniero Gnoli (ed.), *The Gilgit Manuscript of the Śayanāsanavastu and the Adhikaraṇavastu: Being the 15th and 16th Sections of the Vinaya of the Mūlasarvāstivādin*, Serie Orientale Roma, Vol. L, Roma, 1978, pp. 3-10 で、直前の引用は p. 4, ll. 7-8 である。

（29）拙稿「菩薩成仏論と捨身二譚」『駒沢短期大学研究紀要』第二八号（二〇〇〇年三月）、三二七―三二八頁に提示の規定後半の8)―12)を（1）―（5）に改めて引用した。なお、その規定前半中の1)の訂正に関しては、拙稿「『法華経』と『無量寿経』の菩薩成仏論」『駒沢短期大学仏教論集』第六号（二〇〇〇年十月）、二八八頁、および、二六五―二六四頁、註2、3を参照されたい。

（30）本章、註5以下の本文参照。なお、関連文献については、前註5により、特に、話の大筋に関しては、定方前掲書を参照されたい。

（31）『薬事』におけるこの一章の和訳については、前掲拙稿（前註28）、三〇三―二七一頁参照。「成仏」の授記の場面については、同、二九一頁を読まれたい。その授記は、当の貧女がシャーキャムニ仏となるというものであるが、そこに、私は、かかる通俗的な話においてさえ「菩薩単数説」の「菩薩成仏論」を死守せんとする説一切有部の姿勢を読み取るわけである。なお、これとの平行文献である

『ディヴィヤ=アヴァダーナ』に基づく和訳には、平岡聡「町の洗濯婦による布施物語——『ディヴィヤ・アヴァダーナ』第7章和訳——」『仏教大学総合研究所紀要』第三号（一九九六年三月）、六八—八八頁がある。私は、二〇〇一年十二月十八日に、平岡聡博士御本人よりその抜刷を頂戴するまで、この先行業績のあることを知らず、その不明をここにお詫びしておきたい。これを踏まえて拙訳を提示できたら、註記などはもっと過不足なく施しえたであろうと思うこと切なるものがある。不備な点については、将来に正す機会を持ちうればと願っている。

(32) 本書、第二部第六章第七章を参照されたい。

(33) 「小善成仏」については、勝呂信静『法華経の成立と思想』（大東出版社、一九九三年）、一二三—一二四頁、一六五—一六六頁参照。その私の規定については、拙稿「弥勒菩薩半跏思惟像考」木村清孝博士還暦記念論集『東アジア仏教の形成』（春秋社、二〇〇二年十月刊行予定）の註7、および、それを付した本文を参照されたい。

(34) 前後の脈絡に直接関係するものではないが、このサンスクリット文は, N. Dutt (ed.), *Gilgit Manuscripts*, Vol. III, Pt. 4, p. 56, l. 6 による。pidhīyate は api-DHĀ の受動態第三人称単数と見做した。対応義浄訳は、『出家事』、大正蔵、二三巻、一〇三九頁中で、「若人作悪業　修善而能滅」とある。

(35) N. Dutt (ed.), *The Pañcaviṃśatisāhasrikā Prajñāpāramitā*, Culcutta Oriental Series, No. 28, London, 1934, p. 25. 省略法は解除して引用した。羅什訳『摩訶般若波羅蜜経』は、大正蔵、八巻、二二〇頁上である。

(36) 羅什訳『大智度論』、大正蔵、二五巻、三〇一頁上—三〇二頁上。また, Étienne Lamotte, *Le Traité de la Grande Vertu de Sagesse de Nāgārjuna*, Tome V, pp. 2218–2225 には、フランス語訳のみならず、必要な情報も詳細に示されているので参照されたい。

(37) 大正蔵、五三巻、四三六頁下—四三八頁下参照。このうち、問題の『大智度論』の一節は、同、四三七頁下に示されているが、道世の示すそれ以外の経論も「福田」思想の研究のためには重要な文献であり、機会あらば、私も、その個々の文献を検討してみたいと思っている。なお、道世の『法苑珠林』については、鎌田茂雄『中国仏教史』第六巻（一九九九年）、五一二—五一四頁を参照されたい。

(38) 『八千頌般若』には用いられていないようだとの私の判断は, Edward Conze, *Materials for a Dictionary of the Prajñāpāramitā Literature*, Suzuki Research Foundation, Tokyo, 1967 に基づくものである。また, この身分による菩薩の規定に関するヴァスバンドゥの言及については、拙書『法然と明恵——日本仏教思想史序説——』（大蔵出版、一九九八年）、三八〇—三八二頁を参照されたい。

(39) パーリ文献における用例については, Robert C. Childers, *A Dictionary of the Pali Language*, London, 1875, p. 44, brāhmaṇamahāsālo, p. 139, gahapatimahāsālo, pp. 192–200, khattiyamahāsālo, p. 230, mahāsālo 参照。それらの身分はかなり具体的に規定されるもののようであるが、古い校訂本の指示ゆえ、その規定箇所を私自身で確認することはできなかった。

(40) Lamotte, *op. cit.*(前註36), Tome III, pp. 1387-1389, pp. 1426-1427, Tome IV, p. 1894：大正蔵、二五巻、二二四頁上、二二八頁中、二七一頁中参照。

(41) 以上の二話中、前者については、本庄良文「毘婆沙師の三蔵観と億耳アヴァダーナ」『(浄土宗教学院) 仏教論叢』第三五号（一九九一年九月）、二〇—二三頁、後者については, J. S. Speyer (ed.), *Avadānaçataka,* Bibliotheca Buddhica, III, Vol. II, St. -Pétersbourg, 1906-1909, repr., Osnabrück, 1970, pp. 67-71：大正蔵、四巻、二四五頁上—中参照。

(42) その言及の一端については、拙書『唯識思想論考』（大蔵出版、二〇〇一年）、一七頁、および、五六頁、註48参照。

(43) グレゴリー・ショペン著、小谷信千代訳『大乗仏教興起時代——インドの僧院生活——』（春秋社、二〇〇〇年）、三—三〇頁の「序章」と、同、三二一—三二五頁の訳者の小谷博士による「訳者あとがき」中の「ショペン教授の「大乗仏教周辺地域起源説」」とを、特に参照されたい。これに対する私の書評が前掲拙稿(前註22)である。なお、私がショペン教授の「大乗仏教経巻崇拝地起源説」と呼ぼうとしたものは, G. Schopen, "The Phrase '*sa pṛthivīpradeśaś caityabhūto bhavet*' in the *Vajracchedikā*" *Indo-Iranian Journal,* Vol. XVII (1975), pp. 147-181 に論じられているが、これは最近刊行の *do., Bones, Stones, and Buddhist Monks: Collected Papers on the Archaeology, Epigraphy, and Texts of Monastic Buddhism in India,* University of Hawai'i Press, Honolulu, 1997 に収められていないので、撤回されているのかもしれない。しかし、この説に対する私の見解については、本書、第二部第八章を参照されたい。

(44) それらの最近の研究については、下田正弘『涅槃経の研究——大乗経典の研究方法試論』（春秋社、一九九七年）、二五四—二五六頁、五八五—五八八頁、註34—38参照。因みに、大乗仏教とは伝統的仏教教団内に確立された「作善主義」の反映にほかならないとする私の立場からすれば、最初期の大乗経典のみならず、初期大乗経典やそれらに基づく大乗論典についても、その新たな観点からの見直しが求められているのではないかと思う。しかし、この問題の追究は、本書において積極的には果されていないので、ここで示唆的にのみ触れておけば、私の観点によると、例えば、『十住毘婆沙論』なども、「在家菩薩」に対する「出家菩薩」による「作善主義」の勧めである「易行品」や「作善主義」に基づく「悪業払拭の儀式」そのものの開陳である「除業品」を中心に「作善主義」の体系化を試みた論典に見えてくるのである。他の問題も含め、こういうことも、近い将来、私の『大乗仏教批判』において論じることができればと希っている。

第五章　伝統的仏教教団と思想

前章では、大乗仏教のように、伝統的仏教教団とは全く異った新たな大きな運動を展開したように見える流れでさえ、実は、伝統的仏教教団外で営まれたものではなかったことを見た。そこで、大乗仏教とは、言ってみれば、教団に押し寄せ滲透していった通インド的「習慣」の仏教的変貌とも言えるものである。それゆえに、仏教というものが「思想」である限りは、無記（avyākṛta）ゆえに多様なものとして展開しがちである「習慣」に対して、仏教が「思想」的にどう対処してきたか、あるいは今後どう対処していかねばならないかを、教団史的観点から、単に時間的な拡がりのみならず空間的拡がりにおいても、「全教団（cāturdiśa- saṃgha-）」を念頭に置きながら、考察していく必要を私は痛感している。これは大きくて困難な問題であり、到底このような小さなスペースで論じ切れる性質のものではないが、本章では、いわば「仏教生活習慣」に対峙させる形での「仏教哲学思想」に対する見通しを、教団史論を扱う立場から述べておくことにしたい。

しかし、その目的に移る前に、伝統的仏教教団の比較的後代の実情を知るためのサンプルとして、説一切有部の『雑事（*Kṣudraka-vastu*）』の一節と、大衆部系説出世部の『威儀法（*Abhisamācārika-dharma*）』の一節とを取り上げて、若干のコメントを加えてみたい。なぜこの二つを選んだかといえば、これまでも指摘してきたように、説一切有部は、「習慣」や「生活」の面で寛大な態度を示しながらも、仏教の「思想」や「哲学」についてはその正統説を選別（vibhāṣā）し決択していこうという姿勢が顕著だったのに対し、大衆部は、「習慣」や「生活」に寛大であるのみならず、「思想」や「哲学」についてもヒンドゥーイズム的側面を取り込むことに熱心だったので、この相反する傾向をもった部派の律文献を取り上げることによって、伝統的仏教教団の大体の実情を押えることができるかもしれないと思ったからなのである。

まず、『雑事』の一節は、教団における葬式についてその由来を次のように述べる。この一節については、G＝ショペン教授が、チベット訳の諸本対照の校訂本を提示した後に英訳を試み、また関連研究をもほぼ充分なほど詳しく註記しているので、(1)私もそれらに依拠しつつ、ここでは、内容理解に便ならしめるために、そのチベット訳校訂本に基づいた和訳のみを提示しておくことにしたい。

仏世尊はシュラーヴァスティーのジェータ林にあるアナータピンダダの園林に滞在していらっしゃった。シュラーヴァスティーには、ある居士がおり、彼は同種の家系より妻を娶ると、彼は彼女と一緒に、というより、ひとりの男児が生まれ、彼が生まれた誕生の宴が三七の二十一日にわたって盛大になされ、〔その子は〕家系に相応しい名を付けられ、成長し逞しくなった、というまでは、上述のごとくである。(2)そうこうするうちに、正しく説かれた法と律との下で〔彼が〕出家すると、彼の四大が不調となり病気になってしまった。彼は、根と茎と花と実で出来た薬で看護されたが、(3)効なく死んでしまった。〔そこで、〕比丘たちは、彼を鉢と衣と共に道の傍に棄てた。やがて、その道〔の向う〕からバラモンと居士とがやって来て、彼らはそ〔の死体〕を見た。そこで、あるものが言った。「皆さん、釈迦の弟子（śākyaputra）が死んでいますよ。」と。他のものたちが言った。「こちらへ来て御覧なさい。」と。彼らは見て確認した後、彼らが言うには、「皆さん、これはあそこの居士の息子ですぞ。寄る辺のない釈迦の弟子たる沙門たちの中で出家したからこんな状況になってしまったのだわい。こんなものども中で出家しなければ親族のものたちによって供養されたものであろうに。」というのであった。その事例を世尊に比丘たちが申し上げると、世尊がおっしゃるには、「比丘たちよ、それならば許可するので死んだ比丘の供養をなすがよい。」とのことであった。世尊が「死んだ比丘の供養をなすがよい。」とおっしゃったものの、比丘たちはどのように供養すべきかを知らなかったので、世尊は「火葬にしなさい。」とお告げになられた。世尊が「火葬にしなさい。」とおっしゃると、世尊に対してウパーリ（Nye ba 'khor, Upāli）氏が申し上げた。「尊師よ、世尊がこの身には八万匹の虫の類がいるとおっしゃっておられた、それら〔の虫〕はどうなるのでございましょうか。」と。世尊は告げられた。「ウパーリよ、そ〔の人〕が生まれるや否やそれら〔の虫〕も生まれ、死んだ時にはそれら〔の虫〕も死ぬけれども、〔念のために〕傷口のところで調べてから火葬にしなさい。」と。世尊が「火葬にしなさい。」とおっしゃったものの、木が手に入らなかったので、その事例を世尊に比丘たちが申し上げると、世尊は告げられた。「河川に捨てなさい。」と。河川がなかったので、世尊は告げられた。「地面を掘って埋めなさい。」と。〔しかし〕夏期で地面も堅く[4]木も生き物に溢れていたので、世尊は告げられた。「奥まった場所(thiks po'i phyogs, gahana-pradeśa）に頭を北に向け枕に草の束を置いて右脇で寝かせ、草もしくは木の葉を積んで被い、[a]報酬を指名し（yon bsngo zhing, dakṣiṇām ādiśya）、[b]三講式（rgyun chags gsum, tri-daṇḍaka）の誦法（chos mnyan pa, dharma-śravaṇa）を与えて（byin nas, dattvā）から去りなさい。」と。比丘たちがそのようにして去ると、バラモンと居士たちが、「釈迦の弟子の沙門たちは死体を運んで（ro bskyal nas）沐浴もなさずにそのようにして去ったので清め（gtsang sbra, śauca）がないわい。」と罵倒したので、その事例を世尊に比丘たちが申し上げると、世尊は告げられた。「そのように去るべきではなく、沐浴をすべきである。」と。彼ら全てが沐浴し始めると、世尊は告げられた。「全てが沐浴をすべきではなく、〔死体に〕触れたものたちが衣と共に沐浴をなすべきであり、他のものたちは手足だけを洗いなさい。」と。彼らは〔寺院に帰ってから〕仏塔（mchod rten, stūpa, caitya）に礼拝しなかったので、世尊は告げられた。「仏塔を礼拝すべきである。」と。

以上の引用において留意すべき点は三つほどある。第一は、従来比丘の葬式を執行してこなかった説一切有部教団がヒンドゥー的「習慣」に従ってそれを採用することになった際の方法とその教団の実情であり、第二と第三とは、そのヒンドゥー的「習慣」の側に確立されていた、順次に、「不殺害（ahiṃsā）」と、穢れの「清め（śauca）」との観念である。(5) まず、第一点についていえば、この文献において世尊は「習慣」上の規定採用の許可のために話の上で必要なだけであって、実情は、当然世尊の存在していない遙か後代の、しかも、そこには帰れば礼拝すべき仏塔もある僧院化した教団を背景としているということになる。その教団が葬式を採用することとなり、その最終的方法は「奥まった場所」に所謂の「頭北面西」で葬る葬送に決ったようであるが、律蔵を「習慣」として「無記」であると見做している説一切有部にとっては、その方法は必ずしも「思想」的に本質的なものではないがゆえに、実のところそれは、火葬でも水葬でも土葬でもよかったような書き振りであるのは興味深い。しかし、後々より深刻な影響を仏教側に与えることになったのは、採用された側のヒンドゥーイズム的第二点の「不殺害」と第三点の「清め」との観念なのである。右の話の中で、そのヒンドゥーイズム的観念を代表する人がバラモンと居士なのであるが、問題の第二点と第三点とは密接に関連し合っている。ここでは、その両観念をあまり厳格に区別せずに、しかもヒンドゥー文献に直接基づいて一瞥を与えておくために、『マヌ法典（*Manusmṛti*）』第五章より、必要最小限の関連頌を抜き出して列挙しておこう。(6)

nâkṛtvā prāṇinām hiṃsām māṃsam utpadyate kvacit/
na ca prāṇi-vadhaḥ svargyas tasmān māṃsaṃ vivarjayet// 48//
生き物たちの殺害をなさずして肉の生ぜしことは決してなし。しかし、殺生は生天に預らず。それゆえ肉は避けらるべし。

sva-māṃsam para-māṃsena yo vardhayitum icchati/ anabhyarcya pitṝn devāṃs tato 'nyo nâsty a-punya-kṛt// 52//
祖霊と神々とを尊崇せずして他の肉により己れの肉を増さんと欲するものより以上の不作善（a-punya-kṛt）の甚だしきものなし。

yathêdaṃ śāvam āśaucaṃ sapiṇḍeṣu vidhīyate/ janane 'py evam eva syān nipuṇaṃ śuddhim icchatām// 61//

完全な清浄を欲するものたちにとりて、死体に由来せし不浄がサピンダ親族(7)に対して規定されしがごとく、出生においても全く同じかるべし。

adbhis tu prokṣaṇaṃ śaucaṃ bahūnāṃ dhānya-vāsasām/ prakṣālanena tv alpānāṃ adbhiḥ śaucaṃ vidhīyate// 118//

穀物や衣服の多き時の清めは水による散布なり。他方、少き時の清めは水による洗浄にてと規定されたり。

説一切有部はかかるヒンドゥーイズム的「不殺害（ahiṃsā）」と穢れ（āśauca、不浄）の「清め（śauca）」の観念に妥協して、火葬しても死体中の虫を殺すことはないとか死体に触れたら沐浴して清めを行うとかと応えざるをえなかったわけであるが、その過程で採用された「頭北面西」の葬送のうち、傍線a、bの箇所は、重要な規定にもかかわらず、義浄訳と必ずしも一致しているわけではないので、その箇所の義浄訳を(8)左に示してみたい。

送喪苾芻、可令能者、[b]誦三啓無常経、並[a]説伽他為其呪願。

確かに、語句は必ずしも一致していないが、一応対応する内容を比較しやすいように、同じ傍線記号を右の引用にも付しておいた。それによって分かるように、「説伽他為其呪願」は「報酬を指名し(yon bsngo zhing, dakṣiṇām ādiśya)」と対応し、「誦三啓無常経」は「三講式（rgyun chags gsum, tri-daṇḍaka）の誦法（chos mnyan pa, dharma-śravaṇa）を与えて（byin nas, dattvā）」と対応していることになる。「送喪苾芻、可令能者」は、七世紀後半のナーランダーで既に確立されていた葬式の次第を、『南海寄帰内法伝』にも記しているように(9)、実見しえた義浄が補ったと考えられるが、右と同じ話は、私の知る限り、より古い『十誦律』には見出しえないものの、右の話と同じような比丘の死に関する話や身中に八万匹の虫がいるというような俗説やそれに纏わる「不浄」の話などは、次に見る死せる比丘の所得の分配（lābha-vibhāga）などの話と共に、『十誦律』にも認められるので、たとえ右の『雑事』の記載そのものの成立は新しくとも、教団による葬式の採用は比較的古いのかもしれない。しかるに、ショペン教授は、その葬式の次第について、同じ説一切有部律の『衣事（*Cīvara-vastu*）』の所得の分配に関する規定中にその次第が反映されているのではないかということを見事に分析されたのであるが、ここでは、それと同じ目的のためではなく、右の「三講式の誦法（tri-daṇḍaka-dharma-śravaṇa）」というものを少しでも明確にするために、その問題の規定のサンスクリット原文を拙訳と共に示してみることにしたい。(10)

pañca karaṇāni lābha-vibhāge/ katame pañca/ gaṇḍī tri-daṇḍakaṃ caityaṃ śalākā jñaptiḥ pañcakam/ yo mṛta-gaṇḍyām ākoṭyamānāyām āgacchati tasya lābho deyaḥ/ evaṃ tri-daṇḍake bhāṣyamāṇe caitya-vandanāyāṃ kriyamāṇāyāṃ śalākā[yāṃ ā]caryamāṇāyām/ tasmāt tarhi bhikṣavaḥ sarvaṃ mṛta-pariṣkāraṃ jñaptiṃ kṛtvā bhājayitavyam/ akopyaṃ bhaviṣyati/

〔亡くなった比丘の〕所得の分配に関しては五つの状況がある。五つとはなにか。(1)ドラ（揵稚）と(2)三講式と(3)廟塔と(4)籌(11)と(5)告知を第五とするものである。(1)およそだれであれ、死者のためのドラが打ち鳴らされているときにやって来たものであれば、彼に所得が与えられるべきである。同様に、(2)三講式が唱えられているときに、(3)廟塔への礼拝がなされているときに、(4)籌が配られているときに〔やって来たものであれば、彼にも所得が与えられるべきである〕。それゆえに、比丘たちよ、その時に、(5)死者の全ての生活必需品を告知して後、分配がなされるべきである。〔そうすれば、〕違犯なきものとなるであろう。

右引用中、当面の目的に直接関わるのは、「三講式」と訳した(2)の tri-daṇḍaka であるが、これと前後する(1)と(3)も、「三講式」を含む先の傍線bのみならず、傍線aの「報酬を指名して（dakṣiṇām ādiśya）」と「説伽他為其呪願」の解明に関連してくるので、その範囲でのショペン教授の分析を簡単に紹介しておきたい。ショペン教授によれば、教団の葬式の採用と亡くなった比丘の所得の分配との関係には、次のような『衣事』の三つの段階の話が絡んでいるという。(12) 即ち、分配人が、(a)まだ死者の運搬（mṛtâbhinirhāra）がなされていないうちに、(b)まだ舎利供養（śarīra-pūjā）がなされていないうちに、(c)まだ誦法を与え報酬を指名して（dharma-śravaṇaṃ dattvā dakṣiṇām ādiśya）いないうちに、死者の僧房（laya、個室）に入って分配をなそうとしたために、死者の霊が怒って棒をもって現われその不適切さを指摘したので、それを分配人が世尊に報告した結果、順次に、(a)(b)(c)の段階を経て葬式の採用が定着したというものである。かくして、この『衣事』の三段階の話の展開が、『雑事』の葬式採用の死体を安置して傍線a、bを執行する場面、および、『衣事』の所得分配規定の(1)(2)の状況と対応していることになる。それをまとめて示せば、死体を安置し、葬式の開始をドラを打ち鳴らして合図し、式の開始と共に舎利供養をなし、「三講式」の式次第に従って『無常経（*Anityatā-sūtra*）』などの短い経を読誦し（dharma-śravaṇaṃ dattvā）、式終了後に分配されるであろう所得の分配を踏まえ、死者生前の「作善（kṛta-puṇya）」をも加味し、「作善主義」の(イ)(ロ)(ハ)の関係に則り、(イ)の死者の所得を「報酬（dakṣiṇā）」として、(ロ)の「報酬に値するもの（dakṣiṇīya、福田）」たる葬式の導師が僧院を代表して受領し、その「報酬」を、明確な記載はないが、死者の名義で（uddiśya）、(ハ)たる死者の亡き親族のためであるとか菩提のためであるとか一切衆生のためであるとかと「指名する（ādiśati）」ということになろう。

　このうち、考察も与えられていないのに自明のごとくに述べてしまった「三講式（tri-daṇḍaka）」のことについていえば、このtri-daṇḍakaを固有名詞と扱って、これを『無常経』と同定してしまうことは、義浄の言及を重んじる我が国では多いと思われるものの、ショペン教授はそれに否定的で別な見解を提示しているが、私もここでは暗黙のうちにそれに従っているのである。しかし、義浄のいう『三啓（経）』が『無常経』を指すことを前提とした多くの研究[13]にも捨て難いものがあり、しかも、私自身、双方の解釈が必ずしも矛盾するとは思っているわけではないので、従来の説を避けるという意味においてでは全くないことをお断りした上で、そのショペン説に触れておきたい[14]。ショペン教授は、直接原漢文によるわけではなくTakakusuの英訳やFujishimaの仏訳によってであるが、義浄の『南海寄帰内法伝』の「初、可十頌許、取経意而、讃歎三尊。次、述正経、是仏親説、読誦既了。更、陳十余頌、論迴向発願。節段三開、故云三啓。[15]」が「節段三開（a set form of recitation consisting of three parts）」を「三啓」と述べていることに注目し、それが、張怡蓀『蔵漢大辞典』(五七七頁) の "rgyun chags gsum pa (*tri-daṇḍaka)" の項目の説明で、布薩 (upoṣatha, poṣadha) 儀式の一種として「帰依の節段 (phyag 'tshal ba'i rgyud)」と「誦経の節段 (mdo 'don pa'i rgyud)」と「廻向の節段 (bsngo ba'i rgyud)」との三節段を伴っているという観点から清浄戒経 (tshul khrims rnam dag) などの法を説明し聴聞させること、と記載されている内容と符合するとして、tri-daṇḍaka を特定の経典とは見做さないのである。そして、なぜ義浄以降の解釈がそれを『無常経』と特定するようになったかについては、「清浄戒経など」というようにして数種の短経が儀式の性質に応じて選ばれえたはずなのに、義浄がそこに具体的に『無常経』の挿入されてある僧院の葬式次第を中国仏教界に示したためではないかと推測している。私はかかるショペン教授の見解を活かし、tri-daṇḍaka, rgyun chags sum については「三つの節段からなる式次第」という意味で「三講式」という訳語を使用したつもりである。

以上で、「三講式の誦法 (tri-daṇḍaka-dharma-śravaṇa)」ということがいささか明確になったのではないかと期待するが、以上の考察の付録として、教団の葬式採用の状況と絡んだ「作善主義」の実態もある程度具体的に想定できたのではないかと思う。しかるに、ショペン教授は、私のいう「作善主義」の側面での亡僧の所得分配の規則とヒンドゥー法のそれとの一致に驚嘆しつつ、それだけ一層、仏教教団のその側面の霊魂肯定説と仏教教義の「無我 (anattan, anātman)」の霊魂否定説との乖離には嫌疑の驚きを表明している。しかし、この「習慣」と「思想」の乖離の問題については、本章の後半で改めて扱うこととすれば、この間のショペン教授の問題は、「舎利供養 (śarīra-pūjā)」に関するヒンドゥーイズム的霊魂肯定説の理解が充分ではないという点にむしろあるであろう。ショペン教授は、先の考察の中で、「死体の運搬 (ro bskyal ba)」のような場合には "formal removal of the body"、「舎利供養 (ro la mchod pa, ring bsrel la mchod pa)」のような場合には "worship of the body" などのように訳して「死体」も「舎利」も同じく body とするのでその不充分さには自らも気づいておられてかなり詳しいノートも付しているくらいなのである[16]が、本質的なところで、māṃsa（肉）とśarīra（舎利）との違いが押えられていないことが問題なのだと考えられる。しかるに、ヒンドゥーイズムにおいて、「不殺害（ahiṃsā）」と穢れの「清め（śauca）」とが深く結びついているのは、上引の『マヌ法典』第五章第五二頌と第六一頌によって特に明らかなように、他を殺害（hiṃsā）して「他の肉（māṃsa）により己れの肉を増す」のが穢れであるから「不殺害（ahiṃsā）」とはその穢れを防ぐためにあるのだが、それをなさずに死んでしまった普通の死体には当然それに由来する「不浄（aśauca、穢れ）」がある。運搬される死体とはこの穢れてやがては腐ってしまう肉（māṃsa）のことであるが、供養の対象となるśarīra（舎利）とは、それがŚRI（支える）という語根から派生していると辞書で説明されてもいるように、決して腐ることなく焼かれても遺ってしまう、māṃsaとは逆のむしろ霊魂（ātman）そのものなのである。[17] それを「供養（pūjā）」するのが「舎利供養（śarīra-pūjā）」であるが、そうだとすれば、この「舎利供養」の執行を要求する『衣事』の死者の霊の話は、教団による葬式が完全に火葬によって行われ死者の霊を文字どおり「舎利」として祀るようになった時代の産物かとも思われる。だからこそ、『衣事』の所得分配の規定の(3)に「舎利」との関係で「廟塔への礼拝」が言及されたり、『雑事』の教団の葬式採用の話ではやはり同じような観点から葬式から戻った比丘たちに「仏塔を礼拝すべきである」と告げられたりしているのだと考えられる。しかし、『衣事』の(a)(b)(c)の三段階を伴った所得分配規定の文献と、『雑事』の傍線a、bの記載を含む教団の葬式採用の文献とを比較すると、厳密な文献成立史的観点からはともかく話それ自体としては、「奥まった場所(gahana-pradeśa)」での「頭北面西」の葬式を中心とする後者よりも、ほとんど寺院（僧院）だけを考えても舞台設定の可能な前者の方が、新しいような印象を与える。だが、そうとはいっても、後者の傍線a、bの箇所や前者の所得分配規定の状況(1)(2)(3)の箇所には、完全に「作善主義」の成立していたことが見て取れるわけであるから、ここでも、説一切有部の教団内において、大乗仏教といわれる現象が行われていたと考えて少しもおかしいことはないわけである。ただ、そう見做す場合の実際上の弱点は、これが出家比丘の「生活」規定としての律であるという制約のために、在家信者の葬式や布薩の実態が少しも見えてこないということにある。しかし、先に考察した「三講式（tri-daṇḍaka）」のあり方と、前章で考察した『法鏡経』所言の「懺悔講式」と見うる *Triskandhaka* のあり方との酷似した関係を敷衍していけば、如上の制約による欠落を埋めていくことは可能であると私は考えているわけである。

さて、『雑事』絡みの言及がかなり長くなってしまったが、次には、大衆部系説出世部の『威儀法』の一節を取り上げることにしたい。これは、葬式ではなくて布薩について述べた記述の一節で、その一部は既に、佐々木閑博士によって、漢訳の『摩訶僧祇律』「明威儀法」を中心として考察されているが[18]、ここでは、漢訳よりはかなり後代の成立と見做されなければならないものの、サンスクリット本の和訳を中心として、説出世部における後代の布薩の実情を知ることに焦点を当てたい。

（i）神々および人々の教師である世尊はシュラーヴァスティーに滞在しておられた。因縁を詳細になし終ると、今や教団の布薩（poṣadha）である。ナンダナ氏が教団の上座（saṃgha-sthavira）であり、ウパナンダナは第二上座である。寄進者（dāyaka）の施主（dāna-pati）たちが尋ねた。「聖者よ、比丘教団（bhikṣu-saṃgha）は和合して（samagra）おりましょうか。」と。彼ら〔比丘たち〕は答えた。「いいえ。どうぞ長寿でありますように。」と。「今はどなたが来られていないのですか。」比丘たちが答えた。「教団の上座が来られていないのです。」と。今や彼らは苛立った。「申し上げますが御覧下さい。私どもは当面仕事を打ち切って来ているのですよ。私どもは和合した教団の足下に礼拝するでしょう。また、私どもは施物（deya-dharmma）を安置するでしょう（pratiṣṭhāpayiṣyāma）。〔それなのに〕教団の上座が来られていないなんて。」さて、彼は後になってやって来て四波羅夷法（catvāri pārājikān dharmmān）を要約して示したが、しかし、報酬（dakṣiṇā）を指名せず、〔法〕話もなさずに、立ち上って去った。新参の比丘たち（navakā bhikṣū）は尋ねた。「諸氏よ、教団の上座はいらっしゃらなかったのですか。」と。比丘たちは答えた。「やって来られましたが、また出立されてしまわれたのです。」と。再びその新参の比丘たちは言った。「教団の上座がいらっしゃったことも去られたことも全く気づかれませんでした。」と。この事例（prakaraṇa）を比丘たちは世尊に報告した。世尊がおっしゃった。「ナンダナを呼んで来なさい。」と。さて、彼は呼び出された。世尊がおっしゃった。「ナンダナよ、このように教団の布薩があったというのは全く本当のことか。」と。〔ナンダナから聞いた後、〕世尊はその同じ全てのことを詳細に報告しなおした。〔すると〕新参の比丘たちは苛立っ〔て言っ〕た。「教団の上座がいらっしゃったことも去られたことも全く気づかれませんでした。」と。〔そこでもう一度世尊がナンダナに質すと、〕彼は言った。「間違いございません、世尊よ。」と。

（ii）世尊がおっしゃった。「誠にそれゆえに、教団の上座は布薩において以下のように行うべきである。さて、一体なにを、教団の上座は布薩において行うべきであろうか。実になんであれ教団で布薩が行われるならば、実にそのことを教団の上座は知らなければならない。一体、今日の教団の布薩は、十四日開催（cāturddaśika）であるのか、十五日開催（pāñcadaśika）であるのか、結合の布薩（sandhi-poṣadha）であるのか[19]、一体〔式終了〕前の食事なのか、後の食事なのか、なん時なのか[20]、どこで行われるのか、禅室（prahāṇa-śālā）でか、集会室（upasthāna-śālā）でか、火室（agni-śālā）でか、屋外集会所（maṇḍala-māḍa）でか、〔と。〕ある場所である日に教団で、布薩が行われるならば、教団の上座は、五篇（pañca sūtrāṇi）を詳細に朗読しなければならない。ないし、要約して四波羅夷と残りは反復聴聞に役立つ（abhikṣṇa-śrutikā）偈頌と[21]〔を朗読しなければならない〕。さて、もし教団が立ち去っていないならば、〔布薩が〕行われるであろう場所で、教団の上座は報告しなければならない。「諸氏よ、今日の教団の布薩は、十四日開催もしくは十五日開催もしくは結合の布薩であり、某所の禅室もしくは集会室もしくは屋外集会所で行われ、〔式終了〕前の食事もしくは後の食事であります。諸氏よ、今私によって報告されていない、などと聞き逃さないようにして下さい。そこでは跳びまわることなく着席して下さい。」と。

（iii）実にそれから、〔管理人の比丘は[22]、〕予め布薩の場所（poṣadha-sthāna）に行って、水を撒き、地面を掃き、牛糞塗り（go-maya-kārṣī）をなし、坐席の手配をなし、[23]籌（śalākā）を香水で洗い、花によって散布すべきである。教団の上座は、だれが籌を配り、だれが〔それを〕回収し、だれが僧団の規律条文（prātimokṣa-sūtra）を示し、だれが報酬を指名し（dakṣiṇām ādiśiṣyati）、だれが〔法〕話（parikathā）をなすかを知らなければならない。だれであれ適任者であれば、その人に依頼すべきである。「あなたが彼らに籌を配って下さい。あなたが籌を回収して下さい。あなたが僧団の規律条文を示して下さい。あなたが話して下さい。あなたが〔法〕話をなして下さい。あなたが報酬を指名して下さい。」と。籌は、依頼されたとおりのその人によって配られるべきであり、第二の人によって回収されるべきである。しかし、籌を配る人が手を洗わずに籌を配ることは許されないし、また、ヴェイルで覆われたもの（oguṇṭhikā-kṛta）もしくはサンダル履きのもの（upānahārūḍha）が籌を配ることも許されない。実にそれから、手を洗い、ヴェイルを取り、サンダルを脱ぎ〔上衣を左〕肩にかけ、籌を配るべきである。さてまた、籌を受け取る人も、ヴェイルで覆われあるいはサンダル履きであれば、籌を受け取ることは許されない。実にそれから、〔上衣を左〕肩にかけ、手を洗い、ヴェイルを取り、サンダルを脱いで、籌を受け取るべきである。籌が配られ終った時に、比丘〔の人数〕が数え上げられ、〔教団の〕全員が揃ったこと（sāmagrī）が報告されるのである。〔それから〕寄進者の施主たちに尋ねるべきである。「あなたがたは留まりますか、それともお帰りになりますか。」と。（a）もし、まず、彼らが「私どもは帰ります。」と言ったならば、その後で〔すぐ〕施物（deya-dharmma）を安置し（pratiṣṭhāpayitavya）、施物に随喜し、法に適ったお話によって（dhārmmyā kathayā）、説示し（saṃdarśayitavya）、受持し（samādāpayitavya）、奨励し（samuttejayitavya）、喜ばせ（saṃpraharṣayitavya）、熱望させるべき（udyojayitavya）である。[24]（b）しかるに、今もし、彼らが「私どもは留まります。」と言ったならば、以下のように〔彼らに〕言うべきである。「とりあえず外に出て、しばらくしてから戻って来て下さい。そ の間に、比丘教団は布薩をなすでしょう。」と。寄進者の施主たちが帰り来った時には、そのことについて、説戒師（sūtrôddeśaka）は知らなければならない。

（.iv）（a）もし、まず、寒すぎもせず暑すぎもせず、僧院（vihāraka）がとてつもなく遠いところにあるわけではなく、比丘たちも、老いで弱っているわけではなくあるいは病いで弱っているわけでもなく、獅子の恐れもなく、虎の恐れもなく、盗みの恐れもなく、比丘たちも快適にくらしていて、当面もし、詳細に僧団の規律条文を聞こうと欲しているならば、詳細に僧団の規律条文を示すべきである。（b）しかるに、今もし、寒すぎたりあるいは暑すぎたりして、比丘たちも、老いで弱っていたりあるいは病いで弱っていたり、獅子の恐れもあり虎の恐れもあり盗みの恐れもあり、また、比丘たちも、詳細に僧団の規律条文を聞こうと欲していないならば、要約して四波羅夷法を示し、残りを反復聴聞に役立つ（abhīkṣṇa-śrutikā）偈頌（gāthā）において〔示し〕、それから、快適であるようになすべきである。

（v）しかるに、今、〔その布薩が〕夜通しのものであるならば、それから、〔ある比丘に〕「あなたが説教をしなさい。」と依頼すべきである。依頼されたとおりの仕方によって〔その比丘は〕説教をし、夜通し法の雨（dharmma-vṛṣṭi）の中で過し、寄進者の施主たちを法に適ったお話によって説示し、受持し、奨励し、喜ばせ、熱望させるべきであり、快適であるようになすべきである。諸氏が歓喜するようにして下さい。

以上のごとく、教団の上座は布薩において行うべきである。〔もし〕行わないならば、威儀法（abhisamācārikāṃ dharmmām）に違犯したことになる。

『威儀法』の原文を文献学的に厳密に読解するためには、中期インド＝アーリヤ語一般にも通じておく必要があるが、かかる素養も全くない私が敢えて原文より拙訳にて長々と引用を試みたのは、仏教教団における布薩の実態をその雰囲気まで含めて知ってもらうためには、この一節が極めて有効だと判断したからである。ただし、余りにも引用が長くなったので、その焦点が呆けぬよう、以上の一節を同じ段落記号の下に要約しておきたい。

（ｉ）教団の布薩（poṣadha）儀式の全責任者である教団の上座（saṃgha-sthavira）の教団内での挙動が、寄進者の施主（dāyaka-dānapati）たちや新参の比丘（navako bhikṣuḥ）たちにも気づかれなかった事例を指摘す。

（ii）指摘された事例のような不備がないように、教団の上座は、布薩の種類を明確にし、それを日時や場所などと共に全員に報告しなければならない、という心得を記す。

（iii）管理の比丘などによる布薩儀式の準備について記す。準備完了後、寄進者の施主に、儀式の直前に帰るか否かを問い、（ａ）帰る者と、（ｂ）留る者とに応じて、その対処の仕方を指示す。

（iv）布薩儀式自体の説明に移り、（ａ）正式の場合と、（ｂ）略式の場合とに分って説明す。

（ｖ）出家者の儀式終了後に、布薩が在家者のために夜通し続く場合には、依頼された出家者は夜通し説教をして寄進者の施主を喜ばせなければならないことを示す。

『威儀法』の原文と漢訳『摩訶僧祇律』の対応箇所とを比較すると、前者に相当の増広が認められるものの[25]、基本的な内容は変わっておらず、それは如上の箇所についても同様であるが、右引用中の（iii）（iv）（ｖ）に対応する漢訳に和訳を与えた佐々木閑博士は、その直後に、この一節について次のように述べておられる[26]。

この記述から明らかなように、比丘布薩に在家者が参加することは許されない。比丘布薩が行われている間、在家者たちは外に出ていなければならないのである。なぜかというと、比丘布薩の時に唱える波羅提木叉は、在家者に聞かせてはならない秘密の法だからである。波羅提木叉が比丘だけに許された秘密の法であることは、律蔵の中の規定によって知ることができる。

全く正しい御指摘と思われるのであるが、このままではいささか誤解を与えないとも限らないので、私は、ここで、「秘密の法」だからこそ、その力を秘めた布薩に在家者も参加することを期待し、しかも、ある意味でいえば、参加はできていたのだという側面を強調しておくことにしたい。なるほど、出家比丘たちの布薩に在家者が参加することは許されていなかったということは、右引用の（iii）（b）の記述によっても確実なことである。しかし、外に出ているという意味は、その当日の布薩が行われるはずの禅室か集会室か屋外集会所などの外の意味であるはずであるから、必ずしも在家者が教団の敷地からも締め出されてしまったことを意味しているわけではないであろう。恐らく彼らは教団のどこかで待機していて、出家者の布薩儀式が終了した時点で呼び戻され、（iii）（a）で自宅へ帰る人が儀式開始前に受けたのとほぼ同じことを受け、もしその日の布薩が夜通しのものであるならば、それに参加して説教を聞き、「秘密の法」の御裾分けに預ったことだと思う。その意味では、一旦外に待機していた在家者も、私の言うところの「作善主義」による「悪業払拭の儀式」には完全に参加していたことになるのである。そもそも「布薩（poṣadha）」とは、古くは、S＝ダットも指摘しているように、満月や新月の神聖な日に夜を通して神々と共に親しく（upa-）過ごす（VAS）upavasatha という、『アタルヴァ＝ヴェーダ（*Atharva-veda*）』や『シャタパタ＝ブラーフマナ（*Śatapatha-brāhmaṇa*）』などにも規定されるバラモンの儀式が仏教にも採用されたものであるから[27]、その upavasatha＝poṣadha に参加するインドの仏教在家信者が、バラモン祭官に代わる出家苦行者の布薩の「秘密の法」に触れうると信じていたのも当然のことと言わなければならない。ただし、それは確立された「作善主義」の枠の中においてであるから、例の記号を用いて右引用の場面を説明すれば、(イ)の寄進者の施主（dāyaka-dānapati）は、施物（deya-dharma）を持参して教団に来り、布薩の行われる教団もしくは場合によっては「有名な大功徳者（jñāto mahā-puṇyaḥ）」と目されるような出家者を(ロ)の「福田」として、それに対して施物をその当日の願いに応じた(ハ)の名目で安置する（prati-ṢTHĀ）よう、世話係の管理人の比丘（vaiyāvṛtyakaro bhikṣuḥ）に依頼するが、教団の上座によってそれぞれの任務に指示された比丘たちは、その任務に応じ、また寄進者の教団滞在のありように応じて、報酬の指名をなしたり、法に適ったお話によって説示したり（saṃdarśayati）するというわけである。しかるに、これは、大衆部系説出世部の教団で行われていることであるが、私は、かかる伝統的仏教教団で創作され編纂された大乗経典において、(イ)が「在家菩薩」、(ロ)が「出家菩薩」もしくは「福田」として描かれているのだと思っているということを、ここでも重ねて申し添えておきたい。因みに、(イ)が(ロ)に対して施物を寄進する見返りに、(ロ)は(イ)に法を説示する（saṃdarśayati）わけであるが、これを含む五連語の動詞が大乗経典に頻出することにもここで注意を促しておきたい。(28)

以上で、伝統的仏教教団の相反する傾向を代表していると考えられる二つの部派の律文献のそれぞれの一節によりながら、葬式と布薩というインド的な宗教上の「習慣」や「生活」からも重要と考えられる側面が、伝統的仏教教団を舞台としていかに演じられていたかを考察してきた。以下では、かかる「習慣」や「生活」が演じられていた同じ伝統的仏教教団に属しながら、仏教の出家者や在家信者は、「思想」や「哲学」の上から、いかにそれらと対決しあるいは妥協してきたかを考えながら、できればその方向での私なりの模索の一環でも示唆できればと思う。

ところで、先に、ショペン教授が、説一切有部教団の葬式採用とそれに伴う亡僧の所得分配の側面での霊魂肯定説と仏教教義の「無我」の霊魂否定説との乖離に驚きを表明していることについて触れたが、ここで、そのことを詳しく取り上げることにすれば、同教授は、教団の所得分配の規則とヒンドゥー法との一致に言及した後、それを受ける形で、次のように述べているのである。(29)

仏教僧院の規則とヒンドゥー法とのこの合致は興味深いばかりでなく、またそれは、同じ律の規則と公式の仏教教義との間の合致が明白に欠如していることと著しい対照をもなしているのである。この一連の規則の普及が死後も存続する個々の「人（personality）」の存在への信念に基づいていることにはほとんど疑いはない。更に、その「人」は、彼の以前の所有に対する積極的な権益や所有者の権利を維持していると考えられていたのである。その「人（person）」の資格は、それらの所有物のいかなる分配が行われうるにせよ、それ以前に補償されている必要があった。この信念は——心に留めておくことが重要だが——比丘たちによって比丘たちを治めるものである行為規約において仮定され明記されていた。しかも、それは、なんらかの漠然とした在家のもしくは通俗の仏教の一部なのではなく、公式の僧院仏教の要素なのである。そして、まさしくその理由で、仏教の根本的教義とされている無我説（the absence of a permanent self）との合致が見たところでは全面的に欠如しているのは、より一層人目を引くものである。

ショペン教授が指摘されているように、説一切有部の律が公式見解として示す「死後も存続する個々の「人」の存在への信念」と、仏教の「無我説（anātma-vāda）」とが、見た目に全く齟齬していることは明白と言わなければならない。ここで、同教授の指摘の前者を「業（karman）の不滅」という観念で押えるとすれば、律に挿入された話は全てその観念に支えられているとさえ言えるほどであり、現に、「業の不滅」を直接に表明した有名な頌さえ枚挙に暇ないほどである。今その頌を、任意な処置で誠に申し訳ないが、『雑事』の始めのしかも『ディヴィヤ＝アヴァダーナ』第一九章「ジョーティシュカ＝アヴァダーナ（Jyotiṣkāvadāna）」と対応している話の中から、サンスクリット原文、その拙訳、チベット訳、義浄訳という順序で、引用して示しておくことにしたい。(30)

na praṇaśyanti karmāṇi kalpa-koṭi-śatair api/ sāmagrīṃ prāpya kālaṃ ca phalanti khalu dehinām//

たとえ百劫の末にいたろうとも、もろもろの業の滅することはあらず。和合と時節とを得て、実に肉体あるものに実を結べり。

las rnams bskal pa brgyar yang ni// chud mi za ba'ang tshogs dang dus//
rnyed na lus can rnams la ni// 'bras bu dag tu 'gyur ba nyid//

仮令経百劫　所作業不亡　因縁会遇時　果報還自受

右が「業の不滅」を述べた頌であるが、律文献は確かに「思想」的には「無記」な「習慣」を扱ったものであるには違いないとしても、例えば、「ジョーティシュカ＝アヴァダーナ」の右引用の直前には、そのような文献であるにもかかわらず、世尊の口を介して、次のように述べられていることは忘れるべきではない。(31)

比丘たちよ、ジョーティシュカその人によって、諸業が作され積まれ、〔福智の〕資糧（saṃbhāra）が得られ、諸条件が熟成され（pariṇata-pratyaya）、〔その結果は〕あたかも強い流れのように確立されて、必然的なものとなった（avaśyaṃ-bhāvin）のである。〔そういうわけだから、〕ジョーティシュカによって作され積まれた諸業を、一体他のだれが享受するであろうか〔。彼だけが享受するのである〕。比丘たちよ、作され積まれた諸業は、外的な地界（pṛthivī-dhātu）に異熟することもなく、水界（ab-dhātu）にでもなく、火界（tejo-dhātu）にでもなく、風界（vāyu-dhātu）にでもないが、しかし、浄なるもの（śubha）であれ不浄なもの（aśubha）であれ、作され積まれた諸業は、執受された（upātta）〔五〕蘊（skandha）と〔十八〕界（dhātu）と〔十二〕処（āyatana）とだけにおいて異熟するのである。[32]

しかるに、説一切有部の「哲学（abhidharma）」によれば、この蘊界処（skandha-dhātv-āyatana）とは「法（dharma）」のことであり、蘊界処も詮じ詰めれば蘊だけといってよい側面もあるが、要するに、この「哲学」によれば、「人（pudgala = ātman）」が存在するわけではなく、かかる「法」だけが三世にわたって存在するというのであるから、「生活」の局面で見かけるほど、「無我説」と抵触しているわけではないのである。しかし、この「思想」や「哲学」が「習慣」や「生活」の局面で必ずしも分かり易かったわけではない。否、むしろ非常に理解困難なものだったからこそ、説一切有部を中心とする仏教の思想家や哲学者は、第一章でもみたように、「法は依であるが人はそうではない」とか、「人は存在せず」「人は〔五〕蘊であり」「〔五〕蘊だけが人である」と主張し続けたのである。[33] しかしながら、その「思想」や「哲学」の追究を放棄して、「習慣」や「生活」の局面にすぐ妥協しようとすると、蘊界処はたちまち「法」ではなく「この生きている肉体、心という要素、そして感覚器官」というような単なる「人」ということになってしまう。しかも、かかる「有為」なる蘊界処の「奥山」[34]から、真の「人」は脱却すべく学問ではなく修行をしなければならないということになれば、それは、仏教の避けた「苦行」に基づく完全な「解脱思想」になってしまうのである。だが、かかる陥穽に落ち込みがちなのはなにも現代の我々に限ってのことではなく、先の「ジョーティシュカ＝アヴァダーナ」にしてからが、世尊の口を借りて蘊界処の「法」を語らせる直前では、ジョーティシュカという「人」の前世の善業の結果としての「解脱思想」に基づく今世の「成仏」を、この種の文献の常套句に則りながら、見事なまでに物語っているのを見届けることができる。(35)

まさにこの五つの部分からなる輪廻の輪の動と不動とを知って、全ての行の趣を、没落と陥落と破滅と殲滅との性質のものであるとして却け、全ての煩悩を断つことによって、阿羅漢果（arhattva）を現成し、〔彼は、〕阿羅漢（arhat）となり、三界より離欲し、土塊と金塊とを等しいものとし（sama-loṣṭa-kāñcana）、虚空と手の平とを等しいと見る心をもち（ākāśa-pāṇi-tala-sama-citta）、斧と栴檀の法則に従い（vāsi-candana-kalpa）、明（vidyā）によって卵の内部〔のごとき世間の闇〕を打ち砕き、明と神通と無礙とを得、生存と執着との所得と尊敬（bhava-lobha-lābha-satkāra）とから顔を背けるものとなって、インドラやヴィシュヌを伴った神々に供養され（pūjya）崇拝され（mānya）礼拝された（abhivādya）のである。(36)

かかる常套句によって示されるジョーティシュカの今世の結果たる「成仏」とは、「阿羅漢となり」と言われている以上は、通常の仏となることとは違うように思われるかもしれないが、この「阿羅漢」がジャイナ教的な通インド的な意味での理想的な解脱者としての「仏」を含意していることは、その「阿羅漢」の規定が、第三章でも触れた「怨親平等」的「斧と栴檀の法則（vāsi-candana-kalpa）」に従ったあり方とされていることからも分かる。(37) しかるに、かかる「成仏」をなにゆえに今世で得ることができたのかということを前世での善業によって説明するのが、先に示した「業の不滅」を述べる頌以下の話になるのだが、こういう通俗的な因果話を律文献を含む仏教説話では「業の連鎖（karma-ploti/pluti）」と呼ぶ。(38) その通俗性は当然のことながら人々の興味の対象となり、それはインドのみならず世界中を駆け巡る。一八九四年に、P＝ケーラス（Paul Carus、一八五二―一九一九）という仏教学者がアメリカのシカゴ発行の*Open Court*という雑誌に、かかる「業の連鎖」話の一つを“Karma: A Tale with a Moral”として発表した。これが、ロシアの文豪トルストイや我が国の鈴木大拙によって重訳され、その後者の『因果の小車』を知った芥川龍之介は、これをヒントに『蜘蛛の糸』を創作したというのが、近年の芥川研究者の定説のようである[39]。私は個人的に芥川の『蜘蛛の糸』は今でも好きであるが、仏教徒であるならば、あれ以上の「仏」を「仏教（buddha-vacana、仏の言葉）」自体に基づいて構築していくのでなければならない。しかし、現実は、芥川以下の「仏」が仏教の名において語られているのが実情であろう。そして、その実情を支えているのが、先の「怨親平等」的理想を「仏」に求める、「思想」や「哲学」とは関係のない、「菩薩」の「作善」なのである。それゆえ、その「作善」の一つである「忍波羅蜜（kṣānti-pāramitā）」について、『大智度論』は、次のように論じている[40]。

是菩薩、復聞大乗深義、住衆生等法等中、無別異心、可得仏。雖復中人及怨、都無異心。所以者何。是菩薩、以畢竟空心、煩悩微薄、怨親平等、作是念、怨親無定、以因縁故、親或為怨、怨或為親。以此大因縁、具足忍波羅蜜、故得作仏。

このように、全く「異心」のない「怨親平等」の「菩薩」の「作善」の結果が「仏」なのであるから、かかる「仏」は、なんら正邪の判断もすることなく、ただ平等に救済するだけのマジカルな存在でしかないことになる。かかる「仏」の特質を、P=グリッフィス教授は、グプタ期およびグプタ期以降のほぼ四世紀から八世紀にかけての仏教文献に基づいて、次のような十の命題に要約して捉えている[41]。

（1）仏陀（Buddha）は最大限において救済的に有効である。

（2）仏陀は単一（single）である。

（3）仏陀は一切智者である。＝(定義)仏陀の智の範囲は空間的にも時間的にもあらゆるものと同一の広がりを持っており、智のあらゆる可能な対象は直接その智に現前する。

（4）仏陀はいかなる信念（belief）も持たない。
（5）仏陀はいかなる不顚倒ならざる（nonveridical）智（awareness）も持たない。
（6）仏陀の智は、仏陀の側においては、意欲（volition）も努力（effort）も注意（attention）もなんら伴うことはない。
（7）仏陀の智はいかなる二元論の現象的属性（the phenomenal property of dualism）も持たない。
（8）概念的あるいは情緒的な誤りと絡み合わされていない二元的事態というものは存在しない。
（9）仏陀の智はいかなる時間的な属性も持たない。
（10）仏陀は時間の中で行動しない。
（9′）仏陀は仏陀ならざるものたちにとっては時間的属性を持つように見える。
（10′）仏陀は仏陀ならざるものたちにとっては時間の中で行動しているように見える。

命題（2）の「単一」は、ヘラクレイトスの“hen kai pan（一にして全）”的な意味で用いられていることに誤解がなければ、「仏」に関する右のグリッフィス教授の命題は、仏教の極めて少数の高度に「思想」的「哲学」的論師の著述における場合を除けば、ほぼ完全に成り立ちうると考えられる。しかし、その極めて少数の論師は、例えば、命題（3）に典型的なように、「仏」の智が空間的にも時間的にもあらゆるものと同一の広がりを持ち、しかもあらゆる対象がその智に現前するという、極端なまでの「内在主義（internalism）」を取っていたわけではない。恐らくは、説一切有部教団に属していたであろうアシュヴァゴーシャ（Aśvaghoṣa、馬鳴）は、「内在主義」的傾向をほとんど払拭しきれていない論師ではあったが、その彼でさえ、詩作品『仏所行讃（*Buddhacarita*）』第二五章第四五頌で次のように「仏」に語らしめている。(42)

あたかも、燃焼により切断により研磨によりて金の〔確めらるる〕ごとく、比丘たちよ、学識者たちは、吟味検討せし後、私（＝仏）の言葉を受け取るべし。決して崇拝によるべからず。

この頌は、吟味検討を重んじて「仏教（buddha-vacana、仏の言葉）」を論理学的に構築せんとしたインドやチベットの論師たちによってとりわけ重用されるようになるが、この頌に直接言及することはないものの、犢子部（Vātsīputrīya）出家ともされるディグナーガ（Dignāga、陳那）は、その主著『基準綱要（*Pramāṇasamuccaya*、集量論）』の冒頭を、当時一般的に流布していたと思われる「真実の基準（pramāṇa-bhūta）」という語をも採用して「仏」の特性を讃美する帰敬頌で飾った。この帰敬頌に基づいて、ナーランダー僧院にいたとされることから推せば説一切有部の論師だったと考えられるダルマキールティ（Dharmakīrti、法称）は、その主著『基準註解（*Pramāṇavārttika*、量評釈）』の「基準成立（Pramāṇa-siddhi）」章を著わしたが、この間の問題を研究しておられる木村誠司氏は、ダルマキールティによって明確にされた聖典の記述する三つの対象（artha）とそれに対応する三つの基準（pramāṇa、量、認識手段）とを次のように図示された(43)。

対象（artha）	基準（pramāṇa）
(A)直感の対象――	直感（pratyakṣa）
(B)聖典に依存しない推論の対象――	聖典に依存しない推論（an-āgamâpekṣânumāna）
(C)聖典に依存する推論の対象――	聖典に依存する推論（āgamâpekṣânumāna）

従来の用語でいえば、(A)が「現量（pratyakṣa-pramāṇa）」、(B)が「比量（anumāṇa-pramāṇa）」、(C)が「聖言量（āptâgama-pramāṇa）」であるが、「基準成立」章第七頌は、このうちの(C)を述べたものと考えられるが、それを私なりにパラフレーズしてみれば次のようになる。

仏教徒にとって世尊だけが基準であるのは当然である。その意味で世尊だけが「真実の基準」であるとディグナーガは言ったのであり、それは「非真実」を排除するためにほかならない。しかし、その排除は、吟味検討もなされず直感的に一挙に行われるべきではなく、仏教徒である以上は、世尊の教え（＝buddha-vacana、仏の言葉、仏教）に従って推論が積み重ねられていかなければならない。それゆえに、我々にとって基準となるものは、推論による論証を俟って初めて正しいといえるものになるのである。

思うに、私は、アジア仏教圏と漠然と呼ばれている世界に、明確な仏教的意識に基づく理想としての「全教団（cāturdiśa- saṃgha-）」を追求する意志が確立され、なんらかの仏教上の主張がなされる時には、単に主張者の銘々勝手な「習慣」や「生活」が押し付けられるのではなく、必ず「仏教」の「思想」や「哲学」の伝統を踏まえながら吟味検討が重ねられていくことを願うものである。そのためにも、単なる過去の仏教解明のための律文献研究ではなく、「全教団」を視野に入れた今日的意味での律蔵研究も今少し必要かと考える。南方分別説部の律蔵は、その意味での研究も一番進んでいるかと思うが、説一切有部のほぼ完璧な律蔵を所持しているチベット訳律蔵のその方面の研究は意外に遅れているかもしれない。(44) 法蔵部所属の律蔵『四分律』に主として基づく中国仏教界の実情も研究の対象になると思うが、その『四分律』による教団運営さえ断たれてしまった我が国では更に別な要素も導入しての研究も必要となろう。そうなったについては、最澄による叡山での大乗戒壇設立の持つ意味が大きい。しかし、そこに確立されていたものは、その場をフロイスが「大学（universidade）」と呼んだように、やはり「全教団」下に形成された紛れもない伝統的な「仏教」の叡山教学だったのである。かかる「全教団」的な伝統の中で積み重ねられてきた宗教的な「権威（authority）」や「共同体（community）」などが、今日的な「消費的解読（consumerist reading）」によって失われつつあることを危惧したグリッフィス教授は、『宗教的解読（*Religious Reading*）』を著わして、キリスト教と仏教との著作に基づきながら、「消費的解読」に対峙させて「宗教的解読」の復権を企ろうとしている。J＝モンテイロ博士は、これを極めて高く評価しながらも、既成の宗教教団における「権威」の容認は、信仰の正統的な内容と教団の通念とに混同をもたらすかもしれないとの一抹の不安から、批判的な書評をものされた。(45) かつて「批判仏教（Critical Buddhism）」を主張しながら、前著『唯識思想論考』「序論」で「いかなる権威も存在しない（Es gibt keine Autoritäten）」

と言ったK＝ポパーの顰に倣って「批判的外在主義（Critical Externalism）」を口にした現在の私とすれば、両者を共に高く評価しつつも、後者に近いことをここに告白しておきたい。しかし、かく言う私を含めて世界は変化し進歩していく。この第一部執筆中にも、「批判仏教」に絡む、賀照田主編『東亜現代性的曲折與展開』(46)が私の手元に届けられたことを報告しておきたい。

註

（1） Gregory Schopen, "On Avoiding Ghosts and Social Censure: Monastic Funerals in the *Mūlasarvāstivāda-vinaya*", *Bones, Stones, and Buddhist Monks: Collected Papers on the Archaeology, Epigraphy, and Texts of Monastic Buddhism in India*, University of Hawai'i Press, Honolulu, 1997（ただし、論文自体の初出は、一九九一年), pp. 215–218, pp. 231–234, nn. 49–63 参照。この対応の義浄訳『雑事』は、大正蔵、二四巻、二八六頁下—二八七頁上であり、その仏訳には、ショペン教授指摘のごとく、L. de La Vallée Poussin, "Staupikam", *Harvard Journal of Asiatic Studies*, Vol. 2, No. 2 (1937), pp. 286–287 がある。なお、この『雑事』の一節については、如上のショペン教授の論文とは全く別途に、かつて私も、拙稿「日本人とアニミズム」『駒沢大学仏教学部論集』第二三号（一九九二年）、三六八頁、三七六頁、註41で言及したことがあるので参照されたい。

（2） 以上のうち、「というより」から「というまで」で省略されている常套句については、Schopen, *op. cit.*, p. 231, n. 53 参照。全く同じ省略文ではないが、類似のものについては、拙稿「菩薩成仏論と捨身二譚」『駒沢短期大学研究紀要』第二八号（二〇〇〇年三月）、三二〇頁所掲の「常套句6」を参照されたい。

（3） ここで「看護された」と訳した箇所は、チベット訳原文では "rim gro byas" とあるが、ショペン教授によって回収されたサンスクリット原文では "upasthiyamāna" とあり、同教授も "was attended" と訳しているので特に問題はない。しかし、この少し後の同じチベット訳に対し、私は「（親族のものたちによって）供養された」と訳し、ショペン教授は "(his kinsmen would have) performed the funeral ceremonies (for him)" と訳し、それ以下の場合でもほぼ同じ状況なので問題はある。ここでは詳しい考証は略すが、その問題の一部については、Schopen, *op. cit.*, pp. 220–221, p. 236, n. 70 を参照されたい。

（4） チベット訳は "sa yang 'thas la" とあるが、義浄訳は「地湿」で互いに一致しない。ここでは勿論チベット訳に従って訳したが、これによれば「堅くて掘れない」との含意であるのに対し、義浄訳によれば「湿っていて虫が沢山いるから殺さないために掘らない」との含意になるであろう。

（5） Schopen, *op. cit.*（前註1）, p. 219では、以上の問題が「死（death）」と「穢れ（pollution）」の問題として捉えられている。なお、仏教における肉食と「浄」「不浄」もくしは「不殺害（ahiṃsā）」の問題については、下田正弘『涅槃経の研究——大乗経典の研究方法試論』（春秋社、一九九七年）、三八八—四一九頁, Lambert Schmithausen, "A Note on the Origin of *Ahiṃsā*", *Harānandalaharī: Volume in Honour of Professor Minoru Hara on his Seventieth Birthday,* Verlag für Orientalistische Fachpublikationen, Reinbek, 2000, pp. 253-282も参照されたい。

（6） Gopāla Śāstrī Nene (ed.), *The Manusmṛti with the 'Manvartha-muktāvalī' Commentary of Kullūka Bhaṭṭa with the 'Maṇiprabhā' Hindī Commentary by Pt. Haragovinda Śāstrī,* The Kashi Sanskrit Series 144, Varanasi, 1970, p. 248, p. 251, p. 268による。なお、田辺繁子訳『マヌの法典』（岩波文庫）、一五一—一五二頁、一五八頁、渡瀬信之訳『マヌ法典』（中公文庫）、一六八頁、一七〇頁、一七八頁も参照されたい。

（7） 「サピンダ親族」については、渡瀬前掲訳書、四三四頁の三・五に対する註記参照。単純化していえば、本人を中心にして、曾祖父と曾孫とまでの各三親等七代を指す。

（8） 大正蔵、二四巻、二八七頁上。La Vallée Poussin, *op. cit.*（前註1）, p. 287では"Les bhikṣus qui font ce service funèbre (*song sang*) feront qu'un homme capable rēcite les trois "informations," *k'i*啓 [et] la Sūtra sur l'impermanence; ensemble, ils diront les Gathās en manière de mantras 咒願."と訳されている。これによれば、「送喪苾芻」が「能者」に傍線bのことをさせ、自らは傍線aのことをなしたということになるが、「送喪苾芻、可令能者」が義浄の補いとすれば、むしろ「送喪苾芻」が「能者」に傍線bのこともaのこともさせたと読むべきかもしれない。

（9） 『南海寄帰内法伝』「尼衣喪制」、大正蔵、五四巻、二二六頁下には、「令一能者誦無常経」とあって、「送喪苾芻」とはないが、字面には現われないその任の人が「能者」に「無常経」を読ませるとはなっているわけである。

（10） Schopen, *op. cit.*（前註1）, p. 207による。なお、本文中のこの引用の直前に触れた、『十誦律』における「死」や「不浄」や「身中有八万戸虫」などの言及については、大正蔵、二三巻、二七二頁下—二七三頁中、二八四頁上—二八五頁中を参照されたい。

（11） この原語は、いずれの校訂本にもśīlākāとあるが、śalākāの誤りと見て、本文中の引用ではśalākāと改めてある。このśalākā（籌）については、佐々木閑『インド仏教変移論——なぜ仏教は多様化したのか——』（大蔵出版、二〇〇〇年）、六三頁、八五頁、九二—九三頁、二七〇—二七一頁などに、その具体的な用いられ方も含めて説明があるので参照されたい。要するに、投票や人数確認などに使う小さな板である。

(12) Schopen, *op. cit.*(前註1), pp. 208-215 参照。

(13) ここでは重要なものとして、佐々木教悟『戒律と僧伽』（インド・東南アジア仏教研究I、平楽寺書店、一九八五年）、一三六―一四九頁、「三啓無常経」、木村高尉「無常経」壬生台舜博士頌寿記念『仏教の歴史と思想』（大蔵出版、一九八五年）、九八八―九七五頁、岡部和雄「『無常経』と『臨終方訣』」平川彰博士古稀記念論集『仏教思想の諸問題』（春秋社、一九八五年）、六九五―七〇九頁の三点のみを挙げておきたい。このうち、佐々木書は、義浄訳律蔵および『南海寄帰内法伝』に基づくインド仏教教団の研究、木村論文は、『無常経』のサンスクリット原典研究、岡部論文は、中国における『無常経』の受容と『臨終方訣』の成立との研究に関し、それぞれ不可欠の成果である。

(14) Schopen, *op. cit.*(前註1), pp. 231-233, n. 62 参照。

(15) 『南海寄帰内法伝』、大正蔵、五四巻、二二七頁上。

(16) Schopen, *op. cit.*(前註1), pp. 211-212, p. 227-228, n. 38 参照。なお、この問題に関連する同じショペン教授の論文に、G. Schopen, "Monks and the Relic Cult in the *Mahāparinibbānasutta*: An Old Misunderstanding in Regard to Monastic Buddhism", *From Benares to Beijing: Essays on Buddhism and Chinese Religion in Honour of Prof. Jan Yün-hua*, Ontario/ New York/ London, 1991, pp. 187-201: G. Schopen, *op. cit.*(前註1), pp. 99-113 があり、その和訳に、平岡聡訳「『大般涅槃経』における比丘と遺骨に関する儀礼――出家仏教に関する古くからの誤解――」『大谷学報』第七六巻第一号（一九九六年六月）、一―二〇頁（横）があるので参照されたい。

(17) śarīra が ātman であるということについては、松本史朗『縁起と空――如来蔵思想批判――』（大蔵出版、一九八九年）、二六五―二六六頁参照。

(18) 佐々木前掲書（前註11）、一七一―一七三頁、三七七―三七八頁、註5参照。必要な関連文献もすべてそこに指摘されているが、同書が直接拠っているのは、以下の本文所引の段落でいえば、（iii）（iv）（v）のみなので、私が扱った範囲につき、私が直接参照した文献を挙げておけば次のとおりである。『摩訶僧祇律』、大正蔵、二二巻、四九九頁上―下。B. Jinananda (ed.), *Abhisamācārikā* [*Bhikṣu-prakīrṇaka*], Tibetan Sanskrit Works Series, IX, Patna, 1969, pp. 1-5. Sanghasen Singh and Kenryo Minowa, "A Critical Edition and Translation of Abhisamācārikā nāma Bhikṣu-prakīrṇakaḥ, Chapter One", *Buddhist Studies: Journal of the Department of Buddhist Studies of the University of Delhi*, Vol. 12 (1988), pp. 81-86, pp. 113-119. 大正大学綜合仏教研究所比丘威儀法研究会編「『大衆部説出世部律・比丘威儀法』梵文写本影印版手引」（同研究所、一九九八年）、四三―四五頁。中期インド＝アーリヤ語を正式に学んだことのない私には、かなり難解な箇所も多く、英訳は大いに参照させてもらったものの、訳出には全く自信がないが、必要上敢えてそれに踏み切ったまでにすぎないことをお断りしておきたい。訳出に当っては、如上中の最後者を底本とし、引用中の段落もそれに従った。

ただし、それに記号を付したのは私である。

(19) 以上は、当日実際に行われる布薩が三種のうちのどの布薩に当るかを選んで明確にせよ、との意味である。三種の布薩については、佐々木前掲書（前註11）、二九一頁、また、そのうちの二種については、同、三七六頁、註2参照。ただし、本文所引の第三の sandhi-poṣadha は「中間布薩」であって「和合布薩」ではないということについては、同、三七九頁、註25を参照されたい。なお、布薩儀式が十四日開催か十五日開催かの問題と暦の問題とについては、Claus Vogel, "On the Date of the Poṣadha Ceremony as Taught by the Mūlasarvāstivādins", *Buddhavidyāsudhākaraḥ: Studies in Honour of Heinz Bechert on the Occasion of His 65th Birthday*, Swisttal-Odendorf, 1997, pp. 673-688 が極めて有益である。

(20) 「なん時なのか」と訳した箇所の原文は "kettika pauruṣāhi cchāyāhi" であるが、私には不明。英訳に "how many lengths of shadow it is (what time it is)" とあるのによって、ここでは、カッコ内の実際上の意味を移し変えたにすぎない。

(21) 「ないし」より、ここに至るまでの原文は "yāvantamasato catvāri pārājikā gāthāś ca siṣṭakam abhikṣṇa-śrutikāyā" であるが、訳には自信なし。"yāvantamasato" は yāvad antaśaḥ のような用法なのかもしれないが、この語を前後する文意は、以下の本文所引の (iv) 段の末尾と対応するものでなければならないと判断し、この語以前は正式の布薩、この語以降は略式の布薩を表わしていると考えて、語学的にではなく、内容的推測のもとに訳した。従って、「要約して」に当る語はないにもかかわらず、"yāvant" の後には samāsato と本来あったように扱った次第である。なお、この言及箇所の直前に "pañca sūtrāṇi" とあるのは、「波羅夷（pārājika）」と「僧残（saṃghāvaśeṣa）」と「波逸提（pāyantika）」と「波羅提提舎尼（pratideśanīya）」と「突吉羅（duṣkṛta）」との五つを指すと考えて、「五篇」と訳したことをお断りしておきたい。

(22) 原文にこの訳に当る語はない。しかし、以下のことを教団の上座自身が行うわけではない以上、だれかに命じて以下のことをさせるという意味である。従って、漢訳は「使人」を補っている。私は、漢訳と違って、ここに、上座の命を受けて実行する人を補おうとしたわけであるが、それが vaiyāvṛtyakaro bhikṣuḥ（管理人の比丘）でなければならないとするのは私の考えである。

(23) 原文には、この直後に "vibhavo bhavati" とあるが、不明につき、訳出を略す。因みに、その英訳は "It is good" である。

(24) 以上の動詞の五連語については、拙稿「貧女の一灯物語――「小善成仏」の背景(2)――」『駒沢短期大学仏教論集』第七号（二〇〇一年十月）、三〇二頁、二八七―二八六頁、註17、二八二頁、註49、二七六頁、註84参照。また、後註28も参照のこと。

(25) 松濤泰雄「序説」、大正大学綜合仏教研究所比丘威儀法研究会前掲編書、九―一〇頁参照。

(26) 佐々木前掲書（前註11）、一七三頁。

(27) Sukumar Dutt, *Early Buddhist Monachism*, London, 1924, pp. 99-109, "The Pātimokkha as a Ritual": First Indian Edition, Asia

Publishing House, 1960, pp. 81-89 参照。『アタルヴァ＝ヴェーダ』と『シャタパタ＝ブラーフマナ』とについては, *Atharva-veda*, vii, 79 and 80, *Śatapatha-brāhmaṇa*, 1.1.1.7, 8, 9, 11 を指示する。なお、仏教の布薩一般については、佐藤密雄『原始仏教教団の研究』（山喜房仏書林、一九六三年）、四八一―五三五頁も参照されたい。

(28) ここでそれらの一々を挙げる余裕はないが、『般若経』については, *Aṣṭasāhasrikā Prajñāpāramitā*, Vaidya ed., p. 95, ll. 14-15, p. 227, l. 10,『法華経』については, *Saddharmapuṇḍarīka*, Kern and Nanjio ed., p. 182, ll. 10-11, p. 464, ll. 12-14 などを参照されたい。

(29) Schopen, *op. cit.*(前註1), p. 214.

(30) 拙訳を除いて、順次に、E. B. Cowell and R. A. Neil (ed.), *The Divyāvadāna*, Cambridge, 1886, Indian Second Edition, Delhi/Varanasi, 1987, p. 282, ll. 17-18: P. ed., No. 1035, De, 23a8：大正蔵、二四巻、二二三頁下である。ただし、最後の義浄訳は、実際の対応箇所、同、二二五頁下では、「…還須自受、広如上説」と省略されているので、指示箇所は仮りのものであることをお断りしておきたい。なお、『ディヴィヤ＝アヴァダーナ』第一九章は、お話としては、奈良康明訳『仏弟子と信徒の物語――アヴァダーナ――』（筑摩書房、一九八八年）、一九―六八頁に訳出紹介されているので、全体をぜひ参照されたい。因みに、この話にも、伏線として、ビンビサーラ王と父王殺しのアジャータシャトル王子の話があることに注意。また、「業の不滅」の頌の奈良訳については、同上、五四頁、更に、その問題に関する奈良博士のコメントについては、同上、九―一一頁参照。

(31) Cowell and Neil, *op. cit.*(前註30), p. 282, ll. 10-16: P. ed., No. 1035, De, 23a6-8. なお、本文中所引の拙訳中「そういうわけだから」と補った箇所のチベット訳には "pas" とあるので、サンスクリット原文には iti があったかもしれない。

(32) upātta については, *Abhidharmakośabhāṣya*, Pradhan ed., p. 23, ll. 16-17 に "upāttam iti ko 'rthaḥ/ yac citta-caittair adhiṣṭhāna-bhāvenôpagṛhītam anugrahôpaghātābhyām anyônyânuvidhānāt/ yal loke sa-cetanam ity ucyate/" とあり、多少「内在主義」的解釈が濃厚かもしれないが、一応これを参考にした。和訳については、櫻部建『倶舎論の研究　界・根品』（法藏館、一九六九年）、二〇二頁参照。

(33) 本書、第一部第一章、一二頁参照。なお、説一切有部の「法」の「外在主義」的な傾向を示す見解については、拙稿「選別学派と典拠学派の無表論争」『駒沢短期大学研究紀要』第二三号（一九九五年三月）、四五―九四頁、同「アビダルマ仏教における菩薩論」加藤純章博士還暦記念論集『アビダルマ仏教とインド思想』（春秋社、二〇〇〇年）、一九―三四頁参照。しかるに、J＝モンテイロ博士は、仏教の「思想」や「哲学」を「外在主義」的観点から捉えるだけでは不充分であるとして、モンテイロ後掲書評（後註45）、五〇頁で、「仏教の伝統から一例を出すと、仏の言葉は私の意識に外在するものであり、仏教における唯一の正統な宗教的権威である。けれども、仏の教法は私の意識に外在しているとしても、その真偽を批判的に考える必要性がなくなるとは考えられない。仏教において法を正しく分別するアビダルマや論理学派の思想がその必然性から生まれていると考えてよい。仏教における論理学派は仏の教法を正しさの根拠とし、認識の手段を現量と比量に限定することによって証言（sabda）を認識の手段として退けた理由はそれである。」と述べている。

(34) この「有為」の「奥山」は、言わずと知れた「いろは」歌からの借用、その直前の「この生きている」より「感覚器官」までのカギカッコ内は、奈良前掲訳書（前註30）、五四頁からの借用である。もとより、空海に帰せられる「いろは」歌に対してと同様、奈良博士のそれを揶揄するつもりは微塵もない。もっとも、芥川が『侏儒の言葉』で「我我の生活に欠くべからざる思想は或は「いろは」短歌に尽きているかも知れない。」（圏点袴谷）と言ったのは揶揄には違いないのである。なお、奈良博士が、同上、五三頁で、ジョーティシュカの諸業を、「だれか、別の人が受けることが出来よう。」と明確な反語として訳されていないのは、「自業自得」の鉄則がここで容易に破られているとお考えであるせいなのかもしれない。

(35) Cowell and Neil, *op. cit.*(前註30), p. 281, l. 29–p. 282, l. 5: P. ed., No. 1035, De, 23a1–4：大正蔵、二四巻、二一五頁下。また、奈良前掲訳書（前註30）、五二—五三頁参照。常套句については、拙稿「『法華経』と『無量寿経』の菩薩成仏論」『駒沢短期大学仏教論集』第六号（二〇〇〇年十月）、二七一頁、および、二五三—二五二頁、註56を参照されたい。なお、本文所引の拙訳中、「阿羅漢果を現成し」と「阿羅漢となり」の間では、原文の文章の構造が変わるので、常套句の他の写本中にあるごとく、この間には iti があった方がよいのかもしれない。

(36) 校訂本には "bhava-lābha-lobha-satkāra" とあるが、チベット訳に "srid pa dang 'dod pa'i rnyed pa dang bkur sti" とあるのに従って、本文中のカッコ内に示したごとくに改め、和訳もチベット訳の読みに従った。この訂正により、「顔を背ける」べき実質は、bhava と lobha とに関する lābha と satkāra という二つ、即ち「所得」と「尊敬」ということになり、本書、第一部第二章最末尾と第三章前半との考察とよく合致する。因みに、義浄訳は、大正蔵、二四巻、二一五頁下の場合も、一四一頁中の場合も単に「名利」とあるのみであるが、「名」が「尊敬」、「利」が「所得」を指しているとすれば、実質が二つということは却ってはっきりしていることになる。

(37) 本書、第一部第三章、七〇—七二頁参照。

(38) この語については、その用例を含めて、前掲拙稿（前註24）、二九三頁、および、二七六頁、註83参照。ただし、そこでは、「行為の連鎖」と訳したので注意。なお、この語に対する大乗経典の観点からの考察については、Paul Harison, "Some Reflections on the Personality of the Buddha"『大谷学報』第七四巻第四号（一九九五年三月）, pp. 1–29, esp., pp. 10–12 があるので参照されたい。

(39) 山口静一「芥川龍之介とポール・ケーラス——『蜘蛛の糸』とその材源に関する覚え書き再論——」関口安義編『蜘蛛の糸　児童文学の世界』（芥川龍之介作品論集成、翰林書房、一九九九年）、七—二五頁参照。なお、私がこのことを知ったのは最近のことに属するが、その経緯については、拙稿「是報非化説考」『駒沢短期大学研究紀要』第二九号（二〇〇一年三月）、三八四—三八五頁、註76参照。

また、ケーラスのこれを含む仏教関係の業績については, S. Hanayama, *Bibliography on Buddhism*, The Hokuseido Press, Tokyo, 1961, pp. 102-106 参照。

（40）『大智度論』、大正蔵、二五巻、六六八頁下。

（41）Paul J. Griffiths, *On Being Buddha: The Classical Doctrine of Buddhahood*, State University of New York Press, Albany, 1994, pp. 185-202 参照。

（42）拙稿「pramāṇa-bhūta と kumāra-bhūta の語義――bhūta の用法を中心として――」『駒沢短期大学仏教論集』第六号（二〇〇〇年十月）、三一三頁、および、三〇一頁、註63に原文と共に必要な情報を記してあるので参照されたい。また、御牧克己等訳『ブッダチャリタ』（原始仏典一〇、講談社、一九八五年）、二七八頁参照。なお、アシュヴァゴーシャの所属学派については、山部能宜等「馬鳴の学派所属について――Saundarananda と『声聞地』の比較研究――(1)」『(九州龍谷短期大学）仏教文化』第一二号（二〇〇二年三月）、一―六五頁（横）参照。

（43）これ以下、ダルマキールティのパラフレーズまでは、前掲拙稿（前註42）、三一四―三一二頁の要約なので、木村誠司氏の論文を含めて、必要な情報はそれに譲る。ディグナーガとダルマキールティの伝記については、順次に, M. Hattori, *Dignāga, On Perception*, Harvard University Press, Cambridge, 1968, pp. 1-6、戸崎宏正『仏教認識論の研究』上巻（大東出版社、一九七九年）、三―一四頁参照。

（44）南方分別説部の場合については, Richard F. Gombrich, *Buddhist Precept and Practice: Traditional Buddhism in the Rural Highlands of Ceylon*, Oxford University Press, 1971, Indian ed., Delhi, 1991, H. Bechert, "Buddha-Feld und Verdienstübertragung: Mahāyāna-Ideen im Theravāda-Buddhismus Ceylons", *Bulletin de la classe des lettres et des sciences morales politique*, Vol. 62 (1976), pp. 27-51 参照。チベット所伝の説一切有部の場合については、山口瑞鳳「チベット」玉城康四郎編『仏教史II』（山川出版社、一九八三年）、二〇二―二〇四頁、二三〇―二三三頁、拙稿「チベットにおけるインド仏教の継承」『チベット仏教』（岩波講座・東洋思想、第三巻、岩波書店、一九八九年）、一二〇―一一五頁、前田崇「チベットにおける戒律観(1)」『天台学報』第四三号（二〇〇一年十一月）、一―八頁（横）参照。

（45）P. J. Griffiths, *Religious Reading: The Place of Reading in the Practice of Religion*, Oxford University Press, New York/ Oxford, 1999 参照。これに対するJ＝モンテイロ博士の書評については、『仏教学セミナー』第七四号（二〇〇一年十月）、四三―五二頁参照。

（46）賀照田主編『東亜現代性的曲折與展開』（人文叢書、学術思想評論、第七輯、吉林人民出版社、二〇〇二年）参照。

第二部　悪業払拭の儀式と作善主義の考察

これ以下に、先の第一部に引き続いて第二部を展開していくわけであるが、第一部が文字通り現時点での私の考えの展開であったのに対し、実は、この第二部は既に展開され公表されていたものの再録であることをまずお断りしておかなければならない。

旧稿は「悪業払拭の儀式関連経典雑考」と題されて一九九二年三月に公表されたものを最初とし一九九九年三月をもって一応の完結をみたが、最初の執筆は一九九一年の年も終る頃であったはずであるから、そこから数えればもう優に十年を越えてしまったことになる。初めて事を起した時には、「悪業払拭の儀式」の確立が大乗仏教の始まりでありその舞台は伝統的仏教教団以外にありえないとの予感があったのみで、実際七年間も書き続け、最後の方では「作善主義」の理論を提供することになるだろうなどとは全く思いもかけないことであった。そのため、当初は私の予感に絡む経典の研究になるはずだったものが、いつの間にか、「作善主義」の考察に関連する律文献や説話文献や仏教外文献の研究に傾斜せざるをえないことにもなった。今回、この第二部が基本的に旧稿の再録であるにもかかわらず、その題を「悪業払拭の儀式と作善主義の考察」と改めたのは、如上の結果を重んじたためである。

再録に当っては、誤植およびそれに順ずるものは訂正し、節を章に改めて明記するに伴い、註記を章ごとにまとめるなど、形式上の統一を企ったことは当然であるが、それ以外は明らかな私自身の誤りを含めてできるだけ旧稿を保存することに努めた。旧稿では、問題の展開に応じて、今まで読んだこともない文献を読まざるをえないことになったためにこの種の誤りはかなり多いと思われるのであるが、気づけばその都度どこかでそれを明記してあるので、それらをそのまま残しておくことも、これからその方面を研究する人には却って役立つかもしれないと考えたような次第である。しかし、その結果、第一部と第二部との間に、引用等に関して若干の重複も生じることになったが、敢えてそれを避けなかったことを諒とせられたい。なお、今回新たに書き加えておいた方がよいと思ったことについては各章末尾の「研究小補」においてそれを試みた。

第一章　問題の所在

　ここで「悪業払拭の儀式」といわれているものは、私が別な拙稿[1]で始めて命名したものであるから、どこかに実際の典拠があるわけのものではない。しかし、敢えてこの私の命名中の「悪業払拭」の意味に最も近い実例を挙げるならば、Śāntideva（シャーンティデーヴァ）の *Śikṣāsamuccaya*（『学処要集』）第八章のタイトルをなす「悪業の浄化（pāpa-śodhana）」がそれに当ると言ってよいかもしれない。それなら、なぜこの用語を採用しなかったのかといえば、それは、新たな命名を避けさせるほど一般的に定着しているものとは思えなかったからである。もっとも、この語とほぼ等価の意味を持つ用語には「悪業の懺悔（pāpa-deśanā）」があり、これなら極めて一般的なので採用してもよいと考えられるかもしれないが、先の別稿でも示したように、その訳語としての「懺悔」自体が多義的に受け取られないとも限らないので、学術的に明確な規定を加えるために選ばれる用語としては相応しくないと判断したために避けられたにほかならない。「懺悔」という語は、今や日本語としても漢訳仏典からは自立した意味で用いられる場合もあり、事実、先の別稿で示したごとく、かくいう私自身が「懺悔」を多くは「告白」の意味で用いていたのである。その背景には、Augustinus の *Confessionum* や Rousseau の *Les Confessions* が昔の我が国では『懺悔録』と訳されていたような事情があったと思わざるをえないのであるが、仏典中の「懺悔」からは、この「告白」の意味が最も排除されるのでなければなるまい。その意味さえ避けうれば、通常の日本語としても「懺悔」は大方仏典由来の意味で適切に用いられていると言えるのである。例えば、戦後人口に膾炙した「一億総懺悔」などという言い方にしても、情緒的に深く悪業を懺悔しさえすれば、その悪業は容易に滅するという、漢訳仏典の用語法に極めて近いものがあるであろう。しかるに、このように悪業を懺悔しさえすれば容易に滅することが可能だという考えを、仏教では「懺悔滅罪」と呼んでおり、この語はかなり流布していると思われるので、私はこれに託けて「悪業払拭の儀式」を「懺悔滅罪の儀式」と呼んでもよかったはずなのだが、それを採用しなかったのは、「悪（業）」と「罪」とを一応は区別したかったからである。私見によれば、パーリ語やサンスクリット語において、pāpa(-kamma, -karman) は意識するとしないとにかかわらず我々が生存するだけでも犯してしまうような悪業一般を広く指すのに対して、āpatti という語はなにかに照して明確に罪に陥ったことが意識された場合に用いられるように思われるのであるが、私は、前者を「悪（業）」、後者を「罪」と区別し、「悪業払拭の儀式」の命名には、前者の意味だけを含ませたかったからだと御理解頂きたい。従って、「懺悔滅罪」の「罪」も私に言わせれば「悪（業）」にほかならないのである。このことは、後代になれば、インド仏教においても同じことであって、āpatti も結局は pāpa と同じような意味になることには注意しなければならない。

さて、以上で、内容的には「悪業の懺悔（pāpa-deśanā）」と呼んでもよい事柄を、なにゆえに、「悪業払拭」と新たに命名したかということをほぼ説明しえたと思うが、端的にいえば、「懺悔」に紛わしい意味を持ち込まないようにするために、明確に「払拭」と限定したわけである。その他に、実際的な見地からいっても、私が「悪業払拭の儀式」と呼ぶ一連の儀式には、「悪業の懺悔」というものが必ずその一部分として含まれている以上、それを含む総称としては、その部分を指す呼称とは、できる限り切り離した方がよいと思われたからにほかならない。

その一連の「悪業払拭の儀式」については、先に別稿において、その儀式に含まれる事柄とその数の多少によって、かなり羅列的ではあったものの、六類型を数え挙げたのであったが、その後、*Suvarṇaprabhāsottama-sūtra*（『金光明経』）の系統で形成されたと思われる五種類型と宗密が『円覚経大疏』で言及する八種類型とを、特に中国仏教における展開を念頭に置く場合には、更に加えておくべきであると考えたので、それを四番目と六番目とに補って、計八類型の「悪業払拭の儀式」を以下に提示しておきたい。[2] [3]

(i)三種第一類型：①悪業の懺悔（pāpa-deśanā）、②福業の随喜（puṇyânumodanā）、③諸仏の勧請（buddhâdhyeṣaṇā） (ii)三種第二類型：①悪業の懺悔（pāpa-deśanā）、②福業の随喜（puṇyânumodanā）、③菩提の廻向（bodhi-pariṇāmanā）

(iii)四種類型：①懺悔（pratideśanā）、②随喜（anumodanā）、③勧請（adhyeṣaṇā）、④廻向（pariṇāmanā）

(iv)五種類型：①懺悔、②勧請、③随喜、④廻向、⑤発願

(v)七種類型：①礼拝（vaṃdanā）、②供養（pūjā）、③悪業の懺悔（pāpa-deśanā）、④随喜（anumodanā）、⑤勧請（adhyeṣaṇā）、⑥発菩提心（発願、bodhicittôtpāda）、⑦廻向（pariṇāmanā）

(vi)八種類型：①供養、②讃仏、③礼仏、④懺悔、⑤勧請、⑥随喜、⑦廻向、⑧発願

(vii)十種類型：①礼敬諸仏、②称讃如来、③広修供養、④懺悔業障、⑤随喜功徳、⑥請転法輪、⑦請仏住世、⑧常随仏学、⑨恒順衆生、⑩普皆廻向

(viii)十二種類型：①開導、②三帰、③請師、④懺悔、⑤発心、⑥問遮、⑦授戒、⑧証明、⑨現相、⑩説相、⑪広願、⑫勧持

以上は、「悪業払拭の儀式」を、外面上から、類型的に分類して示したものにすぎないが、その各類型を支配する考え方は、極めて単純なものである。この儀式を支配している考えは、霊魂と肉体の二元論か、もしくは、前者を真実在とみることによって前者が非実在なる後者から解脱していく点を強調する一元論かのいずれかであると見てよいと思われる。しかるに、私は、いずれはかかる一元論に収斂していかなければならないような考え方が、古代からインド思想を色濃く支配していたのではないかということを、松本史朗氏の解脱と涅槃に関する「AのBからの解放・離脱」という定式とそれに基づく知見から展開させて、「自然包括図」の提示と共に論じてみたことがある。[4] かかる意味での二元論や一元論は、強力なインド思想として、インド内に起った反インド思想たる仏教思想をも徐々に骨抜きにしていったことは隠すべくもないのであるが、一方で、その強力な思想の淵源は、インド思想から更に遡って、インド＝アーリアンの塑像ともいうべき *Avestā* 聖典を有するゾロアスター教にまで辿ってみるべきなのかもしれない。ゾ

ロアスター教は、インド＝アーリアンの民族宗教に由来する、善神アフラ＝マズダーと悪神アンラ＝マンユとを立てる典型的な二元論の宗教であるが、この宗教の特徴について、伊藤義教博士は次のように述べている。(5)

ゾロアスターの根本的立場は、アシャ（天則、理法、法）にもとづくアフラマズダーの恩寵を説き、人をして神意の実現に参加させるにある。その神意とは邪悪を排して、原初の世界に回帰させることを目的とする。ゾロアスターによれば、神はアシャを創成したが、神はそれをもって神自身をも律するものであるから、アシャはアシャのために存すともいわれる。このアシャに服するものはアシャワン（天則者、義者）とよばれる。それはゾロアスターの教えに従うものでもあるが、かれは、かかる義者一般を貧者と福者（富者）にわかち、貧者をみちびいて福者たらしめるのを、おのが責務とみなしていた。というのは、福者とは天国の資産たる完璧と不死を確約されたもの、言いかえれば、天国行きを認証されたものだからである。この資産はまた人を救う財でもあるから、それを保有する神（々）もまた福者である。そして、信者にこの認証を与えるものが、ゾロアスターによれば、サオシュヤントの重要な役割であったらしい。サオシュヤントとは、恩寵（サオシュ）という語からつくられた動詞（サオシュヤ）「恩寵を授ける、授福する」の現在分詞であるから、「授福者」と訳してよかろうし、「授記者（保証を与えるもの）」としても通じる。ゾロアスターはみずからサオシュヤントと称していたが、また自身のほかにも同労者としてのサオシュヤントを認めた。

かかるゾロアスター教にあっては、いかにして貧者から福者へと転じるかが重大な関心事となるはずであるが、その際に教徒に求められるのが身語意の三業の浄化なのである。この三業の浄化がいかにその民族的伝統の中で重んじられたかについて、伊藤義教博士は次のように記している。(6)

身語意の三業清浄を説くのは遠くインド・イラン時代に承けた遺産であるが、この思想は宗教面のみならず、一国の政治行政面にもつよく浸透して、ハカーマニシュ帝国を支える賞罰制度のバックボーンを成していた。（中略）アフラ・マズダーも同様に三業の正善なるを嘉《よみ》し天上の išti-〔資産〕を約束して賞する神であり、それに陪接する神々も同様であった。かかる神々が išti- の所持者・授与者として、ザラスシュトラ〔ゾロアスター〕によって「福者」とよばれるのも、もっともである。

かかる仕組の中では、「三業の正善なるを嘉《よみ》」し保証する宗教上の特権者に強力な力が付与されるのは当然のことであり、その特権者こそサオシュヤントにほかならなかったのであろうが、その力が強力であると考えられれば考えられるほど教徒の解脱も保証されると信じられていたにちがいない。

しかるに、ゾロアスター教を生み出したと同じ伝統のうちにありながら、ザラスシュトラより遙か後代の紀元後三世紀初頭に生まれたとされる教祖マニの創唱になるマニ教は、より明確な二元論のもとに、俗信者に対する宗教上の特権者の地位も一層詳細に規定される形で登場し、その単純な明解さのゆえに、それ以降、アジア、ヨーロッパ、アフリカを股に掛けて猛烈な勢いで拡まったのである。そのマニ教の基本的な考え方を、矢吹慶輝博士は、次のように記している。[7]

> マニ教の宇宙論からすると、この現実の世界は、光明を暗黒から解脱させるための存在であるから、人間観という実際的方面でもまた、この過程を説いた。すなわち人には明界の要素が具わっているから、その要素をあらゆる暗界の束縛から解脱させることにあった。同時に、人は本来、解脱の能力を具えたものとして、救済の宗教とともに解脱の宗教を主張した。（中略）暗黒から光明への解脱が、マニ教の唯一の理想であったから、マニ教徒であろうとするものは、皆おのおのその分に応じて、明界へのなんらかの貢献をしなければならなかった。したがって教団内には一般の聴者あるいは闘士すなわち俗信者と、選ばれたものすなわち僧侶という二者に分かれ、後者は西方所伝ではエレクト（Elect, Electi）と呼ばれ、イスラム教所伝ではアル＝シッディークーン（al-Ṣiddīqūn）と称され、厳密な意味では多少の相異もあるが、後者をアッシリア語では「誠実者」とし、マニ教徒が使用した

> シリア語のザッディーケ（Zaddīqē 正しき者）と同じ語源から出たものであった（Kesseler, Mani, 1899.）。（中略）僧には肉食と殺生とを禁じたが、一般の聴者には肉食を許したようであり、また一夫一婦の婚姻が許された。そこで俗人の重要な功徳は僧への供養で、その功徳によって生まれ代って僧となり真の修行をするということにあった。したがってマニ教でも輪廻を説いた。（中略）また、僧すなわち選ばれたものに対しては、肉食と飲酒と結婚を禁じたほか、果実あるいは野菜を摘み取ることさえ禁じた。したがって僧の食物は、聴者によって供給されなければならなかった。（傍線袴谷）

右引用中、傍線を施した箇所には特に注意を払っておいて頂きたいのであるが、マニ教においては、このような形で、僧侶（聖職者、出家）と聴者（聴聞者、在家）[8]とは厳格に区別され、その役割分担において、後者の前者に対する「供養」の提供と前者の後者に対する「功徳」の保証という関係が成り立っていたのである。この両者の関係は、大乗仏教における出家と在家の問題を考える場合にも、私にとっては極めて示唆的な意味をもつもののように思われるが、マニ教が興ったのは大乗仏教が成立した後のことであるから、かかる出家と在家の仕組みについての両者間の考え方の貸借関係は、学問的に厳密な確定がなされていない以上、あくまでも不明としなければなるまい。しかし、私にとっては、そのような貸借関係の確定などということは今の場合余り重要な意味を持たないのであって、私がここで言いたいことは、霊魂と肉体の問題に関し、上述したごとき単純な二元論もしくは一元論を示す考え方においては、僧侶のような特権階級と聴者のような一般階級との役割分担は、先の貸借関係の確定などを必要としないくらいに、一般的で通俗的な現象なのではないかということなのである。しかも、私は、むしろそういうことを指摘したいばかりに、今は死に絶えて極一部の研究者にしか正確には分からなくなったゾロアスター教やマニ教にも敢えて触れてみただけにすぎない。ここからは、インド外のことに眼を逸らさず、同じインド＝アーリアンの伝統を継承しながらもインド内部で確立されたウパニシャッドの思想を瞥見した後、すぐに本稿の「悪業払拭の儀式」の問題へ戻っていくことにしよう。

さて、仏教が登場する前後のインドにおけるウパニシャッドの解脱思想を示すために、以下に、*Muṇḍakōpaniṣad* 第三章第二節第八頌と *Maitrāyaṇy-upaniṣad* 第六章第二〇節中の一頌との二頌のみを引いておきたい。[9]

あたかも、もろもろの川が流れていって、海において名色（nāma-rūpa）を捨てて没入するように、そのごとく、名色より解脱した（vimukta）知者は、すぐれたものよりもすぐれた輝けるプルシア（puruṣa）に至る。（*Muṇḍaka*）

実に心（citta）を清らかにすること（prasāda）によって〔人は〕善悪業（karma śubhāśubham）を断つ。アートマン（ātman）が清らかとなった人はアートマンに住して不滅の楽を得べし。（*Maitrāyaṇī*）

ここにおいて、二元論的もしくは一元論的解脱思想は完全に成立しているのであり、インドにおいて霊魂的存在を表わすプルシア（puruṣa）や心（citta）やアートマン（ātman）が、肉体的存在を表わす名色（nāma-rūpa）や善悪業（karma śubhāśubham）から、本来の姿へと解脱していく様子が明確に描かれているのである。しかも、霊魂や肉体に対するかかる考え方においては、前者が善であり本来的なものであるから、後者は悪としてあるいは非本来的なものとして避けられねばならない。従って、この考え方が倫理的な規範として展開していけば、肉食禁止ということになるのであるが、事実、ウパニシャッドを継承するヒンドゥーイズムは、その法典においても肉食を明確に禁じたのである。[10]

しかし、仏教の登場とは、かかるインド的伝統には哲学的にも倫理的にも明らかに対立するものであって、一元論的なものにせよ二元論的なものにせよ、インド的霊魂観は仏教の無我説（anātma-vāda）によって論理的には真向から否定されたのであり、肉食禁止も本来の出家者の戒律には入り込むことがなかった。それが、仏教のインド社会への安定した滲透と共に、仏教の方も逆にインド的思考に徐々に犯されていったのである。それが、目に見えるように顕在化していったのが、仏教史上において大乗仏教の興起といわれる時代だったのではないかと私は考えている。しかも、かかる時代に、一元論的であれ二元論的であれ、インド的霊魂を基盤に肉体的罪福が容易に払拭できたり変換できたりするとの考えが仏教内部においてどんどん肥大していったものこそ、私が「悪業払拭の儀式」と呼ぶものであり、それがまた、通俗的な意味で大部分を征していった大乗仏教の実態ではなかったかというのが私の本稿の問題設定でもある。近時、松本史朗氏や下田正弘氏によって論証された『涅槃経』のアートマン説や肉食禁止[11]は、やや遅れる大乗経典とはいえ、如上の実態の典型的な例と言えるであろう。ここでは、それに先立つ最初期からの大乗経典に、私の呼ぶところの「悪業払拭の儀式」が認められるのではないかということを大乗仏教成立の問題と絡めて論じてみたいと思うわけである。

ところで、最初期の大乗経典とは言ってみても通俗的な「悪業払拭の儀式」に大乗仏教独自の思想が表明されているはずはないのであって、その証拠に、仏教の「悪業払拭の儀式」の思想は、先に示した*Maitrāyaṇy-upaniṣad*の、特に「実に心（citta）を清らかにすること（prasāda）によって〔人は〕善悪業（karma śubhāśubham）を断つ」と述べられているような思想と根本的に区別することがほとんど不可能なくらいにインド的に通俗化されているといわなければならないであろう。恐らくは、ウパニシャッド的な神々の代わりに十方の諸仏が、司祭者（brāhmaṇa）の代わりに出家の専門僧がありさえすれば、寄進者に対し、仏教の「悪業払拭の儀式」が執り行われたと信じ込ませることができたくらいのものであろう。しかるに、もしここで、敢えて「悪業払拭の儀式」の大乗仏教的思想根拠を求めるならば、ウパニシャッド的もしくはインド思想的な「心（citta）」が仏教の中にも取り込まれて「自性清浄心（prakṛtiś cittasya prabhāsvarā）」として肥大化したものが大乗仏教の浮上と共に「菩提心（bodhi-citta）」となり、それを根拠に、罪福や善悪業の除去や移転が可能とされるに至ったのであろうが、そういう考え方そのものもまた、インド思想的なものと本質的に異るものではないのである。事実、梶山雄一博士は、罪福や善悪業の移転を表わす「廻向（pariṇāmanā）」に*Bhagavadgītā*（『バガヴァッド＝ギーター』）との共通性を見出しておられるのであるが、それを確認した後で、博士は廻向について次のように述べている。[12]

もっと一般的な内容転換は、善悪の果報を菩提（さとり）に換える、という、いわゆる「菩提廻向」であって、これはブッダ以外の人にもできる。善業というものは、そのままにしておけば、幸福あるいは長寿という形で、善業をなした当人に返ってくる。その善業の果報の内容を転換して、無上菩提（このうえないさとり）に換えるというのが菩提廻向である。この際、換えられた無上菩提は、やはり善業をなした当人に返ってくるのであるから、方向は変わっていない。ただ、幸福または長寿という形で返ってくるはずのものが、さとりという内容に変わって返ってくるのであるから、内容転換の廻向というべきものである。

では、かかる転換がなにゆえに可能であるかという思想的根拠とでもいうべきものについて、梶山博士は *Aṣṭasāhasrikā-Prajñāpāramitā*（『八千頌般若』）の第六章「随喜と廻向（anumodanā-pariṇāmanā）」に基づきながら、次のように述べている。[13]

> 廻向する心にも空性という法性があり、廻向される善根にも、廻向が向けられる無上にして完全なさとりにも、同じ空性という法性がある。自己の善根にも、他者の善根にも、随喜にも同じ法性がある。そのときには、「あるものが他のものを廻向する」ということはいえない。ものの本性（法性）に従って、ありのままに随喜し、ありのままに無上にして完全なさとりに廻向するならば、その随喜と廻向は他のいかなる善行、いかなる修行よりもはるかにすぐれている。
>
> 他人の善根に随喜することも空性に、法性に随喜することである。輪廻の世界のなかでの幸福をもたらす善根を無上にして完全なさとりという超越者に廻向するとは、輪廻的なものを輪廻から離脱したものに転換することである。それは業報の束縛からの解放である。こういうことを『八千頌』第六章はいっているのである。

しかし、このような空性や法性は、縁起の時間からは完全に離脱した永遠の実在であるから、無我説（anātma-vāda）

の仏教には本来相応しいものではない。かかる空性や法性は、もはや『般若経』が当初有していたかもしれない否定的な空思想とは全く異って、むしろ『般若経』の中に徐々に安定した地位を占めるに至ったであろう「真如（tathatā）」などと同じだと言ってもよいものなのである。(14) その真如は、『維摩経』ともなれば、法界や空性などと共に、確固たる実在にほかならないものに成長し、それは、松本史朗氏の呼ぶところの dhātu-vāda の構造を見事に示していると言えるであろう。(15) 梶山博士が「超越者」と呼ぶものは、かかる意味での永遠の実在であり dhātu にほかならないのであるが、「心（citta）」や「菩提心（bodhi-citta）」もまたそれらに相当する。廻向とは、そういうものを基盤にして成り立っているのであり、だからこそ、梶山博士によっても、「超越者に廻向するとは、輪廻的なものを輪廻から離脱したものに転換することである。それは業報の束縛からの解放である。」と言われうるのである。先に示した類型からも分かるように、廻向が「悪業払拭の儀式」の多くの場合に含まれているのも、理論的には今の梶山博士の御指摘どおりの考え方によるのであるが、その廻向に絡む、業報が空だという考えを、松本史朗氏が、道元の言及に引き付けて、仏教ならざる外道の見解だと論証されたことは、(16) 本稿の問題意識からいっても看過するわけにはいかない。私は、その松本氏の論証に全く賛同するのみならず、大乗仏教の大部分が「悪業払拭の儀式」に由来するのではないかと思っているくらいであるから、かかる私の立場を逸速く察知する人は、私が大乗仏教を仏教ではないと断定しているかのごとくに受け取るほどである。しかし、それは大部分では妥当していても肝腎な点では誤解されていると言わなければならない。というのも、私は、通常ひとまとまりのごとく扱われる大乗仏教を、基本的には以下に示すごとき二通りの全く異質なものから成っていると見做しているが、大乗仏教は仏教ではないというのは、その一方には妥当しても他方には妥当しないからである。その二通りの大乗仏教とは、多少簡略化して示せば、次のようになろう。

(a) 事実としては仏教史の大勢を占めることになったが、論理的には仏教の正しい縁起説を継承しているとはいえない大乗仏教

(b)事実としては仏教史の大勢を占めることには全くならなかったが、論理的には仏教の正しい縁起説を継承している大乗仏教

しかるに、私は、上述のごとき二通りの大乗仏教を考えながらも、その思想表現の当体としては、いずれの場合であっても、基本的には仏教の専門家としての出家者を想定すればよいと思っているので、この私の見解は、大乗仏教成立の母胎として「在家者の教団」をまず推定する平川彰博士の御見解とは明らかに対立するものなのである。しかし、この問題は俄かに決着のつくような単純なものではなく、恐らくは、思想と生活の問題に関する研究者自らの姿勢を質されかねないような性質の難問でさえあると思われる。人が思想と生活の問題について考える時には、道は必ず二つに分かれるようであり、一方は、まず生活がありそこから自ずと思想も出てくると考えるが、他方は、生活に対決し自分の思想によって生活を選んでいかざるをえないと考えるのであり、その二つ以外にはありえないがゆえに、その双方が仏教思想史の展開のうちにも現われているのである。私には、*Saddharmapuṇḍarīka*（『法華経』）の最も批判的な部分の作者が後者であるように思われ、二通りの大乗仏教の中では本経こそが(b)の方の系譜を形作ったように感じられたので、ある拙稿中で、かかる感想と共に、本経の作者は仏教専門家としての出家者であったとの私見を披瀝したことがあった。[17] すると、この私見に反対の平川彰博士から新たな論攷の提示があり、私の不充分な論述にも触れながら、従来からの御主張を踏まえて、「初期の大乗仏教の教団においては、教団全体が在家的な教団であり、したがって「在家者の教団」以外に、別の出家者の教団は無かったと思う」とのお考えが改めて明白に開陳されたのである。[18] 私の問題の論述には、平川博士御指摘のとおり、確かに充分な論証もなく出家者の明確な定義も与えられておらず、私はやはり研究者としての義務を果していなかった非礼を率直にお詫びしなければならないと感じている。そして、本稿は、相変らず充分なものとはならないであろうが、いささかでも先の欠を埋め合わすべく草されるものである。

周知のごとく、平川彰博士の初期大乗仏教の成立に関する御研究は、一九五四年に公けにされた「大乗仏教の教団史的性格」[19]に始まり、これを基本に更に大きな詳細な研究をまとめられた大冊『初期大乗仏教の研究』に結集し、その後の御成果もなお現在刊行中の著作集における加筆増補となって現われている。[20]それだけにこれらの一連の御成果は、博士が最も心血を注がれた研究分野の一つと言ってよいのであり、事実、私もそこから大いに学ばさせて頂いたのである。しかも、私は現在でもなお、大乗仏教に二通りのものを考えているうちの(a)に関しては、平川博士の御見解が大部分において正しいと確信している。そして、博士の御見解の正しい部分を認めれば認めるほど、「悪業払拭の儀式」を執り行ったり、それに関連する経典を作りあげたものは、既に社会的に権威を確立していた専門家としての出家者でなければならず、想定されるごとき新興の名もなき集団でありえるはずはないと思わざるをえなくなってくるのである。本稿では、その点を、様々な角度から検討していきたいと思っている。

註

（1）拙稿「十二巻本『正法眼蔵』と懺悔の問題」『十二巻本『正法眼蔵』の諸問題』（大蔵出版、一九九一年）、一三三―一七四頁参照。この拙稿は、論題どおり、十二巻本『正法眼蔵』に関して書かれたものであるが、「懺悔」に関しては、それだけに尽きない重要な問題提起もなしえたと思うので、本稿の問題とも関連させて、ぜひ参照して頂きたい。〔この拙稿は、後に、後註9の拙書、二四五―二八八頁に再録さる。〕

（2）この五種類型に気づいたのは、安藤嘉則「『金光明経文句』における懺悔論について」『東方』第四号（一九八八年十二月）、一〇二―一〇八頁による。今のところ、この五種類型の明確な典拠は、『金光明経』自体もしくはそれに関連するインド側の文献ではなく、同論文、一〇六―一〇七頁によって指摘されているがごとく、吉蔵の『金光明経疏』（大正蔵、三九巻、一六三頁中）である。なお、同論文中で気づいた点を記せば、一〇七頁で湛然の言及する『弥勒所問経』は、大正蔵、三一巻、七六四頁上の記述と関係があると思われる。そのサンスクリット原文については、前註1の拙稿、二六九頁、註29を参照されたい。

（3）これについては、前掲拙稿（前註1）の段階で気づいていたが、特に別出しなかった。今回改めてこれを類型中に加えたが、その典拠等については、同稿、一七二頁、註40に示したごとく、鎌田茂雄博士によるものであることを再度記しておきたい。この八種類型は五種類型の始めに三種をプラスしたものと考えるべきかもしれない。

（4）　拙稿「自然批判としての仏教」『駒沢大学仏教学部論集』第二一号（一九九〇年十月）、三八〇―四〇三頁、特に、三九一頁参照。松本史朗氏の論攷については、同、四〇一頁、註34を参照されたい。なお、同氏は、それに関連する問題を『涅槃経』に絡めて更に論究しているので、松本史朗「『涅槃経』とアートマン」前田専学博士還暦記念論集『〈我〉の思想』（春秋社、一九九一年）、一三九―一五三頁をも合わせ参照されたい。

（5）　伊藤義教『ゾロアスター研究』（岩波書店、一九七九年）、xiii―xiv 頁。なお、同博士によれば、*Avestā* の語義は、Apastāk/ Ahestāg について apa-stā から導かれた「（人智から）かけ離れているもの、（人智で究めようとしてもそれを）退けるもの」の意味にあるとされ、「畏れ多いもの」「神聖なもの」「深遠なもの」を含意するとされる（同書、二七九―二八〇頁）。

（6）　伊藤前掲書、二一六頁、二一七頁。なお、その用例については、同、二一五頁、二五三―二五四頁など参照。

（7）　矢吹慶輝（芹川博通校訂）『マニ教と東洋の諸宗教（比較宗教学論選）』（佼成出版、一九八八年）、六四頁、六五頁、六六―六七頁。なお、須永梅尾「マニ教における魂の救済」『大法輪』第五八巻一二号（一九九一年）、二七頁にはアンガード・ロシュナン本八頌二の二節「わが魂は、苦悶のなかに、毎日私を抑えつけていた罪過から、解放された」が掲載されている。マニ教の概略についても、同論より得るところが多かった。

（8）　伊藤前掲書（前註5）、二二〇頁、および二四五頁、註58では、ゾロアスター教における「貧者（drigu-）」と「福者（arədra-）」との区別に関連して、マニ教の niyōšāgān「聴聞衆」（auditores）と wizīdagān「被選衆」（electi）との区別に言及されているので参照されたい。

（9）　この二頌については、他の頌と共に、拙書『道元と仏教――十二巻本『正法眼蔵』の道元――』（大蔵出版、一九九二年一月刊行予定）〔同年二月に刊行ずみ〕、第一部の一「知慧と無知」中に引用し、コメントも加えたので参照されたい。なお、サンスクリット原文も、同書、一六六―一六七頁、註22、24に示してある。

（10）　例えば、紀元前二〇〇年から紀元後二〇〇年くらいにかけて編纂されたとされる『マヌの法典』第五章第四八頌には「肉は生物を害う事なくしては決して得られず。而して、生類を害ふは、天界の福祉に障りあり。それ故に肉を避くべし。（nâkṛtvā prāṇinām hiṃsām māṃsam utpadyate kvacit/ na ca prāṇi-vadhaḥ svargyas tasmān māṃsam vivarjayet//）」とあり、同第五二頌には「神々及び祖霊の礼拝をなさずして、他の（動物の）肉を以て、己れの肉を増さんと欲する者より大なる罪人なし。（sva-māṃsaṃ para-māṃsena yo vardhayitum icchati/ anabhyarcya pitṝn devāṃs tato 'nyo nâsty apuṇya-kṛt//）」とある（岩波文庫、田辺繁子訳、一五一頁）。もとより、かかる肉食禁止は、動物愛護に由来するわけではないから、この種の規定と神聖なる生贄の実行のそれとは決して矛盾するもので

はない。〔なお、『マヌ（の）法典』のこれらの頌および関連頌については、本書、一二〇―一二一頁も参照のこと。〕
(11) 前註4の松本論文、および下田正弘「三種の浄肉再考――部派における肉食制限の方向――」『仏教文化』第二二号、学術増刊号(5)（一九八九年）、一―二二頁、同「東アジア仏教の戒律の特色――肉食禁止の由来をめぐって――」『東洋学術研究』第二九巻四号（一九九〇年十二月）、九八―一一〇頁参照。なお、仏教が肉食禁止へ移行したことを、単にヒンドゥー文化の影響とだけ見做さずに、その思想的な理由を考えてみれば、肉食を通じて、不浄なものが肉体に纏い着いて霊魂を覆うために、霊魂が肉体から解放（解脱）され難くなるという思想が潜んでいると想定することができるであろう。
(12) 梶山雄一『「さとり」と「廻向」――大乗仏教の成立――』（講談社現代新書、一九八三年）、一六〇―一六一頁。なお、『バガヴァッド＝ギーター』との関連については、同、一五七―一五八頁参照。
(13) 梶山前掲書、一八一―一八二頁。
(14) かかる真如については、拙書『本覚思想批判』（大蔵出版、一九八九年）、八八―一〇八頁参照。
(15) 前掲拙書、二二七―二三五頁参照。
(16) 松本史朗『縁起と空――如来蔵思想批判――』（大蔵出版、一九八九年）、三三五―三三七頁参照。
(17) 拙稿「『法華経』と本覚思想」『駒沢大学仏教学部論集』第二一号（一九九〇年十月）、一二一―一二四頁参照。
(18) 平川彰「初期大乗仏教における在家と出家」『仏教学』第三一号（一九九一年七月）、一―三九頁。特に三四頁、註1において、山口瑞鳳博士と私を名指しで批判されているが、二人を一緒くたにしているようなところがあって記述は必ずしも正確ではない。その記述によれば、二人とも上田義文博士の説を引用したように理解されるが、それを引用したのは私だけであり、しかも私は全面的に上田博士の説に賛意を表しているわけではない。引用が私だけであることを含意して述べられているなら、それ以下の批判は私だけに向けられたのかもしれないと思い、本稿を草する気持にもなった次第である。しかし、本稿が充分な反論となりうるとは思ってもいず、また反論だけを意図したものでもないが、この種の論究は今後も続けてみたいと願っている。
(19) 宮本正尊編『大乗仏教の成立史的研究』（三省堂、一九五四年）中の第七章（四四七―四八二頁）として収録される。〔この論文はまた、平川彰『大乗仏教の教理と教団』、平川彰著作集、第五巻（春秋社、一九八九年）、三七五―四一四頁に再録されているので参照されたい。〕
(20) 平川彰『初期大乗仏教の研究』（春秋社、一九六八年）がその集大成であり、それは、現在刊行中の著作集（春秋社）の第三巻と第四巻に分って収録され、多くの加筆増補もなされているとのことである。なお、私は、その大著刊行の翌年に、東京大学仏教青年会より紹介記事を頼まれ、その執筆原稿は、『仏教文化』第二巻一号（一九七〇年十月）、八二―八四頁に掲載されている。当時の私は、匆論、平川彰博士の御成果にただ瞠目するばかりで、全面的な賛意を表していたことは言うまでもない。

〔**研究小補**〕本章の初めで私は confession と「懺悔」との対応は明治以降のことかと思って書いていたのであるが、その後知ったところでは、*Vocabvlario da Lingoa de Iapam*, 1603（岩波書店、影印版『日葡辞書』、一九六〇年）, p. 435, "Sangue": 土井忠生・森田武・長南実編訳『邦訳日葡辞書』（岩波書店、一九八〇年）、五五四頁、「Sangue サンゲ（懺悔）」において、「Fagi cuyamu（慚ぢ悔やむ）」が"O confessar, e manifestar（懺悔し告白すること）"「Zaixŏuo sangue suru（罪障を懺悔する）」が"Confessar, ou descobrir os peccados（罪科を告白する、あるいは、さらけ出す）"とされているので、confession と「懺悔」との対応は、信長治政下のキリシタン布教の頃からだったことが知られる。それだけに、余計、対応する言葉の背後に在する全く異った宗教上の「習慣」や「生活」における構造を理論的に解明する必要があるわけである。「悪業の払拭」はその構造を明らかに示すために選ばれた用語であったが、最近、その構造を表題に示したサンスクリット写本があることを、山田龍城『梵語仏典の諸文献』（平楽寺書店、一九五九年）、六〇―六一頁、および、その註1の記載で知った。松濤 Nos. 六六五、六六七、四一二の *Pāpa-parimocana-nirdeśa* がそれで、"pāpa-parimocana（悪業の解脱）"と題するこの文献は、穢れの「清め（śuci）」をも説いているようである。また、ゾロアスター教およびマニ教に関する最近の研究書には、伊藤義教『ゾロアスター教論集』（平河出版社、二〇〇一年）、および、Werner Sundermann, *Manichaica Iranica: Ausgewälte Schriften*, 2 Vols., Serie Orientale Roma, LXXXIX-1, 2, Roma, 2001 があるので参照されたい。また、私が元の稿を公刊した直後に知ったことと思うが、森安孝夫『ウイグル＝マニ教史の研究』（大阪大学文学部、一九九一年）も刊行されていることを、この機会に補足しておきたい。なお、本章において、私は、大乗仏教に(a)(b)の二通りがあるように記したが、その後の私自身の考えの展開を踏まえていえば、(b)は大乗仏教と言うよりは、大乗仏教確立以降に論述された伝統的仏教教団における「思想」や「哲学」と言うべきものかもしれないが、勿論、敢えてここでは修正を施さない。

第二章　*Śikṣāsamuccaya* および平川彰博士言及の諸経典

平川彰博士が、最も古い漢訳の一つである『法鏡経』に基づいて、そこに関説される『三品経（*Triskandhaka*）』を最古の大乗経典中の最も重要なものの一つとして指摘したことは極めて注目すべきことであろう。[(1)] 私もまた、ここに、先の(a)の系統の大乗経典の源流を見る思いがするのである。この『三品経』の重要性は、平川彰博士の後では、静谷正雄氏によって再確認され、その経との関連で『舎利弗悔過経』およびその異訳が研究され、一般的な形では、梶山雄一博士によってもその重要性が追認されているといえる。[(2)]

さて、平川博士は、諸漢訳資料はもとより、『三品経』の原題確認のためにも、*Śikṣāsamuccaya* における *Ugradattaparipṛcchā*（『郁伽長者所問経』）の引用箇所に触れ、更に同論の別な箇所でも『三品経』に関説されていることを指摘されている。[(3)] ただし、後者の場合は、博士がその関説箇所全体を厳密に確認されなかったために、*Śikṣāsamuccaya* の地の文のごとく扱われているが、正確には、これは、*Upālipariprcchā*（『烏波離所問経』）の長文の引用箇所の一部にしかすぎないのである。[(4)] その長文の引用の初めには三十五の仏に対する帰命が述べられているが、これは、平川博士が、同じ研究の中で、『三十五仏名礼懺文』に関して、「ここにあげる「三十五仏」は、仏名の研究にも注意すべきであろう」[(5)] と指摘されたものと同じものを指す。従って、正確には、『三品経』は、*Ugradattaparipṛcchā* のみならず、それと同じように平川博士も注目した *Upālipariprcchā* においても言及されていると言うべきなのである。しかも、*Śikṣāsamuccaya* に引かれるこの二箇所の経典の記述は、原文と共に考察する必要がある重要なものなので、以下に引用するに当っては、まずサンスクリット原文を示し、その次に一応の和訳を与えることにしたい。(α)が *Ugradattaparipṛcchā* の引用箇所、(β)が *Upālipariprcchā* の引用箇所である。[(6)]

(α) tatra tāvad bhadrācāryā[sic]-vidhiḥ kāryā vandanâdibhiḥ sadâdarāt/ *ĀryÔgradattaparipṛcchāyāṃ* hi tri-rātre trir divasasya ca śuceḥ śuci-vastra-prāvṛtasya ca *Triskandhaka*-pravartanam uktaṃ/ tatra trayaḥ skandhāḥ pāpa-deśanā-puṇyânumodanā-buddhâdhyeṣaṇâkhyāḥ puṇya-rāśitvāt/ tatra vandanā pāpa-deśanāyām antarbhavati/ buddhān namaskṛty*Ôpālipariprcchāyāṃ* [pāpa-]deśanêti kṛtvā/ yācanam adhyeṣaṇāyāṃ ekârthatvāt/ pūjā tu vibhavâbhāvād anityêti nôktā/ mānasī vācasī ca sūtrântara-prasiddhatvān nôktāḥ/ trayāṇāṃ tu vacanāt prādhānyaṃ gamyate/

そこで、まず、普賢行（bhadra-caryā）の規矩は、礼拝などによって常に尊敬を払うことに基づいてなさるべきである。なぜなら、『聖ウグラダッタ所問〔経〕』において、「夜に三度、昼に三度、清浄となり、清浄な衣類で被われたものは、『三品経』を誦すべきである（pravartavya, bklag par bya）。」[7]と説かれているからである。そのうち、「三品」とは、悪業の懺悔（pāpa-deśanā）と福業の随喜（puṇyânumodanā）と諸仏の勧請（buddhâdhyeṣaṇā）といわれるものである。福徳の集りだからである。そのうち、礼拝とは悪業の懺悔のうちに含まれる。というのも、『ウパーリ所問〔経〕』において、諸仏に敬礼して〔悪業の〕懺悔[8]があると説かれているからである。懇請（yācana）は勧請（adhyeṣaṇā）と同一の意味であるから〔前者は後者に含まれている〕。しかし、供養（pūjā）は、威力がないゆえに無常であるというわけで、説かれていないのである。意に関するもの、また語に関するものは、他の経典において一般的に承認されているから、説かれていないのである。しかし、〔上述の〕三つの言葉[9]は、最勝のものであると理解されるのである。

(β) na śakyaṃ sarva-śrāvaka-pratyekabuddha-yānair[10] āpatti-kaukṛtya-sthānaṃ viśodhayituṃ yad bodhisattvas teṣāṃ buddhānāṃ bhagavatāṃ nāmadheya-dhāraṇa-parikīrtanena rātriṃ divaṃ *Triskandhaka-dharma-paryāya*-pravartanenâpatti-kaukṛtyān niḥsarati samādhiṃ ca pratilabhate//

およそ菩薩なら、夜に〔三度〕、昼に〔三度〕[11]、それら諸仏世尊の名称を保持し口称することにより、『三品法門』を誦すること(pravartana, klog pa)によって、罪の後悔(āpatti-kaukṛtya)より離脱し、かつまた精神集中(samādhi)をも得るけれども、一切の声聞や独覚乗によっては、罪の後悔の拠り所(sthāna)を浄めることはできないのである。

以上に引用した二箇所においてほぼ共通する重要な事柄は、夜に三度、昼に三度、『三品経』を誦するという意味で仮りに和訳して示した箇所にある。その一応は「『三品経』を誦する」と和訳した部分のサンスクリット文を、動詞の語根とその目的語という形で示せば、*Triskandhakaṃ* pra-VṚT ということになるが、この用語法は、従来は誰も特に注意したことはなかったようであるが、サンスクリット語としては異例なもののように私には思われる。とりわけ、動詞 pra-VṚT は、通常 to roll or go onwards, to come forth, to result, to commence, to behave or conduct one's self towards などの意味であって、「誦す」などということを直接意味することはない。しかるに、それに対応する漢訳はいずれも「誦す」という意味に解し、チベット訳もまた klog pa(誦す)に由来する語を用いている。しかし、このような用法の pra-VṚT は F. Edgerton の *Buddhist Hybrid Sanskrit Dictionary* にも採録されていないので、パーリ語の辞書中に類似の語の意味を追ってみると、最も形態上近いと思われる pavattati や pavatteti にも求めているような意味は記載されておらず、かろうじて近似している parivattati の使役動詞 parivatteti に to recite, practise a charm の意味が与えられているにすぎないが、それに関連する用例として更に mantaṃ pavatteti が示されている[12]のは極めて示唆的である。mantaṃ pavatteti とは「呪文を唱える」との意味であるが、pra-VṚT がこの pavatteti と同義であると断定するためには、もっと多くの用例を集めてみる必要があるものの、私には、「『三品経』を誦する」というような事態は「呪文を唱える」ような状況に極めて接近しているようにも思われる。しかも、この観点から、*Triskandhaka* を疑ってみれば、これが完全な経典であった証拠はどこにもないのである。最も古い『法鏡経』では「三品経事」、『郁迦羅越問菩薩経』では「三品法経」、「郁伽長者会」では「(修行)三分(誦)三分法」であり、[13] *Upālipariprcchā* の異訳である『決定毗尼経』では「(行)三事」、「優波離会」では「(行是)三種法」であって、[14] 特に後者の異訳では経典であることを全く予想すらさせない。このような点を押えた上で、先の「呪文を唱える」という状況を語義的にも加味しうるようになれば、Triskandhaka とは、出家者の Khandhaka(=Skandhaka、犍度部)に肖《あや》かった在家者向きの簡便な呪文に類するようなもので、[15] その実際は、先の *Śikṣāsamuccaya* に説明されていたとおり、基本的には、「悪業払拭の儀式」の三種第一類型を骨子とするものであったろうと思われる。それが経典のような形態において最も展開したものが現行のチベット訳にも収められている *Ārya-Triskandhaka-nāma-mahāyāna-sūtra* (*'Phags pa Phung po gsum pa zhes bya ba theg pa chen po'i mdo*)[16] のようなものだったと考えられるのであるが、その過渡的形態の一つが、*Upālipariprcchā* 中の以下のような箇所[17] にも反映されているような気がする。

「あたかも、過去の諸仏世尊が廻向したように、また未来の諸仏世尊が廻向するであろうように、また現在の諸仏世尊が今(十方向で)廻向をなしているように、そのように、私もまた廻向をなすでありましょう。私は全ての悪業を懺悔いたします。私は全ての福徳に随喜いたします。私は全ての諸仏を勧請いたします。私に無上の智がありますように(sarvaṃ pāpaṃ pratideśayāmi/ sarvaṃ puṇyam anumodayāmi/ sarvān buddhān adhyeṣayāmi/ bhavatu me jñānam anuttaram/)。およそだれであれ、人中の最上なる勝者の、過去にありしもの、あるいはまた未来にあるもの、あるいはまた現在に住しているもの、それら全ての、無限の称讃を担い、海のごとき功徳を伴えるものたちに、私は合掌しつつ帰命いたします。」とて、実に、シャーリプトラよ、菩薩は、これら三十五人の仏陀を上首となして、一切の如来に従う作意によって、悪業の浄化をなすべきである。

右の引用では、極一部を示しただけなので明瞭ではないかもしれないが、このような「悪業払拭の儀式」に参加している主人公は、「家長(gṛhin)として屋敷に住んでいる(gṛhastha)菩薩大士(bodhisattva-mahāsattva)」[18] なのであり、このような菩薩が三十五仏の前で、一人称で三帰依と共に述べ始める長い語りの最後の部分が、右引中のカギカッコ内の文句なのである。その内の「私は全ての悪業を懺悔いたします。」より「私は合掌しつつ帰命いたします。」までは、『決定毗尼経』や「優波離会」によれば、元来は頌の形式を取っていたようでもあるが、かく想定される頌型の前半は、例えば *Mahāyānasūtrālaṃkāra*(『大乗荘厳経論』)において、「速時の現等覚に関する〔手段〕とは、「私は全ての悪業を懺悔いたします。」というのに始まって、「私の智が正等覚のためになりますように。」と言うに至るまでのように、懺悔し、随喜し、勧請し、廻向することである。[19]」と説明されるような、後世の「悪業払拭の儀式」の四種類型の中核を構成しているといえよう。その意味では、この箇所が「悪業払拭の儀式」の中心とも言えるのであるが、問題はこの儀式に加わって悪業を払拭しようとしている主人公のことである。しかし、こういう場合も、私は極めて単純に考えるのであり、その主人公がたとえ「菩薩」と呼ばれているにせよ、その人は、在家の単なる金持ち以上のなにものでもないことに注目しなければならないと思っている。金持ちは金持ちなるがゆえに犯さざるをえなかった悪業にはうすうす気づいているものであろうが、それを金持ち同士が集って集団を結成して懺悔したからといって、自分で自分の悪業を許すような儀式を行って安心できるわけではないのである。造塔などの莫大な財宝の寄進の見返りとしての悪業の浄化を保証するものは、もっとも権威ありと考えられる社会的にも安定した僧院であり、そこに住した専門の宗教家(出家者)でなければならなかったであろう。社会的に安定した立派な僧院であればあるほど、大金持ちも安心して寄進をなしえたはずだと思うのだが、原始仏教以来続いていて、ちょうど大乗仏教が興るころには、飛躍的な盛況をみるに至った造塔供養に関して、高田修博士は次のように述べておられる。[20]

造塔供養は原始仏教以来のことに属し、部派時代に仏塔供養の功徳に関して一部の部派に異見があったというが、それも造塔が盛んであったからの議論であるに相違ない。仏教の伝わるところまず起塔があり、伽藍を造営すればその中心を占めるのが常にストゥーパであった。仏陀に関連する聖蹟には殆んど必ず起塔されてあったというのも、ストゥーパの造立崇拝が通仏教的なものであったからに外ならない。また起塔の業そのものが在俗信者の浄施を待たなくてはできなかったにしても、これを崇拝し供養するのに出家者が無関心であったわけではあるまい。造塔供養が各時代を通じて盛況を呈し、仏教徒における最も重要な関心事であったことは、考古学的にも立証される。

勿論、ストゥーパなる仏塔のある区域（塔地、仏地）と僧院のある区域（僧地）とが截然と区別されていたことは、律蔵の規定によっても発掘結果の報告によっても確かなことであるが、そのことは、塔地に寄進をなす在家者の悪業の浄化を、寄進に無関心ではいられない僧地にいる出家者が保証し、「悪業払拭の儀式」に理論的根拠を提供したこととはなんら矛盾することではないのである。その理論的根拠とは、端的にいえば、「菩提心（bodhi-citta）」であったと私は考えているのであるが、それに基づく「悪業払拭の儀式」は、次第に整備されて、後代の先にも見たような Śāntideva の *Śikṣāsamuccaya* に言及されるごときものとなったのであろうが、儀式なるがゆえ、後代になってもその原初形態を比較的よく保存していたということがあったかもしれない。その Śāntideva は、別な著作 *Bodhicaryāvatāra* 第五章第九八頌で、「悪業払拭の儀式」を次のような頌にまとめて示している。[21]

rātriṃ-divaṃ ca *Triskandhaṃ* tri-kālaṃ ca pravartayet/ śeṣâpatti-śamas tena bodhicitta-jināśrayāt//

夜と昼とに三度〔ずつ〕『三品経』を誦すべし。菩提心と勝者とを基盤とすることにより、それによって、余罪が消失する。

これを註釈した Prajñākaramati によれば、この「三品」とは、「悪業払拭の儀式」の三種第二類型を指すことになるが、これとて三種第一類型を妨げるものではあるまい。また、この Triskandha を完全な経典と見做してよいかということについては、前述と同種の問題があるであろうし、また、これの「誦す」という意味に当る箇所を pravartayet としていることについても、先に問題としたのと同じ pra-VṚT に由来する語が用いられていることが、この系譜の伝統を告げているようにも感じられる。なお、Prajñākaramati は、この第九八頌を一応説明し終った後で、*Upālipariprcchā* の既に問題にした箇所を比較的長く引用して、この「悪業払拭の儀式」を説明しているから[22]、こういう点も、この伝統のうちでは決っていたのではないかと考えられるのである。

さて、Śāntideva は、先の第九八頌の少し後の第一〇四頌では、「学処は諸経典において見られる。それゆえに諸経典が口にされるべし。そして、『虚空蔵経（*Ākāśa-garbha-sūtra*）』において根本罪（mūlāpatti）が検討されるべし」と言われていた当の『虚空蔵経』をかなり長文にわたって引用している[24]。平川彰博士は、この第一〇四頌に触れながら、その経典のことについては、「この『虚空蔵経』も大乗経典であると思われる[25]」と不確かなことしかおっしゃっていないが、既に金倉圓照博士がその和訳中で断っておられるように、これは「大集部」所収の『虚空蔵菩薩経』『虚空蔵菩薩神呪経』『虚空孕菩薩経』と同じものを指すのである[26]。Prajñākaramati は、この『虚空蔵経』を引用するに当って、まず、経の要点を示す次のごとき一文を掲げている[27]。

『聖虚空蔵経（*ĀryÂkāśagarbha-sūtra*）』によれば、灌頂されたクシャトリヤ（kṣatriya- mūrdhābhiṣikta-、灌頂刹利王）には五つの根本罪（pañca mūlâpattayaḥ）があると説示され、同様に、共通なものとしては一つの根本罪があり、同様に、初心者の菩薩（ādikarmika- bodhisattva-、初発心菩薩、初行菩薩、初習業菩薩[28]）には八つの根本罪があると説示されるのである。

これによって分かるように、『虚空蔵経』では、「悪業払拭の儀式」に加わる主人公の筆頭は、もはや単なる金持ちでさえなくして、「灌頂されたクシャトリヤ」とさえ見做されているのである。恐らく、このようなクシャトリヤや金持ちなどを含む、出家教団に対する外護者や寄進者が、在家菩薩と呼ばれたのであろうが、しかし、彼らが教団の外部にいたことは明らかであろうとも、その彼らが「在家者の教団」を結成することはありうることではないと思われる。しかるに、この点に関する平川彰博士の見解は以下のとおりである。[29]

初期の大乗仏教の教団においては、教団全体が在家的な教団であり、したがって「在家者の教団」以外に、別の出家者の教団は無かったと思うのである。（中略）したがって仏教の伝統的な出家教団を比丘僧伽とするならば、菩薩教団は仏教の出家教団の外部に位置していたと見ねばならない。

クシャトリヤや金持ちなどの在家者が、「仏教の伝統的な出家教団の外部」にいたことは言うまでもないことであろうが、かかる彼らが独自の宗教集団を結成し、自分たちだけで自分たちの悪業を浄化しあっていたなどという情景は、私にはどう思い描いても描きされないのである。恐らく、それは、大乗仏教の初期に遡れば遡るほど私にはなおのこと信じがたいことではあるが、しかし、今触れた『虚空蔵経』などは大乗経典としては後代すぎるとの反論がありうるかもしれないので、以下には、平川彰博士が重視した『法鏡経』を取り上げて、如上のごとき問題がどうなっているかを、チベット訳 *Ugradattaparipṛcchā* を中心に、諸訳をも比較しながら、考察してみることにしたい。[30]

まず、昼夜に三度ずつ『三品経』を誦すること（勿論、一応経典と見做せばの話であるが）を勧める箇所がどのような記述になっているかを示すと以下のごとくである。[31]

チベット訳：des yang 'di ltar nyin lan gsum mtshan lan gsum du lus kyi las yongs su dag pa dang/ ngag gi las yongs su dag pa dang/ yid kyi las yongs su dag pa dang/ gtsang ba dang/ bsam pa dag pa dang/ byam pa sgom pa la mkhas pa dang/ gos gtsang ma'am/ ngo tsha shes shing khrel yod pas legs par brgyan pa dang/ bsod nams kyi tshogs dge ba'i rtsa ba bsags pa dang/ mdzes pa dang/ byang chub kyi sems la rab tu dga' ba dang/ nges pa dang 'grogs na bde ba dang/ legs par byed pa'i las byed pa dang/ gus pa dang/ bcas pa dang/ bka' blo bde ba dang/ nga rgyal dang rgyags pa dang/ dregs pa yang dag par chad pas mi dge ba'i las kyi nyes pa thams cad bshags pa dang [/] phyin cad kyang bsdam pa dang/ bsod nams thams cad kyi rjes su yi rang ba dang [/] mtshan la (b) sogs pa rab tu rdzogs par bya ba dang/ sangs rgyas thams cad la chos kyi 'khor lo rab tu skor bar gsol pa gdab pa dang/ chos thams cad gzung ba dang/ sangs rgyas kyi zhing dpag tu med pa rnams su tshe yongs su bzung ba'i phyir/ *Phung po gsum pa'i chos kyi rnam grangs* kha ton tu bya'o//

彼はまた、このように、昼に三度、夜に三度[32]、身業清浄となり、語業清浄となり、意業清浄となり、清潔にして、意楽清らかとなって、慈悲の修習（maitrī-bhāvanā）に通暁し、清らかな衣服もしくは慚愧によって飾られ、福徳資糧（puṇya-saṃbhāra）の善根（kuśala-mūla）を積み、菩提心（bodhi-citta）に歓喜し、決定的なものを伴って安楽となり、善くなされた行為をなし、尊敬をもち、麗しくされ、よく教えを保ち、慢心と憍慢と尊大とを断ち切ることによって、一切の不善業の過失を懺悔し（deśanā）、更にそれ以降も防護し、一切の福徳に随喜し（anumodanā）、〔三十二〕相などを円満し、一切諸仏に法輪を転ずるように勧請し（adhyeṣaṇā）、一切法を保ち、無量の仏国において寿命をよく保持するために、『三品法門』（*Triskandhaka-dharma-paryāya*）[33]』を誦すべきである。

安玄訳『法鏡経』：於是昼三亦夜三、以誦三品経事、一切前世所施行悪、以自首誨、改往修来、為求哀於一切仏、以法故愍傷之、亦以無央数無極之法、愍傷之。

竺法護訳『郁迦羅越問菩薩行経』：当勧助如是、昼夜各三、浄其身口意已、行等慈念諸善本遠諸所有、当有懈愧、以諸功徳本自荘飾、其心清浄令人歓喜、信意楽於仏道無有乱、所作安諦恭敬、断諸貢高憍慢、当諷誦三品法経、棄一切諸悪行、悔過以八十事、一心勧助諸福、具足相好、常転諸仏法輪、勧助諸仏転法輪、以無量行自受其国、寿不可計。

康僧鎧訳「郁伽長者会」：如是昼夜各三時、浄身口意業、浄於慈善、具足慚愧清浄之服、所集善根、以菩提心而生随喜、柔軟善作、恭敬断慢、修行三分、誦三分法、恵心悔過諸不善業、更不造新、一切福業悉生随喜、集満相好、勧請諸仏転於法輪、於説悉受持一切法、願仏久寿増長善根、令我国土亦復如是。

『三品経（*Triskandhaka*）』が、仮りに、出家者の「犍度部（Khandhaka）」に倣った、対在家用の、簡単な呪文のごとき三句から成る簡単な唱え文句であったにせよなかったにせよ、それを誦するという「悪業払拭の儀式」は、上引の諸訳からも分かるように、基本的には、身語意の三業を浄める点にある。もっとも、この点は、最古の訳である『法鏡経』には明確ではないのであるが、それがより新しい訳では次第に明瞭になっていくように、かかる身語意の三業の浄化が展開して平川博士が強調するような大乗仏教における在家戒としての、身三、語四、意三、計十の十善道もしくは十善戒として定着するものになったのである。この十善道もしくは十善戒について、平川博士は次のように述べておられる。(34)

ともかく初期の大乗仏教を代表するものは「十善戒」であって、これは明瞭に「在家戒」である。しかも十善道は、原始仏教やアビダルマ仏教では「戒」として取扱われていないのである。しかもその十善道を大乗仏教は戒として採用したのであり、ここにも初期の大乗仏教がアビダルマ仏教と立場の異ることが明らかである。

しかし、十善道が在家者の身語意の三業に関わる生活レベルの行為の浄化でしかないとすれば、それがアビダルマ仏教と異るのは当然であり、極端なことをいえば、それは仏教とさえ関係がないと言わなければなるまい。身語意の三業の浄化が仏教だというなら、既に見たゾロアスター教すら仏教だということにされても、それを厳密に否定することはできないであろう。しかるに、かかる違いを厳密に思想の力によって区別し、正しい仏教とそうでないものとを判別しようとしたものこそアビダルマの伝統だったのであり、正しい仏教のあるところ、アビダルマならずとも、必ずやかかる思想的判別の力は仏教思想史において継承されていったとみなければならないのである。しかし、十善道によって身語意の浄化を図って悪業を払拭しさえすればよいと願う在家者（多くは王や金持ちであることに注意）にとって、なにが正しい仏教かはほとんど無縁のことであり、彼らには悪業の払拭を保証してくれる確固たる権威だけが問題であったにちがいない。では、かかる在家者が、*Ugradattaparipṛcchā* では、どのように描かれているであろうか。

以下には、その要点を理解しやすいように、チベット訳文を引き抜き、それに対する和訳を与えた上で、最古の『法鏡経』の対応箇所を示してみることにしたい。(35)

khyim bdag gzhan yang byang chub sems dpa' khyim pa khyim na gnas pa ni skyes bu dam pa'i las rnams byed kyi/ skyes bu ngan pa'i las rnams mi byed do//..... khyim bdag 'di la byang chub sems dpa' khyim pa chos kyi longs spyod tshol gyi chos ma yin pas mi tshol lo//..... 'di lta ste pha ma bsnyen bkur byed pa dang/ bu dang chung ma dang/ bran mo dang bran pho dang/ las byed pa dang zho shes (sic) 'tsho ba rnams yang dag pa'i longs spyod dang/ mdza' bshes dang blon dang bo (sic)// nye du rung (sic) dang snag gi gnyen mtshams rnams la bkur sti dang/ gong du yang chos la 'dzud pas gtong ba 'phel bar byed do// [D. ed., No. 63, Nga, 260a6-b2 参照]

居士(gṛha-pati)よ。また、家長(gṛhin)として屋敷に住んでいる(gṛha-stha)菩薩は、善士(sat-puruṣa)の業をなすが不善士の業はなさない。……居士よ。ここで、家長の菩薩は、法にかなった財を求めるが非法のものによっては求めない。……すなわち、〔彼は〕父母を恭敬し、子や妻や奴婢や使用人(karma-kara)や日雇い([zho shas 'tsho ba.] pauruṣeya)たちを正しく受用し、友や従者やよい近親や血族のものたちを尊重し、その上にまた法に導くことによって棄捨を増大する。

『法鏡経』：又復、理家。在家修道者、若修賢夫之行、行不以凡夫之行。……而以法求財、不以非法。……父母知識臣下毘弟親属為以敬之。奴客侍者、瞻視調均。亦以教化斯殊法。

上述のごとき在家菩薩の記述は、最古の『法鏡経』にもほぼ対応する箇所があることによって、古くから在家菩薩とはこのごときものと考えられていたことを示しているのであるが、奴婢や使用人や日雇いを所有できるものは、たとえ菩薩と呼ばれていようとも、在家者そのものにほかならず、しかも、かかる在家者は、出家者教団に対して造塔供養などの充分な寄進をなしうる大富豪でしかありえないのである。伝統的な仏教教団の中にも、かかる大富豪たちに積極的に接近し、彼らに「悪業払拭の儀式」を執り行うことによって彼らの悪業の浄化を保証し、その理論的根拠を経典として提供していくものがどんどん増えていったのではないかと思われる。そういう場合に、大富豪たちの信頼を勝ち得るものは、いつの時代でも、思想的に厳密な正邪を追求している人ではありえない。恐らく、そういう場面でクローズアップされてきたのが頭陀支(dhūtaṅga)などの苦行によって厳格な出家者生活を営んでいた一群の人々ではなかったかと考えられる。しかるに、頭陀支というものは、本来、原始仏教においても、仏教教団の戒律として規定されていたものではないが、次第にかかる頭陀支を実践する苦行者が仏教教団でもある種の存在性を帯るようになり、それが仏教文献でも数種の頭陀支の系統となって現われているのである。(36) これとの関連で、*Ugradattaparipṛcchā* の経典の増広発展を眺めてみると、極めて興味深いことに気がつく。大雑把にいえば、*Ugradattaparipṛcchā* は、その前半は在家菩薩の記述、後半は出家菩薩の記述になっているのであるが、在家菩薩については新しい訳になればなるほど大きな増広が見られるのに、頭陀支の実践などを行う出家菩薩については、『法鏡経』以来、それほど大きな増広は見られないのである。これは、かかる出家者が伝統的な仏教教団の展開に付随して既に存在していたのに対して在家菩薩の方は、通俗的な大乗仏教の急速な膨張と共にどんどんと新たにイメージが加えられていったためではないかと考えられる。本経のかかる面での詳細な検討は、後に章を改めて行いたいと思っているが、通俗的な宗教にとっては、このような出家者と在家者との役割分担は、実は必須の条件だと考えておかなければならないのである。この点に関しては、アウグスティヌスとマニ教との関係から、後者の特徴を次のように指摘した山田晶氏の御見解(37)が極めて示唆に富むものとなろう。

マニ教は、教義からいうと肉慾を否定します。ですから結婚も悪であるという禁慾的な宗教です。そうすると、どうしてアウグスティヌスのように女性と同棲している者が、この厳しい宗教(=マニ教)に入ったのか、いや、入ることが許されたのか、という疑問が生じます。ところがこれには、いわば裏があるのです。マニ教は信者を、はっきりと二つの階級に分けます。すなわち、聖職者と聴聞者という階級です。そして聖職者の方は、絶対に結婚できない。肉食もしないという肉から離れた生活をします。これに対し、聴聞者と呼ばれる一般の信者たちは、そんな生活はできない。できないかわりに、聖なる人たちにいろいろ供物をささげる。それによって自分たちのかわりに、罪を償ってもらう、そういう関係です。これに対し、教会のキリスト教の方は、肉を食べてはいけないなどとはいわないけれども、一つの道徳があって、聖職者のみならず一般の信者たちも、その道徳は守らなければならない。

恐らく、前章で示した二通りの大乗仏教のうち、(a)の大多数の大乗仏教は、右に見たマニ教のように、出家者と在家者の役割分担の上で大いに隆盛をみたのであろう。この動きを出家者の側から見るならば、在家者の側に易々と擦り寄って「悪業払拭の儀式」の系譜をなす大乗経典を作り上げていった人もいれば、苦行の力によって「悪業払拭の儀式」の実際の執行に絶大な信頼を勝ち取っていった人もいたのであろうが、彼らにとって共通するのは、恐らくは、なにが正しい仏教かという思想的選択が決して根本的な問題とはなりえなかったことであろうと思われる。しかし、皆なが皆なそんな出家者ばかりだったわけではなく、中には、僧地や塔地に対する造塔供養や寄進の飛躍的な盛況という時代の波に洗われながらも、それゆえに、貧しい寄進者も含む在家者の本当の救済とはなにかということを真剣に考えた出家者もいたはずである。そういう人は、恐らく正しいことに出家と在家の区別はあるはずがないと考えたのではないかと思われる。人によって正しいことが違うのであれば、それは本当の正しさではないからである。かかる正しさが『法華経』の考えた一乗であったはずであるが、こういう仏教が、二通りの大乗仏教中の(b)の方を形成していったと考えられる。(38)

なお、二通りの大乗仏教中の(a)の方の重要な根拠となったものの一つに「四依（catuṣ-pratisaraṇa）」があるというのが私の考えであるが、(39) それは *Ugradattaparipṛcchā* にあり、しかも古い訳の『法鏡経』中にもその対応文があるので、これは、この種の最も古い典拠となりうるかもしれないゆえ、敢えてその箇所(40)を以下に示しておきたい。

チベット訳：don la rton gyi yi ge la mi rton pa dang/ ye shes la rton gyi rnam par shes pa la mi rton pa dang/ chos la rton gyi gang zag la mi rton pa dang/ nges pa'i don gyi mdo sde la rton gyi drang ba'i don gyi mdo sde la mi rton pa

義は依であるが文はそうではない。智は依であるが識はそうではない。法は依であるが人はそうではない。了義経は依であるが未了義経はそうではない。

『法鏡経』：依其義、不以文。依其法、不以人。依其智、不以識。本文演義帰、不以未叙義。

ところで、権威として「四依」を重んじていけば、正確な文字どおりの記述よりは、いかようにも解釈可能な含みのある記述の方が高く評価され、しかも自分に都合のよい内容をもった記述の経典が、この(a)の系譜では「了義」とされるに至るのである。*Saṃdhinirmocana-sūtra*（『解深密経』）はその系譜の頂点をなすが、アビダルマの Vaibhāṣika はかかる含みのある記述（有別意趣）を異端として避け続けた(41)。しかるに、中論学派は、この面ではむしろ Vaibhāṣika を継承して、二通りの大乗仏教中の(b)の系譜を形成する。はるか後代のことではあるが、Kamalaśīla は *Madhyamakāloka*（『中光明』）中で、「了義」を次のように規定しているのである(42)。

nges pa'i don kyang gang la bya zhe na/ tshad ma dang bcas pa dang don dam pa'i dbang du mdzad nas bshad pa gang yin pa ste/ de ni de las logs shig tu gzhan gyis gang du yang drang bar mi nus pa'i phyir ro//

了義（nītārtha）とはまたなにについて言われるのか。論理的判断（pramāṇa）を伴い勝義を主題として説明されるようなもの〔が了義〕である。なぜなら、それは、それとは別な方面に、他によって、どこにも導かれることはできないからである。

註

(1) 平川彰『初期大乗仏教の研究』（春秋社、一九六八年）、一二三―一二七頁参照。なお、平川彰著作集、第三巻、二一七―二二〇頁もほぼ同文である。

(2) 静谷正雄『初期大乗仏教の成立過程』（百華苑、一九七四年）、一一八―一四六頁参照。なお、梶山博士の言及については、梶山雄一『「さとり」と「廻向」――大乗仏教の成立――』（講談社現代新書、一九八三年）、一七九頁参照。

(3) 平川前掲書（前註1）、一二四―一二五頁参照。*Śikṣāsamuccaya* の引用で *Ugradattaparipṛcchā* と知られる本経は、また、チベット訳からは *Gṛhapaty-Ugraparipṛcchā* とも原題が想定される。『法鏡経』（大正蔵、No. 322）は本経の最古の漢訳で、他の異訳には、竺法護訳『郁迦羅越問菩薩行経』（同、No. 323）、康僧鎧訳『大宝積経』「郁伽長者会」（同、No. 310-19）、チベット訳 *'Phags pa khyim bdag drag shul can gyis zhus pa*, P. ed., No. 760-19 がある。なお平川前掲書で、āryāgra- と引用するのは、āryôgra の誤り。著作集でも改っていないので、念のため付記した。

(4) *Śikṣāsamuccaya*, Bendall ed., p. 168, l. 15-p. 171, l.6 が *Upāliparipṛcchā* からの引用である。なお、この箇所は、Pierre Python (ed.), *Vinaya-Viniścaya-Upāli-Paripṛcchā*, Collection Jean Przyluski, Tome V, Paris, 1973, pp. 32-39 に回収されている。

(5) 平川前掲書（前註1）、一二六頁、註8。

(6) (α)は *Śikṣāsamuccaya*, p. 289, l. 11-p. 290, l. 5、(β)は *ibid.*, p. 171, ll. 4-6. これらに対応するチベット訳は、順次に、D. ed., No. 3940, Khi, 159a3-6, 96a4-5 である。

(7) サンスクリット文には、"*Triskandhaka*-pravartanam" とあり、チベット訳には "*Phung po gsum pa* bklag par bya" とある。pravartanam を、チベット訳に従って、一応 pravartayam と改めてみたが、いずれにせよ、pra-VṚT には「誦す」というような意味はない。かかる意味の派生するに至る背景についての推測は本文中で述べる。

(8) サンスクリット文には、deśanā とのみあるが、チベット訳に sdig pa bshags とあるのによって悪業（pāpa）を補う。

(9) この和訳相当箇所を含むサンスクリット文は "trayāṇām tu vacanāt prādhānyaṃ gamyate" であるが、チベット訳は "tshig gsum ni gtso bo yin par shes par bya'o" である。後者に従って前者の vacanāt を vacanānāṃ と改め gamyate を gantavyam と改めて「しかし、三つの言葉の最勝性が理解されるべきである。」とする意味で読んだ。

(10) サンスクリット文中に nikāyair とあるのを、チベット訳 theg pa により yānair と改める。

(11) サンスクリット文中に "rātriṃ divaṃ" とある箇所に対応するチベット訳にはやはり "nyin mtshan du" とだけあって両者は一致するが、引用の元の *Upāliparipṛcchā* のチベット訳には "nyin lan gsum mtshan lan gsum" (Pierre Python, *op. cit.*, p. 39) とあるので、

これによって「三度」を夜昼のそれぞれに補った。夜に三度、昼に三度、計六度という数字がこの「悪業の払拭の儀式」では重要な意味をもつと考えられるからである。

(12) *The Pali Text Society's Pali-English Dictionary*, p. 435, col. right 参照。

(13) 平川前掲書(前註1)、一二四頁に引かれるそれぞれの経の文句を参照されたい。

(14) 順次に、大正蔵、一二巻、三九頁中、同、一一巻、五一六頁下参照。

(15) このような面からの具体的推測の一端は、拙書『道元と仏教――十二巻本『正法眼蔵』の道元――』(大蔵出版、一九九二年一月刊行予定)の第一部の四「因果と知慧」の一節を参照されたい。〔同年二月に刊行ずみで、その一三九―一四〇頁に当る。〕

(16) P. ed., No. 950, 'U, 61a2-82b6. なお、本経については、静谷前掲書(前註2)、一二〇―一二一頁に簡単な紹介がある。

(17) Pierre Python, *op. cit.*(前註4), pp. 36-37. なお、和訳中に補ったサンスクリット文は、ほぼ確実なものとして既に回収されているものである。なお、相当漢訳は、『決定毗尼経』、大正蔵、一二巻、三九頁上―中、「優波離会」、同、一一巻、五一六頁上―中である。なお、*Upāliparipṛcchā* の今指摘の箇所以前を含めた比較的長い一節が Prajñākaramati の *Bodhicaryāvatārapañjikā*, Buddhist Sanskrit Texts, No. 12, p. 78, l. 25-p. 79, l. 6 にも経名を挙げて引用されている。

(18) チベット訳は "byang chub sems dpa' sems dpa' chen po khyim pa khyim na gnas pa" (Python ed., p. 30), 漢訳は『決定毗尼経』、「優波離会」ともに「在家菩薩」である。

(19) この箇所については、拙稿「十二巻本『正法眼蔵』と懺悔の問題」『十二巻本『正法眼蔵』の諸問題』(大蔵出版、一九九一年)、一五七頁を参照されたい。なお、そのサンスクリット原文は、同、一七一頁、註29に示してある。第四番目の句が、*Upāliparipṛcchā* では "bhavatu me jñānam anuttaram (私に無上の智がありますように。)" とあるに対して、"bhavatu me jñānaṃ saṃbodhāya" とある僅少な違いはあるが、これとて内容的には同じことを指すと考えてよい。

(20) 高田修『仏像の起源』(岩波書店、一九六七年)、二七一頁。

(21) V. Bhattacharya (ed.), *Bodhicaryāvatāra*, Bibliotheca Indica 280, Calcutta, 1960, p. 77. また、和訳については、金倉圓照『悟りへの道』(サーラ叢書9、平楽寺書店、一九六五年)、六九頁参照。

(22) 前註7で指摘した箇所を参照されたい。しかも、この箇所が、既に平川彰「大乗戒と菩薩戒経」福井博士頌寿記念『東洋思想論集』(一九六〇年、後、平川彰著作集、第七巻、二五三―二七五頁に収録さる。ここでは、後者による)、二六九―二七〇頁によって指摘された *Bodhisattvaprātimokṣa* と密接な関係を示すものなのであるが、*Upāliparipṛcchā* や『菩薩地』「戒品」とも絡めた詳細な比較検討は後日を俟ちたい。

(23) V. Bhattacharya, *op. cit.*(前註21), p. 78、金倉前掲訳書、七〇頁。ただし、この頌は、チベット訳によれば、「学処は諸経典において見られる。それゆえに諸経典が学ばれるべし。〔そして〕『虚空蔵経』が最初に検討されるべし。」の意となる。

(24) *Bodhicaryāvatāra of Śāntideva with the Commentary Pañjikā of Prajñākaramati*, Buddhist Sanskrit Texts, No. 12, pp. 80-82 参照。

(25) 平川前掲論文(前註22)、二七一頁。

(26) 金倉前掲訳書(前註21)、七二頁、註7参照。なお、実際の漢訳については、大正蔵、一三巻、六四七頁下―六七七頁上。なお、この次に示される大正蔵, No. 409『観虚空蔵菩薩経』も、自ら「決定毘尼」と名乗ったり、三十五仏に触れたりしているので、『虚空蔵経』に関連をもつと共に、*Upāliparipṛcchā* にも密接な関連をもっていると考えられる。なお、*Bodhicaryāvatārapañjikā* に引用される箇所を、漢訳の『虚空蔵菩薩経』でいえば、大正蔵、同、六五一頁中―六五四頁上までの内容に相当する。なお、本経のチベット訳は, P. ed., No. 926, Shu, 278b4-298b2 である。

(27) *Bodhicaryāvatāra-pañjikā, op. cit.*(前註24), p. 81, ll. 4-5: チベット訳, D. ed., No. 3872, La, 108a3-4.

(28) 「初習業菩薩」は、玄奘訳など新訳として一般に流布しているものを示しただけであるが、それ以外は漢訳の、『菩薩蔵経』から採用したものである。

(29) 平川彰「初期大乗仏教における在家と出家」『仏教学』第三一号（一九九一年七月）、三頁、および五頁。

(30) 『虚空蔵菩薩経』の漢訳者、罽賓三蔵仏陀耶舎は四〇八年に長安に入った人、『虚空蔵菩薩神呪経』の漢訳者、罽賓国三蔵曇摩蜜多は四二四年に蜀に入った人とされるから、五世紀初頭にそれらが中国に将来されたことを考慮すれば、インドでは四世紀頃成立のものと考えるのが穏当か。

(31) 以下の諸訳については、前註3を参照されたい。引用相当箇所は、順次に、チベット訳, P. ed., Zhi, 312b1-6:『法鏡経』、大正蔵、一二巻、一八頁下―一九頁上:『郁伽羅越問菩薩行経』、同、二六頁下:「郁伽長者会」、同、一一巻、四七五頁下―四七六頁上である。なお、チベット訳からの和訳については、櫻部建訳「郁伽長者所問経（ウグラ居士の問い）」『宝積部経典』、大乗仏典9（中央公論社、一九七四年）、二六九―二七〇頁を参照されたい。以下に示した和訳は、これを参照したが、一応拙訳として示したまでである。

(32) 「昼に三度、夜に三度」というのは、サンスクリット的な rātriṃ-divaṃ（夜に昼に）の順序を、チベット語的な感覚で昼夜に改めたのだと思われる。

(33) 櫻部建博士は、これを、その和訳（前註31）中で『三章より成る経説』と訳し、これに対する、三三三頁、註23において、「漢訳の経典の諸所に『三品経』などとして挙げられている。そういう名をもった古い経典があったらしい。三章より成り、過去の悪を懺悔することを述べるのがその内容であったと思われる。漢訳「大蔵経」に含まれる『大乗三聚懺悔経』などは、あるいはそれを原型として発達したものかもしれない。」と説明されている。恐らく、そのとおりであろうと思われるが、その原型については、本文のこれ以前にも示唆したように、完全な経典ではなく、出家者の「犍度部（Khandhaka）」に倣った、対在家用の、簡単な呪文のようなものだったかもしれない可能性は残る。また、それとも関連する述部「誦すべきである」に相当する原語はやはり pra-√ṚT に由来する言葉だったと思われるが、その語義確定もそれと共に残された課題である。

(34) 平川前掲論文（前註29）、八頁。

(35) チベット訳, P. ed., Zhi, 300a8-b4:『法鏡経』、大正蔵、一二巻、一六頁中。なお、櫻部前掲和訳（前註31）、二四一頁参照。

(36) かかる頭陀支については、水野弘元「頭陀支の異説」『大乗仏教の成立史的研究』（三省堂、一九五四年）、三〇二—三一〇頁参照。

(37) 山田晶『アウグスティヌス講話』（新地書房、一九八六年）、一六一—一七頁。これを始めて引用し私見を加えたものとしては、拙稿「道元と『正法眼蔵』・十二巻本とはなにか〔応答〕(一)」奈良康明編『仏教討論集　ブッダから道元へ』（東京書籍、一九九二年四月刊行予定〔その後、一九九二年五月に刊行され、その、二三八—二四九頁に、「道元における十二巻本の意義」として収録されている。〕）参照。

(38) そういう『法華経』を巡る私見については、拙稿「『法華経』と本覚思想」『駒沢大学仏教学部論集』第二一号（一九九〇年十月）、一一一—一四一頁参照。

(39) 拙書『本覚思想批判』（大蔵出版、一九八九年）、一八四—二〇八頁、「四依批判考序説」参照。

(40) チベット訳, P. ed., Zhi, 323b3-4:『法鏡経』、大正蔵、一二巻、二〇頁中。なお、「四依」の配列順序については、『法鏡経』は、私のいうD型を示しているのに対して、チベット訳は、前掲拙稿（前註39）で取り扱わなかった別型を示しているので注意されたい。

(41) この Vaibhāṣika の立場については、高崎直道「如来蔵思想をめぐる論争——清弁造『中観心論』声聞真実決択章を素材として——」『仏教思想史』3（平楽寺書店、一九八〇年）、二二八—二二九頁、および、二五二頁、註36参照。

(42) P. ed., No. 5287, Sa, 161a5-6: D. ed., No. 3887, Sa, 148b7. なお、この文は、Tsong kha pa の *Legs bshad snyin po*、タシルンポ全集本影印版, f. 563, l. 4 に引用される。

〔**研究小補**〕本章末尾で触れた「四依」に関して、「法は依であるが人はそうではない」ということを強調する説一切有部と、「四依」全体を権威として強調するそれ以外の思想的動向については、拙書『唯識思想論考』（大蔵出版、二〇〇一年）、一八—二二頁、また、それに関連する「解釈学」の問題については、拙書『唯識の解釈学——『解深密経』を読む——』（春秋社、一九九四年）を参照されたい。

第三章　通インド的悪業払拭の儀式と仏教

デカルトの用いた「生活（morale）」と「哲学（métaphysique）」という対比に応ずる考え方を仏教中に求めれば、「習慣（sīla, śīla、戒）」と「思想（diṭṭhi, dṛṣṭi、見）」という対比がそれに相当するであろうと思われる。(1) 仏教は、釈尊の「思想」や「哲学」の力によって、それ以前のインド的「習慣」や「生活」を批判して立ち上り、「思想」の力によって当時の「習慣」を取捨し、「習慣」を通念に乗じてただ拡大したような「思想」に対しては、それを「思想」同士の対決の場において真向から否定しようとしたのである。(2)

恐らくは、このような意味での「思想」の力を信じたのは、とりわけインドにおいては仏教だけであったかもしれないのであるが、極度に「思想」や「哲学」の力を軽視する傾向の強かったインド一般においては、たとえ「思想」や「哲学」に値する名で呼ばれるようなものであろうとも、単にインド的「習慣」や「生活」が肥大しただけの、あくまでも通インド的な通念にしかすぎないものが少くはない。本第二部の先の箇所の特に第一章においては、通インド的な原理を根拠に、罪福や善悪業の除去や移転が可能とされる「悪業払拭の儀式」を、ゾロアスター教にまでも遡って、やや巨視的に見たのであるが、通インド的な「習慣」や「生活」が仏教の内部までも徐々に滲透していって、仏教の「思想」や「哲学」までをも甚だ見難いものとしたことをより具体的に知ってもらうためには、もう少し通インド的な「悪業払拭の儀式」を検討し、それと仏教の種々相を対比させて考察してみた方がよいであろう。その意味で、本章は、大乗諸経典の文献を個々に検討する準備段階としての「閑話休題」くらいに思って頂ければ幸いである。

さて、第二章において、「悪業払拭の儀式」の基本的な特徴は身語意の三業を浄める点にあり、大乗仏教で重んじられた「十不善道」の対治としての「十善道」も、所詮はその三業を出るものではないことを指摘したが、三業が古くインド・イラン時代に承けた遺産であることからも当然のように、当の三業やそれを開いた身三、語四、意三の十業も、大乗仏教独自のものというのでは全くなくて、広くインド一般に認められていた通インド的な極当り前の「習慣」であり「生活」であったということにまず注目してみなければならない。

紀元前二〇〇年から紀元後二〇〇年の間に成立したと考えられる *Manusmṛti*（『マヌ法典』）の第一二章第三―八頌[3]において、三業もしくは十業は次のように述べられている。

(a)意（manas）と語（vāc）と身（deha）とより生ずる業（karman）は善悪の果（śubhāśubha-phala）をもたらす。人々の趣（gati）は、高きも低きも中間も、業より生ぜしものなり。

(b)この世にて、その〔高低中の〕三種を有し、また〔意語身の〕三つに依る、十種の特質を備えた身と関係せる〔業〕を生起せしめるものが意なりと知るべし。

(c)①他人の物に対する貪り（para-dravyeṣv abhidhyānam）と②意によって〔殺害などの〕好ましからざることを思うこと（manasâniṣṭa-cintanam）と③不正に執着すること（vitathâbhiniveśa）とが、意にかかわる三種の業なり。

(d)いたるところにおける①麁悪語（pāruṣya）と②虚妄語（anṛta）と③離間語（paiśūnya）と④脈絡のない雑穢語（asaṃbaddha-pralāpa）とが、語よりなる四種〔の業〕なるべし。

(e)①与えられざりしものを取ること（adattānām upādānam）と②儀軌によらざる殺害（hiṃsā）と③他人の妻に馴染むこと（para-dārôpasevā）とが、身にかかわる三種〔の業〕なりと言い伝えられたり。

(f)この意にかかわる善悪〔の果〕は意によってこそ享受され、語によってなされし業は語によって、身にかかわる〔業〕は身によってこそ〔享受されるなり〕。

上引の(b)に対する註釈中で、Kullūka Bhaṭṭa は、かかる三業の考え方の典拠を、「それゆえに、人は意によって考えたことを、語によって語り、業（ここでは身の意味か）によってなす（tasmād yat puruṣo manasâbhigacchati tad vācā vadati tat karmaṇā karoti)[4]」と説く *Taittirīyôpaniṣad* に求めていることからも分かるように、三業も十業も、本来は仏教と全く関係のない、古くからインド一般に認められる通インド的な「習慣」であり「生活」なのである。従って、かかる「習慣」や「生活」は後になって仏教の出家者たちに滲透するようになったものと考えられるのであるが、仏教の出家者が元来このようなものとは無縁であったはずであることは、長部の *Kūṭadanta-sutta*（『クータダンタ経』）を見れば、ほぼ明白に推測することができるであろう。本経は、バラモンの供犠（yañña, yajña）のことを、バラモンであるクータダンタが却って釈尊に質問するという話の構成のなかで、クータダンタをインド一般の「習慣」や「生活」から仏教の「思想」や「哲学」へ導入しようとする意図をもったものであるが、質問された釈尊は、マハーヴィジタ王とその帝師の話を取り上げて、まず供犠一般のあるべき要件を示す。その例話の中で、帝師は王に対して、供犠のために莫大な財産を費したからといって、その供犠の前中後に後悔（vippaṭisāra）を生ずることのないように王を諭した後で、次のように語ったと、釈尊は例話を続けるのである。[5]

　さて、バラモンよ、帝師たるバラモンは、供犠（yañña）に先立って、マハーヴィジタ王のために、十の様相をもって、受納者たちに対する後悔を排除せんがために〔語った〕。「実に、あなたの供犠には、①殺生をなしたもの（pāṇātipātin）たちも①'殺生より離れたもの（pāṇātipātā paṭivirata）たちもやって来るでしょう。およそだれであれ、そこに殺生をなしたものたちがいれば、彼らだけのためにはそれによって、〔また、〕およそだれであれ、そこに殺生より離れたものたちがいれば、彼らに関して、あなたは供犠をなすべきであり、歓喜すべきであり、ほかならぬ心を内にて澄浄にすべきでございます。実に、あなたの供犠には、②不与取のもの（adinnâdāyin）たちも②'不与取より離れたもの（adinnâdānā paṭivirata）たちも（中略）、③欲邪行のもの（kāmesu micchā-cārin）たちも③'欲邪行より離れたもの（kāmesu micchā-cārā paṭivirata）たちも④虚誑を語るもの（musā-vādin）たちも④'虚誑語より離れたもの（musā-vādā paṭivirata）たちも、⑤離間語のもの（pisunā-vācā）たちも⑤'離間語より離れたもの（pisunā-vācāya paṭivirata）たちも、⑥麁悪語のもの（pharusā-vācā）たちも⑥′麁悪語より離れたもの（pharusā-vācāya paṭivirata）たちも、⑦雑穢語のもの（sampha-ppalāpin）たちも⑦′雑穢語より離れたもの（sampha-ppalāpā paṭivirata）たちも、⑧貪のもの（abhijjhālu）たちも⑧′無貪のもの（anabhijjhālu）たちも、⑨瞋の心のもの（vyāpanna-citta）たちも⑨′無瞋の心のもの（avyāpanna-citta）たちも、⑩邪見のもの（micchā-diṭṭhika）たちも⑩′正見のもの（sammā-diṭṭhika）たちも、やって来るでしょう。およそだれであれ、そこに邪見のものたちがいれば、彼らだけのためにはそれによって、〔また、〕およそだれであれ、そこに正見のものたちがいれば、彼らに関して、あなたは供犠をなすべきであり、歓喜すべきであり、ほかならぬ心を内にて澄浄にすべきでございます。」と。実に、バラモンよ、帝師たるバラモンは、供犠に先立って、マハーヴィジタ王のために、これら十の様相をもって、受納者に対する後悔を排除したのであります。

以上で問題とされている供犠（yañña）とは、仏教に全く関係のない儀式であるから、そこに集ってくる人々として言及される、①―⑩の悪業をなしたものも①′―⑩′の善業をなしたものも、仏教とは無縁のインド一般の「習慣」や「生活」に関わっているものとして描かれていることが分かるであろう。その通インド的な「習慣」が後には仏教にも採用されて、以上のごとき十種の悪業は十悪業道（dasa akusala-kamma-pathā, daśâkuśalāḥ karma-pathāḥ）となり、十種の善業は十善業道（dasa kusala-kamma-pathā, daśa kuśalāḥ karma-pathāḥ）となって、パーリ＝ニカーヤや阿含にも呼称としては定着し[6]、*Abhidharmakośa-bhāṣya*[7] においても、その名称がほぼ固定化して踏襲されているのである。以下に、パーリ語とサンスクリット語における対応を、悪業の側について、人ではなく業そのものの名称として示せば、次のようになる。

① pāṇâtipāta: prāṇâtipāta, ② adinnâdāna: adattâdāna, ③ kāmesu micchā-cāra: kāma-mithyā-cāra, ④ musā-vāda: mṛṣā-vāda, ⑤ pisunā-vācā: paiśunya, ⑥ pharusā-vācā: pāruṣya, ⑦ sampha-ppalāpa: saṃbhinna-pralāpa, ⑧ abhijjhālu: abhidhyā, ⑨ vyāpanna-citta: vyāpāda, ⑩ micchā-diṭṭhi: mithyā-dṛṣṭi

以上を、更に先の『マヌ法典』の場合と関連づけると次のようになる。

①—(e)②、②—(e)①、③—(e)③、④—(d)②、⑤—(d)③、⑥—(d)①、⑦—(d)④、⑧—(c)①、⑨—(c)②、⑩—(c)③

双方を比較すると、『マヌ法典』が、三業に関しては、意→語→身という「習慣」上の自然な展開の順序に従っているのに対して、仏教は、身→語→意とその順序を逆転させているのが一番大きな違いである。これは、一見すると、意が後回しにされたかに思われがちであるが、却って自然の順序を変えてまで意を重んじたとも見做しうるであろう。なぜなら、『マヌ法典』やその註釈が辿った *Taittirīyôpaniṣad* における意が、厳密に思想的に正邪を決する決断なのではなくて、むしろ「習慣」上の自然なあり方において漠然と語身に先行している情念のごときものを指しているのに対して、仏教のものは、却って反省的にそれを後出し、しかも、その最後を「不正に執着すること〔およびそれより離れること〕」ではなく明確に「邪見（micchā-diṭṭhi, mithyā-dṛṣṭi、誤った思想）〔および正見（sammā-diṭṭhi, samyag-dṛṣṭi、正しい思想）〕」というように悪業と善業とを対比せざるをえなくなったと考えられるからである。通インド的な考え方からすれば、通常の「習慣」としての業の中に、誤った思想とか正しい思想とかいう判断を導入することさえ奇妙なことだったかもしれないが、いかに通インド的な「習慣」を取り込まざるをえなかったにせよ、そこにこそ仏教の「思想」性が隠されようもなく残っているとみなければなるまい。しかし、仏教の正統説を追求した有部の伝統においてさえ、三業もしくは十業という通インド的な「習慣」を拒み切ることはできず、その秀れたあり方には極めてインド的な mauneya が冠される現象さえも見られる[8]ことは率直に認めなければならないことなのである。

ところが、一方では、同じ仏教史の展開の中にあるとはいいながら、かかる「思想」的な歯止めもあまり強くは機能せず、むしろ十業の問題を積極的に採用しようとした仏教の出家者グループもあったのではないかと思われる。彼らの考えが反映されたものが、大部分の大乗経典ではなかったかと私は考えているが、この点の考察は将来にまわすとして、大乗経典における十業の呼称をパーリ＝ニカーヤや阿含のそれと比較された平川彰博士は、*Aṣṭasāhasrikā-Prajñāpāramitā*（『八千頌般若』）には十種中に更に「飲酒の遠離（surā-maireya-madya-pramāda-sthāna-viramaṇa）」が挿入されていること、また、*Aṣṭasāhasrikā-Prajñāpāramitā* と *Daśabhūmika-sūtra*（『十地経』）とに共通して musā-vāda に代わる語として anṛta-vacana が用いられていることに注意しておられるのは、(9) 些細なことながら重要かもしれない。このことは、大乗経典の作者たちが、仏教中に採用された方の呼称に従いつつも、むしろ通インド的な当時のより一般的な呼称に迎合していたかもしれないことを証するからである。この観点からは、*Manusmṛti* 第一二章第五五頌以下の、基本的には十悪業に基づいてそれらを犯したものの出生先を記述する諸頌中、その第五六頌は「スラー酒を飲んだもの（surā-pa）」の規程であり、また、同章第六頌の用いている呼称は如上の(d)②のごとく anṛta であることが注目されるべきであると思う。そういう点を勘案すれば、この十業の問題を考察する過程で、平川彰博士が次のように述べていることは、(10) 俄かには肯定し難いことになるのである。

　このように部派仏教では全く軽視されている十善が、初期大乗仏教では戒波羅蜜の戒として重要視され、『般若経』をはじめ、ほとんどすべての大乗経典において、くり返し説かれており、重要視されている。この点は以下にさらに明らかにする。

　平川彰博士が、初期大乗仏教の重要な要素として、十善もしくはそれと関連する十業の問題を取り出され、自らも断られるごとく、これ以下においても精細な検討を加えられたことは極めて高く評価されてよい。ただ博士の場合に問題となるのは、十善の重要視とは仏教の「思想」にかかわる現象ではなく単なる通インド的な「習慣」の反映にすぎないという視点を不思議なくらいに欠如されているということなのである。インド的にいえば、十業とは、私どもが生きているだけでも犯してしまいがちな身語意の三業を基本とする「習慣」なのだが、その悪しき「習慣」を良いものに改めるためには、それは「思想」でないがゆえに、十悪業は、苦行によって離れるか苦行に準ずる権威に縋《すが》って浄化するほかはない。その意味では、十善業の第十を、パーリや阿含由来の部派仏教が samyag-dṛṣṭi（正しい思想）とするのとは異り、mithyā-dṛṣṭi（誤った思想）より離れるという捉え方をした大乗仏教[11]は、伝統仏教よりもはるかにインド的ともいえるのであるが、当のインド側文献自体は、悪業からの解脱をどう記述しているであろうか。*Manusmṛti* 第一一章第二二七—二三四頌[12]は、この点について以下のように述べている。

(i)白状（khyāpana）によりて、悔恨（anutāpa）によりて、苦行（tapas）によりて、また読誦（adhyayana）によりて、悪業をなせしもの（pāpa-kṛt）は悪業より解脱す（mucyate）。また、能力なきものは布施（dāna）によりてかくのごとし。

(ii)不法（adharma）を自らなせし後、人が白状するのに応じて、全くそれに応じて、あたかも蛇が皮よりするごとくに、かの不法より解脱す。

(iii)彼の意が悪業（duṣkṛtaṃ karma）を悔い改めるのに応じて、全くそれに応じて、その生命我（śarīra＝jīvātman）はかの不法より解脱す。

(iv)げに、悪業をなせし後悩みしものは、かの悪業より解脱すればなり。しかるに、彼は、我再びかくなさざるべしとて、止滅によりて浄化さる。

(v)彼は、死して後に業果をもたらすものを意によってかく斟酌して、常に意語身によりて善業（śubhaṃ karma）を行うべし。

(vi)たとえ知らざると知るとにかかわらず、責めらるべき業をなして、それより解脱せんと欲するものは、第二〔の同じ業〕を行うべからず。

(vii)彼がある業をなせしとき、意に不安ありせば、満足せしまで、その業についての苦行（tapas）をなすべし。

(viii)人天のこの全ての安楽は、苦行を根本とし苦行を中間とし苦行を究極とせりと、ヴェーダを洞察せし覚者（budha）

たちは宣べたり。

以上が、*Manusmṛti* による、三業からなる悪業よりの苦行（tapas）を中心とする解脱方法であるが、更に通インド的な「悪業払拭の儀式」のあり様を見てみるために、次には *Bhagavadgītā*（『バガヴァッド＝ギーター』）を取り上げてみよう。*Manusmṛti* と *Bhagavadgītā* の成立の前後関係は必ずしも明らかではない[13]が、いずれにせよ、両文献が、大乗仏教の登場と平行するかもしくは先立って成立した通インド的思潮を反映したものであることは動かないであろう。その *Bhagavadgītā* は、悪業よりの解脱方法として、苦行（tapas）のほかに、供犠（yajña）と布施（dāna）を並記して重んじようとする傾向があるのであるが、それを見るために、以下に、*Bhagavadgītā* 第一七章第一一、一七、二〇、二七頌、および、第一八章第五、五二、五三、五四頌[14]を引用してみることにしよう。

(イ)果を期待せざるものたちによりて、ひたすら供犠がなさるべしと意を集中して儀軌に示されたように供犠（yajña）が行われれば、そは純質的なもの（sāttvika）なり。

(ロ)果を期待せずに専心せる人々によりて、最高の信仰もて、〔意語身の〕三種の苦行の実践されしものを、世は純質的なものと称す。

(ハ)与えらるべしとて、見返りの期待できぬ相手に対して、適切な所と時とにおいて、また相応しい人に対して、布施が与えられたならば、そは純質的なものなりと伝持されたり。

(ニ)供犠と苦行と布施とにおける不動の状態（sthiti）が〔有と善とを意味する〕サット（sat）と言われり。実にまた、それを目的とせる業もサットとこそ称されり。

(ホ)供犠と布施と苦行との業は捨てらるべからず。そはもっぱら行ぜらるべし。供犠と布施と苦行とこそは、賢者（manīṣin）たちの浄化剤（pāvana）なり。

(ヘ)寂離のところに住み、節食し、語身意を制し、常に禅の実修（dhyāna-yoga）に専念し、離欲（vairāgya）に依りし

もの、

(ト)我執（ahaṃkāra）と腕力（bala）と傲慢（darpa）と愛欲（kāma）と忿怒（krodha）と所有（parigraha）とを脱して、我所を離れ、寂静になりし人は、ブラフマンとの合一（brahma-bhūya）に適う。

(チ)ブラフマンと同化し（brahma-bhūta）、霊魂の澄浄となりしもの（prasannâtman）は、憂愁することなく期待することもなく、万物に対して平等（sama）となりて、私（クリシュナ）に対する最高の献身（bhakti）を得。

以上において明らかなごとく、*Bhagavadgītā* においては、苦行（tapas）と供犠（yajña）と布施（dāna）とは並記されるかもしくはそれに準ずる形で三者に力点が置かれる傾向が強いのであるが、理論的にいえば、更にその中心が苦行にあることはいうまでもない。苦行とは、霊魂（ātman, jīva）の肉体からの解脱ということを、その理論的基盤としているのであり、それを前提に、万一厳格な意味での苦行が不可能だという人があれば、苦行の実践者を権威として供犠が執行され、そこに惜しみなく布施が注ぎ込まれるならば、その布施の実行者の霊魂も解脱するという寸法なのである。ここには、施物（deya, dāna）を媒介とした、施者（dātṛ, dāyaka）と受者（pratigrāhaka）という三者の分業関係が確立されていたことが当然推測されなければならない。*Manusmṛti* や *Bhagavadgītā* が編纂され大乗仏教が登場したころのインドにおいては、かかる分業関係が社会的にも大規模に確立された時期と考えられるのであり、その関係を円滑に機能させようと思えば、社会的に安定した教団の聖職者の側から、放擲（saṃnyāsa）(15)や三輪清浄（tri-maṇḍala-pariśuddha, -i）(16)の布施が勧められるようになるのも当然のことといわなければならない。しかも、その背景には、古代以来の通インド的苦行主義が控えていたのである。

もっとも、仏教が釈尊によって主張されたころのインドにおいては、仏教教団は、既成のバラモンの聖職者集団からみれば、社会的にインドの中枢をなしていたとは到底言い難いわけであるから、後代ほど通インド的な習慣に侵蝕されることはなかったにせよ、その苦行主義の洗礼を受ける機会は多かったものと思われる。翻っていえば、苦行主義を否定したはずの仏教[17]においてさえ、かく考えねばならぬほど通インド的な苦行主義の影響力は圧倒的だったとも言えるのであるが、その典型的な例が釈尊に対するデーヴァダッタ（Devadatta）の五事（pañca vatthūni）の要求だったのである。この話については、中村元博士の詳しい論及[18]があるので、詳細はそれに譲らせて頂くとして、その五事の要求の骨子を示せば、以下のごとくになる[19]。

皆さん。これらの五事は、種々の観点から、少欲(appicchatā)や満足(santuṭṭhi)や倹約(sallekha)や掃蕩(dhutatā、頭陀行）や澄浄（pāsādikatā）や還滅（apacaya）や励行（vīryârambha）のためになるのです。……(1)命のある限り森林住者（āraññaka）であるべきです。……(2)命のある限り常乞食者（piṇḍapātika）であるべきです。……(3)命のある限り糞掃衣者（paṃsukūlika）であるべきです。……(4)命のある限り樹下住者（rukkhamūlika）であるべきです。……(5)命のある限り魚（maccha）や肉（maṃsa）を食べることのないようにすべきです。……〔しかし、〕沙門ゴータマはこれらのことを許さないでしょう。

しかし、資料の伝えるところによれば、釈尊も、この五事を全面否定したのではなく、付帯条件を伴ってではあるが部分的に要求は呑まざるをえなかったようであり、また五〇〇人の比丘は結局はデーヴァダッタに従ったようでもあるから[20]、デーヴァダッタはむしろ教団の多数派の支持を得ていたのではないかとさえ思われる。それほどまでに、インドにおいては苦行主義的伝統の根深いことを考えなければならないのである。一方、中村元博士は、教団分裂を図ったデーヴァダッタが「悪人」と評価されるようになる経緯について以下のように述べておられる[21]。

『スッタニパータ』に出て来るような修行僧の生活は非常に厳重で、苦行に近い。いわゆる苦行を必ずしも排斥していない。ところが『律蔵』に出て来るような精舎の生活は苦行からかなり隔っている。仏教が苦行的な要素を捨て去って一般化した時代、恐らくナンダ王朝時代からアショーカ王時代（教団が大規模に荘園を得た時代）にかけて、かれは〈悪人〉として誇張されたのではなかろうか。

ここに指摘されている仏教教団の僧院（vihāra、精舎）化は、仏教の「習慣」もしくは「生活」の変化としては確かに重要な特筆されるべきことではあるが、その変化にだけデーヴァダッタの評価の推移の原因を帰すことは多少の無理があるように感じられる。そもそも、仏教が、霊魂説（ātma-vāda）およびそれに基づく苦行主義の否定から出発した「思想」であり「哲学」であると見做さなければならないとすれば、仏教がむしろその当初にジャイナ教とも共通する *Suttanipāta*（『スッタニパータ』）的苦行主義を取っていたことは信じ難いことになるのである。もしここで、「思想」や「哲学」が必ずその中心にあったという視点から仏教史を見ることが許されるなら、事態はむしろ逆ではなかろうかとさえ思われる。即ち、仏教教団の僧院化が、ヒンドゥー寺院などの展開と並行して大規模化していったとすれば、通インド的な苦行主義の波が仏教の「思想」や「哲学」をすら呑み込もうとしたはずであり、その結果、仏教の釈尊による前代未聞の新しい「思想」は古い通インド的「習慣」によって隠されていったのではないかということなのである。これが、私の「古いものが新しいものを隠す」と言っていることであるが[22]、そういうことが仏教聖典の編纂にも反映されていったと思われる。しかも、「思想」と「習慣」の対立という思想の側からの意味づけが薄らげば、釈尊とデーヴァダッタとの対立も単なる「習慣」上の教団分裂ということにされてしまい、前者からは「思想」が抹殺され後者には「悪人」のレッテルだけが大書して残されたように見えるほかはないのである。

その結果、霊魂説に基づく苦行主義を背景に秘めた「悪業払拭の儀式」は、大乗仏典ならずとも、パーリや阿含などの仏典中にも、比較的多く認められることにもなっているのだといえよう。先には、たまたま見過してしまっていたのであるが、榎本文雄氏は、「初期仏教における業の消滅[23]」という論文において、私が「悪業払拭」と呼んだような例をパーリ仏典中に求めて検討を加えている。まず、ウパニシャッドやジャイナ教文献とも共通する要素をもつ *Udāna*（『ウダーナ』）III. 1 経中の「これまでに作った（業の）塵を振り払う人（dhunamānassa purekataṃ rajam）」という句を含む一頌に注目し、四無量心（appamāṇa, apramāṇa）による業の消滅という問題を扱った文例を追求している。この場合、業の消滅の根拠を四無量心に探ったことが重要で、ここには、業の消滅が文字どおりの意味での当人自身の苦行から拡大されて大乗的「悪業払拭の儀式」に展開していく要素が既に認められるからである。また、平岡聡氏は、「『ディヴィヤ・アヴァダーナ』に見られる業の消滅[24]」という論文において、その業の消滅の根拠を初期仏教や部派仏教の場合と比較しながら、後者のそれが出家的色彩の濃い修行にあるのに対して、前者のそれが懺悔、三帰依、浄信、善業、陀羅尼などの在家的要素をもった行為にあると見做しているが、これは、*Divyāvadāna*(『ディヴィヤ=アヴァダーナ』)の大乗仏教展開への過渡的性格と照し合わせても、重要な指摘と考えられる。更に、平岡氏の指摘された三帰依や陀羅尼の問題に関連していえば、多少以前のものになるが、奈良康明博士が「パリッタ(Paritta)呪の構造と機能[25]」なる論文において、仏法僧の三宝の呪術的な力を指摘され、paritta(護呪)に大乗や密教の先駆的役割を見出されたことも重要である。

ただ、如上のごとき研究において、万一見過されやすい点があるとすれば、かかる動向は仏教の「思想」に直接かかわるものではなくむしろ通インド的な「習慣」の問題であるということであろう[26]。逆に、ここで、「習慣」の問題を前面に押し出して、仏教史を通インド的な流れの中で捉えるならば、その底流には霊魂説に基づく苦行主義が断えず根深く残り、仏教とジャイナ教を取り違えたような出家者には *Āyāraṃgasutta*(『行分経』)、第一部第六章 Dhuya[27](=dhūta、頭陀行)で説かれるような徹底した苦行主義が採用され、それはデーヴァダッタのごとき例を生んだであろうが、ヒンドゥー寺院の大規模化と並行して展開した仏教教団の僧院化は、通インド的な動向の中で、施者たる屋敷住いの大金持ちや王族と受者たる僧院との関係の中で布施という行為の意味づけをなさなければならず、苦行主義は、広い意味での霊魂解放主義へと展開したのであろう。その一部が、先に見た *Bhagavadgītā* 中の苦行を中心とした供犠や布施の並用として現われていると思われるのであるが、原實博士の研究[28]によれば、その現象は、単に *Bhagavadgītā* という小篇のみならず、これを含む大部の *Mahābhārata*(『マハーバーラタ』)中にも見出しうるようであるから、通インド的な傾向として広く認められていたと考えてもよいであろう。本第二部の第一章で見た二通りの大乗仏教のうちの(a)は、このような通インド的空気を一杯に吸い込んで成立したものと推測されるのである。

そのような時代の風潮の中で、社会的にも安定した紀元前後の仏教教団が、ヒンドゥー寺院などと同様に、施者である大金持ちの寄進の対象となったとき、急速に浮上してきたのが、「思想」的教団からみれば断えず傍流に甘んじざるをえなかった苦行者集団ではなかったかと考えられる。勿論、厳密な意味での苦行者は、デーヴァダッタの要求中にもあったような森林住者（āraññaka, āraṇyaka）や常乞食者（piṇḍapātika, paiṇḍapātika）であったはずであるから、正式の仏教教団内には住していなかったかもしれないが、分裂したデーヴァダッタ教団のごとき意味においては彼らの集団さえ仏教教団として扱われていたかもしれないし、仏教教団内に住しながらも「思想」を忘れてしまった人はいつでも立派な通常の苦行者ではありえたはずである。かかる出家比丘が、通インド的な「習慣」や「生活」として十善戒を守っていたことはむしろ当然であり、私にはかかる人たちこそ大乗仏教のそもそもの担い手ではなかったかと思われて仕方がない。しかも、これは、平川彰博士が、初期大乗仏教の戒を十善戒と見做すことと矛盾するものではないのである。[29] その平川博士によっても最古の大乗経典の一つと認められている『法鏡経』において、仏教教団に所属する出家比丘として、㋑「山沢者（dgon pa pa, āraṇyaka）」、㋺「受供者（bsod snyoms pa, paiṇḍapātika）」、㋩「思惟者（bsam gtan pa, dhyāyin）」、㋥「道行者（rnal 'byor spyod pa, yogācāra）」、㋭「開士道者（byang chub sems dpa'i theg pa pa, *bodhisattva-yānika）」、㋬「佐助者（lag gi bla, navakarmika）」、㋣「主事者（zhal ta byed pa, vārika）」などが列挙されているのは、[30] 決して大乗教団として特定できるような意味での「塔寺」においてではないことには充分[31]注意が払われるべきであろう。というのも、これ以前に列挙されている記述によって、この教団の出家比丘中には三蔵（tri-piṭaka）の所持者がいたことは明白なことだからである。

さて、私見によれば、以上に列挙した㋑―㋣の七種の出家比丘は、いずれも教団の通インド的「習慣」や「生活」の変化に応じて急速にクローズアップされてきたものであるが、およそ㋑—㋥の前者と、㋭—㋣の後者との二群に分かれる。前群は旧来もありえたかもしれぬ苦行者集団であり、後群は教団の大規模化とそれに伴う変化に応じて必要とされていった人々であると考えられる。この時代には、仏教教団の塔地にも僧地にも莫大な寄進がなされたに違いないが、その寄進者たちの信頼を勝ち得たのが絢爛たる建物と前群の苦行者であり、その厳格な苦行者であるという神聖さを権威として寄進者の霊魂の解放が謳われたのであろう。その場合には、通インド的な供犠（yajña）に取って代わるべく、奈良博士が指摘されたような三宝の呪術的な力を勧請（adhyeṣaṇā）という形で喚び込んで、「悪業払拭の儀式」が厳粛に執り行われたのではないかと思われる。その結果、教団は益々財産や建物を所有するようになって変質を余儀なくされたであろうが、それに伴って新たに登場した出家比丘が後群のものたちで、㋭「開士道者（bodhisattva-yānika）」は寄進者である屋敷住いの大金持ちや王族に「菩薩（bodhisattva）」の称号を与える（yānika）役割だったかもしれず、また、㋬「佐助者（navakarmika）」は新たな教団内の大建築を監督する役割、㋣「主事者（vārika）」は新たに教団に蓄積されるようになった塔地や僧地の財産を管理する役割(32)を担っていた可能性は極めて大きいと言わなければならないのである。㋣はチベット語では zhal ta byed pa と呼ばれるが、従来必ずしも明瞭ではなかったこの役割は、*Ratnarāśi-sūtra* の漢訳やチベット訳中において、一章を割いて説明されているので(33)、今後はこういうものも資料中に加えられねばならないであろう。

なお、平川彰博士は、『放光般若経』の段階で現われてくるとされる「出家禁欲者」としての「童真（kumāra-bhūta）」の呼称とその役割に注目しておられるが(34)、これも重要な指摘といわなければならない。恐らく、この「童真」の重視には、通インド的苦行主義における「梵行（brahma-carya）」の重視と類似したものがあり、後には仏教もこの「梵行」をもともと仏教のものであるかのようにすら扱うことになるからである。年少の性的穢れを知らない純潔さは、「悪業払拭の儀式」を成り立たせるためにも格好のものであろうが、かかる意味での純潔主義が、仏教教団内に益々苦行主義を蔓延らせたのではないかと考えられる。その苦行の一つが五停心観と呼ばれ後に Yogācāra において「浄行所縁 (carita-viśodhanam ālambanam)」[35] として位置づけられることになった観法のパターンで、この中に「慈愍 (maitrī)」も含まれているのであるが、これは、前引の *Bhagavadgītā* 中の(チ)中の「平等 (sama)」と同じく、霊魂の拡大によって差別の枠を突き払うだけのことであるから、これを仏教の慈悲に基づく平等主義と見做すことは決してできないのである。[36]

註

(1) この点については、デカルトの典拠の件を含めて、拙稿「日本人とアニミズム」『駒沢大学仏教学部論集』第二三号（一九九二年十月）、註39、および、その註を付した以下の本文を参照されたい。なお、仏教は「哲学」や「思想」を主張した宗教ではないという通念も相変らず根強いと思われるので、この件については、拙稿「釈尊私観」『日本仏教学会年報』第五〇号（一九八五年三月）、一九―四六頁、更に、仏教の「無記」についての私の考え方の訂正については、拙稿「無我説と主張命題――「破我品」の一考察――」前田専学博士還暦記念論集『〈我〉の思想』（春秋社、一九九一年）、一五七頁、一五九頁、一六五頁、註8を参照されたい。

(2) 「習慣 (sīla)」と「思想 (diṭṭhi)」とが対比的に示されている仏典には、パーリの *Brahmajāla-sutta*（『梵網経』）がある。本経は、『仏典解題事典』（春秋社）、六三―六四頁の前田惠学博士の解題によれば、「すべての見解を漁夫が網をもって捕えるがごとくすくいあげた意味である」とされ、片山一良氏の「梵網経」『原始仏教』1（一九九一年四月）、七四頁の脚註に示された *Aṭṭhakathā* によれば、「ここで最上の意味において、梵の一切知智 (Brahma-sabbaññutā-ñāṇa) が解説されたから『梵の網』」であるとされる。双方の解釈を生かせば、見解をすくいあげる漁夫が Brahman でそのすくいあげる智が最高のものだということになり、Brahman は決して悪い意味とはならない。従って、P. T. S. の辞書でも、この意味は "divine, excellent net" (p. 493) とされている。私は、本経の本来の名称としては、末尾に列挙される *Diṭṭhi-jāla* が相応しいと思うが、仏教が否定した Brahman が肯定的な意味で題名中に入り込まれるようになった時には、題名がむしろ内容を隠すような役割さえ果したのではないかと思われる。なお、『梵網経』では、前半で「習慣」、後半で「思想」が扱われ、後半のそれは仏教によって否定されるべき「思想」を扱ったものであるが、仏教自体の「思想」表明はそれほど積極的なものではない。これは、あるいは題名の曖昧さと歩調を合わせた現象なのかもしれないが、これに関するほんのヒント程度のコメントについては、前掲拙稿（前註1の前者）、註44―46、および、それらを付した本文箇所を参照されたい。なお、誤った思想を「思想」同士の対決の場において真向から否定しようとした」仏教文献を、生のままの資料中に見出すことは恐らく不可能であろうが、「思想」の論理性は、それを隠そうとした「習慣」を剝ぎ取ることによってのみ明らかとなるであろう。また、「習慣」と「思想」の問題を、第一章で示した二通りの大乗仏教の場合について考えれば、時代の進展にともなってただ通インド的「習慣」を取り込むしかなかったものが(a)、その「習慣」に「思想」の力によって対決しようとしたものが(b)であると言うことができる。

（3） Gopāla Śāstrī Nene (ed.), *The Manusmṛti with the 'Manvartha-muktāvalī' Commentary of Kullūka Bhaṭṭa with the 'Maṇiprabhā' Hindī Commentary by Pt. Haragovinda Śāstrī*, Kashi Sanskrit Series, 114, Varanasi, 1970, pp. 631-632. 和訳については、田辺繁子訳『マヌの法典』（岩波文庫、一九五三年）、三六二―三六三頁が参照されるべきであるが、ここに示したのは、拙訳である。

（4） Śāstrī Nene, *ibid.*, p. 631. Kullūka Bhaṭṭa は十五、六世紀の人とされるが、私がざっと確認した限りではこのとおりの文言は、*Taittirīyōpaniṣad* 中には見出しえないように思う。しかし、そうではあっても、このような文言はなんらかの古いインドの聖典中にはあったのであろうと考えられる。

（5） Dīgha Nikāya (P. T. S.), Vol. I, p. 138, l. 25-p. 139, l. 8: 南伝蔵、六巻、二〇三―二〇四頁。

（6） 平川彰『初期大乗仏教の研究』（春秋社、一九六八年）、四三六―四三七頁〔：平川彰著作集、第四巻、一七―一八頁〕参照。

（7） 十種が一括して挙げられる箇所はないようであるが、*Abhidharmakośabhāṣya*, Pradhan ed., p. 242, ll. 8, 11, 12, 15 からそれらの用語は容易に得られる。

（8） *Abhidharmakośabhāṣya*, Pradhan ed., p. 236, l. 22-p. 237, l. 7 参照。この第四章（「業品」）第六三頌では無学（aśaikṣa）の三業が「三牟尼（mauna-traya）」と呼ばれている。なお、*AKBh* がその典拠として引く“sūtra uktaṃ trīṇi mauneyāni kāya-mauneyaṃ vāṅ-mauneyaṃ mano-mauneyaṃ ca”は現在のところ未詳とされている。なお、「牟尼道（mona, moneyya）」が、ジャイナ教を始めとするいかに古い通インド的な苦行であり頭陀行であったかについては、矢島道彦「「牟尼道（mona）」と呼ばれたもの」前田専学博士還暦記念論集『〈我〉の思想』（春秋社、一九九一年）、三八五―四〇〇頁が参照されるべきである。また、先の出典未詳箇所も、矢島、同、三九八頁、註5によって指摘されている箇所と同定できるかもしれない。

（9） 平川前掲書（前註6）、四三七―四三八頁〔：平川彰著作集、第四巻、一八―一九頁〕参照。なお、諸種の大乗経典における十善の取り扱われ方についても、同書、四三九―四六六頁〔：同著作集、一九―四三頁に増補修訂されて再録〕が参照されるべきである。なお、『八千頌般若』の「飲酒の遠離」の項目は、Vaidya (ed.), *Aṣṭasāhasrikā Prajñāpāramitā*, Buddhist Sanskrit Texts, No. 4, Darbhanga, 1960 では、p. 161, l. 25 に当る。

（10） 平川前掲書（前註6）、四四一頁〔：同右著作集、二二頁〕。

（11）　Vaidya, *op. cit.*, p. 162, ll. 2-3 には “ātmanā ca mithyā-darśanāt prativirato bhavati, parān api ca mithyā-darśana-viramaṇāya samādāpayati” とある。なお, Kondō (ed.), *Daśabhūmīśvaro nāma Mahāyāna-sūtram*, p. 40, ll. 1-4 には、*Aṣṭasāhasrikā-Prajñāpāramitā* とは違い、samyag-dṛṣṭi を使用するが、その説明中に明らかなごとく、それは「正しい実践道に追随すること（samyak-pathânugata）」にすぎず、「悪しき習慣についての思想を離れること（kuśīla-dṛṣṭi-vigata）」とされる以上、仏教本来の「思想」でないことは確実である。

（12）　Śāstrī Nene, *op. cit.*（前註3）, pp. 621-623. なお、田辺前掲訳では、三五六―三五七頁に当るが、田辺訳の底本では、Śāstrī 本では数えないものをこの章の第五二頌として算入するので、これ以降は一頌多くなり、従って、田辺訳のこれと相応する頌番号は第二二八―二三五頌である。

（13）　辻直四郎訳『バガヴァッド・ギーター』（インド古典叢書、講談社、一九八〇年）では、「マヌ・スムリティには、バガヴァッド・ギーターから借用した跡が歴然と認められる、特に G VIII. 17: Manu I. 73 参照。現存マヌ・スムリティ成立の下限を西紀およそ二〇〇年とすれば、これによりバガヴァッド・ギーターの下限が与えられる。……他面においてバガヴァッド・ギーターの文体語法は特に古風の面影を呈さず、これを西紀前の作品と認めるに躊躇させる。それ故バガヴァッド・ギーターの成立をおよそ西紀一世紀に求めて大過なしと考える。」（三二三―三二四頁）とされているのに対し、最近、上村勝彦訳『バガヴァッド・ギーター』（岩波文庫、一九九二年）は、「放擲（saṃnyāsa）」の *Bhagavadgītā* における用法の方が明らかにラディカルであるとの理由から、辻博士とは逆に *Manusmṛti*→*Bhagavadgītā* の成立順序を想定している（二二一頁、二六五―二六七頁）。私から言わせれば、両者とも、思想的な貸借関係を決定しうるような論拠に基づいて議論しているようには到底思えない。*Manusmṛti* と *Bhagavadgītā*（勿論 *Mahābhārata* に含まれる文献としてである）とのそれぞれの文献の新古の層を思想的判断によって決め、その上で双方を細かく比較するのでなければ研究の意味がないように感じられる。どんな学説でも成り立つのだとすれば、それこそ通インド的な思想の無時間的永遠性を証するだけだろう。

（14）　*The Mahābhārata, Text as Constituted in its Critical Edition*, Vol. II, Poona, 1972, pp. 1182-1184. *Mahābhārata* 中における頌番号は、それぞれ，6.39.11, 17, 20, 27, 6.40.5, 52, 53, 54 である。和訳は拙訳であるが、全体については前註の和訳を参照されたい。

（15）　「放擲（saṃnyāsa）」、および、それを実行する「放擲者（saṃnyāsin）」の *Bhagavadgītā* における用例や意義については，*ibid.*, 6.28.1, 2, 4, 6.40.2, 20, 23, 26（＝*Bhagavadgītā*, 6-1, 2, 4, 18-2, 20, 23, 26）、および、上村前掲訳書（前註13）、二二五―二六五頁を参照されたい。なお、「放擲」「放擲者」の訳語は上村博士によったものである。ところで、saṃnyāsin の本来の意味は、世間的な生活を遠離した苦行者を指して用いられていたものであるから、もともとは当の苦行者自身を離れた呼称ではありえない。しかるに、*Bhagavadgītā* では、上村博士御指摘のごとく、saṃnyāsa とは「ありとあらゆる行為を絶対者（最高神）に捧げる祭祀として行うこと」（二四三頁）

であり、saṃnyāsin とはそれを行う人であるというような意味に用いられるようになった。このような変化を支えたものこそ、施者と受者との社会的分業の確立を前提とした供犠（yajña、祭祀）の発展にほかならなかったのではないかと私は考えている。かような供犠において、聖職者としての受者は、苦行という権威を根拠に施者の悪業の解放を保証する代わりに、施者に対しては無償の放擲を要求するようになり、聖職者本来の苦行としての放擲（saṃnyāsa）も、供犠を介して施者に転用されるようになったと推測されるのである。万一、上村博士が、かかる saṃnyāsa, saṃnyāsin の用例は *Bhagavadgītā* にしか認められず *Manusmṛti* にはないというのであれば、私も *Manusmṛti*→*Bhagavadgītā* という成立順序を、この用例に限っては認めてもよいと思う。しかし、*Manusmṛti* の供犠の規定が、果してかかる転用を拒否しているかどうかは、私の目から見る限りでは定かではないように感じられる。いずれにせよ、私は *Manusmṛti* にも *Bhagavadgītā* にも共通する通インド的な供犠の展開と大乗仏教の成立とは平行していたと考えるものである。

(16) 私の気づいている限りでの、比較的早い用例としては、*Samādhirāja-sūtra* (Gilgit Manuscripts, Vol. II, Pt. 1), p. 17, l. 10, “tri-maṇḍala-pariśuddhi-jñāna” があるが、これは既に周知のもののごとく列挙されている諸句中の一つであるから、初出に準ずるような用例の検討についてはもっと慎重でなければなるまい。勿論、その用例は、後代の大乗の論書になれば多出するわけであるが、今その若干を指摘しておくならば、*Mahāyānasūtrālaṃkāra* (Lévi ed.), p. 107, ll. 14-15, p. 112, ll. 3-4; *Abhisamayālaṃkāra*, I-44, I-62（ただし、pariśuddha, -i に代わって viśuddha, -i が用いられる）などがある。なお、私見によれば、「三輪清浄」などという考え方は、供犠と結びついた saṃnyāsa と同様、もともと受者側に好都合の浅薄な「悪業払拭の儀式」の一環にすぎないと思われるのであるが、このような考え方を見事に具現した経典としては『大乗本生心地観経』（大正蔵、三巻、二九〇頁上―三三一頁下）がある。本経については、『仏書解説大辞典』第七巻、三四六―三五一頁に常盤大定博士の詳しい解説があるので詳細はそれに譲るが、「三輪清浄」のことは、大正蔵、同、二九六頁中、三二四頁上に示される。また、「観事滅罪門」と「観理滅罪門」とが、同、三〇三頁下に示され、全体にわたって完全な「悪業払拭」の儀式が表明されているといえる。常盤博士の御指摘のように、漢訳偽経とされる『梵網経』の影響が強いとするなら本経のインド撰述も疑われねばならないであろうが、そういう推定はなされていないようであり、今後に問題の残る経典かもしれない。なお、「三輪清浄」に関しては、極最近、山口瑞鳳博士が、「三輪清浄の布施――大乗仏教の目的は解脱でない」『仏教文化史論集』II（成田山仏教研究所紀要15、一九九二年三月）、五七七―六〇八頁を公けにされ、「三輪清浄」を高く評価されたので、それに一言しないわけにはいかないであろう。私は、かねてより、大乗仏教が在家の菩薩集団（bodhisattva-gaṇa）より興ったとする平川説を批判する山口瑞鳳博士の御見解を極めて重要なものと評価し（拙稿「『法華経』と本覚思想」『駒沢大学仏教学部論集』第二一号、一一七―一一八頁参照）、それは今でも変わらないが、施者と受者との社会的分業を前提にした霊魂説による苦行主義の拡大過程における双方の財と法との取り引きから発生したと思われる「三輪清浄」の布施は、これに対する反省が後代なされたことは明らかであるにせよ、本質的には解脱思想である以上、これを過大に評価することに対しては賛意を表することはできないのである。また、山口博士が強調される後代にはありえたかもしれぬ法施としての「三輪清浄」を余りにも過大に初期にも持ち込むと、大乗仏教成立当時の施者と受者もしくは在家と出家のありようすら見失いかねないと思う。「今、中観、唯識が基盤とする般若経思想の場合、現実の世界に六波羅蜜を実践しうる「在家の菩薩」はありえない。出家以前の「善男子」らにこの呼称を適用するのは、通称として遡って用いたのである」（五七八頁）と山口博士はおっしゃっておられるが、大乗仏教の始まりが、そもそも出家教団（もしくは頭陀行を行う苦行者集団を含む）に対する「在家の菩薩」の布施ないしはそれに関連する「習慣」や「思想」の確立に由来しているのであって、『法鏡経』においても分かるように、かかる布施をなす大金持ちや王族が最初から「在家の菩薩」と呼ばれていたのである。まず、理想的な「出家の菩薩」が存在してから、その呼称が在家に転用されたわけでは決してない。ただ、私が平川博士に反対するのは、かかる最初の「在家の菩薩」が屋敷や王宮に住みながら在家の菩薩集団を構成することなどはありえないと考えられるからである。「菩薩」とは、当初であればあるほど、莫大な寄進をなした金持ちや王族に与えられた単なる称号だったにちがいないと思われる。また、山口博士は「「十善」を在家の為の安易な徳目と見るのは、『般若経』を熟読しない軽薄な理解に過ぎない」（六〇三頁）ともおっしゃっておられるが、本稿の私の立場は、「十善」は単なる通インド的「習慣」にすぎないものであって、決して仏教の「思想」ではありえないと見做すものであるから、本稿自体が山口博士の御見解に対する否定をも含んでいることは避け難いのである。

(17)　苦行主義を否定するパーリ文献としては、*Mahāsaccaka-sutta*, Majjhima-Nikāya, Vol. I, p. 246, ll. 20–30: 南伝蔵、九巻、「中部経典」1、四三〇頁を参照されたい。これは、しかし、苦行主義を否定しながらも、結局は、四聖諦による「解脱」を説く点で、既に苦行主義への回帰を示すものである。にもかかわらず、この経がジャイナ教徒（Nigaṇṭhaputta）である Saccaka に対して説かれ、ジャイナ教否定としての意味をもつことは看過できない。なお、通常いわれる苦楽中道は、却って苦行主義否定ではないかもしれない。例えば、*Mahāvagga*, Vinaya Piṭakaṃ, Vol. I, p. 10: 南伝蔵、三巻、一八頁には、「欲望のまま快楽に耽溺すること（kāma-sukhallikânuyoga）」と「自己を苦しめることに耽溺すること（atta-kilamathânuyoga）」とが否定されるが、その両語中の後者には attan（＝ātman）とあるわけだから、これを素直に読めば、アートマンを苦しめることを捨てることになり、却って霊魂解放説かもしれないのである。

(18)　中村元『原始仏教の成立』（中村元選集、第一二巻、春秋社、一九六九年）、四〇〇—四五六頁〔：中村元選集〔決定版〕、第一四巻、五〇九—五七一頁〕「釈尊を拒む仏教——デーヴァダッタなど」参照。

(19)　*Cullavagga*, Vinaya Piṭakaṃ, Vol. II, p. 197, ll. 2–13: 南伝蔵、四巻、三〇二頁。なお、この五事中、北伝の仏教の影響下にある我々として特に気をつけておかなければならないのが(5)である。これによって、わざわざデーヴァダッタが肉食の禁止を要求したほどであるから、仏教教団では、元来肉食が認められていたことが分かるであろう。しかるに、パーリ『涅槃経』から大乗『涅槃経』へと展開していく北伝仏教の形成の中で、霊魂肯定説の如来蔵思想が定着していけば、霊魂を閉じ込める不浄な肉食は禁じられることになる。パーリ『涅槃経』の sūkara-maddava が、南伝では極普通に「柔らかい豚肉」と解釈されたのに、北伝ではそれが抹消されたり「きのこ」の類に読み変られたのも、かかる歴史的背景があるからではないだろうか。なお、この sūkara-maddava を巡る解釈の問題については、中村元『ブッダ最後の旅——大パリニッバーナ経——』（岩波文庫）、二五九—二六二頁を参照されたい。

(20) 中村前掲書（前註18）、四三七—四三八頁、四三五頁〔：同右選集、五四一—五四三頁、五三八頁〕参照。

(21) 中村前掲書（前註18）、四五三頁〔：同右選集、五六七頁〕。

(22) この点については、拙書『道元と仏教——十二巻本『正法眼蔵』の道元——』（大蔵出版、一九九二年）、六七—七四頁を参照されたい。

(23) 榎本文雄「初期仏教における業の消滅」『日本仏教学会年報』第五四号（一九八九年七月）、一—一三頁（横）参照。なお、本稿には自らの英訳、"On the Annihilation of *karman* in Early Buddhism", *Transactions of the International Conference of Orientalists in Japan*, No. XXXIV (1989), pp. 43-55 がある。

(24) 平岡聡「『ディヴィヤ・アヴァダーナ』に見られる業の消滅」『仏教研究』第二一号（一九九二年三月）、一一三—一三二頁参照。

(25) 奈良康明「パリッタ（Paritta）呪の構造と機能」『宗教研究』第二一三号（一九七三年二月）、三九—六九頁参照。

(26) 上記の諸論中、奈良博士のものは、「仏教者が追求すべき理想」である「涅槃」などをエリートの「思想」として考察外に置き、むしろ積極的に儀礼としての「習慣」を問題としたものであるから、ここで指摘したような難点は意識的に排除されていると言えるであろう。ただ、現在提起されているような問題からいえば、「涅槃」は果して「思想」であるか「習慣」であるかということが再び問われなければならないであろう。〔ここで、「現在提起されているような問題」といったのは、特に、松本史朗「解脱と涅槃——この非仏教的なるもの——」『縁起と空——如来蔵思想批判——』（大蔵出版、一九八九年）、一九一—二二四頁を指す。〕

(27) *Āyāraṅga-suttam*, Jaina-Āgama-Series, No. 2-1, Bombay, 1976, pp. 58-68: Herman Jacobi (tr.), *Jaina Sūtras*, Pt. I, pp. 53-61, "Sixth Lecture, Called the Cleaning (Dhuta)" 参照。なお、前者, p. 60, l. 3 には "dhūta-vādaṃ pavedayissāmi（私は頭陀説を説くであろう）" とある。なお、ジャイナ教の頭陀行については、矢島前掲論文（前註8）も参照されたい。

(28) 原實『古典インドの苦行』（春秋社、一九七九年）、三二一—三三二頁、特に、三二七頁参照。

(29) 平川前掲書（前註6）、四二一—四八三頁〔：同右著作集、三—七八頁〕参照。

(30) 『法鏡経』、大正蔵、一二巻、一九頁中：P. ed., No. 760-19, Zhi, 317b6-7 参照。

(31) 平川前掲書（前註6）、五二一頁〔：同右著作集、一二〇—一二一頁〕で、平川博士は、「郁伽長者会」の「在家の菩薩が若し僧坊に入りて門に在りて住すれば」という以下の一節を、「菩薩が「塔寺」に往詣」する場合と解しておられるが、その僧坊が僧地と塔地を含む仏教教団の塔地ではありえたとしても、大乗教団としての「塔寺」である証拠は全くないのである。

(32) 以上のうち、㋬「佐助者（lag gi bla）」を navakarmika とするのは、*Mvyut*, no. 8735 によるものであり、㋣「主事者（zhal ta byed pa）」を vārika とするのは、同じく *Mvyut.* nos. 9069-9070, 9072-9074 によるものである。後者に対応するチベット語は zhal ta pa で必ずしも一致しないが、意味上同一であると判断した。navakarmika は、F. Edgerton, *Buddhist Hybrid Sanskrit Dictionary* (*BHSD*), p. 291 によれば、"repairer of buildings", "one who does general menial service to the congregation of lamas in a monastery" とされ、文字通りの意味としては "(one who performs) new-initiate's work" であろうとされている。vārika は、*BHSD*, p. 477 において、僧院の役職名として、語末にあって、"charged with..., superintendent of..., one who watches over..." の意味に用いられるとされる。具体的な役職としては、そこにも指示されるごとく *Mvyut.* の同上箇所が参照されるべきである。なお、経典中におけるこの役職については、次註を参照されたい。〔末尾の「研究小補」も参照のこと。〕

(33) サンスクリット題名、およびサンスクリット原文は、*Śikṣāsamuccaya* と *Bodhicaryāvatāra-pañjikā* の引用によって知られるが、問題の章については、北涼、釈道龔訳『大宝積経』「宝梁聚会」、大正蔵、一一巻、六四三頁上—六四四頁中「営事比丘品」：P. ed., No. 760-45, 'I, 159a5-162b3 参照。なお、本経は、他に「沙門品」「比丘品」「旃陀羅品」「阿蘭若比丘品」「乞食比丘品」「糞掃衣比丘品」を有し、いずれも苦行主義と結びつきやすい主題であることからも、大いに注目されるべきものである。

(34) 平川彰「初期大乗仏教における在家と出家」『仏教学』第三一号（一九九一年七月）、二〇—二五頁参照。

(35) K. Shukla, *Śrāvakabhūmi of Ācārya Asaṅga*, Tibetan Sanskrit Works Series, Vol. XIV, Patna, 1973, p. 202, l. 3-p. 237, l. 5:『瑜伽師地論』、大正蔵、三〇巻、四二八頁下—四三三頁下参照。

(36) 因みに、*Bhagavadgītā* の平等観について、辻直四郎博士は、前掲書（前註13）、三八八頁において次のように述べておられる。「平等観は梵我思想の帰結としても発展し、さらに博愛主義に拡大される。梵我思想は各人の自我の全等を宣示し、万物の中に自己を見、自己を万物の中に見よと教える。こうして自他の区別は除かれ、バラモンも犬も本質的に同一視され、本来平等であるブラフマンの本質に合致する。自他を同一と観ずれば、他人を害することは自己を害するに等しいから、博愛を旨とし、自己との類推（ātmaupamya）によって隣人愛の極致に達し、一切万物の幸福を喜ぶに至る。」しかし、このような形で、バラモンも犬も平等だというのは決して平等主義なのではない。この点については、早島鏡正監修『仏教・インド思想辞典』（春秋社、一九八七年）、三五九—三六一頁の袴谷執筆の「平等」の項を参照されたい。

〔追記〕 若干追加しておかなければならない点が生じたので、余白を頂いて、それらを補足しておきたい。今夏中に、『原始仏教』4（中山書房、一九九二年八月）が刊行され、その一篇に、本章の始めの方で引用もした「クータダンタ経」が片山一良氏の新訳によってより親しみやすい形で示されているが、新学期になってこの研究誌を頂戴し、私自身も随分と得るところが大きかったので、記して感謝申し上る次第である。実をいうと、本章の本経引用箇所で私が「彼らだけのためにはそれによって」と訳した原文は "tesam yeva tena" なのであるが、私にはこの意味があまりよく理解できなかった。それが片山氏の訳では「それに応じたものがありますから」とあり、更にそれに対する *Aṭṭhakathā* の註に基づく「〈かれらには、きっとその悪（pāpa）によって、好ましくない果報が現われるでしょう。他の者たちには現われません〉の意。」（三〇頁）という説明が加えられているので分かりやすい。恐らく、十不善をなす人にはそれなりの結果が伴うということなのであろう。原文それ自体の用法については私の学力ではまだしっくりしない点もあるが、意味については片山氏の御成果を全面的に採用させて頂いた。また私は、P. T. S. 版に "vippaṭisāram paṭivinodetum" とあるのに無造作に従って「後悔を排除せんがために〔語った〕。」と訳してしまったが、片山氏は底本のビルマ版に従って下線部分を「取り除きました。」と訳されている。片山氏が正しいと思うが、私にはパーリの諸本を取捨する能力がないため、ここでは当初のままとさせて頂いた。なお、片山氏は原文の purohita を「主祭官」と訳しておられるが、私は「帝師」とした。因みに、南伝大蔵経の長井博士訳には「顧問」とあって、この方が穏当かもしれないが、私が「帝師」とするのは余り大袈裟な意味ではなく、王の常時の相談役というような意味のつもりである。いずれにせよ purohita は、供犠以前の、供犠についての相談の段階で用いられており、その相談役が実際の供犠の時の「祭官(yājetar)」(p. 143, l. 21) となったのだと考えられる。今で言えば、王制国家における首相のような役割で、そのような意味は主立った従来のパーリ辞書中にも確認できる。さて、「クータダンタ経」以外のことでいえば、本章の註33で触れた *Ratnarāśi-sūtra* については、既に、望月良晃『大乗涅槃経の研究』（春秋社、一九八八年）、一九九―二二〇頁で注目され、そこに全体の概要も比較的詳しく紹介されていることを、脱稿後に知ったので、この点をここに書き添えて、己れの不明を恥じておきたい。いずれにせよ、本経については、別途詳細に論及する機会を持ちたいと思っている。また、本章の註16で触れた「三輪清浄」の用例として、まだ術語として固定化されていない感じを与えるもの（ただし、これは頌の制約によるものかもしれない）に、*Triśatikāyāḥ Prajñāpāramitāyāḥ Kārikāsaptatiḥ* 第五頌前半（Tucci ed., p. 56）の "pragraho maṇḍale tredhā nimittāc citta-vāraṇam"（長尾訳、大乗仏典1、一二頁参照）がある。なお、本章、註17で、*Mahāvagga* の attan の用例について「却って霊魂解放説かもしれない」と述べたことに関して、誤解を避けるために補足しておけば、私は仏教が釈尊自身の苦行主義の否定によって成立したことを少しも疑っているわけではなく、むしろ後代の仏教がその否定を隠そうとしても隠し切れなかったことを指摘したかっただけである。

（一九九二年十月七日付記）

〔研究小補〕 本章の本文、註5下に示された『クータダンタ経』の一節中の「受納者」と「帝師」とについて一言。「受納者」とそこで訳されているもののパーリ原語は paṭiggāhaka であるが、これはサンスクリット語の pratigrāhaka に当る。このサンスクリット語は、本章では「受者」などとも訳されている（一九〇頁）が、後の統一的な訳語では「受領者」と同じであることに留意されたい。また、「帝師」の原語は purohita であるが、その意味については、本書、第二部第十一章、註7を参照されたい。次に、本章、一九三頁で *Divyāvadāna* について「大乗仏教展開への過渡的性格」と述べたが、今では必ずしもそのように考える必要はないと思っている。本書、第一部で述べたように、説一切有部の教団において *Divyāvadāna* が編纂されていく傍らで、既に同じ教団内に大乗仏教の動きがあったと考えられるからである。なお、本章の本文の最末尾に述べた「童真（kumāra-bhūta）」については、拙稿「pramāṇa-bhūta と kumāra-bhūta の語義——bhūta の用法を中心として——」『駒沢短期大学仏教論集』第六号（二〇〇〇年十月）、三二八—二九九頁を参照されたい。また、本章の註32で触れたチベット訳語の zhal ta byed pa は、vārika に対応するのみではなく、この時点では気づいていなかったが、その後、次章、註15で指摘したように、むしろ vaiyāvṛtyakara に対応していることが判明した。この vaiyāvṛtyakara、および、これを一章として扱う「宝梁聚会（*Ratnarāśi-sūtra*）」については、本書、第二部第九章、および、拙書『唯識思想論考』（大蔵出版、二〇〇一年）、七—八頁、および、同、四七—四八頁、註14所掲のシルク（Jonathan A. Silk）博士の二つの研究成果を参照されたい。

第四章　大乗仏教の成立状況に関する作業仮説的提言

以上においては、私が「悪業払拭の儀式」と呼ぶ事柄に関連する経典について検討を加えんとする過程で、その必要上から、大乗仏教の成立状況に関しても若干の私見を挟むような形で論述を進めてきた。その間、私の大乗仏教の成立状況に関する見解は、従来だれによっても述べられたことがなかったような様相において、次第にはっきりと私の脳裏では固ってきたように思われるのであるが、それを現段階で作業仮説的に提示して置くのも意味があることと考え、前章の「閑話休題」を引き継ぐような格好で、本章をその目的のために当てたい。

ところで、本章において敢えて「作業仮説的」という限定を加えるのは、既に前章で明示したところではあるが、私は、インド仏教思想史というものを、釈尊の「思想」によるインド的「習慣」に対する批判から出発したものであり、その後もその「思想」と「習慣」との対決による攻防史であったと見做し、その根拠に「哲学（métaphysique）」と「生活（morale）」とに関するデカルト的見方を据えているからである。かかるデカルトの見方を最も端的に示した言葉として以下のようなもの(1)を指摘することができよう。

en sorte que c'est bien plus la coutume et l'exemple qui nous persuadent, qu'aucune connaissance certaine, et que néanmoins la pluralité des voix n'est pas une preuve qui vaille rien pour les vérités un peu malaisées à découvrir, à cause qu'il est bien plus vraisemblable qu'un homme seul les ait rencontrées que tout un peuple:

〔人々の大方の考え方は民族の習慣や流行に左右されるので、〕従って、習慣や実例こそが、ある確実な認識よりもはるかによく、我々を納得させているのである。しかし、それにもかかわらず、〔賛成の〕声が多いということは、幾分見出しにくい正しさにとっては、なんら有効な証明なのではない。というのも、正しさに立会えるのは、国民全体であるよりはたった一人の人間である方がはるかに真実らしいからである。

しかるに、インド仏教思想史を「習慣」の側だけから見なければならないとすれば、私は今でも大乗仏教の成立に関する平川彰博士の仮説を正しいと思っているのであるが、そこに「思想」とはなにかという視点を導入してくると、その「習慣」の見方すら変わってこざるをえないことになる。かかる観点から、私はこれまでも平川博士の仮説に対して批判的に言及してきたのであるが、ここで、その仮説の寄って立つ基盤を、私なりに二つ指摘してみることにしたい。

もはや定説になったかとさえ見えるその平川博士の仮説の特徴は、大乗仏教成立の母胎を「菩薩ガナ(bodhisattva-gaṇa)」にあったと推定する点にあるが、その説の集大成が、周知のごとく、『初期大乗仏教の研究』(2)である。この集大成に先立つ重要な論稿としては「大乗仏教の教団史的性格」と「部派教団における仏塔の地位の独立性」(3)とがあり、前者によって声聞僧伽に属する比丘とは別個の大乗仏教の担い手としての菩薩の独自性が明らかにされ、後者によってその菩薩たちの所属する主要な拠点としての仏塔の独立性が明らかにされた。この両者は互いに密接に関連し合う相互補完的なものであるから、両者が相俟って、仏塔を中心とする「菩薩ガナ」の存在の推定へと結実しているのだが、平川博士の仮説の寄って立つ基盤はこの二つにあると一応は区別して捉えることは可能であろう。しかも、平川説はその後多岐にわたって補強されていって今日に及んでいるが、(4)如上の二点は基本的なものとして終始変わることのなかったものなのである。従って、私は、平川説に対する批判は、基本的にはこの二つを問題とすればよいと考えている。そこで、その二点について、私からみて問題となる側面を、以下に引用を挟みつつ指摘してみたい。

第一点について、平川博士は、主として『十住毘婆沙論』に基づきながら、菩薩の独自性を浮き彫りにし、在家菩薩は三帰五戒を受けるとする一方で、出家菩薩については十善道と頭陀行を実践する苦行者として描き出して、以下のように述べておられる。(5)

(α)一般に十二頭陀は多分に苦行的な生活形式である。阿含においても、その実行は賞讃されてはいるが、決して強制されてはいない。律の二百五十の学処の中にも、頭陀行は含まれてはいない。換言すれば、声聞僧伽では頭陀行の実行を比丘達に強制してはいないのである。ただ「四依」として、十二頭陀の中の若干が、比丘生活の理想的在り方として、比丘の心得として説かれるにすぎない。したがって、このような苦行的色彩の強い十二頭陀を菩薩の生活規範として掲げるこの論〔『十住毘婆沙論』〕の立場は、かえって部派教団の生活法よりも遙かに調子の高いものといわねばならない。ともすれば、大乗仏教は在家仏教として、安逸な生活から生れたように考えられやすいが、それは少なくともこの論には当らない。菩薩の阿蘭若住は、この論の強調する所であるが、空や諸三昧の体験を語る経典が、かかる阿蘭若処の宗教的実践から生れたということは、十分ありうることである。これは般若経等で説く、菩薩の誓願や捨身の波羅蜜行が厳格な修行方法であるのに相応ずるものである。これは革新運動としての菩薩仏教が、厳格主義を標榜して立ったことを示すものである。菩薩の修業が二乗を遙かに超出するものであることは、多くの大乗経典の語る所であるが、それが観念的言葉に終るものでないことを、この論は具体的に示している。それ故、声聞比丘は禁欲的厳格主義であり、菩薩はこれに反すると見るのは当らない。むしろその反対である。しかしまた逆に菩薩の厳格主義を見て、彼らを声聞乗の比丘に包括視するのも正しくない。

長い引用になってしまったが、要するに、平川博士は、このような出家菩薩の苦行主義を「部派教団の生活法よりも遙かに調子の高いもの」と見做すのに対し、私は、これと同じ事態について、前章末尾でも触れたように、「厳密な意味での苦行者は、デーヴァダッタの要求中にもあったような森林住者（āraññaka, āraṇyaka）や常乞食者（piṇḍapātika, paiṇḍapātika）であったはずであるから、正式の仏教教団内には住していなかったかもしれないが、分裂したデーヴァダッタ教団のごとき意味においては彼らの集団さえ仏教教団として扱われていたかもしれないし、仏教教団内に住しながらも「思想」を忘れてしまった人はいつでも立派な通常の苦行者ではありえたはずである」(6)と叙したのである。平川博士も私も、同じ出家者を立派な苦行者と見る点では共通しているかもしれないが、私が苦行者を正しい仏教者とは認めていない点に大きな相違があるということについては、第二点に関する平川博士の言及に触れた後で述べることにしよう。第二点については、仏塔が僧伽の中で発展したと見るためには種々の難点があることを指摘した上で、平川博士は、次のように結論づけておられる[7]。

(β)したがって、部派仏教の資料から検討しても、仏塔崇拝は僧伽以外の所で発達したものと見ざるを得ないのである。すなわち僧伽の外部で、仏塔の自主的経営が確立していたために、僧伽がこれを導入するに際して、すでに確立していた方法を採用せざるを得なかったのであろうと考えられる。そのために仏物と僧物とを区別するとか、あるいは伎楽供養をなすとか等の、僧伽仏教に不利な法式が、僧伽に入ってきたのであろうと考えられる。しからば何故かかる性格を持つ仏塔礼拝が僧伽に採用されたのであろうか。

その理由としては、比丘達自身が仏塔を礼拝したいという僧伽自身の宗教的欲求もあったであろうが、他面では在家信者を僧伽に結びつけておくために、信者のあいだで盛んになった仏塔崇拝を、部派仏教もまた採用せざるを得なかったという理由があったであろうと推定される。その理由は、部派仏教のあいだには仏塔供養にたいする反対意見が、かなり濃厚に認められるのにたいし、一方ではインドに広く仏塔供養が次第に盛大になったことが認められるから、そのあいだにあって部派教団の仏塔の取り扱いを見るならば、かくのごとく解釈せざるを得ないのである。

以上の中で、平川博士が「在家信者を僧伽に結びつけておくために、信者のあいだで盛んになった仏塔崇拝を、部派仏教もまた採用せざるを得なかった」と述べておられることにだけは私も全く同感なのであるが、私の全面的に対立する点は、僧伽に文字どおり無関係な仏塔などありえたはずもないと考えるところにある。なるほど、大金持ちの商人が金にまかせて僧伽などとは無関係なところに勝手に仏塔を建てるようなことは気紛れ程度の割合ではありえたことかもしれないが、[8]そのような布施（寄付）にもならない仏塔を建てたところでその商人にはなんの功徳もありえないし、宗教的権威によって保証もされていないような仏塔に熱烈な崇拝者が集るわけもないというのがインド的通念というものであろう。従って、仏塔崇拝を僧伽が採用したということは、通インド的な「悪業払拭の儀式」の波が仏教教団にも及んだという単純な意味でしかないのである。勿論、仏教教団は、律に従っているから、塔地と僧地とは厳格に区別されたに違いないが、[9]しかし、そのこと自体がそもそも、忍び寄ってくる通インド的「悪業払拭の儀式」の波を、出家者（僧）には禁じられている金品受領や遺骨処理に関する規則に抵触しないように、僧地から遮断しようとした工夫の現われと言えるであろう。従って、仏塔は、その意味において始めから仏教教団と関わりを持っており、しかも、そのほとんどが塔地に建てられたのである。[10]もし万一そうではなくて、仏教教団と全く関係のないところで「仏塔の自主的経営が確立していた」のであれば、それがヒンドゥー寺院にも関わりのない単なる塔ではなく純然たる仏塔であるというようなことは、一体なにによって識別されたというのであろうか。私は、極単純に、なんらかの意味で仏教教団に関わっていたから仏塔（stūpa）であると識別されていたと考えて一向に差し支えないと思うのである。それに、文字どおり「仏塔の自主的経営が確立していた」のであれば、平川博士の引用(β)中で言われているように、仮りにいくら教団側が自らの宗教的欲求のためとか信者掌握のために仏塔崇拝を取り込もうとしたところで、自主的に思いどおりに経営を進めていたものが、なにを好き好んでいろいろと制約の多い仏教教団に自ら所属しようと望んだであろうか。そのようなことは考えられないが、もし、教団自らが仏塔を経営すべく方向を転換したというのであれば、その方が明らかに律違犯であろう。

ところで、仏教の教団構成に関連する種々の呼称は、当然のことながら時代の推移による意味内容の変化も考慮しなければならないので決して一義的に用いることはできないが、そのために生ずる理解のズレを予め防ぐために、本第二部の以下において用いる若干の関連用語を、事実的な（factual）側面に基づきながらも、やや規範的な（normative）

側面を加味して規定しておきたい(11)。理念上で仏教教団の総体を意味する全教団（cāturdiśa- saṃgha-、四方僧伽）は、具体的には僧地や塔地を所有する個々の教団（saṃgha、僧伽）からなるが、そのような僧地や塔地を含む種々の建物をもった具体的な教団を、一応、寺院（saṃghārāma、僧伽藍）と呼ぶことにしよう。この寺院の僧地内にある出家者用の住居が僧院（vihāra、精舎、僧房）であるが、他方、塔地内にある崇拝対象を祀った建物が塔院（caitya、支提、制多）であり、多くの場合、その塔院の中心をなしたものが仏塔（stūpa、卒塔婆、窣堵波）である。

さて、仏教が全インド半島に拡まったマウリヤ王朝から大乗仏教が台頭し次第に勢力を得ていったクシャーナ王朝にかけては、今規定したような仏教教団が大規模にその形態を整えていった時期といえるであろう(12)が、仏塔は、いつの時代であれ、このような意味において断えず仏教教団展開と密接な関係をもっていたと考えねばならないのではないかと思われる。しかも、仏教誕生以前からインドの「習慣」や「生活」を支配していた「悪業払拭の儀式」の波は、釈尊生存中においてさえ徐々に仏教教団に滲透してはいたものの、如上の時期には、教団の大規模化と共に、一挙に大きな波となって教団に押し寄せるに至ったが、その中心こそ塔地にあった仏塔にほかならなかったのである。

このような仏塔に関する私の考えは、平川博士の仮説中の第二点で述べられる、例えば引用(β)などとは全く異るものであることは、以上の指摘で理解して頂けたのではないかと思うが、その仏教教団に所属する仏塔に寄進し供養を求めた在家信者こそ「在家菩薩（gṛhastha-bodhisattva）」と呼ばれたものだったのである(13)。その彼らが、仏塔を中心とする「悪業払拭の儀式」の真の執行者たりうる権威として崇めた人は、僧院にあって日夜仏教の正統説を追求しているような学僧ではありえず、寺院の周辺の多くの場合は森林（araṇya、阿蘭若）に居住していた苦行者であったにちがいないが、彼らこそ、平川博士が引用(α)中で「菩薩の厳格主義」と名指そうとしたものを体現していた「出家菩薩（pravrajita-bodhisattva）」にほかならない。勿論、彼らは、なんらかの意味において仏教教団に所属していたと見做すのが、平川博士とは異る私の考えであるが、私は更に、かかる苦行者たる「出家菩薩」のほかに、ほとんどの場合に、学僧とは異ったあり方であるが、僧院に住していた「出家菩薩」もあったと推定するのである。この件に関しては、前章末尾でも私見を明らかにしたが、そこに列挙した[14]㋑—㋣の七種の出家比丘中、㋑—㋥の四種が今の場合の前者の「出家菩薩」、㋭—㋣の三種が今の場合の後者の「出家菩薩」に相当する。このうち、㋣の「主事者（zhal ta byed pa, vārika）」については、「新たに教団に蓄積されるようになった塔地や僧地の財産を管理する役割」として注目したのであるが、この「主事者」は、大乗仏教が浮上した時代になると、単に財産の管理のみならず、寺院周辺に居住した苦行者即ち僧院に常住しない「出家菩薩」までをも管理していたと推測される。しかも、この「主事者（zhal ta byed pa）」のサンスクリット原語は、先に想定した vārika でも誤りとは言えないが、その後、より確実なものとしては、vaiyāvṛtyakara/vaiyāpṛtyakara にトレースできることが判明した[15]ので、その語形より、パーリ律文献で kappiyakāraka（浄人）と解釈される[16] veyyāvaccakara（執事人）と容易に同定でき、その役職は、時代の変化に伴う変質を被りながらも、仏教教団に一貫して受け継がれてきたものであることが分かるのである。その上更に、そのように引き継がれてきた veyyāvaccakara/ vaiyāvṛtyakara の役職の性格を明瞭ならしめることによって、かかる役職の一貫性を否定し、上に指摘したごとき二つの側面から、伝統的仏教教団とは別個の「菩薩ガナ」の存在を想定せざるを得なかった平川博士の仮説を全く必要のないものとして避けることができるのではないかと思う。

　ここで、仏教教団における如上の役職の一貫性を否定する平川博士の御見解を示せば、次のとおりである[17]。

> 律蔵には、比丘・比丘尼・沙弥・沙弥尼・式叉摩那の他に、僧園に住した人として、浄人・園民・守園人・僧園民・使人・作人・寺主・浮図主等が説かれている。しかしそのいずれをとって考えてみても、大乗の菩薩に相当せしめることは困難である。

　しかし、律蔵に言及される kappiyakāraka（浄人）や ārāmika（園民、守園人、僧園民）は、大乗仏教が興った時代の僧院にも「出家菩薩」として居住していたのであるが、これを認めない平川博士は、例えば、『摩訶僧祇律』の一節の解釈についても次のように述べるのである。[18]

『僧祇律』には、

> 若し四月八日、および大会供養の時、金銀の塔・菩薩像、および幢幡蓋・供養具の一切金銀にて塗れるものあらんに、比丘は自ら手に捉らえるを得ず。浄人をして捉えしめよ。

と述べている。さらにつづいて、「金銀の香炉・灯盛・払柄、かくの如きもの、一切に金銀あり、若しくは塗れるものは捉らえるを得ず」と示し、金銀の菩薩像を浴せしめる時にも、みずから洗ってはならないという。

比丘たちには、金銀宝物にたいして、このような制限があるのであるから、したがって仏塔の建築や彫刻などが、比丘たちの努力や、比丘たちの指導で発達したものとは考え難い。これは明らかに在家者の力によって発達したものであるが、しかしそれらの在家者を指導し、芸術を発達せしめた「指導者」が、比丘の教団とは別に存在したのではないかと思う。

しかし、問題の『摩訶僧祇律』の一節を素直に読めば、金銀等を手に捉えたものとしては「浄人(kappiyakāraka)」を考えれば充分なのであって、彼ら以外に、比丘の教団とは別個の「指導者」などの存在を想定する必要はないのである。しかも、寺院の大規模化と共に一挙にクローズアップされてきた僧院居住者の役割が、この「浄人」と呼ばれるもので、その中でも、仏地の仏塔を中心とする大乗仏教の興起と共にその財産管理と苦行者管理に最も重要な役割を担ったものが veyyāvaccakara/vaiyāvṛtyakara にほかならない。従って、その役職名をもった比丘は、平川博士によって最古の大乗経典の一つと目された『法鏡経』やその異訳中にも見出されることになるのであるが、それが先に再説した七種の「出家比丘」中の㋣なのである。しかし、伝統的仏教教団中における役職上の継続性を否定する平川博士は、『法鏡経』およびその異訳中に列挙される㋣を含む一連の比丘を、御自身が仮説する意味での比丘教団とは別個の「大乗の出家菩薩ではなかったであろうと考える人」の説を避けているが[19]、私は、たとえ役職上に時代の変化に応じた変質を認めざるをえないとしても、役職名に継続性のあるものは、特異な状況でも想定できない限りは、その性格にもまず継続性を認めた上で検討がなされるべきではないかと考える。

さて、当面問題となる veyyāvaccakara/ vaiyāvṛtyakara（執事人）に限っていえば、その役職の律蔵に描かれている基本的な性格の継続性は、後代の大乗仏典中においても充分認めうるのである。[20] 律蔵におけるこの役職は、僧団の規律条文（pāṭimokkha, prātimokṣa、波羅提木叉）の没収罪（nissaggiyaṃ pācittiyam, niḥsargika-pātayantika、捨堕法）第十条に言及されるが、その役職上の任務は夙に平川博士の最初の大著『律蔵の研究』において明確に指摘されている。[21] それによれば、執事人とは、衣料として寄付された金銭を直接受け取っては罪になる比丘に代わってそれを一時的に保管し管理する役職であるから、当初にあっては当然比丘ではありえない。その点は、パーリ律においては、後代も踏襲されたようであり、セイロンの五世紀の学僧である Buddhaghoṣa の注釈 *Samantapāsādikā* においては「管理人（執事人）とは、賃金を取って森林において木を切ったり、それ以外の仕事をするものである（veyyāvaccakaro nāma yo vetanaṃ gahetvā araññe dārūni vā chindati aññaṃ va kiñci kammaṃ karoti）[22]」と説明されている。また、同じ注釈中の如上の没収罪第十条に関する記述中では、「管理人（veyyāvaccakara）とは、奉仕をなす（kicca-kara）浄人（kappiya-kāraka）という意味である[23]」と語義解釈が与えられているから、管理人とは浄人の一種と見做されていたことが明らかであるが、仏教教団におけるこの浄人という制度の導入と展開が、私には、分業という身分差別に基づくインド的「習慣」や「生活」の仏教教団への反映の結果であったように見えてくるのである。

kappiyakāraka（浄人）のパーリ律中における比較的古い用例としては、*Mahāvagga*（『大品』）の Bhesajja-kkhandhaka（「薬犍度」）中の四例を指摘できるかもしれない。[24] 第一例は、蛇に咬まれた時につける薬を比丘は *kappiyakāraka* がいれば彼から受け、いなければ自ら取って用いてもよいという場合、第二例は、飢饉の時に *kappiyakāraka* が煮物を自ら多く取り比丘に少ししか与えなかったので、この時以降比丘自ら食物を煮ることが許されたという場合、第三例は、比丘が空腹の時に嚙んで食べられる果実（phala-khādaniya）があれば自ら取って持参しkappiyakāraka のいる所へ来たら落して彼の手を経て受けるか拾うならば許されるという場合、第四例は、比丘は信者から寄進された黄金でもkappiyakāraka の手を経て是認されるもの（kappiya）とされたものなら受けてもよいという場合である。これら四例から分かるように、いずれの場合でも kappiyakāraka とは、比丘が律を犯さぬように合法的抜け道として用意された差別的職分であるといえよう。またここで、kappiyakāraka の語義について私見を挟めば、仏教教団内に律に照して事の可否を問わねばならぬような選択肢（kappa）が生じ、それが合法として選択される（kappati）ならば、それは選択されてもよいもの（kappiya）として合法と判断される（浄）が、その際、事を選択されてもよいものとする人がkappiyakāraka（浄人）と呼ばれたのであろうと考えられる。[25] 更に、原始仏教教団について研究し、その中で僧伽の組織についても検討を加えられた佐藤密雄博士の御成果によれば、仏教教団（saṃgha）では、始めは俗人の守園人（ārāmika）が寺院（saṃghārāma）で働いていたが、その守園人のなかから、教団の俗事を支配するものが選ばれ、それが浄人（kappiyakāraka）と呼ばれるに至ったとされているので、[26] kappiyakāraka は原始仏教の時代においても単なる俗人から寺院に居住して俗事を管理する専門家に変質していたことが示唆されているのである。この浄人の中で時代の変化に最もよく対応して教団の拡大期に一番クローズアップされていった役職が実は問題の管理人（veyyāvacca-kara）ではなかったかと私は考えている。しかも、その傾向は仏教教団内における大乗仏教の台頭と共に益々強まり、かかる展開の跡は大乗仏典自体の中にも見て取ることができる。

Ugradattaparipṛcchā では僧院（vihāra）に居住する比丘として十数種のものが列挙されているが、その数は既に指摘されているごとく、[27] 最古の訳である『法鏡経』から、『郁迦羅越問菩薩行経』、「郁伽長者会」、更にチベット訳へと次第に増広され、計一七を列挙するチベット訳に至っては、他訳とは異なりそのいちいちに比丘を冠しようとする傾向が濃厚である。これは、従来は直ちに比丘とは呼ばれなかった管理人（veyyāvaccakara）を中心とする浄人が、大乗の

確立期には、比丘として扱われるようになったことを示すものであるが、この傾向に関し、チベット訳だけに顕著な特徴を挙げれば、後代になってはっきりと比丘として扱われるようになった浄人も、チベット訳においては旧来の苦行者と同様に、在家菩薩が就くべき人として描かれ、例えば、管理人については、「〔在家菩薩は、〕管理人(zhal ta byed pa, vaiyāvṛtyakara)に仕えて、なすべき全てをなすように努めるべきである」[28]と述べられるようになっている。更に、*Śikṣāsamuccaya* にも引用される *Ratnarāśi-sūtra* に至っては、この種のものが「管理人の比丘(vaiyāvṛtyakara- bhikṣu-)」と明記されるのみならず、その役割が大きくクローズアップされて、そのために全七章中の一章が割かれているが、その任務としては、全教団や教団および仏塔所属のそれぞれの財産の厳格な管理のほかに、旧来からの苦行者である森林住者(āraṇyaka)や常乞食者(piṇḍacārika)や実修行者(yogācārin, yogācāra、瑜伽師)などの管理も課せられているのである。[29]

以上、通説に反する私見を明らかにする必要があったために、幾分重複気味のくどい記述になったかもしれないが、仏塔崇拝は、伝統的仏教教団と別個なところに仮定することが全く不要などころか、教団と密接な関係をもって展開したということが、教団内の管理人を中心とする役職の継続性と変質性とを通して、明確になったのではないかと思う。しかし、このことは同時に、教団内の仏塔崇拝を中核とする大乗仏教の台頭が、先にも指摘したごとき、分業という身分差別に基づくインド的「習慣」や「生活」の仏教教団への反映に根差していたことを意味するのであるが、事実、本第二部の第一章で見た二通りの大乗仏教のうちの(a)という大部分の流れは、出家者と在家者の役割分担を前提とした上での隆盛だったのである。[30] 従って、大方の大乗仏教というものは、仏塔崇拝を中核に置き、管理人などの出家者の仲介のもとに、厳格な出家苦行者を精神的権威として、寄進者である在家者の霊魂の解放を謳う、通インド的「悪業払拭の儀式」にほかならず、ほとんどの大乗経典とは、かかる圧倒的時代の流れに迎合した多数の出家者の側からの通俗的仏教の理論提供としての創作であったということができる。しかし、僧院に居住した全ての出家者がそういう活動に加わったわけではなく、出家者と在家者とのいまだかつてない邂逅の大きな時代のうねりの中で、分業を前提としたそれぞれのあるべきようなどは正しさではなく、仏教の「思想」的な正しさは一つでなければならないという「正法（saddharma）」を追求していった出家者も少数ながら存在し続けたにちがいない。それが、恐らくは、二通りの大乗中の(b)の流れを形成したであろうが、以上の、(a)(b)を、「思想」上の伝統的仏教の正統説に対する態度からみれば、およそ以下のごとく、それぞれ、(a′)(b′)という対蹠的態度を取ったと考えられる。

(a′)(a)は通インド的「習慣」を容認していたために在家者の圧倒的多数の支持を受けていたが、その実績を背景に、伝統的僧院仏教の非妥協的な正統説墨守の態度を感情的に非難する傾向にあった。

(b′)(b)は「思想」を重視し仏教の正統説とはなんであるかを判断しようとする点で伝統的僧院仏教と共通性を持ちながらも、その伝統死守の結果陥った実在論的思考については論理的に批判を展開した。

以上の二通りの大乗仏教中、(a)—(a′)は、根本的には、通インド的な「習慣」に乗っかっただけの大衆運動であったから、この運動の人的権威と仰がれた出家の苦行者に求められたものは、仏教の「思想」としての正しさではなくて、「習慣」の粋ともいうべき苦行の神聖さや純潔さだったはずである。従って、その条件を充したであろう大乗の「出家菩薩」が、平川博士の御指摘どおりに、「部派教団の生活法よりも遙かに調子の高い」苦行主義を貫いていたことはむしろ当然のことなのであるが、しかし、問題はかかる苦行主義が果して正しい仏教でありうるかという点にあるのでなければならない。論理的にいえば、苦行主義とは、これまでも再三繰り返したように、霊魂説に基づいて、本来的に清らかなはずの霊魂を、自らの苦行によるかもしくは他の苦行の権威を仰いで、不浄な肉体から解放することにほかならないから、仏教の無我説（無霊魂説）とは本来馴染まない通インド的な通念にしかすぎない。だからこそ、この苦行主義に基づく(a)—(a′)の大乗仏教は、インドの大衆運動ともなりえたのであるが、他方では、そのようなものが「思想」としての正しい仏教でありえたはずもないという批判的視点を失ってはならないのである。しかし、苦行主義が仏教を脅かしたのは、大乗仏教の成立展開期には確かに顕著なことではあったものの、この期のみならず、その傾向は、大小はともかく、断えず継続していたといえる。以下に、これまでのまとめも兼ねながら、その継続性のほんの要点だけを指摘しておくことにしたい。

さて、仏教が苦行主義の否定から出発したことは、後代の文献も隠し切れなかったほど明白なことであったと思われるが、仏典の伝えるところによれば、釈尊が苦行（dukkarakārikā）を放棄した時には、旧友の五比丘は、釈尊を贅沢者（bāhulika）になったと判断したのであり[31]、しかも、かかる苦行主義優位の判断が断えず仏教を取り捲いていたインド的通念であったということを我々は決して忘れてはならないのである。デーヴァダッタが釈尊に五事の要求をなした折に、非仏教的なインドの人々が、デーヴァダッタ側を頭陀（dhuta）を行じる苦行者であると称讃する一方で、五事を認めなかった釈尊を贅沢者（bāhulika）であると誹謗したと伝えられるのも[32]、そういう背景があったからだと言ってよい。しかるに、教団の実際問題としては、釈尊がデーヴァダッタの要求を拒んだのにもかかわらず、非仏教的なインド一般社会の支持を得ていた苦行主義的な要素は、仏教教団も結局は食い止めることができなかったのである。その好例が四依（cattāro nissayā）で、これは実質的にはデーヴァダッタの五事と同じものであるが、当初は楽な習慣（sukha-sīla）や楽な行事（sukha-samācāra）をもち好い食物（subhojana）を食べていた仏教教団も、終には、四依即ち常乞食（piṇḍiyālopa-bhojana）・糞掃衣（paṃsukūla-cīvara）・樹下坐（rukkhamūla-senāsana）・陳棄薬（pūtimutta-bhesajja）を、例外規定を伴いながらではあるにせよ、理想的な出家苦行者の生活法として認めざるをえなくなったと伝えられている[33]。それを伝える各部派の律の中では、大衆部のものが最も厳しいとされるが[34]、数の上で圧倒的支持を受けた大衆部が、インド的「習慣」からいえば最も通俗的な苦行主義を一番濃厚に記し止めているのも、私には全く当然のことに思われるのである。また、現実問題としても、仏教教団を経済的に支えたのは、かかる通俗的な苦行主義を支持した在家者の教団に対する信施（saddhā-deyya, śradhā-deyya）だったであろうが[35]、その実情の一端は、僧団の規律条文の追放罪（pārājika）第四条制定の由来を説明する文献中にも窺うことができる。この第四条は出家者の妄語に関する罰則であるが、具体的には、上人法（uttari-manussa-dhamma）を得ていないのに得たと在家のものたちを騙す罪であり、これに対する罰則は、飢饉になった時に上人法を得たと嘘をつくことによって不当な施与を受けたことが明らかになった時点で定められたとされている。[36] このことは、インド一般社会の人々が、たとえ自分は飢餓で死んでも、上人法という一種の苦行による超人的な境地を得た人に施与することによって、善い果報を得ることができると信じていたことを物語っているであろう。原始仏教教団を支えた社会的背景については、佐藤密雄博士もまた「一般社会人から見た場合は、出家者社会は形式的に一つのものであつて、出家に信施を捧げる人々は、出家者の教義にかかわりなく、出家沙門を供養することによつてよき来世を期待したのである。[37]」と述べておられるが、実際には、このようなことが、原始仏教の時代のみならず、仏教教団がインドに存続していた限り、後代までもずっと続いていったと考えられる。その信施の波は、アショーカ王時代以降の仏教教団の大規模化と共に、寺院所属の仏塔を中心に及び、しかも、そこを基盤に集った在家者に対して出家者が仏教の側から在家者の通俗的な要求に見合う形で提供した創作が(a)―(a′)の大乗仏教経典だったのである。

しかし、僧院にあって、正しい仏教の「思想」とはなにかを追求していた比較的少数の出家者が、かかる俗説を「思想」的に真剣に取り上げたとは到底思えない。彼らはむしろ押し寄せる苦行主義の波を仏教ではないと避けようとしたのであるが、しかし、正統説でさえ、紀元後ともなれば、不浄観重視の体験主義には既にいささか蝕まれていたのである。[38] とはいえ、「思想」的意味での正統説を追求し続けた伝統仏教の頂点をなす説一切有部は、真理は言葉によって表現できないとする体験至上主義に魂を売り渡すことはなかったのであり、少なくとも「アートマンは蘊である」という主張命題は守ったと思われる。[39] だが、その蘊が実体視されるようになるや、蘊によって代表される法は有的に捉えられるようになったが、それを批判した空の哲学を代表するのが Nāgārjuna（龍樹）だったのである。[40] また、彼のように批判的な出家者の中には、当時のインド的「習慣」をそのまま反映したかのごとき、役割分担に基づく分担者それぞれにとっての「正しさ」などというものを批判する人もいたにちがいない。というのも、それぞれの「正しさ」は、論理的に正しい一つの「正しさ」には到底なりえないからである。恐らくは、そういう極めて少数の批判的出家者の中から、一つの乗だけが「正しい」という『法華経』のごとき主張[41]が提起されたのではないかと思われるのであり、Nāgārjuna やこれらの人々によって、先の(a)—(a′)の大乗仏教と対立する、(b)—(b′)の大乗仏教が形成されたと考えられる。本章冒頭に掲げたデカルトの言葉を捩ることが許されるなら、「正しさに出会えるのは、インド一般社会の全体であるよりはたった一群の人間である方がはるかに真実らしい」ということになるであろう。しかし、この(b)—(b′)の大乗仏教は、(a)—(a′)の大乗仏教から見ても決して歓迎すべきものではなかった。大乗仏典の中には、論理的に「正しい」か否かを区別すること自体が正法（saddharma）を放棄することになると主張するものさえあった[42]のである。

註

（1）Descartes, *Discours de la méthode* (Librairie Larousse), Seconde partie, p. 45: 落合太郎訳『方法序説』（岩波文庫）、二七頁。本章での引用は拙訳による。

（2）平川彰『初期大乗仏教の研究』（春秋社、一九六八年）がその最初の刊行であるが、その後、それは最近の著作集中の第三巻と第四巻に分冊され、新たな増補を伴って刊行された。本稿では、特に断らない限りは、初出の刊行本での頁数を指す。

（3）平川彰「大乗仏教の教団史的性格」宮本正尊編『大乗仏教の成立史的研究』（三省堂、一九五四年）、同「部派教団における仏塔の地位の独立性」『仏教史学』第三巻第三・四号（一九五五年八月）として公表されたが、最近、平川彰著作集、第五巻、三七五—四一四頁、四一五—四三五頁にそれぞれ収録されている。本稿における頁数は著作集によるものである。

（4）例えば、最も最近のものとしては、平川彰「初期大乗仏教における在家と出家」『仏教学』第三一号（一九九一年七月）、一—三九頁があるが、基本的な主張は従来のものと全く変わってはいない。なお、本第二部は、第一章末尾、および、その註18でも触れたように、この平川論文の拙稿に対する反論を契機として書き始められ出したものである。

（5）平川前掲論文（前註3、前者）、四〇一—四〇二頁。

(6) 本第二部第三章、一九四頁。

(7) 平川前掲論文(前註3、後者)、四二九頁。

(8) 平川前掲論文(前註3、後者)、四二四頁では、「塔物を用って翻転して利を得て、塔を供養」したヴェーサーリーの商人（估客）のことに触れられているが、この塔とて商人が自分だけのために建てたものという保証はどこにもないし、しかも最終的にはこの塔も教団に委ねられたことになっているのである。

(9) 平川前掲論文(前註3、後者)、四一九頁に『摩訶僧祇律』巻三三（大正蔵、二二巻、四九八頁上）の規定が、それに関する代表的な例として挙げられている。

(10) 高田修『仏像の起源』（岩波書店、一九六七年）、二六五―二八二頁参照。その典型的な例としては、同、二七二頁に掲載されている、北西インド、タクシャシラー（タキシラ）のカーラワーン遺跡のプランが参考にさるべきである。〔なお、このプラン図は、本書、六二二頁に転載されている。〕

(11) 以下の規定にあたって、saṃghārāma と vihāra との関係については、佐藤密雄『原始仏教教団の研究』（山喜房仏書林、一九六三年）、特に、六四二頁、他については、奈良康明『仏教史Ⅰ』（山川出版社、一九七九年）、三〇二―三〇八頁、二二〇―二二三頁を参照した。

(12) 中村元『インド古代史』上（春秋社、一九六三年）、六一九―六三二頁〔：中村元選集〔決定版〕、第六巻、二八〇―二九五頁〕、同『インド古代史』下（春秋社、一九六六年）、一四六―一五一頁、二六五―二七八頁〔：中村元選集〔決定版〕、第七巻、一九一―一九八頁、三四九―三八四頁〕参照。

(13) この意味での「在家菩薩」については、本第二部第二章、一七三―一七五頁を参照されたい。特に『法鏡経』のチベット訳からの引用中では、「屋敷に住んでいる菩薩」と訳した箇所がこれに当る。

(14) 本第二部第三章、一九四―一九五頁参照。なお、㊦の「主事者（zhal ta byed pa, vārika)」については、同、二〇二頁、註32、および、二〇三〔―二〇四〕頁の「追記」〔と「研究小補」〕を参照されたい。

(15) *Mvyut.* no. 8736 によれば、zhal ta pa（榊本は zhal lta pa なるも、Y. Ishihama & Y. Fukuda, *A New Critical Edition of the Mahāvyutpatti*, The Toyo Bunko, 1989, no. 8676 により zhal ta pa を採る）は vaiyāvṛtyakara に対応していることが知られるが、zhal ta byed pa が vaiyāvṛtyakara に対応しているより確実な例としては、望月良晃『大般涅槃経の研究』（春秋社、一九八八年）、二二〇頁、註64によって指示されているごとく（ただし vaiyāvṛtyakaṇa とあるは誤植）、*Śikṣāsamuccaya* に引かれる *Ratnarāśi-sūtra* のサンスクリット原文とそのチベット訳とにおける用例があり、これはその内容規定の上でも注目すべき文献である。vaiyāvṛtyakara は正しくは vaiyāpṛtyakara と表記されるべしとされ、実際にもその両様の表記が見られるが、この点を含め語義については、Monier-Williams, *A Sanskrit-English Dictionary*, p. 1024, col. 3, vaiyāvṛttya および -kara, F. Edgerton, *Buddhist Hybrid Sanskrit Dictionary* (*BHSD*), p. 511, vaiyāpatya, °pṛtya, °vṛtya を参照されたい。なお、静谷正雄『初期大乗仏教の成立過程』（百華苑、一九七四年）、三六九頁でも、この対応が示されているが、具体的な根拠は明記されておらず、この役職の重要さに特に注目された形跡もない。vaiyāvṛtyakara の職務は、当然時代に応じて変化していったのであるが、その基本的な性格は、本第二部第五章、註1下に引く Mūla-Sarvāstivāda の *Prātimokṣa-sūtra* の傍線 d にあるように「聖人たちの委託を引き受けるもの（ya āryāṇāṃ vaiyāvṛtyaṃ pratyanubhavati）」であったと思われるので、直訳としては「委託引き受け人」とでもすべきであるが、本第二部では意訳してほとんどの場合「管理人」で統一した。ところで、本第二部の本章は、大乗仏教の成立状況に関する私見を、平川説の「菩薩ガナ」の想定を不必要とした上で、それに代わるものとして作業仮説的に提起してみようとする試みであるが、最近頂いた小谷信千代氏の私宛私信（一九九二年十二月二十二日消印）によれば、近時、ハリソン教授も、ショペン教授とほぼ同趣旨にて、平川説批判を展開しているようである。小谷氏の表現によれば、ハリソン教授の主張は「森林に住する比丘たち（アーランニャカ）を大乗の出家菩薩と考え、在家起源説を批判しようとする所にその特徴があるように思われる」とのことだが、その点では私とも共通する。私は不勉強にして、現時点では、ショペン教授やハリソン教授の主張を直接調べる機会をもっていないが、私には、大乗仏教が araṇya（森林）を拠点として起ったと言うつもりは全くない。「菩薩ガナ」などを想定しなければ、大乗は仏塔から起ったとしてもよいのである。大事なのは、その仏塔で仏教教団に所属しないようなものは基本的には存在しなかったという点にある。従って、存在したのは、次第に大規模化した仏教寺院だけであり、その僧院には旧来の出家者がおり、仏地の仏塔を中心に新興の王族や金持ちによる寄進が通インド的な苦行主義の滲透と共に進んだのである。その寄進者たちの大量の解放運動がほとんどの通俗的大乗仏教の根幹をなしたのだと思われる。この新たな時代の解放運動に必要だったのが、旧来からの僧院にいる出家者ではなく、教団に属しながらも実際には森林（araṇya）に住していた種々の苦行者たちだったのであり、その苦行の権威を藉りて寄進者たちの解放が原理上果されるようになったのである。そこに「悪業払拭の儀式」の成立と展開があったと考えられるが、その際に、旧来より寺院に住みつつ、僧地や仏地の財産管理を行いながら、時代の進展と共に森林を主として住する苦行者集団も管理するようになった注目すべき役職が vaiyāvṛtyakara であったと私は提言したのである。勿論、私はこの役職だけに限定して注目するつもりはなく、これと類似の任務をもったものには今後も注意を拡大していくつもりであるが、vaiyāvṛtyakara の役職の重要さと、その職務の変遷には、従来だれも大乗仏教の成立に絡めては注目したことがなかったと思われるので、差し当っては、vaiyāvṛtyakara を考察の中心に据えておくにほかならない。

(16) vaiyāvṛtyakara についてパーリ文献ではどのような用例があるのかというような全く初歩的な私の疑問に対し、vaiyāvṛtyakara とは kappiyakāraka であると即答して下された上に、後日、改めて、後註22、23のような文献を具体的に教示して下されたのは、片山一良氏である。ここに記して心からそれらの御教示に対して感謝申し上げたい。

(17) 平川前掲論文（前註3、前者）、四〇六頁、註3。なお、この引用中で平川博士が「寺主」という語を用いているのは、本書、第二部第五章、註19所引の平川博士の同語に対する説明から推して、本第二部で私が vaiyāvṛtyakara として明らかにしようとしているものを指しているのである。しかるに、この vaiyāvṛtyakara こそ、大乗仏教が興った時には、旧来の仏教教団の中にありながら、「大乗の菩薩」の管理人として振る舞った代表的役職であったことは本第二部によって自ずと明らかになるであろう。

(18) 平川前掲書（前註2）、六四九―六五〇頁（：平川彰著作集、第四巻、三〇三―三〇四頁）。

(19) 平川前掲書（前註2）、五二四―五二五頁（：同右著作集、一二三―一二四頁）参照。そこで直接批判されているのは、静谷正雄「初期の大乗教団について」『印仏研』五―二（一九五七年三月）、一〇四―一一五頁であるが、静谷前掲書（前註15）、三六三―三七二頁では、それに対する再反論を含めての論述が見られる。『法鏡経』およびその異訳に現われる一連の比丘を、平川博士が「大乗の出家菩薩」とするのに対して、静谷博士は小乗由来の継続性を認める。また、前者が大乗独自の「菩薩ガナ」を想定するのに対して、後者は「大小共住」も容認するが、伝統的仏教教団が自ずから大規模化して、そこに所属した仏塔を中心に「悪業払拭の儀式」が成立し展開したものが大部分の大乗仏教であったと見れば、如上の意見の対立もある意味では本質的なものとは言えないであろう。

(20) この役職の大乗仏典としての *Ratnarāśi-sūtra* 中の用例については、本第二部第三章、註33の箇所で指摘したが、その詳細については、本第二部第五章、註23、および、註26下に引用される箇所を参照されたい。

(21) 平川彰『律蔵の研究』（山喜房仏書林、一九六〇年）、七三五―七三六頁（：平川彰著作集、第一〇巻、三二五―三二六頁）参照。なお、諸律における典拠については、同、七五一頁、註2に指摘されている。また、佐藤前掲書（前註11）、一四二頁、六一二頁、七二二―七二三頁においても、veyyāvaccakara と共に、この条文が取り上げられ検討されている。

(22) J. Takakusu, M. Nagai & K. Mizuno, *Samantapāsādikā, Buddhaghosa's Commentary on the Vinaya Piṭaka*, Vol. II, p. 469. なお、漢訳『善見律毘婆沙』については、大正蔵、二四巻、七五三頁中：P. V. Bapat & A. Hirakawa, *Shan-Chien-P'i-P'o-Sha*, Poona, 1970, p. 329 参照。

(23) J. Takakusu, M. Nagai & K. Mizuno, *ibid.*, III, p. 672. なお、『善見律毘婆沙』については、大正蔵、同、七七五頁下：P. V. Bapat & A. Hirakawa, *ibid.*, p. 429 参照。

(24) H. Oldenberg, Vinaya Piṭakaṃ, Vol. I, p. 206, pp. 211-212, p. 212, p. 245 を順次に参照されたい。なお、南伝蔵、三巻では全て「給

与者」と訳されている。

(25) kappiyakāraka の語義を検討する上で、片山一良「十事について」『パーリ学仏教文化学』第三号（一九九〇年三月）、一五―四〇頁が参考になった。十事のうち前七事には "kappati ...-kappo" という定型的な表現の繰り返しが見られるが、本論文は、十事の内容と共に語義を考察したものである。片山氏は、kappati と -kappa との「両語の内容を同一視して扱うことは、伝統的な律の立場からは極めて困難である」（同、二三頁）と結論づけておられるが、kappa を vikappa と解する例（同、二四―二五頁）が知られることから、私には、両語の共通的意味として「選択する（kappeti）」を考えれば、「（律に照らして考慮されるべき）……という選択〔肢〕（kappa）が（ある人のために、dat., gen.）選択される（kappati, kappeti の受動態と解す）」と理解してもよいのではないかと思われる。従って kappiya は「選択されてよいもの」、kappiya-kāraka は「選択されてもよいようにする人」と解することが可能である。なお、krppiya-kāraka の仏教混淆サンスクリット的用語は kalpikāraka であるが、これについては *BHSD*, p. 173 の同項を参照されたい。また、その動詞的用法については、*Śikṣāsamuccaya* に引かれる *Divyāvadāna* の "yadi mama kalpeta udūkhalaṃ spraṣṭum...〔もしも私が木臼鉢に触れてもよいとするならば、…〕" (*Śikṣāsamuccaya*, p. 58, l. 9) がある。

(26) 佐藤前掲書（前註11）、三一五頁による。なお、同書、三一〇―三一九頁に「執事人」として列挙される個々の役職は、仏教教団の展開と共にその変質を跡付けてみる必要のあるものばかりという意味において重要なものである。ただし、「執事人」は、一般的には veyyāvaccakara/ vaiyāvṛtyakara の訳語と考えられているので、総称としてはむしろ kappiyakāraka（浄人）や ārāmika（守園人）を用いた方がよいのではないかと思われる。

(27) 平川前掲書（前註2）、五三一―五三二頁〔：同右著作集、一三〇―一三一頁〕、および、静谷前掲書（前註15）、三六八―三六七頁に四訳の対照が示されている。なお、本経の当該箇所における比丘の居住地の名称が vihāra に固定するまでの用語の変遷については、平川彰「初期大乗教団における塔寺の意味」、平川彰著作集、第五巻、四七〇―四七三頁を参照されたい。勿論、用語の変遷の検討も重要と考えるが、それ以上に、元来は苦行者として僧院に居住しなかったものが、時代の変化と共に、僧院に宿泊したり、定住しだしたりするようになった時の変化の方がより重要と考えられる。伝統的仏教教団における、そういう苦行者の宿泊や居住の組み合わせの処置については、本書、第二部第五章、註38の『根本説一切有部毘奈耶』の場合を見られたい。また、かかる苦行者中の「持律者（vinaya-dhara）」についての『大乗涅槃経』の記述は、松田和信『中央アジア出土大乗涅槃経梵文断簡集』（東洋文庫、一九八八年）、三〇―三五頁において、諸資料と共に、和訳されて紹介されているので参照されるべきである。

(28) P. ed., No. 760-19, Zhi, 318b3: zhal ta byed pa la bsten te/ bya'o cog byed pa la brtson par bya'o//

(29) 望月前掲書（前註15）、二〇五―二〇六頁に本章の簡単な紹介がある。より具体的なことについては、本第二部第五章の註19を付した以下の本文、および、註23下に引用される本経の記述を参照されたい。

（30） 本第二部第一章、一五八—一五九頁を参照した上で、同、第二章一七六頁、および、同、第三章、一九三—一九四頁を参照されたい。

（31） *Mahāsaccaka-sutta*, MN, I, p. 247, ll. 15-16: 南伝蔵、九巻、四三一頁参照。

（32） Vinaya Piṭakaṃ, Vol. II, p. 197, ll. 37-38: 南伝蔵、四巻、三〇三頁参照。

（33） Vinaya Piṭakaṃ, Vol. I, pp. 57-58: 南伝蔵、三巻、一〇一—一〇二頁参照。なお、「四依」については、佐藤前掲書（前註11）、一四三—一四四頁、二三〇—二三四頁をも参照されたい。

（34） 佐藤前掲書（前註11）、二三一頁の指摘を参照のこと。

（35） 『梵網経（*Brahmajāla-sutta*）』前半に描かれる「信施」については、佐藤前掲書（前註11）、一二五—一三二頁を参照されたい。なお、*Śikṣāsamuccaya*, p. 138, ll. 2-3 に引用される *Ratnarāśi-sūtra*（＝大正蔵、一一巻、六四〇頁上）の文中では、śraddhā-deya に二種ありとして、yukta に対するものと mukta に対するものとが指摘されている。前者は「実修をなしたもの」の意で、恐らくは実修行者（yogācāra）を代表とする新たに台頭してきた苦行者を指すのではないかと考えられるのに対して、後者は旧来からあった「解脱したもの」と見做された苦行者を指すのではないかと考えられる。いずれにせよ、このような対応において śraddhā-deya に二種が列挙されさるようになったこと自体に時代の変化が感じとれるのである。

（36） Vinaya Piṭakaṃ, Vol. III, pp. 87-109: 南伝蔵、一巻、一四四—一八四頁参照。「上人法（uttari-manussa-dhamma）」とは、*Mahāsaccaka-sutta* に "uttariṃ manussa-dhammā（通常の人の性質を超えていること）"（MN, I, p. 246, l. 29）とあるように超人的な境地を指す。実際にそういう境地を得ていないのに得たと虚言をなすことが追放罪第四条である。本〔一九九二〕年十月二十六日の仏教学会定例研究会で、佐久間賢祐氏が「四大広律における上人法と禅定」という発表をされ、その後の質疑応答を伺っていて、出家者がなぜそういう虚言をなすかというような疑問も出たことに鑑み、仏教教団を取り巻いていた通インド的苦行主義の根深さを、本稿におていも再度確認しておく次第である。ただし、この第四条において、「増上慢（adhimāna＝abhimāna）」が虚言者から除外されていることは興味深い。というのも、これは、体験至上主義を排した仏教の知性主義的な側面を示しているように思われるからである。この除外規定は、「思想」の上でなされたなんらかの主張が、仮りに相手側から思い上っているように判断されようと、それだけで追放罪を適用することが許されなかったことを示しているであろう。『法華経』「方便品」でも、退いた五千人の比丘に対し、釈尊は彼らを「増上慢」とは言ったが、彼らに追放罪を適用することはできなかったのである。勿論、これは創作であるが、経典作者にも、この僧団の規律条文はよく承知されていたのであろう。なお、*Bodhicaryāvatāra-pañjikā* に引かれる *Ākāśagarbha-sūtra*（『虚空蔵経』）では、初習業菩薩（ādikarmikabodhisattva-)の八つの根本罪が説かれているが、その第五については、「名声や利得などの因により大乗を読誦することなどによって、そのようにその条件から、他の人々に対して不満や非難などを述べ、自己を称讃し、通常の人間の性質を超えていること(uttara-manuṣya-dharma) を自認する (upagama) なら、第五〔の根本罪〕である」(Vaidya ed., p. 81, ll. 28-30) と述べられている。これによっても、「上人法」が通インド的習慣の中でいかなる機能を果していたか知られるべきである。ところで、この根本罪の箇所には以前目を止めていたはずなのであるが、その後失念し、これを「上人法」に関連して再び思い出させてくれたのは、大学院生の薄金宏之進氏である。記して感謝申し上げたい。

(37) 佐藤前掲書（前註11）、四八六頁。

(38) 『阿毘達磨大毘婆沙論』「雑蘊第一中無義納息第七」（大正蔵、二七巻、二〇三頁中—二一六頁中：国訳一切経、毘曇部八、七七五—八二五頁）は、苦行の無義なることを論じながら、その後半の大部分は「不浄観」の考察に費す。しかし、「不浄観」はいかに正しい方向に導かれたとしても、私から見れば苦行主義を代表しているようにしか思えない。なお、所謂「五停心観」と呼ばれ、Yogācāra によっては「浄行所縁（carita-viśodhanam ālambanam）」と称されるもののうちの「不浄観」については、小谷信千代「チム・ジャンピーヤンの『倶舎論釈』（第六章賢聖品）の和訳（二）」『仏教学セミナー』第五五号（一九九二年五月）、一九—三二頁、特に、二八—二九頁、註13、および、恵敏「「声聞地」の不浄所縁」『仏教学』第三三号（一九九二年九月）、九—二六頁を参照されたい。また、平川彰博士は「婆沙論より見たる大乗教団」、平川彰著作集、第五巻、三四九—三七四頁の末尾の結論部分で、「ただ一つ言うることは、当時の大乗教徒、ないしは大乗の主張が、有部の論師達からまったく無視されていたということである。すなわち、対等の論敵として遇せられていなかったということが言えるであろう。」（三六四頁）と述べておられるが、有部の論師が、僧院外の仏地に押し寄せていた通インド的習慣に基づく「悪業払拭の儀式」に関連する通俗的大乗仏教を歯牙にもかけなかったのはむしろ当然であろう。しかし、Yogācāra たちが、僧院内に少しずつ定住するようになってくると、その体験主義に基づく理論も無視しえないものとなって『大毘婆沙論』中にもしばしば取り上げられるようになる。そういう Yogācāra たちについては、西義雄『阿毘達磨仏教の研究』（国書刊行会、一九七五年）、二一九—二六五頁を参照されたい。また、『大毘婆沙論』などにおいて大乗は「まったく無視されてい」るばかりなのでもない。「独覚乗」「声聞乗」に対して「諸仏乗」（大正蔵、二七巻、五三四頁中）などの用例も知られ、この種の議論はもっと精査される必要がある。

(39) 真理は言葉によって表現できないとする前者の立場と、自己の主張命題を言葉で表現しようとする後者の立場との対比については、拙稿「離言（nirabhilāpya）の思想背景」『駒沢大学仏教学部研究紀要』第四九号（一九九一年三月）、一六一—一六二頁参照。前者が(a)—(a′)の真理観を示し、後者が(b)—(b′)の真理観を示すのである。大乗仏教に絡めてこれをいえば、(a)—(a′)の真理観は、そのまま(a)—(a′)の大乗仏教に継承されたものであり、(b)—(b′)の真理観は、その考え方の内部で法有の思想が法空の思想によって批判され（例えば

Nāgārjuna）あるいは論理的に正しい命題は一つしかないと主張される（例えば『法華経』）ことによって(b)―(b′)の大乗仏教として批判的に展開されたものである。この(b)―(b′)の大乗仏教が(a)―(a′)の大乗仏教から本質的に隔ったものであり、その差は、同じ(b)―(b′)の真理観にある説一切有部とのそれよりも大きいのだということを断えず意識しておく必要があるように思われる。なお、「アートマンは蘊である」という主張命題は、実際の表現としては、"skandha-saṃtāna evâtma-prajñaptiḥ" (*AKBh*, p. 461, l. 3), "skandha-saṃtāna evêdam ātmâbhidhānaṃ vartate (*ibid.*, l. 5), "skandhā eva pudgalāḥ" (*ibid.*, p. 468, l. 1) というものになるであろうが、かかる立場を嫌って"[pudgalo] na cânyaḥ skandhebhyaḥ śakyate pratijñātum… nâpy ananyaḥ" (*AKBh*, p. 462, ll. 3-4) と述べ、言語表現を超えた「不可説（avaktavya）」という範疇を新たに設けたのがVatsīputrīya（犢子部）だったのである。この問題については、拙稿「無我説と主張命題――「破我品」の一考察――」前田専学博士還暦記念論集『〈我〉の思想』（春秋社、一九九一年）、一五五―一六七頁を参照して頂きたいが、Vatsīputrīyaの「不可説」を含む「五法蔵」については、平川前掲論文（前註3、前者）、三七九―三八〇頁を参照されたい。そこでは、『大般若経』や『十住毘婆沙論』が「五法蔵」に対して親近性を示すことが指摘されているが、それは同時に、これらが(a)―(a′)の大乗仏教としての通俗性を示していることにもつながるのである。

(40) この点は、松本史朗『縁起と空――如来蔵思想批判――』（大蔵出版、一九八九年）、三四二頁において「ナーガールジュナの思想的使命は、アビダルマ哲学の法有論を全面的に否定することによって法無論にもとづく仏教の正しい縁起説を復活させることにあった」と極めて厳密に指摘されている。このナーガールジュナの否定を、前註39で触れた「アートマンは蘊である」という説一切有部の主張命題に絡めて明らかにするために、*Madhyamaka-kārikā* 第一八章第一頌を取り上げることにすれば、そこでは、「もしもアートマンが蘊であるならば、生滅を分有するものとなるであろう。もしも蘊と別であるならば、蘊の特質をもたないものとなるであろう」と述べられている。これは、生滅を分有するアートマンも、蘊の特質をもたない空華のようなアートマンも存在しないということを、「アートマンがない」という動詞否定の主張命題として主張することによって、説一切有部的な命題も、通インド的アートマン実在の命題をも共に否定しようとしたものである。しかし、これを「アートマンは蘊でもなく蘊と別であるのでもない」という主張と解釈すると、「アートマンはAでもなく非Aでもない」という名詞否定の表現となり、排中律を犯すことになりながらもそれを超えるために真理を言語の彼方に転落させてしまう。この解釈は、ナーガールジュナを限りなくVātsīputrīyaに重ね合わせることになってしまうのだが、伝統的には、この「戯論寂滅（prapañcôpaśama）」的解釈が圧倒的に優勢だったのである。ナーガールジュナ自身の立場は勿論前者にあったと思われるが、馬鹿を相手に余り明確な批判を展開すればただ先方を怒らせるだけだとの思いが強かったために、冒頭で「八不」の目潰しを食わせておいたのかもしれない。それが功を奏し過ぎて、後世は*Madhyamaka-kārikā*を全て「でない」という名詞否定で解釈しようとしたのかもしれないが、「がない」という動詞否定で解釈しなければならないという註釈者が現われたとしても当然なことである。後世、前者の否定は paryudāsa-pratiṣedha（ma yin dgag）、後者のそれは prasajya-pratiṣedha（med dgag）と呼ばれるが、その両者に関する註釈家たちの問題意識に関しては、松本前掲書、三六五頁、註23を参照されたい。なお、*Madhyamaka-kārikā* 第一八章全体を、prasajya-pratiṣedha の観点から統一的に解釈しようと試みたものに、私家版ではあるが、野田俊作「『中論』の諸問題」中の「第二部：第一八章の主張と鳩摩羅什訳の問題点」がある。野田氏はアドラーギルド所属の精神医学専攻の学者であるが、仏教を学んだ成果を論文にまとめたものを個人的に送付して下されたのであり、今ここにそれを記して深謝申し上げたい。

(41) 例えば、*Saddharmapuṇḍarīka*, Kern ed., p. 44, ll. 3-4 には "śraddadhādhvaṃ me Śāriputra pattīyatâvakalpayata/ na hi Śāriputra tathāgatānāṃ mṛṣā-vādaḥ saṃvidyate/ ekam evêdaṃ Śāriputra yānaṃ yad idaṃ buddha-yānaṃ//（シャーリプトラよ、おまえたちは、私（＝仏）を信じ信頼し信服するがよい。というのも、シャーリプトラよ、如来たちには虚言というものがないからである。シャーリプトラよ、この乗は一つだけであって、即ちそれが仏乗である）" とある。なお、『法華経』の問題については、松本史朗「法華経と日本文化に関する私見」『駒沢大学仏教学部論集』第二一号（一九九〇年十月）、二一六—二三五頁、および、拙稿「『法華経』と本覚思想」同上誌、一一一—一四一頁を参照されたい。

(42) 例えば、*Ārya-Sarvadharmavaipulyasaṃgraha-sūtra* には "sūkṣmaṃ hi Mañjuśrīḥ saddharma-pratikṣepa-karmâvaraṇaṃ/ yo hi kaścin Mañjuśrīs tathāgata-bhāṣita-dharme kasmiṃścic chobhana-saṃjñāṃ karoti/ kvacid aśobhana-saṃjñāṃ sa saddharmaṃ pratikṣipati/ tena saddharmaṃ pratikṣipatā tathāgato 'bhyākhyāto bhavati/ dharmaḥ pratikṣipto bhavati/ saṃgho 'pavadito bhavati/ ya evaṃ vadatīdaṃ yuktam idam ayuktam iti sa saddharmaṃ pratikṣipati/（マンジュシュリーよ、正法を放棄する行為の障害は微妙である。というのも、だれであれ、マンジュシュリーよ、如来によって説かれたある法に対して素晴しいとの思いをなし、別のものに対して素晴しくないとの思いをなすならば、その人は正法を放棄するものとなるからである。そして彼は正法を放棄して如来を謗り、法を放棄し、教団を不当に無視する。〔また〕およそだれであれ、これは論理的に正しいがあれは論理的に誤っている、とそのように主張するものであれば、彼は正法を放棄するのである）" とある。本経は、*Śikṣāsamuccaya*, p. 95, ll. 11-15 や *Bodhicaryāvatāra-pañjikā*, Vaidya ed., p. 76, ll. 3-6 にも引用されるが、比較的古い漢訳には、竺法護訳『仏説済諸方等学経』（大正蔵、九巻、三七八頁上）があり、またその後には、毘尼多流支訳『大乗方広総持経』（同、三八二頁中）がある。上に示した文中では特に傍線部分に注目してもらいたいが、論理的に正邪を決することは正法を破壊することになるという包容主義を示している。こういう考えが、実はデカいことは偉大なことだという浅薄な思想に結びつくが、(a)—(a′)の大乗仏教における mahāyāna とはそういう浅薄さも同時に示しているであろう。しかし、デカいことはよいことだ式の考え方を取りえなかった(b)—(b′)の大乗仏教は、恐らく、自らを mahāyāna と名乗ることは少なくとも初期にはなかったのではないかと思われるのである。なお、大学院における *Bodhicaryāvatāra-pañjikā* 講読時に、本経をトレースする切っ掛けを与えてくれたのは、大学院生の石見明子氏である。記して感謝申し上げたい。

〔**付記**〕 前註38の記載に関し、その後気づいたことを補足しておきたい。『大毘婆沙論』は通俗的大乗仏教を意識しなかったわけではなく歯牙にもかける必要がなかったのだということを私は述べたが、そのことを髣髴とさせる記述が『大毘婆沙論』自体（大正蔵、二七巻、四一〇頁上―下）にあることを報告しておく。大乗の『華厳経』や『維摩経』で有名な仏の「一音演説法」について問われれば、当時の状況から説一切有部もそれには止むなく答えてはいるが、俗説とは全く異った答え方をした上で、讃仏頌などは三蔵ではないと避けているのである。〔なお、この問題は、後に第六章で詳しく論じられた。〕

（一九九三年三月二十一日）

〔**研究小補**〕 本章、註11、および、その本文で触れたsaṃghārāmaとvihāraとの関係については、vihāraはsaṃghārāmaの中にあるとの佐藤密雄博士の御指摘を、私はこの段階ではあまりにも自分勝手に敷衍していたかもしれないと今は多少反省している。仏教教団の寺院の中にvihāraもありstūpaもあるとの私の仮設自体は改める必要は感じていないものの、私はその「寺院」をsaṃghārāmaと呼んでしまったために、本書、第一部第四章、註9下所引の*Divyāvadāna*の一節のように、stūpaかsaṃghārāmaかというような二者択一の問が実際上用いられている以上、stūpaはやはりsaṃghārāmaより一線は画されていると見做されねばならない。従って、厳密にいえば、私の仮設上の「寺院」にsaṃghārāmaを当てたものは不適切になる、ということをここに明言しておきたい。なお、このことは、当然のことながら、本書、第二部第九章の「図2」（三一九頁）にも適用されるであろう。本章、註13、および、その本文で記した「在家菩薩」に対応するサンスクリット語gṛhastha-bodhisattvaは、本書、第二部第十二章、註19以後は、実例の回収によってgṛhi bodhisattvaḥに改められたものと同じであることをここにお断りしておきたい。本章、註35で触れたyuktaとmuktaに関しては*Divyāvadāna*, p. 329, l. 3, l. 7の"yukta-mukta-pratibhāna"などの例が参照されるべきことについては本書、第二部第九章、註17に指摘したとおりである。ただし、そこでは、*ibid*, pp. 707-708の校訂者によるLéon Feerの教示をも含むやや詳しい註記を見落していたので、この際に補って参照されたい。なお、この*Divyāvadāna*の第二三章については、対応の『出家事』と共に、できれば、将来、私の『律蔵説話研究』において考察してみたいと思っている。本章、註36で引用した『虚空蔵経』の初習業菩薩の第五根本罪の記述中、「名声」はkīrti、「利得」はlābhaの訳語として用いられているが、これと関連する「所得」と「尊敬」、および、八つの「世間法」については、本書、第一部第二、三章を参照されたい。本章、註38で触れた小谷信千代博士、恵敏博士の成果は、それぞれ、後に、『チベット倶舎学の研究――『チムゼー』賢聖品の解読――』（文栄堂、一九九五年）、『「声聞地」における所縁の研究』（山喜房仏書林、一九九四年）としてまとめて出版されているので参照されたい。

第五章　大乗仏教成立状況の解明に資する文献

前章においては、大乗仏教の成立に関して、「菩薩ガナ」の存在を想定しその拠点たる仏塔の独立性と担い手たる菩薩の独自性とを強調することによって初期のその成立状況を明らかにしようとした平川博士の仮説を避ける一方で、この代案として、伝統的仏教教団自体の社会的変化に伴う教団の変質を、「習慣」と「思想」との対比を考慮しつつ検討することによって、その教団自体の変質のうちから大乗仏教も成立してきたのだということを、論証を主とはせずに、作業仮説的に提起してみたわけである。本章においては、その提起を受けつつ、それを根拠づけるような文献を、多少大まかにはなるが、より具体的に検討してみることにしたい。

仏教教団自体が変質し大乗仏教が生み出されるようになった時代に急速にクローズアップされてきた寺院在住の特定の役職者が、kappiyakāraka（浄人）や ārāmika（守園人）であり、就中 veyyāvaccakara（管理人、執事人）であったであろうということは、既に述べたが、以下においては、しばらく、この veyyāvaccakara に関連する文献を取り上げて検討してみよう。

前章でも触れたことであるが、この役職に言及する重要な文献の一つが、僧団の規律条文の没収罪第十条である。しかるに、現実の教団は必ずいずれかの部派に属しているわけであるから、この第十条についても、部派による相違は当然考慮しなければならないことは勿論であるが、時代と共に変質した役職である可能性が強い以上、必然的に時代的な相違も考慮しなければならないであろう。しかし、本第二部は、そのことだけを問題とするものではないので、代表的部派と考えられる根本説一切有部（Mūla-Sarvāstivāda）の、しかも時代的には最も新しい段階を示していると思われるサンスクリット文献を中心とし、それをパーリ律と対比することによって、大まかな相違を指摘するという手法を取ることにしたい。以下に示す訳文は、[1] A. C. Banerjee 校訂の *Prātimokṣa-sūtra* を底本として、問題の第十条を示したものであるが、訳文中の傍線部分は、パーリ律の当該条文には全く存在しない箇所を示している。

実に、王 (rājan, rgyal po) あるいは大臣[2] (mahāmātra, blon po chen po) あるいはバラモン (brāhmaṇa, bram ze) あるいは居士 (gṛhapati, khyim bdag) [a]あるいは都市人 (naigama, grong rdal gyi mi) あるいは地方人 (jānapada, yul mi) あるいは資産家 (dhanin, nor can) あるいは商組合主 (śreṣṭhin, tshong dpon) あるいは貿易商主 (sārthavāha, ded dpon) が、使者の手に衣服の代金[3] (cīvara-cetanaka) を託し指示して比丘に遣わしたとしよう。かくして、かの使者は、それらの衣服の代金を持って、その比丘の居るところに至るであろう。そして至った後に、その比丘に次のように語るであろう。「実に、聖人よ、御承知おき下さい。王あるいは大臣あるいはバラモンあるいは居士[b]あるいは都市人あるいは地方人あるいは資産家あるいは商組合主あるいは貿易商主が衣服の代金を指示してあなたに遣わしました[4]。聖人よ、どうか、[c]お慈悲のゆえに (anukampām upādāya)、それをお受け取り下さい。」と。〔そこで、〕かの比丘は、その使者に次のように答えなければならないであろう。「ようこそ、御使者さん。比丘たちにとって衣服の代金を受け取ることは相応しいことではありません[5]。しかし、私どもは、一旦得た後に、時に適えば、衣服で受け取ります[6]。」と。〔そこで、〕その使者はかの比丘に次のように語るであろう。「どなたか、[d]聖人たちの委託 (vaiyāvṛtya, zhal ta) を引き受ける (pratyanubhavati, nyams su len) ような、聖人たちの管理人 (vaiyāvṛtyakara, zhal ta bgyid pa=zhal ta byed pa) はいらっしゃいますか。」と。〔そこで、〕衣服を希望する比丘は、守園人 (ārāmika) あるいは在家信者 (upāsaka) を管理人 (vaiyāvṛtyakara, zhal ta byed pa) であると指示して[7]、「御使者のものよ、これらのものが比丘たちの管理人であり、[e]これらのものが比丘たちの委託を引き受けます。」と〔言うだろう〕。かくして、かの使者は、それらの衣服の代金を持って、かの管理人の居るところに至るであろう。そして至った後に、その管理人に次のように語るであろう。[f]「実に、管理人さんよ、御承知おき下さい。

これらの衣服の代金によって、これこれしかじかの様子をした、かの衣服を考えて、このような名前の比丘がやって来るでしょうが、あなたは彼に時に適った衣服にして（cīvareṇa kālena kalpitena）差し上げて下さい（ācchādayethāḥ）。[8]」と。かくして、かの使者は、その管理人に正しく適切に言い付け手配して、かの比丘の居るところに至るであろう。そして至った後に、かの比丘に次のように語るであろう。「聖人によってこれが管理人であると指示された人に私は[9]手配いたしましたので、その人のところへ至って下されば、彼があなたに[10]時に適った衣服にして差し上げるでしょう。」と。〔その後に、〕衣服を希望する比丘は、管理人のところに至って、「管理人さん、私は衣服を希望します。g管理人さん、私は衣服を希望します。」と二度三度と催促し想起させるべきである。二度三度と催促され想起させられた時に、もしもその衣服が仕上っている[11]（abhiniṣpadyate, grub）というならば、そのようにして正しいが、もしも仕上っていないならば、四度五度六度までは、沈黙してその場に[12]（uddissa, uddeśe, phyogs su）留るべきである。四度五度六度まで沈黙してその場に留ったものに、もしもその衣服が仕上っているというならば、そのようにして正しいが、もしも仕上っていない場合に、それ以上[13]、衣服を仕上げさせるために尽力するならば[14]、〔その〕仕上った衣服に関しては没収罪（naisargika-pāyantikā）である。もしも仕上っていない場合には、それらの衣服の代金がもたらされたその場所に自ら趣くべきであるか、あるいは信頼できる使者が「およそなんであれ、あなたがたによって指示されてこのような名前の比丘に遣わされたそれらの衣服の代金は、その比丘にはいささかも及んでいない。あなたがたは自己の財産を取り戻して[15]、あなたがたの財産が失われぬようにしなさい。」というように遣わされるべきである。これは、その場合に合意できることである。

以上の引用中、パーリ律の当該条文には全く存在しない箇所を示す傍線部分はa—gの七箇所に及ぶが、傍線a、bおよび傍線d、eは実質的に同じであるから、検討すべき主な相違箇所は五箇所である。この五箇所を、今の引用と同じ有部系の古い漢訳である『十誦律』と比較すると、後者は前者の傍線fに近い一文を有する以外は相応文を持たず、この点で後者はむしろパーリ律に近い。しかるに、同じ五箇所をより新しい漢訳の義浄訳『根本説一切有部毘奈耶』の当該箇所と比較すると、やはり義浄訳は上引の最も新しいサンスクリット文の *Prātimokṣa-sūtra* の当該箇所と一番近いことが判明する。近いとはいっても、傍線a、bと傍線d、eと傍線g相当のものはないのであるが、傍線gは単なる繰り返しの欠如であるから本質的な相違とはならず、また、傍線a、b相当の衣服の代金の寄進者の種類は、完全に欠如しているわけではなく、「等」によって省略されているとも考えることができるのである。[16] なにはともあれ、この没収罪第十条に限っては、『十誦律』→『根本説一切有部毘奈耶』→サンスクリット文 Mūla-Sarvāstivāda の *Prātimokṣa-sūtra* という古→新の順が、そのままに、部派間の相違ではない、同一系統間での時代の変化を反映していると極常識的に判断して間違いないものと思われる。その観点から、もう一度、上引のサンスクリット文や義浄訳に生じた重要な箇所に注目すると、傍線a、bは、「等」という増広を経て、終には寄進者の実態を盛り込まざるをえなくなった時代のものであり、それらの事実上の付加は義浄以降だったとしても、それらの寄進者の種類は、中村元博士がマウリヤ王朝から大乗仏教興起時代にかけての社会構成の中で注目しているような、[17] 当時新興の代表的職種だったことを忘れてはならない。また、傍線cは、義浄訳にも「哀愍為」とあるが、これは、出家者が在家者の寄進を受けてあげることによって寄進者の「悪業払拭」が満足されて「慈悲（anukampā）」になるという通俗的大乗仏教の波が説一切有部の教団にも押し寄せていたことを示しているであろう。更に、傍線d、eは、今見たような、出家者と在家者との授受の役割分担を円滑に成り立たしめる役職者として急速に重要となったその職務を明確に規定する必要があったからであろうと考えられる。なお、如上の条文によれば、そのような職務をもった vaiyāvṛtyakara に指名されうるのは ārāmika か upāsaka であるが、この両者は、その経分別である *Vinayavibhaṅga*（『律分別』）中では、「守園人（kun dga'i ra ba pa, ārāmika）とは浄人（rung ba byed pa, kalpikāraka = kappiyakāraka）であり、在家信者（dge bsnyen, upāsaka）とは〔三宝に〕帰依し五学処を受けているものである。[18]」と解釈されているから、守園人が管理人に指名された場合は、在家者のその場合とは、明確に区別されていたはずである。

さて、以上では、伝統的仏教教団を代表する説一切有部の *Prātimokṣa-sūtra* の条文を中心に vaiyāvṛtyakara の言及のされ方を見てみたわけであるが、かかる仏教教団に付随して成立した大乗仏教経典では、この vaiyāvṛtyakara がどのように記述されているかを以下に見てみることにしよう。

第三章で触れたことと多少重複するが、平川彰博士によって最古の大乗経典の一つと認められている『法鏡経』では、この vaiyāvṛtyakara が「主事者」と訳されたのではないかと思われるが[19]、その古訳ではこの職務を充分推測するに足る記述はまだ与えられていない。本経の比較的新しい漢訳でもその状況は続き、最も新しいチベット訳に至って始めて zhal ta byed pa と訳されたその役職者に関し、先に示したごとく[20]、「〔在家菩薩は〕管理人に仕えてなすべき全てをなすことに努めるべきである」という記述が現われることになるのである。

しかるに、如上の経典のその間の文献的推移に応ずる時期に生まれた別な経典が *Ratnarāśi-sūtra* で、本経では、既に紹介したごとく、全七章からなるその一章にこの vaiyāvṛtyakara (zhal ta byed pa) を主題とした記述が盛り込まれるに至る。現行の本経は「宝梁聚会」として『大宝積経』の第四四会を成すが[21]、元来は、『出三蔵記集』の記載[22]するように、晋の安帝の代(三九六—四一八)に道龔によって訳された『宝梁経』という単経である。比較的新しい経典であるため、諸本間には『法鏡経』の場合ほどの径庭はないので、以下に、チベット訳を主にして、今問題となる Vaiyāvṛtyakara-parivarta (Zhal ta byed pa'i le'u、「営事比丘品」) の一部を紹介してみよう。本章の冒頭は、世尊によって清浄な比丘と漏尽の阿羅漢という二種のものが管理人 (vaiyāvṛtyakara) に任命されるが、それはなぜかという問題提起で書き起こされ、その答えの部分は以下のとおりである[23]。

それはなにゆえか。カーシャパ (Kāśyapa, 'Od srungs) よ、善く説かれたこの法と律 (chos 'dul ba, dharma-vinaya) において種々の種性 (rigs, gotra) より出家し、種々の心の容認 (sems kyi mos pa, cittādhimukti) を有し、断滅の

ために種々の実修（rnal 'byor, yoga、瑜伽）に住するものにして、あるものは寂静な森林（dgon pa, araṇya）の寝所を喜び、あるものは常乞食者（bsod snyoms pa, paiṇḍapātika）であり、あるものは町に住むもの（grong 'dab na gnas pa, pura-vāsin）であり、あるものは清浄な生活者（'tsho ba yongs su dag pa, pariśuddhājīvika）であり、あるものは多聞に努めるもの（mang du thos pa la mngon par brtson pa, bahuśrutābhiyuktaka）であり、あるものは法を語るもの（chos smra ba, dharma-bhāṇaka、法師）であり、あるものは律を保持するもの（'dul ba 'dzin pa, vinaya-dhara）であり、あるものは論母を保持するもの（ma mo 'dzin pa, mātṛkā-dhara）であり、あるものは村（grong, grāma）や町（grong khyer, nagara）や聚落（grong rdal, nigama）や国土（yul 'khor, rāṣṭra）や首都（pho brang 'khor, rājadhānī, paurī）に住んで法を説示するものであるが、〔彼らは〕他の有情たちの心のあり方（sems kyi spyod pa, citta-carita）を守ることは難しいからである。カーシャパよ、そこで、管理人（zhal ta byed pa, vaiyāvṛtyakara）の比丘（dge slong, bhikṣu）が全ての比丘教団（dge slong gi dge 'dun, bhikṣu-saṃgha）の心を喜ばすべきである。

以上の引用中の「あるもの」のうち、町や聚落や首都に住むものとは、当時新興の金持ちや王族の「在家菩薩」を指している可能性も高く、こういうものの一部が *Vimalakīrtinirdeśa*（『維摩経』）の主人公であるヴィマラキールティ居士であったり、*Ākāśagarbha-sūtra*（『虚空蔵経』）で言及されている灌頂されたクシャトリヤ[24]であったのかもしれない。それら以外の「あるもの」とは、恐らく、『法鏡経』以来の苦行者集団と基本的に一致する、僧院には常駐していない「出家菩薩」だったのである。[25] vaiyāvṛtyakara とは、上の引用末尾で明らかなように、これら両種の僧院には常駐していない菩薩のために労を取ることによって、彼らの心を満足させる役職だったということになる。しかも、本経では、この役職は明確に比丘と呼ばれているので、有部の *Vinayavibhaṅga* で、upāsaka ではない ārāmika が vaiyāvṛtyakara に任命されたような場合の、更に徹底して比丘にまで転用された状況を考えればよいと思われる。この vaiyāvṛtyakara が僧院に常駐していない比丘（＝菩薩）のために為すべきことが、本経では、先の引用に引き続いて記述されているのであるが、以下には、その中から、実修行者（yogācārin、瑜伽師）に関説する部分を紹介してみることにしよう。[26]

そこで、カーシャパよ、およそだれであれ実修行者（rnal 'byor spyod pa, yogācārin、瑜伽師）の比丘であるようなものであれば、彼らに対して、管理人（zhal ta byed pa, vaiyāvṛtyakara）の比丘は、適切な日用品（'tshog chas, upakaraṇa）および病の治療薬（na ba'i gsos sman, glāna-pratyaya-bhaiṣajya）や必需品（yo byad, pariṣkāra）を与えるべきである（sbyin par bya, upasaṃhartavya）。どこにおいてであれかの実修行者の比丘が住しているその場所（sa phyogs, [pṛthivī-]pradeśa）において、かの管理人の比丘は、高い声（sgra chen po, ucca-śabda）や烈しい語（skad drag po）を発するべきではなく、また〔他人を〕そうするようにさせるべきでもない。そして、管理人の比丘はかの実修行者の比丘を守るべきであり、寝臥具（mal cha, śayyâsana）を用意すべきである。そして、好ましい食物（kha zas bsod pa, praṇīta）や意に適ったもの（yi gar 'ong ba, saṃpriya）や実修行の階梯（rnal 'byor spyod pa'i sa, yogācāra-bhūmi）に一致した食事（bza' ba dang bca' ba, khādanīya-bhojanīya）を与えるべきである（sbyin par bya, upanāmayitavya）。〔そして、更に、管理人の比丘は、〕かの比丘に対して、「この比丘は如来の教説を示すために住しているものであり、彼に対して私は適切な全ての必需品を多く用意すべきである」と思って、強い愛惜の想いを起すべきである。[27]

上引の一節中においても、「実修行の階梯（yogācāra-bhūmi、瑜伽師地）」などという言葉が用いられている点には充分注意を払うべきであろうが、苦行主義を支持する「在家菩薩」の教団への接近によって、苦行者たちのなかでも、とりわけ「実修行（yogācāra）」の体系化を企ろうとした「実修行者（yogācārin, yogācāra）」たちは注目を集めていったに違いない。そういう状況が、上の引用によっても推測されるのであるが、聖典以上に体験を重視する彼らの意見は、僧院に常駐している学僧たちによっても次第に無視できないものになっていったと思われ、それが正統仏教の集大成でもある『阿毘達磨大毘婆沙論』中では「瑜伽師」や「観行者」の意見として登場することになるのである。[28]彼らの実修体系の典型的な例は不浄観に認めうると思われるが、不浄観それ自体は、厳しい苦行主義的「習慣」ではあろうとも、仏教の知性主義的「思想」とは本質的に関係のないものである点は、決して看過されるべきではないであろう。[29] その後、彼らの「実修行」の体系は、例えば、*Śrāvakabhūmi* の不浄観などを経て整備され、[30] 更に、時代の進展と共に、実修行者が僧院に定住するようになって「唯心論」の哲学を大成した時に、唯識（vijñapti-mātra）を基本的立場とする実修行派（Yogācāra）が大乗の一派として登場することになるのである。この派の特徴の一つとしては、その体験至上主義の極致として「旧師（pūrvâcārya）」の尊敬ということが指摘できるが、今問題にしている *Ratnarāśi-sūtra* においても「師（bla ma, guru）」に対する敬順が重要な徳目の一つになっていることを、ここで注意しておきたい。[31] 本章の主役 vaiyāvṛtyakara もまた、そういう路線で実修行者を始めとする苦行者たちに接することが要求されていたと考えられるからである。

ところで、以上の引用が vaiyāvṛtyakara の人的管理に関する任務の一端だったとすれば、旧来からの財産管理の任務については、本経においていかに記述されているであろうか。以下には、その任務に触れている一節[32]のみを示すことにしよう。

およそなんであれ教団の所得（dge 'dun gyi rnyed pa, sāṃghika-lābha）であるかぎりそれを、管理人（zhal ta byed pa, vaiyāvṛtyakara）の比丘は適時に比丘教団（dge slong gi dge 'dun, bhikṣu-saṃgha）に与えるべきであるが、教団の所得を〔不当に〕蓄えたり隠したりすべきではなく、所得のあったとおりに用意すべきであり、催促されずに施与すべきであり、損傷なく施与すべきである。彼は、貪瞋痴や畏れ（'dun pa dang zhe sdang dang gti mug dang 'jigs pa）をもって趣くようなことをなすべきではない。[33]〔彼は、〕比丘教団に仕えるべきであって、在家の側（khyim pa'i phyogs, *gārhapakṣika）に仕えるべきではない。〔彼は、〕教団の職務に仕えるべきであって、自分の職務に仕えるべきではない。〔彼は、〕いかなる財産 (dngos po, vastu) に対しても総支配人 (dbang bya ba, aiśvarya)

であるかのような想いを起すべきではなく、いかに職務が僅少のものであろうと、教団の意向（gros, mata）のままになすべきであり、自分の好き勝手に（rang dgar, sva-matena）なすべきではない。〔彼は、〕教団の（dge 'dun gyi, sāṃghika）あるいは全教団の（phyogs bzhi'i dge 'dun gyi, cāturdiśa-sāṃghika）あるいは仏塔の（mchod rten gyi, staupika）必需品のいずれであろうとも如実に規定すべきであり、教団のものを全教団のものに合すべきではないし、全教団の所得を教団のものに合すべきでもない。また、〔彼は、〕仏塔の所得を教団のものや全教団のものに合すべきでもない。もしも、全教団において不充分な状態が現われ（brel phongs su gyur, vaikalyaṃ bhavet）、教団の所得〔の方〕が豊富（che, utsada）となったならば、〔かの〕管理人の比丘教団を集め意向を一致させて後（bsdus la gros 'thun par gyis te, eka-mānasaṃ kṛtvā）、かの教団の所得から全教団へ〔所得の一部を〕譲渡すべきである（bshugs par bya, upanāmayitavya）[34]。もしも、如来の仏塔（de bzhin gshegs pa'i mchod rten, tathāgata-stūpa）が破壊して（zhig ral du gyur, pralugna）、教団のもしくは全教団の所得〔の方〕が多くなったならば、〔かの〕管理人の比丘は全ての比丘教団を集め意向を一致させた後、次のように、「この如来の仏塔が破壊して、教団のもしくは全教団の所得〔の方〕が多くなりましたが、もしも皆さん（tshe dang ldan pa rnams, āyuṣmantaḥ）が害なく信をもって耐えて許して下さいますならば、私は教団のもしくは全教団のこの所得の中から若干の財産を持ち出してこの如来の仏塔を修理するでありましょう。」と述べるべきである。もしも教団が許したならば、かの管理人の比丘はそのようになすべきである。しかしもし教団が許さなかったならば、かの管理人の比丘は、施者（sbyin pa po, dāyaka）や施主（sbyin bdag, dāna-pati）たちに勧進して（gsol ba thob la, samādāpya）如来の仏塔を修復すべきである（gso bar bya, pratisaṃskartavya）。カーシャパよ、もしも仏塔の所得がいかに多くなってしまったとしても、管理人の比丘は〔それを〕教団と全教団に譲渡すべきではない。

私見によれば、上引の一節を有する *Ratnarāśi-sūtra* は(a)――(a')の大乗仏教を代表する経典であることは明らかであるから、上引末尾に示されるように、教団もしくは、全教団の所得（私のいう寺院内僧地側の出家教団所属の財産）の仏塔への流用は許容されてもその逆はそうでないことは、仏塔の所得を絶対視する本経の立場上当然のことである。しかしながら、仏塔の所得を絶対視するこのような動きさえすらも、伝統的な仏教教団そのものの中からしか生じえなかったことは、上来示し来たった *Ratnarāśi-sūtra* の引用、とりわけ vaiyāvṛtyakara を巡る記述を通して自ずと明らかだと思われる。

とはいえ、私は、マウリヤ王朝以降の仏教教団の大規模化に伴って急速にクローズアップされた役職として vaiyāvṛtyakara だけを強調したいわけではない。ただ、教団の変質と共に最も変化を蒙ったはずの役職の代表として vaiyāvṛtyakara に注目しているにすぎないのであり、教団の変質は当然のことながらいろいろな役職にも及んだであろう。そのうちで、今の vaiyāvṛtyakara との関係上特に注目してよいものに、チベット語訳で gnas mal 'bog pa、漢訳で「作分臥具人」「作知臥具人」などと訳される役職がある。職務の遂行に当っては、上引の傍線部分に述べられる vaiyāvṛtyakara の場合と全く同様の態度が要求されるのであるが[35]、佐藤密雄博士の御研究によると、これは、「安居の初めに、比丘達に、安居中の臥坐する処と臥坐する床牀等を配分する役目」で、「更に、安居が固定して常住の僧院生活時代になると、精舎の常住管理差配者となったと考えられる。[36]」ような職務のもののことである。そのパーリ語は senâsana-paññāpaka で、これから類推すると、サンスクリット語は śayyâsana-prajñāpaka と思われるが、私は実例を確認しておらず、本第二部では暫定的にチベット訳を含む上記の諸語に基づき最大公約数的に「寝臥具手配人」と理解しておくことにしたい。しかし、その名称の確定はともかくとすれば、役職の実態というものは *Mahāvyutpatti*, no. 9073 の śayanâsana-vārika: mal stan gyi zhal ta pa によって名指されようとしたものと同じと考えられる。[37] もしそうなら zhal ta pa と zhal ta byed pa との実質上の同一性から、「寝臥具手配人」は「管理人（vaiyāvṛtyakara）」の一種で、vaiyāvṛtyakara の人的管理のもとに苦行者が僧院に呼ばれた場合に彼らの宿坊や寝具を実際に手配する役職のものではなかったかと推測される。事実、この「寝臥具手配人」が応対するのは苦行者たちであり、『根本説一切有部毘奈耶』およびそのチベット訳によれば、その苦行者は、経師(mdo sde 'dzin pa, sūtra-dhara)、律師('dul ba 'dzin pa, vinaya-dhara)、論師(ma mo 'dzin pa, mātṛkā-dhara)、法師(chos sgrog pa, dharma-kathika)、禅師(spong ba pa, bhaikṣuka)の五種である。[38] 興味深いことに、この対応箇所を『十誦律』について見ると、多少異った四種[39]が挙げられており、最も大きな違いは、前者にはない「森林住者(āraṇyaka、阿練児)」が『十誦律』にはある点にある。苦行者の代表である「森林住者」がより古い時代のものにあり新しい方にないというのは、「寝臥具手配人」の役割が、当初は一時的な宿泊の世話であったものが後にはほぼ常住するものの世話に変わり、新しい方には最も常駐しやすい五種の苦行者は残ったが、僧坊に常住していては苦行者の価値がなくなる「森林住者」は逸速く除外されたとも考えられる。とはいえ、新しい方に残った五種の苦行者が完全な僧院定住者になったとは当該箇所からもむしろ読み取れないことと、その五種に近似の苦行者が、先に引用した *Ratnarāśi-sūtra* の Vaiyāvṛtyakara-parivarta(「営事比丘品」)の冒頭でも、僧院定住者としては描かれていないこととは、留意されて然るべきであろう。

ところで、教団の大規模化と共にその財産管理が極めて重要になったことは言うまでもないが、人数上も膨れ上っていった僧院定住の出家者および断続的に宿泊する苦行出家者の取り扱いも、彼らの苦情を引き起さぬように、充分配慮されていったことは、これまでの考察からも明らかであろうと思われる。vaiyāvṛtyakara は、いわばその両面の管理人として時代と共に重要視されていったと考えられるものであるが、後代になって、この役職に因んで、問題の経の Vaiyāvṛtyakara-parivarta の始めの部分を比較的長く引用したのが七世紀の Śāntideva の *Śikṣāsamuccaya* の第三章 Dharmabhāṇakādi-rakṣā-parivarta(「法師などの守護という章」)だったのである。このことによっても、本経の当該箇所が、管理人の人的管理が円滑に執行されるようにとの意図のもとに引用されていることが分かると思うが、これに続くやはり比較的長い引用が *Divyāvadāna* よりなされるが、その箇所は、基本的には、教団において人的管理を含む所作を適切になさない比丘などはその結果として醜い容貌を得るに至るという式の所謂通俗的な因果応報の話から成り立っており、『根本説一切有部毘奈耶出家事』中にも相当文を持つ。以下に、その中から、「浄人（kalpikāraka＝kappyakāraka）」に因む一段を示せば次のとおりである。(40)

およそいかなる有情であれ、あなたが鍋のような容貌をしたもの（sthāly-ākāra）たちを見たならば、彼らは〔その昔〕比丘たちに奉仕した（upasthāpaka）浄人（kalpikāraka, rung ba byed pa, lha ’bangs）であったのだが、彼らが薬を〔鍋で〕煮詰めていたところ、比丘たちによって不快なことを言われたので、彼らは心を傷めつけられて、鍋を壊わしたので、その行為の結果によって鍋のような容貌になったのである。

この段階での kalpikāraka（浄人）は、決して比丘と対等ではありえず、従って、比丘の行為の是非を問うことなく、ただひたすら比丘に奉仕することが求められたのであろう。我々は、このような一節からも、仏教教団の現状がかかる役割分担の上に支えられ、更には大乗仏教の展開を含めてまでも維持され続けたのだということを知らなければならないのである。時代が下り、このような kalpikāraka の中から vaiyāvṛtyakara が任命され、それが教団管理人としての実権を握るようになってからでさえ、そのような差別は基本的に改められることはなかったと思うが、グプタ期に入り大乗の実修行者（yogācāra）も比較的安定した形で仏教教団の僧院内に常住することができるようになった時期に編纂されたものが *Yogācārabhūmi*（『瑜伽師地論』）である。その最も重要な部分をなす *Bodhisattvabhūmi*（『菩薩地』）の Śīla-paṭala（「戒品」）において、ārāmika（守園人）は、表現上は vaiyāvṛtyakara と同格で、次のように記述されるに至る。(41)

管理人（vaiyāpṛtyakara＝vaiyāvṛtyakara, zhal ta byed pa）にせよ、あるいは守園人（ārāmika, skyed mos tshal bsrung ba）にせよ、およそだれであれ、教団の（sāṃghika）もしくは仏塔の（staupika）財産（dravya）を不当に消費し、そして個人的に受用するような人があれば、菩薩はそのことを検討して、その行為とその誤った受用とが彼らにとって長夜にわたって安楽や利益のためにならないようになることを恐れて、その支配権（ādhipatya）を剝奪するのである。それで、この観点によれば、〔その〕菩薩は、与えずして取ったとしても、無罪となるのであり、そして沢山の福徳が生ずるのである。

このように出家の管理人や守園人を支配できる菩薩が、依然在家の金持ちや王族であったと解釈する可能性を完全に否定し去りうる根拠はどこにもないであろう。私は、この菩薩を在家者とみる立場に固執したいのであるが、万一彼らがあくまでも出家者であったとするなら、それには、僧院内に定住するようになってから、教団管理の実質的権力までも掌握するようになった実修行者（yogācāra）などを想定するほかはあるまいと思われる。しかるに、如上の引用の一節を含む前後の箇所は、古い漢訳の曇無讖訳や求那跋摩訳にはなく、後に増広されたものとすれば、如上の引用は却って当時の時代の変化を反映した箇所とも言えるのである。実修行派（Yogācāra）のアサンガ兄弟は、実修行者が僧院内に定住し出した以後の人と思われるが、彼らの出家やその後の様子について、玄奘は『大唐西域記』の中で次のように記している。(42)

無著菩薩健馱邏国人也。仏去世後一千年中、誕霊利見承風悟道。従弥沙塞部出家修学頃之迴信大乗。其弟世親菩薩於説一切有部出家受業、博聞強識達学研機。

化地部（Mahīśāsaka、弥沙塞部）で出家し後に大乗に転向した兄アサンガは、僧院内にあって実修行者たちのマニュアル編纂ともいうべき *Yogācārabhūmi* の形成に大きく関与したと思われるが、後に兄に従うことになった弟ヴァスバンドゥは、転向前には、説一切有部の僧院にあって仏地の caitya に及ぶ通俗的大乗の余波を感じつつ、*Abhidharmakośa-bhāṣya* を著わしていたのである。(43) では、アサンガ兄弟よりもかなり以前のナーガールジュナの場合はどうだったであろうか。『龍樹菩薩伝』では、以下のように述べられている。(44)

既出入山、詣一仏塔、出家受戒。九十日中、誦三蔵尽。更求異経、都無得処。遂入雪山、山中有塔、塔中有一老比丘、以摩訶衍経典与之。

平川彰博士は、引用中の傍線の「仏塔」に注目して、それを部派教団ではありえないとの理解の上で、その「出家受戒」も正規の具足戒を受けた意味には認めがたいとされている。(45)しかし、そこには研究すべき三蔵があったのであるから、その「仏塔」は、たとえその所属はわからないにせよ、確固たる仏教教団であり、そこでその教団に所属する具足戒を受けたと考える方が自然であろう。却って老比丘のいた「塔」こそは、上来も検討してきた苦行者の居住地にほかならず、こちらの方が大乗仏教とより深い関係をもったのである。いずれにせよ、ナーガールジュナでさえ、伝統的仏教教団で出家せずしては、その後の仏教者としての生き方はありえなかったということであるが、プトゥン（一二九〇―一三六四）の『仏教史（*Chos byung*）』は、そのナーガールジュナが管理人（vaiyāvṛtyakara）であったという話を伝えている。むしろ荒唐無稽な伝説に属するものではあるが、管理人のなんたるかは示されていると思うので、その引用(46)をもって、主として管理人のことを問題とした本章を結ぶことにしたい。

〔どんなに法会を行っても七年以上を越えては生きることができないと予言された〕彼（ナーガールジュナ）は、順次に進んで行って、〔ついに〕カルサルパーニ（Kharsarpāṇi）の尊顔を拝した。更に進んで、栄光のナーランダーの門前に到り、『サーマ＝ヴェーダ（*sNyan dngags kyi rig byed*）』を朗読したとき、そこにいらっしゃったバラモンのサラハ（Saraha）がお聞きになって中に導き入れたので、どうしてこうなったかという謂れを説明した。すると論師サラハが言うには「出家できるならば〔死から逃れる〕方策はある。」とのお言葉だったので、〔ナーガールジュナは〕出家した。〔サラハは〕死神を制圧する無量寿（tshe dpag med）のマンダラにおいて〔ナーガールジュナを〕灌頂し、真言を唱えさせた。とりわけ、〔死ぬと予言された〕七年が過ぎる夕刻から夜には、ひっきりなしに〔真言を〕唱えたので、死神から自由になり、父母に会った時にも非常に喜んだのである。その後、〔彼は〕バラモンのサラハに『吉祥秘密集会（*dPal gSang ba 'dus pa, Śrī-Guhyasamāja*）』などの典籍を教誡と共に乞うた。

その後、ナーランダーの戒師ラーフラバドラに戒師となってくれることを願い、具足戒を受けて（bsnyen par rdzogs te, upasampadya)、比丘シュリーマットとして知られるようになった。そのころ、〔彼が〕ナーランダー教団（dge 'dun, saṃgha）の管理人（zhal ta ba, vaiyāvṛtyakara）をなしていた時、大飢饉が起ったところ、〔彼は〕島の中から錬金術の薬を獲得し錬金術をなして教団の昼食をまかなって雨安居を切り抜けていると、教団のものたちは、「人が痩せ衰えて死んでいくのが見られ飢饉が現に起っているというのに教団の昼食は一体どのようにしてまかなわれているのか。」と問い質したので、〔ナーガールジュナは〕先のやり方を述べた。すると、〔彼らは〕「教団に願い出ることなく教団を不当な生活にしむけているので、〔おまえはこの〕場から追放されて、千万の僧院（gtsug lag khang, vihāra）と仏塔（mchod rten, stūpa）とを造るがよい。」と言い放った。

勿論この伝説は後代の創作であるに違いないが、この話は、作者によって、(b)—(b′)の大乗仏教の創始者と目されてもよいようなナーガールジュナでさえ、伝統的仏教教団で出家することなしには仏教の出家者たることはありえないと考えられていたことを示すと同時に、ともすれば同じ比丘たちから非難を被りがちであった当時新興の任務までをも担っていた管理人（vaiyāvṛtyakara）の比丘たることの危機的性格が極めてよく理解されていたことを示すものといえるであろう。

註

（1） A. C. Banerjee, "The Prātimokṣa-Sūtra", *The Indian Historical Quarterly*, Vol. XXIX, No. 3 (1953), pp. 268–269：チベット訳, *So sor thar pa'i mdo*, P. ed., No. 1031, Che, 8a1–b4. なお, N. Tatia, *Prātimokṣasūtram of the Lokottaravādimahāsāṅghika School*, Tibetan Sanskrit Works Series, No. 16 では, pp. 14–15 が相当する。これ以外の律の相当箇所については、平川彰『律蔵の研究』（山喜房仏書林、一九六〇年）、七五一頁〔：平川彰著作集、第一〇巻、三四三頁〕、註2の指摘に従ってもらいたい。更に vaiyāvṛtyakara の表記についていえば、この Banerjee 本では vaiyyāvṛtyakara とされているが、本文中の引用では一応 vaiyāvṛtyakara に統一して示しておいた。

（2） 底本には rājamātra とあり、このままでもよいのかもしれないが、チベット訳を生かす意味で mahāmātra に変えてみた。なお、パーリ律では rājabhogga, Lokottaravādin 律では rājabhogya である。

（3） 底本に cīvara-cetakāni とあるも、チベット訳に gos kyi rin とあるにより、単なる誤植とみて、cīvara-cetanakāni と訂正する。〔なお、本書、第二部第六章、註1に記した、片山一良氏の御教示と、その後の成果を活かせば、「衣服の代金」以下は、「衣服の代金を比丘の名義で遣わしたとしよう。」とされるべきである。〕

（4） 底本に cīvara-cetanakena vânupreṣitāny とあるも、cīvara-cetanakāny anupreṣitāny と正されるべきと考えて訳した。〔なお、この箇所も、前註に補ったと同じ経緯にて、「衣服の代金をあなたの名義で遣わしました。」とされるべきである。〕

（5） 底本には patyante parigrahītum とあるも、チベット訳に len du mi rung ste とあるにより、na kalpyante parigrahītum と改めて読んだ。

（6） 「しかし」以下、ここに至るまでの原文は cīvaraṃ tu vayaṃ labdhvā pratigṛhṇīmaḥ kāle kalpikaṃ で、そのチベット訳は bdag cag gos rung ba dus su rnyed na ni len to である。チベット訳によれば、「しかし、私どもは、相応しい（あるいは選択されてもよい）衣服を、時至れば、受け取ります。」と読んで、kalpikam を cīvaram にかけるべきかもしれないのであるが、サンスクリットの両語の離れ具合からして、それは不自然とみて、その読みは採用しなかった。〔しかし、前註に補ったと同じ経緯による片山一良氏の御教示によって、後に、チベット訳の読みに従うべきであることが判明したことを、ここに明記しておきたい。〕

（7） 原文は, vaiyyāvṛtyakaro vyapadeṣṭavyaḥ ārāmiko vā upāsako vā であり、パーリ律でも、これとほぼ対応する veyyāvaccakaro niddisitabbo ārāmiko vā upāsako vā であるが、従来の訳は肝腎な点が必ずしも正確に訳されていない。上田天瑞訳「執事人或は浄人或は優婆塞を指示して」（南伝蔵、一巻、三七三頁）：長井真琴訳「執事或は堂守或は優婆塞（信者）を指示すべきなり」（『戒律の根本』、二六頁）：平川彰訳「執事人、園民 ārāmika、或いは信者を示すべきである」（前註1、七三五頁）：佐藤密雄訳「執事人或いは浄人或いは優婆塞を指示して」（『原始仏教教団の研究』、七二二頁）というのが従来の代表的な訳であるが、vā が ārāmika と upāsaka とにしか付いていない以上、veyyāvaccakara/ vaiyyāvṛtyakara にも vā があるように訳すのは誤りである。ārāmika もしくは upāsaka のいずれかを veyyāvaccakara/ vaiyyāvṛtyakara に指名すべし、との意味が元来の正しい意味でなければならない。この一文を、このように正しく理解するなら、ārāmika と upāsaka は僧院内に必ず常駐していた人々であるが、管理人は、当初は、それらの中から暫定的に選ばれていたにすぎないものが、後に恒常的な役職となり、終には後註21以下で触れる *Ratnarāśi-sūtra* における役職にまで成長したと考えられる。なお、この箇所の *Vinayavibhaṅga* のチベット訳については後註18を参照されたい。

（8） この原文は, tam ācchādayethā cīvareṇa kāle kalpitena で、チベット訳は de la gos rung ba dus su skon cig である。前註6の場

合と類似した例なのであるが、この箇所の訳にもあまり自信がない。チベット訳は「彼に相応しい衣服を適時に〔作って〕〔着せて〕あげなさい」などのような意。

(9) 底本の samayena をチベット訳 bdag gis により mayā と改める。底本に註記26が付され、その脚註でチベット訳に dus su とあるかのように指示するのは、なにかの誤解に基づく記載と思われる。

(10) 底本の sa satvāṃ をチベット訳 des khyod la により sa tvāṃ と改める。

(11) 底本は abhiniṣpadyate の、パーリ律は abhinipphādeti の、Lokottaravādin 律は abhiniṣpādati の三人称、sg. opt. の形を示すが、「得る」という意味でよいのか疑問に思い、チベット訳に grub とあるに従って、「仕上っている」という意味にここでは理解しておくが、更に検討を要する箇所ではある。

(12) この訳下のカッコ内に示したごとく、パーリ律では uddissa、本底本および Lokottaravādin 律では uddeśe、チベット訳では phyogs su である。チベット訳に従って「その場に」と訳しておいたが、恐らく、伝承間に、ここには読みの相違が生じたと思われるにもかかわらず、今その全ての可能性を統一的に説明する力は私にはない。

(13) 底本は na uttari なるも、チベット訳 de'i 'og tu、パーリ律 tato...uttariṃ, Lokottaravādin 律 tad-uttapanto により tata uttariṃ と改める。

(14) 底本は dhyāyacchec cīvarasyābhinivartaye なるも、チベット訳に gos bsgrub pa'i phyir brtsal te とあるにより、vyāyacchec cīvarasyābhinirvṛttaye (or -abhiniṣpattaye) と改める。

(15) 底本には prajānatv とあり、その意味はチベット訳 shes par gyis shig から保証されるとしても prajānantv と三人称、pl. ipv. に正す方がよいであろう。しかし、この「よく知って下さい」という読みよりは「取り戻す」との意味の方が元来の意味に近いと考えて、強引にそう訳しておいたが、これに見合うサンスクリットを想定するのは難しい。因みに、パーリ律には yuñjantu, Lokottaravādin 律には pratyanveṣatha とあり、恐らく「取り戻す」意が強いと思う。

(16) この箇所の義浄訳には「此物是某甲王大臣婆羅門居士等遣我送来」（大正蔵、二三巻、七三四頁下）とある。

(17) 中村元『インド古代史』上（春秋社、一九六三年）、六二〇—六二一頁（：中村元選集〔決定版〕、第六巻、二八一—二八三頁）、下、一四六頁、二六五—二六七頁（：同上選集、第七巻、一九一—一九二頁、三四九—三六〇頁）参照。

(18) チベット訳, P. ed., No. 1032, Je, 114b4. なお、これに対応する義浄訳には「若僧浄人者、謂大衆浄人。若鄔波索迦者、謂帰依三宝受五学処。」（大正蔵、二三巻、七三五頁上）とあり、ほぼ合致している。

(19) 本書、第二部第三章、註32で、私は、『法鏡経』の「佐助者」と「主事者」とを、それぞれ、チベット訳の lag gi bla (navakarmika)

と zhal ta byed pa（vārika、第四章と本章において、vārika も許容しつつ、最も有力なものとして vaiyāvṛtyakara を採用）とに当てたのであるが、次第に増広されていった諸訳間の訳語同士を正確に対応させることは必ずしも容易ではない。平川彰『初期大乗仏教の研究』（春秋社、一九六八年）では、「最後の〔『法鏡経』の〕第十一「佐助者」第十二「主事者」は、『郁伽長者会』の「営事」「寺主」に相当するであろう。かれらは塔寺の経営者である。営事は房舎の修繕につとめる比丘であり、寺主は、寺の食料や寝具などの収入をつかさどり、そこに止住する比丘たちの生活の配慮につとめる比丘である。」（五三三頁〔：平川彰著作集、第四巻、一三二頁〕）と述べられているが、原語の問題を別にすれば、その説明はほぼ正しいであろう。ただし、平川博士の用いる「塔寺」の意味は、恐らく vihāra ではないであろうから、その点では正確でないと思われる。「寺主（vaiyāvṛtyakara）」の管理は、saṃgha の vihāra のみならず、全 saṃgha や stūpa 所属の財産は勿論、教団に関係する人的側面にまで及んでいたのである。

(20) 第二部第四章、註28に示した箇所と同文である。

(21) 大正蔵、一一巻、六三八頁下―六四八頁上所収『大宝積経』「宝梁聚会第四十四」で、チベット訳は、P. ed., No. 760-45, 'I, 146b4-173b1 である。〔本経については、望月良晃『大乗涅槃経の研究――教団史的考察』（春秋社、一九八八年）、一九九―二一〇頁、二一八―二二〇頁、註57―68に、漢訳と *Śikṣāsamuccaya* 所引箇所とに基づくかなり詳しい紹介があるので参照されたい。〕

(22) 大正蔵、五五巻、一一頁下に「宝梁経二巻　右一部、凡二巻。晋安帝時、沙門釈道龔出。伝云於涼州出。（最後六字二行割註）」とある。

(23) 'I, 159a8-b3. 対応する漢訳は、大正蔵、一一巻、六四三頁上である。なお、この引用箇所に先立つ冒頭箇所での、管理人に任命してよい二種のものの記述の仕方は、チベット訳と漢訳とでは異る。前者では全体で二種のものが指摘されるのに対し、後者では三種二対という二種のものが指摘されているのである。また、本引用の末尾「そこで」より「喜ばすべきである」に対応する箇所は、*Śikṣāsamuccaya*, p. 55, l. 8 に "tatra vaiyāvṛtyakareṇa bhikṣuṇā sarva-bhikṣu-saṃghasya cittam abhirādhayitavyam/" として引用されている。

(24) 「灌頂されたクシャトリヤ（kṣatriya- mūrdhabhiṣikta-）」については、本書、第二部第二章、一七〇頁の引用を参照されたい。なお、そこで言われている五つの根本罪を *Bodhicaryāvatāra-pañjikā* に引かれる *Ākāśagarbha-sūtra* によって詳しく示せば、「五つとはなにか。(1)およそだれであれ、善男子よ、灌頂されたクシャトリヤにして、仏塔の（staupika）財産（vastu）、あるいは教団の（sāṅghika）〔財産〕、あるいは全教団に所属している（cāturdiśa-saṃghe niryātitam）〔財産〕を奪い、あるいは自ら奪いあるいは〔他をして〕奪わしめるならば、これが最初の根本罪である。(2)このようにして、三乗において説かれている法（tri-yāna-bhāṣita-dharma）を放棄するならば、第二〔の根本罪〕である。(3)習慣を守っている、あるいは悪しき習慣のものでも、出家者の袈裟（kāṣāya）を奪い、屋敷に住むようにし、身体を害し、牢獄に投じ、あるいは生命を奪うならば、第三〔の根本罪〕である。(4)五無間業（pañcânantarya）のいずれかをなすならば、第四〔の根本罪〕である。(5)誤った思想（mithyā-dṛṣṭi）により十不善業道（daśākuśala-karma-patha）を受け、あるいは他に受けしめたならば、第五〔の根本罪〕である。」（Vaidya ed., p. 81, ll. 8-14）となるのである。クシャトリヤの寄進者は、かかる大罪を犯しさえしなければ、その寄進の行為によって、出家の苦行者から「悪業払拭」が保証されたのだと思われる。通俗的大乗とは、大金持ちや権力に妥協した通インド的役割分担の産物だったとも言えるのである。

(25) 前註23下の本文中に引用された経文中の「あるものは寂静な森林の寝所を喜び」以下の「あるもの」を、順次、平川前掲書（前註19）、五三一頁の対照表中の「郁伽長者会」における名称と対応させていけば、「阿練児」、「乞食」（次の町に住むものは除く）、「少欲」か「離欲」、「多聞」、「説法」、「持律」（論母を保持するものに直接対応するものはないようであるが、『十住毘婆沙論』の「読摩多羅迦者」、チベット訳の ma mo 'dzin pa がこれに当る）である。

(26) 'I, 159b7-160a2. 対応する漢訳は、大正蔵、一一巻、六四三頁中であり、この箇所は、*Śikṣāsamuccaya* 所引の本経の p. 55, ll. 13-18 にほぼ相当する。

(27) チベット訳には bstan pa rton pa'i phyir とあるが、rton pa なら la を取るはずとの判断により、rton pa を ston pa の誤りとみて、bstan pa ston pa'i phyir として読んだ。なお、この一文は *Śikṣāsamuccaya* の引用では省略されている。

(28) 西義雄『阿毘達磨仏教の研究』（国書刊行会、一九七五年）、二一九―二六五頁、および、水野弘元『原始仏教』（サーラ叢書、一九五六年）、二二八―二二九頁参照。

(29) 本書、第二部第三章最末尾の段で、註34、35、36を付した前後の本文を参照のほか、苦行主義と知性主義との対比については、拙稿「日本人とアニミズム」『駒沢大学仏教学部論集』第二三号（一九九二年十月）、三五一―三七八頁を参照されたい。

(30) *Śrāvakabhūmi* の「不浄観」を含む「浄行所縁」については、本書、第二部第三章、註35で指摘の箇所参照のほか、「不浄観」については、恵敏「『声聞地』の不浄所縁」『仏教学』第三三号（一九九二年九月）、九―二六頁を参照されたい。

(31) 「旧師」については、拙稿「Pūrvācārya 考」『印仏研』三四―二（一九八六年三月）、八六六―八五九頁（拙書『唯識思想論考』（大蔵出版、二〇〇一年）、五〇六―五二〇頁に再録さる）を参照されたい。また、*Ratnarāśi-sūtra* の「沙門品」では、沙門にあるまじき八つのあり方の第一として「師たちに敬順しないこと（bla ma rnams la mi gus pa）」（P. ed., 149a3：大正蔵、一一巻、六三九頁中）が挙げられている。

(32) 'I, 160b3-161a7. 対応する漢訳は、大正蔵、一一巻、六四三頁中―下である。

(33) vaiyāvṛtyakara に求められるこのあり方は、後註35で指摘する gnas mal 'bog pa（「作分臥具人」「作知臥具人」）に求められるあり方とほとんど同じである点が注目される。

（34）「いかなる財産に対しても総支配人であるかのような想いを起すべきではなく」以下、ここに至るまでは、*Śikṣāsamuccaya*, p. 56, ll. 3-10までに引用されている。ここの「譲渡すべきである」は、チベット訳によったというより、サンスクリットの upanāmayitavya によったものである。

（35）『根本説一切有部毘奈耶』（大正蔵、二三巻、六九五頁下）には「若具五法、応差。已差不応捨。云何為五。謂、無愛、無瞋、無痴、無怖、知分不分。」とあり、チベット訳（P. ed., No. 1032, Che, 246a8-b1）には "gnas mal 'bog pa chos lnga dang ldan pa ni ma bskos pa yang bsko bar bya la/ bskos pa yang dbyung bar mi bya ste/ lnga gang zhe na/ 'dun pas mi 'gro ba dang/ zhe sdang gis mi 'gro ba dang/ gti mug gis mi 'gro ba dang/ 'jigs pas mi 'gro ba dang/ gnas mal phog pa dang/ ma phog pa shes pa'o//（寝臥具手配人にして五法を具えたものは、まだ任命されていないものは任命されるべきであり、既に任命されたものは解任されるべきではない。五とはなにか。貪をもって趣かぬこと、瞋をもって趣かぬこと、痴をもって趣かぬこと、畏れをもって趣かぬこと、寝臥具の手配されたか手配されていないかを知っていることとである。）" とある。なお、この箇所を含む「無根謗学処」は、『十誦律』のそれ（大正蔵、二三巻、二二頁上―二三頁中）と比べると大きな増広のあることが注目される。また、そこに共通する寝臥具手配人の名は Mallaputra-Dravya である。

（36）佐藤密雄『原始仏教教団の研究』（山喜房仏書林、一九六三年）、三一〇―三一一頁。

（37）本書、第二部第三章、註32参照。なお、佐藤右掲書、三一七頁では、*Mvyut.* にしかないものとして五種の vārika を列挙しているが、そこには、no. 9073 の śayanâsana-vārika が外されているから、佐藤博士は、これと senâsana-paññāpaka とが同じと見做していたと考えられる。

（38）大正蔵、二三巻、六九五頁中, P. ed., No. 1032, Che, 245b6-246a3 参照。なお、水野前掲書（前註28）、二二八頁によれば、博士は、ここの「禅師」を jhyāyin と見做しているようであるが、原語は *Mvyut.* no. 2999 から推測する限りでは、bhaikṣuka であったようである。前註23下に示した *Ratnarāśi-sūtra* では、実修行者に「断滅のために（spong ba'i phyir）」との修飾がなされているが、それがこの spong ba pa に類似していると見れば、spong ba pa も実修行者の一種だったのかもしれない。

（39）大正蔵、二三巻、二二頁上に、「阿練児」「持律」「説法」「読修妬路」の四種が列挙されている。

（40）*'Dul ba gzhi* (*Vinaya-vastu*), P. ed., No. 1030, Khe, 114a6-7：『根本説一切有部毘奈耶出家事』、大正蔵、二三巻、一〇三七頁中。これと対応のサンスクリット原文は, *Divyāvadāna*, p. 343, ll. 14-18, *Śikṣāsamuccaya*, p. 59, ll. 1-3 で知られる。

（41）*Bodhisattvabhūmi* (*BBh*), Wogihara ed., p. 166, l. 24-p. 167, l. 5: D. ed., No. 4037, Wi, 89b7-90a2：玄奘訳、大正蔵、三〇巻、五一七頁中―下。なお、この箇所は増広の跡著しく、曇無讖訳『菩薩地持経』にも、求那跋摩訳『菩薩善戒経』にも、相当文は見出されない。なお、玄奘訳では、vaiyāvṛtyakara は「衆主」、ārāmika は「園林主」と訳されている。なお、チベット訳は、ārāmika を通例とは異って、*Mvyut.* no. 3842 の udyāna-pāla の訳を思わせるような訳し振りであるが、恐らく、ārāmika の訳と考えてもよいと思われる。また、vaiyāpṛtyakarman の用例は *BBh*, p. 16, l. 7, vaiyāpṛtyakriyā の用例は *ibid.*, p. 29, l. 25 にある。〔本書刊行時点の今になって、この『菩薩地』からの引用文に関し、一つ書き添えておいた方がよいと思うことがある。この引用文中の「菩薩」を私は在家でもよいと推測しているが、そのような在家寄進者が、不当に扱われた施物を出家者より取り戻しても合法であるということは、本章、註1下の本文所引の没収罪第十条末尾でも認められているということである。〕

(42) 大正蔵、五一巻、八九六頁中—下。なお、水谷真成訳『大唐西域記』(中国古典文学大系、平凡社、一九七一年)、一七二—一七三頁も参照のこと。

(43) このようなことを改めて強く感じたについては、一九九二年十一月三十日(月)に行われた仏教学会定例研究会における、池田練太郎氏の御発表「有部系論書より見た「布施」について」が機縁になっている。記して感謝申し上げたい。その時の資料には *Abhidharmakośabhāṣya* (*AKBh*) の「caitya に布施をする」: "caitye (dānam dadāti)" という表現が三箇所 (*AKBh*, p. 268, l. 21, p. 269, l. 3, p. 272, l. 5) 挙げられていたが、このような布施は、*AKBh* でも「業品」で扱われていることからも分かるように、通インド的十善業道に結びついた通俗的な解脱思想を表わしているのである。従って、僧院に住む出家者も、仏教の正統的「思想」の研究を忘れて、通俗的な解脱思想によって解脱を願う場合には、僧院を出て、caitya に出向いて布施をしなければならなかったのであろう。*AKBh*, 第四章第一一七頌cdには "agraṃ muktasya muktāya bodhisattvasya ca aṣṭamam" (これも池田氏の資料には指摘されていた) とあるが、「解脱したもの (mukta)」の「解脱したもの」に対する布施は、本書、第二部第四章、註35で指摘した mukta に対する信施と関係し、残りの bodhisattva の布施と第八番目の実修に資するための (yoga-saṃbhārārtham) 布施とは、同上、註35で指摘した「実修をなしたもの (yukta)」に対する信施と関係があるのかもしれない。なお、今回気づいたが、*AKBh*, p. 270, l. 16 の "dānaṃ bodhisattve dadāti" の下線部分は bodhisattvo とテキストを改めるべきである。また、同じ「業品」の前半では、施者が受者に布施をなした後に、受者の功徳や摂益の特殊な力により、施者の相続が転変差別して福徳が生ずるという考えが Pūrvācārya の主張として述べられているということに関しては、加藤純章『経量部の研究』(春秋社、一九八九年)、二四八—二四九頁を参照されたい。Pūrvācārya の、時代に迎合した通俗的な考えを読みとることができると思うが、Pūrvācārya については前註31、それと関連する Yogācāra については本書、第二部第四章、註38を参照されたい。更に、通俗的大乗仏教の動きに関しては、本第二部第五章中の註17を付した以下の本文を参照されたい。

(44) 大正蔵、五〇巻、一八四頁中。

(45) 平川彰『大乗仏教の教理と教団』、平川彰著作集、第五巻(春秋社、一九八九年)、三九三頁、および、三五三頁参照。

(46) Bu ston, *Chos 'byung*, The Collected Works of Bu-ston, Pt. 24 (Ya), f. 829, l. 2-f. 830, l. 1. なお、Obermiller の英訳では，II, pp. 123-124 に当り、中村元『ナーガールジュナ』（人類の知的遺産13、講談社、一九八〇年）、一九—二〇頁にはその英訳からの重訳が示されているが、今の場合は重訳ではあまり意味がないので、チベット原文より新たに訳して示した。そのために、両者にはかなりの径庭が生じているかもしれないが、必要な人には、彼此対照して頂ければ、その違いは自ずと明らかであると思い、いちいちそれらを指摘することはしなかった。

〔**研究小補**〕 本章の註1下の本文中に示した没収罪第十条の拙訳については、その後、片山一良氏より御教示を頂いたが、それについては、次の第六章の註1に記しておいたので参照されたい。本章の註23と註26下の本文中に示した『大宝積経』「宝梁聚会」の「営事比丘品」の一節のチベット訳に基づく拙訳は、当該品の始めの部分のひと続きの章節をなすが、これは、その後に提示されたシルク（Silk）博士のPh. D 論文（本書、第二部第九章、註5参照）の分節では IV. 2, 3, 4 に相当する。その後、参照したが、特に補足すべきことはないものの、英訳は pp. 324-327 に示されている。なお、註23下所引の一節中の後半で、シルク博士の分節 IV. 3 に相当の文については，*Saddharma-puṇḍarīka*, Kern and Nanjio ed., p. 72, ll. 1-2 "kasmiṃścid eva grāme vā nagare vā nigame vā janapade vā janapada-pradeśe vā rāṣṭre vā rāja-dhānyāṃ vā gṛhapatiḥ" が参照されるべきである。この「居士」が「営事比丘品」の「あるもの」に当ると考えられるとすれば、この一群は明らかに「在家菩薩」であり、「管理人の比丘」はやはり「出家菩薩」と「在家菩薩」の双方を世話することになるであろう。本章、註38、および、その本文で触れた「禅師」の原語は、bhaikṣuka よりも prāhāṇika の方がよいかもしれないということについては、本書、第二部第八章の最末尾を参照されたい。本章の註35の末尾で「寝臥具手配人」を代表するような人の名を Mallaputra-Dravya としたのは誤りで、正しくは Dravya-Mallaputra であることには、本書、第二部第六章、註1で触れたので参照を乞う。本章の註43で触れた池田練太郎氏の御発表は、その後、同「有部系論書にみられる〈布施〉覚書」『駒沢大学仏教学部論集』第二四号（一九九三年十月）、四一二—三九三頁として刊行されているので参照されたい。

第六章　伝統仏教と大乗仏教との関係に関する私見

さて、これまでは、本第二部の課題追求の必要上から、大乗仏教の成立に関しても私見を述べ、大乗仏教は、インドの社会的変化に伴う伝統的仏教教団それ自体の大規模化の中で成立したもので、それは、大まかに言えば、通インド的「習慣」をより強く反映した(a)—(a′)の通俗的大乗仏教運動と、その通俗的運動の中でむしろ仏教の「思想」を重んじようとした(b)—(b′)の批判的大乗仏教の主張とになって現われたというふうに捉えてきたのであった。従って、ずっと実際に存続し続けていたものは伝統的仏教教団のみであり、これと別個に大乗仏教教団があったわけではないから、大乗仏教もまたその中でのみ興り、しかも拡大していったと見做さなければならない。その際、教団の変質と共に急速に重要な任務を帯びていった役職が vaiyāvṛtyakara であり、彼らに、増大していった仏塔の財産管理はもとより、新たに必要となった人的管理までが、任されていたのではないかということを、如上においては検討してみたのであった。検討の必要上、私としては従来読み慣れてもいない律文献等にも急に手を伸ばすことになったために初歩的な過誤も少なからずあると思うが、[1] 今しばらくはその延長で検討を続け、本章においては、伝統的仏教文献を通じて、そこに実際並存して興っていたと思われる大乗仏教の動きを推測してみることにしたい。

前章では、ほとんどが vaiyāvṛtyakara を中心とする考察であったが、それと関連して、部分的には「寝臥具手配人」のことも問題とした。本章では、まず、広い意味では「管理人」の仕事と見てよいと思われる「業務執行職[2]（las su bsko ba, karma-dāna、知事）」や「寺内管理職[3]（dge skos, upadhi-vārika、知寺事）」に関説した根本説一切有部の *Vinaya-vibhaṅga* の一段を取り上げてみたい。これは僧団の規律条文の追放罪（pārājika）第三条殺人罪に関する記載中に見出されるものであるが、『十誦律』にはなく、義浄訳とチベット訳とにのみほとんど同文で認められるものであるから、後代の教団の変化を反映したものであることは明らかである。引用が長きに失するかもしれないが、当時の教団の様子を知る上でも興味深い記述なので、煩を厭わず、チベット訳からの和訳によってその一段[4]を以下に全て示すことにする。

仏世尊は、シュラーヴァスティー（mNyan yod, Śrāvastī）にあるジェータヴァナ（rGyal byed kyi tshal, Jetavana）のアナータピンダダ（mGon med zas sbyin, Anāthapiṇḍada）の園林（kun dga' ra ba, ārāma）に滞在しておられた。ちょうどそのころ、春秋に富める（tshe dang ldan pa, āyuṣmat、具寿、長老）マハー＝マウドガリヤーヤナ（Mahā-Maudgalyāyana）は、ウパーリ（Nye bar 'khor, Upāli）など新米の（sar pa, nava）若い（skyes phran, dahara）少年（gzhon nu, kumāra、童子）十七名の集りを出家受戒をさせた（rab tu phyung rdzogs par bsnyen par byas pa）とき、十七名のうちもし一人に業務執行職（las su bsko ba, karma-dāna）が当った場合にも彼ら全てを一緒にして事に当らせた。どのくらい後のことであったか、その僧院（gtsug lag khang, vihāra）において夜どおし法を聞く行事（chos mnyan pa, dharma-śravaṇa、誦経）があったので、そこで彼ら全ては一緒になって務めを果した。その後のある日、教団（dge 'dun, saṃgha）にサウナ風呂（bsro khang, jentāka）が出来て以降、そこでも彼ら全ては一緒になって務めを果した。その後のある日、十七名の集りの中の一人に寺内管理職（dge skos, upadhi-vārika）が当って、その日中にも全ては僧院を飾っていた。そこで、寺内管理職の務めを果しつつ、十七名の集りの中の一人に次のような思いが浮び、「私は疲れたから眠ろう。〔残りの〕十六人で務めができないこともないだろう。」と考えたのである。〔ところが、〕同様に〔他の〕各々にもそのような思いが浮び、十六名の他の全てのものも各自に眠ってしまった。残ったただ一人の寺内管理職だけが夜どおし仕事をなして、夜の刻が明けると、燈盞（mar me'i kong bu）を集め、門を開け、僧院に水打ちをし、油を塗り（byug pa byas te, vilepanaṃ kṛtvā）、時を知らしめた（dus shes par byas）[5]後、坐席（stan, āsana）を整え、仏塔（mchod rten, stūpa）の広場（'khor sa, aṅgaṇa, pradakṣiṇa-paṭṭikā[6] に薫香（bdug spos, dhūpa）を散じて、僧院の上に立ってドラ（gaṇḍī、揵稚）を打ち始めた。すると、〔他の〕十六名もドラの音で目覚めて各自の僧房（gnas khang, layana）から鉢（lhung bzed, pātra）を手にして出てきたところ、彼らはそのただ一人の寺内管理職があちこちと走り廻っているのを見て彼らは互いに言いあった。「おい皆んな、彼一人があちこち走り廻っているのに我々のだれ一人として彼に協力してやらなかったのか。」と。一人が言った。「私には次のような思いが浮び、私は疲れたから眠ろう、〔残りの〕十六人で務めができないこともないだろう、と考えたのです。」と。同様に他の一人もそう言うと、残りのものたちもそう言って、全員がそう語ったのである。すると十六名が言うには、「皆さん、彼は我々の臨時の仕事（'phral gyi bya ba, sahasā-kriyā）全てに始めからかかわっていたのですから、我々が彼に協力してやらなかったのは、我々が不正なことをなしたことになるのです。彼は我々を非難するでしょうから食事を食べ終った直後に堪忍してくれるようお願いすべきでしょう。」ということになり、彼らは食事を食べ終ってから堪忍してくれるようお願いしにかかった。年下のもの（gzhon pa）たちは彼の両足にすがり、年上のもの（rgan pa）たちは首に手をまわして、「貴公よ、どうか堪忍してくれるようお願いしますよ。」と言ったが、彼は全く無言のままであった。彼と最も親しいものがくすぐる（ga ga tshil byas pa）と彼は笑い始めて「堪忍するよ。」とも言った。〔それで〕彼らが考えるに「それはよい方法である。」と思って、他のものもくすぐって同様に全てに至るまでがくすぐると、彼は〔体内の〕風気が上方に到って[7]死んでしまった。彼らはたちまち悲しみ始めたところ、比丘（dge slong, bhikṣu）たちが語った。「あゝ、十七名の集りのものはなにゆえに突如として悲しんでいるのか。」と。彼らは語った。「我々は以前十七名の集りだったのに今は十六名の集りになってしまい、意に適った清浄な生活者と離別し、追放の罪（pham par gyur pa'i ltung ba, pārājitāpatti）が生じた。」と。彼ら比丘たちは「善くないことだ。」と語って去った。彼ら十六名もまた他方の側へ去ったが、心が悲しみに潰されているのを他の比丘たちが見て、それらの比丘は嘲り始め、「お前さん方、これら十七名の集りは、まるで藁の火の瞬時の間は燃え瞬時の間に死んでしまうように、束の間は戯れ合っても束の間に心が悲しみに潰されてしまうのだ。」と言った。彼らは愁いの火によって意が痛めつけられていたので嘲けられてもなにも言葉を発しなかったが、その状況を比丘たちが世尊に申し上げると、世尊は仰しゃった。「比丘たちよ、彼ら比丘たちに罪はない。また比丘たちはくすぐるべきではない。なすならば彼は有罪となる('gal tshabs can du 'gyur, sātisāro bhavati)。」と。

以上の引用は我々にいろいろなことを教えてくれるであろうが、その記述内容の確定は必ずしも容易ではない。まず、末尾では不幸にして一人を失ってしまうこの十七名のものは、始めの出家受戒の段階では少年(kumāra)で二十歳未満であったから比丘ではなく沙弥(śrāmaṇera)であったはずであるが、釈尊の最後の裁定からみて、その間に成長して比丘となっていたと見なければならない。また、十七名の年齢も、一人に他の十六名が詫びた状況を読めば、年長者と年少者との間にはかなりの幅があったことが分かり、比丘になったのも全員が一緒ではないことになるが、業務執行職(karma-dāna)や寺内管理職(upadhi-vārika)に任命された時には、比丘になっていたか、そういう年齢に近いころと考えてよいのであろう。一方、その二つの役職についていえば、その言及のされ方からみて、前者は広く一般的な役職を意味するのに対して、後者はその中でのより特定された具体的な役職を指しているように感じられる。事実、「寺内」と仮りに訳した upadhi とは「園林(ārāma)」や「僧院(vihāra)」などを指す語のようであり[8]、その管理職(vārika)に任命された十七名中の一人が、夜が明けてから忙しく立ち働いて務めている一々の仕事が、この職務のものが午前中の食事前に果しておくべきことの大まかな内容をなしているのであろう。その際、この寺内管理職(upadhi-vārika)が、僧院内で種々の務めを果した後で、仏塔の広場に薫香を散じ、再び僧院に戻ってドラを打っていることは注目される。このことは、vaiyāvṛtyakara が、教団の財産(sāṃghikaṃ vastu)や全教団の財産(cāturdiśa-sāṃghikaṃ vastu)や仏塔の財産(staupikaṃ vastu)を明確に区別した上ではあるが、僧院のものであれ仏塔のものであれその両方の財産を管理していたように、寺内管理職もまた僧院と仏塔とにまたがってその施設を管理していたことを示しているからである。しかも、その住んでいた場所は、他の十六名が朝になって僧房（layana）から出てきたことから分かるように、僧院内の個室だったことになる。大乗仏教は、かかる伝統的仏教教団（saṃgha）としての寺院（saṃghārāma）中に同居していたとしても一向に差し支えないどころか、これ以外の大乗専有の教団などは考えようがないのである。

しかしながら、この記述を有する根本説一切有部の *Vinayavibhaṅga* は『十誦律』の後に作られた可能性も強く、仏塔が上引のごとく寺院の中に明確に居を占めるようになったのは初期大乗の時代とは異るはるか後代のことであったとの反論もありうるであろうから、同じ *Vinayavibhaṅga* の中から、仏塔には直接関係なく、しかも初期仏教当時から在家の寄進物となりえた「有依七福業事[9]（sapta- aupadhika- puṇya-kriyā-vastu-, rdzas las byung ba'i bsod nams bya ba'i dngos po bdun po）」に関係する記述[10]を以下に示して、いささか検討を加えてみよう。

仏世尊はアータヴァカ（'Brog gnas, Āṭavaka）にあるアタヴィー（'Brog, Aṭavī）の最高の場所に滞在しておられた。そこで、ある常乞食の（bsod snyoms pa, paiṇḍapātika）比丘が一人の居士（khyim bdag, gṛhapati）の家（sdum pa）に適宜な時に行っては法をも説示し、どれくらいたってであったか、その比丘はかの居士を〔三〕帰依と〔五〕学処とに就かしめた。それから、その比丘はまた近づいて行ってその居士に有依七福業事（rdzas las byung ba'i bsod nams bya ba'i gzhi bdun po, sapta- aupadhika- puṇya-kriyā-vastu-）の称讃を詳しく述べると、その居士が言った。「聖者よ、私もまた教団（dge 'dun, saṃgha）になんらかの有依福業事をなしとうございます。」と。〔そこで〕常乞食の〔比丘〕は語った。「居士よ、善いことだからなすようになさい。」と。〔居士が〕「聖者よ、なにをなしたらよろしゅうございましょうか。」〔と言うと、比丘は〕「居士よ、教団にはサウナ風呂（bsro gang gi khang pa, jentāka）がないからそれを作るようになさい。」〔と答えた。すると居士は〕「聖者よ、私にはカールシャーパナ

(kārṣāpaṇa) に相当する大金はございますが、しかしながら、福祉協力者 (bsod nams kyi grogs bgyid pa、検校人) がございません。」〔と言い、比丘は〕「居士よ、私があなたの福祉協力者です。」〔と答えた。〕「聖者よ、よろしゅうございます。」〔と言って、〕その居士は、かの常乞食の〔比丘〕に大金 (kārṣāpaṇa) を与えた後、その常乞食の〔比丘〕に教団のサウナ風呂を作るべく指導するようにさせた。

律文献としては、これ以下に続く、この常乞食の比丘と釈尊との関係、工事中におけるある比丘の死亡、それに対する釈尊の裁定などの記述の方が重要なのであろうが、本第二部においては、その種のことは直接関係ないので、引用は以上で打ち切っておく。アタヴィー[11]とは、シュラーヴァスティー(舎衛城)より三〇由旬ほど南下したガンジス河沿いの町らしいが、問題の比丘は、常乞食者たる一種の苦行者としてその付近の森林に居住していたものと考えられる。しかも、釈尊の指示下にあり、彼に帰依する信者に三帰依と五学処を受けさせたのであるから、彼は明らかに仏教教団に属した比丘である。その比丘に、富豪の居士は、カールシャーパナ (kārṣāpaṇa)[12] 相当の大金を与え、サウナ風呂建設の現場監督 (bsod nams kyi grogs bgyid pa、検校人) たらしめている。仏教教団に対する寄進はこのようにして進められていったと思うが、ここで寄進者の福徳の結果を保証する根拠とされているのが「有依七福業事」の考え方であり、これは、説一切有部の三蔵に属するとされる『中阿含経 (Madhyamâgama)』[13] 第七「世間福経」で述べられているものであると同時に、それはまた根本説一切有部の *Vinayavibhaṅga* 中にも引用関説されていることが知られている[14]のである。従って、たとえ上引の記述中に見られるサウナ風呂の寄進などということが釈尊在世当時の古い昔にはありえなかったにせよ、「世間福経」で述べられるような「有依七福業事」は、その経を含む『中阿含経』成立のころから、在家者のインド的「習慣」に従った生天 (abhyudaya) 思想を満足させるためにも、大いに勧められてきたものと考えられる。もっとも、「有依七福業事」の中には、塔院 (caitya) と仏塔 (stūpa) の寄進は言及されていないが、時代の変化に伴うその種の寄進を歓迎する根拠ならともかく、それを拒否する根拠は、その「有依七福業事」の記述自体の中には見出しえないのである。それゆえ、時代の変化に伴う新たな寄進物はどんどん増大されていったであろうし、現に、上引の箇所の先行部分では、塔院（caitya）や仏塔（stūpa）の寄進に言及がなされているのが見られるのであり、有部がこの種の寄進に積極的であったことも知られているのである。[15]

さて、このようにして発展していった伝統的仏教教団の中に、通インド的「習慣」と軌を一にする大方の通俗的大乗仏教の波も押し寄せていたと私は見ているわけであるが、この両者の関係について、平川彰博士は次のように述べておられる。[16] 因みに、博士が「部派教団」と称しているものが、私がここで「伝統的仏教教団」と呼んでいるものである。

部派教団にたいして、大乗教徒はいかなる関係を持ったであろうか。まず大乗の在家菩薩たちは、部派仏教の精舎にも往詣したようである。このことは、『郁伽長者経』によって、すでに見たところである。ここには専ら出家菩薩のことを問題にせんとするのであるが、しかし部派の律蔵には、大乗教団に関しては全く言及していない。大乗仏教は部派の論書にも説かれていない。初期の碑文にも、大小乗の関係を示すような記録は存在しない。ゆえにこの問題は、大乗経典や、時代は下るが、法顕や玄奘等の旅行記によるほかはない。資料が少なく一方的であるから、一面的な結論しか得られないであろう。

以上のごとき律蔵から見る限り、当然のことながら、大乗仏教が部派仏教から現われたということは不可能である。もし大乗仏教が部派教団から分裂したのであれば、最初は両者は一緒であったのであるから、この点について、律蔵になんらかの記述があってよいわけである。（中略）しかしそれが全く見当たらないのであるから、律蔵の現状から見る限り、大乗仏教が部派仏教から分離したものとは見ることができない。

平川博士が御指摘のように、伝統的仏教教団と大乗仏教との関係に関する資料が少ないことは確かに事実であるが、その資料から「大乗仏教が部派仏教から分離したものとは見ることができない」との一方的で一面的な結論を出されたのは博士御自身である。平川博士が御覧になっている資料も私の見ている資料も、本質的にはさほど異ったものではないが、私の方はそのほぼ同様の資料に基づきながらも、大乗仏教が伝統的仏教教団から分離したわけでないのは勿論であるが、さりとて始めから全く別個に大乗教団が存在していたのでもないことを私はこれまでも論証してきたつもりであり、本章においては更にその伝統的仏教教団の中で大乗仏教がいかに育ち並存していたかをより積極的に推測してみようとしているにほかならない。

ここで、上引の平川博士の論述に絡めて私の見解を若干説明すれば、博士が『郁伽長者経』に基づいて強調される「大乗の在家菩薩」とは、その古訳である『法鏡経』によっても、単なる在家の大金持ちか王族であるにすぎないことは既に指摘したとおりである。[17] かかる在家のものが他のヒンドゥー寺院などと同様に「部派仏教の精舎にも往詣した」のは当然であろう。仏教といえば伝統的仏教教団しかありえなかったからである。碑文については、私自身これまではなにも言及してこなかったが、平川博士以降の碑文研究は、碑文に現われる教団名が伝統的仏教のものに限られるという客観的事実をそのとおり受けとめて評価しようとする傾向を強く示しているように思われる。[18] かくして、インド仏教史の教団的展開においては、伝統的仏教教団しかありえなかったのだとすれば、大乗仏教はかかる伝統的仏教教団からしか現われなかったのであり、それが教団的に分裂したということもなかったのである。従って、分裂のことは、平川博士も御指摘のように、伝統的仏教教団が所持した律蔵や論蔵あるいはインドを訪れた学僧の旅行記に記載されることはなかったが、しかし、その教団中に並存していたと思われる大乗仏教の動向は、それらの資料中にも明らかに反映されていると考えられる。それがないように判断される平川博士は、御自身の仮説に不都合な資料にはほとんど真剣に耳を傾けようとされていないのである。その博士の欠点は、大乗仏教興起と並行する時代以降に教団の財産管理と苦行者管理に重要な役割を果すようになった vaiyāvṛtyakara およびそれに類する管理者のことが、律蔵と大乗経典に一致して記述されていることを、これ以前の考察において私が示したことによって、明らかになったのではないかと思う。従って、その過程で、伝統的仏教教団が所持した律蔵については若干触れたことになるので、これ以下には、まだ触れていない同種の論蔵や旅行記に反映されている大乗仏教のことを取り上げてみることにしたい。

説一切有部が根本説一切有部確立以前における北伝の伝統的仏教教団を代表する最も正統的な教団であることは衆目の一致するところであろう。その教団の正統説を確認していく過程で形成された根本的論書が『大毘婆沙論（*Mahā-Vibhāṣā*）』であるが、その中で、律の記載に触れながら、世尊の説法について次のようなことが議論されている。[19]律の記載[20]によれば、世尊が四天王に説法した時、聖語（āryā vāk）によっては二天王しか理解しなかったので、俗語（dasyu-vāc）[21]で語ったところが三人目の天王が理解し、残った最後の天王も蔑戻車語（mleccha、弥梨車語）によって理解できたとされるが、もしそうだとすると、以下のような頌はどのように解釈されるべきか、ということが『大毘婆沙論』の問題の議論の中心にある。その頌を示せば次のとおりである。

仏以一音演説法　衆生随類各得解　皆謂世尊同其語　独為我説種種義

これを見てだれしも想起するであろうと思われるのが *Vimalakīrtinirdeśa*（『維摩経』）と *Gaṇḍavyūha*（『華厳経』「入法界品」）とにおけるこれと酷似した有名な頌であろう。それゆえ、以下においては、本題に戻る前に、その二頌について若干の文献学的考証を試みよう。

まず、*Vimalakīrtinirdeśa* の当該頌について現存資料中の全てを指摘した上で、チベット訳に基づいた和訳を示すとにすれば以下のとおりである。[22]

(a) 支謙訳[23]（二二二—二五三年間頃の訳）：当該頌を含む計七頌は支謙訳には欠。

(b) 羅什訳：

仏以一音演説法　衆生随類各得解　皆謂世尊同其語　斯則神力不共法

(c) 玄奘訳：羅什訳と全く同文につき略。〔ただし、その後、四句目が「斯則如来不共相」とある相違には気づいている。〕

(d)チベット訳：

bcom ldan 'das kyi gsung gcig rab tu phyung ba yang// 'khor rnams kyis ni gsung la tha dad rnam par rig//
'gro ba dag gis rang gi don bzhin rnam rig pa// de ni rgyal ba'i ma 'dres sangs rgyas mtshan lags so//

(e)和訳：世尊の一語が発せられた場合であっても、集会の人々は〔その〕語を別々に了解し、世の人々は自分の意味のままに了解する。それが勝者（＝仏世尊）に独特の仏の特徴である。

次に、*Gaṇḍavyūha* について同様なことを試みれば以下のとおりである。[24] ただし、この場合にはサンスクリット原典が知られているので、末尾の和訳はそれによる。

(a)仏駄跋陀羅訳（四一八―四二〇年間）：

如来一音説　各随所応解　滅諸煩悩垢　令住薩婆若　　如来一音説　八部人非人　梵釈四天王　随類音声解

(b)実叉難陀訳（六九五―六九九年間）：

龍神八部人非人　梵釈護世諸天衆　仏以一音為説法　随其品類皆令解

(c)般若訳（七九五―七九八年間）：実叉難陀訳と全く同文につき略。

(d)不空訳『普賢菩薩行願讃』（七二〇―七七四年間）：

於一音声功徳海　一切如来清浄声　一切群生意楽音　常皆得入仏弁才

(a′)仏陀跋陀羅訳『文殊師利発願経』：

於一言音中　具一切妙音　一一妙音中　具足最勝音

(c′)般若訳「普賢行願品」：

一切如来語清浄　一言具衆音声海　随諸衆生意楽音　一一流仏弁才海

(e)サンスクリット原文：

eka-svarāṅga-samudra-rutebhiḥ sarva-jināna svarāṅga-viśuddhim/
sarva-jagasya yathāśaya-ghoṣān buddha-sarasvatim otari nityam//

(f)チベット訳：

gsung cig yan lag rgya mtsho'i sgra skad kyis// rgyal ba kun dbyangs yan lag rnam dag pa//
'gro ba kun gyi bsam pa ji bzhin dbyangs// sangs rgyas gsung la rtag tu 'jug par bgyi//

(g)和訳：大海のごとき一音の支分の言葉によって、全ての勝者たちの清浄なる音の支分に、全ての世の人々の意向のままの音声に、仏の弁才に、常に参入するように願うべきである。

以上、*Vimalakīrtinirdeśa* と *Gaṇḍavyūha* との当該頌について、現存の関連諸資料を比較してみたわけであるが、それらの厳密な文献史的な考察はなかなか困難なものであるにしても、本第二部の目的に応じる範囲で簡単な私見を述べておけば、*Vimalakīrtinirdeśa* の(a)の段階ではその部分が一括して欠落しているので、当該頌のような考えは、そのころから次第に形をなし、それが *Gaṇḍavyūha* の(a)(a′)のごとき表現を経て、その後に前者の(b)(c)(d)や後者の(b)(c)となり、後者の(c′)(d)(e)(f)がいわばそれらの最終的形態を示していると考えられるのである。しかも、この最終段階を示す(c′)(d)(e)(f)は、所謂「普賢行願讃(*Samantabhadracaryā-praṇidhāna-gāthā*)」として別出されることになるものの一頌をなしているのであるが、この「普賢行願讃」こそ、既に指摘したように[25]、私が「悪業払拭の儀式関連経典」と呼んできたものの典型の一つにほかならない。問題の頌の「一音演説法」の考えは、この中において、「懺悔文」や七種類型の「悪業払拭の儀式」と共にそれらと一連の関連をもつものとして述べられているのである。この考え方の要点は、仏が一音を発すれば、世の全ての人々が、残されることなく、各々の立場に従って仏の意図を了解することができるようにする能力を仏がもっていることを讃嘆することにある。それは、「在家菩薩」の財施に対して、「出家菩薩」を介しての法施の有効性を保証する救済思想を表わしたものだったので、量的に大乗仏教運動の大半を占めた(a)—(a′)の大乗の中枢をなす考え方となり、問題の一頌と同種の考え方は、*Daśabhūmika*（『十地経』）や *Mahāparinirvāṇasūtra*（『大般涅槃経』）などの代表的大乗経典中にも表明されるようになったのである。(26) かかる大乗経典の翻訳者として、*Vimalakīrtinirdeśa* を三世紀前半の中国へ将来した支謙は、月支出身の優婆塞（upāsaka）だったとされている。(27) 思うに、恐らく、彼は、説一切有部などの伝統的仏教教団に属する「出家菩薩」から大乗経典を学び、その傍で、あたかも上引のアタヴィーの常乞食の比丘から一居士が三帰依と五学処を受けて優婆塞になったように、優婆塞となり、記憶か貝葉かで所持していた大乗経典を中国に来た後に漢訳するに到ったのであろう。

さて、*Vimalakīrtinirdeśa* と *Gaṇḍavyūha* とにおける問題の一頌を巡って『大毘婆沙論』からは大きく逸れてしまったが、その頌の思想背景は知りえたと思われるので、再び『大毘婆沙論』の当該箇所に戻ることにしたい。ここで、以上のごとき考察を踏まえて、同箇所の議論の核として引用されるかの一頌を見るならば、それは「在家菩薩」向きに説かれるようになった以上のごとき大乗経典中の一頌として僧院常住の出家者の人口にも膾炙するようになったものだと考えられる。もっとも、そのような考えが伝統的仏教教団に属する通俗派である大衆部にも見られたことは明らかなようであるが、(28) この頌は、後でも触れるように、伝統的な「三蔵」に含まれていない(29) ということが論争者の間では周知のこととされている状況を勘案するならば、大乗経典の中以外にはありえない頌という可能性は頗る高いのである。

では、問題の頌はどう解釈されるべきかと問われた説一切有部の答はどうかといえば、次のごとく示されている。(30)

一音者謂梵音。若至那（Cīna）人来在会坐、謂仏為説至那音義。如是、磔迦（Ṭakka）葉筏那（Yavana）達剌陀（Draviḍa）末䡾婆（Mālava）佉沙（Khāṣa）覩貨羅（Tukhāra）博喝羅（Bākhal）等人来在会坐、各各謂仏独為我説自国音義。聞已随類各得領解。

これを今日風の言葉で要約すれば、説一切有部は、翻訳可能論に立ってこの一頌を解釈しているということである。

従って、釈尊の語ったインドの言葉を聞いて異国の人が了解したという以上は、それぞれの異国の言葉に翻訳されたからこそその意味が正確に了解されたといわれているのでなければならない。ここではむしろ、意味不明の釈尊の言葉を聞いているうちにだれしもがそれを銘々勝手に自分に都合よく理解してしまうというような考え方こそが排斥されているのである。それゆえ、これ以下における論及においても、インド国内での説法の正しい理解も言葉を通じてしかありえないとの観点から議論が進められているのであるが、それを徹底していけば、世の人々の中には釈尊の言葉を理解できない人もいるということになってくる。その結果、かかる脈絡の中で次のような問答[31]が起ってくるのである。

復有説者。仏以一音説四聖諦、不令一切所化有情皆能領解。世尊雖有自在神力、而於境界不能改越、如不能令耳見諸色眼聞声等。問。若爾、前頌当云何通。答。不必須通、非三蔵故。諸讃仏頌、言多過実。

論理的にいえば正しいことは一つであるからそれを言葉によって理解しなければならないのだが、それを端から放棄してしまっているなら、たとえ釈尊といえども、耳で物を見、眼で音を聞くがごとくに、理解させることは不可能である。しかし、もしそうなら、例の頌、即ち釈尊は「一音演説法」で全ての世の人々を理解せしむることができると説く頌はいかに理解すべきなのか。その場合、仮りに質問者が、上述したごとき、翻訳可能論の上に立って言葉による理解を強調する説一切有部の解釈を拒否した上で言っているのだとすれば、「これ以上解釈する必要はない。なぜなら、そのような頌は伝統的な仏教聖典（三蔵）にはないからである。当世流行の讃仏頌は修辞に満ちた耳に快いものではあっても真実は少しも伝えていないといわなければならぬ（不必須通、非三蔵故。諸讃仏頌、言多過実）。」というのが説一切有部の解答だったのである。

しかるに、その種の讃仏頌とは「普賢行願讃」のごとき大乗経典のみには特定できないかもしれないが、しかし、そうではない場合でも、せいぜいアシュヴァゴーシャ（Aśvaghoṣa、馬鳴）の詩（kāvya）のようなものを想起すれば充分であろう。因みに、アシュヴァゴーシャの所属部派には異論もあるところであるが、仮りに彼が説一切有部の学僧だとすれば、彼の詩作に Sautrāntika や Yogācāra 的な側面が反映されていたとしても[32]、特に訝るべきことではない。Sautrāntika も Yogācāra も伝統的仏教教団とは別個に存在した学派の思想ではないからである[33]。しかも、伝統的仏教教団に属する学僧が、通インド的な「習慣」を受け容れた形で時流に敏感に大衆の気持ちを満足させるべく讃仏頌などの詩作を試みたとしても、格別に教団の「習慣」と抵触することもなかったであろう。ただし、そういう俗受けしやすい詩作や譬喩を根拠に、かかる学僧が「思想」的な問題に関しても自分勝手な主張をなした時には、その根拠は「三蔵に非ず」して「言多く実に過ぐ」と正統説の側から非難されねばならなかったのである。しかもこのような『大毘婆沙論』の論難の展開には、「と言いますのは、詩のことを話題にして談論をかわすということは、どうも私には、凡庸で俗な人々の行なう酒宴とそっくりのような気がしてならないのです[34]。」とプラトンがソクラテスに語らしめたとそっくりの語勢を私は感じないわけにはいかない。実際、説一切有部は、詩よりも更に凡庸な譬喩（dṛṣṭānta）というものはもっと嫌ったらしいのである[35]。しかし、その有部の中にも、譬喩を事実のごとく論拠とする「事実主義[36]」的傾向の強いものがあり、Dārṣṭāntika（譬喩師）と呼ばれた。彼らは、有部の正統説には批判的で、例えば、有部が表業や無表業を実有（dravyato'sti）と認めていたのに対して Dārṣṭāntika は実有でないと主張したが、『大毘婆沙論[37]』によれば、彼らはそういう主張の場合でも、有部の正統説を「裸の王様」よろしく、天衣を餌に真っ裸にされた美女のごとき愚者に対する所説と決め付けている。確かに、その「裸の美女」の譬喩は、実際読んでみれば分かるように、面白く人の気を引くように説得する「修辞法（rhētoricē）」としては成功しているのかもしれないが、自説を論理的に主張する「問答法（dialecticē）」の本質には全く関係のないものとなっているのである。即ち、「裸の美女」の譬喩は、Dārṣṭāntika の主張する表業や無表業の実有説否定の論証には無関係なのであるが、そういう「修辞法」の方が俗受けしやすいものだということには充分注意を払っておかなければならない。(a)—(a')の大乗経典は、かかる「修辞法」の延長線上に形成されたものと考えられるからである。

さて、以上のごとく考えれば、伝統的仏教教団の中において、教団の痕跡を留めないDārṣṭāntikaやSautrāntikaやYogācāraの傾向をもった学僧たちが、そのまま伝統教団の出家者として生活していたとしてもなんらおかしいことはないであろう。ただし、加藤純章博士は、そのような状況を認めつつも、教団内における「思想」的な対立について、特にSautrāntika（経量部）を中心に次のごとく述べるに到っている。[38]

しかし「説一切有部」（Sarvāstivādin）というように自らの根本主張を部派名にする有部としては、「現在有体・過未無体」説を唱えて「三世実有」説に反対する経量部師の存在を許すことはできなかったであろう。シュリーラータや世親たちは、有部から破門されたり自ら離脱したりして、次第に有部から離れた存在になったことだろう。恐らく経量部を名乗る論師たちは、はじめ有部で出家しながら、後に有部から破門されたり、自ら離脱したごく少数のエリートたちではなかったろうか。しかし彼らは有部を離れた以上、部派仏教のワク内で若者を出家させ弟子を養成することも困難であったろう。むしろ戒律の厳しくない大乗仏教の瑜伽行派と結びついた可能性が大きいと想像されるのである。

しかし、Yogācāra（瑜伽行派）といえども、伝統的仏教教団と全く別個なところに存在していたわけでないとすれば、一体「有部から破門されたり自ら離脱したり」した人はどこへ行ったというのであろうか。私は、彼らはどこへも行きはせず原則として仏教教団に留っていたと単純に考えるし、また「思想」的対立のみによって同じ出家者を破門できるような規程を伝統的仏教教団が持っていたとも思えないのである。[39]

ここで、時代は急に下るが、旅行記として義浄の『南海寄帰内法伝』[40]により、大小乗並存の実態を見てみることにしよう。

北天南海之郡、純是小乗。神州赤県之郷、意存大教。自余諸処、大小雑行。考其致也、則律撿不殊、斉制五篇、通修四諦。若礼菩薩、読大乗経、名之為大。不行斯事、号之為小。

私から見れば、この実態は後代のみならず大乗仏教が興った初期からも本質的に変わったところはないように思えるのである。初期のころから存在したのは伝統的仏教教団だけであり、その中で出家者は「習慣」をほぼ等しくし、「思想」において鋭い主張をなそうと思うものであればあるほど他よりは突出せざるをえなかったが、彼を仏教教団は原則として追い出すことはできなかったと言わなければなるまい。一方、その出家者の「習慣」の中に大乗的要素が次第に居を占めるようになるや、出家在家に共通するような形で「習慣（śīla）」を取りまとめる必要が生じ、伝統的な出家者の「習慣」が律儀戒（saṃvara-śīla）として初出されたほかに、第二として摂善法戒（kuśala-dharma-saṃgrāhakaṃ śīlam）、第三として饒益有情戒（sattvârtha-kriyā-śīla）が列挙されるようになったものが *Bodhisattvabhūmi*（『菩薩地』）の説く一切戒[41]（sarva-śīla）で、所謂の「三聚浄戒」なのである。しかも、この第二と第三とは、明らかに「悪業払拭の儀式」の具体化なのであるが、それについては後に考察することがあるだろうと思う。

ここでは、本章の論述上、視点をあくまでも教団内の「出家菩薩」に限っていえば、彼らは、仮りに二十歳以上の成年男子だとすると、その所属する教団の規律条文（prātimokṣa）を守った上で、「悪業払拭の儀式」が教団にも及んで大乗仏教の動きが形成されるようになった当初から、それに積極的に関わろうとする人は関わってきたのであり、それが制度化されるような必要に迫られた時には、「三聚浄戒」の第二や第三として位置づけられたのである。しかも、それがはっきりと形を成したのは *Bodhisattvabhūmi* の古い漢訳の年代[42]から判断しても紀元四世紀末であったことは確実であり、まだ形を成さない状態までをも想定すればそれより一世紀ほど遡らせることも可能であろう。しかし、遡らせることはともかく、大乗仏教成立以降の伝統的仏教教団内の大乗の出家者は、インドにおいては *Bodhisattvabhūmi* に記述されるようなあり方を多かれ少なかれ教団崩壊まで継承したのである。従って、その崩壊前の九世紀初頭にインド仏教を正式に導入したチベット仏教はその形態をきちんと踏襲した[43]のであり、それと並行するインド側文献もそれを裏づける。七世紀に活躍したとされる中論学派の学僧シャーンティデーヴァ[44](Śāntideva)の *Bodhicaryāvatāra* 第五章八五―九六頌は、[45]十世紀の同派の学僧プラジュニャーカラマティの註釈(*Pañjikā*)を介して読むと、伝統的仏教教団の規律条文(prātimokṣa)の遵守を謳い込んだものであることが明らかとなるのである。

註

(1) 本書、第二部第五章の、特に、註1下の本文中の引用で扱った没収罪第十条については理解の充分でない点があり、それらを片山一良氏より、本〔一九九三〕年七月十三日(火)に口頭にて御懇切に御教示頂いた。万一不正確な点があれば全て私の責任であるが、ここにその御教示を記し、改めて感謝申し上げる次第である。お聞きするところによれば、片山氏はパーリ律を註釈文献と共に和訳し公刊する予定がおありとのことであるが、目下進行中の、平川博士の著作集中の『二百五十戒の研究』(春秋社)と共に、その実現完結が強く望まれる。さて、没収罪第十条の和訳、二三〇頁、六行目の「指示して比丘に」は「比丘を指示して」と訂正すべしとのことである。bhikṣuṃ...uddiśya (bhikkhuṃ...uddissa) をまさか私が訳し違えたとは思えないのだが、なんといっても誤解を与える訳文であることに弁解の余地はない。御教示のごとく訂正して読んで頂きたい。同、二三〇頁、一二行の「一旦得た後に」は、出家者の規定上ありえないことであるから、同上、第五章、註6で示した意味の方向で処理すべきだろうとのことである。同、二三一頁、七―九行の「二度三度と催促され想起させられた時に、……もしも仕上っていないならば」の箇所は、私自身にもよく分からず註すら付さずに誤魔化した感なきにしもあらずなのであるが、御教示に従い、「二度三度と催促し想起させ、〔彼が〕もしもその衣服を〔獲得することによって〕成功させれば、それはよいが、もしも成功させることができないならば」と訂正させて頂きたい。また、その直後の九行目の「その場に」は、パーリ律文献による限りは、「そのために」「指示して」の意味であるとのことである。〔また、末尾の「研究小補」も参照のこと。〕更に、同上、第五章、註7で指摘した従来の誤訳については、邦訳の場合は然りだが、R. David と H. Oldenberg の英訳にその誤りはないとのことで、邦訳者は必ず先行の英訳を参照しているはずだとの思い込みから、英訳も確認しない粗忽のあったことをお詫びしておきたい。なお、律のことに直接関係ないが、同上、第四章、註42で触れた *Ārya-Sarvadharmavaipulyasaṃgraha-sūtra* については、松田和信『インド省図書館所蔵中央アジア出土大乗涅槃経梵文断簡集――スタイン・ヘルンレ・コレクション――』(東洋文庫、一九八八年)、二五―二七頁を参照されたい。この件は、直接同著者より御教示頂いたことで、ここに記して感謝申し上げておきたいが、松田氏の言わんとしたかったことは、その写本が「類は友を呼ぶ」式に *Mahāparinirvāṇa-sūtra* の直後に書写されている点にあったようである。ところで、次に、私自身で気づいたことではあるが、同上、第五章、註35末尾に記した寝臥具手配人の名は Mallaputra-Dravya

ではなく、Dravya-mallaputra とされるべきであり、これはパーリ文献中にもしばしば出る Dabba-Mallaputta に同定できる。従って、同項を、赤沼智善『印度仏教固有名詞辞典』（法蔵館）、一四〇—一四一頁に検索すべきであったが、私の不明のために、同定を怠り、寝臥具手配人として仏教教団でも有名であったこの人のことを知らずに筆を動かしていた自分を恥る次第である。上掲辞典が、*Theragāthā* 第五頌の註釈によって記すところによれば、Dabba-mallaputta（＝Dravya-Mallaputra）は「阿奴比耶（Anupiyā）に於ける末羅族の王家に生れ、幼にして母に死別し祖母に育てらる。七歳にして仏陀に見え、出家して直にさとる。後教団の座臥具及び食事等の分配を職とし、夜来ることの遅き比丘等には指頭に光を放ちてその寝所を知らしむ。Mettiya, Bhummajaka 等の比丘にねたまれ、無実の罪を言ひかけられしも疑晴る。」とある。この同じような話は（根本）説一切有部にも伝えられていたらしく、その *Vinayavibhaṅga* によれば、「仏世尊はラージャグリハ（Rājagṛha）にあるヴェーヌヴァナ（Veṇuvana）のカランダカニヴァーサ（Kalandakanivāsa）に滞在しておられた。ちょうどそのころ、春秋に富めるドラヴィヤ＝マッラプトラ（Gyang bu Nor, Dravya-Mallaputra、実力子）が教団によって寝臥具手配人（gnas mal 'bog pa）と食事分配人（zas la sko ba, bhaktoddeśaka）に指名された時、比丘、マイトリヤ（mDza' bo, Maitriya, Mettiya）とブーミヤジャカ（Sa las skyes, Bhūmyajaka, Bhummajaka）との二人は、春秋に富めるドラヴィヤ＝マッラプトラにいくつもの前世にわたって怨みを懐いたものだったので、比丘、マイトリヤとブーミヤジャカとの二人が、春秋に富めるウパーナンダ（Nye dga', Upānanda）と一緒にとりとめもない話をしながら坐っているところへ、春秋に富めるドラヴィヤ＝マッラプトラがその場所へやって来ると、その二人はウパーナンダに語った。……」（P. ed., No. 1032, Nye, 1a1-4：大正蔵、二三巻、七七七頁上。なお、『十誦律』については、同、七五頁下を参照のこと。）とある。

（2） 一応仮りに当ててみた訳語であるが、実際の用例は後註4を付した引用中においてみられたい。las su bsko ba は D. ed. に従ったものであるが、P. ed. では las su sko ba とある。対応する Skt. は、*Mvyut.* no. 9362 によれば karma-dāna である。Tib. によれば「業務に割り当てるもの」、Skt. によれば「業務を与えるもの」のような意味で、監督のような役職を指すのかもしれないが、後註4下の引用からみても、弱年に与えられる役職であるから、それほど高い地位のものとは思われない。カッコ内の「知事」は義浄訳から補ったものである。ここでは、特定の仕事に限定されない、全ての業務を遂行する可能性のある、含みをもった一般的職名と考えて「業務執行職」と訳しておいたままである。

（3） これも暫定的訳語であるが、意味内容は karma-dāna の場合よりもはっきりしている。実際の用例については、やはり後註4下の引用中を見て頂きたいが、Tib. と漢訳はそれによるものである。これに対応する Skt. は *Mvyut.* no. 9067 により、upadhi-vārika であると知られるが、この語は *Buddhist Hybrid Sanskrit Dictionary*, p. 136 で upadhi-vārika, °vārika としてかなり詳しく説明されているが、訳語としては "*guardian of material objects; beadle* or *provost* of a monastery, in charge of physical properties" が与えられており、極めて的確なものであると判断できる。なお、この場合の upadhi が ārāma や vihāra などを指すということについては、後註8を参照されたい。私はこの upadhi を「寺内」と訳したつもりなのである。

(4) P. ed., No. 1032, Che, 138a7–139a6 (D. ed., No. 3, Ca, 152b1–153b1)：大正蔵、二三巻、六六五頁下—六六六頁上。なお、この件には直接関係はないのであるが、我々がチベット訳, P. ed.（および D. ed.）と漢訳とを比較対照する時に重宝するものが『大谷大学図書館蔵西蔵大蔵経甘殊爾勘同目録』（大谷大学図書館、一九三〇—一九三二）である。最近、ふとした機縁で、本目録について始めて知ることがあったので、敢えてそれを記しておいた方がよいと考え、この場を利用させて頂きたい。ふとした機縁、というのは、櫻部建博士の一通のお葉書（本〔一九九三〕年五月十七日付）によってその取っ掛りが与えられた。実は、そのお葉書は私に私が以前 *Byams zhus kyi le'u* を「弥勒請問章」と訳した根拠を尋ねられたものだったのだが、私は上掲目録、二一六頁、註2の記載を、その後の博士の御教示によって知るまで全く知らずに過してきたのであった。その結果、私は拙稿「弥勒請問章和訳」『駒沢大学仏教学部論集』第六号（一九七五年十月）、二一〇—一九〇頁で当然触れるべきことを言及なしにすませてきた（根本的な原因は『八千頌』についての註として記載されていたために『二万五千頌』や『一万八千頌』に関係する「弥勒請問章」についてはそこを見なかったか、本目録が入手困難だったかによろう）ということになるので、ここにその不明を明確にお詫びしておきたいが、この過程で、私は、本目録が櫻部文鏡師の単独のお仕事であり、それに「序」を記した上杉文秀大谷大学学長は文鏡師の御尊父であることを知った。櫻部建博士は上杉文秀師の御孫息に当られるらしいのであるが、私の記したいというのはそのようなことではない。この櫻部文鏡師の単独著作とも言うべき業績が、その名も明記されず、しかも相変らず入手困難な状況にあることを訴えておきたかったにすぎない。私の発言に少しでも力があって、櫻部文鏡師の名の下に本目録の復刻が行われる日のあることを希うばかりである。また、かく希望を述べると共に、根本説一切有部の律文献に関して漢訳とチベット訳を照合させる場合には、本目録がとりわけ至便であることを申し添えておきたい。

(5)「僧院に水打ちをし」より「時を知らしめた後」と訳したまでの間のチベット訳文は “gtsug lag khang chag chag btab/ byug pa byas te/ dus shes par byas nas” であるが、対応する漢訳は、「掃灑房庭、観水浄不、瞻日時候（房庭を掃灑し、水の浄不を観じ、日時候を瞻みて）」である。「掃灑房庭」は「水打ちをし」と仮りに重なるのだとしても「観水浄不」とは合わないように感じられるし、「瞻日時候」と「時を知らしめる」こととが同じことを指すかについても自信がない。

(6) 'khor sa に対応する Tib. は *Mvyut.* no. 4361 によれば後者, nos. 6795, 7001 によれば前者である。漢訳は stūpa の 'khor sa に対して「窣堵波処」とある。ここでは、stūpa の周りの空地を想起して「広場」と訳しておいた。

(7)「上方に到って」と訳した箇所のチベット訳は P. ed., D. ed. ともに “gyen du 'chugs te” とあるが、'chugs は 'tshugs ではないかと見做してかく訳してある。因みに、漢訳は「彼風気上衝」である。

（8）*Abhidharmakośa-vyākhyā* by Yaśomitra, Wogihara ed., p. 352, l. 29 に "upadhir ārāma-vihārādiḥ" とある。これは、次註9で指摘する *AKBh* の箇所に対する復註中に認められる説明である。

（9）「有依七福業事」という訳語は、*Abhidharmakośa-bhāṣya (AKBh)*, Pradhan ed., p. 196, ll. 12-16: P. ed., No. 5591, Gu, 194a3-6：玄奘訳、大正蔵、二九巻、六九頁上における玄奘訳によったものであり、カッコ内の Skt. および Tib. もその対応箇所のものに従っている。これは「寺内のことに関する（aupadhika）七つの福業の所作の依りどころ」というような意味である。

（10）P. ed., No. 1032, Che, 132a5-b2：大正蔵、二三巻、六六三頁上。

（11）赤沼前掲辞典（前註1）、一八―一九頁の Āḷavī を Skt. の Aṭavī と同じと見て、以下はその項の記述によるものである。

（12）この語はチベット訳中でも音写されているので kārṣāpaṇa が値なのか金そのものなのかは私にはよく分からない。もし金そのものとすれば常乞食の比丘は金を直接受け取ったことになるが、そのような状況は考え難いかもしれない。Monier の辞書の示すところ（p. 276）によれば、「異った価値の硬貨もしくは重さで、金なら一六マーシャ、銀なら一六パナ、銅なら八〇パクティカー」などとある。これが正しければ、やはり常乞食の比丘は、金ではなくとも、金貨かもしくはそれに準ずるものを受け取ったのであろうか。

（13）この意味での『中阿含経』については、榎本文雄「阿含経典の成立」『東洋学術研究』第二三巻第一号（一九八四年五月）、九三―九八頁を参照されたい。なお、「世間福経」は、大正蔵、一巻、四二七頁下―四二八頁下に収録されているが、現在のところ『中阿含経』のもの以外に対応するものは知られていないようである。

（14）この点は、前註9の *AKBh* の玄奘訳に基づく、荻原雲来・木村泰賢『国訳大蔵経』論部第一一巻、二三頁、註106で「有部の毘那耶四十六」と指示されて知られている。この箇所は, P. ed., No. 1032, Te, 134a6-137b3：大正蔵、二三巻、八八二頁下―八八三頁中に相当する。なお、この中に引かれる「世間福経」と同じ経文は, *Abhidharmakośa-vyākhyā, op. cit.*（前註8）, p. 352, l. 31-p. 354, l. 30 にそのまま登場しているので、経文の大半の Skt. は回収される。その和訳については、舟橋一哉『倶舎論の原典解明　業品』（法蔵館、一九八七年）、四三―四七頁を参照されたい。

（15）P. ed., No. 1032, Te, 114b1ff.：大正蔵、二三巻、八八〇頁上以下を参照されたい。なお、有部が caitya や stūpa の寄進に積極的であったことについては、『大毘婆沙論』、大正蔵、二七巻、六三五頁下、および、静谷正雄『初期大乗仏教の成立過程』（百華苑、一九七四年）、一九三頁参照。

（16）平川彰『初期大乗仏教の研究』（春秋社、一九六八年）、六九一―六九二頁（：平川彰著作集、第四巻、三四六―三四七頁）。

（17）本第二部第二章、一七四―一七五頁、更に、一七〇―一七一頁を参照されたい。

（18）碑文に大乗教団の名が出てこないことに関しては、静谷前掲書（前註15）、三八九―三九〇頁参照。ただし、静谷正雄博士の難点は

「碑銘の上に大乗関係のものが出てこない理由は、筆者にもまだ説明が困難である。」として、あくまでも大乗仏教の拠点を伝統仏教教団以外に求めようとしていることである。「碑銘の発見された地域は、伝統的な小乗仏教の栄えた地域が多いこと、である。」ともおっしゃっているが、私の側から言わせて頂くなら、大乗仏教は伝統教団のあったところにしかありえなかったわけであるから、碑文の発見された地域が伝統仏教教団の栄えた地域と重なるのはいわば当然なこと、ということになる。私には、山口瑞鳳「インド仏教における「方便」」『東方』第三号（一九八七年十二月）、六四頁において、山口博士が、碑文に関する平川彰博士の御見解に対して、「大乗仏教徒の依ったと思われる塔などが説一切有部その他に所属したと言う記録がある件を紹介しながら、部派教団への寄進銘のないものが多い点を意味ありげに強調している。この場合、寄進銘のないことは、たとえば法師とか菩薩のグループに所属したという意味にはならないことに注意しなければならない。むしろ、そのような証拠になる銘文に遭わないことは当該主張に水をさすように思われる。」とおっしゃっていることが最も妥当な碑文評価と考えられる。しかも、私の見る限り、最近の碑文研究は山口博士の御見解の方向で進められているように感じられるのである。Gregory Schopen 教授は、"Mahāyāna in Indian Inscriptions", *Indo-Iranian Journal*, Vol. 21 (1979), pp. 1-19 の中で、碑文研究の結論の一つとして、"we are able to assume that what we now call the Mahāyāna did not begin to emerge as separate and independent group until the 4th century" (p. 15) と述べておられるが、私も賛意を表したい。ただし、Schopen 教授のこうした結論は、同教授の大乗仏教の起源に関する見解とも無縁ではないのだが、同教授の御見解には私と共通する点もあるが異っている点もあるので、これについては章を改めて論ずる機会をもちたい。Schopen 教授の御見解を、Harrison 教授のそれと共に初めて御教示頂いたのは、本書、第二部第四章、註15に記したごとく、小谷信千代氏からであったが、最近、末木文美士氏より、同氏「アメリカ仏教学一端」『東方学』第八号（一九九二年）、一八九―一九八頁を頂戴し、その紹介記事を切っ掛けに Schopen 教授の論文を集めることができた。その過程で、私の手元で集めることのできなかったものについては、依頼するや気軽に応じてコピーを下さったのも末木氏である。できれば、今回 Schopen 教授の見解に対する批判を述べ、末木氏の御厚意に応えたかったのであるが、見送らざるをえなくなったので、ここでは謝意のみを記して、別な機会を俟ちたい。

(19)『大毘婆沙論』、大正蔵、二七巻、四一〇頁上―下参照。なお、この件は、本書、第二部第四章の註末の「付記」で記したが、『大毘婆沙論』中にかかる論及のあることを知りえたのは、後註22で触れる Lamotte 教授の御指摘によるものである。ただし、Lamotte 教授は、ただ「一音演説法」の文献を列挙するだけで、『大毘婆沙論』の論及が他の文献のそれと本質的に異るものであることについては全く気づいておられないように見える。

(20) この箇所の書き出しは「毘奈耶説」であり、それは『十誦律』、大正蔵、二三巻、一九三頁上相応の記述を指す。ただし、同じ有部でありながら、後代の成立のためであろうか、現行の『根本説一切有部律』中にはぴったりした記述は見出し難いように思われる。ただし、後註22で触れるLamotte教授の指示により、サンスクリットの『根本説一切有部律』では、*Vinayavastu* の Bhaiṣajya-vastu 中に似たような記載が認められるので、*Mūlasarvāstivādavinayavastu*, Vol. I, Buddhist Sanskrit Texts, No. 16, pp. 153-154 を参照されたい。〔義浄訳中に同記述を見出し難かった原因である訳了後の散佚については、本章末の「研究小補」参照。〕

(21) Skt. dasyu-vāc は前註20の Bhaiṣajya-vastu から採用したが、これに対応する『十誦律』の語は「駄婆羅語」である。音価が厳密に対応しているか怪しい点もあるので本文中には記載しなかった。

(22) (a)は、大正蔵、一四巻、五二〇頁上、(b)は、同、五三八頁上、(c)は、五五八頁下、(d)は、P. ed., No. 843, Bu, 183a7-8：大鹿本, p. 13, v. 10 である。なお、この箇所に関連する文献については、É. Lamotte, *L'Enseignement de Vimalakīrti*, Louvain, 1962, pp. 109-110, n. 52 において、詳細に列挙されているので、私も大いにこれを参照させてもらった。ただし、*Vimalakīrtinirdeśa* を通俗的大乗仏教の典型的経典とは見做していない Lamotte 教授には、『大毘婆沙論』などの有部の立場がこれを批判するものだとの視点は全くない。

(23) 支謙については、平川前掲書（前註16）、八五―九三頁を参照されたい。

(24) (a)は、大正蔵、九巻、七八七頁上と七八七頁中、(b)は、同、一〇巻、四四三頁下、(c)は、同、八四三頁中、(d)は、同、八八〇頁下、(a′)は、同、八七九頁中、(c′)は、同、八四七頁下、(e)は, D. T. Suzuki & H. Izumi (ed.), *The Gandavyuha Sutra*, Kyoto, 1949, p. 545, ll. 15-16: Vaidya (ed.), *Gaṇḍavyūhasūtra*, Buddhist Sanskrit Texts, No. 5, p. 432, ll. 13-16、(f)は, P. ed., No. 761, Hi, 251a8-b1 である。

(25) 拙書『道元と仏教――十二巻本『正法眼蔵』の道元――』（大蔵出版、一九九二年）、二六四頁の(iv)、および、本書、第二部第一章、一五一頁の(v)を参照の上、双方の前後の記述も読まれたい。なお、「普賢行願讃」の第八頌である「懺悔文」については、上掲拙書、二五七頁、第一二頌である七種類型の「悪業払拭の儀式」に因む頌については、拙稿「*Dharmasaṃgraha* 和訳(I)」『駒沢大学仏教学部論集』第一〇号（一九七九年十一月）、二九六―二九五頁を参照されたい。

(26) Lamotte, *op. cit.* (前註22), p. 109, n. 52 中の4参照。

(27) 『高僧伝』、大正蔵、五〇巻、三二五頁上に「先有優婆塞支謙。字恭明、一名越。本月支人。」とある。なお、支謙については、更に前註23で指摘の箇所参照のほか、『高僧伝』については、平井俊榮「『高僧伝』の注釈的研究」『駒沢大学仏教学部研究紀要』第四九号（一九九一年三月）、一八四―一七〇頁、同（II）『駒沢大学仏教学部論集』第二三号（一九九二年十月）、四五六―四四三頁を参照されたい。順序からいえば、支謙の記載は、平井、同（III）『駒沢大学仏教学部論集』第二四号（一九九三年十月刊行予定）〔その後、予定どおり刊行され、四七〇―四三六頁に収録さる〕で扱われるはずである〔支謙は、そのうちの特に四六九―四六六頁に出ず〕。

(28) これは, Lamotte, *op. cit.* (前註22) でも指摘されていることであるが、寺本婉雅・平松友嗣『蔵漢和三訳対校異部宗輪論』（京都、一九三五年）、二三頁によれば、大衆部は「尽説一切事一切相」（『十八部論』）、「如来一音、能説一切法」（『部執異論』）、「仏以一音、説一切法」（『異部宗輪論』）と主張したとされる。ただし、これに対応する箇所のチベット訳は「全てが実質的に明瞭に説かれたものである」と理解しうるもので完全な一致はみないが、いずれにせよ、通俗的な考え方であることは確かである。これに批判的な説一切有部の見解、および両部派の対立の意味については、拙稿「苦行批判としての仏教」『駒沢大学仏教学部論集』第二四号（一九九三年十月刊行予定）〔その後、予定どおり刊行され、同、三一九―三五四頁に収録さる〕の第五節、特に、註46を付した前後〔三三九頁〕を参照されたい。

(29) 後註31を付した以下の本文中の引用箇所を見られたい。

(30) 『大毘婆沙論』、大正蔵、二七巻、四一〇頁上。なお、国名の同定には、いちいち断ってはいないが、赤沼前掲辞典（前註1）、および、水谷真成訳『大唐西域記』（中国古典文学大系22）を参照させて頂いた。〔この引用の意図と直接関連することではないが、ここに言及される種々の言語をもった多民族が、『大毘婆沙論』を編纂していったガンダーラやカシュミーラに実際往来していた様子を、本書、第一部第一章に遡って、想起して頂きたい。〕

(31) 『大毘婆沙論』、同上、四一〇頁中。

(32) 金倉圓照『馬鳴の研究』（平楽寺書店、一九六六年）、特に、三―二五頁参照。なお、Aśvaghoṣa を Yogācāra 寄りに位置づける論稿には、松濤誠廉「瑜伽行派の祖としての馬鳴」『大正大学研究紀要（文学部・仏教学部）』第三九輯（一九五四年二月）、一九一―二二四頁がある。

(33) Sautrāntika の場合については、加藤純章『経量部の研究』（春秋社、一九八九年）、八六―九三頁、Yogācāra の場合については、本書、第二部第五章、二三五―二三六頁を参照されたい。

(34) *Protagoras* (Platon Œuvres Complètes, Tome III-1re Partie, Collection des Universités de France, 1984), p. 68 (347c)：藤沢令夫訳『プロタゴラス――ソフィストたち――』（岩波文庫）、一一九頁。引用は藤沢訳による。

(35) 加藤前掲書（前註33）、七三―七四頁、更に、六九頁を参照。

(36) 「事実主義」とは、「論理主義」に対峙させて私が造語したものと考えてもらっても差し支えないが、両者の対峙については、前掲拙稿（前註28）、および、拙書『唯識の解釈学『解深密経』を読む――「一切法相品」「無自性相品」――』（春秋社、近刊予定）〔一九九四年刊行〕の特に「序説」を参照されたい。

(37) 『大毘婆沙論』、大正蔵、二七巻、六三四頁中―下参照。

(38) 加藤前掲書（前註33）、九二頁。

(39) 平川前掲書（前註16）、六七八―六八〇頁〔：同上著作集、三三五―三三六頁〕で指摘されているごとく、教団の分裂には「破法輪僧（cakra-bheda）」と「破羯磨僧（karma-bheda）」とがあり，*AKBh*, p. 260, l. 15–p. 262, l. 18：玄奘訳、大正蔵、二九巻、九三頁中—下で論じられている。和訳については、舟橋前掲書（前註14）、四四八—四五九頁参照。当面の課題として直接問題としなければならないものは、平川博士も指摘されているように、後者の karma-bheda であるが、これは一結界中において分裂して karma をなすという場合であるから、もし、説一切有部の比丘であるなら、他の比丘と同じように「習慣」として同じ説一切有部の僧団の規律条文（prātimokṣa）を誦していれば、教団分裂の罪で訴えられることはなかったであろう。万一「思想」上の異端が教団から追放されたというなら、どの条項によって罪状が宣告されたのかが明らかにされる必要があると思う。

（40）『南海寄帰内法伝』、大正蔵、五四巻、二〇五頁下。なお、平川彰博士は、同前掲書（前註16）、六九八頁〔：同上著作集、三五三頁〕で、この箇所を引き、このようなあり方を「インドの或る地方には存在したのであろう」というように特殊なケースのように扱っているが、この記述は、『南海寄帰内法伝』の冒頭部分にあるのであって、むしろインド一般のあり方を記述したものであることに留意すべきであろう。

（41）*Bodhisattvabhūmi*, Wogihara ed., p. 138, ll. 18–20 に，"tatra katamad bodhisattvasya sarva-śīlaṃ. samāsato bodhisattvasya gṛhi-pakṣa-gataṃ pravrajita-pakṣa-gataṃ ca śīlaṃ sarva-śīlam ity ucyate." とあり、これ以下にそれぞれが説明されている。なお、この箇所は玄奘訳は勿論、より古い二つの漢訳中にも認められるものである。玄奘訳は、大正蔵、三〇巻、五一一頁上以下、曇無讖訳は、同、九一〇頁中以下、求那跋摩訳は、同、九八二頁下以下を参照されたい。この箇所は、大乗の「習慣（śīla）」がどのようなものであったかを見る上で重要な記述を示しているので、平川彰博士もまた、同前掲書（前註16）、四二三—四二五頁〔：同上著作集、六—九頁〕において、この箇所に言及している。平川博士は、その重要さを認めながらも、「『瑜伽論』が、大乗戒を七衆の別解脱戒であると言っているとしても、それが直ちに初期大乗仏教の戒学の実際を示すものとは言えないのである。インド仏教の初期の戒学については、初期の大乗経典について、その実際を明らかにすべきである。これが正当な手続きであると考える。」（四二五頁〔：八—九頁〕）と述べておられるが、私には「正当な手続き」を経た後でも、*Bodhisattvabhūmi*（＜『瑜伽論』）の説くように、「出家菩薩」は初期の段階から、伝統的仏教教団の prātimokṣa を守っていたとしか考えられないのであり、それについては既に述べたとおりである。なお、平川博士が、同前掲書（前註16）、四五五—四五六頁〔：同上著作集、三五—三六頁〕で触れる『解深密経』の「三聚浄戒」は、*Bodhisattvabhūmi* のそれとは前後関係を決定し難いものであるが、ここでは敢えてこれに触れないでおくことを許されたい。

（42）『菩薩地持経』と『菩薩善戒経』との翻訳年代については、平川前掲書（前註16）、四二四—四二五頁〔：同上著作集、七—八頁〕参照。

（43）山口前掲論文（前註18）、五三頁、および六五頁、註2を参照されたい。

(44) シャーンティデーヴァ、および、その系譜を嗣いだプラジュニャーカラマティとについては、三枝充悳編『インド仏教人名辞典』（法蔵館、一九八七年）、一二〇―一二三頁、二二八―二二九頁をそれぞれ参照されたい。二項とも松本史朗氏の執筆である。

(45) ここで、*Bodhicaryāvatāra* 第五章第八五―九八頌全てについて、その *Pañjikā* を頼りに、各頌の背景をなす *Vinaya-vastu* や *Prātimokṣa-sūtra* を同定することは困難であり、またそれを目的とする場所でもないと思うので、詳細は別な機会に譲るとして、以下にはその大略を知ってもらうべく若干のサンプルを指摘しておくに留めたい。ここでは、第八五頌と八八頌とを取り上げることにするが、その二頌をまずサンスクリット原文で示せば次のとおりである。テキストは、以下、全て、便宜的に、Vaidya (ed.), *Bodhicaryāvatāra of Śāntideva with the Commentary Pañjikā of Prajñākaramati*, Buddhist Sanskrit Texts, No. 12 による。

vinipātagatānātha-vratasthān saṃvibhajya ca/ bhuñjita madhyamāṃ mātrāṃ tri-cīvara-bahis tyajet// 85// (p. 72)
dharmaṃ nirgaurave svasthe na śiro-veṣṭite vadet/ sa-cchatra-daṇḍa-śastre ca nâvaguṇṭhita-mastake// 88// (p. 75)

第八五頌は、「誤って罪に陥った人と寄る辺のない人と制戒に住している人とに分ち与えた後に、〔自分の食事を〕ほどよい量だけ食べるがよい。三種の衣服以外は捨てるがよい。」との意味、第八八頌は、「健康（svastha）にして、かつ尊敬を示さないものやターバンを巻けるものには法を説かないがよい。傘や杖や武器をもてるものにも、また、頭部を覆ったものにも、そうすることはない。」との意味である。第八五頌に対する *Pañjikā* では、食事にからめて薬のことも説かれ、若干の大乗経典に典拠を求めた後、薬については「*Bhikṣu-vinaya* において説明されており、そこだけにおいて了解されるべきである。」(p. 73, l. 25) と述べられ、これは *Mūlasarvāstivādavinayavastu, op. cit.* (前註20), p. 2 の記述に符合する。また、第八八頌は、衆学法（saṃbahulāḥ śikṣā dharmāḥ）を意図して説かれたもので、例えば、頌後半中の cchatra, daṇḍa, śastra は、順次に、根本説一切有部の衆学法の第一〇〇条、第九九条、第一〇一条に対応する。今、第九九条を示せば、"na daṇḍa-pāṇaye aglānāya dharmaṃ deśayiṣyāma iti śikṣā karaṇiyā（無病にして杖を手にするもののために私たちは法を説示しないだろう、との学則が守られるべし。）" であり、あとは、その daṇḍa を cchatra と śastra に取って替えればよいだけである。それゆえ、第八八頌中の svastha（健康な）は、*Pañjikā* によって指摘されている (p. 95, l. 14) ように、各衆学法における aglāna（無病の）と同様、全てにかかるように理解しなければならない。しかし金倉圓照訳『悟りへの道』（平楽寺書店、一九六五年）、六六頁では、この背景が理解されていないため、「頑健な者」と svatha を訳し、しかも、他の語と並置する扱いしかしていないので、正されるべきであり、かつ、このような通俗的な詩作においても、自らの所属していた伝統教団の戒律（vinaya, prātimokṣa）が意識されていたことに思いを致すべきである。

〔研究小補〕 本章、註1で触れた片山一良氏の御教示は、今回の刊行に際し、前章の註記の関連箇所で、できる限り活かそうと努めて補わせて頂いたが、uddiśya に関しては、既にその御教示を機縁にものした拙稿「初期大乗仏教運動における『法華経』——uddiśya の用例を中心として——」『勝呂信静博士古稀記念論文集』（山喜房仏書林、一九九六年）、二三五—二五〇頁がある（御教示については、同、二四八頁、註19参照）。この拙稿の考察以降、私は uddiśya を「x の（gen., acc.）名義で」と訳すことにしているが、本書の第一部第三章や第二部第十二章などを中心に述べた「作善正義」中の(イ)(ロ)(ハ)の関係でいえば、(イ)から(ロ)(ハ)への方向が ud-DIŚ で示され、(ロ)から(イ)(ハ)への方向が ā-DIŚ で示されるような気がする。諸文献についての検証がまだなされていないので明記することはしなかったが、ここに感想のみを述べておく次第である。なお、同、註1で触れた、平川彰博士の著作中での没収罪第十条については、平川彰『二百五十戒の研究II』、平川彰著作集、第一五巻（春秋社、一九九三年）、一九八—二二三頁を参照されたい。本章の註4下と註10下とに示した律の一節に関しては、順次に、その後に刊行された、グレゴリー・ショペン著、小谷信千代訳『大乗仏教興起時代——インドの僧院生活——』（春秋社、二〇〇〇年）、九〇—九一頁、および、一九〇頁でも取り上げられているので参照されたい。本章、註4下の本文中の引用で、「春秋に富める」と訳されていることに関する訂正とお詫びについては、本書、第二部第九章末尾の「研究小補」を参照のこと。本章、註14、および、その本文で触れた律文献における「有依七福業事」「無依七福業事」の一節については、拙稿「選別学派と典拠学派の無表論争」『駒沢短期大学研究紀要』第二三号（一九九五年三月）、七四—七六頁(横)を参照されたい。本章、註20、および、その本文で言及した「一音演説法」に因む律文献の詳細な紹介は、その和訳と共に、拙稿「カイネーヤ仙人物語——「一音演説法」の背景——」『駒沢短期大学仏教論集』第六号（二〇〇〇年十月）、五五—一一四頁でなされているので参照するのが望ましい。義浄訳に対応する箇所がないように見えたのも、訳了後の義浄訳散佚のゆえであったこともそこに記したとおりである。本章、註39で触れた cakra-bheda と karma-bheda との問題については、ちょうどその頃に、佐々木閑「破僧するのに必要な比丘の人数」渡辺文麿博士追悼論集『原始仏教と大乗仏教』上（永田文昌堂、一九九三年五月）、一五三—一七一頁（横）が刊行され、更にその後に、この成果も組み込んだ、同『インド仏教変移論——なぜ仏教は多様化したのか——』（大蔵出版、二〇〇〇年）が刊行されたが、この秀れた研究成果に対する私の考えは、本書の、特に、第一部第二章を中心に述べえたと思う。

第七章　『大毘婆沙論』における『優婆塞戒経』相応箇所

本第二部では、その主題との関連上、大乗仏教の成立についても私見を明らかにする必要に迫られたが、その過程で、大乗仏教の成立に関しては Schopen 教授によって従来とは異った一連の論稿が公けにされていることを知ったので、同問題について新たな私見を提起したものとして、私自身、いつまでも Schopen 教授の見解に対してノーコメントのままでいることは許されないであろう。それゆえ、今すぐにでも同教授の見解を取り上げてコメントしたいのであるが、その前に一章を割いて、前章を補強する意味での考察を挟んでおきたい。(1)

前章では、大乗仏教は伝統的仏教教団それ自体の展開の中でしか起りえなかったとの想定のもとに、それを立証するような事柄を伝統仏教と大乗仏教との関係のうちに探ってみたのであるが、その中程より後半にかけては、「大乗仏教は部派の論書にも説かれていない」と主張する平川彰博士の御見解に対する反証として、初期の大乗経典に共通する「一音演説法」的考え方が伝統仏教の正統説を代表する『大毘婆沙論（*Mahā-Vibhāṣā*）』の中で批判的に取り扱われている例のあることを検討してみたのであった。この例は、伝統仏教と大乗仏教とが同じ教団を共通の場として共存しあいながら、前者の正統説的厳格さが後者の通インド的通俗さを批判した最有力な証拠の一つとして私には考えられたのであったが、いかに有力でも一つの例では証拠薄弱かとも思い、本章においてもう一つの例を補っておきたいのである。

『大毘婆沙論』の後半で「根（indriya）」を中心に議論が進められる過程で「未知当知根（anājñātam-ājñāsyāmîndriya）」「已知根（ājñêndriya）」「具知根（ājñātāvîndriya）」の三無漏根が取り扱われるが、無学道（aśaikṣa-mārga）に属する「具知根」との関連で、同じく無学道の「具知根」をもつものとして共通であるはずの声聞と独覚と仏との三乗のうち、なにゆえに世尊だけが仏とされるのかとの問が設けられ、それに対して仏と他の二乗との違いについての諸説が列挙される箇所[2]がある。この箇所の記述内容が、実は、大乗経典とされる『優婆塞戒経』の「三種菩提品」の大半の記述[3]とほぼ相応しているので、これは、「大乗仏教は部派の論書にも説かれていない」とする平川説に対する反証としても充分注目されてよいであろう。

その両者の対応の詳細は後にみることとして、当の『優婆塞戒経』についての平川博士の評価を示せば次のとおりである。多少引用が長くなるが、重要な指摘を含んでいるので、重複を厭わず、二箇所[4]からの引用を試みることを諒とされたい。

(イ)『優婆塞戒経』は、[1]『法華経』『大城経』『智印経』等を引用し、〔『弥勒上生経』と〕同様に[a]成立の新しい経典であるが、同時に[2]曇無徳、弥沙塞、薩婆多の説を引用し、[b]律蔵の戒律を採用した経典である。この経は、優婆塞のために、[3]五戒・八斎戒、さらに優婆塞の[4]「六重・二十八失意罪」を明かしているが、「業品」には[5]「十善業道」についての詳説がある。しかし[b]受戒の作法や戒体論の説明には部派仏教の教理が採用されており、[6]「沙弥十戒・大比丘戒・菩薩戒」というように、[b]律蔵の説明が濃厚に取り入れられている。

(ロ)『優婆塞戒経』は、戒を重んずる点で、[b]『律蔵』と関係が深いが、しかし[7]「菩薩に二種あり、一には出家、二には在家なり。出家の悲を修するは、是れを難とはなさず。在家の悲を修するは、是れをすなわち難となす」と説き、菩薩の在家・出家の戒を説いている点で、[c]大乗系の経典と見てよい。そして[1]『法華経』や『大城経』『智印経』などを引用している。しかし他面では、[2]曇無徳、弥沙塞、薩婆多を引用し、部派仏教とも関係が深い。この経には[8]「出家菩薩を名づけて比丘となし、在家菩薩を名づけて優婆塞となす」と述べ、[d]大乗の教団組織を整備することに力をつくしているが、この経自らが『優婆塞戒経』と呼んでいるように、この経は在家菩薩の立場にとどまっている。しかし出家教団的な組織もかなり具体的に示されている。この経には、[9]「三宝供養」を説明するところに、仏塔供養が説かれている。[10]「智者は至心勤心に、生身滅身形像塔廟を供養すべし」として、塔廟を造立すること、塔廟に幡蓋・伎楽・香油・灯明等を供養すること、塔廟を清掃塗地すること、毀壊すれば修治すること等を詳しく説いている。つぎに「造像」についても具体的に説いている。「供養仏」とは、具体的には仏塔供養である。つぎに「供養法」とは十二部経を供養することであるとなし、「供養僧」とは、菩薩・辟支仏人・四向四果人を供養することであるとしているが、説明は簡単である。

以上の平川彰博士の記述中、傍線(1)—(10)は引用もしくは引用に準ずるもの、[5]傍線(a)—(d)はそれらを根拠に『優婆塞戒経』に与えられた同博士の評価を示す。本経は、北涼の曇無讖によって四二六年(玄始十五年)に漢訳されたもので[6]あるから、平川博士が引用(1)(7)によって成立の新しい大乗経典と判断されたこと(評価(a)(c)は翻訳状況によっても首肯されるのであるが、新しいとはいえ、本経が基本的には苦行者たる「出家菩薩」の権威のもとに大富豪たる「在家菩薩」の救済を保証しようとする大乗経典であったという点では、私が本第二部の当初から注目している最古の『法鏡経』およびその一連の異訳と全く共通した性格をもったものなのである。[7]今その一例として、既に見た『法鏡経』の一節とほぼ似通った「在家菩薩」のあり方についての記載を、両者対比して示しておくことにしたい。[8]

『法鏡経』:在家修道者(=在家菩薩)、……父母知識臣下昆弟親属為以敬之。奴客侍者、瞻視調均。亦以教化斯殊法。

『優婆塞戒経』:在家菩薩若畜在家弟子、亦当先教不放逸法。不放逸者、供養父母師長和上耆旧有徳。復当供給兄弟妻子親友眷属欲行之人及遠至者所有僮僕作使之人、先給飲食、然後自用。

かかる「在家菩薩」の善業は、仏の前での「菩提心」に基づく「悪業払拭の儀式」を念頭に置いたものであるが、全体がそのことをテーマにしたような本経は、これまで扱ってきた「悪業払拭の儀式関連経典」に加えてもなんら遜色のないものなのである。それゆえ、本経の一段には次のような文言もある。[9]

善男子。若能如是清浄帰依受八戒者、除五逆罪、余一切罪悉皆消滅。

従って、本経は、これまで見てきた大乗経典と同様に、伝統的仏教教団に属する比丘が、「悪業払拭」のために教団に帰依し寄進する在家信者（優婆塞）に対して提供すべく作成した経典であると見做してよいものと思われる。しかるに、かく見做すことは私の立場からは全く当然なことなのであるが、大乗経典とは仏塔を中心とする主として在家者からなる「菩薩ガナ」において作成されたものとする平川彰博士の立場からすれば、同博士の如上の記述でわかるように、博士が引用(3)(4)(5)(9)(10)に基づいて本経を大乗経典と判断するのは極自然なことであるにしても、「菩薩ガナ」とは別途に存在していたはずの伝統的部派仏教の影響が本経に及んでいたとするのはむしろ不自然だということになろう。そのために、博士は、引用(2)(6)の状況を、本経が部派仏教の戒律を採用しその教理に基づいて受戒作法や戒体論を説明した（評価(b)）ためと考えておられるらしいのだが、そのお考えはこの不自然な状況を解消することには少しも役立っていないように私には思われる。伝統的仏教教団とは独立に展開したと見做される「菩薩ガナ」がなにゆえに軽視している相手側からその教理を借用してこなければならなかったのかが依然不明だからである。

では、私の立場から本経の成立の背景を説明すればどうなるのかということを、ここにまとめて簡単に示すならば、既に本章以前において考察してきたように、基本的には、伝統的仏教教団に属する出家者が、インド社会の展開と共に大規模化した仏教教団内塔地の仏塔や僧院周辺の出家苦行者に自己の「悪業払拭」のために寄進をなす在家者に対して、その功徳の有効性を通インド的「習慣」に迎合する形で保証しようとしたものが大部分の大乗経典であり、『優婆塞戒経』はいわばその典型的な一つの例を示しているにすぎない。これが本経を巡っても変わらない私の一貫した解釈であるが、かく解釈した方が、如上の記述中の引用(8)すなわち「出家菩薩を名づけて比丘となし、在家菩薩を名づけて優婆塞となす」という文言もはるかに素直に理解することができるのである。因みに、この引用(8)に対する平川博士の解釈によれば、本経は、大乗独自の教団組織を整える一方で出家教団的な組織も取り入れたが、あくまでも

「在家菩薩」の立場にとどまって作成されたものということになる（評価(d)）が、引用(8)を素直に読めば、「在家菩薩」とは、比丘である「出家菩薩」から三帰依と五学処を受けた優婆塞（upāsaka）でなければならない[10]のであり、代表的には、莫大な寄進をなしうる大金持ちや王族を指す。かかる優婆塞の「在家菩薩」が大乗独自の教団組織を整備したり出家教団的な組織を導入したりするなどということはおよそ夢想だにできないことなのである。従って、大乗仏教の成立や展開の時代においても、存在したのは基本的に伝統的仏教教団だけだったのであり、そこに比丘が住しそこへ在家信者としての優婆塞が集っていたにすぎない。それが「悪業払拭の儀式」の滲透と共に、大乗仏教運動が台頭すると、それに共鳴するものの中で、前者が「出家菩薩」、後者が「在家菩薩」と呼ばれるようになったのである。その際に、両者の「習慣（śīla）」を大乗という一つの理念のもとにまとめる必要が生じ、それが「一切戒（sarva-śīla）」と呼ばれるものに展開したのではないかとの憶測は既に試みたが[11]、如上の記述中の引用(6)も、平川博士のおっしゃるように、部派仏教の律蔵の説明を導入したもの（評価(b)）なのではなく、展開した伝統的仏教教団の中で起った如上の動向の一端を示したものと解釈すればよいように思う。かかる展開の延長線上において、例えば、十世紀の学僧プラジュニャーカラマティが伝統的仏教教団に属しその規律条文（prātimokṣa）の遵守を勧めながら中論学派に関する著述もなしたという事態が極自然に起りえたのであったが、それについては既に記したとおりである[12]。

さて、『優婆塞戒経』とは、仏教教団内塔地の仏塔や僧院周辺の出家苦行者に寄進をなす在家者（優婆塞）の功徳の有効性を通インド的「習慣」に迎合する形で保証しようとした大部分の大乗経典の一典型ではないかと先に述べたが、本経の中核をなすテーマは、確かに、沐浴して六方に礼拝するという、通インド的「習慣」に淵源するものだということが知られている。パーリ三蔵の Dīgha Nikāya に第三一経として収録されている *Siṅgālovāda-suttanta*[13]（『シンガーラ教誡経』）がその淵源に相当するもので、そこでは、六方礼拝の通インド的「習慣」を仏教的な考え方へ換骨奪胎することによって東南西北下上の六方礼拝をそれぞれ(1)父母（mātā-pitara）(2)師長（ācariya）(3)妻子（putta-dāra）(4)善知識（mittâmacca）⑸奴婢（dāsa-kammakara）⑹沙門婆羅門（samaṇa-brāhmaṇa）に対する奉仕の推賞へ転換するというような手法が取られている。それが、漢訳の『長阿含』や『中阿含』の「善生経」『尸迦羅越六方礼経』『善生子経』などに見られる若干の増広を経て、最終的には、本経に見られるような形態へと大幅に増広されたのである。その最終的形態が大乗経典と判断されるものにほかならず、そこでは、六方礼拝が旧来の読み換えのほかに冒頭では六波羅蜜にも読み換えられるといったような大乗経典としては当然な増広が多く、分量も最も短い『尸迦羅越六方礼経』と比べれば二〇倍をはるかに越えるほどに脹れ上っているものの、その通インド的な「習慣」に迎合的な姿勢は基本的にはなんら変わっていないといえる。近年、松本史朗氏は、大乗の『大般涅槃経』の「アートマンの肉体からの離脱」という根本主張はパーリ三蔵の *Mahāparinibbāna-suttanta*（『大般涅槃経』）のそれと全く異るところのないものであることを見事に論証されたが、[14] それと同様のことが、更に通俗的な形態において、本経と *Siṅgālovāda-suttanta* との間にも認めうると考えられるのである。

ところで、私が、通インド的な「習慣」と呼ぶものの不変性を、「文化史（cultural history）」の観点から照射し続けてこられた奈良康明博士は、インドにおける善果を得るための積善の功徳（puñña）について、極最近の御成果の中でも次のように述べておられる。[15]

釈尊も弟子たちも、また在俗の信者たちも、生活基盤、文化基盤としてのヒンドゥーの世界に生まれ、育ち、生きていた人たちである。この時代には業・輪廻及び功徳を積んで良き後生を願う観念はこのヒンドゥー社会に定着している。それだけに、仏教徒といえども、「最初から」この観念をもっていたのであり、釈尊や指導者達は特にそれを否定することもなく、いや、当然なすべき善行として推奨していたのである。布施し、戒律を守って行いを正しくすることは仏教の立場からも異存があるはずもなく、したがって、仏教文化として出家者を除く在俗の人々の受容すべき信仰として、否応なしに、「表層」にあったものと理解すべきなのである。……

原始仏典においては、功徳は神霊、ないし祖先霊に廻施（dakkhiṇa-ādesanā）された。……しかし、サンガに布施し、その功徳を比丘たちに廻施してもらうことは、自らの保護を求め、あるいは、祖先たちのより良き後生を願うための儀礼であった。それは死者儀礼、祖先崇拝儀礼に密接に結びついてい〔た。〕……

しかるに、大乗仏教の時代になると、布施、持戒等の功徳は自己及び一切衆生の成仏、仏果獲得に回向されることとなった。いわゆる功徳の「回向」（pariṇāmana）であるが、善根功徳をすべて悟りに向けるという観念と実践は、完全に悟りのレヴェル、出世間のレヴェルである。

確かに、仏教を取り巻く通インド的「習慣」である積善の功徳の観念は、奈良博士もおっしゃるように、釈尊の時代はもとより大乗仏教が展開した後代になっても変わらなかったものなのである。もっとも、博士のお言葉によれば、その「功徳」の観念は、当初出家者を除く在俗の人々の「表層」にあったものが後代には出家者も含む「出世間のレヴェル」のものに展開したということであるから、その意味では変わったと言えるのであろうが、それはしかしあくまでも仏教というよりはむしろインドの「文化（culture）」としては等質な現象なのであって、「思想（intellect）」としての変質なのでは決してあるまい。従って、それは、あたかも、*Siṅgālovāda-suttanta* が『優婆塞戒経』へと量的には圧倒的に増広されながらもその根本をなす「文化」的観念には決定的な質的変化がほとんど認められないのと全く並行する現象だといってよいのである。しかし、仏教の「文化史」はそうであっても、仏教の「思想史（intellectual history）」もまたそうであったということには決してならないであろう。否、むしろ、仏教の「思想史」とは、そういった「文化史」とは対決するものであったといった方がよいのである。それゆえ、伝統的仏教教団を代表する出家の思想家たち（intellectuals）は僧院に居住しつつ、時代の展開と共に押し寄せてくるインド「文化」の波に抗して、仏教の「思想」の側から、増大してくる「文化」の問題に対して絶えず「正しい判断」を下していかなければならなかったであろう。「正しい判断」が下されれば必ずやそれに対抗する「異った判断」も提起されるが、正統説（orthodoxy >

orthos + doxa 正しい判断）と異端説（heterodoxy > heteros + doxa 異った判断）との論争は、中世ヨーロッパのキリスト教圏におけるほど深刻なものではなかったにせよ、インドの仏教「思想史」においてもまた展開されていたのである。

一般的にいえば、正統説が主観的な感情的判断をできるだけ避け客観的な事柄に基づいてはっきりした言表をなそうとするのに対して、異端説は行為をあらしめる人の心情を重んじ感情に訴えて情緒的な説得をなそうとする傾向があるように思われるが[16]、仏教の「思想史」においてもその傾向には顕著なものがあった。「他宗を止め己が義を顕わさんが為に〔此の論を作る〕」と繰り返しつつ自己の正統説を主張した説一切有部は、既に見たごとく、「功徳」の根拠たる表業や無表業を明確に実有と認めていたのであったが[17]、それに異議を唱えた部派の異端説はその実有を否定し「功徳」の根拠をそれをなす人の「心（citta）」に求めようとしていたのである。この異端説を代表するのが Dārṣṭāntika であったり Sautrāntika であったりしたのだが、彼らとて「習慣」上の律を等しくしていれば同じ僧院に住むことを拒絶されたわけではない[18]。ましてや、異説さえ提起することなく仏教の「思想」を根本的に問題とする必要もなしにインドの「文化」と一体となって真面目に僧院生活を送っていた出家者であれば、僧院を出る理由などは全くなかったにちがいない。しかも、時代が下れば、そういう真面目な出家者が、例えば、『優婆塞戒経』を作ったとしても一向に不思議はないのである。だが、一方では、そういう彼らにも、同じ僧院内部の出家者たちもしくは外部の他の部派の出家者たちの「思想」的な議論は聞こえてきたにちがいない。『優婆塞戒経』の「業品」では父母殺しを巡って逆罪のいかんが問題となっているが[19]、その箇所が如上の平川博士の記述中の引用(2)なのであって、それは、聞こえてきた議論を記しとどめたもの以上の、「思想」的論争の遣り取りを伝えたものなのでは決してないのである。

他方、上述のごとく、仏教の「思想」的問題の決着には深く関わろうとせずに仏教の偉大さ（mahāyāna）をインド的「文化」伝統を前提に「修辞法」に訴えて大乗経典として提供していた出家者たちの作品内容のこともまた、少数ではあったかもしれないが、仏教の「思想」の正統性を問題にせずにはいられない出家者たちの耳には届いていたに違いない。その多くは正面に取り上げる必要もないような「文化」的通念であったかもしれないが、通念があまりにも真面目くさって正統な「思想」のような顔つきをして自己主張を展開すれば、あたかも前章で見た「一音演説法」の場合がそうであったように、その異端性を論破しなければならなかったであろう。また、論破するほどの意見ではないにしても、彼らとの「思想」上の根本的差異を承知した上で、彼らの通念を異説として取り上げることがあったかもしれない。本章の冒頭で予告した『大毘婆沙論』中における『優婆塞戒経』相応箇所は、私にはそういう異説の列挙箇所のように思われるのである。

さて、いささか導入部が長くなったような気もするが、以下に『大毘婆沙論』のその問題の箇所[20]を実際に見てみることにしよう。この箇所の異説の列挙中、始めの四説は『優婆塞戒経』と直接関係ないので略すが、それ以下の説は関係ないものも含めて省略なしに示す。

(イ)有説。若相続中、永伏一切非理習気、説名為仏。二乗不爾。(ロ)有説。若有、於甚深縁起河、能尽源底、説名為仏。二乗不爾。故経喩以三獣渡河。謂、兎馬象。兎於水上、但浮而渡。馬或履地或浮而渡。香象恒時蹈底而渡。声聞独覚及与如来、渡縁起河、如次亦爾。(ハ)有説。若断二種無知、謂染不染、説名為仏。声聞独覚、唯能断染、不断不染、故不名仏。(ニ)有説。若断二種疑惑、謂事随眠、説名為仏。声聞独覚、雖断随眠、而不断事、故不名仏。(ホ)有説。若尽智時、二障倶断、心得解脱、謂煩悩障及解脱障、説名為仏。声聞独覚、或先断解脱障後煩悩障、無倶脱者、故不名仏。(ヘ)有説。若具二円満者、説名為仏、謂所依能依。諸余有情、或所依円満、非能依、如転輪王。或能依円満、非所依、謂声聞独覚。唯仏具二、故得仏名。如所依能依、器器中、処処中、明与行、応知亦爾。(ト)有説。若三事円満、説名為仏、謂色族弁。二乗不爾。(チ)有説。若三事円満、説名為仏、謂立誓果成咨問。二乗不爾。(リ)有説。若具三不護三不共念住、説名為仏。二乗不爾。(ヌ)有説。若所言無二、弁才無竭、所記無謬、説名為仏。二乗不爾。(ル)有説。若具四智、説名為仏、謂因智時智相智説智。二乗不爾。(ヲ)有説。若具四智、説名為仏、謂無著智無礙智無謬智不退智。二乗不爾。(ワ)有説。若具種種因覚種種果覚種種相続覚種種対治覚、説名為仏。二乗不爾。(カ)有説。若世八法所不能染、功徳彼岸無能逮者、一切危厄堪能抜済、説名為仏。二乗不爾。(ヨ)有説。若具十八不共仏法十力四無所畏大悲三不共念住、説名為仏。二乗不爾。(タ)有説。若有深遠微細遍行平等大悲心者、説名為仏。深遠者、三無数劫所積集故。微細者、覚三苦故。遍行者、縁三界故。平等者、於怨親中無異転故。

由如是等種種因縁、於三具知、唯一名仏。

『大毘婆沙論』の以上の箇所とほぼ相応すると思われる『優婆塞戒経』「三種菩提品」の行りを示せば次のとおりである。(21)

(い)善男子。如恒河水三獣倶渡、兎馬香象。兎不至底、浮水而過。馬或至底、或不至底。象則尽底。恒河水者、即是十二因縁河也。声聞渡時、猶如彼兎。縁覚渡時、猶如彼馬。如来渡時、猶如香象。是故如来得名為仏。(ろ)声聞縁覚、雖断煩悩、不断習気。如来能抜一切煩悩習気根原、故名為仏。(は)善男子。疑有二種、一煩悩疑、二無記疑。二乗之人、断煩悩疑、不断無記。如来悉断如是二疑、是故名仏。(に)善男子。声聞之人、厭於多聞。縁覚之人、厭於思惟。仏於是二、心無疲厭、故名為仏。(ほ)善男子。譬如、浄物置之浄器、表裏倶浄。声聞縁覚、智雖清浄、而器不浄。如来不爾、智器倶浄、是故名仏。(へ)善男子。浄有二種、一者智浄、二者行浄。声聞縁覚、雖有浄智、行不清浄。如来世尊、智行倶浄、是故名仏。(と)善男子。声聞縁覚、其行有辺。如来世尊、其行無辺、是故名仏。(ち)善男子。如来世尊、能於一念、破壊二障、一者智障、二者解脱障、是故名仏。(り)如来具足智因智果、是故名仏。(ぬ)善男子。如来出言、無二無謬亦無虚妄、智慧無礙楽説亦爾。(る)具足因智時智相智、無有覆蔵、不須守護、無能説過。(を)悉知、一切衆生煩悩、起結因縁、滅結因縁。(わ)世間八法所不能汚、有大憐愍救抜苦悩。(か)具足十力四無所畏大悲三念、身心二力悉皆満足……。

是故、如来独得名仏。非二乗人名為仏也。

以上のように、仏の二乗より隔絶した点が指摘されるのであるが、『優婆塞戒経』の如上の箇所に限っていえば、(い)―(り)の九点の仏徳は、基本的には「(善男子。……)是故名仏」の形で各群をなしているのに、(ぬ)―(か)ではその形が崩れているため仏徳を明瞭に区切って数え挙ることは困難であるから、ここに与えられた区分はあくまでも一応の目安である。そのことを了解してもらった上でいえば、『優婆塞戒経』のこの箇所での仏徳は(い)―(か)の都合一四点ということになる。これが『大毘婆沙論』の如上の(イ)―(タ)の計一六点の仏徳列挙箇所とほぼ相応しているといえるのである。ここで、『大毘婆沙論』と『優婆塞戒経』との双方の問題の箇所を具体的に比較してみると、前者にあって後者にない仏徳は(ト)(チ)(ヲ)(ワ)(タ)の五点、後者にあって前者にない仏徳は(に)(と)(り)(を)の四点となるが、それ以外は互いにほぼ合致点や類似点をもっていることがわかるであろう。双方の仏徳中最も特徴的な「三獣渡河」の比喩による仏徳の説明については後に再度触れるであろうが、それを扱った前者の(ロ)と後者の(い)とは内容的に完全な一致が認められる。前者の(イ)と後者の(ろ)とも同様に一致しているが、前者の(ヘ)は後者の(ほ)(へ)を合したものとほぼ見合う。また、前者の(リ)(ヨ)を合したものと後者の(か)とがほぼ見合い、前者の(ヌ)と後者の(ぬ)、前者の(ル)と後者の(る)ともほぼ合致する。特に、(ル)と(る)の場合は、後者に四智中の「説智」は欠けているものの、他の三智同士は漢訳語も同じである。更に、前者の(カ)と後者の(わ)とはほとんど同趣意とみてよいであろう。その他でも、前者の(ハ)の染無知と不染無知もしくは(ニ)の随眠疑惑と事疑惑と後者の(は)の煩悩疑と無記疑との関係についていえば、その二分法的観点において、全てを断ったのが仏、一分を断ったのが二乗という説き方には、語法と共に、互いに共通性のあることが認められるのである。同じく、前者の(ホ)の煩悩障と解脱障と後者の(ち)の智障と解脱障との関係についても、双方とも二障を断ったのが仏と規定している点に共通した発想が見出しうるであろう。なお、以上での双方の比較は、あくまでも前者を(イ)―(タ)後者を(い)―(か)の箇所に限定した上でのものであるから、たとえこの箇所に相応する記述が見出しえなくても、例えば、前者の(夕)のように、その中の「三無数劫所積集」の観念は、後者『優婆塞戒経』の別な箇所である「修三十二相業品」や「自利利他品」中に認めうるのであり、こうした事例は詳細に双方を点検すれば更に増えるであろうと思われる。しかし、この双方の比較において大切なことは、両者が完全に合致しているということを数えたてることではなくて、伝統的仏教教団の正統説を代表する『大毘婆沙論』中に教団内部の周縁で在家向きに作成された大乗経典である『優婆塞戒経』のごとき見解が知られ反映されていたという私見を証明することだったのである。

ここで当然のごとく両者の成立年代が問題となってくるが、『優婆塞戒経』は既に見た平川彰博士の御指摘のごとく比較的新しい大乗経典であるのに対し、『大毘婆沙論』はカニシカ王以降ナーガールジュナ以前でほぼ二世紀中葉の成立とみるのが一般的であるから[22]、現行の形態のままでは、古い『大毘婆沙論』中に新しい『優婆塞戒経』の見解が反映されているなどと見做すことは不可能だといわなければならない。しかし、私がここで証明したいことは、現行の『優婆塞戒経』の如上の箇所がそっくりそのままの形で『大毘婆沙論』中に引き移されているというようなことではなくて、注意深く読み進めて下された方には既におわかりのように、*Siṅgālovāda-suttanta* が『優婆塞戒経』へ増広されていく過程と並行して、二乗と対比させて仏徳の隔絶性を讃嘆するという通インド的「修辞法」による諸見解の提示がなされるようになったが、その諸見解を増広途上の『優婆塞戒経』自身が取り込むと同時に、それと同じような動向を『大毘婆沙論』も仏徳に対する異説として別途に取り込んでいったにちがいないということなのである。この点を証明するためであれば、如上に示した『大毘婆沙論』と『優婆塞戒経』との比較だけでも充分だと思うし、また『優婆塞戒経』が自らを新たに増広していったということは、自らのうちに先行経典を引くというような、平川博士の如上の引用(1)の例にも認めることができるであろう。

ところで、先に『大毘婆沙論』と『優婆塞戒経』双方の記述が内容的に完全に一致するとした箇所の前者の(ロ)中で言及される「経」とは、今指摘したごとき増広途上の『優婆塞戒経』の(い)相当の経文を指していたのか、それとも以下に示す『大般涅槃経』の記述のある段階のものを指していたのか、あるいは一経典に特定のできない複数の経典に共通の一般的な比喩的記述を指していたにすぎないのかは俄かに確定しがたいのであるが、とにかく『大般涅槃経』のその記述(23)を見てみることにしよう。

無常無断、即是観照十二因縁智。如是観智、是名仏性。二乗之人、雖観因縁、猶亦不得名為仏性。仏性雖常、以諸衆生無明覆故、不能得見。又、未能渡十二因縁河、猶如兎馬。何以故。不見仏性故。善男子。是観十二因縁智慧、即是阿耨多羅三藐三菩提種子。以是義故、十二因縁、名為仏性。

この記述によれば、十二因縁を観じる智もその対象である十二因縁も共に仏性であることになってしまうという点に大きな問題は残るのであるが、それをともかくとすれば、その十二因縁を河に譬えて、それを渡っていないものが、兎馬のごとき二乗だと語っていることは明らかであるから、この記述中に、その河を渡る象のごとき仏が含意されていると見做すことはそれほど不自然ではないし、更にまた、『摩訶止観』に「『涅槃〔経〕』は名づけて三獣渡河と為す(24)」などとあるのを見れば、「三獣渡河」とは『大般涅槃経』の如上の箇所を指すのだと考えることは大いにありうることである。しかし、こういう点を根拠に、『大毘婆沙論』が「三獣渡河」の典拠と見做した経典は、『優婆塞戒経』ではなく『大般涅槃経』であったと断定することは困難であろう。もっとも、たとえ困難であったとしても、伝統的仏教教団を代表する有部の論書の中にそれと並存した通俗的大乗仏教の動向が明瞭に書き記されていたことを論証しさえすればよい私にとっては、そのいずれにも断定できないこと自体は、それほど重大な欠陥とはなるまい。というのも、目下の私からすれば、重要なことは、「三獣渡河」による仏徳の讃嘆を典型とするような経典の記述の出所を特定することではなく、そういう記述が通俗的大乗経典に特徴的なものであることを判然とさせることだからである。

そこで、この観点からいえば、通俗的大乗経典の特徴はまさしくその通俗性にあると言ってもよいであろうが、そもそも「大乗（mahā-yāna）」という呼称自体が、厳密な思想的規定を俟った上でなければ、「小（hīna）」より「大（mahā）」がよいという通俗的観念に乗っかったものでしかなく、「三獣渡河」もそれに似て、河の表面を浮遊しているよりはしっかりと河底に足を着けている方がよいという通俗的観念の反映以上のなにものでもない。それを二乗と仏との隔絶性に結びつけたところに多少とも仏教的な色彩が呈せられているにすぎないのだから、このような比喩が仮りに仏教以外の文献中に見出されたとしてもさほど驚くことではないであろう。「三獣渡河」のかかる通俗性は、前章で見た「一音演説法」とも共通した面があるといえるのであるが、後者の場合についていえば、それが仏徳の讃嘆だけにとどまっていれば有部もその批判を展開する必要はなかったにもかかわらず、大乗の側が比喩の通俗性の枠を破り「思想」のレベルで翻訳可能論を否定するような独立の主張を提起することになれば有部もそれを無視しているわけにはいかなかったのである。しかるに、この「三獣渡河」の場合は、あくまでも仏徳の讃嘆だけにとどまっているので、有部とすれば、仏徳讃嘆の諸見解の一つとして『大毘婆沙論』の如上の箇所に列挙するのみで足りたと考えられる。しかし、諸見解を列挙したからといって有部自体の立場が妥協的になっているわけではなく、有部の見解は、いかに仏徳を讃嘆しようとも構わないが、釈尊だけを仏とすることでは一貫していなければならないのであり、それはどうしてかといえば、「能く初めて覚するが故に、能く遍ねく覚するが故に、能く別して覚するが故に、説きて名づけて仏と為す。[25]」からであり、二乗はそうではないからである。

他方、『優婆塞戒経』もまた、先の引用最末尾にあるごとく、「是の故に、如来を独り仏と名づくことを得。二乗の人を名づけて仏と為すには非ざるなり。[26]」と述べているので、一見釈尊だけを仏とするようにも見えるが、この「如来」とは、他の多くの大乗経典同様に、あの初めて仏教を開いた釈尊だけを指すのではなく、三世十方にありうる多仏を含意しているので、有部のような意味には決してならない。また、通俗的大乗仏教は、この多仏思想の裏返しであるかのように、だれしもが仏になりうることを情緒的に強調するが、『優婆塞戒経』もまた、一様に「菩提心」を発することを勧め、勧めに応じて三十二相の業を修す「菩薩摩訶薩は、是の三十二相の業を修し已りて、了了に自ら定んで阿耨多羅三藐三菩提（anuttara-samyak-saṃbodhi）を得るを知ること、掌中の菴摩勒果を観るが如し。[27]」と説くのである。しかし、一見万人の救済を説いているかに見えるこの経典も、実は、各品末尾で必ず繰り返されている文言からも分かるように、「出家菩薩」と「在家菩薩」との分業を前提とした、[28]差別温存の通インド的な「文化」を出るものではないことに注意しておかなければならない。

また、「文化」や「習慣」としての通俗的な三乗の区分などは、時代が下れば、教団の「習慣」を記し留めた律蔵中にも書き残されているのである。今は『根本説一切有部毘奈耶』よりその一例を、たまたまサンスクリット原文もチベット訳もある箇所[29]について、以下に示しておく。

或有発趣声聞独覚乗心者。或有発趣大乗者。

kaiścic chrāvaka-bodhau cittāny utpāditāni kaiścit pratyekāyāṃ bodhau kaiścid anuttarāyāṃ samyak-saṃbodhau

kha cig gis ni nyan thos kyi byang chub tu sems bskyed/ kha cig gis ni rang byang chub tu sems bskyed/ kha cig gis ni bla na med pa yang dag par rdzogs pa'i byang chub tu sems bskyed do//

これによって、傍線の「無上正等覚」に相当するサンスクリット語やチベット語が漢訳では「大乗」とされていることが分かるが、これは、「無上正等覚」に心を起せばだれしも仏になると説いていた通俗的出家者の考えが大乗と思われていたことを証するのかもしれない。しかし、所謂の「小乗」であれ「大乗」であれ、「正しさ（samyaktva）」とはなにかが問われてこそ始めて「習慣」は「思想」となるのである。それがなされなければ讃仏も単なる美辞麗句の「修辞法」の試みにすぎまい。従って、大乗経典の作者は、伝統的仏教教団に属していたアシュヴァゴーシャのような出家者であっても一向に不思議はないと前章末尾では記したが、彼やマートリチェータ[30]のように詩才に富んだ出家者を持ち出すまでもなく、彼らよりも詩才に乏しく更に更に通俗的な出家者たちが無数の大乗経典を作り出したことは極当然のことだったように私には思われる。それは、現代においても、仏教の「思想」を知らない仏教の専門家ほどマスコミを通じて仏教の「文化」を平易に言葉巧みに耳に心地よく語って受けがよいのを見ればわかることである。しかし、そういう俗説は、古代においてであれ、「思想」を問題とする出家者にも当然聞えていたであろうが、「思想」的に重要な問題を除けば、ほとんどは聞き流されていたであろう。前章と本章で検討した例は、そのような仏教教団もしくはそこに及んだ通インド的仏教の「文化」を充分に物語っているように思われるのである。

註

(1) これらの論稿を知るに至った経緯については、本書、第二部第六章、註18を参照されたい。その過程で、末木文美士氏や小谷信千代氏のお世話になったが、それについては、同上箇所のほかに、本書、第二部第四章、註15も参照のこと。

(2) 『大毘婆沙論』、大正蔵、二七巻、七三五頁中―下参照。なお、この箇所の主要部分は、本章の註20を付した箇所に示されているので見られたい。

(3) 『優婆塞戒経』、大正蔵、二四巻、一〇三八頁上―下参照。なお、極最近、これの英訳が、Bhikṣuṇī Shih Heng-ching (釈恒清), *The Sutra on Upāsaka Precepts* (BDK English Tripitaka 45-II, Berkeley, 1994) として出版されたので, *ibid*., pp. 25–28 も合わせて参照されたい。

(4) 二箇所中、(イ)は、平川彰『初期大乗仏教の研究』(春秋社、一九六八年)、四六六頁(:平川彰著作集、第四巻、四五頁)、(ロ)は同、六〇一頁(:二四〇頁)。

(5) 平川博士の記述中の傍線で示した引用もしくはそれに準ずるもののうち、(1)は、『優婆塞戒経』、大正蔵、二四巻、一〇三六頁上、(2)は、同、一〇七〇頁中、(3)は、同、一〇六三頁上―下、一〇六四頁中、(4)は、同、一〇四九頁上―一〇五〇頁中、(5)は、同、一〇六六頁下―一〇六九頁中、一〇七一頁上―下、(6)は、同、一〇四七頁下、(7)は、同、一〇三六頁下、(8)は、同、一〇五〇頁中、(9)は、同、一〇五一頁下―一〇五二頁中、(10)は、同、一〇五一頁下であるので、それぞれ参照されたい。

(6) 『開元釈教録』、大正蔵、五五巻、五一九頁下―五二〇頁上参照。また、本経が「菩薩調伏蔵」に位置づけられていることについては、同、六〇六頁上を参照されたい。なお、本経に関する『出三蔵記集』の記載は、国訳一切経、律部一二、「優婆塞戒経解題」(大野法道）、七四頁に紹介されている。

（7）本書、第二部第二章、一七四―一七五頁、同、第三章、註16、同、第四章、二〇八―二一三頁参照。

（8）『法鏡経』は、大正蔵、一二巻、一六頁中、『優婆塞戒経』は、大正蔵、二四巻、一〇四六頁下。前者については、本書、第二部第二章、一七四頁で、チベット訳と和訳と共に対比して示した箇所に含まれているので参照されたい。

（9）『優婆塞戒経』、大正蔵、二四巻、一〇六三頁中。なお、この引用とは直接関係はないが、「菩提心」に基づく「悪業払拭の儀式」に関連して、本書、第二部第二章、一六九―一七三頁において『三品経』に触れたことがあったが、その後、この件に関し、Nancy J. Barnes, "The *Triskandha*, Practice in Three Parts: Study of an Early Mahāyāna Buddhist Ritual", *Studies on Buddhism in Honour of Professor A. K. Warder*, Toronto, 1993, pp. 1-10 が公けにされたが、拙稿を参照していないため、重複した言及も多く、特に見るべきものはないようである。

（10）本書、第二部第六章、二五五―二五七頁所引の有部律の記述とそれに関係する私のコメントを参照されたい。

（11）本書、第二部第六章、二六六頁参照。

（12）本書、第二部第六章、二六六―二六七頁参照。この第六章執筆とほぼ並行する時期に、*Bodhicaryāvatāra* 第五章の数頌と prātimokṣa との関係について、私と全く同じ関心から、しかも、より詳細な研究が、石田智宏「*Bodhicaryāvatāra* における波羅提木叉と懺悔法――改編と改訳の証跡――」『仏教史学研究』第三六巻第二号（一九九三年十月）、一―二七頁によって明らかにされた。なお、この論文の存在は、日付は記しとどめなかったが、榎本文雄氏の御教示によって知りえたものである。記して感謝の意を表したい。

（13）Dīgha Nikāya, Vol. III, pp. 180-189. 平易な現代語訳には、中村元訳「シンガーラへの教え」『仏典Ⅰ』（世界古典文学全集6、筑摩書房）、八三―九三頁がある。相応漢訳には、『長阿含』「善生経」、大正蔵、一巻、七〇頁上―七二頁下、『中阿含』「善生経」、同、六三八頁下―六四二頁上、『仏説尸迦羅越六方礼経』（安世高訳）、同、二五〇頁下―二五二頁下、『仏説善生子経』（支法度訳）、同、二五二頁中―二五五頁上があり、『長阿含』所収のものには、最近の国訳として、『長阿含経Ⅱ』（新国訳大蔵経、インド撰述部、阿含部2、大蔵出版）、一〇三―一一四頁があるので、その「解題」（一六―一七頁）と共に参照されたい。

（14）松本史朗「『涅槃経』とアートマン」前田専学博士還暦記念論集『〈我〉の思想』（春秋社、一九九一年）、一三九―一五三頁参照。

（15）奈良康明「原始仏教における功徳観念の発展と変容――文化史研究の立場から――」『日本仏教学会年報』五九号（一九九四年三月）、六頁、一二―一三頁。

（16）正統説と異端説との深刻な論争は、中世ヨーロッパのカトリック教会において典型的に見られるのであるが、教義的にいえば、秘蹟について、前者は "efficacia ex opere operato（作された作用よりの効力）" を主張し、後者は "efficacia ex opere operantis（作す者の作用よりの効力)」を主張したとされるが、私自身には、この視点を軸にヨーロッパの中世を論じた、堀米庸三『正統と異端――ヨーロッパ精神の底流』(中公新書、一九六四年初版)が大変参考になった。なお、「情緒的な説得」ということについては、吉津宜英「仏教思想史論」『駒沢大学仏教学部論集』第二四号(一九九三年十月)、三〇三―三一八頁、特に、三一八頁の「呵呵大笑しながら、また大声で泣き叫びながら異議の言える、我他彼此の緊張の少ない、ゆとりのある、豊かさ」などの表現が典型的な例を提供しているように思われる。

(17) 本書、第二部第六章、二六四頁参照。なお、直前の引用は、『大毘婆沙論』、大正蔵、二七巻、四二頁下によるが、この表現は、主要な新たなテーマが取り上げられるごとに繰り返されるものである。

(18) 本書、第二部第六章、二六三―二六五頁参照。なお、*Abhidharmakośabhāṣya* における無表を巡る Vaibhāṣika と Sautrāntika との論争については、本第二部とは別に、近々取り扱ってみたいと考えている。

(19) 『優婆塞戒経』、大正蔵、二四巻、一〇七〇頁上―中参照。

(20) 『大毘婆沙論』、大正蔵、二七巻、七三五頁中―下。

(21) 『優婆塞戒経』、大正蔵、二四巻、一〇三八頁中―下。

(22) 木村泰賢『阿毘達磨論の研究』(木村泰賢全集、第四巻)、二一一頁参照。なお、カニシカ王の年代、および、それと迦多衍尼子との関係については、加藤純章『経量部の研究』(春秋社、一九八九年)、九五頁も参照されたい。

(23) 『大般涅槃経』、北本、大正蔵、一二巻、五二三頁下―五二四頁上、南本、同、七六八頁中。なお、『望月仏教大辞典』2、一五五四頁中―下の「三獣渡河」の項において、本章で取り扱っている文献の全ては既に指摘ずみのものである。しかし、それら文献間の貸借関係について、本章のごとき問題意識から論じられたことは、かつてなかったのではないかと自負している。

(24) 『摩訶止観』、大正蔵、四六巻、七四頁下。

(25) 『大毘婆沙論』、大正蔵、二七巻、七三五頁中。

(26) 『優婆塞戒経』、大正蔵、二四巻、一〇三八頁下。なお、この箇所において、如来は「大船師」「大医師」とも呼ばれているが、同じ例が『大般涅槃経』、大正蔵、一二巻、五一一頁中にも認められる。

(27) 『優婆塞戒経』、大正蔵、二四巻、一〇三九頁上。なお、この引用に先立つ「菩提心」については、同、一〇三五頁中―下参照。

(28) 本書、第二部第二章、一七五―一七六頁所引の山田晶氏の御見解、および、それに関する私のコメントを参照されたい。

(29) 以下、順次に、漢訳は、大正蔵、二三巻、八七五頁中、サンスクリット原文は, *Divyāvadāna*, Cowell and Neil ed., p. 551, ll. 3-4、チベット訳は, P. ed., No. 1032, Te, 101b6-7 である。

(30) 例えば、Mātṛceta の *Śatapañcāśatka* 第五頌cdでは、人に生まれることの困難を "mahârṇava-yuga-cchidra-kūrma-grīvârpaṇôpamam（大海にある軛の穴に亀の首が入るのに譬えられる）" としているが、これも、本書、第二部第八章、註22で触れる *Bālapaṇḍita-sutta* などの人口に膾炙した話に基づく「修辞法」で、こういう表現自体は、たとえ韻は踏んでいても、むしろ通俗的というべきであろう。なお、この譬喩を巡る諸資料、諸問題については、Shackleton Bailey, *The Śatapañcāśatka of Mātṛceṭa*, Cambridge, 1951, pp. 12-13, pp. 35-36, p. 153, J. W. de Jong, *Buddhist Studies*, Berkeley, 1979, pp. 309-317, p. 320, n. 4 を参照されたい。また、Aśvaghoṣa と Sautrāntika の関係に付随する問題についての最近の成果には、本庄良文「経を量とする馬鳴」『印仏研』四二—一（一九九三年十二月）、四八六—四八一頁があるが、これに関する私見は近々述べてみたい。

〔**研究小補**〕 本章、註18で示唆した論争についての考察は、その後、拙稿「選別学派と典拠学派の無表論争」『駒沢短期大学研究紀要』第二三号（一九九五年三月）、四五—九四頁（横）で公けにされている。本章、註23で扱った『涅槃経』に関しては、平易な形でその全体像にも触れるためには、田上太秀『ブッダ臨終の説法〔完訳大般涅槃経〕』3（大蔵出版、一九九七年）が有益である。本章、註30で洩らした私見については、充分なものではないが、拙稿「pramāṇa-bhūta と kumāra-bhūta の語義——bhūta の用法を中心として——」『駒沢短期大学仏教論集』第六号（二〇〇〇年十月）、三〇一頁、註63、および、その本文を参照されたい。なお、本章中で扱った『大毘婆沙論』と『優婆塞戒経』との相応箇所のうち、前者の(カ)と後者の(ワ)とで問題とされる「世（間）八法」の真の重要さはその当時の私には気づかれていなかったが、この「世（間）八法」に汚染されていないことが「仏」の超俗性を通インド的な観点に従って規定する際の最有力の基準とされていたことは、その後徐々に私にも強く認識され、最近ではほぼ間違いないものと確信されるに至っている。かかる「世（間）八法」が、デーヴァダッタの「教団破壊」ではどのように扱われているかについては、本書、第一部第二章、ヒンドゥーイズム的「仏」の規定ではどのように機能させられているかについては、同上、第三章で論及されているわけである。

第八章　大乗仏教成立に関する Schopen 教授説と問題点

さて、本章では、前章冒頭で断ったように、大乗仏教の成立に関する Schopen 教授の見解を紹介しながら、同種の問題に対して若干異った見地から新たな私見を提起している者として、その問題点を私なりに指摘してみることにしたい。

まず、ここで取り上げる Schopen 教授の関連論文は次の四点[1]である。

A: "The Phrase '*sa pṛthivīpradeśaś caityabhūto bhavet*' in the *Vajracchedikā*: Notes on the Cult of the Book in Mahāyāna", 1975

B: "Mahāyāna in Indian Inscriptions", 1979

C: "The Generalization of an Old Yogic Attainment in Medieval Mahāyāna Sūtra Literature: Some Notes on *Jātismara*", 1983

D: "Two Problems in the History of Indian Buddhism: The Layman/Monk Distinction and the Doctrines of the Transference of Merit", 1985

以上は、勿論、同教授の関連論文を全て列挙したものではないが、最小限これらを見ておけば同教授の大乗仏教の成立に関する見解はほぼ押えることができるのではないかと思うものを年代順に配列してみたにすぎない。これらのうち、最初のA論文は、*Vajracchedikā Prajñāpāramitā-sūtra*（『能断金剛般若経』）における "sa pṛthivī-pradeśaś caitya-bhūto bhavet" の二箇所の用例を考察の発端として、caitya-bhūta の複合語の分析を通して、大乗仏教の発端が「仏塔崇拝 (the stūpa cult)」にではなく「経巻崇拝（the cult of the book)」にあったことを論証しようとしたものである。しかるに、その論証が成立したと確信する Schopen 教授は、平川彰博士が必ずしも「経巻崇拝」を全面的に排除しているわけでもない[2]のに、恐らくは平川博士の英文論文[3]のみによったためでもあろうか、このA論文末尾において、「仏塔崇拝」に大乗仏教の起源を想定する平川説を批判するに至っている。しかし、それは、同じく平川説を批判する私とは決して立場を等しくするものでないことは後に明らかとなるであろう。

ここでは、それに先立って、ともかくA論文における Schopen 教授の見解の概要を見ておかなければなるまい。A論文は、必ずしも短いものではなく一部には解釈上の詳細な論証も含んでいるので、要約するとその良い部分を目立たなくしてしまうかもしれないが、以下はあくまでも私の論述上必要な要約であることを予めお断りしておきたいと思う。

さて、教授が注目した *Vajracchedikā* の一文 "sa pṛthivī-pradeśaś caitya-bhūto bhavet" は、多くの場合、「その地域 (pṛthivī-pradeśa) は廟 (caitya, a shrine) のごときもの (bhūta) となるであろう」と理解され翻訳されているようであるが、教授は、かかる理解を修正して「その地域は際立ったもしくは本物の (bhūta, an eminent, a true, a real) 神聖な場所 (caitya, sacred place) となるであろう」と解釈すべきであるとの[4]立場から、caitya-bhūta の語義を最も主要な問題の一つとして考察している。その手始めとして、教授は、実際には混用されほぼ同義とされている場合も多い stūpa と caitya の意味範囲の相違に注目し、stūpa が「積む」や「建てる」の原義に由来する語義を保持して少くとも「建造物 (a 'structure' or 'construction')」を意味しているのに対して、caitya はより広い意味で使用されるとし、「神聖な場所 (sanctuary) を指す最も一般的な用語が caitya (パーリ語の cetiya) で、その語は、建物 (building) に適用されるだけでなく、神聖な木、記念石、聖地、像、宗教的碑銘をも指す。それゆえ、神聖な記念碑的性格をもった建物 (edifice) は全て caitya であるが、caitya は全て建物なのではない。[5]」という Kern の規定に賛意を表している。しかし、両語にそのような区別があるにもかかわらず、caitya をあくまでも stūpa と同義の「建物」の意味に取ろうとすれば、その

「地域（pṛthivī-pradeśa）」自体が「建物」になるのでなければならないが、それは意味をなさないので、そのために、bhūta を比較を示す語と解して「〔遺骨を祀る〕建物のごときもの（caitya-bhūta）」となるという理解も生じることになる。しかし、そういうことを実際に意味したかったのであれば、経典作者は「その地域（pṛthivī-pradeśa）は stūpa のごときものとなるであろう」というように、caitya よりは stūpa を用いたはずだと Schopen 教授はいう。一方、以上とは逆に、経典作者が両語の意味を区別した上で聖域としての caitya の語を場所の意味として選んでいたとしたなら、「場所が場所のごときもの」となる意味となり、その文はやはり意味をなさない。そこで、Schopen 教授は、caitya-bhūta なる複合語後分の bhūta の意味から、比較を示す語としての「ごときもの」という解釈を排し、その後分を「際立った」や「本物の」と解して前分の caitya を限定する語と主張するのである。かかる意味機能を持った bhūta の強調がなにゆえに必要であったかといえば、以前はかかる命名を受けていなかったその地域を caitya と呼ぼうとせんがためであったという。そして、かく主張する過程で、Schopen 教授は、caitya-bhūta が bodhi-maṇḍa（菩提座、菩提道場）に相当することを指摘し、また、caitya-bhūta は mahā-caitya（〔四〕大霊場）を意味し caitya-sammata（尊崇される霊場）にも通ずるので、bhūta は mahā や sammata とも通ずるとしている。(6)

この結果、問題の定型句の意味は、「その地域（pṛthivī-pradeśa）は本物の神聖な場所（caitya-bhūta）となるであろう」と確定され、しかも、その定型句を有することが「経巻崇拝」に由来していることが明らかにされるのである。(7)この「経巻崇拝」もまた時代の進行に応じて口誦伝承から記述伝承へと展開したとされるが、決して孤立して展開したわけではなく、「経巻崇拝」は、初期仏教以来の長い伝統を持つ「仏塔＝遺骨崇拝（the *stūpa*/relic cult）」と競合し、むしろそれに対抗して己れの優位性を示そうとしたとされる。Schopen 教授によれば、その結果、前者は後者に対立しながら、その影響も受けるようになり、当初は当然のごとく「経巻崇拝」の中心は経巻自体であったのに、次第に経巻が流布している地域（pṛthivī-pradeśa）を指すようになり、やがては、あたかも遺骨を祀っている stūpa（the *stūpa* as 'containing' the relics）のように、経巻を祀っている地域（the *pṛthivīpradeśa* as in some sense containing the 'book'）を指すようになったという。そして、その地域こそ「本物の神聖な場所」になるとされたものにほかならず、このような場所が大乗仏教の発祥の地となったと Schopen 教授は主張するのである。

その結果、同教授が、「大乗仏教は、部派教団と並列的に存在した「在家仏教」の流れが発達して、成立した教団と考えてよいものである。そしてその生活の基盤は仏塔信仰であったと考えるのである。[8]」と結論づけた平川彰博士を批判するのは当然なのであるが、その点については本章の冒頭で触れた。もっとも、この段階では、平川博士も、『般若経』のごとく仏塔崇拝を低く評価し経巻崇拝を主とする別系統の大乗もあることを充分に承知されていたのであるが、しかし、その時点で「いまは明らかにし難い」とされた別系統の大乗のことがその後体系的に解明されたことはなかったと思うので、その限りでなら、Schopen 教授の批判も成り立ちうると考える。次に、その教授のA論文における結論部分の一節を紹介すれば以下のとおりである。[9]

先に論じたように、経巻のある地域としての *pṛthivīpradeśa* は、経巻崇拝の中心地――崇拝活動（献花、舞踏など）が行われる組織化されたセンターである。更に、既存の仏教の正統説（声聞説）にたいして批判的である初期大乗経典が、通常の僧院のセンターでは教えられたり説明されたり保持されたりはできず、かかる経典がまた正統派の干渉から自由な独立のセンターの展開を促したと推測するのは当然といえる。

かくして Schopen 教授は、大乗仏教の発生を仏塔崇拝に求める平川説を排して、大乗経典発祥の地を経巻崇拝の中心地である pṛthivī-pradeśa に求めることになるのである。この Schopen 説には確かに傾聴すべき点も多いのであるが、しかし、仮りに大乗仏教が pṛthivī-pradeśa と指示すべき聖域から起ってきたとしても、そういう動向が伝統的仏教教団から全く切り離された独立のセンターでしか起りえなかったという論拠は一体どこに求められるのであろうか。私から見れば、その種の決定的論拠はどこにも見出しえないのであり、その意味では、私が平川博士を批判するのと同種の欠点を Schopen 教授もまた露呈していることになるのである。そこで、既に同種の欠点を平川博士の場合について指摘し終えている私とすれば、大乗仏教を含めた仏教史の展開は基本的には伝統的仏教教団以外にはありえなかったわけであるから、Schopen 教授の主張する pṛthivī-pradeśa を中心とする別系統の仏教運動も、所詮は、伝統的仏教教団の塔地もしくはその教団の権威づけのもとにある教団傘下の caitya などに見られた動向の一つにすぎないと見做さざるをえない。詳細な論述は必要とあらば後々試みなければならないと思っているが、ここでは、pṛthivī-pradeśa が Schopen 教授が考えているほど特殊なグループのみで使用されていた用語ではなく単に聖域を指す程度の言葉であることと、かかる「地域」の具体例ともされる catur-mahā-caitya（四大霊場）に対する寄進は伝統教団によって管理されていたことと、を示す文献二種(10)を、以下に、(α)と(β)として掲げるだけにしよう。

(α)そのとき世尊が声聞の教団のものと共に面前を過ぎて行かれたので、王は王妃のとりまきと共にその後から後へと従って行くと、ある広々とした空間の地域（sa phyogs, pṛthivī-pradeśa）に〔かのウダーインの遺体を〕置いたので、王妃マッリカーは、全ての香木によって堆積状に積んで火葬し、その堆積を乳で鎮めてそれらの骨を金の壺に入れ、大通り（lam po che, rathyā）の十字路（bzhi mdo, catvara）に舎利塔（lus kyi mchod rten, śarīra-stūpa）を建てさせた。

(β)別々に示された所得（pratyādeśa-lābha, so sor bstan pa'i rnyed pa）とはなにか。およそいかなる所得であれ、〔釈尊の〕誕生（jāti）と覚り（bodhi）と〔転〕法輪（dharma-cakra）と逝去（parinirvāṇa）とに対して出資されたものであり、もしも寄付されるべきものが四大霊場（catur-mahā-caitya）〔全て〕に対してなされえず一つの大霊場だけに対してなされそれ以外に対してなされなければ、これが別々に示された所得である。

(α)のようにして建立された舎利塔であれ、(β)のようにして寄進された所得であれ、vaiyāvṛtyakara などに代表される教団内の管理者がいて、それらの財産を管理していたのであれば、仏塔崇拝にせよ経巻崇拝にせよ、伝統的仏教教団と全く別途なところで起った仏教運動などというものを、いささかも想定する必要はないというのが、これまでにも述べてきた私の見解である。

次に、第二のB論文に移ろう。これは、既に公刊されている碑文研究を Schopen 教授の問題意識から再度見直し、名指しで大乗（mahāyāna）に言及する六世紀から十二世紀にかけての碑文一四点と、別な名目で大乗に言及していると思われる四世紀以降のインドの各地にまたがる碑文八〇点ほどを検討することによって、インドの大乗仏教の実態に人口統計学的（demographic）に迫ろうとしたものである。しかし、本第二部においてこれまで私見を述べてきたものから見れば、このB論文は、大乗仏教の動向をも含めた通インド的な仏教の「文化」についてある統計的な数字を弾きえているという点では確かに至便この上ない成果ではあるが、Schopen 教授の主張せんとしたことが果して大乗仏教の動向のみに特定できるものであるかどうかについては大いに疑問なしとはしない。その疑問はともかく、B論文における考察過程と結論とを示せば、以下のようになろう。

直接大乗の名称を記すことはないのに大乗の碑文と Schopen 教授が見做す基準は、Johnston によって「通大乗的銘文（a common Mahāyāna formula）」と呼ばれた "deya-dharmo 'yam (of, title＋name) yad atra puṇyaṃ tad bhavatu x:「これは、（肩書t、名前nなる人の）施物である。ここにありし功徳の全てがxのためになりますように。」" という定型句、とりわけその傍線部分を有することにあるのだが、Schopen 教授は、一定の手続きを経て残された碑文四八点中、その七〇パーセントが寄進者の肩書に *śākyabhikṣu/-bhikṣuṇī*（釈迦比丘／比丘尼）の語を示し、二〇パーセントが同肩書に *paramopāsaka/-opāsikā*（勝優婆塞／優婆夷）の語を示していることを指摘し、これによって次のように仮定する。[11]

そこで、これらの肩書の前者は僧院構成員を名指し後者は在家者の肩書であったことに注目すれば、その両者は実際的には単一のグループによって用いられたただ二つの肩書にすぎず、一方は僧院構成員を、他方は在家構成員を名指しているだけであると仮定できる。そして、この仮定を検討する間に、これら二つの肩書があの定型句と関連しているという事実に加えて、その双方とも大乗の信奉者の肩書として用いられているという事実がそれらの肩書に共通したものであることがわかったのである。

その上で Schopen 教授は次の四点を一応の結論として確認する。[12]

(a)それらの肩書きはある特定のグループの特性であることを示すためである。(b)その特定のグループとは大乗しかありえない。(c) *śākyabhikṣu/-bhikṣuṇī* は僧院構成員でもある大乗共同体(the Mahāyana community)の一員を指す。(d) *paramopāsaka/-opāsika* は在家者である男女の大乗共同体の一員を指す。

この確認の後、Schopen 教授は、扱った碑文資料を再度年代順に配列し直した上で、四世紀から十二、十三世紀に及ぶ大乗関係の碑文に現われた特徴について以下のように結論づける。[13]

> 四世紀以降、これら両種の肩書は、それらがある特定のグループに言及しているのだということを明らかにさせるような仕方と一貫性を持って用いられ、既に六世紀においては少くとも二つの碑文はこれらの肩書をもつ個人を「大乗の信奉者(*mahāyānānuyāyin*)」と明確に見做しており、また少くとも二つの大乗経典のコロホンは実質的にこのグループの独占的な特性である定型句を含んでいる、ということも知られるのである。それゆえ、私どもが大乗と呼ぶのが口癖になっているそのグループはどうやら当の名称を碑文上だけでは極めてゆるやかにしかもむしろ遅く用いるようになったらしく思われる。四世紀からグプタ期を通じて彼らは——少くとも碑文上は——*śākyabhikṣu/paramopāsaka* の名称で通るようになったらしく、しかもこれらの名称は決して失われなかった。それどころか、六世紀になると、その古い名称を保つ一方で、彼らはそれに新しい要素である *mahāyānānuyāyin*(大乗の信奉者)〔という語〕(もしくはやや類似の語)を加えた。初め、この新しい要素は任意のものだったらしいが、十世紀までには、その付加は碑文と写本のコロホンとの双方において普通のものとなった。

このような結論が述べられた後に、以下のような二つの所見[14]が添えられて、このB論文は閉じられるのである。

第一に、もし私どもの結論が認められるならば、私どもは、少くとも四世紀以降のインドの大乗仏教の人口統計学に関して初めて信頼に足るインドの情報を持つことになる。（中略）第二に、重ねてまたもし私どもの結論が認められるならば、私どもが今大乗と呼んでいるものは、四世紀までは、分離した独立のグループとして現われ出ることはなかったと推測することができる。そんなわけで、この意味においてであれば、Lamotte 教授が、大乗仏教について「〔革命的である以上に滲透性のある、その動向が大乗の名称で呼ばれた。〕……それは新しいセクトを構成せず、〔その名称は碑文中には決して現われていない。〕しかし、そ〔の動向〕は宗教的共同体という同じ懐で展開したのである。」と述べたのは部分的には正しかったのである。

さて、以上のようなB論文に示された Schopen 教授の見解に対して私見を述べるなら、再三主張しているように、同教授の碑文の研究成果に俟ったにせよ、私は、大乗仏教は伝統的仏教教団以外で起ったわけではないという考えを改める必要を感じていないのである。それゆえ、大乗仏教の動向が伝統的仏教教団と同じ懐で展開したように言う Lamotte 教授の見解は、部分的に正しいというよりは、私にいわせれば、四世紀から十二、十三世紀にわたっても正しいと言わざるをえない。従って、Schopen 教授の示した統計は、大乗仏教のみに特定できる動向を反映したものというよりは、四世紀以降の伝統的仏教教団に顕著となっていた仏教の「文化」の通俗的側面を反映したものと考えればよいように私には思われる。四世紀といえば、その世紀の末までには四二六年に漢訳の前章でも取り上げた『優婆塞戒経』がインドでも成立していたのではないかと推測される世紀であるが、そこに登場する「出家菩薩」が碑文やコロホンでは śākya-bhikṣu と呼ばれ、「在家菩薩」が paramôpāsaka となっていたのではあるまいか。しかも、その両者は、確かに「大乗の信奉者」と呼ばれてもよい側面をもっていたかもしれないが、一つの「大乗共同体」において特定のグループとして一緒に生活していたのでは決してなく、基本的に伝統的仏教教団の塔地を中心に成立しえた一時的な関係でしかなかったのではないかと思われる。

なお、Schopen 教授の統計において寄進者として高い割合を占めていた śākya-bhikṣu について私見を述べれば、伝統的教団に所属する森林居住の比丘もしくは教団内僧院の僧房（layana）居住の比丘が、通インド的な観念に従って祖先の供養をなそうとする時には、教団所属の塔地へ行って śākya-bhikṣu の名において時には大乗の信奉者たることをも示して寄進をなしたであろう。施物（deya-dharma）は、当然物的資財が多かったかもしれないが、勿論功徳の多いと信じられた経巻や典籍でもよかったはずである。その銘文が Schopen 教授が扱ったようなコロホンとして残っているのであるが、コロホンに関しては、同教授はその出版上の不備を嘆いているにもかかわらず自らは既刊のコロホンにさえ充分目を通していないと思われるので(15)、今はそういうものの中から、同教授の見解を否定するに足る二例を選んで以下に示しておく。いずれも、伝統的仏教教団内の典籍であることが明確なものの比丘による寄進例であるが、(i)は Lokottaravādin（説出世部）所属の *Prātimokṣa-sūtra* のコロホン、(ii)は Vasubandhu の *Abhidharmakośa-bhāṣya* のそれである。

(i) deya-dharmo 'yaṃ pravara-mahāyānayāyisya śākya-bhikṣu-Lokaśri[dharasya] śākya-bhikṣu-Śrīvijayabhadra-likhitam idam/(16)

これは、秀れた大乗教徒たる釈迦比丘ローカシュリーダラの施物である。これは釈迦比丘シュリーヴィジャヤバドラによって書写された。

(ii) deya-dharmo 'yaṃ pravara-mahāyāna-sakala-tathāgata-śāsana-dhūrdharasya auttarāpathika-paṇḍita-sthavira-Śrīlāmāvākasya yad atra puṇyam ity-ādi/ // śubham astu//(17)

これは、秀れた大乗〔教徒〕にしてあらゆる如来の教えを背負いたるインド北部出身の学者大徳シュリーラーマーヴァーカの施物である。ここにありし功徳〔の全てが〕云々。幸福たれ。

Schopen 教授の成果に従えば、これらは紛れもなく大乗的銘文でなければならないが、これらの施物を寄進した比丘、とりわけ大徳（sthavira）の称号をもった後者が、伝統的教団とは全く別個のグループに属していたとは、私には想像すらできないことである。

さて、次にC論文であるが、これは大乗仏教の成立に関連するような問題を直接扱ったものではない。このC論文の主要な課題は、そのタイトルにも示されているように、宿生智（jāti-smara）の観念の変遷を中心に、元来は苦行者的達人（virtuoso）によって獲得されるとされていた宿生智が、中期大乗経典においていかに一般化されていったかを追求することにある。その意味で、大乗仏教の成立に直接関わる初期大乗経典は全く扱われてはいないのであるが、パーリのニカーヤや漢訳の『阿含経』から中期大乗経典にわたる宿生智の観念の変遷が求められる過程において、Schopen 教授の大乗仏教観を窺い知ることができるという利点はある。そこで、同教授の大乗仏教観を、本第二部において私がこれまで論じてきた規定に従って要約させてもらうなら、同教授の考えている大乗仏教とは、私のいうところの通インド的「習慣」を容認した(a)—(a′)の大多数の通俗的大乗仏教[18]のことであり、同教授が取り扱っている比較的多くの大乗経典は、ほとんど例外なく、私が「悪業払拭の儀式」と呼んでいるものに関連する経典なのである。そのため、かなりのものが、私のこれまでに取り上げてきた経典とも重複しており、その評価についても私と共通する面が少くはないものの、私との最も根本的な違いは、かかる大乗仏教もしくは大乗経典が果して通インド的「習慣」を拒否した仏教の正しい「思想」でありうるかどうかにあるという批判的視点を同教授が全く欠如していることにあると言わざるをえない。従って、かかる相違については、本章においてよりは後々の章において個別的に取り上げていかなければならないと思っているので、ここでは省略し、以下には、大まかにC論文の主旨を紹介し、私から見た問題点を指摘しておくに止めたい。

C論文のキーワードとなる宿生智（jāti-smara）は、自他の過去世のあり方を想起する超能力を指し、三明（tisso vijjā, tisro vidyāḥ）や五通（pañca abhiññā, pañca abhijñāḥ）もしくは六通（cha abhiññā, ṣaḍ abhijñāḥ）あるいは仏の十力（daśa balāni）の一つであり、パーリ＝ニカーヤや『阿含経』では、その能力は宗教的達人（religious virtuoso）とりわけ無学（aśaikṣa）である阿羅漢や仏自身のみに帰せられるのであるが、*Upāliparipṛcchā*（『烏波離所問経』）などの大乗経典になると、それは、自らの個人的能力の開発によるのではなく菩薩などのなんらかの外的働きによってもたらされるものとなり、宗教的達人ではない普通の人にとっても近づきやすいものとなった、と Schopen 教授は言う。[19] その宿生智の獲得方法は、同教授によれば、礼拝儀礼、仏名読誦、経巻書写、真言受持などである。[20]

では、なぜ宿生智が獲得されねばならないのかといえば、例えば、*Bhaiṣajyaguru-sūtra*（『薬師経』）が、「そこで彼らに……かの〔薬師〕如来の名が現前するであろうが、彼らは記憶（smaraṇa）だけをもってここから死没し、また再び人間界へ生まれるであろうし、宿生智（jāti-smara）をもったものとなるであろうが、彼らはそれぞれ悪趣を怖れてもはや妙欲（kāma-guṇa）を求めるものとはならず、布施を喜ぶものとなるであろう。」と説いているように、宿生智をもつことによって前生の善業や悪業を過不足なく明白に知れば、その怖畏のために再び同じ悪業を繰り返さなくなるからだ、というのが Schopen 教授の主なる解釈のようである。[21] しかも、かかる宿生智が、中期大乗経典において、宗教的達人ではない普通の人にも近づきやすいものとされるようになったのは、例えば、悪処に堕した愚者が再び人として生まれるのは盲の亀が大海に浮ぶ軛の穴に首を入れる以上に困難であると説く Majjhima-Nikāya の *Bālapaṇḍita-sutta*（『賢愚経』）のような、厳格な因果律に基づく業論に対する一種の「解決（solution）」ではなかったかとも同教授は述べているが、[22] いずれにせよ、このような宿生智やそれに基づく悪業の解放というような考え方が、果して仏教的といえるかどうかは問題であろう。そもそも、宿生智を含む三明や五通もしくは六通は、かつて宇井伯寿博士が論証されたように、それについての「詳述の中は明に本来仏教説でなかつた説が殆ど其儘採用せられて居る」[23] ものであり、また、それによる悪業の解放も、むしろ、以下の Śaṅkara の *Upadeśasāhasrī* の説によく似た、通インド的な考え方なのではあるまいか。

citte hy ādarśa-vad yasmāc chuddhe vidyā prakāśate/ yamair nityaiś ca yajñaiś ca tapobhis tasya śodhanam//[24]

心が実に鏡のように清らかとなるとき、明（vidyā）が輝く。そ〔の心〕は、制戒により、恒常の儀式により、供犠により、苦行によりて浄化される。

宿生智が明（vidyā）によく似たものであることを思えば、それが「悪業払拭の儀式」のようなものを介して心の鏡のような浄化と共に輝きわたるというのは、むしろ通インド的な通念と言ってもよいかもしれないのである。仏教でも、漏の尽きること（āsavānaṃ khayo）を「法鏡（dhammādāsa, dharmâdarśa）」と結びつけることは、比較的古い文献にも認められるが[25]、このようなものでさえ私には、通インド的な通念の反映としか思えないことをここに告白しておきたい。

さて、いよいよ最後のD論文であるが、これは、その題名どおり、在家者と出家者の区別および功徳の廻向という、インド仏教史における二つの問題を取り扱ったものである。その直接のテーマの考察に先立って、Schopen 教授は、かなりの紙幅を費して、四世紀を大きく遡るほどニカーヤ＝阿含文献の実際の教義的内容については明確なことをなにも知ることができないことを論じ、その記述を受けて、碑文資料が、かかる文献資料と比べて、少くとも二つの利点をもつことを、以下のように指摘している[26]。

第一に、その〔碑文資料（inscriptional material）の〕多くが、私どもが文献資料（literary sources）から明確に知ることのできるものよりも年代的に先立っていることである。第二に、しかもより重要なこととして、この資料は、若干の教養もあり学問もあるインドの仏教者が書いたものではなく、かなり多くの実践的仏教徒が実際になしたことを私どもに語ってくれることである。

私自身はかかる利点を示されたとしても碑文資料が文献資料をはるかに上回っているなどとは単純に信じ込めないのであるが、Schopen 教授は、その利点を過去の研究に照して強調せんがために、Oldenberg がかつて仏滅後の仏塔崇拝に関して「出家僧共同体（Mönchsgemeinde）はそれにふさわしくこのような華美な崇拝とは全く関係をもたなかった。古い共同体の規則はそのことについて一言も述べていないのである。」と指摘したことに対して、「しかし、寄進銘はそれとは別なことを指摘しているように思われる。」と示唆しているが[27]、そういう「習慣」のことも、碑文は知らなくとも、デカルト的「常識（sens commun＝raison）」をもってしっかりと文献を読むならばちゃんと知られるのであり、共同体の中には、余りにも「自分ができるかぎり幸せに生きるのを止めようとはしないために（afin que je ne laissasse pas de vivre le plus heureusement que je pourrais）[28]」、共同体の規則（maximes）に従わずに蓄財をしたり仏塔供養に専らとなっていた出家者もいたことは当然なことなのである。しかも、規則は生きていたからこそ、金品を合法的に受領するために、伝統的仏教教団では veyyāvaccakara/vaiyāvṛtyakara などの役職[29]のものが必要とされたと考えざるをえまい。にもかかわらず、余りにも碑文資料だけを過信しすぎると、碑文資料に準ずるコロホンすら文献中にちゃんと確かめずに、自分流の「習慣」や「生活」に都合よく碑文資料を読んでしまう傾向となりがちなことは、先に、Schopen 教授のB論文について指摘しえたと思う。碑文資料は、確かにその時代の「習慣」や「生活」を忠実に反映した貴重なものではあるが、それだけに没頭してしまうと「習慣」を判断する「常識」さえすっ飛んでしまうのである。

もとより私は碑文資料を無視するものでは全くないが、Schopen 教授の手法には、碑文を、通インド的な仏教「文化」の解明以上のものに適用せんとする弊が認められるので、私なりに危惧の念を表明しておいたにすぎない。

さて、B論文では四世紀以降の碑文を取り扱っていた Schopen 教授は、このD論文においては、上述のごとき碑文資料重視の観点から、紀元前約一二〇年から二〇年と推定される Bhārhut や Sāñcī の碑文以降四世紀のものまでも加えて、よりトータルな形で碑文資料についての見解を論述している。その過程で、まず、寄進銘に現われた寄進者の出家者と在家者との区別上の役割に注目し、前者が意外に多いことを指摘する。例えば、Bhārhut では、四割が出家者、

Kharoṣṭhī 碑文でもその割合はほぼそのままで多少強まり、Burgess 教授によって収集された碑文に至っては、特定の崇拝形態に限って寄進者双方の割合を算出すれば、出家者は六五パーセント弱、在家者は三五パーセント弱になるという。しかも、その出家者は、ただの普通の出家者（simply monks, just ordinary monks）なのではなく、教義上の専門家（doctrinal specialists）であって、彼らは、bhāṇaka（読誦者）、peṭakin（通〔三〕蔵者）、pacanekāyika（通五部〔経蔵〕者）、vainayika（持律者）、caturvidya（知四〔経〕者）、dharma-kathika（法師）、prāhaṇika（禅師）などと呼ばれたと指摘されている。このうち、prāhaṇika については後に私見を交えて再度触れたいと思うが、以上の指摘をなす途上で、Schopen 教授は、B論文において自ら大乗の碑文と規定したものをも取り上げて、その結果について次のように報告している。(30)

> 最後に、もし、私が最近示そうと試みたように、恐らくは大乗のものと思われるあれらの碑文を、私どもが更に突き進めて検討するならば、その数字はもっと驚くべきものですらある。あの大乗のものであると思われる碑文においては――この場合私どもは約八〇点の個別的な碑文について言っているのであるが――、それらの事例の七〇パーセント以上における寄進者が、比丘もしくは比丘尼であり、そのほとんどが比丘なのである。しかも、在家者はただの二〇パーセントでしかない。

このような数字を弾き出していった後で、それらの寄進の背景を探るべく、Schopen 教授は、碑文の内容検討に入る。Kharoṣṭhī 碑文を中心に研究した Fussman 教授によれば、その寄進銘中に現われる “mātāpitrina pujāye（父母の供養のために）” などという表現は、大乗の「功徳の廻向」の考え方を示したものとされるが、Schopen 教授はそのような判断を否定する。なぜなら、そのような表現をもった寄進は、ほとんど例外なく伝統的仏教教団の部派と結びついてなされており、その部派名を明記した教団に受領されているからだという。そして、この事実に注目して、同教授は以下のように述べるのである。(31)

このことから次のことが明らかになると思う。つまり、*madapidarana adhvadidana puyaya, mātapituma pūjāya* などのごとき表現が、ある学派名を含んでもいるどんな碑文において現われようとも、そのような場合にはいつでも、その学派は必ずある小乗の学派（Bhādrāyaṇiya 一回、Aparaśaila 一回、Mahāsāṅghika 三回）であるということである。これを別な側面からいえば、*madapidarana adhvadidana puyaya* という表現もしくはそのヴァリアントのどんなものであろうともそれが、大乗の名、あるいは Śākyabhikṣu/-bhikṣuṇī もしくは Paramopāsaka/-opāsikā という肩書と結びついて現われることは決してないということである（それらの肩書は、私が示そうと試みたように、私どもが現在大乗と呼んでいるグループによって始めて用いられたものである）。しかも、再度いっておくが、この場合に私どもは約八〇点のいくつかの時代にまたがりインドのほとんどの地域に及ぶ銘文について語っているのである。

では、小乗の銘文に表わされた「功徳の廻向」の考え方と大乗の銘文におけるそれとではどのような違いがあるのか。前者では、「父母の功徳のために」とか「亡くなった父母の功徳のために」とかいって、寄進者から父母への「功徳の廻向」が、単純に表現され、その功徳は明記されたどんな目的のためであるとも決して言われないが、後者では、それとは全く異り、父母もしくは他の特定の個人が寄進者の行為の受益者として言及される際にはいつでも彼らだけではなく必ず「一切衆生」というカテゴリーと共に用いられるとした上で、Schopen 教授は、後者の特徴について更に次のように指摘する。(32)

　大乗と関連する銘文においては、寄進者がその功徳を一般的な「一切衆生」というカテゴリーだけに向ける場合であれ、それに加えて、彼の父母もしくはより大きなグループ内での他の個人をはっきりと選ぶ場合であれ、彼の行為からの功徳は必ず明示して「無上智（supreme knowledge, anuttara-jñāna）」の獲得のためであると述べられるのである。

以上が、碑文の考察を中心に、在家者と出家者の区別および功徳の廻向という二つの問題に関して論究されたSchopen教授の見解の大筋であるが、これが、碑文上に反映されたインドの仏教「文化」の一面だというだけなら、私にはもとよりなんの異存のあろうはずもない。しかし、直前に見たような大乗の「功徳の廻向」が小乗とは本質的に異った大乗の「思想」だということにされ、その「思想」を担った大乗と呼ばれる特定のグループが伝統的仏教教団外に確固と存在し、その場を中心として成り立った関係の出家者と在家者とがそれぞれ śākya-bhikṣu/bhikṣuṇī と paramopāsaka/-opāsikā と呼ばれたということにでもなれば批判的にならざるをえないのであるが、Schopen 教授の最終的意図は、どうやら私の危惧する方面にあるように思われる。しかし、同教授は、伝統的仏教教団外に存在したはずの大乗のグループの集った場所や建物のあり様を必ずしも明確に記述してはいないし、それどころか、仏塔崇拝が僧院の側から管理され支配されていたことを認めている程であるし[33]、碑文についても、Mathurā の原大乗 (proto-Mahāyāna) の碑文を別にすれば「大乗の碑文のどれ一つとして四世紀を遡ることはない」と書いているくらいであるから[34]、私には、同教授の論述の全てが、教授の意図に反して、相変らず通インド的仏教の「文化」について語ったものだとしか聞えてはこない。つまり、私には、同教授が強調しようとした「功徳の廻向」に関する小乗と大乗との差異ですら、私がこれまで述べてきた考えを改めずに解釈してよいものであり、従って、それは伝統的仏教教団に押し寄せてきた通インド的「習慣」が時代と共に教団に滲透し広がっただけにすぎないのであるから、「功徳の廻向」もSchopen 教授が小乗的と呼びうるものから大乗的と呼びうるものへと展開していっただけのことであると思われるのである。なお、śākya-bhikṣu/-bhikṣuṇī もしくは paramopāsaka/-opāsikā および「大乗の信奉者 (mahāyānānuyāyin, mahāyānayāyin)」という肩書が必要とされたのは、彼らの属した別個の大乗教団があったというよりは、伝統的仏教教団の中でしか大乗運動もありえなかったからこそ、彼らがその運動に同調していることを明記するために、問題の肩書が、前者は四世紀以降、後者は六世紀以降に用いられるようになったとも考えられよう[35]。また、Schopen 教授が大乗の碑文に特有のものとされた「無上智」への廻向も、通インド的な、*Bhagavadgītā* の次のごとき頌[36]と、一体どれほどの本質的差異があるものなのかについても絶えず気にかけておく必要はあるであろう。

labhante brahma-nirvāṇam ṛṣayaḥ kṣīṇa-kalmaṣāḥ/ chinna-dvaidhā yatâtmānaḥ sarva-bhūta-hite ratāḥ//

罪垢が消滅し、疑惑が切断され、霊魂が制御され、一切衆生の至福を喜ぶ聖仙たちは、ブラフマンの解放を得る。

さて、最後に私見を交えて再説すると約した prāhaṇika について簡単に触れて、本章を結ぶことにしたい。私は、第五章で、vaiyāvṛtyakara の一種として「寝臥具手配人」に言及し、その役職のものが応対する、大乗仏教の担い手でもありえた五種の苦行者について『根本説一切有部毘奈耶』を参照したの[37]であったが、その五種に非常によく似た仏教の専門家の呼称が Schopen 教授の指摘する碑文中にも現われていたわけである。しかるに、私は、第五章においては、今問題の呼称を、有部律の漢訳の「禅師」とそれ相応のチベット訳の spong ba pa とからサンスクリット原語を bhaikṣuka と推測したのであるが、その原語は、碑文中に実際に現われる prāhaṇika に改められた方がよく、またそうした方がチベット訳の意味ともよく合致するであろう。また、その先の章では、両訳語からその苦行者像を「実修行者の一種」と想定したの[38]であるが、これも prāhaṇika を原語として採用することによって大乗仏教の担い手としての苦行者の意味がよりはっきりしてくるように思われるのである。その点で、少くともこの prāhaṇika に限っていえば、これは Schopen 教授がいうような教義上の専門家では決してありえないであろう。

註

(1) 本文中に省略した、所掲誌と頁について補えば、A論文は、*Indo-Iranian Journal*, Vol. 17 (1975), pp. 147-181、B論文は、*Indo-Iranian Journal*, Vol. 21 (1979), pp. 1-19、C論文は、*The Journal of the International Association of Buddhist Studies*, Vol. 6-1 (1983), pp. 109-147、D論文は、*Studien zur Indologie und Iranistik*, Heft 10 (1985), pp. 9-47 である。なお、C論文とD論文は、入手困難であったため、末木文美士氏にお願いしてコピーして頂いた。一九九三年六月二日に受領したものである。記して謝意を表したい。

(2) 平川彰『初期大乗仏教の研究』(春秋社、一九六八年)、特に、五六九―五七七頁〔:平川彰著作集、第四巻、二〇四―二一七頁〕参照。

(3) Akira Hirakawa, "The Rise of Mahāyāna Buddhism and Its Relationship to the Worship of Stupas", *Memoirs of the Research Department of the Toyo Bunko*, No. 22 (1963), pp. 57-106 参照。

(4) A論文, pp. 177-178 参照。従来の理解は、同, pp. 149-151 に Conze のものを始めとして紹介されている。なお、平川博士も、前掲書(前註2)、五七五頁〔:同上著作集、二一五頁〕では、Schopen 教授と全く同一の「真実なる塔廟(caitya-bhūta)」なる理解を示されているが、その根拠がなにも示されていないのは不思議である。

(5) 引用は、A論文, p. 151 にあるが、これを含めて、同, pp. 151-152 参照。

(6) A論文, pp. 175-179 参照。また、caitya-bhūta と caitya-sammata との関係については、同, pp. 161-162 参照。

(7) A論文, pp. 167-171 参照。

(8) 平川彰前掲書(前註2)、七七九―七八〇頁〔:同上著作集、四四五頁〕。この直後に引用する「いまは明らかにし難い」の語も、この箇所にある。

(9) A論文, p. 181.

(10) (α)は、『根本説一切有部毘奈耶』、大正蔵、二三巻、八六四頁下, P. ed., No. 1032, Te, 58b8-59a2、(β)は, *Mūlasarvāstivāda-Vinayavastu*, I, Bagchi ed., Buddhist Sanskrit Texts, No. 16, Darbhanga, 1967, p. 229, ll. 4-6, P. ed., No. 1030, Nge, 96a3-4 である。(β)に対応する漢訳相当箇所は今のところ未詳。また(β)中の pratyādeśa なる語の正確な意味も今は定め難い。ここでは、チベット訳に従って和訳しておいたが, *Buddhist Hybrid Sanskrit Dictionary*, p. 377 では、substitute, surrogate とされている。今後の検討を俟つ必要ありと思う。また、伝統的教団に所属する vaiyāvṛtyakara による財産等の管理状況については、本書、第二部第五章、二三三―二三七頁所引の記載を参照されたい。

(11) 以上については、B論文, pp. 5-11 参照。これ以下の引用箇所は、同, p. 11 である。なお、定型句について論ずる、同, p. 5 は、後のD論文, p. 39, n. 88 の訂正により、「ここにありし功徳の全てがxのためになりますように。」という表現中のxは、基本的に、①「父母を先となして、あらゆる有情たちの無上智の獲得」と、②「父母および一切有情たちの無上智の獲得」という二類型となる。

(12) B論文, p. 11 参照。この箇所はそのままの訳ではなく要約である。

(13) B論文, p. 14-15.

(14) B論文, p. 15. なお、引用中引用の Lamotte 教授の文言は, *Le Traité de la Grande Vertu de Sagesse*, Tome., III, Louvain, 1970,

p. xiii のもので、B論文, p. 1 の冒頭にも掲げられる。この箇所では〔　〕で示した箇所は省略されているが、それも補ってフランス語原文を示せば, "Ce mouvement, plus insinuant que rêvolutionnaire, prit le nom de Mahāyāna... Il ne constituait pas une secte nouvelle, et son nom ne figure jamais sur les inscriptions, mais il se dêveloppa au sein même des communautês religieuses." である。

(15) この種のコロホンがかなり収録されている重要な報告には, Sāṅkṛityāyana, "Sanskrit Palm-Leaf MSS. in Tibet", *Journal of the Bihar and Orissa Research Society*, Vol. 21, Pt.1 (1935), pp. 27-43. "Second Search of Sanskrit Palm-Leaf MSS. in Tibet", *ibid.*, Vol. 23, Pt.1 (1937), pp. 21-57 があり、私の見る限り、Schopen 教授の立場から注意すべきコロホンは一八ほどあることになる。

(16) N. Tatia (ed.), *Prātimokṣasūtram*, Tibetan Sanskrit Works Series, No. 16, Patna, 1975, p. 38, ll.6-7. このうち、ye dharmo は deya-dharmo へ、mahāyānayayisya は mahāyānayāyisya へ改めた。この写本は, Sāṅkṛityāyana, *op. cit.* (1935), p. 42, XXXIX 1. 177., n. 2 のものに当る。

(17) Pradhan (ed.), *Abhidharmakośa-bhāṣya of Vasubandhu*, Patna, 1967, p. 479, ll. 5-7. なお, Y. Ejima, "Textcritical Remarks on the Ninth Chapter of the Abhidharmakośabhāṣya", *Bukkyo Bunka*, No. 20 (1987), p. 40 の p. 479 に対する註記を参照されたい。Ejima 博士により、deva-dharmo は deya-dharmo, uttarāpathika は auttarāpathika に正されている。なお、dhūrddharasya はこのままでもよいと思うが、一応 dhūrdharasya と表記しておいた。また, Ejima, *op. cit.*, p. 2 では、この写本は書体からみて、十二、十三世紀のものと推測されている。

(18) 本書、第二部第一章、一五八—一五九頁、同、第四章、二二六頁を見て、(b)—(b′)との対比において、(a)—(a′)の仏教の特徴を押えて頂きたい。

(19) C論文, pp. 109-112 参照。

(20) C論文, pp. 114-127 参照。その間のⅣ—Ⅶの各節が、順次に、礼拝儀礼、仏名読誦、経巻書写、真言受持を主として扱っている。

(21) C論文, pp. 135-139 参照。なお、*Bhaiṣajyaguru-sūtra* の引用箇所は, Vaidya (ed.), *Mahāyāna-Sūtra-Saṃgraha*, I, Buddhist Sanskrit Texts, No. 17, Darbhanga, 1961 では, p. 167, ll. 20-23 に当り、原文は "tatra teṣāṃ... tasya tathāgatasya nāma saṃmukhībhaviṣyati/ saha smaraṇa-mātreṇa ataś cyutvā punar api manuṣya-loke upapatsyante, jāti-smarāś ca bhaviṣyanti/ te te durgati-bhaya-bhītā na bhūyaḥ kāma-guṇebhir arthikā bhaviṣyanti, dānâbhiratāś ca bhaviṣyanti" である。

(22) C論文, pp. 140-141 参照。*Bālapaṇḍita-sutta* の当該箇所については, Majjhima-Nikāya, III, p. 169, l. 9-p. 170, l. 6 を参照されたい。

(23) 宇井伯寿『印度哲学研究』第三、四六頁。なお、同、四二—五〇頁、さらに、同、第四、一〇四—一〇五頁、一一〇—一一一頁も合わせ参照されたい。

(24) Sengaku Mayeda (ed.), *Śaṅkara's Upadeśasāhasrī, Critically Edited with Introduction and Indices*, Tokyo, 1973, p. 134, l. 17, 22. なお、シャンカラの祭式による悪業からの解放の問題については、倉田治夫「祭式の二重機能性――シャンカラの祭式観の一断面――」『東方』八号（一九九二年十二月）、九〇―一〇二頁参照。

(25) *Mahā-Parinibbāna-Suttanta*, Dīgha Nikāya, II, pp. 91-94 参照。また、その現代語訳、中村元『ブッダ最後の旅――大パリニッバーナ経――』（岩波文庫）、四六―五一頁をも参照されたい。「法の鏡」については、同、二一九頁に註記が施されている。なお、『根本説一切有部毘奈耶薬事』、大正蔵、二四巻、二六頁下には、「云何名法鏡経。汝等、当於正覚極生信楽、此名法鏡経。及於法僧伽所有聖者戒光清浄、皆生極信、此是法鏡経。苾芻、当知、我所云説法鏡者、所説是也。」とあり、*Ugradattaparipṛcchā*（『郁伽長者所問経』）が安玄訳では『法鏡経』とされている背景にも、このような「悪業払拭の儀式」に連なるような考え方があるのかもしれない。いずれにせよ、考察してみるべき問題ではあろう。

(26) D論文, pp. 9-23 参照。引用は、同, p. 23 である。

(27) D論文, p. 23 参照。Oldenberg の引用は, *Buddha, sein Leben, seine Lehre, seine Gemeinde*, Stuttgart, 1881, p. 424 によるものであり、そのドイツ語原文は, "die Mönchsgemeinde als solche hatte mit dieser pomphaften Verehrung nichts zu schaffen; die alten Gemeindeordnungen gedenken ihrer mit keinem Wort." である。

(28) Descartes, *Discours de la méthode*, Troisième partie の冒頭箇所（Classiques Larousse, p. 53）を多少捩っての引用。デカルトは、「思想」的様々な判断を要する局面で理性が決意を遅らせるような場合でも「生活」上は生き続けねばならなかったが、勿論、蓄財や仏塔供養に専らとなったわけではない。ここで私の言いたいことは、「思想」を全く問題とせずに「生活」上の幸福だけを追求している場合のことである。

(29) これらの役職のことについては、特に、本書、第二部第四章、二一一―二一四頁を参照されたい。

(30) D論文, pp. 23-26 参照。下の引用は、同, p. 25-26 による。

(31) D論文, pp. 34-35. おな、B論文, pp. 17-18, n. 24 も参照されたい。

(32) D論文, pp. 42-43. 下の引用も同箇所による。これら一連の記述において、Schopen 教授が大乗の銘文と呼んでいるものは、前註11で定型句中の x について述べたがごとき、その二類型を基本的に有しているものを指している。いずれにせよ、そういうものを大乗の銘文と判断しているのは Schopen 教授自身であって、それらの銘文が、伝統教団とは全く別個の大乗教団所属の物に刻まれていたという証拠はどこにもないのだということには充分注意を払っておかなければならない。

(33) D論文，p. 29 参照。
(34) D論文，p. 43 参照。
(35) Schopen 教授が大乗の銘文と呼ぶものについて、寄進者の肩書等を含めた銘文の表現そのものが時代的な様式を表わしているにすぎないとの可能性が残っている以上、同教授がD論文，p. 36, n. 82 や、同，pp. 41-42, n. 94 で触れる例外的な銘文の処理についても、もう少し慎重さが要求されてもよいのではないかと思う。今回、私が知ったコロホンの中には，Sāṅkṛityāyana, *op. cit.*（前註15），1937, p. 28, n. 3 の "deya-dharmo 'yaṃ pravara-mahāyānayāyinaḥ saskya〔śākya と正さるべきか〕-mahā-vihāra-samāvāsita-Śrīkīrttidhvajasya yad atra..." というのがあるが、これは、「これは、秀れた大乗の信奉者にして、釈迦の大寺に止住せるシュリーキールティドゥヴァジャの施物である。ここにありし……」と読めるものである。これなども、伝統的大寺院に住しながら、大乗を信奉している出家者を指していると素直に理解してよいのではないかと私には思われる。
(36) *Bhagavadgītā*, V-25, = *Mahābhārata*, 6. 27. 25 (Text as Constituted in Its Critical Edition, Poona, 1972, p. 1166). なお、辻直四郎『バガヴァッド・ギーター』（インド古典叢書、講談社、一九八〇年）、一〇〇頁、および、本書、第二部第三章、二〇二頁、註36を参照されたい。
(37) 本書、第二部第五章、二三八―二三九頁参照。
(38) 本書、第二部第五章、二四八頁、註38の記載を参照されたい。

〔**研究小補**〕 本章冒頭に掲げた Schopen 教授の四論文中、D論文のみは、後に刊行された，Gregory Schopen, *Bones, Stones, and Buddhist Monks: Collected Papers on the Archaeology, Epigraphy, and Texts of Monastic Buddhism in India*, University of Hawai'i Press, Honolulu, 1997, pp. 23-55 に収録されているので参照されたい。また、本章、註22の件については、前章、註30も参照のこと。本章、註25、および、その本文で触れた「法鏡（dhammâdāsa, dharmādarśa）」に関連しては、本書、第一部第四章、註18を参照されたい。

第九章　vaiyāvṛtyakara の役割と差別主義

以上の考察によって、「悪業払拭の儀式」とは、清浄な霊魂（ātman）の不浄な肉体からの解放を目的とする苦行主義が、大規模化した教団を中心舞台として、その同じ目的を、出家苦行者と在家寄進者との役割分担によって果そうとする、霊魂浄化の精神主義へと移行する過程で成立した、儀礼化の動きであるということを明らかにするとともに、その儀式の確立こそ、仏教史の中でいえば、(a)—(a′)の大乗仏教の成立にほかならないということをも指摘した。しかも、その大乗仏教における出家苦行者（出家菩薩）と在家寄進者（在家菩薩）との取り引きを具体的に可能ならしめたのが vaiyāvṛtyakara に代表される伝統的仏教教団内の管理者である、というのが、本第二部において私が新たに提言した見解でもあった。

しかるに、仏教の「思想（dṛṣṭi、見）」とは霊魂は存在しないと主張する無我説（anātma-vāda）である以上、論理主義的にいえば、仏教は、霊魂の存在を大前提として仏教成立以前から今日まで存続している我説（ātma-vāda）に基づくインド的宗教「習慣（śīla、戒）」とは、真向から対立するものなのである。従って、仏教史の展開において、直前に要約したごときあり方で「悪業払拭の儀式」が確立したり(a)—(a′)の大乗仏教が成立したりそれが密教の展開にまで至ったということは、仏教の「思想」が次第にインドの「習慣」によって侵蝕され、論理的な両者の対立も徐々に解消されて、最終的には仏教がヒンドゥー教に食い尽されたということを示している。(1) それを図示すれば、図1のごとくである。

この図中〔実際には次頁の図に代わる囲み内記載の経緯により本書四〇〇頁の図参照〕において、白地の部分が仏教の「思想」を表わし、斜線の部分がインドの「習慣」を表わしているが、両者は論理的には真向から対立しているものの、本来ここに示されていた図は、必ずしも正確ではなかったことと、実質的には、後出の本書、第二部第十二章冒頭の図と同じであることとにより、ここでは省略する。ここに、後出の図との違いのみを指示しておけば、後では「作善主義」となった箇所が本来のこの図では「精神主義」となっていたことと、後では「祭式主義」とされた箇所が本来のこの図にはなかったこととである。

—図 1—

釈尊はインド人としてインドの「習慣」を全面的に否定しえたわけではないし、しようと思ったわけでもない。「習慣」は、「思想」の場合とは異って、論理的正邪を問いえない「無記（avyākṛta）」のものだからであり、釈尊自身も普通の人が容易に称讃しうるようなインド的な「単なる習慣（śīla-mattaka）」は立派に身に着けていたからである。[2] しかし、そのような「習慣」を「思想」的にも意味のあることだと思い込んで、「習慣や儀軌を最高のものであると固執する思想（śīla-vrata-parāmarśa-dṛṣṭi、戒禁取見）」にまで育てば、仏教は、これを批判せざるをえないことになる。[3] だが、他方では、仏教の「思想」を取り巻くインドの「習慣」至上主義的な土壌は根深く、それに根差す苦行主義は、ついには仏教をインドから葬り去るまでに至ったのである。

この苦行主義が、「悪業払拭の儀式」という、図1中程の精神主義〔作善主義〕に展開しえた背景には、伝統的仏教教団の大規模化という社会的変化があった。その当時の仏教教団の代表的あり方をモデル化して示せば、図2のごとくになると考えられる。このうち、僧房（layana）を伴った僧院（vihāra）は、時代と共に整備拡大されたに違いないにせよ、その機能は基本的に変わらなかったと思われるのに対し、この前後の時期から新たに急成長していったのがcaitya や stūpa からなる塔地である。ここを中心に、(a)—(a′)の大乗仏教の「悪業払拭の儀式」が、出家苦行者（出家菩薩）と在家寄進者（在家菩薩）との役割分担を前提に進められていったと推測される。その際に、塔地所属の財産を管理したり出家苦行者の世話や寺院の掃除をしたりして、出家苦行者と在家寄進者との役割分担を円滑ならしめたのが、

vaiyāvṛtyakara（zhal ta byed pa、管理人）や *śayyâsana-prajñapaka（gnas mal 'bog pa、寝臥具手配人）や karma-dāna（las su bsko ba、業務執行職）や upadhi-vārika（dge skos、寺内管理職）などの出家管理者であった、ということを私はこれまでに指摘してきたのである。[4] しかも、このような考察と平行して、大乗仏教の成立の背景としては、基本的に、図2のごとき伝統的仏教教団以外の大乗教団を想定する必要はないとの見解も私は提起したのであった。

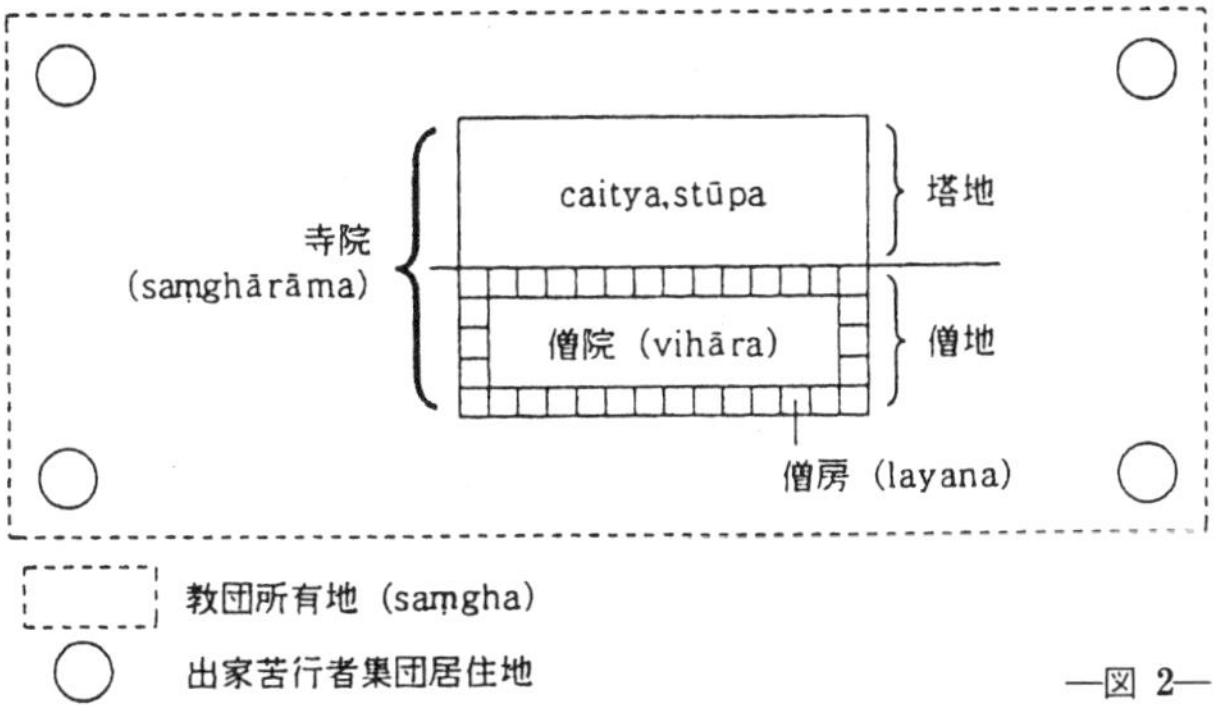

—図 2—

しかるに、vaiyāvṛtyakara を代表とする仏教教団の管理人についての考察が、私とは別途に、Silk 教授によっても進められていたことを、最近になって、私は同教授御自身の連絡によって知ることを得たのである。それは、まだ公刊はされていないが、ミシガン大学へ提出された学位請求論文で、私は同教授よりの送付によって今はそのコピーを手元に所持している。[5] この論文は、大乗経典としての『大宝積経（*Mahāratnakūṭa*）』よりその重要な部分を構成している *Ratnarāśi-sūtra* を選び、これに訳註的研究を試みるかたわらで、大乗仏教に関する重要な問題点を考察したものである。vaiyāvṛtyakara を中心とする仏教教団の管理人についての考察は、“Supervision（管理）” と題する第六章で扱われているが、[6] 私の既刊の成果を参照してから書いてくれればもう少し異っていたのではないかと感ずる反面で、私自身も同教授の成果から学び刺激を受けた点もあるので、本章では、同教授の成果を媒介として私が知りえたこともしくは考えたことをまとめておくことにしたい。

vaiyāvṛtyakara の用語そのものについていえば、Silk 教授は、それの由来する語根 vy-ā-PṚ（雇われる）の形により忠実であるべく vaiyāpṛtyakara の方を採用しているが、pとvの交替現象はMiddle Indicによく見られるものであり、必ずしもvaiyāpṛtyakaraでなければならぬと言っているわけではない。(7)私は、語源的に正しいというよりは現行の校訂本等でより多く用いられているvaiyāvṛtyakaraの系統に便宜的に従ったまでであるので、その点は語形に註記を施すわけでもなく緩慢の誇りを免れないと思う。これに反し、Silk教授は、語形のみならず、この語の一般的な用例についても若干の論及を試みておられるが、そこで指摘されているジャイナ教文献や*Arthaśāstra*などの用例(8)においては、むしろこの語は身分の低い奉仕者や助力者に適用されるニュアンスが感じられるのである。更に、同教授が、Colette Caillat女史の見解として紹介するところによれば、ジャイナ教文献におけるveyāvacca（＝vaiyāvṛtya）は、悪業によってもたらされた穢れの除去を目指す奉仕を意味するらしい(9)が、この指摘も私には興味深い。穢れの除去によって清浄な霊魂の不浄な肉体からの解放を図ろうとするのは苦行主義の刻印にほかならないからである。

ところで、vaiyāvṛtyakaraの代表的漢訳語は「執事（人）」であるが、この漢訳語「執事」に対する『望月仏教大辞典』の用例(10)では、この語は出家者ではない「下層階級の使用人（a low class servant）」を指すとされていることに注目する一方で、Silk教授は、これに反する碑文の用例にも注意を促している。(11)それは、銅釜に刻された五世紀初頭とVogel教授によって推測されたグプタ碑文で、そこには「〔この銅釜は〕vaiyāvṛtyakaraであるブッダダーサによってシビプラ園のラーディカ僧院の説一切有部の全比丘教団のために寄進された（vaiyābṛtyakara-buddhadāsotthāpita// sibipuropavana-rādhika-vihāra-cāturdiśa-sarvbāstivādi-bhikṣu-saṃghasya//）」と書かれているという。そこで、Silk教授は、このブッダダーサが高価な銅釜を寄進できたという事実から、たとえ彼を出家者であると確定できないにしても、その肩書であるvaiyāvṛtyakaraは「高い地位（a high rank）」を表わしていると推定している。更に、同教授は、その後で、私もかつて注目した(12)*Bodhisattvabhūmi*のvaiyāvṛtyakaraに言及するほとんど同じ文を引用し、これについて以下のように述べるに至っているのである。(13)

vaiyāpṛtyakara が出家者であるか在家者であるかについて、ここにはなんの指示もない。しかしながら、彼が教団や仏塔の財産に対する統制権を行使できる地位にある人であることは明らかである。だが、たとえそうだとしても、例えば、彼の責務と ārāmika（守園人）のそれとの間にいかなる相違があるのかは明らかではない。このような文脈においては、教団に入っていない〝被雇用者〟もしくは労働者と、教団に入っているがある程度は管理運営や基本施設管理を専門としている出家者に配当された特殊な役割との間に、概念上の区別をなすべく心掛けるのが一番望ましいことなのである。

かくして、Silk 教授は *Bodhisattvabhūmi* の問題の箇所における vaiyāvṛtyakara を出家者であると断定することは避けているものの、vaiyāvṛtyakara には単なる被雇用者とそうではない特殊な任務をもった出家者とがあったことを概念的には明確に区別すべきであるとの見解を取っているのである。私は、Silk 教授のこの見解に特に異議を唱えるわけではないが、私は、これまでも述べてきたように、かかる概念上の区別よりは、むしろ vaiyāvṛtyakara が時代の進展と共に被雇用者としての在家者から特殊な管理の役割を担った出家者へと変わっていったという側面に力点を置きたいと思っているにほかならない。教団の初期には、没収罪第十条で vaiyāvṛtyakara（管理人）に指名されるのは守園人（ārāmika）か在家信者（upāsaka）と規定されていたが、[14] 彼らが、時代を経るにつれて、恐らくは出家者として教団内部に定住するようになって教団の財産管理をし、場合によっては、高価な銅釜を寄進したり、別な箇所で Schopen 教授が報告しているように、[15] 在家者を凌ぐ割合で種々の財物を寄進したりできるまでに成長したのである。ただ、Silk 教授は、vaiyāvṛtyakara のこの段階を指して「高い地位（a high rank）」を占めるに至ったというのであろうが、この点についても私は決してそうは思わない。インドのような生まれによる差別主義の根深い「習慣」社会では、vaiyāvṛtyakara が出家者となって教団の財産管理ができるようになったからといって、その身分が「高い地位」に変質するとは俄かに信じ難いからである。彼らは幼少のころから教団に預けられて出家者となり、成人してからは恐らく bhikṣu（比丘）になったであろうが、彼らが出家者として vaiyāvṛtyakara に酷似した「業務執行職（las su bsko ba, karma-dāna）」や「寺内管理職（dge skos, upadhi-vārika）」に就きながら、僧院内の僧房（gnas khang, layana）に寝泊りして甲斐甲斐しく僧院や仏塔で立ち働いていた様子は、既に見たごとく、根本説一切有部の *Vinayavibhaṅga* 中にも活写されていたのであった(16)。

しかるに、このような献身的な奉仕は、Colette Caillat 女史がジャイナ教文献について指摘したごとく、これらの業種に携わる一段身分の低い出家者には、生まれからくる穢れの除去を目指すものとして、説明されていたのかもしれない。vaiyāvṛtya をかかる奉仕と解釈すれば、その奉仕をなす vaiyāvṛtyakara は、たとえ金銭や財産を自由にできたからといって、その出家の身分が「高い地位」であると評価されることは決してなかったのではないかと思われるのである。彼らに求められたのは、「地位」ではなく、金銭や財産の管理を重要な仕事としていたがゆえに、むしろ「地位」とは全く無縁の精神的な清廉潔白さだったのではあるまいか。それゆえに、vaiyāvṛtyakara について述べる経典によれば、vaiyāvṛtyakara たりうる資格は、清浄な比丘と漏尽の阿羅漢という二種のものにあるとされるに至るのである。それについては既に私も触れたし Silk 教授もまた言及しているのであるが(17)、ここで注意すべきは、清浄な比丘か漏尽の阿羅漢だけが vaiyāvṛtyakara になりうると言われているにしたところで、それは苦行主義的な観点による精神的な清廉潔白さの強調にほかならないのであって、実際上も彼らが清浄な比丘や漏尽の阿羅漢であったわけではないだろうということである。もしそうでなければ、とりわけ修行の最終段階に到達した漏尽の阿羅漢がなにゆえに身分の低い vaiyāvṛtyakara となって教団のために奉仕しなければならないのかが説明できないことになるであろう。もっとも、かかる奉仕こそ利他行にほかならないとの文献を離れた解釈も成り立ちうる余地はあるであろうが、我々の所持するかかる文献は、「人の子がきたのも、仕えられるためではなく、仕えるためであり、また多くの人のあがないとして、自分の命を与えるためである」と述べる『新約聖書』(18)のようなことを決して語ってはいないということに留意しておかなければなるまい。

さて、Silk 教授の如上の学位請求論文において、その訳註的研究の中心をなすのが *Ratnarāśi-sūtra* に関するものであるが、本経典の第四章の主題をなすのが vaiyāvṛtyakara（管理人）であり、その章の最末尾は、管理人の比丘が心得るべき清廉潔白な行為の推賞によって締め括られている。しかし、その箇所は、反面では、そのような行為をなさなければ地獄に堕ちるぞ式の通俗的な精神主義〔作善主義〕による嚇しにしかなっておらず、清浄な比丘や漏尽の阿羅漢たることを実際の資格とする管理人の比丘に対して語られたものとは到底思えないものである。私見によれば、vaiyāvṛtyakara は時代の進展と共に、比丘として出家者と認められるようにはなったものの、「下層階級の使用人」とのニュアンスは依然留められ、その差別主義に基づいて、彼ら卑しい出家者に対しては、穢れの除去という精神主義〔作善主義〕から、清廉潔白な奉仕が求められたのではないか、とこの章末の記述からは感じ取ることができる。この箇所[19]は必ずしも短いものではないが、如上のような観点から重要な記述と思われるので、以下に和訳によって末尾の全てを示してみることにしたい。

「(1)カーシャパ（'Od srungs, Kāśyapa）よ、管理人（zhal ta byed pa, vaiyāvṛtyakara）の比丘(dge slong, bhikṣu)はそのように清浄になすべきであり、彼は三宝所属のものを取るべきではなく、自分の所得に満足すべきである。三宝によって神聖にされた（byin gyis brlals pa, adhiṣṭhita）財産（dngos po, vastu）に対して自分に属するとの想いをなすべきではない。(2)カーシャパよ、ある管理人の比丘にして瞋りの心（rab tu sdang ba'i sems, ruṣṭa-citta）をもったものが、戒をそなえ功徳をそなえた布施に値する人（sbyin gnas, dakṣiṇīya）[20]たちに対して激怒したりあるいは支配して命令したりするならば[21]、彼はその不善業によって地獄（sems can dmyal ba, naraka）に趣くであろう。もしも、人間界（mi'i 'jig rten, manuṣya-loka）に来るとしても、奴隷（bran, dāsa）や他人の仕事をなすもの（gzhan gyi las byed pa, para-karma-kara）になり、また拳や平手や武器で得意になって打つものと出会うであろう。(3)更にまた、カーシャパよ、管理人の比丘が教団（dge 'dun, saṃgha）の義務を逸脱して、自分の好き勝手に（rang dgar, sva-matena）、比丘たちを支配して命令し、断罪し、畏れさせ、嚇し、不時に依頼し、不時に命令するならば、彼はその不善業によって「多釘（phur pa mang po, bahu-śaṅku）」という名のかの孤地獄（nyi tshe ba'i sems can dmyal ba, pratyeka-naraka）[22]に生まれるであろう。そこに生まれて、身体に十万の鉄釘が刺され、それらが燃えて増大し燃え続けるであろう。それゆえ、およそだれであれ、戒をそなえ功徳をそなえた布施に値する人たちを苦しめて有害な語業を述べるであろうような人であれば、彼は、そこかしこに生まれて、舌根の巾が百ヨージャナ（dpag tshad, yojana）となり、彼のその舌根には十万の鉄釘が落ちて、それらもまた燃えに燃えて増大し燃え続けるであろう。それはなにゆえか。というのも、彼は〔人を〕苦しめて有害な語業を述べたからである。(4)カーシャパよ、ある管理人の比丘にして、教団の所得の集積したものを手元に置いて、適切な時に与えずに、軽蔑し悩ませた後に与え、あるものを与えるがあるものを与えず、あるものに与えるがあるものには与えないならば、彼はその不善業によって「糞泥膝没（rkyag 'jim byin pa nub, jaṅghā gūtha-mṛttikā）[23]」という名のかの餓鬼の生処（yi dags kyi skye gnas, preta-yoni）に生まれるであろう。彼はそこに生まれ、他の餓鬼が食物を取って彼に示したなら、それが示された時に、両眼とも笑うことができずにその食物を見て、飢えと乾きに悩まされた苦受を感受するが、歳が十万になってもその食物を得ることはできないであろう。しかしもしいつか万が一にも(brgya la brgya lam na, kadācit karhicit）その食物を得たとしても、汚物（ngan skyugs, uccāra）と膿血（rnag khrag, pūya-śoṇita）になってしまうであろう。それはなにゆえか。というのも、彼は、戒をそなえ功徳をそなえた布施に値する人たちを喜ばさず、自分の所得にも満足しなかったからである。(5)カーシャパよ、ある管理人の比丘にして、教団のもの（dge 'dun gyi, sāṃghika）あるいは全教団のもの（phyogs bzhi'i dge 'dun gyi, cāturdiśa- sāṃghika-）あるいは仏塔のもの（mchod rten gyi, staupika）を混同した（'chol bar byas）ならば、その果報（rnam par smin pa, vipāka）は私が劫（bskal pa, kalpa）を数え挙げようにも述べることはできないのである。⑹カーシャパよ、ある管理人の比丘にして、以上のこのごとき過失（nyes dmigs, ādīnava）の主題（gnas）を聞いて、怒り（khro, krodha）や怒号（gshe, ākruṣṭa）や悪意（gnod par sems, vyāpāda）や敵意（khong khro ba, pratigha）を起したならば、彼は癒し難いもの（gsor mi rung, acikitsa）だと私は説明する。カーシャパよ、それゆえに、以上のこのごとき正法（dam pa'i chos, saddharma）を聞いて、管理人の比丘は、身語意を清浄にすべきであり、自他を守るべきである。⑺カーシャパよ、管理人の比丘は、たとえ自らの肉を食べようとも、三宝によって神聖にされた鉢（lhung bzed, pātra）や法衣（chos gos, cīvara）や施食（bsod snyoms, piṇḍapāta）や病の治療薬（na ba'i gsos sman, glāna-pratyaya-bhaiṣajya）や必需品（yo byad, pariṣkāra）を用いるべきではない。」と〔世尊はおっしゃった〕。⑻すると、世尊に対して、若きマハー＝カーシャパは、次のように「世尊は、弛緩したもの（lhod pa, ślatha）たちには弛緩した法を、恥らいのあるもの（'dzem mdog mchis pa）たちには恥らいの法をおっしゃったのである。[24]」と申し上げた。

以上の記述における vaiyāvṛtyakara（管理人）の bhikṣu（比丘）は、「比丘」と明確に呼ばれている以上は、二十歳過ぎの成人した出家者であったことは間違いないであろうが、彼らが通常の出家者から差別されていたであろうことは、布施に値する人（dakṣiṇīya）たちを不当に扱ってはいけない⑵⑶⑷とか比丘たちを支配してはいけない⑶などということが、特別に彼ら vaiyāvṛtyakara に求められていたことによって推測できるであろう。勿論、彼らの主要な役割は、律の没収罪第十条の規定以来、財産管理にあったわけであるから、彼らが出家者として遇せられるようになってからも、その役割がそのまま継承されていたことは、教団の所得と自分の所得をきちっと管理しなければいけない⑴⑷とか教団のもの（sāṃghika）と全教団のもの（cāturdiśa- sāṃghika-）と仏塔のもの（staupika）とを混同してはいけない⑸などということが強調されていることによって分かるであろうが、その役割を全うするためには清廉潔白（身語意の清浄や三宝所属物の使用禁止）でなければならないと求める⑴⑹⑺一方で、万一その役割が果せなければ、地獄に堕ちたり人間界の奴隷になったり「多釘」の孤地獄に堕ちたり「糞泥膝没」の餓鬼の生処に生まれたりすると嚇す(2)(3)(4)のは、霊魂の値踏みによる差別主義が適用されていたからではないかと考えられるのである。[25] 確かに、彼らは出家者ではあったに違いないが、恐らく、通常の比丘(bhikṣu)や布施に値する人(dakṣiṇīya)とは区別され差別されていたであろうと思われるのであって、この場合の、通常の比丘と布施に値する人とを先の図2を参照しながら説明すれば、通常の比丘は僧院(vihāra)の僧房(layana)に寝泊まりしながら主として僧院内で教団の規則に従って生活したり仏教の研究をしたりしていたであろうと推定されるのに対して、布施に値する人とは、その語義からしても、苦行の力ゆえに通インド的な感情から布施に値する人と見做された出家者を指したであろうから、原則として、図2の四隅に配した出家苦行者を意味していたのではないか、と私は考えているのである。これを確定的なものにするためには、当然 dakṣiṇīya の使用例について厳密な検討が要求されるであろうが、[26] ここではその用意がなく、あくまでも暫定的な形で述べておくにとどまるのであるが、それをお許し願えれば、ここに vaiyāvṛtya-kara を媒介として、図2のごとき寺院の塔地を舞台に、dakṣiṇīya と呼ばれた出家苦行者(出家菩薩)とその霊力に預ろうとした在家寄進者(在家菩薩)との両者の取り引きという相関構造を描くことができよう。かくして、vaiyāvṛtyakara の管理の下に、在家寄進者によって仏塔もしくは dakṣiṇīya(布施に値する人)に相応しい出家苦行者に対して布施がなされ、場合によっては、vaiyāvṛtyakara の指揮の下に dakṣiṇīya が塔地に招かれ(ただし比丘や dakṣiṇīya を支配するようなことがあってはならない)、在家者から雇われた人をも交えて、塔地を舞台に、華香の漂う中で歌舞音楽の演奏と共に、在家寄進者の霊魂から悪業を除去すべく、dakṣiṇīya である出家苦行者によって、「悪業払拭の儀式」が実際に執り行われたと考えられるのである。

しかるに、霊的なものに直接携わる出家苦行者と生活のために穢れざるをえない在家寄進者という差別的な役割分担のもとに、後者の布施によって前者の霊力が後者にも及ぶというような考えは、本来仏教とは全く関係のない仏教成立以前からあった、通インド的「習慣」に基づく、いわば通俗的なインド人の宗教観であったということに、ここで重ねて注意しておく必要があろう。かかる通念は、インドにおいては断えず根強く、仏教教団もこれには徹底的に対抗しきれなかったのであるが、純潔な宗教者（brahmacārin）の集団なら必ず実行すべきだと釈尊在世中でも一般に信じられていた節制の儀式（uposatha, poṣadha、布薩）が仏教教団にも採用されざるをえなかった背景[27]には、かかる通念の根深さがあったのではないかと考えられる。従って、採用された仏教教団の節制の儀式においては、純潔ならざるもの（abrahmacārin、非梵行者）は建前上は一人残らず強制的に排出され、その上で、僧団の規律条文（pātimokkha, prātimokṣa）が読誦されるようになったのである。[28] そのあり様は、ある一つの比喩によれば、律蔵中において、次のように表現されている。[29]

> 例えば、比丘たちよ、およそなんであれ大河があって、すなわちこれがガンガー河（Gaṅgā）でありヤムナー河（Yamunā）でありアチラヴァティー河（Aciravatī）でありサラブー河（Sarabhū）でありマヒー河（Mahī）であっても、それらは大海（mahā-samudda）に到るや、以前の名前（nāman）や種性（gotta）を放棄し、大海だけで呼ばれるようになるが、それと全く同様に、比丘たちよ、これら四つの身分差別（vaṇṇa＝varṇa）が王族（khattiya＝kṣatriya）であり司祭（brāhmaṇa）であり庶民（vessa＝vaiśya）であり奴隷（sudda＝śūdra）であっても、彼らが如来によって知らしめられた法律（dhamma-vinaya）において俗家（agāra）より非俗家たること（anagāriya）に出家してしまった後には、以前の名前や種性を放棄し、釈子所属サマナ（samaṇā Sakyaputtiyā）だけで呼ばれるようになるのである。

しかし、現実の仏教教団においては、初期ならば、vaiyāvṛtyakara（veyyāvaccakara）に指名されうる守園人（ārāmika）や在家信者（upāsaka）が教団内か周辺におり、後代になれば、vaiyāvṛtyakara も比丘として僧院内に居住していたのであるから、教団の構成員が釈子所属サマナとして大海のごとく無差別であったことはなかったのである。従って、仏教教団が大海のごとく純粋無垢の集団であるかのようにいうのは、あくまでも単なる比喩でしかないが、インド的通念からいえば、理想的な宗教者の集団とはかくのごときものでなければならなかったであろう。一方、仏教教団の側も、かかるインド的通念に便乗して、純粋無垢の教団に対して布施をなせば、その功徳は量り知れないほど大きいと、とりわけ大乗仏教が成立するころの時代には、明瞭に主張するようになっていたのである。それらの有力なものの一つが、教団や如来に対してなされる七つの有依福業事（aupadhikaṃ puṇya-kriyā-vastu）と七つの無依福業事（niraupadhikaṃ puṇya-kriyā-vastu）とであるが[30]、特に、後者の功徳の量り知れないことは、大海に注ぎ込むガンガー河とヤムナー河とアチラヴァティー河とサラブー河とマヒー河という五大河の量に喩えられており、それをまとめた頌では、以下のようなことが述べられている[31]。

人や獣の群によって頼みとされている河が、別々に流れていって、吉祥で清浄で疑も安んぜられる最高の湖《うみ》なる宝蔵の大海に至るように、それと全く同様に、功徳の相続もまた、あらゆるあり方で、衣服を施したり飲食を施したり寝臥具や坐具を施したりする人である施主（sbyin bdag, dāna-pati）のところに至ること、あたかも河の水の流れの大海におけるがごとくである。

ところが、この直後に、極めて興味深いことに、「世話人（mdzod pa, koṣṭhāgārika[32]、掌庫人）」や「案内人（spyan 'dren, āvāhana, āhvāna, āhvāyaka[33]、営食人、白時至者）」などを巡る因縁譚が挿入されており、しかも、この箇所について、義浄訳とチベット訳とを比較すると、後者が大幅に増広されていることが明らかなのである[34]。「世話人（koṣṭhāgārika）」や「案内人（āvāhana）」は、教団内部もしくは周辺にあって、差別的な役割分担のもとに、教団への奉仕に当っていた人々として注目されるのであるが、チベット訳にしかない増広部分においては、「布施の管理人（sbyin pa'i zhal ta pa'i mi, *dāna-vārika-manuṣya, *dāna-vaiyāvṛtyakara-manuṣya）」なる用語が「案内人」と並記して用いられていて興味を引く[35]。更に、その増広部分は、チベット訳のこの箇所のみにあるものではなく、部分的な類似の文言は、*Divyāvadāna*

や律文献の他の箇所にも散在するようなので、この種の文献の成立史的な研究の上からも注目されてよいのかもしれない。[36] 目下の私には、それを研究する興味も余裕もないが、以下には、教団内における諸係の役割の実態に関する興味から、多少は文献間の類似箇所にも触れつつ、この箇所の概略を示してみることにしよう。

話は、居士（khyim bdag, gṛha-pati、長者）ゴーシラ（gDangs can, Ghoṣila[37]、妙音）の寄進した僧院（gtsug lag khang, vihāra）が中心的舞台となって展開される。彼は「自分の僧院[38]（bdag gi gtsug lag khang, *ātma-vihāra）」が一体どのような状況になっているかを確かめようと考え、姿を晦ましてそこに到る。その行り[39]は、他の箇所にも見られる一種定型的な問答になっているので、以下に和訳によって示しておこう。

〔彼は〕僧院に行き頌声をもって仏塔（mchod rten, stūpa）を礼拝してから僧院に入ろうとすると、ある老人（rgan zhugs, mahalla）[40]が門のところにいたので、彼はそ〔の老人〕の足に礼拝して、「聖者（'phags pa, ārya）よ、心や眼を奪い天への階段となるこの僧院はだれのものでございましょうか。」と尋ねた。彼は「〔これは〕居士ゴーシラのものです。」と答えた。「聖者よ、一体これは僧院なのでございましょうか、それとも廃墟（phongs pa, vigata）[41]なのでございましょうか。」「旦那（bzhin bzangs, bhadramukha）[42]、僧院とはどのようなものであり、廃墟とはどのようなものなのですか。」「聖者よ、そこに必需品（yo byad, pariṣkāra）が完備しているのが僧院でございますし、そこに必需品がないのであれば廃墟でございます。」「旦那、〔それならば〕これは廃墟です。」

この問答によって、ゴーシラは自分の僧院が充分に管理されていないことを知り、帰宅後、信仰の篤い下女ラーダー（mGu byed, Rādhā）[43]を業務執行職に任命し（las su bskos te）[44]、彼女の献身的な奉仕によって僧院は再び僧院としての盛況をみることになる。そこで、次には、ゴーシラとウダヤナ（Shar pa, Udayana）王との関係から、昔のブラフマダッタ（Tshangs byin, Brahmadatta）王の治政に話が及び[45]、その王の治下のヴァーラーナシーにおいて、居士サンダーナ（gZungs byed, saṃdhāna）[46]が予言された十二年間の飢饉に五〇〇人の独覚グループ二組計一〇〇〇人を世話しようとして、話は次のように展開する。

か〔のサンダーナ〕は世話人（koṣṭhāgārika）を呼んで、「やあ、君、世話人よ、私や従業者および一〇〇〇人の出家者の十二年分の食糧はあるかね。」と尋ねた。そ〔の世話人〕は、「御主人様、ございます。」と答えた。〔そこで、〕居士サンダーナは、それら〔もう一方の〕五〇〇人の独覚に言うに、「聖者たちよ、〔食糧は〕ございますので、御滞在なされませ。」と申し上げたので、彼らもまたそこに留った。居士サンダーナが布施の家（sbyin pa'i khang, *dāna-kuṭa）を建てさせて、布施の管理人（sbyin pa'i zhal ta pa'i mi, *dāna-vārika-manuṣya, *dāna-vaiyāvṛtyakara-manuṣya）と案内人（āvāhana）とを任命した後、その案内人は、毎日行って〔彼らを〕食事時に招いたのである。その案内人は一匹の犬を養っていたが、そ〔の犬〕を毎日その案内人と一緒に連れて行くようにした。

その結果、この犬が、後日、他の仕事に忙殺された主人に代わって食事を告げに行くことになるのであるが、この因縁譚は世尊の次のような言葉で締め括られるのである。(47)

比丘たちよ、その時その折に居士サンダーナであったものが私にほかならない。その時その折に世話人であったものが居士アナータピンダダ（mGon med zas sbyin, Anāthapiṇḍada）にほかならない。その時その折に案内人であったものがウダヤナ王にほかならない。その時その折に犬であったものが居士ゴーシラにほかならない。

話の概略は以上のごとくであるが、現在と過去の因縁譚が善業の方向で語られる時には、我々はそこにさほど差別主義的なものを感じなくてすむが、それが一転して、例えば、先に見た *Ratnarāśi-sūtra* の vaiyāvṛtyakara を扱った章末のごとく、現在と未来の因縁譚が悪業の方向で語られると否応なしに差別主義を痛感させられるものの、両者の差別主義に本質的な径庭があるわけでないことには充分注意を払っておくべきであろう。

次に、その差別主義的な側面がよりはっきり示されている箇所が、同じ律文献中にあるので、やはり、その部分を紹介してみることにしたい。それは、僧院中には多大な財物があるだろうと見当をつけた盗賊の一人がそこに盗みに入る話[48]の中に出てくるものである。

〔彼は〕頌声をもって仏塔に礼拝してその僧院に入った。すると、門のところにある老人（rgan zhugs, mahalla）がいたので、そのならず者（gyon can）は彼の足に礼拝して、「聖者よ、心や眼を奪い天への階段となるこの僧院はだれのものでございましょうか。」と尋ね始めた。「旦那、〔これは〕ある居士のものです。」〔と老人は答えた。〕この後、その建物が僧院か廃墟かということで先と同じような問答[49]が続いてからの二人の応対は次のとおりである。その老人は正直な性格だったので、彼はそのならず者の手を取って〔自分の〕僧房（gnas khang, layana）に入らせて、「旦那、衣服棚が衣服であふれているのを御覧なさい。」と言った。「聖者よ、一体これはあなたのものでございましょうか、それとも教団のものでございましょうか。」「旦那、これは私個人のものです。」「聖者よ、それなら、あなたはきっと教団の上座（gnas brtan, sthavira）か法師（chos sgrog pa, dharma-kathika）でございましょうね。」「旦那、私は教団の上座でもありませんし法師でもありません。というのも、私は教団の新参者（gsar bu, navaka）の沙弥（dge tshul, śrāmaṇera）だからです。」

このならず者の相手をした出家者は、老人（mahalla）と言われている以上、いくらなんでも二十歳は過ぎていたと思われ、しかも僧房を当てがわれて自分の衣服さえ沢山所有していたにもかかわらず、二十歳未満の沙弥扱いなのであるから、恐らくは、同じ出家者であっても、差別されて、生涯、門番のような役割で終わらなければならなかった者なのであろう。

しかるに、vaiyāvṛtyakara も決して高い身分ではなかったにせよ、上のような老人（mahalla）よりは高い身分であって、教団内で多少の管理支配権をもったであろうことは、同じ律文献の次のような一節[50]によってもわかるであろう。その一節は、サーラ園（Sa la'i dgon pa, Sālāraṇya）からやってきた老人（mahalla）に対するウパナンダ（Nye dga',

Upananda）の問いかけで始まる。

「そ〔のサーラ園〕に一体僧院はあるのかね。」そ〔の老人〕は「僧院はあります。」と答えた。「一体それは僧院であるのか、それとも廃墟であるのかね。」「僧院とはどのようなものであり、廃墟とはどのようなものですか。」「そこに全ての必需品が備っているのが僧院であり、そこに全ての必需品が欠如しているのが廃墟なんだが。」「〔それなら〕それは僧院です。」「そこには一体なにがあるかね。」「そこには管理人（zhal ta byed pa, vaiyāvṛtyakara）の比丘が住んでいて、彼が、客として来訪したり出発しようとしている比丘たち（dge slong glo bur du 'ongs pa dang 'gro bar chas pa rnams, bhikṣūn āgantukān gamikāṃś ca）[51]に全ての必需品を供給するのです。」

vaiyāvṛtyakara の役割は、元来が委託された財物を管理することであり、それが教団の大規模化と共に、教団の財産（sāṃghikaṃ vastu）や仏塔の財産（staupikaṃ vastu）をも管理するようになると、仏塔で行われる「悪業払拭の儀式」についても必要なものを手配するようになり、かつては Dabba-Mallaputta[52]（＝Dravya-Mallaputra、実力子）に代表された「寝臥具手配人（*śayyâsana-prajñapaka）」のような仕事も vaiyāvṛtyakara に任されるようになっていたかもしれない。その種の仕事に、上引のごとき僧院に去来する比丘たちに対する奉仕も含まれていたのではないかと推測されるのであるが、かかる奉仕の一環として、vaiyāvṛtyakara は、これまで名の挙った karma-dāna（業務執行職）や upadhi-vārika（寺内管理職）や koṣṭhāgārika（世話人）や āvāhana（案内人）をも指図していたのではないかと考えられるのである。しかし、それは、あくまでも差別主義に基づく役割分担であったことを忘れるべきではあるまい。

註

（1）インドにおいて、仏教内の非仏教的側面が、苦行主義↓精神主義〔作善主義〕↓秘密主義と展開して、ついに仏教がヒンドゥー教と区別のつかないものに変質したということについては、拙稿「自己批判としての仏教」『駒沢短期大学仏教論集』第一号（一九九五年十月）、一〇六—一〇九頁を参照されたい。

(2) 『梵網経』『発智論』『大毘婆沙論』の記述に基づいた、「思想」と「習慣」に関するこれよりも多少詳しい私見については、拙稿「苦行批判としての仏教」『駒沢大学仏教学部論集』第二四号（一九九三年十月）、三三八頁を参照されたい。

(3) Abhidharma の教義においては、śīla-vrata-parāmarśa-dṛṣṭi は、satkāya-dṛṣṭi, anta-grāha-dṛṣṭi, mithyā-dṛṣṭi, dṛṣṭi-parāmarśa と共に、panca dṛṣṭayaḥ（五見）の一つ。*Abhidharmakośabhāṣya*, Pradhan ed. によれば、śīla とは牛の習慣（go-śīla）や鹿の習慣（mṛga-śīla）などを指し（p. 282, l. 19）, vrata もやはり犬や牛の儀軌など（kukkra-go-vratâdi）を指す（p. 140, l. 10）が、仏教はかかる動物の習慣や儀軌はもとより、よい習慣まで含めてさえ、それらを最高のものと固執してはいけないのであり、もしかく固執するなら、「因ならざるを因であるとする思想、道ならざるを道とする思想（ahetau hetu-dṛṣṭir amārge mārga-dṛṣṭiḥ）」（p. 282, ll. 7–8）となるが、これが śīla-vrata-parāmarśa であり、仏教においては排斥さるべきものである。

(4) 特に、本書、第二部第五章、二二九―二四三頁、同、第六章、二五一―二五五頁を参照のこと。

(5) Jonathan Alan Silk, *The Origins and Early History of the Mahāratnakūṭa: Tradition of Mahāyāna Buddhism with A Study of the Ratnarāśisūtra and Related Materials*, A dissertation submitted in partial fulfillment of the requirements for the degree of Doctor of Philosophy in The University of Michigan, 1994. 私が Silk 教授より本論文の送付を受けた経緯については、拙稿「初期大乗仏教運動における『法華経』――uddiśya の用例を中心として――」『勝呂信静博士古稀記念論文集』（一九九六年二月刊行予定）〔予定どおり刊行され、その二三五―二五〇頁に収録さる〕、二五〇頁の「付記」に記しておいたので参照されたい。一九九五年三月三十日付の私に対する最初の私信においては、数日前に私の本第二部、第一章、第二章、第四章、第五章、第六章所載の雑誌を購入したばかりと記されていた。後に、本論文全体を頂いて読んでみると、Silk 教授は、日本でも京都を中心に数年研究されておられ、序文に列挙されている日本の研究者も多いようなのであるが、そのうちの誰一人として、私のこの方面での成果を同教授に教示した人がなかったらしいのは残念である。

(6) Silk, *ibid.*, pp. 215–254, "Chapter 6 Supervision" 参照。なお、教授は vaiyāvṛtyakara- bhikṣu- を "superintending monk" と英訳している。

(7) Silk, *ibid.*, p. 217 参照。

(8) ジャイナ教文献については, Silk, *ibid.*, pp. 220–221、および, p. 220, n. 3 参照。*Āyāraṅgasutta*, 1.8.1.199; *Uttarajhāyana*, 12.24, 12.32; *Nāyādhammakahāo*, 75.7, 127.10 などが指摘されている。*Arthaśāstra* については, Silk, *ibid.*, pp. 216–217, n. 3 に Kangle の edition により, 2.5.18, 2.8.22, 3.4.25–30, 4.8.9 などが指摘されている。因みに, *An Illustrated Ardha-Magadhi Dictionary*, Vol. IV, p. 503 により、veyāvacca を見れば, "Service rendered to the preceptor by giving him food etc." とあり、veyāvaccakara および veyāvaḍiyakara

には，“One who devotedly serves” とある。

(9) Silk, *ibid.*, p. 221 によれば，“She (=Colette Caillat in *Les expiations dans le rituel ancien des religieux Jaina*, Paris, 1965) observed that *veyāvacca* in Jaina usage is service aimed at the expiation of the stain caused by sin.” とある。また，*ibid.*, p. 221, n. 2 に列挙された十種の奉仕（veyāvacca）のうち，最初の三種が，āyariya（＝ācārya）と uvajjhāya（＝upādhyāya）と thera（＝sthavira）とに対する奉仕であることも興味深い。これは尊師（guru）崇拝に連なる下地となるものだからである。

(10) Silk, *ibid.*, p. 221, n. 4 に，『望月仏教大辞典』，二二五四－二二五五頁が指摘されているので，その用例中の「執事」と同義とされる長阿含の『善生経』の「僮僕」や中阿含の『善生経』や『尸迦羅越六方礼経』の「僮僕」などにより，特に，“a low class servant” と判断したのであろうと思われる。なお，『望月仏教大辞典』自体は，「之に依るに執事は雑務を執る人に名づけたるものなるを知るべし。」と述べているだけである。

(11) Silk, *ibid.*, p. 222 参照。Jean Phillipe Vogel, “Shorkot Inscription of the Year 83”, *Epigraphia Indica*, XVI, 1921-22, pp. 15-17 によったものである。

(12) 本書，第二部第五章，二四〇－二四一頁所引の *Bodhisattvabhūmi*, Wogihara ed., p. 166, l. 24-p. 167, l. 5 参照。

(13) Silk, *op. cit.*, p. 226.

(14) 僧団の規律条文（prātimokṣa, pātimokkha）の没収罪第十条の規定を指す。これについては，本書，第二部第五章，二三〇－二三一頁参照。なお，Silk, *op. cit.*, pp. 218-219 では，同じ条項の諸本における vaiyāvṛtyakara, ārāmika, upāsaka の訳例が対照して示されている。

(15) Schopen 教授の関連論文については，本書，第二部第八章，三〇一－三〇五頁を参照されたい。

(16) 本書，第二部第六章，二五二－二五六頁所引の *Vinayavibhaṅga* の文を参照されたい。

(17) 本書，第二部第五章，二三三頁，Silk, *op. cit.*, p. 228 参照。なお，本書，第二部第五章，註23でも記したとおり，*Ratnarāśi-sūtra* 当該箇所のチベット訳と漢訳との間には相違が見られるので「清浄な比丘」と「漏尽の阿羅漢」の二種とするのは単純化しすぎるかもしれないがお許し願いたい。この箇所の Silk 教授のテキスト分節番号は IV. 1 であるが，英訳は，Silk, *op. cit.*, p. 324 に与えられており，諸訳間の相違については，その脚註3に与えられているので参照されたい。更に，Silk, *op. cit.*, p. 228 で示されているものは，*Sūrya-garbha-sūtra* の相応箇所である。ところで，この場合の二種に直接関係はないのであるが，広い意味では関連をもってくると思われるものに，本書，第二部第四章，二二四頁，註35で指摘した yukta に対するものと mukta に対するものという二種の信施（śraddhā-deya）がある。今回，この yukta と mukta に関連する用語として yukta-mukta-pratibhāna なる語が *Divyāvadāna*, p. 329, l. 3, l. 7; p. 493, l.

8 に見られることを知ったので、この場を借りて報告しておきたい。興味深いことは、この語が、その三箇所において、全て、tripiṭa と dharma-kathika と並記されて、三種の比丘の一種を示しているということである。因みに、最初の例 "ami bhikṣavaḥ tripiṭā dharma-kathikā yukta-mukta-pratibhānāḥ" に対するチベット訳は、"dge slong 'di dag ni sde snod gsum dang ldan pa/ chos sgrogs pa/ rigs pa dang grol ba'i spongs pa can sha stag yin"（P. ed., No. 1030, Khe, 99a5–6）とあり、「これらの比丘は、三蔵をもったものと、法を誦するもの（法師）と、論理と解放に直観的閃きをもったものとだけである。」と読めるが、yukta が rigs pa（論理）でよいかは疑問である。なお、二種の信施に関する *Ratnarāśi-sūtra* の記載は Silk 教授の分節番号では I.15 で、その英訳は、Silk, *op. cit.*, pp. 287–289 に示されているが、*Divyāvadāna* の如上の箇所に対する言及はない。

(18) 一九五五年改訳口語訳の「マルコ伝」第一〇章第四五節による。「マタイ伝」第二〇章第二八節も参照されたい。もっとも、パーリ律蔵, *Suttavibhaṅga*, saṃghādisesa, VIII によれば、「寝臥具手配人 (senâsana-paññāpaka)」として名言い Dabba-Mallaputta (= Dravya-Mallaputra、実力子）は、「私は生年七歳にして阿羅漢果（arahatta）を証得し、およそなんであれ声聞によって得らるべきものは全て得て、これ以上なすべきこともなされたことに加えることも私にはなにもない。一体どのようにして私は教団に奉仕（veyyāvacca = vaiyāvṛtya）をなせるであろうか。……私は教団のために寝臥具を手配しまた食事を指示することにしよう。」（Vinaya Piṭaka, III, p. 158, ll. 8–14; 南伝蔵、一巻、二六六頁）と述べたことになっているから、『新約聖書』のことはともかく置くとすれば、彼のこの奉仕を限りなく利他行に近づけて解釈することは依然可能であるかもしれない。しかし、ここで「奉仕」と訳した原語 veyyāvacca = vaiyāvṛtya は、前註9でも触れたごとく、ジャイナ教文献におけると同様に、「穢れの除去を目指す奉仕」といったニュアンスをもつことに加えて、Dabba-Mallaputta が七歳で阿羅漢となったと言われていることに注意すれば、恐らく、そんな解釈は吹き飛ぶであろう。仮りに七歳で阿羅漢になったとすることが本当であったとすれば、その阿羅漢とは、前註17を付した以下の本文で述べたごとく、vaiyāvṛtyakara たる資格としての子供のような純潔さしか意味しなかったのではないかと思われる。それにしても、七歳で阿羅漢になったなどという発想そのものが、どこぞのカルト教団が、教祖の最終解脱後に生まれた子供はステージが高く生まれながらにして尊師に準ずるなどと言っているのに酷似しているのである。

(19) *Ratnarāśi-sūtra*、チベット訳, P. ed., No. 760–45, 'I, 161b2–162b3; 漢訳、大正蔵、一一巻、六四三頁下—六四四頁中。Silk 教授のテキスト分節番号では, IV. 13–21 に当り、その各々は、ここに私が示した分節番号(1)—(8)にほぼ対応する。なお、同英訳は, Silk, *op. cit.*, pp. 333–337 に示されている。因みに、この箇所は、本書、第二部第五章、二三六—二三七頁において、註32の下に引用した箇所と数行隔てて直結するものである。また、私がここで引用を省略した部分にほぼ相当する「宝梁会」「営事比丘品」の一文（ただし、友松博士が、大正蔵、一一巻、六四五頁とするは、六四四頁の誤り）に基づいて、友松圓諦博士は『仏教経済思想研究』（東方書院、一九三二年）、二一七頁で「〔その経は〕にはかに法蔵部そのもの〻文献だとは思はないけれども、必ずや、法蔵部か、迦葉遺部系の部派の細胞から成立した大乗経典であらうことを想像するにかたくない。」と述べているのを、Silk, *op. cit.*, p. 253, n. 1 によって知った。これを私なりの立場から説明すれば、独立した大乗教団などは存在しなかったのであるから「部派の細胞から」などと言わずに、この *Ratnarāśi-sūtra* は、教団のもの（sāṃghika）と仏塔のもの（staupika）とを厳格に区別した上で、後者の前者への流用を禁じた伝統的仏教教団所属の通俗的見解に馴染んだ出家者たちによって作られた、ということになると思われるのである。

(20) チベット訳 sbyin gnas と仏教サンスクリット語 dakṣiṇīya の対応関係はほぼ確実なものと思われるが、私には dakṣiṇīya という語の由来がほとんど不明である。対応パーリは dakkhiṇeyya で、その語源も今ひとつ私にはよくわからない。Monier-Williams, *A Sanskrit-English Dictionary* なら、pp. 465-466 にその説明があるべきであるが、適切なものは見当らない。Edgerton, *BHSD*, p. 261 の当該箇所には、"worthy of veneration, to be revered", "worthy of receiving a sacrifical or reverential (guru's) gift" の訳が与えられており、出典としては、*Lalitavistara, Mahāvastu, Divyāvadāna* などのものが圧倒的に多いから、この種の文献の成立直前から流布し出した用語なのかもしれない。漢訳に「所右遶礼敬之者」とあるより判ずれば、dakṣiṇa（右）に関係し、「右廻りに廻って尊敬するに値する人」の意味かとも考えられるが、あるいは語根 DĀ（与える）から変則的に派生した動名詞などで「与えられるに相応しい人」などの意味なのであろうか。万一、直観的に言うことが許されるなら、苦行者文学と共に流布し出した言葉のようにも感じられるのである。なお、後註26をも参照されたい。

(21) 「命令したりする」に相当する P. ed. は "bsko ba rlag byed" とあり、「委任を損う」とも読めると思うが、Silk 教授によっても回収されている *Śikṣāsamuccaya* の Skt. には "ajñaptiṃ dadāti" とあるので、それに従った。なお、Silk 教授のチベット訳校訂本では "bsgo blag byed (p. 448)" とされている。

(22) pratyeka-naraka は *Abhidharmakośabhāṣya*, Pradhan ed., p. 155, l. 4 に出る。「孤地獄」は、それに対応する玄奘訳（大正蔵、二九巻、五五頁下二九行—五六頁上一行）に従ったものである。その一つである bahu-saṅku については、本経を引く *Śikṣāsamuccaya* 以外のサンスクリット文献中の用例を私は知らない。

(23) チベット訳とサンスクリット語とは、本経の前者と *Śikṣāsamuccaya* 所引の後者との対応による。チベット訳は「糞泥（rkyag 'jim）が小腿（byin pa）まで沈んだ」との意味かと思うが、チベット訳だけからそう読む自信は私にない。サンスクリット語は「糞泥をもてる（gūtha-mṛttikā）小腿」の意か。Silk, *op. cit.*, p. 335 では "Sunk up to his knees in excrement and mud" と訳され、漢訳では、同教授も注意するごとく、「常食糞丸」とされる。なお、このような名をもった pretā については未詳であるが、gūtha-mṛttikā なる語は *AKBh*, p. 163, l. 22 において、naraka の説明中に用いられている。

(24) この箇所の意味は私によく理解できない。因みに、漢訳は「世尊、(未曾有也。如来自以慈心説如是法。) 為無慚愧者、説無慚愧法。有慚愧者、説慚愧法。」とあり、この「無慚愧」と「有慚愧」との対応は明らかなので、このような意味なら理解できるような気もするのであるが、チベット訳の lhod pa と 'dzem mdog mchis pa とにかかる対応があるかどうか、要するに、私にはわからないのである。

(25) 本書、第二部第五章、二四〇頁に引用した、註40の *Vinayavastu* の「出家事」の話は、過去世に kalpikāraka (浄人) であったものが、腹を立てて鍋を壊したために容貌が鍋のようになってしまったことを述べていたが、これは現在と過去との因縁譚である点で今の場合と異るが、霊魂の値踏みによる差別主義であることでは同じであろう。なお、この箇所のチベット訳については Helmut Eimer, *Rab tu 'byuṅ ba'i gźi: Die tibetische Übersetzung des Pravrajyāvastu im Vinaya der Mūlasarvāstivādins*, Asiatische Forschungen, Band 82, 2. Teil, Wiesbaden, 1983, p. 298, ll. 9-14 を参照されたい。因みに、この前後は、この種の差別主義的因縁譚が連続している箇所である。

(26) この dakṣiṇiya は重要な語であるが、前註20でも述べたごとく、私にとっては依然不明な点が多い。その先の箇所では、この dakṣiṇiya には苦行主義と共に育ってきた背景が秘められているように感じ、その点を記したが、因みに、*An Illustrated Ardha-Magadhi Dictionary*, Vol. III, p. 119 を見ると、dakkhiṇeya (dākṣiṇeya) があり、その項目下に "accepting charity; a mendicant" と記されている。後者を重んじれば、「布施に値する人」とは、乞食者 (a mendicant) としての苦行者のことなのかもしれない。また、表記として dākṣiṇeya の方が正しいのであれば、語根 DĀ (与える) とも結びつきやすいであろうか。

(27) この事情については、拙稿「七仏通戒偈ノート」『駒沢短期大学仏教論集』第一号 (一九九五年十月)、二〇五—二〇四頁を参照のほか、そこで言及した *Mahāvagga* の uposathakkhandaka や『摩訶僧祇律』も参照されたい。

(28) この状況については、前掲拙稿、一九五—一九四頁を参照されたい。

(29) *Cullavagga*, Vinaya Piṭaka, II, p. 239, ll. 14-21: 南伝蔵、四巻、三五七頁。

(30) 有依福業事と無依福業事とについては、拙稿「選別学派と典拠学派の無表論争」『駒沢短期大学研究紀要』第二三号 (一九九五年三月)、六四—六五頁、七四—七六頁、八九頁、註83、九三頁、註131を参照されたい。

(31) *Vinayavibhaṅga*, チベット訳, P. ed., No.1032, Te, 137b4-5: 大正蔵、二三巻、八八三頁中—下。なお、この直前に出る五大河は、前註29で示した *Cullavagga* のものと全同である。

(32) *Mvyut.* によれば, mdzod pa に対応するのは, no. 3718 の bhāṇḍarika であるが、根本有部律と *Divyāvadāna* との親近性から、後者で用いられる koṣṭhāgārika をより適切とみて採用した。koṣṭhāgārika は, *Divyāvadāna*, p. 295, l. 24, p. 540, l. 9 などで用いられているが、同, Index, p. 678 には steward の訳語が与えられている。Monier-Williams, *A Sanskrit-English Dictionary*, p. 314 では, "living

in store-rooms" とされているから、本来は、倉庫番みたいなものだと思われ、かく訳そうかとも思ったが、steward を参照して、ここでは一応「世話人」と訳しておく。

(33) チベット語 spyan 'dren は、Jäschke, *A Tibetan-English Dictionary*, p. 333 に、"one who invites, one that calls to dinner" と記され、その意味も明確であるが、これに対応する Skt. は必ずしも確実ではない。*Mvyut.* no. 4258 では、āvāhana と spyan drang(s) pa の対応が示されているので āvāhana が spyan 'dren に当ると見てよいと思ったまでで、必ずしも確定的なものではない。因みに、*An Illustrated Ardha-Magadhi Dictionary*, Vol. II, p. 99 で āvāhaṇa を見ると、対応 Skt. に āhvāna が与えられ、"invitation; calling" の訳が示されている。この Skt. からより能動的な語を考えるなら āhvāyaka (a messenger, courier) があると思い、この方がチベット訳 spyan 'dren という能動的意味にも合致するので、推定上の語ではあるが、一応これもカッコ内に補っておいた。

(34) 漢訳が、大正蔵、二三巻、八八三頁下二一―一九行であるのに対して、チベット訳は、Te, 137b6-140a6 の長さである。なお、増広されたチベット訳にかなり近いものに、漢訳『賢愚経』、大正蔵、四巻、三八六頁下三行―三八七頁上二六行がある。また、この漢訳からの重訳の可能性もあるので、あまり参考にはならないかもしれないが、チベット訳、*'Dzangs blun zhes bya ba'i mdo*, P. ed., No. 1008, Hu, 251b5-252b6 が上記の漢訳箇所に相当するものである。ところで、これ以下においては、義浄訳よりも更に翻訳の遅いチベット訳の、しかも増広的性格の強い部分が資料として用いられるので、この点に関する私の考えを簡単に述べておきたい。私は、「思想」的言明は、その「論理」が明確に主張されたことによって、始めてその後のあり方を規定するので、それがいつなされたかが非常に重要な問題となるが、「習慣」上の「事実」は、実際に文献としてはっきり記載される以前に、幾世紀も遡って様々な形態において実行されていると考えている。ましてや、以下に取り扱う文献のように、増広部分ではあっても、それと類似の記述が散在的に先行しているような場合には、その文献を、それ以前の「習慣」に関する資料として用いても許されると思われるのである。

(35) Te, 139b8 にその記述があるが、これは、後註46下の本文中に引用するのでそれを参照されたい。

(36) 山田龍城『梵語仏典の諸文献』(平楽寺書店、一九五九年)、六四頁によれば、「〔ユベールやレヴィは〕ディヴャーヴダーナの物語が有部毘奈耶より由来したものと考えた。然るにプシルスキーはこの考えに反対し、むしろ律の編纂者がディヴャーヴダーナから物語を借用したのであると主張した。」とある。

(37) Ghoṣila のことは *Divyāvadāna*, p. 529, l. 6, p. 531, l. 19, p. 541, l. 19, p. 575, l. 30, p. 576, l. 3 などに出る。また、赤沼智善『印度仏教固有名詞辞典』、二〇六頁、Ghoṣita も参照されたい。

(38) 「自分の僧院」というものが一体なにを意味するかは未詳。また、その「自分の」に相当する原語をここで ātma- としておいたのは全く暫定的なものである。なお、「自己の寺」という碑文に見られる用例については、平川彰『初期大乗仏教の研究』(春秋社、一九六八年)、六六九―六七一頁：平川彰著作集、第四巻、三二六―三二八頁を参照されたい。しかし、未詳とはいえ、ここで「自分の僧院」といわれているものが、伝統的な仏教教団と全く同じ形態をとっていたことは、以下の概略によっても知られるであろう。しかも、この「自分の」というのは、所有を表わすよりは、かつてそれを寄進した施主として、その寺院の興廃に責任がある点を表わしているようにも、話の全体の流れからは感じとれるのである。

(39) Te, 137b7-138a1. この一種定型的な問答は、まさにそれゆえに、チベット訳原文も示しておいた方がよいと思うので以下に引く。"[de] gtsug lag khang du song ste tshigs su bcad pa'i dbyangs kyis mchod rten la phyag 'tshal nas gtsug lag khang du 'jug par brtsams pa dang/ rgan zhugs shig sgo khang na 'dug nas des de'i rkang pa la phyag 'tshal te smras pa/ 'phags pa gtsug lag khang snying dang mig 'phrog par bgyid pa mtho ris kyi them skas su gyur pa 'di su'i lags/ des smras pa/ khyim bdag gdangs can gyi'o// 'phags pa ci 'di gtsug lag khang lags sam/ 'on te phongs pa lags/ bzhin bzangs gtsug lag khang ni ji lta bu/ phongs pa ni ji lta bu/ 'phags pa gang na yo byad phun sum tshogs pa ni gtsug lag khang lags la/ gang na yo byad ma mchis pa ni phongs pa lags so// bzhin bzangs 'di phongs pa yin no//". 他の箇所においても見られるこのような定型的な問答の所在については、いちいち網羅的に列挙することをしないが、これ以下の本文中で引く、後註48所引の箇所に続くもの、および、後註50所引の箇所は、かかる例の一部である。

(40) *Mvyut.* によれば、rgan zhugs に対応するサンスクリット語は, no. 3910 で sālohita, no. 8722 で mahallaka と示されているが、根本有部律文献と *Divyāvadāna* との関係を重視して、後者, p. 329, l. 1, p. 520, l. 11 により mahalla を採用した。語義については, *BHSD*, p. 421 の mahalla および mahallaka を参照すべきであるが、ただ「老人」とするよりは「老僧」とでも訳した方がよいのかもしれない。しかし、仮りに出家者としてもあまり高い身分のものとは思われないが、以下の問答では、居士ゴーシラは、この mahalla に対して、常に出家者に対する敬称 ārya で呼びかけ、チベット訳でも前者が後者に対して丁寧語を用いるようにさせている。

(41) 後註49に示す漢訳に対する国訳『根本説一切有部毘奈耶』、国訳一切経、律部一九、一六四頁の脚註24で、訳者西本龍山氏は、その典拠を明示してはいないが、「毘伽多。蔵律に「貧乏」とあり、梵音 vigata（欠減の意）なるか。」と記している。正しいと思うので、それに従って vigata とした。

(42) bzhin bzangs に対応するサンスクリット語は *Mvyut.* には示されていない。ここでは, Lokesh Chandra, *Tibetan-Sanskrit Dictionary*, p. 2054 と *Divyāvadāna* の用例より、bhadramukha を採用した。後者の Index, p. 687 によれば、bhadramukha は "a vocative addressed to any inferior" とされているが、ここでは必ずしもぴったりではないようである。

(43) Lokesh Chandra, *ibid.*, p. 442 によって Rādhā を採用するのみにて特に有力な根拠はない。赤沼前掲書（前註37）、五二五頁、五四〇頁で Rādhā＝Rāmā とされている女性と結びつく要素でもあれば話は別である。

(44) チベット訳には las su bskos te とあるのは、この語が役職上の術語として意識されていないことを思わせるが、本書、第二部第六章、二五二頁所引の文中に示したごとく、las su bsko ba＝karma-dāna を想定して訳した。あるいは、サンスクリットにおいては、karma dātvā などとあったのかもしれないが、かかる用例を私は知らない。「業務執行職」という私の訳については、本書、第二部第六章、註2を参照されたい。

(45) ここでは省略したが、この王の治政がチベット訳では以下のように表現されているが、それが *Divyāvadāna* の別な箇所と同文であるほか、この表現も一種定型化していたと思われるので以下に比較しておく。Te, 139a4–6, “rgyal srid ’byor pa/ rgyas pa/ bde ba/ lo legs pa/ skye bo dang mi mang pos gang ba/ thab mo dang/ ’thab pa dang/ phyi dgra dang/ nang ’khrug rab tu zhi ba/ chom rkun dang/ mu ge dang/ nad dang bral ba/ sa lu dang/ bu ram shing gi phreng ba dang/ ba lang dang/ ma he phun sum tshogs pa byed du bcug ste/ chos dang ldan pa chos kyi rgyal pos chos kyis rgyal srid byed du bcug go//”: *Divyāvadāna*, p. 435, ll. 6–9, “rājyaṃ kārayati ṛddhaṃ ca sphītaṃ ca kṣemaṃ ca subhikṣaṃ câkīrṇa-bahu-jana-manuṣyaṃ ca śānta-kali-kalaha-ḍimba-ḍamara-taskara-durbhikṣa-rogâpagataṃ śālîkṣu-go-mahiṣī-saṃpannam/ dhārmiko dharmarājo dharmeṇa rājyaṃ kārayati/”. *Divyāvadāna* の方は Mahādhana 王の治政で、王が異っているのに治政の内容が全く同じなのであるから、この表現がパターン化したものであることがわかるであろう。なお、この現代語訳については、奈良康明訳「スダナクマーラ・アヴァダーナ」『仏典Ⅰ』(世界古典文学全集6、筑摩書房、一九六六年)、二九七頁上段を参照されたい。また、この表現がパターン化したものであることは、*op. cit.*, p. 538 で Brahmadatta 王の治政でも同じことが述べられ，“pūrvavad yāvad” という省略法が用いられていることからもわかるであろう。

(46) このチベット語とサンスクリット語との対応は、一般の辞書や索引などにすぐ確認はできないが、話の内容から居士 Saṃdhāna を指していると思われること、また、Saṃdhāna を採用しても gZungs byed を排除するものでないことから、この名を推定した。なお、Saṃdhāna については、赤沼前掲書 (前註37)、五八一頁、Sandhāna² を参照されたい。また、*Divyāvadāna* では，p. 540, l. 7 以下に出る。〔なお、この註番号の直後の本文中に示される引用箇所が明記されていないことに、本書の校正時に気づいたので補っておけば、それは P. ed.,No. 1032, Te, 139b6–140a1 である。〕

(47) 犬が主人に代わって食事を告げに行くという話は、それこそはるか以前、サンスクリットを始めたころに、avadāna の抜粋みたいなものとして読んだような気がするのであるが、思い出せない。『賢愚経』には、「時此使人、養一狗子。若往白時、狗子逐往。日日如是。爾時使人、卒値一日忘不往白。狗子時到、独往常処、向諸大士、高声而吠。諸辟支仏、聞其狗吠、即知来請。便至其家、如法受食」(大正蔵、四巻、三八六頁下—三八七頁上) とある。〔なお、この直後の本文中の引用箇所は，Te, 140a4–6 である。〕

(48) 引用は、一部省略した箇所を含めて、*Vinayavibhaṅga*、チベット訳，P. ed., No. 1032, Che, 141a3–b1: 義浄訳『根本説一切有部毘奈耶』、大正蔵、二三巻、六六六頁下である。

(49) ここに省略した部分を義浄訳で示せば、「問言。聖者、此是毘訶羅、為是毘伽多。苾芻問曰。何謂毘訶羅、何謂毘伽多。報曰。若資具充満是毘訶羅、所須欠乏是毘伽多。苾芻報言。賢首、若如是者、此是毘訶羅、非毘伽多。於此住処、資産豊盈、受用具足。賊便報曰。聖者、若足飯者、不応餐土、若足衣者、不著樹皮、仁之衣服、応有多少。」である。

(50) *Vinayavastu* チベット訳, P. ed., No. 1030, Khe, 96b8-97a2, Eimer, *op. cit.*（前註25）, p. 252, ll. 16-23. これは、義浄訳『根本説一切有部毘奈耶出家事』、大正蔵、二三巻、一〇三五頁中のあたりに相当するのであるが、この一節を含む前後の部分は義浄訳中には見られない。なお、ここから三葉ほど後になれば、*Divyāvadāna*, p. 329, l. 1 以下、および、*Mūlasarvāstivāda-Vinayavastu*, Vol. II, Buddhist Sanskrit Texts, No. 16, Darbhanga, 1970, p. 86, l. 13 以下にサンスクリット原文も見出しうるのであるが、この前後には、どうやらテキスト上の錯簡や変更があったように感じられる。それを検討してみたい気持もあるが、これをなすのは本第二部の目的とは別なものになるであろう。

(51) このサンスクリット語の想定については、Silk, *op. cit.*, p. 225 を参照されたい。また、āgantuka と gamika が七つの有依福業事中の第六で用いられる語と同じであることの確認は、前掲拙稿（前註30）、七五頁においてなされたい。なお、*Divyāvadāna*, p. 50, ll. 26-28 には、五種の piṇḍapāta（施食）が列挙されているが、その五つ、即ち、(1) āgantuka のため、(2) gamika のため、(3) glāna のため、(4) glānôpasthāyaka のため、(5) upadhi-vārika のための施食とは、最後を除き、全て七つの有依福業事に含まれるものである。

(52) Dabba-Mallaputta については、前註18と共に、本書、第二部第六章、註1を参照されたい。

〔**研究小補**〕 本章、三一九頁所掲の図2は、一応想定上のモデルであるからこのままでも構わないと思うが、第二部第四章の「研究小補」で、同、註12について付言したごとく、塔地と僧地との双方を含む「寺院」全体を saṃghārāma と呼ぶ実例は今のところ見当らないので、正確には、図中より saṃghārāma を削除して「寺院」のみとした方がよいかもしれない。なお、この図2のモデルに最も近い実例の一つとしては、本書、第一部第三章、六二頁所掲のカーラワーン遺跡の図を参照されたい。本章、註1、2の箇所で触れた「思想」と「習慣」の問題に関しては、本書、第一部第一章、二六頁、註18に記載の考察を踏まえながら、本書でも簡単な私見を述べたが、それが、同、一一―一二頁の論述である。本章、註11、および、その本文で引用したショルコットの銅釜銘文については、塚本啓祥『インド仏教碑銘の研究』I（平楽寺書店、一九九六年）、一〇〇〇頁の "Shorkoṭ 1" の記載を参照されたい。これによれば、この銘文に記された年次は紀元四〇三年である。本章、註17中に引用した *Divyāvadāna* の "tripiṭā dharma-kathikā yukta-mukta-pratibhānāḥ" は、グレゴリー・ショペン著、小谷信千代訳『大乗仏教興起時代――インドの僧院生活――』（春秋社、二〇〇〇年）、一一六―一一七頁では、「（彼は）よく訓練された自在な弁舌を備えた、三蔵を解する者、法を唱える者（となった）」と、一人のものが備える三つの能力のように訳されているが、そこでは単数の例なので、その読みが採用されるべきかもしれない。本章、註20、26で述べたことについて言えば、このまま読み続けて下されば、次章冒頭で自ずと判明することではあるが、この註20、26の記述は、基本的に私の無知に基づいてなされているので、次章、註3によってその私の無知を正して下された方のお名前、同、註6—11によってその正された内容を必ず確認して頂きたいと思う。本章、註36で触れた『根本説一切有部律』と『ディヴィヤ=アヴァダーナ』との貸借関係に関する二説については、本書、第一部第四章、註2に若干のコメントは述べてあるので参照されたい。本章、註45で触れたパターン化した表現というのは、後に知った Feer の分類に従えば「常套句10」に相当する。この具体例については、拙稿「菩薩成仏論と捨身二譚」『駒沢短期大学研究紀要』第二八号（二〇〇〇年三月）、三一八頁を参照されたい。なお、私としては既に拙稿「カイネーヤ仙人物語——「一音演説法」の背景——」『駒沢短期大学仏教論集』第六号（二〇〇〇年十月）、八八頁、註45で謝罪していることでもあり、また本章のみに限ることでもないので、ここで述べることは必ずしも相応しいとは思わないものの、やはり本書のどこかでは触れておいた方がよいと考えるので、敢えてこの場を借りて記しておくことにしたい。本章、註19下の本文中の引用末尾（三二五頁）で「若きマハー=カーシャパ」と訳した「若き」に当るチベット語は tshe dang ldan pa でサンスクリット語は āyuṣmat であるが、もし、中村元「若き人 āyuṣmat」『印仏研』三二—一（一九八三年十二月）、六二—六三頁の成果に従うなら、「若き人」と改められなければならない。しかるに、私は、その成果に従いながらも、それを当時授業等でも伺っていたような気安さも災いして、そのことを明示しないだけでなく、不正確に「若き」と訳してしまうという二重の誤りを犯していたのである。これと同性質の誤りは、本第二部第六章、註4下の本文中の引用（二五二頁）における「春秋に富める」にも認められる。これは、中村説に従うなら、「春秋に富める人」と改められるべきものである。ここに、以上の私の二重の誤りを再度謝罪する一方で、上記拙稿の前後の時期より、私は、tshe dang ldan pa, āyuṣmat を単に「氏」という敬称で訳しているということをも補足しておきたい。

第十章　六波羅蜜としての布施と dakṣiṇā

前章において、私は、仏教寺院を舞台に、霊力を持っていると信じられ尊敬されていた出家苦行者とその霊力に預ろうとした在家寄進者との両者の取り引きという相関構造を描こうとした際に、前者の呼称として次第に有力な位置を占めるようになってきた語として dakṣiṇīya なる語に注目し、それに「布施に値する人」という一応の訳を与えると共に、「布施に値する人とは、その語義からしても、苦行の力ゆえに通インド的な感情から布施に値する人と見做された出家者を指したであろう」[1]と想定しながら若干の考察を試みた。しかるに、私のサンスクリット文法もしくは文献に対する基本的な学力不足のために、dakṣiṇīya の語源的な由来について不明であると記して置いたところ[2]が、その後、この件に関して、複数の方から早速に御教示を得ることができた[3]。しかも、それらの御教示に従って、dakṣiṇīya もしくはこれと関連する dakṣiṇā を、パーリ語の dakkhiṇeyya や dakkhiṇā と共に調べると、これらの関連文献の検討によっても、ヴェーダ文献やブラーフマナ文献以来の通インド的バラモンの宗教儀礼が徐々に仏教側にも滲透していった様子が明確になることが判明したので、本章では、この問題を、初期大乗仏教の展開に重要な役割を果した六波羅蜜中の布施の問題とも関係づけながら、一章を割いて考察していってみることにしたい[4]。なお、この点を、従来の考察と関連づけて言えば、本章は、仏教の動向を(a)—(a′)と(b)—(b′)との二側面から捉えた中の前者の仏教もしくは大乗仏教が、伝統的仏教寺院を中心に、次第に勢力を拡大していき、前章中の図1[5]によれば、斜線で示したインドの習慣が徐々に仏教の思想中に食い込んでいったことを、dakṣiṇā（dakkhiṇā）と dakṣiṇīya（dakkhiṇeyya）の用語の検討を中心に明らかにせんとするものである。

dakṣiṇā は動詞の語根 DAKṢ（増大する、効力がある、満足させる）から派生したと解釈される名詞で、その女性形である dakṣiṇā は宗教儀式上の「報酬」「謝礼」「施物」「布施」などを意味する。[6] また、dakṣiṇīya は、dakṣiṇā という名詞に「値する」という意味をもたせる taddhita 接尾辞 -īya が付せられて造語されたもので、[7] 従ってそれは「報酬（謝礼、施物、布施）に値する対象」を意味する。しかも、この点は、先に御教示を得たと記した複数の方が指摘して下されたように、パーニニ文典中においても、その種の造語法の用例として、kaḍaṅkara の場合と共に並記されている[8]くらいであるから、これは、dakṣiṇīya がその種の用例を示す典型的な語として古くから意識されていたことを物語っているわけである。とすれば、この語に先立つはずの dakṣiṇā も当然古いわけで、現に先の御教示のお蔭で目下私が実際に知りえている dakṣiṇā の古い用例には、最も古い「布施讃美 (dāna-stuti)」[9] と称される *Ṛg-veda* 中の一連の讃歌を、私の都合で、当面は除外するとすれば、*Maitrāyaṇī-saṃhitā*, 4.7.8 と *Tāṇḍya-mahā-brāhmaṇa*, 16.1.10,11[10] とがある。前者は、「そして、報酬が祭官 (ṛtvij) たちのために与えられる[11] (dakṣiṇā ca ṛtvigbhyo dīyate)」という短いものであるが、後者は、比較的長く具体的なので、以下に原文と共に和訳を示す。

gauś cāśvaś cāśvataraś ca gardabhaś cājāś cāvayaś ca vrīhayaś ca yavāś ca tilāś ca māṣāś ca tasya dvādaśa-śataṃ dakṣiṇā/

彼（＝祭主）の一二〇〇の報酬は、牝牛と馬とラバとロバとヤギと羊と米と麦と胡麻と豆とである。

Maitrāyaṇī-saṃhitā は黒ヤジュル＝ヴェーダ所属の重要なテキストの一つであり、*Tāṇḍya-mahā-brāhmaṇa* はサーマ＝ヴェーダ所属の最古のブラーフマナ書の一つであるが、[12] 一般に、黒ヤジュル＝ヴェーダの説明部分と他の諸ヴェーダ所属の独立のブラーフマナ書とが合わされてブラーフマナ文献と呼ばれることからすれば、両者は同種類の文献群に属しているものと見てよい。辻直四郎博士によれば、かかるブラーフマナ文献は、「ガンガー河の大平野を舞台として、バラモン教的社会の秩序がほぼ確定し、複雑な祭祀の体系が整備された時代、前八〇〇年ころを中心とする数百年間の所産である」[13] とのことであるが、いずれにせよ、祭主が一二〇〇の報酬 (dakṣiṇā) を祭官 (ṛtvij) たちに与えること

によって悪業を払拭し福業を願うようなインドの宗教儀式上の習慣が、仏教成立以前にしっかりと定着していたことは確実なことであろう。辻博士は、そのような当時のインドの祭式至上主義的な宗教儀式について、次のように述べておられる。(14)

祭式万能主義は、祭官と祭主との関係に大きな影響を与えた。その結果バラモン階級はますます勢力を増し、その専横は助長された。祭祀に絶大の威力があるとすれば、専門の知識と技術とによってこれを司どる祭官の地位が向上し、畏敬の的となったのは当然である。彼らは祭式に不動の自信をもち、自由に神を動かし、時にはほとんど神の媒介を要しないで直接に諸種の力に作用して目的を成就した。「二種の神あり。神（本来の神格）は神なり。学識ありヴェーダに精通するバラモンは人間たる神なり」（シャタパタ・ブラーフマナ二・二・二・六）。地上の神と僭称するバラモンの手に、祭式の執行がゆだねられていたから、祭主と祭官との関係は信頼の一語につきる。いかなる反則も過誤も祭式の効果を無にする。祭官が個々の行事を呪詛の目的に悪用すれば、祭主は生命の危険にすらさらされる。これを防ぐ手段は、惜しみなくダクシナー（「報酬」）を与えて、祭官を満足させるほかはない。理論上祭式は一回ごとに死し、さらによみがえって無限に循環するが、これを新生させるものはダクシナーであるという。理論と実際とはともに祭主の寛裕心をそそるに十分であった。常識を逸脱した巨多の報酬が規定されているのも理由なしとしない。

ここで、元来は、かかる巨多の報酬が dakṣiṇā と言われ、その dakṣiṇā に値する祭官たるバラモンが dakṣiṇīya と言われていたのだということを再認識した上で、以下に、その後に展開したサンスクリット文献の例として、*Manusmṛti* と *Mahābhārata* とを取り上げて、dakṣiṇā に関連する用例を若干指摘してみることにしたい。(15) *Manusmṛti* も *Mahābhārata* も、その成立年代はいまだ確定的なものではないが、紀元前二世紀から紀元後二世紀にかけて段階発展的に編集されて現行の形態をみるに至ったとされるのが一般的であり、特に、その後半期は大乗仏教の発生生成期と並行していたと考えられるので、本章でも、dakṣiṇā に関連する用例の検討に関しては、たとえ困難な仕事ではあっても、この二典籍を飛ばすわけにはいかないのである。[16]

さて、インドの習慣そのものの規定集といってもよい *Manusmṛti* には、当然のことながら供犠（yajña、祭祀）の規定も多いが、特に第三章では、祖霊供犠（pitṛ-yajña）を始めとする五大供犠（pañca mahā-yajñāḥ）のことが中心的に記述されている。今、このうちから、生物供犠（bhūta-yajña）について述べる末尾の第九三頌と人間供犠（nṛ-yajña）について述べる冒頭部分の第九四―九八頌[17]を引用してみることにしよう。

(93)およそだれであれこのように常に全ての生物（bhūta）を崇める（arcati）バラモンであれば、その人は、真っ直ぐな道（patha-rju）によって、光明よりなる（tejo-mūrti＝brahmātmaka）最高の場所（paraṃ sthānam）へ趣く。

(94)このようにこのバリ献供（bali-karman）を作した後に、先ず、賓客（atithi）に食事を与えるべし（āśayet）。次に、規則どおりに、比丘（bhikṣu）と梵行者（brahmacārin、純潔者）に施物（bhikṣā）を与えるべし（dadyāt）。

(95)再生族（dvija、カーストの上位三階級）の家長（gṛhin）は、師匠（guru）に対して規則どおりに牝牛（go）を与えてなんらかの福業の結果（puṇya-phala）を得るのと全く同じ福業の結果を、施物（bhikṣā）を与えることによって得る。

(96)ヴェーダの真実義を知るバラモン（brāhmaṇa）に対して、施物（bhikṣā）あるいは水壺（uda-pātra）を、規則に従って、敬い（satkṛtya）供給すべし（upapādayet）。

(97)愚痴ゆえに、施与者（dātṛ）たちによりて灰になった〔かのごとき無能な〕司祭者（vipra）たちに与えられしものが〔無効となるように〕、無知なる人々の神々への供物（havya）や祖霊への供物（kavya）は消滅する。

(98)神明（vidyā）と苦行（tapas）によって育成されし（samṛddha）火のごとき司祭者（vipra）の口に捧げられし供物（huta）は、危険（durga）と大いなる罪（kilbiṣa）より救済する（nistārayati）。

以上の引用によって、バラモン（brāhmaṇa）や司祭者（vipra）や比丘（bhikṣu）や梵行者（brahma-cārin）などに対する施与が重視されていることは明白であるが、施与されるものの呼称は、[18] bhikṣā, uda-pātra, havya, kavya, huta などで、必ずしも一定していないうえに、dakṣiṇā なる語はこのような文脈では使用されていないのである。恐らく、dakṣiṇā は巨多の報酬でなければならないという意識が *Manusmṛti* などのヒンドゥー文献ではまだ強く残っていたために dakiaṇā が選ばれることがそれほど多くはなかったのではないかと思われる。しかし、*Manusmṛti* の編纂期には、祭式も世襲の司祭者階級であるバラモンから解放されるようになった結果、施与の根拠が比丘（bhikṣu）や梵行者（brahmacārin）にも求められるようになっていたことは、上の第九四頌でも明らかであるし、また、それと並行する現象として、バラモンによる祭式至上主義が既に崩れていたことは、たとえバラモンであっても燃え尽きた灰のように無能になってしまえば彼らに対する施物も無効であるという上引の第九七頌によっても明らかであろう。一方、世襲のバラモンに代わって尊崇されるようになった苦行者の典型が、遊行期に入った bhikṣu, saṃnyāsin, śramaṇa, parivrājaka などであったろうが、そのあり方について *Manusmṛti* 第六章第三六―三八頌は次のように記述する。[19]

(36)規則どおりにヴェーダを学び、法に従って息子をもうけ、能力に応じて供犠（yajña）によって供犠をなした後（iṣṭvā）、意（manas）を解脱（mokṣa）に向けるべし（niveśayet）。

(37)ヴェーダを学ばず、そのように息子をもうけず、また、供犠によって供犠をなさずに、解脱を望む再生族（dvija）は、下界に彷徨う（vrajaty adhaḥ）。

(38)プラジャーパティ（Prajāpati）に対して、全財産（sarva-vedasa）を報酬（dakṣiṇā）として供犠を行い、霊魂（ātman）中に火（agni）を蓄えた後（samāropya）、バラモン（brāhmaṇa）は屋敷（gṛha）より遍歴すべし（pravrajet）。

法に従って家長の義務を果した後に遊行期に入るべきことを勧める上引の三頌では、再生族（dvija）とは言いながら、第三八頌によればバラモンだけを指すようでもあるから、バラモン以外の再生族たる武士階級（kṣatriya）や庶民階級（vaiśya）はここで積極的に意図されてはいないであろうが、実際としては、バラモンだけが遊行期に入ったわけではなかったはずである。しかし、バラモン（brāhmaṇa）という語が用いられたわけだからではないだろうが、この第三八頌で、dakṣiṇā が「全財産（sarva-vedasa）」という巨多の報酬の意味で使用されていることは興味深い。一方、dakṣiṇā が単なる報酬を意味すると考えるのは誤りのようで、Gonda 教授は、dakṣiṇā がしばしば「祭官の報酬（Priesterlohn）」と訳されるのは誤りだとした上で、dakṣiṇā について次のように指摘している。[20]

dakṣiṇā は執行祭官に献じられた奉納物（Opfergabe）であり、それによって供犠（Opfer）は強化され完成されるが、それゆえに、dakṣiṇā は多くの場合施主自身にとっての天恵（Segen）となる。

このように dakṣiṇā は単なる祭祀の代価なのではなく、祭官に献じられたことによってそれ自体が一種の霊力を帯び、その力が供犠を強化し完成させて、それがまた祭主（施主）自身にも及ぶような、極めてマジカルな力をも意味しており、その点で dakṣiṇā は我が国の古代や中世の文献に現われる「幣帛（みてぐら）」[21]とも酷似しているように考えられるのである。このことは、上引の *Manusmṛti* 第六章第三八頌にもよく現われていると思われ、そこでは、於格で示されたプラジャーパティに献じられた dakṣiṇā の力が、この場合には実質的に祭官も祭主も重なってしまっているような、そのバラモン自身の霊魂（ātman）にも及んで、その中に dakṣiṇā が火（agni）となって蓄えられていると見做されていたと推測される。かかる構図は、私に、例えば、『法華経（*Saddharmapuṇḍarīka*）』の第二期から第三期にかけての成立部分と想定される箇所において、「如来の名義で（Tathāgatam uddiśya）」[22]造像起塔のなされることが推賞され、その場合の出家苦行者（出家菩薩）と在家寄進者（在家菩薩）との関係がまるで祭官と祭主との関係のように描かれていることを想起させるのであるが、*Manusmṛti* 第八章第二〇六―二一一頌に述べられる dakṣiṇā の分配等に関する規定は、かなり無味乾燥で紋切型のものである。ここでは、その第二〇七頌と第二〇九頌[23]とのみを示しておくことにしたい。

(207) そして、報酬（dakṣiṇā）が与えられた後に、自らの職務（sva-karman）を放棄するなら、彼はその分け前全部（kṛtsnam aṃśam）を受け取って、別のものに代わりをさせるべし。

(209) 祭供僧（adhvaryu）は車（ratha）を、また、祈禱僧（brahman）は〔祭祀の〕点火をする際に（ādhāne）馬（vājin）を取るべし。あるいはまた、勧請僧（hotṛ）は馬（aśva）を、また、詠歌僧（udgātṛ）は〔ソーマを〕購入する際に荷車（anas）を取るべし。

勿論、かかる記述は伝統的なインドの宗教儀式上の習慣を反映しているに違いないが、dakṣiṇā のマジカルな霊力については、その種の習慣の規定集である *Manusmṛti* よりは、叙事詩として当時のインドの神々や人間にまつわる伝承を活写した *Mahābhārata* において一層顕著な形で表現されているように思われる。その *Mahābhārata* 第三篇第五四章第三六頌、即ち所謂の「ナラ王物語（Nalôpakhyāna）」第五章第三六頌[24]では、dakṣiṇā の語は次のように用いられている。

賢明な彼はまた、ナフシャの子ヤヤーティ（Yayāti）のように、馬祠（aśvamedha）により、また、多くのかつ豊富な報酬（dakṣiṇā）を伴えるその他の祭祀（kratu）によって、供犠を行った。

しかし、この頌だけに dakṣiṇā のマジカルな霊力を読み取ることはあるいは不可能であるにしても、dakṣiṇā にかかる力の備っていることは、次のようなヤヤーティの話を多少追っ掛けてみれば、自ずと明らかになってくるであろう。上引の頌で、ナフシャの子ヤヤーティは、供犠を行う際にお手本のように記されているが、このヤヤーティのことは、*Mahābhārata* 第五篇第一一八章第一頌―第一二一章第二二頌[25]でも述べられている。ここでは、今の考察に必要なその箇所の最小限の粗筋のみを拾っておくことにしよう。王仙人（rāja-ṛṣi）であるヤヤーティは、その福業のゆえに天界に生まれるが、慢心により福業も尽きて天界から落ちんとする瞬間に善士たちの中に落ちることを願った。その甲斐あって落ちた先の善士たちというのが、実に、彼の娘マーダヴィー（Mādhavī）の四人の息子即ち彼の孫たちだったのである。四人の孫は、まだ自分の祖父だとは知らないながらも、自分たちの祭祀の結果（kratu-phala）や法（dharma）を受けて再び天界に趣くことを勧めるが、ヤヤーティは、自分は武士階級（kṣatriya）であって施物に預る（pratigraha-dhana）バラモンではないと言って、彼らの申し出を断る。そこへちょうど、菜食の苦行者でもある四人の孫たちの母即ちヤヤーティの娘がやって来て、彼らの関係が始めて明らかになり、ヤヤーティは孫たちの祭祀などによる霊力に預って再び天界に生まれることになる。そのことを述べる第一二一章第一頌[26]を(a)として示せば次のとおりである。

(a)強力な報酬を備えた（bhūri-dakṣiṇa）善き〔孫〕たちによって天界（svarga）に送り上げられたヤヤーティは、娘の息子たちを解散させ、天（diva）に住した。

ここで仮りに「報酬」と訳した dakṣiṇā は、これ以前に述べられる娘や孫たちの祭祀などによる霊力を受けていることは明らかであり、しかも、この dakṣiṇā は bahuvrīhi 複合語を構成し bhūri-dakṣiṇa となって「善き〔孫〕たち」を修飾しているので、直接的には孫たちがその dakṣiṇā の力を所有していることになるのである。また、間接的には、娘の力もまたヤヤーティに及んでいると見做しうるが、娘の場合は、祭祀の力ではなくむしろ苦行の力と見なければならない。そこで、以下に、その娘の苦行の様子を語る、同、第一一八章第七頌[27]を(b)として示し、また、四人の孫、ヴァスマナス（Vasumanas）、プラタルダナ（Pratardana）、シビ＝アウシーナラ（śibi Auśīnara）、アシュタカ（Aṣṭaka）中の最初の孫の力について語る、同、第一二〇章第三―五頌[28]を(c)として示してみることにしたい。

(b)かくして、彼女は、種々の断食（upavāsa）や潔斎（dīkṣā）や制御（niyama）によって、霊魂（ātman）を軽快（laghutā）になして、鹿〔のような菜食〕行者（mṛga-cārin）となった。

(c)それから、施主（dāna-pati）として世に聞こえたヴァスマナスが先ず、高く言葉を発して、そのとき、〔ヤヤーティ〕王に語った。「私は、世の中において、全ての階級のものたちに対して、いささかの非難の余地もなく、いろいろなことを獲得してまいりましたが、その全てをまた、私は〔あなたに〕与えるでしょう（dāsyāmi）から、あなたはそれを身に付けて下さい。また私には、布施の習慣（dāna-śīla）の結果があり、忍辱の習慣（kṣamā-śīla）の結果があり、〔祭祀の〕点火をする際の（ādhāne）結果がありますが、その全てをあなたは身に付けて下さい。」と。

このようにして、娘や孫の、霊力ある dakṣiṇā のお蔭によって、ヤヤーティは再び天界に生まれることになったわけであるが、その結末を一応締め括る、同、一二一章第二一頌[29]を(d)として示せば次のとおりである。

(d)王よ、一体、なにを与えようとも、なにを作そうとも、あるいは、いかなる苦行（tapas）を苦行しようとも、いかなる供犠をなそうとも、それらは消滅することもなければ減少することもない。その行為者（kartṛ）だけが享受し（aśnāti）、他は然らず。

以上に示した *Mahābhārata* の(a)(b)(c)(d)中、直前の(d)は、所謂の「自業の自得性」を物語るものであるが、それにもかかわらず、(c)は同時にそれの転移可能性を示唆していることになるのである。今、後者を仮りに「福業の転移性」と呼んでおくことにしたいが、それを可能にするのは、当面のところ直接示唆されていない(b)の苦行を除くとすれば、(c)の布施や祭祀などによる福業の結果蓄えられたマジカルな霊力であり、その力が、(a)のように、ヴェーダ文献やブラーフマナ文献以来の祭祀用語である dakṣiṇā によって呼ばれるように展開していったのではないかと私は推測したい。

以上、dakṣiṇā を中心とする用例を、ヴェーダ文献やブラーフマナ文献から *Manusmṛti* や *Mahābhārata* に至るまでについて、極度に足早やに掻い摘んでみたわけであるが、かかるインドの宗教儀礼上の習慣に対しては、仏教は元来迎合的ではなかったと思われる。仏教は、『梵網経（*Brahmajāla-sutta*）』を見てもわかるように、「思想（diṭṭhi）」を重視し、誤った「思想」を避けて正しい「思想」を選ぼうとする一方で、「習慣（sīla）」に関しては、「動物のごとき神明（tiracchāna-vijjā）のために誤った生活手段（micchājīva）による生活（jīvika）を是とする（kappeti）」比丘やバラモンとは異り、絶えず「動物のごとき神明を回避していた（paṭivirata）」からである。[30] しかし、仏教も、時代と共に、通インド的な宗教習慣に次第に妥協的となっていくことは避け難いことであった。実際のところ、今問題としている dakṣiṇā や dakṣiṇīya のパーリ語形である dakkhiṇā や dakkhiṇeyya もまた、パーリ仏典中に次第に滲透していった形跡が認められる。もっとも私見によれば、これらの語がパーリ仏典の中枢を犯していることはないと思われるが、それらの使用例は経蔵の末尾を構成する Khuddaka-nikāya 所属の経典であればあるほど多くなっていく傾向にあるのである。[31] それらのうち、パーリ仏典中の最も中枢近くを犯していると思われる使用例には、相互にほとんど同文であると知られている、律蔵（Vinaya-piṭaka）『大品（*Mahāvagga*）』第六篇第二八章第一一―一三節と『大般涅槃経（*Mahā-parinibbāna-suttanta*）』第一章第三一―三四節と『自説経（*Udāna*）』第八章第六節[32]との三者共通に示される頌中でのものがある。重要な用例なので、まずその頌全体の原文を掲げた後に訳文を示してみることにしたい。傍線を付した箇所が dakkhiṇā を含む用例である。

yasmiṃ padese kappeti vāsaṃ paṇḍita-jātiko　sīlavant' ettha bhojetvā saññate brahmacārayo,
yā tattha devatā assu tāsaṃ dakkhiṇam ādise,　tā pūjitā pūjayanti mānitā mānayanti naṃ.
tato naṃ anukampanti mātā puttaṃ va orasaṃ　devatânukampito poso sadā bhadrāni passati.

もし賢者の類が、ある区域（padesa）に住居を構えるのを是とした場合に、その区域において、〔その賢者は、〕善き習慣を身に付けた制御された梵行者（純潔者）たちに供養し、そこに神霊（devatā）たちがいるならばそれら〔神霊〕たちに報酬（dakkhiṇā）を指名すべし（ādise）。それら〔神霊〕たちは、供養されたならば彼を供養するし、尊崇されたならば〔彼を〕尊崇する。そこで、〔神霊たちは〕あたかも母が我が子に対するように彼を愛護するから、神霊たちに愛護された人は常に幸運を経験する。

以上の頌は、住居を構えるに際して一定の区域（padeśa＝pradeśa）を浄化しようという儀式について述べたものであるが、かかる区域は、私に、Schopen 教授が大乗仏教発生の拠点として問題とした pṛthivī-pradeśa を想起させるもの[33]の、今は直接関係しないので、ここでは、dakkhiṇā を中心とする儀式の意味合いの方に考察を集中させれば、この頌は、先の *Mahābhārata* の(a)(c)の例で見た「福業の転移性」と全く同じ考えをより明確な構造のもとに示したものと見做すことができる。即ち、ここには、dakkhiṇā を中心に、(イ)それを供養する賢者、(ロ)それが供養された梵行者、(ハ)それが指名された神霊、という構造があり、(ニ)dakkhiṇā の力は三者三様に及んでいるのであろうが、今の場合は、(イ)から発した(ニ)dakkhiṇā が(ロ)を経由することによって(ロ)で力を蓄えて(ハ)に達し、(ハ)はそれを再び(イ)に別な形で返してやるわけである。しかも、この構造においては、(イ)による(ニ)は直接(ハ)に達することがないという意味において、(ロ)は両者の仲介の場として重要な意義を持つ。それゆえ、(ロ)は「dakkhiṇā に値する対象」として dakkhiṇeyya と呼ばれるが、かく呼ばれる資格のある人は、当然のことながらそれなりの法（dhamma）を備えた比丘もしくはそれに準ずる苦行者でなければならないのである。また、dakkhiṇeyya がかかる仲介の場としての「dakkhiṇā に値する対象」であるならば、それが「世の無上の福田（anuttaraṃ puñña-kkhettaṃ lokassa）」と称讃されたとしてもなんら怪しむに足りないであろう。[34]

ところで、Khuddaka-nikāya 所属の『餓鬼事経（*Petavatthu*）』冒頭の「田喩餓鬼事（Khettūpamā-petavatthu）」と称される三頌では、如上の(イ)相当のものが「農夫（kassaka＝kārṣaka）」、(ロ)相当のものが「田（khetta＝kṣetra）」、(ニ)dakkhiṇā に相当する施物（deyya-dhamma）が「種子（bīja）」に喩えられながら、次のように述べられている。[35]

(1)阿羅漢（arahant）は田（khetta）に喩えられ、施者（dāyaka）は農夫（kassaka）に喩えられる。施物（deyya-dhamma）は種子（bīja）に喩えられ、これより（etto）果（phala）が生ず。

(2)これは、餓鬼（peta）および施主（dāyaka）にとっての種子であり耕田（kasi-khetta）である。餓鬼はそれを享受し施主（dātar）は福業（puñña）によりて富む。

> (3)この世にて、善業（kusala）をなし、餓鬼に供養し、賢善な（bhadda）行為をなせば、人は天界に行く。

この頌において、(ハ)は餓鬼であるが、その(ハ)は特になにかに喩えられることはないものの、それ以外の(イ)(ロ)および(ニ)dakkhiṇā 相当の施物（deyya-dhamma）が、順次に、農夫と田と種子に喩えられていることは、引用直前に指摘しておいたとおりである。しかるに、櫻部建博士は、私が以上に引用しておいた頌、即ち、ほぼ同文で綴られている三文献中に示される同一頌および『餓鬼事経』の頌を考察の中心に据えながら、その他の用例にも目を配りつつ、パーリ仏典中にみられる「功徳を廻施するという考え方」について、以下のような結論[36]を導いておられる。

> これらの場合、布施（dāna）をおくる相手としての出家者、僧伽、阿羅漢、あるいは信心深い優婆塞、などは「畑（＝田）」である。布施者（dāyaka）は「農夫」である。布施される物（deyyadhamma）は「種子」である（Pv I 1）。施（dakkhiṇā）を「向け（ādisati, anvādisati, uddisati）」られた餓鬼（あるいは神々、時には他の人）はその「果」を享受し、布施者は功徳（puñña）によって「増長し」て天界に到る、という。ここに「施を向ける」という語で表現せられている考え方は、大乗仏教で善根功徳の他の人（多くは亡者）に「廻向」するという考え方と、同じ線上にあることは疑いない。そしてそれが厳密な意味での「自業自得」の原則を超えるものであることも、明らかであろう。

梶山雄一博士は、この結論を踏まえ、「種子（bīja）」をB、「田（khetta＝kṣetra）」をK、「果（phala）」をPと表記した上で、この結論を更に『八千頌般若（*Aṣṭasāhasrikā Prajñāpāramitā*）』の以下のような文章中に発展的に適用させたが、ここではその経文を梶山博士の訳文[37]のままに引用しておくことにしよう。

> たとえばアーナンダよ、大地にまかれた種子（B）がすべての補助因を得るならば、かならず成長する。大地はそれらの種子の畑（pratiṣṭhā, lit. receptacle）（K）である。それらの種子は大地に育まれて成長する。ちょうどそのように、アーナンダよ、知恵の完成（般若波羅蜜）に摂取されて五つの完成は全知者性に据えられる。知恵の完

成に育まれて五つの完成は成長する。知恵の完成に守られているからこそ完成という名前を得る（P）のである。だから、アーナンダよ、知恵の完成こそ（他の）五つの完成に先立つものであり、その案内者であり、指導者である。

また、梶山博士は、この経文に関して、以下のような見解[38]を披瀝されている。

この経文において、六波羅蜜中の前五は種子（B）に、般若波羅蜜は田（K）に、波羅蜜の名前は果（P）に喩えられている。『八千頌般若』に説かれている福業の変異は、『餓鬼事経』における福業の転移同様に、種子を育む田にまかれた種子は果をもたらす、即ち、B＋K⊃P という同じ論理を表現しているのである。

以上のような梶山博士の考察は一応是としなければならないであろうが、しかし、梶山博士が、かかる考察の結果、「廻向は業報の束縛からの解放であり、それは空思想にもとづいてのみ可能となった[39]」と結論づけるならば、それは俄かには是認し難い問題とならざるをえないであろう。なぜなら、上来検討してきたように、業報の束縛からの解放は、空思想とは全く関係のない通インド的な考え方において、空思想に先立って既に成立していたからであり、そのことは、例えば、*Mahābhārata* の上引の(a)(b)(c)(d)について指摘したように、「福業の転移性」が「自業の自得性」と両立するものとして容認されていることからも明らかだからである。しかも、元来は論理的に両立し難いその二つのものを両立可能にしているものこそ dakṣiṇā（＝dakkhiṇā）に宿ると考えられたマジカルな霊力でなければならないのであり、その霊力を蓄える場（kṣetra）が「dakṣiṇā に値する対象」としての dakṣiṇīya（dakkhiṇeyya）なのであって、万一その場（kṣetra）を般若波羅蜜だと言うならそれを「空思想」と呼んではなるまい。その場（kṣetra）は空などでは決してないからである。たとえ空だと強弁することが許されたとしても、種子がマジカルな霊力として育つ場(kṣetra)が空であるはずはないであろう[40]。

さて、ここで、以上のまとめを兼ね、『餓鬼事経』「田喩餓鬼事」の三頌に関して用いた記号と梶山博士の用いた記号とを関連づけた上で、それらの記号を挟みながら、先に触れた *Mahābhārata* 第五篇第一一八章第一頌―第一二一章第二二頌の話を説明しておくことにしたい。「田喩餓鬼事」に関して用いた記号のうち、(イ)は施者で農夫（kassaka = kārṣaka）、(ロ)は阿羅漢で田（khetta = kṣetra）、(ハ)は餓鬼で dakkhiṇā（= dakṣiṇā）なる施物の被指名者（ādiṣṭa）、(ニ)は dakkhiṇā（= dakṣiṇā）なる施物（deyya-dhamma）自身を意味するが、梶山博士の記号でいえば、以上のうちの、(ロ)がK、(ニ)がB、(ロ)において(ニ)の得た果（phala）がPなのであって、その果は(イ)が受ける場合もあれば(ハ)が受ける場合もある。そこで、以上の記号を利用して、*Mahābhārata* の問題の箇所を説明すれば、ヴァスマナスを始めとするヤヤーティの孫たちが(イ)、彼らによって執行された供犠(yajña)の「dakṣiṇā に値する対象」と考えられた主神が(ロ) = K、dakṣiṇā の被指名者であるヤヤーティが(ハ)ということになり、この話においては、Pを受けたのは、特に(ハ)だったということになるであろう。しかも、このような話は「空思想」なしに成り立っていたのであり、そのことは、*Mahābhārata* の研究書と言ってもよい原實博士の『古典インドの苦行』によって論証されていると考えられるのである。[41]

ところで、私は、以上の考察において、パーリ仏典の取り扱いに関し、殊更原典批判的視点を導入することなく話を進めてしまったため、律蔵『大品』と『大般涅槃経』と『自説経』とに共通する一段につき、それらをただ「パーリ仏典中の最も中枢近くを犯していると思われる使用例」と言うだけですませてきてしまった。しかし、この点はこのままですませるべきではないので、本来なら厳密な原典批判的考察が必要な対象ではあるものの、敢えて簡単な私見を挟ませてもらうだけにとどめたい。私がこの一段を「最も中枢近くを犯していると思われる」と言ったのは、端的に言えば、この一段はかなり後世の付加であるという意味である。ここに、その理由を要点のみ述べておきたい。律蔵『大品』中の一段は、浄法以後の成立の可能性の高い「薬犍度（Bhesajja-kkhandhaka）」に属し、浄法か否かの問題が全く言及されていない上に、[42] 本来は出家者に対して示されるべきはずの律文献であるにもかかわらず、実際に世尊によって呼びかけられている人が居士（gaha-pati = gṛha-pati）であるなど、その前後とは全く異質な形態を示しているゆえに、この一段はその前後の段よりも更に遅い後世の付加と考えられる。また、『大般涅槃経』の一段は、その経典自体が釈尊の死をテーマにしている上に、この一段自体のテーマ中に遙か後代のパータリプトラ市の滅亡に関する予言[43]が含まれていること、更に、先と同じ居士に対する呼びかけが、この前後のアーナンダや比丘に対する呼びかけと対比すれば、やはり違和感を示していることなどから、『大般涅槃経』の一段としても明らかに後世の付加であることを示していると思われるのである。最後に、『自説経(*Udāna*)』の一段についていえば、これはその前後と比べても特に異った内容を示しているわけではない。しかし、このことは、『自説経』自体が、非仏教的で通インド的な習慣を反映した伝承譚や詩頌の寄せ集めである Khuddaka-nikāya[44] に収められていることを考えれば、むしろ当然な結果といえるのである。

さて、先に見たインド的な通念に従えば、dakṣiṇā(dakkhiṇā)のマジカルな霊力を引き出すのは、(ロ)=Kたる「dakṣiṇā に値する対象」としての dakṣiṇīya (dakkhiṇeyya) であるから、それを引き出す効率をより高からしめるためには、真の(ロ)=Kが選ばれなければならない。一般的にいえば、この(ロ)=Kには、霊力が高いと信じられている、(α)苦行者などの個人、および、(β)霊場などの場所が考えられる。パーリ仏典[45]では、いずれにせよ比較的成立の遅い文献だとは思われるが、(α)に対するものが個人にかかわる報酬(pāṭipuggalikā dakkhiṇā)、(β)に対するものが教団に属する報酬(saṃgha-gatā dakkhiṇā)と呼ばれ、(ロ)=Kとしては前者よりも後者がより有効と見做されていたようである。今は、そのほんの一例を示すために、Khuddaka-nikāya 所属の『天宮事経(*Vimānavatthu*)』より一頌[46]を示しておくことにしたい。

およそだれであれ教団の名義で[47](saṃgham uddissa)布施(dāna)を施すならば、そのような人々の〔布施は〕見事に施されたものであり、見事に献ぜられたものであり、見事に祀られたものであり、その教団に属する報酬(dakkhiṇā saṃgha-gatā)は、偉大な結果をもたらし、世間解たちによって称讃されるものであることが確定している。

しかるに、仏教では、教団に属する報酬（saṃgha-gatā dakkhiṇā）の方が有効とされる一方で、報酬を清浄にするのは、施者（dāyaka）によるのか受者（paṭiggāhaka）によるのか、という問題についても四句分別的考察が加えられたようであるが、この種の問題の検討はアビダルマ仏教においても継承され、仏教に滲透してきたインド的通念を仏教の教義の上からいかに解釈していくべきかが問われたのではないかと思われる。[48]

しかし、伝統的仏教教団が、*Manusmṛti* や *Mahābhārata* に明瞭に描かれるようになっていたインド的通念をいかに仏教の教義の中に閉じ込めて解釈しようと努力しようとも、かかる通念の滲透に迎合する動きを押え込むことはほとんど不可能だったのである。その当時のインド人として如上のインド的通念に漬っていた dakṣiṇā の施者たる王侯や富豪（在家菩薩）が伝統的仏教教団に求めたものは、可能な限り有効と信じられる(ロ)＝Kとしての dakṣiṇīya だったに違いなく、しかも、かかる動向に妥協的に応えていった一連の仏教側の勢力が(a)―(a′)の仏教もしくは大乗仏教を形成していった、と私は推測してきたことになる。また、その形成に際して、一方では(ロ)＝Kが宗教的権威として旧来どおりの仏教寺院を拠点としていなければならなかったにもかかわらず、実際には、従来と全く異った側面として(ロ)＝Kの(α)の面では出家苦行者（出家菩薩）が、(β)の面では寺院中の caitya や stūpa がクローズアップされて(ロ)＝Kの中心に居座り、当の dakṣiṇā は如来（Tathāgata）の名義にされることによって如来の所属とされたので、如来が最上の(ロ)＝Kと考えられるようになったと思われる。今これらの関係の全体を先に示した記号を用いて要約的にまとめておけば次のようになろう。

(イ)：居士（gaha-pati, gṛha-pati）、在家菩薩（gṛha-stha-bodhisattva）

(ロ)＝K：caitya, stūpa、出家菩薩（pravrajita-bodhisattva）、如来

(ハ)：preta, deva など、亡くなった父母など、菩提（bodhi）

(ニ)＝B：dakṣiṇā、六波羅蜜の一つとしては布施（dāna）

(イ)による(ニ)が、(ロ)を介してPに変じて(イ)(ハ)に戻ったり及んだりする場合に、(イ)が(ニ)の及ぶ先を(ハ)と指名するのがā-DIŚ、(イ)が(ニ)の所属する名義を(ロ)と指示するのがud-DIŚであったような気もするが[49]、確実なことではない上に、実際の局面では(ロ)と(ハ)が重なっていたこともありえたように見受けるので、ここではそのことを問題としないまでも、ともかく、かかる「福業の転移性」が「廻向（pariṇāmanā）」と呼ばれたことは確実なことである。しかも、平川彰博士が最古の大乗経典の一つとされた『三品経（*Triskandhaka*）』では、恐らく、この「廻向」を予測させる三種第一類型の「悪業払拭の儀式」がほぼ完全な形で定着していたのであり[50]、また、同じく最古の大乗経典の一つとされる『六波羅蜜経』では、恐らく、六波羅蜜の一つとして dakṣiṇā と全く等価と見做されていたに違いない布施波羅蜜（dāna-pāramitā）が強調されていたであろうが、この『六波羅蜜経』が『無量寿経』の古い異訳である『大阿弥陀経』の第七願において菩薩道としての苦行的実践を強調する文脈の中で引用されていることは、平川博士の御指摘と共に夙に衆知のことであろうと思われる[51]。

ともかく、このような経緯を経て、本来は霊魂（ātman）を否定することによって古代インドの呪術的世界から立ち上ったかに見えた仏教の中に、極めてインド的でマジカルな霊力を秘めた dakṣiṇā や dakṣiṇīya が堂々と居を構えるようになってしまったのである。『八千頌般若』では必ずしも多くはなかったと思われるこの種の用語[52]も次第に使用頻度を増していったであろうし、『華厳経』の「入法界品（*Gaṇḍavyūha*）」では、既にその冒頭に取り込まれるに至っている。以下に、その用例を、(i)サンスクリット原文、(ii)チベット訳、(iii)仏駄跋陀羅訳、(iv)実叉難陀訳、(v)般若訳[53]の順で示しておくことにしたい。傍線は問題の用語であることを示す。

(i) tathāgata-sattva-dakṣiṇā-pratigrahāṃś ca saṃdarśayet/ tathāgata-sarva-sattva-puṇya-dakṣiṇā-deśanā-prātihāryāṇy api saṃdarśayet/

(ii) de bzhin gshegs pa sems can thams cad kyi yon bzhes mdzad pa lta 'ang yang dag par bstan grang/ de bzhin gshegs pa sems can thams cad kyi bsod nams dang yon ston pa'i cho 'phrul mdzad pa lta'ang yang dag par bstan grang/

(iii) 如来、為一切衆生、作最上福田。如来、為一切衆生、説功徳達嚫。

(iv) 受一切衆生所施。為一切衆生、説布施功徳。

(v) 如来、普為一切衆生、最上福田。如来、普為一切衆生、説施功徳。

上の用例中、(iii)において、dakṣiṇā は「達嚫」と音写されているが、この種の音写は、dakṣiṇā の持つマジカルな霊力を暗示するためには却って好都合だったせいもあるのか、中国や日本ではかなり多用されたようである。[54] また、dakṣiṇā は、その意味を取って「(布) 施」と訳されもしたこと、上の用例中にも実際に認められるごとくであるが、dakṣiṇā は、「達 (噠) 嚫」と音写されるにせよ「布施」と意訳されるにせよ、その霊力を増幅する場と考えられた(ロ)＝Kとしての dakṣiṇīya と一緒になって「福田 (puṇya-kṣetra)」思想[55]として展開もしたのであるが、その本質は仏教に浸入したインド的通念でしかないという視点を失ってはなるまい。

註

(1) 本書、第二部第九章、三二六頁。

(2) 本書、第二部第九章、註20、および、註26参照。

(3) 本第二部第九章の抜刷を送付したことに対するお礼状という形においては、遠藤康氏〔一九九六年五月一日付書簡〕、松原光法博士(同年五月八日付葉書)、高崎直道博士 (同年五月二十七日消印葉書) の三氏より御教示を頂いた。このうち、遠藤氏の御教示が最も詳しく、他のお二人の御教示もほぼ含んだものであったが、松原博士の、dakṣiṇā とは所謂の「噠嚫」であるとの御教示、高崎博士の、dakṣiṇā は、歴としたサンスクリットであるが仏典との結びつきも古いとの御教示は、遠藤氏のものには見られないものであった。しかるに、私は、現在名古屋在住 (名古屋大学文学部助手〔、当時、現愛知文教大学教授〕) の遠藤氏と、本〔一九九六〕年十一月十三日 (水)

のある会合を介して、東京で直接お会いする機会をもてたのであるが、この時、私は、同氏に御教示頂いた *Tāṇḍyamahābrāhmaṇa*, 16. 1.10, 11 の用例を中心に若干のお教えを乞うた。すると、そこに同席されていた金澤篤氏からは、早速翌々日に、私のその質問に関連する Jaimini の *Mīmāṃsadarśana* に対する *Śābarabhāṣya* 中の用例、および、その英訳のコピーを頂き、また、名古屋に戻った遠藤氏からも、十一月十九日付（同、二十二日受領）で、やはり私の質問に関連する、計八種類の文献のコピーを短いコメントを付して送って頂いた。記さなければならない御教示については、当然、以下の註記においても触れるであろうが、先ず、ここでは、以上の四氏の御教示、とりわけ、遠藤氏のそれがなければ、本章は書き得なかったことを記して、遠藤康氏、松原光法博士、高崎直道博士、金澤篤氏に対して深謝の意を表しておきたい。

（4）本書、第二部第一章、一五八—一五九頁、および、同、第四章、二一六頁参照。

（5）本書、第二部第九章、三一八頁参照。〔ただし、実質的には、第十二章冒頭の図（本書、四〇〇頁）を参照されたい。〕

（6）Otto Böhtlingk und Rudolph Roth, *Sanskrit-Wörterbuch*, III, St. Petersburg, 1859-1861, Repr., Meicho-Fukyū-Kai, 1976, pp. 480-486; Monier Monier-Williams, *A Sanskrit-English Dictionary*, Oxford University Press, 1899, pp. 464-466; V. S. Apte, *The Practical Sanskrit-English Dictionary*, Poona, 1957, Repr. 1978, pp. 796-798 参照。初歩的な手続として、当然諸種の辞書を参照すべきであるとの御指摘はどなたからも頂いたものであるが、この件について、Böhtlingk と Roth の辞書を強調されたのは高崎博士であり、Apte のそれを強調されたのは遠藤氏である。また、遠藤氏は、その後の御教示において、P. V. Kane, *History of Dharmaśāstra*, Vol. 2, Pt. 2, p. 1188 の記述に基づき、A. Weber (ed.), *The Śatapatha-Brāhmaṇa in the Mādhyandina-Śākhā with Extracts from the Commentaries of Sāyaṇa, Harisvāmin and Dvivedaganga*, The Chowkhamba Sanskrit Series, No. 96, Varanasi, 1964 の 4.3.4 (Forth Brāhmaṇa)、および、それに対応する英訳、Julius Eggeling, *The Śathapatha-Brāhmaṇa: According to the Text of the Mādhyandina School*, The Sacred Books of the East, Vol. XXVI を示して下された。その 4.3.4.2 の一節は特に重要と思われるのでここに引用すれば、"sa eṣa yajño hato na dadakṣe/ taṃ devā dakṣiṇābhir adakṣayaṃs tad yad enaṃ dakṣiṇābhir adakṣayaṃs tasmād dakṣiṇā nāma（それで、この生贄は殺されて活力がなくなった。それに神々は報酬によって活力を吹き込んだ。かくして、これに報酬によって活力を吹き込んだという、それゆえに、報酬という名がある。）"（Weber, p. 373, Eggeling, p. 340 参照）である。これは、dakṣiṇā を DAKṢ の使役形（dakṣayati「活力を吹き込む）で解釈したものであるが、dakṣiṇā は、本文中でも見るごとく、供犠における単なる「報酬」ではなく、供犠によって蓄えられ増大される「マジカルな霊力」をも含んでいると考えられるので、この用例は dakṣiṇā の誠に興味深い側面を示唆しているように思われる。ところで、私は、この dakṣiṇā に関し、先の第二部第九章、註20中で、「〔この語は〕dakṣiṇa（右）に関係し、「右廻りに廻って尊敬するに値する人」の意味かとも考えられるが、あるいは語根 DĀ（与える）から変則的に派生した動名詞などで「与えられ

るに相応しい人」などの意味なのであろうか。」などとんでもない推測までをも書き記してしまったのであるが、この文言を抹消して頂くことを前提に多少弁解がましいことを加えれば、その原因は、私がこの語をインドの語源で考えるよりももっと古い言葉と見込んでしまったからなのである。Carl Darling Buck, *A Dictionary of Selected Synonyms in the Principal Indo-European Languages*, The University of Chicago Press, 1949, Paperback ed., 1988, pp. 864-865, 12.41 "Right" の項によれば、サンスクリットの dakṣiṇa に対応するギリシア語は dexios、ラテン語は dexter、ゴート語は taihswa、リトアニア語は dešinas、教会スラヴゥ語は desnŭ、アヴェスター語は dašina などであったために、この語は語根に遡って考えるべきではなく、「右」という名詞もしくは形容詞から考えるべきだと思い込んでしまったのであった。そのために、一般的には、まず、語根に遡ってその語を考察すべきであるという初歩的な手続にミスのあったことを、この場をお借りしてお詫びしておきたい。

(7)　*Pāṇini*, 5.1.63, 5.1.69 参照。Otto Böhtlingk, *Pâṇini's Gramatik*, Leipzig, 1887, Hildesheim/ New York, 1997, pp. 228-229: Śrīśa Chandra Vasu, *The Ashṭādhyāyī of Pāṇini*, Vol. II, Motilal Banarsidass, 1962, pp. 874-876 による。また、接尾辞 -eya を付して dākṣiṇeya となる可能性については、辻直四郎『サンスクリット文法』(岩波全書)、二一八―二一九頁を参照されたい。なお、この最後の件は、高崎直道博士の御教示によるものである。

(8)　*Pāṇini*, 5.1.69 には、"kaḍaṅkara-dakṣiṇāc cha ca//" とある。英訳によれば、"The affix chha (īya) as well as yat (ya) comes in the sense of 'deserving that', after the words kaḍaṅkara and dakshiṇâ." (Vasu, *op. cit.*, p. 876、遠藤氏の御教示による) である。

(9)　辻直四郎訳『リグ・ヴェーダ讃歌』(岩波文庫)、二七六―二八一頁参照。この箇所の冒頭に、この一連の讃歌に対する辻博士の簡単な解説がある。なお、dāna-stuti については、Jan Gonda, *Vedic Literature* (*Samhitās and Brāhmaṇas*), Otto Harrassowitz, Wiesbaden, 1975, pp. 170-171 を参照されたい。なお、この二文献は、ともに遠藤氏の御教示によるものである。ただし、私自身、遠藤氏より、本〔一九九六〕年十一月二十二日にこの件を御教示頂いた時には、dakṣiṇā に関する古い文献としては、広義のブラーフマナ文献以降で押えればよいという軽い気持で、本章に着手した直後だったので、ヴェーダ文献までも視野に入れることは到底不可能であったことをお断りしておきたい。

(10)　dakṣiṇā の用例を示すこの二種の文献は、D. J. Agrawal, H. N. Joshi, *Mīmāṃsā Uddharaṇa Kośa* (*The citations from Sābara-bhāṣya traced to their original Sources*), New Delhi, 1906 により、*Śābarabhāṣya* にしばしば引用されるものとして、遠藤氏より御教示頂いたものである。

(11)　これの原文は、金澤篤氏の御教示（前註3参照）によって知った、Jaimini の *Mīmāṃsādarśana*, 10.2.22 に対する註釈、*Śrīmaj-Jaimini-praṇīte Mīmāṃsādarśane Aṣṭamâdhyāyam ārabhya Daśamâdhyāyânto Vibhāgaḥ Mīmāṃsākaṇṭhīrava-Bhaṭṭa-Kumārila-praṇīta-*

Ṭupṭīkâkhya-vyāhhyā-sahita-Śābarabhāṣyôpetaḥ, Ānandāśrama-Saṃskṛta-Granthāvali, 97, 1984, p. 280, ll.7-8 の引用による。なお、金澤氏は、その英訳に当る，Mohan Lal Sandal (tr.), *Mīmāṃsā Sūtra of Jaimini*, II, Mothilal Banassidass, 1923-25, Repr., 1980, Vol. II, p. 638 も御教示下された。因みにその英訳は“His fee of twelve hundred consists of the cow, the horse, the mule, asses, goats, sheep, rice, barley, *sesamum*, and beans.”である。本文の以下に示す私の和訳は、当然この英訳を参照したものであるが、金澤篤氏は、上記の資料を手渡される時に“dvādaśa-śatam”に関しては、“1200”ではなく“100と12”という解釈もありうることを示唆された。しかるに、その解釈の実例と、私の和訳で「彼（＝祭主）の」とした原文の“tasya”以下については異った読みのあることを、私は、後日の遠藤氏の御教示で知ることとなった。それは、*Tāṇḍyamahābrāhmaṇa* のテキストとそれの英訳との御教示で、そのうちの，*Tāṇḍya-mahābrāhmaṇa: Belonging to the Sāma Veda with the Commentary of Sāyaṇācāryā*, Pt. II, The Kashi Sanskrit Series, 105, p. 213, 16.1. 10,11 によれば、“tasya”以下の読みは，“etasyām eva virāji pratitiṣṭhati// 10 // tasya dvādaśaṃ śataṃ dakṣiṇāḥ”であり，W. Caland (tr.), *Pañcaviṃśa-Brāhmaṇa: The Brāhmaṇa of Twenty Five Chapters*, Bibliotheca Indica, No. 255, Calcutta, 1931, p. 427 によれば、その英訳は“(Cow, horse, mule, ass, goat, sheep, rice, barley, sesamum, and beans,) in the (possession of) this virāj (in this number of ten) he becomes firmly established. At this (rite), the sacrificial fee consists of hundred and twelve (milch cows).”である。もっとも，“etasyām eva virāji pratitiṣṭhati”は、引用に際して省略されただけのことかもしれないが、tasya について、Sāyaṇa は、遠藤氏もコメントして下されたように、Atirātra 祭ではない Jyotiṣṭoma 祭を指すと註釈していると思われる。これに従えば、「彼（＝祭主）の」は「そ（＝祭祀）の」と改められるべきであるが、祭祀の具体的な規定を全く知らない私とすれば、tasya の解釈に二通りのあることを記すにとどめておきたい。

(12) *Maitrāyaṇī-saṃhitā* については，M. Winternitz, *A History of Indian Literature*, Vol. I, Eng. ed., 1927, University of Calcutta, Second ed., 1972, p. 54, p. 170, *Tāṇḍya-mahā-brāhmaṇa* については, *ibid.*, p. 191 を参照されたい。

(13) 辻直四郎『インド文明の曙——ヴェーダとウパニシャッド——』（岩波新書、一九六七年）、一四〇頁。なお、同書、一一七—一二〇頁も参照されたい。

(14) 辻前掲書、一四二—一四三頁。

(15) Śrīśa Chandra Vasu, *op. cit.*（前註7），p. 876 に“Thus kaḍaṅkaram arhati＝kaḍaṅkarīyaḥ or kaḍaṅkayaḥ ‘one deserving straw’ such as a cow. So also dakṣiṇīyaḥ or dakṣiṇyo brāhmaṇaḥ ‘a Brahmaṇa deserving alms.’”と述べられているのが参考になる。

(16) 比較的短く邦訳もある *Manusmṛti* はともかくとしても、厖大な *Mahābhārata* については、門外漢の私には全く手に余るのであるが、無視するわけにもいかない。しかも、後者は、叙事詩であるだけに、単に用例を検索するだけでは不充分であり、ある場合には話の微妙な流れの全体を把握していなければならないかもしれない。しかし、実際の私には、そのようになす余裕は時間的にも能力的にも恵まれていない。後者の dakṣiṇā の用例に関しては，P. L. Vaidya, *The Pratīka-Index of the Mahābhārata: Being a Comprehensive Index of Verse-Quarters Occurring in the Critical Edition of the Mahābhārata,* Vol. III, Bhandarkar Oriental Research Institute, Poona, 1969, pp. 1649-1650 により、極めて少数の用例を調べてみただけにすぎない。しかし、dakṣiṇā という一語の、しかも極めて僅少の用例の考察ではあるけれども、私なりの見通しは立ててみたかったのである。

(17) Gopāla Śāstrī Nene (ed.), *The Manusmṛti with the 'Manvartha-muktāvalī' Commentary of Kullūka Bhaṭṭa with the 'Maṇiprabhā' Hindī Commentary by Pt. Haragovinda Śāstrī,* Kashi Sanskrit Series, 144, pp. 122-123 による。和訳については、田辺繁子訳『マヌの法典』(岩波文庫、一九五三年)、八七頁: 渡瀬信之訳『サンスクリット原典全訳マヌ法典』(中公文庫、一九九一年)、九四—九五頁を参照したが、訳語の統一等のために、ここには拙訳を示しておいた。第三章全般の記述に関しては、両和訳を参照されたい。

(18) この前後の表現で、施与されるものの呼称として最も多く用いられている bhikṣā に関していえば、註釈，*ibid.*(前註17)，p. 123, l. 1では、「一口分の食べ物の量 (grāsa-pramāṇa, grāsa-mātra)」が bhikṣā ということにされているから、bhikṣā が古代のバラモンに対する巨多な報酬を意味する dakṣiṇā と同義になるはずはないが、施物が苦行者と結びついてマジカルな霊力を帯ると考えられるようになれば、僅少の施物でも dakṣiṇā と呼ばれる資格を持つようになるのではなかろうか。

(19) Gopāla Śāstrī Nene, *op. cit.*(前註17)，p. 290 による。両和訳については、順次に、一七一頁、一九一頁を参照されたい。

(20) Jan Gonda, *Die Religionen Indiens, I Veda und älterer Hinduismus,* Die Religionen der Menschheit, Band 11, W. Kohlhammer Verlag, Stuttgart, 1960, p. 43. この研究文献も遠藤氏の御教示によるものである。

(21) 「幣帛」については、義江彰夫『神仏習合』(岩波新書、一九九六年) を読み、dakṣiṇā との類似を想起して興味を覚えたので、ここに記しておきたい。いずれ機会があれば、日本の古代や中世においても dakṣiṇā の問題を考えてみたいと思っているのである。

(22) uddiśya なる用語を中心とした、この語義、および、それに関連する初期大乗仏教の動向に関する私見については、拙稿「初期大乗仏教運動における『法華経』——uddiśya の用例を中心として——」『勝呂信静博士古稀記念論文集』(山喜房仏書林、一九九六年)、二三五—二五〇頁を参照されたい。

(23) Gopāla Śāstrī Nene, *op. cit.* (前註17)，p. 409 による。両和訳については、順次に、二三三—二三四頁、二六一頁を参照されたい。

(24) *Mahābhārata* の「ナラ王物語」の箇所については，Soh Takahashi (ed.), *The Tale of Nala: Text* (*Transcription*) *and Vocabulary,* Texte und Studien zur Orientalistik, Band 9, Georg Olms Verlag, 1994 によった。引用は，p. 11 (54.36) による。なお、「ナラ王物語」における dakṣiṇā の用例は、他に三箇所あり、順次に，p. 24 (61.13), p. 26 (61.42), p. 69 (78.5) である。和訳については、鎧淳訳『マ

ハーバーラタ、ナラ王物語――ダマヤンティー姫の数奇な生涯――』（岩波文庫、一九八九年）によれば、上記の計四箇所のうち最後を除く三例の dakṣiṇā は、順次に以下のように（傍線部分）、「多額の謝礼を伴う数多くの供犠祭」（三八頁）、「多額の謝礼を要する供犠祭」（六七頁）、「莫大な謝礼を要する多くの供犠祭の施主」（七一頁）と訳されている。

（25） *The Mahābhārata: Text as Constituted in Its Critical Edition*, The Bhandarkar Oriental Research Institute, Poona, 1972, Vol. 2, pp. 1036-1039 参照。英訳については, J. A. B. van Buitenen (tr.), *The Mahābhārata*, Vol. 3, The University of Chicago Press, 1978, pp. 410-415 を参照した。

（26） サンスクリット原文は次のとおりである。

sadbhir āropitaḥ svargaṃ pārthivair bhūri-dakṣiṇaiḥ/ abhyanujñāya daihitrān yayātir divam āsthitaḥ//

（27） サンスクリット原文は次のとおりである。

upavāsaiś ca vividhair dīkṣābhir niyamais tathā/ ātmano laghutāṃ kṛtvā babhūva mṛga-cāriṇī//

なお、この頌については、原實『古典インドの苦行』（春秋社、一九七九年）、一二九頁において訳され考察されているので参照されたい。ただし、原博士が “ātmano laghutāṃ kṛtvā” を「己れを軽重たらしめ」と訳しておられる意味は私に不明である。この頌の直前の説明において、原實博士は「肌肉瘠痩たらしむる道は己れを「軽重」たらしめる（ātmano laghutām kṛ-）ことに通じている」と述べておられるので、「軽重」は単なる誤植などではないはずであるが、この意味は、苦行によって鈍重で不浄な肉体が瘠痩となれば、霊魂（ātman）が自由に軽快になるということでなければならないであろう。それゆえ、これと逆のことをなすものについては，*Manusmṛti*, 5.52 で、次のように言われているのである。

sva-māṃsaṃ para-māṃsena yo vardhayitum icchati/ anabhyarcya pitṝn devāṃs tato 'nyo nâsty apuṇya-kṛt//

（28） サンスクリット原文は次のとおりである。

tato vasumanāḥ pūrvam uccair uccārayan vacaḥ/ khyāto dāna-patir loke vyājahāra nṛpaṃ tadā//
prāptavān asmi yal loke sarva-varṇeṣv agarhayā/ tad apy atha ca dāsyāmi tena saṃyujyatāṃ bhavān//
yat phalaṃ dāna-śīlasya kṣamā-śīlasya yat phalam/ yac ca me phalam ādhāne tena saṃyujyatāṃ bhavān//

（29） サンスクリット原文は次のとおりである。

dadāti yat pārthiva yat karoti yad vā tapas tapyati yaj juhoti/ na tasya nāśo'sti na câpakarṣo nânyas tad aśnāti sa eva kartā//

（30） *Brahmajāla Sutta*, Dīgha Nikāya, Vol. I, p. 9, §21 を参照されたい。和訳については、片山一良訳「梵網経」『原始仏教』1（中山書房仏書林、一九九一年四月）、一四―一五頁が平易で理解しやすい。“kappeti” については、本書、第二部第四章、註25の考察を踏まえて、ここでは「是とする」と訳しておいた。

(31) 水野弘元『増補・改訂南伝大蔵経索引』第一部（ピタカ、増補改訂版、一九七七年）を手掛りに、dakkhiṇā と dakkhiṇeyya との用例の大体の出所を指摘しておけば次のとおり。なお、以下の列挙中、KN を付したものが Khuddaka-nikāya 所属の経典である。① dakkhiṇā: V, I, p. 229; DN, II, p. 88; DN, III, p. 231; MN, III, pp. 254-257; AN, II, pp. 80-81; AN, III, p. 43, pp. 336-337; KN, *Khuddakapāṭha*, p. 6; KN, *Udāna*, p. 89; KN, *Vimānavatthu*, p. 32, p. 44; KN, *Petavatthu*, p. 8, p. 12, p. 14, pp. 16-17, pp. 41-42; KN, *Cariyāpiṭaka*, p. 5, p. 12; A, *Kathāvatthu*, p. 348, pp. 549-551; A, *Milindapañha*, pp. 257-258, ② dakkhiṇeyya: MN, I, pp. 236-237; AN, I, p. 63, p. 150; AN, III, p. 134, pp. 158-161, p. 279, p. 387, p. 390; AN, IV, pp. 10-11, pp. 145-146, p. 290, p. 373; AN, V, p. 23, p. 67, p. 198, p. 201, p. 267; KN, *Itivutthaka*, pp. 18-19, pp. 87-89; KN, *Suttanipāta*, pp. 85-91; KN, *Vimānavatthu*, p. 41; KN, *Cariyāpiṭaka*, pp. 1-2, p. 12; KN, *Mahāniddesa*, p. 225, p. 462; KN, *Cullaniddesa*（未見）, p. 47, p. 57, p. 380; A. *Visuddhimagga*, p. 4, p. 25, p. 201, p. 220, p. 287, p. 678, p. 710; A. *Abhidhammatthasaṅgaha*, p. 46.

(32) 以上の三文献については、順次に、*Mahāvagga*, Vinaya Piṭaka, Vol. I, pp. 226-230: *Mahāparinibbāna-suttanta*, Dīgha Nikāya, Vol. II, pp. 84-89: *Udāna*, pp. 85-90 を参照されたい。〔本文中における実際の引用は *Mahāparinibbānasuttanta* による。〕*Mahāvagga* の英訳については、T. W. Rhys Davids and H. Oldenberg, *Vinaya Texts*, Pt. II, The Sacred Books of the East, Vol. 17, pp. 98-104, *Mahāparinibbāna-suttanta* の和訳については、中村元『ブッダ最後の旅』（岩波文庫）、三三―四〇頁がある。三者がほぼ同文であることについては、上記英訳、p. 97, n. 1 において、"Chaps. 28-30 are, with a few unimportant variations, word for word the same as Mahâparinibbâna Sutta I, 19- II, 3; II. 16-24. See Rh. D.'s Introduction to his translation of the Mahâparinibbâna Sutta, pp. xxxiv seq., and his note there at II, 16." と指摘され、また、和辻哲郎『原始仏教の実践哲学』（岩波書店、一九二七年、改訂新版、一九六五年）、一〇九頁（新版、七六頁）、註21において、「〔涅槃経の〕この話も独立のものとして、Udāna VIII, 6 に存する。ウダーナのは巴利本の現形と一致したもので、同じく築城の当事者をスニダ及びヴァッサカーラの両人としてゐる。漢訳諸本はたゞ雨舎のみをあげる。」と指摘されている。なお、本文のこれ以下に示す、三者一致の頌中の"tāsaṃ dakkhiṇam ādise"を、上掲中村訳は、「(そこにいる神霊たちは）かれらに施与（の功徳）をふり向けるであろう。」（三九頁）とするが、これは全くの誤訳であり、神霊たちに dakkhiṇā を指名する（ふり向ける）のは賢者の類（paṇḍita-jātika）なのでなければならない。dakkhiṇā をだれがだれに指名するかは、本章においては重要な問題なので敢えて指摘しておきたい。複数代名詞 tāsaṃ は神霊たちを指すのである。

(33) pṛthivī-pradeśa に関する Schopen 教授の見解、および、それに対する私見については、本書、第二部第八章を参照されたい。

(34) Aṅguttara-Nikāya, III, pp. 336-337 では、dakkhiṇā の受者（paṭiggāhaka）、即ち dakkhiṇeyya（ただし、この語は、この箇所で

は用いられていない）たるものの資格として、苦行者もしくは梵行者のイメージが求められており、このことを述べる頌は次のとおりである。

vītarāgā vītadosā vītamohā anāsavā: khettaṃ yaññassa sampannaṃ saññatā brahmacārayo.

（貪を離れ瞋を離れ痴を離れ漏をもたずに制御された梵行者（性的純潔者）が、供犠の完全な田である。）

このような苦行者こそが、dakkhiṇā の霊力を増す場として「完全な田（sampannaṃ khettam＝sampannaṃ kṣetram）」となると考えられていたことを、この頌は明示しており、dakkhiṇeyya に、かかる苦行者的資格を想定した文献はかなり多いが、そのいちいちをここで取り上げることはしない。しかるに、このような dakkhiṇeyya＝sampannaṃ khettaṃ を "anuttaraṃ puñña-kkhettaṃ lokassa" とする定型的表現も AN（前註31参照）を中心にかなり多いのである。

(35) *Petavatthu*, p. 3 に示されるパーリ原文は次のとおりである。

khettūpamā arahanto dāyakā kassakūpamā bījūpamaṃ deyya-dhammaṃ etto nibbattate phalaṃ.
etaṃ bījaṃ kasikhettaṃ petānaṃ dāyakassa ca taṃ petā paribhuñjanti dātā puññena vaḍḍhati.
idh'eva kusalaṃ katvā pete ca paṭipūjayaṃ. saggañ ca kamati ṭhānaṃ kammaṃ katvāna bhaddakaṃ.

(36) 櫻部建「功徳を廻施するという考え方」『仏教学セミナー』第二〇号（一九七四年十月）、一〇〇頁（：櫻部建『阿含の仏教』（文栄堂、二〇〇二年）、一四六頁）。なお、引用中の「畑」に「田」を補い、元来「施（dakkhiṇa）」とあったカッコ内を dakkhiṇā に改めたのは私である。勝手な改変をお許し頂きたい。

(37) 梶山雄一「般若思想の生成」『般若思想』（講座・大乗仏教2、春秋社、一九八三年）、七六頁。B、K、Pの記号は私の補ったものであるが、その補った位置は、全く同一趣旨の御自身の英文，Yuichi Kajiyama, "Transfer and Transformation of Merits in Relation to Emptiness", *Studies in Buddhist Philosophy* (Selected Papers), Rinsen Book Co., LTD, Kyoto, 1989, p. 11 に依ったものであり、私の恣意によるものではない。

(38) Kajiyama, *ibid.*, p. 11 の英文を訳したもの。

(39) 梶山前掲論文、七九頁。これが、この論文の結論であるが、同一趣旨の英文，Kajiyama, *op. cit.* は、むしろこの結論を冒頭に示して書き始められているから、梶山博士とすれば、この結論には自信があったものと思われるが、本章全体で論証しているように、「福業の転移性」は、当時の通インド的考えに基づくものであって、仏教の考えに基づくものではないのである。

(40) 梶山前掲論文、および，Kajiyama, *op. cit.* とほとんど同一趣旨によって著された書、梶山雄一『「さとり」と「廻向」大乗仏教の成立』（講談社現代新書、一九八三年）で説かれる「空」が誤ったものであることについては、松本史朗「空について」『縁起と空——如来蔵思想批判――』（大蔵出版、一九八九年）、三三五―三七一頁、特に、三三七頁を参照されたい。松本博士は、梶山博士が同書中（二〇頁）で述べられる「空の思想は、廻向の思想に論理を与えた」という、その一節を引き取って、「もし空の思想が博士の説かれるようなものであるとすれば、それが論理を与えるのは単に〝廻向〟の思想に対してばかりではあるまい。それはいかなる思想にたいしてもその論理を与え、簡単にいえば、〝一切を可能にする論理〟となるであろう。かくして〝空〟は一切の問題を一気に解消し、あらゆる願望を即座に実現させる魔法の杖のようなものとなるのである。実に空思想の楽天性と魔術性はここにきわまると言えよう。」と批判されているが、極めて重要な指摘といわなければならない。この誤った空思想において、一切を空ずる根拠となっているものが、松本博士のいう「基体（locus）」であるが、dakṣiṇā にマジカルな霊力を蓄える場（kṣetra＝田）こそ「基体」であり、文字通りの「場所（kṣetra＝topos）」にほかならないのである。

(41)　原實『古典インドの苦行』（春秋社、一九七九年）の全体を参照すべきであるが、特に *Mahābhārata* の私も取り扱った同じヤヤーティの条りについて、原博士が、"When Yayāti, after having consumed his own merits, fell down from heaven to the Naimiṣa Forest where his pious daughter's sons, Pratardana, Vasumanas, Śibi and Aṣṭaka were performing a sacrifice, his grandsons proposed to give him their merits (*dharma*) so that he might be restored to heaven. Meanwhile his daughter, Mādhavī, offered him half of her merit (*dharma*) Gālava also gave him one eighth of his merit (*tapas*) for the same purpose. He was willing to share (*saṃvibhaj-*) his *tapas* with Yayāti and fill (*pūraya-*) Yayāti up with a portion of his own *tapas*, if Yayāti would accept it from the asetic student." (p. 431) と述べていることが注目される。なお、私が本書中の英文のこの記述に気がついたのは、註記を付す段階になってからであるが、このことは、索引を頼りに dakṣiṇā の用例を確認するためにこのヤヤーティの話に接近した私と、苦行（tapas）の考察からこの話に注目した原博士とが、期せずして同じ箇所を重視したことを意味しているのである。それはともかく、このような福業の転移や悪業の浄化は全く空思想とは関係なく成立していたのであるが、かかる根拠に tapas や yajña などがあったことについては、同書、特に、二六二―二七八頁、三二二―三四二頁などを参照されたい。

(42)　この件については、平川彰『律蔵の研究』（山喜房仏書林、一九六〇年）、七三四―七五七頁〔：平川彰著作集、第一〇巻、三二四―三四七頁〕の「浄法と律蔵」、特に、七四七―七五一頁〔：同、三三八―三四二頁〕、および、片山一良「初期仏教における文化受容――薬の章――」『駒沢大学仏教学部論集』第一二号（一九八一年十月）、一四七―一四九頁を参照されたい。

(43)　この予言については、中村前掲訳書（前註32）、二一一―二一二頁を参照されたい。この *Mahāvagga*, *Mahāparinibbāna-suttanta*, *Udāna* に共通する一段が、前二者においては、歴然たる後世の付加であると論証したような研究は、当然あってもよいように思うのであるが、私は寡聞にしてその種の研究のあることを知らない。

(44) この意味での Khuddaka-nikāya については、拙書『道元と仏教——十二巻本『正法眼蔵』の道元——』（大蔵出版、一九九二年）、六五—六七頁、一六五頁を参照されたい。

(45) ここに, Majjhima-nikāya, Vol. III, pp. 253-257 所収の *Dakkhiṇāvibhaṅga-sutta* の例を挙げておけば、次のように, "bhavissanti kho pan', Ānanda, anāgatam addhānaṃ gotrabhuno kāsāva-kaṇṭhā dussīlā pāpa-dhammā tesu dussīlesu saṃghaṃ uddissa dānaṃ dassanti. tadā p'ahaṃ, Ānanda, saṃgha-gataṃ dakkhiṇaṃ asaṅkheyyaṃ appameyyaṃ vadāmi, na tv evâhaṃ, Ānanda, kenaci pariyāyena saṃgha-gatāya dakkhiṇāya pāṭipuggalikaṃ dānaṃ mahapphalataraṃ vadāmi.（また、アーナンダよ、未来の世に、袈裟を身に着け悪しき習慣をもち悪法を身につけた種性者たちが生ずるであろう。彼ら悪しき習慣をもったものたちに対して、教団の名義で、人々は布施を与えるであろう。そのような場合であってさえも、アーナンダよ、私は、教団に属する報酬の方が数えきれず量りきれない〔大きな結果をもたらす〕ものと主張しているのであって、決して、私は、いかなる観点からも、個人にかかわる布施（＝報酬）の方が教団に属する報酬よりも大きな結果をもたらすものであるとは主張していないのである。）" (p. 256, ll.6-12) と言われている。なお、この経によれば、「個人にかかわる報酬」は一四種、「教団に属する報酬」は七種とされるが、上の引用中の「種性者（gotrabhū）」の語については、高崎直道「GOTRABHŪ と GOTRABŪMI」『如来蔵思想』II（法蔵館、一九八九年）、二〇九—二三四頁を参照されたい。しかるに、この語が他の語と共に列挙される場合は、いずれの場合も、dakkhiṇeyya たる「福田（puñña-kkhetta）」の資格が問われる時であるから、gotrabhū もかかる資格の一つとして必要とされるようになった差別的用語なのかもしれない。

(46) *Vimānavatthu*, p. 41 に示されるパーリ原文は次のとおりである。

tesaṃ sudinnaṃ suhutaṃ suyiṭṭhaṃ　ye saṃgham uddissa dadanti dānaṃ
sā dakkhiṇā saṃgha-gatā patiṭṭhitā　mahapphalā lokavidūhi vaṇṇitā

(47) "saṃgham uddissa" を「教団の名義で」と訳すことについては、前掲拙稿（前註22）を参照されたい。

(48) 施者と受者とについての四句分別的考察については, *Dakkhiṇāvibhaṅga-sutta*（前註45）, pp. 256-257 を参照されたい。なお、そこに示される五頌中の第一頌は, V. Trenckner (ed.), *The Milindapañho*, p. 258（和訳とそれに対する註については、中村元・早島鏡正『ミリンダ王の問い』2、東洋文庫15、平凡社、三一九頁、三三三頁、註58参照）にも引用されるほか、その五頌と全同のもの、および、類似の四句分別とは、*Dakkhiṇāvibhaṅga-sutta* の国訳者、渡辺楳雄博士が指示するごとく、『集異門足論』、大正蔵、二六巻、四〇二頁上—下にも示される。また、dakṣiṇā もしくは dāna の効果の大きさを「福田」の資格とからめた議論は、『大毘婆沙論』、大正蔵、二七巻、六七八頁上—六七九頁上にも見られる。更に *Abhidharmakośa-bhāṣya*（*AKBh*）中でも、dakṣiṇā と dakṣiṇīya について興味深い記述が認められる。前者についての *AKBh*, p. 270, l.23-p. 271, l.6 の記述については、和訳があるので、舟橋一哉『倶舎論の原典解明業品』（法蔵館、一九八七年）、五〇三―五〇四頁を参照されたい。その箇所の和訳中で「布施」とされているものの原語が、dakṣiṇā である。後者についての *AKBh*, p. 417, ll.2-15 の記述は、「そのうち、無諍（araṇā）とは、ある阿羅漢が、有情たちの苦は煩悩より生ずるものであるということと、自分自身もまた報酬に値するものの中の最も勝れたものであるということ（dakṣiṇīya-viśeṣa）を知って、他のものたちがその〔阿羅漢〕を把握対象として煩悩を生じるのを絶とうと欲して、彼は、そのやり方によれば他のものたちにいかなるやり方においても諍（raṇa）を生じさせることなく、どんな人にも、彼を把握対象とする貪も瞋も痴も生じないような、そのような智を起させるのであり、その実践は、いかなるものをも諍わせないから、無諍なのである。」というものである。

(49) 資料の裏付けを得た判断ではなく、あくまでも、今回、諸文献を見ていた間の感想でしかないことをお断りしておきたい。なお、ud-DIŚ については、前掲拙稿（前註22）を参照してもらいたいが、ā-DIŚ についていえば、索引による限り、*Divyāvadāna* ではこれのみが用いられているのであり、しかも、それらは私の感想を多少は保証してくれるようにも思われる。

(50) 本書、第二部第一章、一五〇頁、および、同、第二章、一六四―一七三頁参照。

(51) 平川彰『初期大乗仏教の研究』（春秋社、一九六八年）、七八二―七八三頁（著作集、第四巻、四四八頁）参照。また、梶山前掲論文（前註37）、二〇―二一頁を参照の上、後の訳で「奉行『六波羅蜜経』」が削除されることについては、平川上掲書、七八四―七八九頁（著作集、第四巻、四四九―四五〇頁）、藤田宏達『原始浄土思想の研究』（岩波書店、一九七〇年）、二三三―二三四頁を参照されたい。

(52) *Aṣṭasāhasrikā Prajñāpāramitā*（『八千頌般若』）, Vaidya ed. では後半の方に "sarva-sattvānāṃ dakṣiṇīyatāṃ gacchati（一切の有情たちの報酬に値する人となる）" (p. 200, l.2), "sarva-lokasya dakṣiṇīyatāṃ parigṛhṇanti（一切の世間の人の報酬に値する人たることを得る）" (p. 200, ll.18-19), "dāna-dakṣiṇāṃ viśodhayanti（報酬なる布施を清らかにする）" (p. 200, l. 20), "lokasya dakṣiṇīyatāṃ gacchati（世間の人の報酬に値する人となる）" (p. 214, l. 11) などの用例がある。一方，E. Conze, *Materials for a Dictionary of the Prajñāpāramitā Literature*, Suzuki Research Foundation, Tokyo, 1967, pp. 195-196 によれば、増広された後の『般若経』になるほど、この種の用語が多くなっていることがわかるであろう。

(53) (i)は、Suzuki and Idzumi (ed.), *The Gandavyuha Sutra*, Pt. I, Kyoto, 1949, p. 6, ll. 6-7: (ii)は、P. ed., No. 761, Si, 46a2-3: (iii)は、『大方広仏華厳経』（六十巻本）大正蔵、九巻、六七七頁上：(iv)は、『大方広仏華厳経』（八十巻本）、大正蔵、一〇巻、三二〇頁上：(v)は、『大方広仏華厳経』（四十巻本）、大正蔵、一〇巻、六六二頁上による。

(54) 『望月仏教大辞典』（世界聖典刊行協会、一九三六年初版）、第四巻、三四七四頁「達嚫」の項、『織田仏教大辞典』（大蔵出版、一九五四年再刊）、一一七九頁「達嚫」の項参照。『華厳経』中の「達嚫」の用例を知ったのは前者による。

(55)「福田」思想を示す用例としては、*Abhidharmasamuccaya-bhāṣya* の次の二例が興味深い（検索は、佐久間秀範『タティア校訂本『阿毘達磨雑集論』梵語索引およびコリゲンダ』、山喜房仏書林、一九九六年によった）。“kṣetrato yadi guṇavad dakṣiṇīyaṃ kṣetraṃ bhavati（田によるとは、もしも功徳を有すれば、報酬に値する人が田となる〔からである〕。）”（p. 67, l.18: D. ed. Li, 48a6）と “dakṣiṇīyaḥ śrotriya-brāhmaṇāḥ, teṣāṃ śuddhatara-saṃmatatvāt（報酬に値する人とは、ヴェーダに通じたバラモンたちである。彼らはより清らかなものと見做されているからである。）”（p. 155, l. 11）とである。なお、中国や日本におけるポピュラーな「福田」思想を示すものに、所謂の「搭袈裟偈」としての「大哉解脱服、無相福田衣、披奉如来教、広度諸衆生」があるが、これについては、高崎直道『日常唱える偈文の解説』（大本山総持寺出版部、一九八一年）、九六―九九頁を参照されたい。また、道元は、袈裟を「福田」として異常に尊重したのであるが、この問題に関する批判的な研究には、ベルナール・フォール著／川橋正秀訳「曹洞禅における袈裟のシンボリズム」『駒沢大学禅研究所年報』第七号（一九九六年三月）、二八二―二六〇頁がある。興味のある方は、特に、その、二七〇―二六九頁を参照されたい。

〔追記〕 本文の註14下に辻博士の一文を示した時に、私は、同博士がそこに引用された *Śatapatha-brāhmaṇa*, 2.2.2.6（Mādhyandina 本＝Kāṇva 本，1.2.2.5）を原文で確かめることはしていなかったが、その後、確認するに及び、その先を含めて、本章にとっても重要な箇所であることが判明した。今それを和訳で示せば、「実に神々は二種なり。げに、神々は神々にして、また、博学にして聖典に通暁せしバラモン（brāhmaṇa）も全て人の神々（manuṣya-deva）なればなり。彼らに対する供犠（yajña）は二種に分けられてこそあり。供物（āhuti）のみが神々に対するものにして、報酬（dakṣiṇā）は博学にして聖典に通暁せし人の神々なるバラモンたちに対するものなり。人は、供物のみによって神々を喜ばせ、報酬によっては聖典に通暁せし人の神々なるバラモンたちを喜ばせり。この双方の神々とも、喜ばせられしときは、その人を至福の場（sudhā）に安んず。実にあたかも、人が精液（retas）を子宮（yoni）に安んぜしがごとく、祭官（ṛtvij）たちは供犠をなすもの（yajamāna）を天界（svarge loke）に安んず。」〔引用中の最後には Mādhyandina 本 2.2.2.7 の一部も含む〕である。「精液」と「子宮」は、本章でみた後代に展開する(ハ)＝B: dakṣiṇā と(ロ)＝K: dakṣiṇīya もしくは「福田」の関係を示唆しているかのように見える。かかる「福田」思想の仏教における見事な結実の例としては、『華厳経』「菩薩明難品」の一節（六十巻本、大正蔵、九巻、四二八頁上―下：八十巻本、同、一〇巻、六七頁中―下：P. ed., No. 761, Yi, 222a2-b4）を挙げることができるかもしれない。これは、仏という唯一の「福田（yon phul ba）」を根拠に、現実の種々雑多な功徳の現われを肯定する「差別思想」を表明したものであるが、かかる考え方が、仏教に先立ってインドで成立していたということは、本章と別な視点からではあるが、最近の S. Matsumoto, “Buddha-nature as the Principle of Discrimination”『駒沢大学仏教学部論集』第二七号（一九九六年十月），pp. 328-296

（本年一月十六日拝受、同十八日読）で明確に論証されているので参照されたい。

（一九九七年二月二日記）

〔**研究小補**〕　本章と次の第十一章とにおいて、私は、急遽、dakṣiṇā に関するヴェーダ文献やブラーフマナ文献、もしくは、それらについてのヴェーダ学者やインド学者の研究成果を参照せざるをえないこととなり、その分野にほとんど無知の私は、多くのこの方面の研究者より種々の御教示を得ることになったが、それらは処々に記したとおりである。しかるに、本第二部の論稿を全て終了した後のことであるが、渡辺重朗氏より、Klaus Mylius, "*dakṣiṇā*: Eine Studie über den altindischen Priesterlohn", *Das Altindische Opfer: Ausgewählte Aufsätze und Rezensionen*, Jubiläumsausgabe zum 70. Geburtstag von Klaus Mylius, Wichtrach, 2000, pp. 272-321 のコピーを伴った御教示を得た。今回、私は、このミリウス教授の成果を充分に活かすことはできなかったが、それに関する若干の私見は、本書、第一部第三章、註37に記したので参照されたい。本章、註32に記した件で、後に知ったこと（次章、註44参照）であるが、渡辺照宏訳注『涅槃への道――仏陀の入滅――』（渡辺照宏著作集、第二巻、筑摩書房、一九八三年）、四〇頁に、この種の誤りは全くないことを申し添えておきたい。また、今回確認したのでは遅きに失するが、片山一良訳「大般涅槃経」『原始仏教』8（中山書房仏書林、一九九五年）、三一頁にも、この誤りのないことを報告して、先行業績を参照しなかった私の怠慢をここに合わせてお詫びしておきたい。なお、そこに示される三頌中の第二頌後半にある“pūjitā pūjayanti mānitā mānayanti”は、本書、第一部第三章、註4下の本文箇所で示した呼称での「崇敬の四連語」中の後半の二語であることに、注目して頂ければ幸いである。また、本章で、「報酬(dakṣiṇā)」を清浄にするのは、「施者(dāyaka)」か「受者（paṭiggāhaka）」かという問題に触れた箇所（三五八頁）において示した「受者」のパーリ語はカッコ内のごとく paṭiggāhaka であり、それに対応するサンスクリット語は pratigrāhaka であるが、この原語が、後の次章以降では多くの場合「受領者」と訳し変えられたことを、ここでお断りしておきたい。これに関連しては、次章の註7、19、47を参照して頂きたいが、「受領者」が「報酬に値する人（dakṣiṇīya）」であれば、その人は当然「福田」であるが、その考えが、本章末尾に引用した漢訳の『華厳経』の「福田」には反映されているのではないかと推測されるのである。なお、本章、註49、および、その本文で述べた ā-DIŚ の解釈については、その後、私の考えは変わっているので、より新しい、本書、第一部第三章中の考察（特に、七三―七七頁）の方を重視されたい。恐らく、「(イ)が(ニ)の及ぶ先を(ハ)と指名する」のを ā-DIŚ と解釈したのは誤りで、むしろ、儀式執行者が(ロ)の権威を借りて dakṣiṇā を(ハ)や(イ)に「指名する」ことが ā-DIŚ であると解すべきであると今は考えている。それゆえ、その指名が(ハ)や(イ)に確実に向けられたことを聞き、(イ)は dakṣiṇā の無駄でなかったことを知って歓喜するわけである。

第十一章　dakṣiṇā に関する補遺的覚え書

前章では、dakṣiṇā という用語を中心に、ヴェーダ文献やブラーフマナ文献以来の通インド的バラモンの宗教儀礼が、次第に仏教側にも滲透していった様子を明らかにしながら、dakṣiṇā のもつマジカルな力の意味を探り、それをあらしめる儀式の構造を考えてみることによって、一見「自業の自得性」に反するかのように見える「福業の転移性」も、大乗仏教の空思想などとは無関係に、通インド的な考え方において既に充分に成り立っていたことを考察してみたのであった。

しかるに、仏教以外のサンスクリット文献一般に弱い私としては、前章の考察自体が、インド学を専門とする複数の方々からの御教示[1]によって成し遂げられたものであったが、実際に前章を公表してみると、俄か仕込みの不明も手伝って、やはり当然参照しておくべき重要な研究論文を見落していたようである。今回もまた、御教示によって、dakṣiṇā を中心とするその種の研究論文を知ることを得た[2]が、特に以下の三篇は、これに言及せずして先に進むことは学問上許されることではないと思うので、非力を承知で敢えてそれらを取り上げながら、dakṣiṇā に関連して述べ足りなかったことを補遺的に埋め合わせることができれば幸いである。まず、その三篇を年代順に列挙しておけば、以下のようになる。

A：J. C. Heesterman, "Reflections on the Significance of the *Dākṣiṇā*", *Indo-Iranian Journal*, Vol.3 (1959), pp. 241–258

B：Boris Oguibenine, "La dākṣiṇā dans le Ṛgveda et le transfert de mérite dans le bouddhisme", *Indological and Buddhist Studies* (Volume in Honour of Professor J. W. de Jong on his Sixtieth Birthday, Bibliotheca Indo-Buddhica, No. 27, Delhi, 1982), pp. 393–414

C：Minoru Hara, "Transfer of Merit in Hindu Literature and Religion", *The Memoirs of the Toyo Bunko*, No. 52 (1994), pp. 103–135

以上の三篇（以下、本章と次章に限り、これら三論文を、順次に、A Heesterman 論文、B Oguibenine 論文、C Hara 論文と略称す）をここで特に取り上げるのは、私自身の選択というよりは、むしろこの分野の権威の御教示に率直に従ったことと言った方がよいのであるが、私自身の判断としては、これら三篇を中心に論ずれば、前二者によっては、前章では考察外に置かざるをえなかった *Ṛg-veda* の「布施讃美（dāna-stuti）」の一連の讃歌[3]にも触れることになるし、後一者によっては、直接 dakṣiṇā の考察には関係ないものの、その重要な一環をなす「福業の転移性」が、仏教とは関係なくヒンドゥー教文献自体において成り立っていたことを自ずと明らかにすることになると考えたからである。

ところで、私は、「悪業払拭の儀式」というものを考察の中心に据えながら、仏教の「思想」が次第にインドの「習慣」によって侵蝕され、論理的な両者の対立も徐々に解消されて、最終的には仏教がヒンドゥー教に食い尽されたということを論証してきているつもりであるが、そういう場合に、ヴェーダ文献やブラーフマナ文献以来の通インド的バラモンの宗教思想がいかなるものであるかをよく押えておく必要のあることは言うまでもない。その意味で、仏教を研究するにはバラモン教やヒンドゥー教の研究を等閑にすることは絶対にできないが、しかし、他方で大事なことは、仏教をバラモン教やヒンドゥー教に解消してしまうような道を、仏教研究者自身が決して選ぶべきではないということである。というのも、仏教研究者が「事実」の研究という美名に酔い痴れるだけになれば、特にインド思想史の「事実」はヒンドゥー教が終局においては仏教を呑み込んでしまったわけであるから、そういう研究者には、仏教も、単なる「事実」としては、ヒンドゥー教の一種にすぎなくなってしまうからにほかならない。従って、そうなるまいとの決意さえあれば、私のような仏教以外のサンスクリット文献一般に弱いものでも、否、弱いものであればあるほど、その方面の研究者の成果から学ぶことは多いはずなのであり、また学ばなければならないはずなのである。

さて、以下において、上記三篇の論文を紹介しながら私見を加えていくことにしたいと思うが、それらの論文は三篇とも比較的長い部類に属するものなので、それらの内容を網羅的に報告することは難しいであろうし、また、それは本第二部に求められることでもないであろう。勿論、それらの論旨が誤って伝えられることがあってはならないが、以下の紹介は、あくまでも本第二部の関心事に従ってなされるものであることを予めお断りしておきたい。

まず、A Heesterman 論文は、ヴェーダの祭主によって祭官に与えられる dakṣiṇā が西欧的な意味における謝礼 (fee) や給与 (salary) や報償 (remuneration) でないことの理由を、それが元来は当の祭官 (ṛtvij) たちだけではなく祭官組織体に属さないバラモンたちにも与えられていたことに求めている。この祭官たちと区別される後者は、Heesterman 教授によれば、sadas と呼ばれる祭祀の囲いの中に祭主と共に入ることのできた人々を意味する prasarpaka や sadasya のことで、彼らには場合によって非バラモンも含まれていたという。しかし、それは祭祀の発展の初期の段階においてであり、祭祀の複雑化と共に、祭祀は専らその専門家の手に委ねられるようになった。その結果、初期の考え方を示す *Maitrāyaṇī-saṃhitā* や *Kāṭhaka-saṃhitā* と異って、*Śatapatha-brāhmaṇa* は、祭官たちだけが祭主のために讃歌 (ṛc) と祭詞 (yajus) と歌詠 (sāman) と供物 (āhuti) とからなる祭主の新たな祭祀上の自己 (ātman) を準備しうるということを根拠に、祭官たちだけが dakṣiṇā を受け取るべきだと規定するに至っているという(4)。

その dakṣiṇā は Heesterman 教授によって一応は「犠牲的な贈物 (sacrificial gift)」の意味と押えられているが、同教授によれば、dakṣiṇā は、贈物一般のように、それが施者と受者との間の絆を確立しているということと、それが施者のために豊かな返報をもたらすということとの二点にとりわけ興味深い面があるとして、その二点の特質について考察が展開される。

第一点については、その両者の絆の強さ (the force of the bond) は、施者 (=祭主) が施す時には受者 (=祭官) に自らを施す、即ち、勧請僧 (hotṛ) に対しては声を、祈禱僧 (brahman) に対しては意を、祭供僧 (adhvaryu) に対しては息（prāṇa）を、詠歌僧（udgātṛ）に対しては眼を、勧請助力僧（hotraka）に対しては耳を、持杯祭供僧（camasâdhvaryu）に対しては四肢を、prasarpaka に対しては体毛を、sadasya に対しては胴体を施すと考えられ、それらに取って代わるものが dakṣiṇā であるということによって最もよく例証されているという。[5] しかるに、この Heesterman 教授によって指摘されたことが、仏教とは無関係のインド側文献に明確に書き記されていることを思えば、捨身供養が後々大乗仏教の興起と共に仏教側の文献で讃美されるようになったのも、布施波羅蜜（dāna-pāramitā）の強調と一体となって導入された通インド的な dakṣiṇā 観に裏打ちされていたためではなかったかと考えられるのである。[6]

いずれにせよ、dakṣiṇā を介した施者と受者との密接な関係というものは、時に危険なものとさえなりうるのであるが、だからこそ、dakṣiṇā の結合力に関しては、dakṣiṇā と śraddhā との親密な関係、神と帰依者、王と purohita（宮廷祭官）、祭主と祭官、そういった両者の間の相互の信頼が注目に値すると Heesterman 教授は述べている。[7] また、このことと関連して、同教授は、新たに灌頂された王によって確立された彼のライバルの王たちとの絆について śraddhā という言葉が用いられることを指摘した後で、その śraddhā を固めるために王たちに送られる祭式用の贈物（ceremonial gift）と同じ贈物が、その rāja-sūya（王の戴冠式で催される大供犠祭）において司祭を務めた祭官に送られる場合は dakṣiṇā と呼ばれていることは興味深いとも指摘している。[8]

ところで、施者と受者との密接な関係が時に危険な側面をも含むというのは、dakṣiṇā がそれを受け取るに値しない悪しき受者に与えられた場合には、施者をも破滅させるという意味であるが、逆に、そのことは、適切な受者に与えられた dakṣiṇā であれば施者に豊かな返報をもたらすことをも含んだものなのである。この後者が Heesterman 教授の dakṣiṇā の出産力性（procreativeness）と呼ぶところの、先の第二点目であって、同教授はその淵源を *Ṛg-veda* 第一篇第一二五章第四—五頌に求めている。[9] 重要なので、同第六頌を加えて、以下に和訳して示しておきたいと思う。[10]

(4)健康をもたらす（mayo-bhuva）川の流れは、ミルクの飲み物のように、祭祀をなしたもの（ijāna）と祭祀をなそうとしているもの（yakṣyamāṇa）とに流れ込む。惜しみなく満たすもの（pṛṇanta）と吝しみなく与えるもの（papuri）とに、蘇油（ghṛta）の流れは、名声をもたらしつつ（śravasyu）、あらゆる方向から近づいてくる。

(5)惜しみなく満たす（pṛṇāti）ものはだれであれ、その人は、天空（nāka）の尾根に到達して居住し、実に神々のところに赴く。水の流れ、川の流れは、彼のために蘇油を流し、この報酬（dakṣiṇā）は彼のために常に増大する（pinvate）。

(6)報酬を与えるもの（dakṣiṇāvat）たちだけにこれらの光彩（citra）はあり、報酬を与えるものたちだけに、天上における太陽の座（sūryâsa）はある。報酬を与えるものたちは不死（amṛta）に預り、報酬を与えるものたちは寿命（āyus）を延ばす。

Heesterman 教授は、上引の第五頌中の「報酬は増大する（dakṣiṇā pinvate）」などの語句に注目しているのであろうが、その dakṣiṇā の出産力性については、agny-ādheya 祭における祭主による雌雄一対の牛の奉献が祭主の家畜の群れの繁殖を暗示しているとか、神格化された Dakṣiṇā 女神が Yajña (Sacrifice) 神と一緒になることによって Indra をもうけたとかの例[11]に触れながらも、dakṣiṇā の語源解釈については、同教授は、私が前章で紹介した、dakṣiṇā が DAKṢ の使役形（dakṣayati、活力を吹き込む）に由来するという説[12]には従っておられない。しかし、かかる解釈を擬似語源説（pseudo-etymology）として避けつつも、同教授は、dakṣiṇā の出産力性の概念が、「活力を吹き込む」というような語源解釈と結合される場合の、dakṣiṇā に帰せられる力を活気づかせる、捨身（the life-giving）の背景であると考えられるかもしれないと述べているのである。

私は、こうした教授の見解にむしろ共感を覚えるのであるが、同教授は、dakṣiṇā の語源解釈については単に動詞起源説を避けるだけではなく、Bergaigne 教授の説に依りながら、その論文末尾では積極的に dakṣiṇā が本来「右手（right hand)」という語義に由来していたのだという見解を表明している。[13] かかる見解の根拠として Heesterman 教授が示している文献は、*Ṛg-veda* 第三篇第三九章第六頌、同第六篇第五四章第一〇頌、第一〇篇第四七章第一頌であるが、[14] それらについて触れた後で、同教授は次のように述べている。[15]

Bergaigne〔教授〕によって、神の贈物が人間の祭主の贈物の元型であったと結論されたことは疑いの余地もないほど正しいことである。にもかかわらず、祭式には、右手が授与行為の助けになっていることも表われていなければ、dakṣiṇā と右手とのなんらかの関係も表われていない。恐らく、この事実は、祭式宇宙論の〝脱人格化〟に帰せられるかもしれない。その脱人格化は、あらゆる活動を非人格的で自動的に働く過程と見做しがちであり、そこでは、神の英雄的な活動やそれに続く鷹揚な振舞が Prajāpati の循環的な脱統合（disintegration）と再統合（reintegration）とによって取って代わられているのである。

我が国の「幣帛（みてぐら）」もまた「右手」とまではいかないまでも「手」とはやはり関係があるらしいから、「右手」に因む Heesterman 教授のこのような見解は、我が国古来の祭式における「みてぐら」の役割をも私には想起させるのである。この「みてぐら」の語義について、柳田國男は『日本の祭』の中で次のような見解を披瀝している。この場には必ずしも相応しいとは思わないが、重要なので、比較的長い一節[16]をそのまま引用する。

ミテグラのミテが手であつて、之を手に執つて移動することが名の起りであつたことは、前の「御手にとられて」の歌からでも想像せられる。之に対して移動せぬもの、定まつた場所に突き立て、又は天然の樹に依つて設けたクラは何と呼んだらうか。それには明らかな総称も伝はつて居らぬが、多分はクラと謂つても元は通じたのであらう。現在はクラシシ・クラツツジなどゝ、専ら山中の岩組み即ち岩倉にのみ此名は残つて居るが、本来はすべて神の降りたまふべき処がクラであつたのが、後々それを手に執り移し申すことが主になつて、ミテグラの名のみが永く行はれたのかと思はれる。何れにしても信仰の様式が、世と共に少しづゝ変つたのである。古来定まつた一つの大樹の下に、神を祭りつゞけて居るといふ土地は増加せぬのに反して、それを次次に移動し得る形に改めて、新しい土地に勧請するといふ場合が、段々と多くなつて来たのである。そうして之に伴なうて其ミテグラを手に持つ者が、神の指令を受けた者、御祭に奉仕する最も主要なる役だといふ考へ方が、一段と強くなつて来たことも争はれぬのである。

柳田國男によってその語義が上引のごとく推測された「ミテグラ」が、我が国の古代律令国家において実際どのように機能していたかについては、義江彰夫氏が次のように述べている。[17]

神祇官は、大宝律令が定められた七〇一年（大宝元年）いらい、地方の古来の祭りを土台として収斂・変容するかたちで設定した祈年祭《としごいのまつり》（豊年祈願）・月次祭《つきなみのまつり》（季節の順調な運行祈願）・新嘗祭《にいなめのまつり》（収穫祭）などの祭りを執行するに先立ち、朝廷が公認した全国の祝部《はふりべ》らを神祇官に集め、神々への捧げ物（幣帛《みてぐら》）を前に、神祇官役人中臣氏が神々に感謝と加護の祝詞《のりと》を読み上げ、それが終るや、居並ぶ祝部らに同じ役人忌部《いんべ》氏がこの幣帛を班給する。神祇令には次のように規定されている。

それ祈年・月次の祭には、百官、神祇官に集まれ。中臣、祝詞宣《のた》べ。忌部、幣帛班《あか》て。

この令に規定された幣帛の分配が、古代インドでいえば dakṣiṇā の分配に相当するであろうが、かかる分配規定が *Manusmṛti* に認められることは既に前章でも述べたとおりであり[18]、また、dakṣiṇā とも密接な関係をもつ善業や功徳の分割配分については、C Hara 論文でも、極めて重要な問題として取り扱われているほか、dakṣiṇā の施受（授）の問題は既に *Ṛg-veda* においても一大関心事だったのである[19]。

さて、ここで、A Heesterman 論文に戻ることにすれば、Heesterman 教授は、あたかも「みてぐら」から「手」の語感が忘れ去られてしまったように、dakṣiṇā から「右手」の意味が抹消されてしまった理由を、祭式宇宙観の〝脱人格化〟に求めていたわけであるが、同教授は、更に、その脱人格化の展開を、上述の dakṣiṇā の特質としての二点、即ち、dakṣiṇā の結合力 (binding force) と dakṣiṇā の生産性 (productivity)、およびその両者の相互関係 (interrelation) のうちに探っていく。しかも、その探求が、A Heesterman 論文の中心をなしているのであるが、それに先立って、Heesterman 教授は、その両者の相互関係を次のように公式化している。[20]

dakṣiṇā という贈物は、施与する一団と受領する一団との生成的縁組 (a generative alliance) を確立しもしくは表わしている。

その上で、Heesterman 教授は、この公式中の「縁組」を「婚姻の絆 (a marital bond)」とも見做して更に具体的に以下のように述べている。[21]

祭主が dakṣiṇā を与える時に期待する返報は、施者 (giver) と受者 (donee) との間の結合の出産力性 (procreativeness) に由来する。この関係において、祭主が dakṣiṇā と共に自分の娘を司祭者の一人に嫁に出すようにする一方で、〔祭式についての高名な著者〕アーパスタンバにより馬祠 (aśvamedha) の祭主は dakṣiṇā として自分の妻を主要な司祭に与えるべきであると記述されているのは、意味深いことと思われる。私には、この特徴が祭祀のパトロンと祈禱僧 (brāhman) との間の絆の婚姻的性格を明示しているように思われるのである。

かくして、Heesterman 教授は、このような「婚姻の絆」によって結びつけられている祭祀の中に、宇宙の循環的律動 (the cyclical rhythm of the cosmos) の両極としての、生と死、上昇と下降、結集と発散が集約されているとし、その宇宙の推移 (the course of the universe) がプラジャーパティ (Prajāpati) を元型とする祭主から発する dakṣiṇā のあり方のうちに見て取れるとする。例えば、三日に及ぶソーマ祭の一種 gārgya trirātra 祭において、dakṣiṇā として与えられた千頭の牝牛は、元になる一頭と三つに分かれたグループよりなるが、それらに対する三様の説明[22]から見ても明らかなように、「dakṣiṇā は、自らを分配することによってプラジャーパティの宇宙生成論的役割を演ずる祭主自身を象徴している」[23]とされるのである。ここで、333×3＋1 となる、その千番目の牝牛は、残りの牝牛を合したものほどの乳を出すと同時に、千の牝牛を再出産するともされるが、この千番目の牝牛に関して、Heesterman 教授は次のようにも述べている。[24]

この牝牛は始めに tārpya と呼ばれる衣類に覆われながら dakṣiṇā の道に沿って北に導かれる。この tārpya という衣類は千頭の牝牛の yoni（子宮）であると考えられ、かくして、それは千頭目の牝牛の出産力性（procreativeness）を明示しているのである。

しかるに、この千頭の牝牛は、もともとはインドラ（Indra）がヴリトラ（Vṛtra）から奪い取ったことを象徴しているらしいのであるが、[25] その dakṣiṇā の背景をなす神話のインドラからプラジャーパティへの推移について、Heesterman 教授は次のように指摘している。[26]

しかしながら、その略奪の動機はインドラ神話の英雄的な局面に属するものであるが、この神話は、祭式の思弁の展開過程の中でプラジャーパティによって背後に押しやられてしまった。祭主は、ブラーフマナ文献においては、まだしばしばインドラと一緒にされているけれども、その注意は祭祀の神（the god-sacrifice）であるプラジャーパティに集中されているのである。そして、このプラジャーパティの性格が、原初の祭祀や祭主や犠牲《いけにえ》を一つのイメージに結びつけることによって、ブラーフマナ文献の祭式宇宙論のために、適切に具体化を図る中核的な場を提供したのである。

dakṣiṇā をこのような形でプラジャーパティと密接に関係づけることには、この分野の専門家の間にもあるいは異論がありうるのかもしれないが、仏教の「悪業払拭の儀式」を考察せんとしている私からすれば、仏教成立以前の、ブラーフマナ文献の段階において、プラジャーパティと密接に結合した dakṣiṇā の出産力性にまつわるマジカルな霊力が、仏教とはまったく無関係に、通インド的な祭祀として完全に定着していたことが明らかになればそれで充分なのである。[27]

次に、そろそろB Oguibenine 論文に移らなければならないが、本論文は公刊年代順からいっても、当然A Heesterman 論文を知っているし、実際言及もしているが、具体的にそれを批判することはしない。[28] ただ、Oguibenine 教授は、dakṣiṇā に関する従来の研究が、祭祀のパトロン（patrons du sacrifice＝祭主）[29] と祭官との相互作用の中でしか考察されてこなかったことには不満を残しているので、A Heesterman 論文のこの側面に対して恐らく批判を抱いていたはずである。従って、B Oguibeine 論文の考察の出発点は、*Ṛg-veda* 第一〇篇第一〇七章第三頌中の "daivī pūrtir dakṣiṇā deva-yajyā[30]（報酬は神々に向けられた贈与であり、神々に作された祭祀である）" とある表現に注目し、dakṣiṇā が人間同士としての祭主と祭官との関係にだけ係わるものではなく、それがあくまでも神々に向けて指し示されたものであることを重視する点に置かれる。そのような観点から、Oguibenine 教授は、ヴェーダの祭祀行為の真の性質は祭祀のパトロンたちがその給付（prestation）で祭官たちに恩恵を与えるようにすると言われる時には部分的にしか示されないが、しかし、正確に *Ṛg-veda* の上記の第三頌中の文句のように、神々がその同じ給付即ち dakṣiṇā によって奉仕されると言われる時にはその性質の完全な表出が見られるとしながら、しかも、その dakṣiṇā はやはりあくまでも祭祀のパトロンの利益のために成し遂げられる奉仕の代償（récompense）として祭官に差し出されたものであることにも留意しつつ、それらの考察から以下のようなことが結果されるとしている。[31]

(1)神々、祭祀のパトロン、祭官という〔三者の〕複合的な相互作用は、その完全性（plēnitude）において、祭祀行為の最上のものを表出するものである。

(2)祭祀の過程の複合性と完全性とは〔祭祀〕参加者たちの三つのグループの連帯性（solidarité）の中にその表現を見出す。

しかるに、祭祀の装置（le dispositif sacrificiel）というものは、人間に真に制度上の価値を与えるために、神々の欠如（食べ物など）もしくは人間の欠如（自然の恵みなど）の規則から出発するものであるから、その欠如を埋め合わせるべく、三つのグループは、対立しながらも、相互補完的に機能するという。その一連の形式上の対立は、祭官：神々：祭祀のパトロン（＝祭主）ということになるが、この一連の対立は(1)祭官：神々、(2)神々：祭祀のパトロン、(3)祭祀のパトロン：祭官として分解され、これらの対立を言うのは、それら三つのグループの間に、適切な手段を採用することによって、各グループに固有の欠如を補塡するのに役立つ相互作用があるような、〔祭祀〕参加者たちのグループを、それらの対立させせられた用語が指示していることを気づかせるためである、と Oguibenine 教授は指摘している。[32] そして、このような三者の関係において、人間の恩恵（le bénéfice humain）は、祭祀の過程が成就されうるために、また、新たな祭祀が人間と神々との間の不断の相互作用を更新しうるために、祭祀のパトロンの恩恵および祭官の恩恵において dakṣiṇā として実現されなければならないものだ、と同教授は見做しながら、祭祀のパトロンは、*Ṛg-veda* の第七篇第一九章第六頌では "vyantu brahmāṇi … vājam[33]（〔私の〕真言が強き〔あなた〕に至りますように）" と説かれていることからみて、同第一〇篇第一〇七章第五頌で "yaḥ prathamo dakṣiṇām āvivāya[34]（およそだれであれ最初に報酬に近づいたもの）" と説かれているように祭官に対して報酬に近づく（ā-VĪ）ことによって、その時にその祭祀行為（l'acte sacrificiel）を完成する、とも述べて、ここで用いられている二つの動詞、ā-VĪ（近づく）と VĪ（至る）とが、二つの方向性、即ち、(1)受け取るものに向うもの（l'un vers celui qui reçoit）と、逆に、(2)dakṣiṇā を受け取ることを予期しているものから発せられる他のもの（l'autre venant de celui qui espère recevoir sa dakṣiṇā）とをそれぞれに示していることに注目している。[35]

さて、B Oguibenine 論文は、ヴェーダ文献を中心に扱う前半と、仏教の文献や儀礼を専ら扱う後半とに大別されるが、前半の考察を結ぼうとするあたりで、ヴェーダ文献における dakṣiṇā の性格について、一応次のような結論づけを行っている。以下に、その一節を示せば次のとおりである。[36]

ヴェーダの dakṣiṇā とは、結論的にいえば、神々によって人間たちの性向に対して置かれた、もろもろの利益

（biens）とは質的に異った、一種の利益（un bien）であり、また、第三者の様にみえる詩人祭官たち（les poètes officiants）がそもそもは人間一般に充当された給付（prestation）を迂回によって（par le détour）獲得することである。

しかるに、Oguibenine 教授は、上の引用中の迂回に絡めて、無視できないそれとの類似現象があるとし、その現象を続けて次のように述べている。[37]

> 一見したところでは神々に充当された詩人祭官の言葉は、同じ迂回（le même détournement）によって、dakṣiṇā よりも更に極めて変化に富んだ利益を保証するために、祭祀のパトロンの奉仕に対して置かれるのである。

そして、先の引用と今の引用とに絡む二つの迂回（détournement）は、更に言葉を換えて、「二つの転換（les deux déviations）」とされて、次のように説明されている。[38]

> ①祭官と神々との関係の具象的な、しかし、実際的には祭祀のパトロンに対してと同様に神々にも充当された表出である（それゆえ必ず第三者のための分配に捧げられる）、言葉の転換（la déviation de la parole）と、②人間一般に充当されながら、しかし、神々と人間との関係を具象化することによって、財産（richesses）が人間に到達した瞬間に分割される、財産の転換（le déviation des richessess）との、それら〔二つ〕は、それゆえに等しく、第三者のための分配に捧げられるのである。

かくして、以上のように、ヴェーダの祭祀における dakṣiṇā の意味に「二つの転換」の構造のあることを認めた Oguibenine 教授は、それを照射するような例が、大乗仏教における同様に古代仏教においても知られている「功徳の廻向（patti-dāna = puñña-dāna, "transfert de mérite ou de bénéfice"）」だとして、[39] これより後半は、専ら、この方面の考察に向けられている。もっとも、同教授は、両者が全く同じだと言っているわけではなく、差異の側面に関しては、以下のようにも述べている。[40]

しかし、それにもかかわらず、無視できない若干の差異はあるのである。ヴェーダの祭祀行為の中には、〔祭祀〕参加者たちの三つのグループの間に全体的関係のあることに気づかされたのであるが、その全体は、それらの機能的な関係が、祭官と神々との間、神々と祭祀のパトロンとの間、最終的には、祭祀のパトロンと祭官との間に確立されているということを証明したおかげで、ヴェーダの祭祀の中に観察される一貫性を保証することにおいて、その存在理由を持つのである。これに反して、仏教の帰依の行為は、その展望の中に置かれて、いささか異って理解された関係に基づいている。ある贈与の後にその分配（attribution）を獲得している功徳は、ある場合には（事実は親族の関係もしくはその状況において形成された関係によって保証される）自発的行為であり、ある場合には言葉の命令（une injonction verbale）によって示唆される行為である。

B Oguibenine 論文は、この後も、仏教文献における dakṣiṇā の意味を詳しく検討し、それをヴェーダ文献と比較しながら押し進めているのであるが、その中枢をなす「功徳の廻向」の問題は、次章で取り上げる「作善主義」(41)とも密接に絡んでくるので、言及する必要のある同教授の見解には、次章において触れることにしたい。従って、ここでは、同教授が、仏教の「功徳の廻向」に関して、特に見易くスペースを取って注目した、*Divyāvadāna* の一節(42)の原文を和訳と共に掲げておくだけにする。

jāto me syān nāvajātaḥ, kṛtyāni me kuryād bhṛtaḥ pratibhared dāyâdyaṃ pratipadyeta kula-vaṃśo me cirasthitikaḥ syād, asmākaṃ câtyatitaṃ kālagatānāṃ uddiśya dānāni dattvā puṇyāni kṛtvā nāmnā dakṣiṇām ādiśed

私に新生児が生まれますように。そ〔の子〕は私のために義務を果しますように。そ〔の子〕は下僕として贈物や食物を与えて実行しますように。私の家系が永く存続しますように。そして、そ〔の子〕は、久しく死したる我々の名義で布施を施し、福業を作し、名指しで dakṣiṇā を指名しますように。

最後に、いよいよ、C Hara 論文に触れなければならないが、本論文も、基本的には、仏教文献におけるものではないけれども、B Oguibenine 論文の後半と同じく、「功徳の廻向」の問題を中心的に扱ったものなので、C Hara 論文についても、B Oguibenine 論文についてと同様に、問題とする必要のある原博士の見解には、次章において触れることにして、ここでは、C Hara 論文の大略を簡単に紹介するだけに止めたい。

C Hara 論文の主として扱う文献は、*Mahābhārata* を中心とし *Manusmṛti* などの関連文献を加えた古典インド期のヒンドゥー文献であるが、考察に先立って、原博士は、その前提として二つの問題を指摘している。その第一は、インド倫理思想においては、所謂の「自業の自得性」が鉄則であったにもかかわらず、その鉄則を打ち破る善悪業の移行の概念が既に現われていたということであり、第二は、その善悪業の移行には、その一部もしくは全部を他に与えうるように、行為の結果である業が分割可能なものとして実体化されていたということである、という。[43] このうちの、第一は、前章で櫻部建博士の御論文によって取り上げた「自業の自得性」と「福業の移転性」の問題とほぼオーヴァーラップするものである。[44] その「自業の自得性」について、原博士が典拠として示す *Manusmṛti* の一節[45]は次のとおり。

(a) 人死して従い行く友は善業唯一人。げに他の一切は身体と共に滅する。

(b) 蓋しあの世には父母も妻子も親族も随伴せず。善業のみ随伴者となるのみ。生まれるも一人、死ぬるも一人。生類は一人で善業を享け、一人で悪業を享く。

以上の問題を前提に、C Hara 論文の第一節では、移行可能なものとして、老年 (jarā)、寿命 (āyus)、気力 (tejas) が取り扱われている。[46]

続いて、第二節では、悪業を表わす duṣkṛta, adharma, pāpa などにそれぞれ対立して用いられる、善業を表わす sukṛta, dharma, puṇya などが、やはり移行可能なものとして、種々の例話と共に論じられるが、ここで、それらの善業が実体視されて分数的に表現され、かかる分数的表現と「受領する (prati-GRAH)」を意味する動詞との結合の文例も指摘されているのである。[47]

第三節では、「功徳の廻向（the transfer of merit）」についての重要な表現が、義務の遂行（the prescription of one's duty）や悪行の応報（the retribution of evil deeds）や誓いの言葉（the formulation of an oath）を扱った文脈に現われるとの考え方から、それらの用例が主として *Manusmṛti* を資料にして検討されている。[48]

第四節は、シヴァ教獣主派（the Pāśupata Śaivites）の教義を概略したものであるが、これは、宗教上の最終目標、即ち輪廻からの最終解脱に到達するために「功徳の廻向」の過程を最も有効に利用したのがシヴァ教獣主派であったという考えによるものである。[49] ここでは、その教義の一部を知ってもらうべく、C Hara 論文の引くところ[50]に従って、*Pāśupata-sūtra* の一節とそれに関連する一頌の原文を和訳と共に示しておくことにしたい。

avamataḥ(3) sarva-bhūteṣu(4) paribhūyamānaś caret(5) apahata-pāpmā(6) pareṣāṃ parivādāt(7) pāpaṃ ca tebhyo dadāti(8) sukṛtam ca teṣām ādatte(9)

一切生類の間にあって軽んじられつつ、汚されながら行くべし。彼は罪障消滅する。他人の非難により彼は己が悪業を彼等に与え、彼等の善業を受ける。

ākrośamāno nâkrośen manyur eva titikṣataḥ/ sa teṣāṃ duṣkṛtaṃ dattvā sukṛtaṃ câsya vindati//

（他人）に非難されつつも（他人を）非難するなかれ。忍耐する者の我慢は彼等に悪業を与え、善業を彼に見出す。

第五節では、獣主派の軽蔑探求（seeking of dishonour）と *Saddharma-puṇḍarīka*（『法華経』）第一九章で説かれる常不軽（Sadāparibhūta）菩薩の行との類似性が問題とされるが、前者の行が他人の誤りに乗じて善業を掠め取る策略（yantra）であったのに対し、常不軽菩薩のそれは利他の菩薩行であったことが指摘されている。[51] なお、仏教の菩薩行がより利他的であることの証左として、この第五節の最末尾には、大乗仏教関係の碑文が紹介されているが、[52] それは、既に本第二部第八章で検討したものと同種のものなので、ここでは、その代わりに、原博士が、C Hara 論文の註記

で触れている *Madhyāntavibhāga-bhāṣya* の写本に記されたコロホンの原文を拙訳と共に掲げておくことにしたい。(53)

// vyākhyām imām upanibadhya yad asti puṇyaṃ puṇyôdayāya mahato jagatas tad astu/ jñānôdayāya ca yato 'bhyudayam mahāntaṃ bodhi-trayaṃ ca na cirāj jagad aśnuvīta//

この解説を論述した結果、ここにありし功徳の全てが、大いなる世の人々の福徳の生起のためになりますように。また、智慧の生起のために、それによって、世の人々が遠からずして大いなる繁栄と三菩提とを得ることができますように。

以上で、A Heesterman 論文、B Oguibenine 論文、C Hara 論文の概略を紹介すると共に、私の dakṣiṇā に関する補遺的な覚え書も散在的に書き留めてきたつもりであるが、B Oguibenine 論文の後半や、C Hara 論文で論じられる「功徳の廻向」の問題は、ヴェーダ文献やブラーフマナ文献で説かれる dakṣiṇā の問題とはまた違った、儀式に関する考え方のより後代の展開と共に考察されるべき性格のものだと考えられるので、次章の「作善主義」の問題と共に必要に応じて取り上げてみることにしたい。現に、上引のコロホンで対比的に述べられている福徳の生起（puṇyôdaya）と智慧の生起（jñānôdaya）も、「作善主義」の成立と無縁のものではないのである。

註

（1）ここで重ねて御名を記すことはしないが、これらの御教示については、本書、第二部第十章、註3を参照されたい。

（2）本文のこれ以下に掲げる三篇の研究論文についていえば、A Heesterman 論文は、本〔一九九七〕年四月十日付の J. W. de Jong 博士の私信による御教示、B Oguibenine 論文は、本年四月九日付の原實博士の私信による御教示によって知り得た。C Hara 論文は、上記の私信と共に、原博士御自身より頂戴したものである。また、同じ機会に、原博士からは、Minoru Hara, "A Note on the Sādhina Jātaka", *Zeitschrift der Deutschen Morgenländischen Gesellschaft*, Supplemant VI (XXII. Deutscher Orientalistentag, vom 21. bis 25. März 1983 in Tübingen, Stuttgart, 1985), pp. 308-314 の抜刷を頂戴すると共に、本年一月、北海道大学の御講演で用いられたという、C Hara 論文の日本語によるレジメ原稿や博士御自身の研究論文一覧を、これらに基づいての他の研究者の業績への御指示と合わせて、頂戴することができた。ここに、de Jong 博士と原博士の御名を記して深謝の意を表させて頂きたい。なお、本書、第二部第十章に関しては、この他にも若干の方々から御教示や御感想を忝うしているが、特に、渡辺重朗氏からは、一枚の御葉書ながらも、情報のぎっしり詰った御教示を本年四月四日付で頂き、私の非力をもってしては、そのせっかくの御教示も充分には活かしきれないくらいなのであるが、私なりにベストは尽してみたつもりである。それらについては、必要に応じて記すことにしたいが、ここではやはり御名を記してまずは深謝の意を表させて頂くに止めたいと思う。

(3) この件については、本書、第二部第十章、註9を参照されたい。

(4) 以上は、A Heesterman 論文, pp. 241-242 による。なお、*Śatapatha-brāhmaṇa* については、その典拠が、Mādhyandina 本に依って, 4, 3, 4, 5 と記されているが、これは、Kāṇva 本に依れば, 5, 4, 1, 4 であり、その冒頭には, "ṛtvijām eva dakṣiṇā nânṛtvijām（報酬は祭官（ṛtvij）たちだけに属し、祭官ならざるものたちには然らず）" とある。因みに、A Heesterman 論文の原英文中においては、本文中の「自己」と「供物」とに付したカッコ内の、順次に、ātman と āhuti とは示されていないが、それらは、*Śatapatha-brāhmaṇa* の上記箇所から補ったものである。ところで、ヴェーダ文献やブラーフマナ文献の引用の際には、文章はもとより単語に関しても、アクセント記号を付すのが常道であるが、前回の第十章ではそれに従わなかったために、渡辺重朗氏（前註2）からは、その件に関しても早速に御忠告を頂いた。今回は、前回よりもその種の文献の引用が多くなると思うので、当然のことながら、渡辺氏の御忠告には従うべきなのであるが、俄か仕込みでは、印刷技術上の問題とも絡んで、それでなくても誤植が多い傾向のある拙稿にこれ以上誤植の可能性の多くなるのを懼れて、アクセント記号を付すことは今回も見送らせて頂きたい。けだし、研究者の採るべき態度ではないと思うが、将来、ヴェーダ文献やブラーフマナ文献を専一に論ずる機会でも万一私にありうるとすれば、この限りではない。渡辺氏のせっかくの御忠告を無駄にしたようで申し訳ないことであるが、ここに記して、大方の御海容を乞う次第である。

(5) 以上は、A Heesterman 論文, pp. 242-243 による。なお、施者が受者に自らを施すという記述の典拠は、同論文によれば, *Āpastamba-śrauta-sūtra*, 13, 6, 4-6, *Hiraṇyakeśi-śrauta-sūtra*, 10, 15, *Jaiminīya-brāhmaṇa*, 2, 54 によるとされている。

(6) 仏教の捨身供養について特に有名なものは、①「捨身救鴿」と②「捨身聞偈」と③「捨身飼虎」とで、①の呼称が仮りに私によるものだとしても、私はこれらを「三大捨身譚」と呼んでもよいと思っている。典拠についていえば、①は『賢愚経』（大正蔵、四巻、三五一頁下—三五二頁中）、『大智度論』（大正蔵、二五巻、八七頁下—八八頁下）、②は『大般涅槃経』（北本、大正蔵、一二巻、四五〇頁上—四五一頁中、南本、同、六九二頁上—六九三頁中）、③は『金光明経』（大正蔵、一六巻、四五〇頁下—四五四頁中、など）、『賢愚経』（大正蔵、四巻、三五二頁下—三五三頁上）である。なお、捨身供養の問題については、かつて、拙稿「自然批判としての仏教」『駒沢大学仏教学部論集』第二一号（一九九〇年十月）、三九五頁でも論じたことがあるが、いずれこの本第二部のテーマとしても論じ直してみたいと思っている。

(7) purohita の意味については、かつて私は、本書、第二部第三章、二〇三頁の「追記」において、片山一良氏の「主祭官」という訳語にいささか異議を唱えるような形で「帝師」という訳語を与えておいたのであるが、今にして思えば、片山氏の方がむしろ正しく、私の「帝師」はその箇所の訳語としては明らかな誤りで撤回されなければならないことをここに明記して深くお詫びを申し上げたい。祭祀（yajña）重視の古代社会にあっては、Heesterman 教授も示唆しているごとく、王と首相の関係も祭祀上の霊力と連結したマジカルなものであったと考えられるからであり、従来の主立った辞書中においても purohita には祭祀執行者の意味が与えられているからである。因みに、Childers のそれ, p. 395 には, "A brahmin who is a king's domestic chaplain" とあり、最近刊行の、雲井昭善『パーリ語仏教辞典』（山喜房仏書林、一九九七年）、六三九頁の指示によって参照することを得た, H. Grassman, *Wörterbuch zum Rig-veda*, Leipzig, 1873, Repr., Wiesbaden, 1976, p.835 には、第三義として "Hauspriester" が掲げられ、*Ṛg-veda* 中の用例もかなり指摘されている。そういうものを参照した上での反省に立って、ここでは purohita に「宮廷祭官」の訳語を与えておいた。なお、この用語を問題とする切っ掛けとなった当のパーリ聖典中の *Kūṭadanta-sutta* (Dīgha-Nikāya, P. T. S., Vol. I) では、dakkhiṇā = dakṣiṇā はまだ現われていないが、祭祀（yañña = yajña）が重要なテーマとなっており、宮廷祭官が、祭主たる王に対して、受領者（paṭiggāhaka = pratigrāhaka）たちに対する後悔を排除せんために教えを与えることになっている（本書、第二部第三章、一八四―一八五頁の引用参照。そこで「受納者」と訳されているものが今の「受領者」の訳に相当することに注意。）が、なぜ後悔を排除しうるかというと、その場合の祭祀（＝供犠）の「受領者（paṭiggāhaka = pratigrāhaka）」が十善業を行っていて清浄だからなのである。これは、前の第十章、三五八頁で考察した構造によって説明すれば、この「受領者」が十善業の結果として(ロ)＝K の dakkhiṇā を受領するに相応しい dakkhiṇeyya になっているから、王の祭祀による dakkhiṇā が無駄になる恐れがなくなり王には後悔が消失するということを意味しているであろう。更に、「受領」に因む若干の問題については、後註47も参照されたい。

(8) 以上は、A Heesterman 論文, pp. 243-244 による。そのうち、「新たに灌頂された王」として紹介した箇所の原英文は, "the newly anointed king" であるが、ここで述べられている王族の習慣や儀礼が厳密にいつの時代のことなのか、私には定かではないが、論述上は、仏教成立以前のインド古代のことでなければならない。そのような古代のこととどの程度まで類似のことが行われていたのかは分からないが、「新たに灌頂された王」とは、*Āryâkāśagarbha-sūtra*（『聖虚空蔵経』）の中の「灌頂されたクシャトリヤ (kṣatriya- mūrdhābhiṣikta-)」（本書、第二部第二章、一七〇頁所引の経文参照）の語を連想させる。

(9) A Heesterman 論文, p. 244 参照。その二頌の要点は、その, ll. 5-7 で述べられている。

(10) サンスクリット原文は次のとおりである。引用は, *Ṛgveda-saṃhitā with the Commentary of Sāyaṇācārya*, Published by Vaidika

Saṃśodhana Maṇḍala, Poona, 2nd ed., 1972 による。なお、以下の引用箇所は, *ibid.*, Vol. I, pp. 795-796 である。

upa kṣaranti sindhavo mayo-bhuva ījānaṃ ca yakṣyamāṇaṃ ca dhenavaḥ/
pṛṇantaṃ ca papuriṃ ca śravasyavo ghṛtasya dhārā upa yanti viśvataḥ//
nākasya pṛṣṭhe adhi tiṣṭhati śrito yaḥ pṛṇāti sa ha deveṣu gacchati/
tasmā āpo ghṛtam arṣanti sindhavas tasmā iyaṃ dakṣiṇā pinvate sadā//
dakṣiṇāvatām id imāni citrā dakṣiṇāvatāṃ divi sūryāsaḥ/
dakṣiṇāvanto amṛtaṃ bhajante dakṣiṇāvantaḥ pra tiranta āyuḥ//

なお、この箇所の翻訳については, Ralph T. H. Griffith, *The Hymns of the Rigveda, Translated with a Popular Commentary* (Third Ed., 1920), Vol. I, pp. 173-174、辻直四郎訳『リグ・ヴェーダ讃歌』(岩波文庫)、二七七頁を参照したが、定評のある F. Geldner, *Der Rig-Veda aus dem Sanskrit ins Deutsche übersetzt mit einem laufenden Kommentar versehen* は、駒沢大学図書館になく、今回は参照できなかった。和訳に際し、問題の dakṣiṇā は訳さない方がよいかとも思ったが、一応前回からの訳語として統一し「報酬」としておいたが、特にこれにこだわらなければならぬ理由はない。なお、第六頌の第二句 "dakṣiṇāvatāṃ divi sūryāsaḥ" に対する上記英訳は "for those who give rich meeds suns shine in heaven" であるが、辻訳はこの句の訳を欠いている。この句中の sūryāsaḥ は一応 sūrya（太陽）と āsa（座）と解して読んだが、厳密なことは私には分からない。第一句にある id については、註釈によって eva の意と解し、また、同じく註釈によって第二句中の dakṣiṇāvatāṃ をも限定していると解した。

(11) A Heesterman 論文, p. 244 参照。二つの例のうち、前者については, *Maitrāyaṇī-saṃhitā*, 1, 6, 4, *Kāṭhaka-saṃhitā*, 8, 8、後者については, *Taittirīya-saṃhitā*, 6, 1, 3, 6, *Maitrāyaṇī-saṃhitā*, 3, 6, 8, *Kāṭhaka-saṃhitā*, 23, 4 の参照を指示している。

(12) dakṣiṇā のこの語源解釈については、本書、第二部第十章、註6の記述を参照されたい。そこでも引用しておいた *Śatapatha-brāhmaṇa*, 4. 3. 4. 2 の説は、従って、Heesterman 教授によれば、擬似語源説となるわけである。

(13) A Heesterman 論文, p. 256 参照。Bergaigne 教授の説の典拠としては, Bergaigne, *Religion Védique*, I, p. 127 を指示している。私が、なんの学問的根拠もないままに、dakṣiṇā の語源解釈として dakṣiṇa（右）の意味にこだわっていたことについては、本書、第二部第九章、註20、同、第十章、註6を参照されたい。なお、dakṣiṇā の語源に関しては、渡辺重朗氏（前註2参照）より, Manfred Mayrhofer, *Kurzgefaßtes etymologisches Wörterbuch des Altindischen/ A Concise Etymological Sanskrit Dictionary* (Heidelberg, 1963), *s. v.* と *do.*, *Etymologisches Wörterbuch des Altindoarischen*, I, Lief. 9 (1991), *s. v.* (= DAKṢ, pp. 689-690, dákṣiṇa, adj., pp. 690-691) を、とりわけ、後者中の Wackernagel, *Altindische Grammatik*, II 2, 351 を参照することが最重要であるとの御教示を得たが、せっかくの御好意にも

かかわらず、実際に腰を上げたのが本稿を草する直前であったために、駒沢大学図書館にあった前者は参照しえたが、なかった後者は今回参照できなかった。前者, Vol. II, p. 10 によれば、dākṣiṇaḥ に対しては、"recht, rechtsseitig, südlich, tüchtig, geschickt/ right, southern, able, dexterous" などとあり、dākṣati に対しては、"macht es einem recht, wirkt zur Zufriedenheit/ acts to the satisfaction of" などとあるから、「右」による解釈が優勢と考えられる。また、前註7で記した purohita 絡みで参照した、H. Grassman, *op. cit.*, p. 571, *s. v.* も参照すべきであろう。そこでは、dákṣiṇa は、ギリシア語の dexios と等価とされ、原義は tüchtig, geschickt にあり、第1義は「右の（rechte）」、第二義は「右手（rechte Hand）」、最後の手前の第八義が「供犠報酬（Opferlohn）」とされている。

(14) 極めて簡便な方法を採ることになるが、前註10で指摘したサンスクリット校訂本と英訳とによって、以上の三頌を列挙してみれば次のとおりである。

indro madhu saṃbhṛtam usriyāyāṃ padvad viveda śaphavan name goḥ/
guhā hitaṃ guhyaṃ gūlham apsu haste dadhe dakṣiṇe dakṣiṇāvān//
(Indra found meath collected in the milch-cow, by foot and hoof, in the cow's place of pasture. That which lay secret, hidden in the waters, he held in his right hand, the rich rewarder.)
pari pūṣā parastād dhastaṃ dadhātu dakṣiṇam/ punar no naṣṭam ājatu//
(From out the distance, far and wide, may Pûshan strech his right hand forth, And drive our lost again to us.)
jagṛbhmā te dakṣiṇam indra hastaṃ vasūyavo vasu-pate vasūnām/
vidmā hi tvā go-patiṃ śūra gonām asmabhyaṃ citraṃ vṛṣaṇaṃ rayiṃ dāḥ//
(Thy right hand have we grasped in ours, O Indra, longing for treasure, Treasure-Lord of treasures! Because we know thee, Hero, Lord of cattle: vouchsafe us mighty and resplendent riches.)

(15) A Heesterman 論文, p. 257.

(16) 柳田國男『日本の祭』（定本柳田國男集、第十巻、筑摩書房、一九六二年）、二〇四頁。

(17) 義江彰夫『神仏習合』（岩波新書、一九九六年）、三一―三二頁。日本の古代や中世における dakṣiṇā 相当のものに対する私の関心については、本書、第二部第十章、註21において表明しておいたが、ここに、この引用を示すのは、その関心の成果を示すためではない。

(18) 本書、第二部第十章、三四八―三五〇頁に引用した *Manusmṛti* 第八章第二〇七頌および第二〇九頌と、その前後の記述を参照されたい。

(19) C Hara 論文で取り扱われるこの問題については、後註47を参照されたい。*Ṛg-veda* における dakṣiṇā の施受（授）の問題については, *Ṛg-veda*, 1. 126. 1-5, および、同, 10. 107. 7 が参考になると考えられる。いずれも、辻前掲訳書（前註10）に訳出されているものなので、合わせて辻訳も参照されたい。前者の第二頌と第五頌では、祭主たる王より、詩人祭官が（dakṣiṇāを）受けとることが、ā-DĀ（受領する）で表現され、後者、第七頌では、実際の主語が dakṣiṇā であるものの、（祭主が dakṣiṇā を）与えることが、DĀ（授与する）で表現されている。なお、前者、第五頌では、「（詩人祭官である）私は、あなたがたのために、以前の贈与を受領した（pūrvām anuprayatim ā dade vas）」と言われているが、祭官が贈与を受領することがなぜ「あなたがたのため（vas）」になるのかといえば、祭官が霊力に優れているために、贈与（anuprayati = dakṣiṇā）が決して無駄にならないことが含意されているからである。このような考えが、後には仏教にも採り入れられて、例えば、本書、第二部第十章、三五九頁で引用した『華厳経』「入法界品」の "tathāgata-sattva-dakṣiṇā-pratigraha（有情の報酬を受領する〔資格のある〕如来）" といった表現となって現われることになる。これは、如来が報酬（dakṣiṇā）を無駄にしない徳あるものとして祭官にも等しき霊力を持っていることを意味しているのである。また、「受領する（pratigraha）」と関連する「受領者（paṭiggāhaka = pratigrāhaka）」については、前註7を参照されたい。

(20) A Heesterman 論文, p. 245.

(21) 同上。この記述の典拠としては, *Āpastamba-śrauta-sūtra*, 20, 10, 2, *Śatapatha-brāhmaṇa*, 13, 5, 4 ,27 が指示されている。

(22) この三様の説明については、A Heesterman 論文, pp. 246-247 を参照されたい。ここに、その三つを要約して示しておけば次のとおりである。(1)千頭の牝牛がインドラとヴィシュヌによってヴリトラから奪い取られ、三分されて、三分の二がインドラへ、三分の一がヴィシュヌに割り与えられた。(2)ソーマに通告した後で、インドラが自分の従者であるマルトから千頭の牝牛を奪い、分割には、インドラとソーマのほかに、後でヤマも加わり、千頭の牝牛の中から特別な一頭を見分ける。(3)千頭の牝牛は、プラジャーパティの創造的展開の結果であり、プラジャーパティがまずヴァスとルドラとアーディティヤの三神を産み、次に、その三神が産み出した一頭の牝牛が、三神それぞれの三グループのために 333×3＝999 頭の牝牛を産んだ。以上であるが、この三様の説明は、インドラがプラジャーパティによって取って代わられていく過程を示唆したものであるというのが Heesterman 教授の見解なのである。

(23) A Heesterman 論文, p. 247.

(24) 同上。この記述の典拠としては, *Pañcaviṃśa-brāhmaṇa*, 21, 1, 10, *Jaiminīya-brāhmaṇa*, 2, 251 が指示されている。

(25) 前註22につき、特に、三様の説明中の(1)を参照されたい。

(26) A Heesterman 論文, p. 250.

(27) ヴェーダ神話におけるプラジャーパティの役割等について私の参考になったものは、古いものではあるが、中村元「神話と伝説」

『印度』（南方民俗誌叢書5、偕成社、一九四三年）、二四二―二四六頁である。その指示により参照した, *Ṛg-veda*, 10. 72. 4 には、「アディティよりダクシャが、ダクシャよりアディティが生じた（aditer dakṣo ajāyata dakṣād … aditiḥ）」とあり、同, 10. 121. 8 には、「彼（ヒラニヤガルバ）はダクシャを孕み祭祀を産みつつ（yaś … dakṣaṃ dadhānā janayantīr yajñam）」とあり、同, 10. 121. 10 には、上の第八頌を含む全九頌を受けるような形で、「プラジャーパティよ、この一切の万物を包持するものは、汝をおきて他に存在せず（prajāpate na tvad etāny anyo viśvā jātāni pari tā babhūva）」とあって、次第に、プラジャーパティが万物の創造者となっていく過程が読み取れるようである。なお、上の引用でダクシャ（Dakṣa）と言われているものが、dakṣa の語義としては、本稿で問題としている dakṣiṇā と全く同じものであることに注意されたい。このような過程を経て、恐らく、Prajāpati と dakṣiṇā とは密接な関係を形成していったであろうと考えられるが、そのことは、本書、第二部第十章、三四七頁に引用した、後代の文献である *Manusmṛti* 第六章第三八頌にも歴然と継承されていると感じられるのである。

(28) B Oguibenine 論文, p. 393 を参照されたい。これまでに種々の混乱を引き起してきた dakṣiṇā の概念に触れながら、特に、Gonda 教授と Heesterman 教授の説明に言及し、それらが、賛同と共に批判も集めてきたと述べているだけである。

(29) このフランス語に対する一般的なサンスクリット用語として、Oguibenine 教授は yajamāna を補っている（p. 394）。これから判断すると、同教授が頻繁に用いる patrons du sacrifice とは、A Heesterman 論文でいえば、sacrificer（祭主）に相当するが、同教授の意向を重んじて、同論文の紹介に関しては、多少煩瑣ながらも、「祭主」ではなく「祭祀のパトロン」と直訳して示すことにしたので了解されたい。

(30) B Oguibenine 論文, p.394 を参照されたい。これに対する Oguibenine 教授のフランス語訳は、"la dakṣiṇā est un bon adressé aux dieux, c'est un sacrifice fait aux dieux" である。この前後の頌を含む一段の和訳については、辻前掲訳書（前註10）、二七九―二八〇頁を参照されたい。

(31) B Oguibenine 論文, p. 395.

(32) B Oguibenine 論文, p. 397 を参照されたい。

(33) Oguibenine 教授の訳は、"puissent mes formules de récitation se diriger vers le prix de compétition" (p. 398) である。この句は、Sāyaṇācārya の註釈では、"brahmāṇi asmadiyāni stotrāṇi vājan balinaṃ tvām vyantu gacchantu/（私どもの讃美の辞が有力なあなたのもとに至りますように）" と説明されているが、私の訳は、それを参照したものである。ここで、Oguibenine 教授の問題とする VI は GAM に置き換えられて説明されている。

(34) Oguibenine 教授の訳は、"dakṣiṇām āvivāya" だけについて、"dirigeant la dakṣiṇā" とされている。この箇所を含む第四句は、

Sāyaṇācārya の註釈では, "prathamaḥ yaḥ janānāṃ dakṣiṇām āvivāya āgamayati/（およそだれであれ最初に人間たちの報酬に近づけさせるもの）" とあって，ā-VĪ は ā-GAM で言い換えられているが，その正確な意味は私には分からない。前註33に示した頌の意味が，祭官が讃歌を神々に送る（VĪ）ことであるのに対し，これは，祭主が祭官に報酬を近づかせる（ā-VĪ）ことを意味しているのであろうか。

（35） B Oguibenine 論文, p. 398 を参照されたい。

（36） B Oguibenine 論文, p. 401.

（37） 同上。

（38） 同上。引用中に付された①②は私の補ったものである。

（39） B Oguibenine 論文, p. 402 参照。なお，patti-dāna の patti が puñña（= Skt. puṇya）と同じ意味で使用されるということについては，既に古く，Childers, *A Dictionary of the Pali Language*, London, 1875, pp. 372-373 で詳しい説明が与えられている。極めて重要と思われるので煩を厭わず，その記載の半分弱を以下に引用しておくことにしたい。"*Patti* is sometimes used for the merit, gain, advantage or prospective reward of a good action, and this merit may be transferred by supererogation to another by an excercise of the will. The foll. are instances of this use of the word:（中略）He says it is also called *pattidānaṃ*; and quotes from a comment, *attanā katvā iminā dānādinā mayā upacitaṃ puññaṃ ahaṃ tumhākaṃ dammi tumhe anumodantu iti matassa vā jīvantassa vā yassaci puññadānaṃ*, it is the transference to any one, living or dead, of merit wrought by oneself, saying, "I give to you the merit laid up or acquired by me by this act of almsgiving, etc., may you reap the benefit of it."" 更に，patti-dāna = puñña-dāna については，C Hara 論文, p. 127, n. 1 を参照されたい。

（40） B Oguibenine 論文, p. 406.

（41） 当初の計画では，本章での考察をもとに，次の第十二章では，「悪業払拭の儀式と作善主義」と題して「福業の転移性」の問題を「作善主義」の導入によって論じてみたいと思っていたが，時間的余裕がなく，〔第十二章での考察は〕次の機会に見送らざるをえなくなった。ここでは，その「作善主義」を中心に私の意図の若干を述べておくに止めたい。私は本書，第二部第九章，三一八頁，および，三三二頁，註1の段階まで用いていた「精神主義」なる用語を「除穢主義」と改めることを，拙稿「成仏と往生」『駒沢短期大学仏教論集』第三号（一九九七年十月），一〇八頁，および，一一三頁，註39で断ったが，その直後の，同，一一八頁の「追記」中では，阿満利麿『法然の衝撃』（人文書院，一九八九年）をヒントに，すぐさまその「除穢主義」を「作善主義」に改めると宣言せざるを得ない状態に追い込まされた。そして，できるだけ早く，「悪業払拭の儀式」を「作善主義」によって説明したい思いに駆られて本章に臨んだのであるが、時間の不足はいかんともなしがたく、現況は上述のごとくである〔ため第十一章のみで中断せざるをえない〕。ところで、その「作善主義」とは必ずしも直接には関係ないのであるが、B Oguibenine 論文が取り上げたⓐ祭主（＝祭祀のパトロン）とⓑ祭官とⓒ神々との三極構造とそれらの間の絆である dakṣiṇā とを、先に私が指摘した本書、第二部第十章、三五八頁の(イ)(ロ)(ハ)(ニ)の表に対応させておけば、ほぼ、ⓐ＝(イ)、ⓑ＝(ロ)、ⓒ＝(ハ)、dakṣiṇā ＝(ニ)の対応が見出せるであろう。かかる構造をも含めて、次の〔第十二章執筆の〕機会には「作善主義」を論じてみたいと思っている。

(42) E. B. Cowell and R. A. Neil (ed.), *The Divyāvadāna, A Collection of Early Buddhist Legends*, Cambridge, 1886, Repr, Delhi/Varanasi, 1987, p. 99, ll. 4-8. このフランス語訳については、B Oguibenine 論文, p. 403 を参照されたい。本文中に示した私の訳は必ずしも Oguibenine 教授のものに従ったものではない。なお、同教授がその出典の ll. を 6-8 とするのは恐らく誤りであろう。

(43) 以上については、C Hara 論文, pp. 103-105 を参照されたい。なお、本論文を要約するには、先に言及した（前註2）、原博士御自身による日本語レジメを断えず参照させて頂いた。

(44) 本書、第二部第十章、三五二―三五四頁、および、三六七頁、註36を参照されたい。なお、その折に、『大般涅槃経』『自説経』『大品』の三者に共通して示される頌を取り上げ、同、三六六頁、註32において、中村元訳に重要な箇所の誤訳のあることを指摘したが、その箇所は既に、渡辺照宏訳注『涅槃への道――仏陀の入滅――』（渡辺照宏著作集、第二巻、筑摩書房、一九八三年）、四〇頁（初出は一九七四年九月から一九七七年七月までで、四〇頁相当箇所の初出は、その位置からみて一九七四年九月に近いはずである）で正しく訳されていることを、渡辺重朗氏の御教示（前註2）で知ることを得た。と同時に、この著作集は、出版と同時に寄贈を受けていたものだっただけに、これの参照を怠ったことは、私の全くの不覚であったことを思い知ったような次第である。本訳注は、一般に流布している中村元訳よりは、はるかに正確なものなので、パーリ『大般涅槃経』を読まれる方にはぜひお勧めしたい。己れの不明を恥ると共に、ここにお詫びを兼ねて一筆書き添えておくものである。

(45) C Hara 論文, p. 104 による。(a)は, *Manusmṛti*, 8, 17, (b)は, *ibid.*, 4, 239-240 である。以下に、その原文を示しておけば、次のようになる。

(a) eka eva suhṛd dharmo nidhane 'py anuyāti yaḥ/ śarīreṇa samaṃ nāśaṃ sarvam anyad dhi gacchati//
(b) nāmutra hi sahāyārthaṃ pitā mātā ca tiṣṭhataḥ/ na putra-dārā na jñātir dharmas tiṣṭhati kevalaḥ//
ekaḥ prajāyate jantur eka eva pralīyate/ eko 'nubhuṅkte sukṛtam eka eva ca duṣkṛtam//

本文中に示した和訳は、原博士御自身の日本語レジメより借用したものである。なお、C Hara 論文所掲の *Manusmṛti*, 8.17 の第三句からは "nāśaṃ" が脱落しているので補われるべきである。ところで、道元が、これと酷似した考え方を、十二巻本『正法眼蔵』中で、

「おほよそ無常たちまちにいたるときは、国王・大臣・親昵・従僕・妻子・珍宝たすくるなし、ただひとり黄泉におもむくのみなり。おのれにしたがひゆくは、ただこれ善悪業等のみなり。」（大久保本、六一六頁）と述べ、これが『修証義』にも引かれていることはよく知られている。しかし、かかる「自業の自得性」は、仏教の専売特許というよりは、むしろ通インド的な考え方であることを、如上の *Manusmṛti* の一節から知っておくのも決して無駄ではないであろう。因みに、この道元の考えと酷似した表現を、水野弘元『修証義講話』（曹洞宗宗務庁、一九六八年）、八四頁は、*Dhammapada*, 288 に求めている。今は、以下に、その原文を上記中の水野訳と共に示しておく。

na santi puttā tāṇāya na pitā na pi bandhavā　antakenādhipannassa n'atthi ñātisu tāṇatā.

死神にとりつかれた者には、親族達の間にも頼るべきものはない、息子達も恃みとならず、父も親戚の人々も〔恃みに〕ならない。

(46) 以上については、C Hara 論文, pp. 105-109 参照。

(47) 以上については、C Hara 論文, pp. 110-113 参照。ところで、原博士御自身による日本語レジメには、「ここに功徳は dharma, puṇya, tapas, kratu-phala の語によって表現されるが、二分の一、八分の一等の分数的表現、並びに『受領』の動詞（pratigrah-）の現れている事は注目されるべきである。」とあるが、このように動詞 prati-GRAH の使用を説明中で強調することは、原英文の方にはないようではあるものの、善業もしくは dakṣiṇā 相当のものを受領することが動詞 prati-GRAH で示されるとの御指摘は重要であると思う。この語の名詞形の使用例については、前註7や19でやや詳しく説明したつもりであるが、功徳やそれ相当のものは、それを「受領する」当体が立派でしっかりしたものであってこそ、無意味なものではなくなるのである。伝統仏教教団の寄進物の「受領（pratigraha）」を記した碑文については、平川彰『初期大乗仏教の研究』（春秋社、一九六八年）、六六四―六六七頁〔：平川彰著作集、第四巻、三二一―三二三頁〕を参照されたい。

(48) 以上については、C Hara 論文, pp. 113-119 参照。

(49) C Hara 論文, p. 120 を参照されたい。なお、私見によれば、このシヴァ教獣主派のような宗教思想の本質を批判的に研究することは、例えば、オウム真理教のような未開で野蛮な古代的宗教を現代に跳梁させないためにもぜひ必要なことであると考えられる。

(50) C Hara 論文, pp. 124-125 による。なお、和訳は、先と同じく、原博士御自身による日本語レジメのものによった。ただし、そこでは、"paribhūyamānaś caret (5)" に相当する訳が抜けているので、「汚されながら行くべし」は私が補ったものである。

(51) C Hara 論文, p. 126 を参照されたい。

(52) C Hara 論文, p. 127 を参照。この碑文は, *ibid.*, p. 132, n. 137 でも断られているように、Schopen 教授によって、Johnston に倣い、「通大乗的銘文（a common Mahāyāna formula）」と呼ばれたものである。この Schopen 教授の研究については、本書、第二部第八章、三〇一―三〇五頁を参照されたい。

(53) 以下のサンスクリット原文は, Gadjin M. Nagao (ed.), *Madhyāntavibhāga-bhāṣya: A Buddhist Philosophical Treatise edited for the first time from a Sanskrit Manuscript*, Tokyo, 1964, p. 77 によって示した。原博士の御指摘に刺激されてここにこれを示すのは、本書、第二部第八章、註15で注意したコロホンの一つをこの機会に具体的に知って頂くためである。なお、引用原文中に傍線で示した asti は、この種の碑文やコロホンで一般的に用いられている表現に従えば、atra に訂正されるべきかもしれない。

〔付記〕本稿脱稿直後に分かったことであるが、実は、本稿、註13中で、駒沢大学図書館に所蔵されていないと記してしまった、Manfred Mayrhofer, *Etymologisches Wörterbuch des Altindoarischen*, Indogermanische Bibliothek II. Reihe・Wörterbücher, Carl Winter・Universitätsverlag, Heidelberg は、ちゃんと所蔵されていることが判明した。それは、本書が、カードではなくパソコンのみに記録されるようになった時期以降に購入されたものであることに頭がまわらなかった、私自身の全く単純なミスによって生じたことであることを、大学図書館の名誉のために記し、かつ私の不注意をお詫びする次第である。本書を直に確認しえて、より明確になったこともあるが、現時点では、既に記したこと以上にはあまり出ないので、ここでは、事実誤認のお詫びだけに止めておきたい。

（一九九八年二月十七日記）

〔研究小補〕本章、註42下の本文中に示した *Divyāvadāna* の一節の拙訳中の誤訳については、第十三章の註記末に示された「追記」中の訂正を参照されたい。本章、註6中に記した「三大捨身譚」中の①は、本来「捨身救鷹」とされていたが、今回これを「捨身救鴿」と改めてあることについては、拙稿「菩薩成仏論と捨身二譚」『駒沢短期大学研究紀要』第二八号（二〇〇〇年三月）、三二九頁、註3を参照されたい。本章、註27で触れた dakṣa に関しては、久保田力「マナス（こころ）の原風景〈下〉――『リグ・ヴェーダ』・トリックスターの誕生――」『東北芸術工科大学紀要』第一号（一九九三年十一月）、五三―五九頁も参照されたい。

第十二章　悪業払拭の儀式と作善主義

「作善主義」という用語そのものは、阿満利麿氏のものからの借用であるということについては既に触れたが[1]、それはあくまでもヒントにしかすぎないので、インド仏教史の展開の中において私が「作善主義」をいかに規定するかについては、自らの責任において以下に述べなければならない。

しかるに、私の言わんとする「作善主義」とは、インド仏教史の展開のみならず、更にそれを大きく取り囲んでいるインド宗教思想史全体の中で捉えてみる必要のあるものなので、「作善主義」の概念規定に先立って、まず、インド宗教思想史全体の展開を図〔次頁〕によって示してみることにしよう[2]。

アーリヤ人の侵入以来、太古の昔より現代に至るまで、インドの習慣や思想や宗教を根底から支えていたものが、霊魂（ātman, puruṣa, *etc.*）の実在とその解放を主張する「解脱思想」にあったということには疑問の余地があるまい。しかるに、この主張に対し、霊魂否定説である「無我説（anātma-vāda）」を唱えて、「解脱思想」を理論的に真向から否定しえたのは仏教だけであった。インドにおける仏教の成立とは、この意味でいえば、インドの習慣を支えていたものの全面否定なのであるが、図中の白い部分はそのことを示し、時代の推移と共に、その部分の少くなっていることは、インドの習慣の仏教への侵蝕が進んでいることを示す。一方、そのインドの習慣を支えた「解脱思想[3]」は、当の霊魂をいかに解放するかというその手段によって、図中の左から右に縦書きしたように、祭式主義↓苦行主義↓作善主義↓秘密主義へと展開していったと考えられる。

祭式主義とは、最高の宗教的権威者としてのバラモン（brāhmaṇa、司祭者）だけによって支配されたバラモン至上主義的閉じられたインドの古代社会にあって、バラモンなしでは王といえども神々による解放は望めないというほど

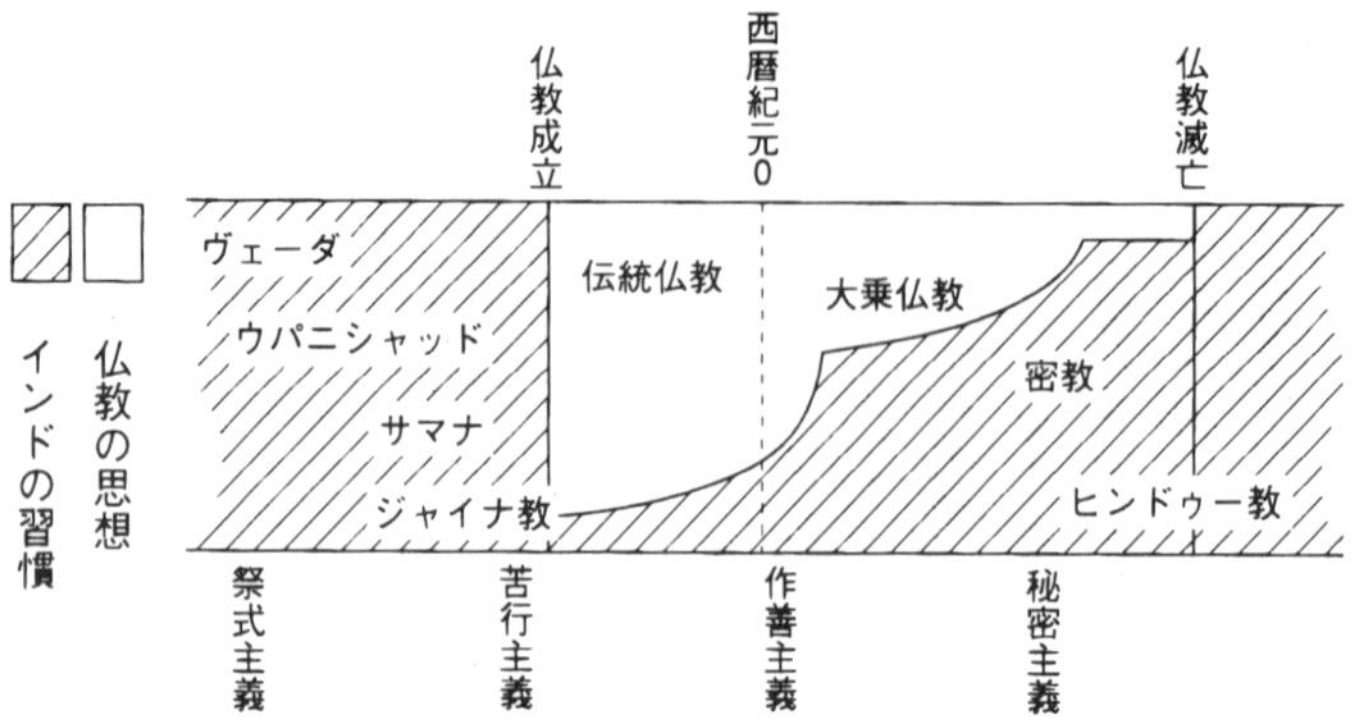

の祭式万能主義のことであり、それは、例えば、*Aitareya-brāhmaṇa* で次のように叙せられている[4]がごとくである。

na ha vā apurohitasya rājño devā annam adanti tasmād rājā yakṣyamāṇo brāhmaṇaṃ puro dadhīta devā me 'nnam adann iti

実に、宮廷祭官のいない王の食物を神々は食べない。それゆえ、祭祀をなそうとしている王は、神々が私の食物を食べますようにと願って、バラモンを〔自分の〕前に〔宮廷祭官として〕配すべきである。

しかし、バラモンを頂点とする侵入者としてのアーリヤ人が、次第に東進し、ガンジス河中流域に定着するようになると共に、都市が形成され商工業が発展して、旧来の閉じられたバラモン至上主義的社会は一変する。都市の形成や商工業の発展により、都市を守るクシャトリヤ（khattiya, kṣatriya）と、商工業に従事する商人会長（seṭṭhin, śreṣṭhin）や組合長（pamukha, pramukha）を中心としたヴァイシュヤ（vessa, vaiśya）とが実質的な権利を掌握し、とりわけ後者の階層化が進んでいったからである。[5] こうして、旧来のバラモン至上主義的呪縛から比較的解放されるようになった、この新しい時代に輩出した自由な宗教家が、「サマナ（samaṇa, śramaṇa、沙門、桑門）」と呼ばれたものたちであった。彼らは多く、「祭式（yajña）」によってではなく、「苦行（tapas）」によって霊魂（ātman）の解放を目指そうとしたので、その意味からは、苦行主義に基づく苦行者（tapasvin）であったと見做すことができる。仏教が成立した紀元前五、六世紀のインドは、まさにそのような「サマナ」の輩出した時代であり、彼らは特にガンジス河中流域のマガダを中心とする各都市で活躍していたのである。仏教の開祖も、当初はかかる「サマナ」の一群に身を投じたような格好ではあったが、終には、苦行主義に基づく霊魂の解放としての「解脱思想」を否定するに至り、霊魂否定の「無我説（anātma-vāda）」のもとに、「縁起（paṭiccasamuppāda, pratītyasamutpāda）」[6]を「考えること（manasikāra, manaskāra、作意）」を強調し、考える対象としてのものごとの性質を分析する（dharma-pravicaya、択法）知性（prajñā）を重んじる思想伝統[7]の基を拓いたのであった。

　だが、それにもかかわらず、その当時の仏教を反映しているパーリの南伝ニカーヤが、名実共に苦行主義を代表するジャイナ教の古層経典と共に、「沙門文学」もしくは「苦行者文学（Ascetic Literature）」の双璧と見做されて、「婆羅門文学（Brahmanical Literature）」と対峙させられる場合がある[8]。この視点は、上述したようなインドの歴史的展開の中において、祭式主義から苦行主義への変化と両者の相違とを論じる場合には極めて有効なものと考えられるが、しかし、あまりにもこの視点を強調し過ぎると、仏教の思想が「苦行者文学」の中に埋没してしまって、「苦行」を否定したはずの仏教思想を「苦行者文学」から峻別することがむしろ困難になってしまうという弊害も出てくる。逆にいえば、仏教文献は、「苦行」を否定したはずの仏教思想を明確に取り出すことを難しくさせるほどまでに「苦行者文学」的要素によって侵蝕されているという側面も持っていることになるわけだが、それはまた、成立した以降の仏教を取り巻いていたインド的習慣の仏教側への反映という事実でもあったのである。

　その事実とは、当時バラモン至上主義的呪縛から解放されて政治や商工業に従事するようになったクシャトリヤやヴァイシュヤが、バラモン的伝統とは別途の苦行者讃美の宗教的習慣を仏教の出家者や教団にも求め、仏教側も徐々にそれに応じていったということを意味する。それが、例えば、既に見たように[9]、デーヴァダッタによる苦行者のごとくなすべしとする五事の要求を拒否した釈尊を開祖に戴いた仏教教団も次第に五事を含んだ十二頭陀（dhūta）行を容認するようになっていったことや、超人的境地である上人法（uttari-manussa-dhamma）を得たといえば飢饉の時でも比丘が充分な施与を受けうるようなインド的環境が常に仏教教団を取り巻き支えていったことや、かかる環境の中で苦行を否定した仏教といえども徐々に十二頭陀行や梵行（brahma-carya）を実践する苦行者を比丘の理想とするようになっていったことなどの諸相であったわけである。

しかるに、このようなことを苦行者たる比丘に求める権力や財産に富んだ有力なクシャトリヤやヴァイシュヤが在家菩薩と呼ばれるようになる一方で、それに見合って前者もまた出家菩薩と呼ばれるように展開していくためには、社会経済の更なる発展と共に寺院の大規模化が必須の要件であった。その要件を満した時代が、前掲図中の紀元直後の大乗仏教の興起する頃の時期であり、作善主義がその時代の宗教的通念を支えるようになっていたと考えられるのである。しかも、この場合に、私が「作善主義」なる用語中の「善」に対応するインド側の語として想定しているのは、kuśala/ kuśala であるよりはむしろ puñña/ puṇya であると言った方がよいだろう。後者の方が、通インド的な意味では、pāpa（悪）に対峙する語としてやや通俗的に、しかもより一般的に用いられていたと思われるからである。[10] そして、私は、この pāpa と puṇya として互いに対峙している両語を、これまでの多くの場合において、順次に、「悪業」と「福業」というふうに、むしろ「業」を補って訳してきたわけであるし、puṇya については特に「功徳」とも訳してきたわけであるが、ここでは、学術用語として余り奇異にならないよう既に用いられていた呼称に従って「作善主義」を採用し、その中の「善」に対しては、あまり訳例がないかもしれないが、puṇya を対応させたと理解して頂ければ大変ありがたい。[11]

さて、作善主義に先立つ苦行主義とは、苦行に基づく霊魂の解放を目指すという意味での「解脱思想」であるということは、先にも述べてきたつもりであるが、勿論その最終目標は輪廻（saṃsāra）からの解脱（mokṣa）である。苦行者とは、いわばその目標の最至近距離にいるということで曾てのバラモンのように崇拝された人たちのことであるが、自らの力だけでは到底解脱を目指すことのできない在俗の有力なクシャトリヤやヴァイシュヤは、在俗ゆえに犯している悪業（pāpa）からの解放を、彼ら苦行者もしくは彼らに順ずる霊場に対して善業（puṇya）を作すことによって果し、輪廻からは解脱できなくとも、せいぜい地獄に堕ることからは免れて善趣に生まれたいと願ったに違いない。しかるに、その作された善業の果報が返ってくるという考えを保証したものこそ、苦行に因むマジカルな霊力と信じられていたものにほかならない。しかも、それの体系化された理論が、前章で取り上げた、特に、B Oguibenine 論文やC Hara 論文で論じられている「功徳の廻向（patti-dāna = puñña-dāna, *puṇya-pariṇāmanā）」という当時のインドに広く一般的に認められていたものだったのである。そして、仏教におけるそれは、かかる通インド的な現象の投影でしかなく、決してその逆ではありえないということには細心の注意を払っておかなければならない。

その上で、この、言ってみれば「功徳の廻向」と呼び換えてもいいような作善主義を問題にすれば、それがインドにおいて功を奏し定着するようになるためには、直前に少し仄めかしておいたように、マジカルな霊力を備えていると信じられていた苦行者もしくは彼らに順ずる霊場が必要であり、それは、いわば太古のバラモン祭官や祭官たちによって仕切られた神聖な祭場に見合うものでなければならなかったのである。その意味で、作善主義とは、苦行主義を経由した祭式主義の復活と言えなくもないのであるが、この時代には、もはや一握りのバラモン祭官に少数の権力者が対応していたわけではなく、バラモン至上主義的呪縛から解放された多くの苦行者と世俗社会において実質的権限を掌握していた階層化された多様なクシャトリヤやヴァイシュヤが社会の主力をなしていたことに注目しなければならない。そこでは、その作善主義を成り立たしめる儀式は、当然のことながら、彼らを充分に迎え容れることのできる大寺院で行われなければならなかったのである。中村元博士は、その当時の仏教やジャイナ教の寺院について、王侯から広大な土地の寄進を受けるようになった寺院では荘園化が進み、そこには王の官吏も自由に立ち入ることが許されず、寄進された多大な金銭は商人の組合に貸し付けられ利息も生んだと指摘されておられる。(12) これまで試みてきた考察に基づく私見によれば、このような大寺院（saṃghārāma）の塔地を舞台に、vaiyāvṛtyakara（管理人）などの寺院所属の下級の比丘の手配の下に出家苦行者としての出家菩薩が作善主義に基づく儀式を執行し、その霊力に預ろうとして寄進をなした大富豪の在家菩薩がその儀式に参加したのであろうと推測されるのである。[13] その局面こそ、世に「大乗仏教」と称された現象にほかならないが、それがまた太古の祭式主義の復活と見做しうる側面をもっている以上、在家菩薩が出家菩薩に差し出す布施が、ヴェーダやウパニシャッドのその昔に、祭主が祭官に差し出した dakṣiṇā（報酬）と同じ名を以って呼ばれたとしても[14]不思議はないであろう。dakṣiṇā およびそれに由来する dakṣiṇīya が大乗経典でもかなり用いられていることについては後でも触れるが、その大乗経典の最古層の一つに『三品経（*Triskandhaka*）』があると、平川彰博士によって指摘されたことは極めて重大なことであった。[15] 恐らく、作善主義の根本的な性格は、その『三品経』の時点で成立していたと考えられるからである。『三品経』はそのままの形では現存しないが、これに関説する *Śikṣāsamuccaya* によれば、「三品（tri-skandha）」とは、「悪業の懺悔（pāpa-deśanā）」と「福業の随喜（puṇyânumodanā）」と「諸仏の勧請（buddhâdhyeṣaṇā）」とであり、それらは「福徳（福業、善）の集りだから（puṇya-rāśitvāt）」「品（skandha、集合＝rāśi、蓄積）」と称されると解釈されている。[16] 恐らくは、寺院の塔地を舞台として、出家苦行者（出家菩薩）を中心に諸仏の勧請が行われ、施主としてそれに参加している大富豪の在家者（在家菩薩）は、自ら作した布施などの福業（作善）に随喜して自らの悪業を懺悔したのであろう。これが、本第二部で追求してきた「悪業払拭の儀式」にほかならないから、「悪業払拭の儀式」とは、実は「作善主義」に基づく儀式と言ってもよかったことになるが、その『三品経』の読誦を勧める、これまた古い漢訳である『法鏡経』を異訳にもつ *Ugradattaparipṛcchā* は、僧院（gtsug lag khang, vihāra）を中心に、「在家菩薩（gṛhī bodhisattvaḥ, byang chub sems dpa' khyim pa'、開士居家）」と「出家菩薩（pravrajito bodhisattvaḥ, byang chub sems dpa' rab tu byung ba、開士去家）」のあるべき様についてかなり詳しく論述している。[17] しかるに、その「僧院（vihāra）」は、『法鏡経』では、「廟」と漢訳されているので、その原初形態は vihāra ではなく stūpa や caitya だったかもしれないという想定のもとに、そのような場所が、伝統的仏教教団とは全く別途の在家仏教運動たる大乗仏教の拠点でなければならないと見做されたのが、平川彰博士であったが、[18] 従来検討してきたように、現時点では「作善主義」に基づく儀式と呼び換えてもよいような「悪業払拭の儀式」にとって必須の条件とは、まずインド人の宗教的通念に見合った神聖なる場所を媒介とした出家苦行者と在家寄進者との厳格な役割分担であり、その上で前者のマジカルな霊力を宗教的権威として後者の布施などの作善を強調することである以上、後者が前者なしに勝手に集団を構成して「悪業払拭」を行うなどということは考えられないので、後者は必ず前者を必要とし、しかも前者は、そこが廟と呼ばれようと vihāra と呼ばれようと、その伝統的仏教寺院(saṃghārāma)内に居住していたのである。[19]

この寺院内居住者たる「出家菩薩」の比丘(bhikṣu, dge slong, 除饉)を、*Ugradattaparipṛcchā* の漢訳である『法鏡経』と『郁迦羅越問菩薩行経』と『大宝積経』「郁伽長者会」とチベット訳 *Drag shul can gyis zhus pa'i le'u* とは、順次に、既に平川彰博士や静谷正雄博士も指摘し考察されているように、一二種、一四種、一五種、一七種として列挙している。[20] 私見によれば、これらの比丘の名称は、伝統的な仏教構成員の呼称である「七衆(sapta nikāyāḥ)」などにはもはや収まりきらなくなった、仏教寺院内に居住する比丘たちの分化した役割に因む名称であり、従って、同本異訳の経典であっても後代になるほどその名称は増えているのであり、また、同一系統の文献では全くないが、例えば、かなり後代の *Yogācārabhūmi* では、「六四の有情の部類」というリスト中の仏教寺院所属関係者の役割名が(35)—(55)の計二一種として列挙されているのも、単に伝統的仏教寺院内部における出家比丘の役割の時代の進展に伴う階層化を現わしているだけだと考えられるのである。ただし、この *Yogācārabhūmi* のリストについては、別に取り上げたし、[21] ここで特別関連づけておく必然性もないと思うので、再び *Ugradattaparipṛcchā* の同本異訳の経典の記述に戻って、以下では、「在家菩薩」と「出家菩薩」との関係を考慮する場合に重要と思われる dharma-kathika, dhārmakathika, dharma-bhāṇaka、チベット訳でいうところの chos smra ba, chos sgrog(s) pa, chos brjod pa について、いささか検討してみたい。なお、ここに列挙した、チベット訳を含む諸語については、語形の違いは当然のことながら意味の違いも含んでいるとの考え方の方が有力かもしれないが、私は、今後徐々に示していくであろうように、必ずしもそのようには考えず、語形の違いも意味の違いも、もしありうるとすれば、時代の推移を反映したものにしかすぎず、それらは基本的には仏教寺院所属の比丘で法の伝持に携わる役職の人を指した語であったと考えて大過ないのではないかと思っている。[22] しかるに、その語を含む *Ugradattaparipṛcchā* の以下の一節[23]は、「在家菩薩」がなすべき三帰依の一つである法帰依について述べたものである。

チベット訳：khyim bdag gzhan yang byang chub sems dpa' khyim pa chos bzhi dang ldan na chos la skyabs su song ba yin te/ bzhi gang zhe na chos smra ba'i gang zag rnams la brten cing bsnyen te/ bsnyen bkur byed cing/ bsti stang du byas nas/ chos nyan pa dang/ chos thos nas tshul bzhin so sor rtog pa dang/ ji ltar thos pa'i chos rnams dang/ ji ltar khong du chud pa rnams gzhan dag la yang ston cing yang dag par rab tu 'chad pa dang/ chos kyi sbyin pa las byung ba'i dge ba'i rtsa ba de bla na med pa yang dag par rdzogs pa'i byang chub tu yongs su sngo ba ste/ khyim bdag byang chub sems dpa' khyim pa chos bzhi de dag dang ldan na chos la skyabs su song ba yin no//

居士（gṛha-pati）よ、更にまた、在家菩薩（gṛhī bodhisattvaḥ）が四法を備えるならば、〔彼は〕法に帰依するものである。四とはなにか。(1)説法師（dharma-kathika, dharma-bhāṇaka）たる人（pudgala）たちに依存し親近して恭敬をなし敬意を払った後に法を聞くこと（dharma-śravaṇa）と、(2)法を聞いた後に規範どおりに個別的に考えること（pratyavekṣaṇa）と、(3)聞いたとおりの法と理解したとおりのことを他の人たちにも示し正しく明確にすること（prakāśana）と、(4)その法施（dharma-dāna）より生じた善根（kuśala-mūla）を無上正等覚に廻向すること（pariṇāmanā）とである。居士よ、在家菩薩はそれらの四法を備えるならば、法に帰依するものなのである。

安玄訳『法鏡経』：又復、理家、修治四法、為自帰於法。何謂四。一曰、諸法言之士、以承事追随之。二曰、所聞法、以恭敬之。三曰、已聞法本、末思惟之。四曰、如其所聞法、随其、能為人、分別説之。是為四法。開士居家者、自帰於法、為如是也。

竺法護訳『郁迦羅越問菩薩行経』：復次、長者、居家菩薩、有四法行、帰命法。何等為四。一者、与正士法人、相随相習、稽首敬従、受其教勅。二者、一心聴法。三者、如所聞法、為人講説。四者、以是所施功徳、願求無上正真之道。是、為四居家菩薩、為帰命法。

康僧鎧訳「郁伽長者会」：長者、在家菩薩、成就四法、帰依於法。何等四。(1)於法師人、親近依附、聴聞法。(2)已善思念之。(3)如所聞法、為人演説。(4)以此説法功徳、迴向無上正真之道。長者、是名、在家菩薩、成就四法、帰依於法。

上引の諸訳中、傍線を付した語が、今問題としている寺院居住の法の伝持に携わる役職の比丘を指している語であるが、いずれもサンスクリット語では dharma-kathika や dharma-bhāṇaka と言われていたことを予測させるものである。これが、「在家菩薩」の帰依に値する「出家菩薩」であると見做されていたことは明らかであろうが、その意味では、この役職の比丘は、同じ経典の諸訳中で列挙されている、[24]前出の寺院（vihāra）に居住する「出家菩薩」中の、『法鏡経』一二種中の第二「明経者」、『郁迦羅越問菩薩行経』一四種中の第二「解法者」、「郁伽長者会」一五種中の第二「説法」、チベット訳一七種中の第二 “chos brjod pa” と実質的に同じものと考えてもよいであろう。ただし、これら四訳中の後三者からは dharma-kathika もしくはそれに類似する語を想定することは比較的容易である[25]にしても、最も古い『法鏡経』の「明経者」からは dharma-kathika などよりはむしろ sūtra-dhara の方を推測させる。しかし、そのような場合であっても、dharma-kathika と sūtra-dhara とでは、法の伝持という点で、その役割において互いにオーヴァーラップするところがあったと考えられるのである。

さて、如上の諸訳間には、同種の語を巡っても種々のバラつきが想定しうるのであるが、ここでは一応それらの語をdharma-kathikaで代表させて話を進めることにして、上の引用諸訳中のチベット訳に仮りに依るとすれば、「在家菩薩」は、法帰依をなす場合には、とりわけ「出家菩薩」中のdharma-kathikaを崇拝して、彼から(1)法を聞き(dharma-śravaṇa)、その法を(2)個別的に考え(pratyavekṣaṇa)、その法を他人にも(3)明確にし(prakāśana)、その法施による善根を(4)廻向すること(pariṇāmanā)という四種の作善によって悪業(pāpa)を払拭し霊魂の浄化を図ると見做されていたに違いない。そうだとすると、崇拝するだけで「在家菩薩」にそのような結果をもたらしうる「出家菩薩」としてのdharma-kathikaには、単に仏教の教説に通暁している学者というよりはdharmaを他人に伝播せしむるようなマジカルな霊力に富んだ苦行者的なイメージがあるように信じられていたのではないかと思われる。だからこそ、彼を崇拝する「在家菩薩」は「在家菩薩」のままでいながら、他人にそのdharmaを伝えることができ、その法施(dharma-dāna)によって廻向も可能と考えられていたのであろう。[26]

しかるに、その「在家菩薩」とは、居士(gṛha-pati)という呼びかけからも分かるように、当時新興の巨大な屋敷に住む大富豪であり、また、同じ経典中にも描かれているように、[27]「奴婢や使用人(karma-kara)や日雇い(pauruṣeya)」の所有者でもあるのである。かかる菩薩には、行うべき作善の筆頭として布施(dāna)が求められることが多いのであるが、そのことは、所謂「大乗仏教」といわれるものが興った前後から、その後、はるか後代に至ってもずっと変わらなかった側面といえるだろう。例えば、それほど後のことではないが、グプタ期の文献である*Bodhisattvabhūmi*の「施品(Dāna-paṭala)」でも、やはり布施波羅蜜を求められる「(在家)菩薩」は、同じように「奴婢や使用人や日雇い(dāsī-dāsa-karmakara-pauruṣeya)」を抱えた居士であったり、[28]「灌頂された王(rājā mūrdhābhiṣiktaḥ)」であったりするものとして描かれているのである。[29]

しかも、大乗経典に登場する「菩薩」とは、特別、出家苦行者としての「出家菩薩」の限定でもなされているのでない限りは、大抵の場合は、「善男子（kula-putra）」や「善女人（kula-duhitṛ）」と呼びかけられる如上のごとき「在家菩薩」を指していると見做さなければならない。かかる「在家菩薩」が自分たちだけで全く別途な在家仏教教団を構成したとしても宗教的には全然意味をなさなかったはずであり、事実、彼らは、先の *Ugradattaparipṛcchā* が描くように、彼らの通念に見合った宗教的権威を求めて伝統的仏教寺院に出かけて行ったのであり、そこに、更なる宗教的権威として寺院内の僧院（vihāra）に居住するようになっていた苦行者的「出家菩薩」に帰依し、そのマジカルな霊力に預ろうとしたのである。だからこそ、僧院に趣く「在家菩薩」の気持を、同じ *Ugradattaparipṛcchā* は、古訳の『法鏡経』を含めて、以下のように[30]描いているのだと考えなければなるまい。

> この〔僧院〕は、禅定者（bsam gtan pa, dhyāyin）たちの住処であり、全ての住処を断ち切った人たちの住処である。これは、正しく去った人（yang dag par song pa）たちや正しく実践している人（yang dag par zhugs pa, samyak-pratipanna）たちの住処である。私もまた塵の住処である屋敷住い（khyim gyi gnas, gṛhāvāsa）より退いていつになったらこのようなことを実践できるであろうか。私もまたいつになったらかの教団の儀式（dge 'dun gyi las, saṃgha-karman）や布薩の儀式（gso sbyong gi las, upoṣatha/ poṣadha-karman）や自恣の儀式（dgag dbye'i las, pravāraṇa-karman）や和敬の儀式（'dud pa'i las, sāmīcī-karman）[31]なるものに参加できるであろうか。このように思って、彼はかく出家者（rab tu 'byung ba, pravrajita）の心に思いを託すべきである。

上引中の禅定者（dhyāyin）は、*Ākāśagarbha-sūtra* においては「素晴しい福田（sukṣetra）」と見做されているものであるが、sukṣetra とは、文字どおりの「福田（puṇya-kṣetra）」を指すのであり、それは、既に考察したように、dakṣiṇā（報酬）に値するものとして dakṣiṇīya（布施に値する人）と呼ばれたものと同じであるから[32]、そこへ参詣する「在家菩薩」は、かかるマジカルな霊力をもった苦行者としての「出家菩薩」が居住する伝統的僧院を必要としていたと考えなければならないのである。しかも、その僧院にて行われる布薩の儀式や自恣の儀式が彼らの渇仰の的であったことは上引の記述からも知られる。なぜ渇仰の的であったのかといえば、これらの儀式が、彼らの霊魂（ātman）に附着した悪業を払拭しうる霊力に満ちたものだという、彼らの、仏教というよりはむしろ通インド的な宗教観に見合ったものだったからである。

しかるに、そういうこともある意味では当然のことなのであって、そもそも、布薩の儀式（uposatha/poṣadha-karman）自体が、本来の仏教の儀式ではなく、周知されているごとく、元々は soma 祭に因むバラモンの祭式の一環であった upavasatha が仏教にも取り入れられて変容したものだとされている。[33] そのために仏典における uposatha や poṣadha の用いられ方にも意味のバラつきがあるとされているが、パーリ文献についてその用例を検討した佐々木閑氏は、uposatham upavasati（斎日を過ごす）という意味での uposatham karoti（布薩儀式をする）という意味での uposatha（布薩）とを厳密に区別した上で、仏教教団内部の展開中には、説戒（pātimokkhuddesa）→布薩という流れが明らかであるとして次のように述べておられる。[34]

説戒とは、半月に一度、pātimokkha が説示されるのを聞いてそれを憶えるものであり、罪を犯した者は参加できない。したがって当然のことながら滅罪浄化のための儀式ではなかった。一方布薩とは、罪の告白・滅罪を目的とする浄化儀式である。この違いこそがまさに説戒から布薩への質的変化を表わしている。uposatha という語が本来、清浄の概念と結びついていたことを考えると、一種の学習会であった説戒が、浄化儀式へ転化した段階で布薩と呼ばれるようになったことは理に叶っている。おそらくそれは最初「斎日に行うべき行事」（uposatha kamma）と呼ばれ、「斎日の行事をする」（uposatha-kammaṃ karoti）という使われ方をしたのであろう。……

半月に三回の斎日（uposatha）に、新興宗教の教主達は一般人のために法を説く。そこへは出家者や在家信者に限らず、様々な人がやって来て教説を聞く。仏教の場合、その教えを聞いて信心を起こした人は、特定の儀式（たとえば五戒の授与）によって在家信者となったり、あるいは出家して僧団員になったりする。こうして教団はその人員を拡大あるいは維持していた。この習慣はおそらく紀元後もずっと続いたであろう。一方、これとは全く別に説戒（pātimokkhuddesa）という、出家者のための儀式があった。これは、半月に一回、十四日目か十五日目の斎日に、pātimokkha（あるいは sikkhāpada）が唱誦されるのを聞いて憶え、正しい出家生活の規範にするというものである。この儀式は律蔵の原初形ができるころまで続いたが、やがて何らかの事情によって浄化儀式へ変化した。そして浄化作用のある儀式ということで、uposatha（uposathakamma）とも呼ばれるようになったのである。

恐らく、この佐々木閑氏の指摘は正しいであろうし、このようにして確立された仏教教団の uposatha/poṣadha に参加するようになった「在家菩薩」こそ伝統的呼称でいえば upavāsa（近住）にほかならず、その upavāsa のことやそれに因む upavāsa-saṃvara（近住律儀）のことは、グプタ期の仏教文献である *Abhidharmakośabhāṣya* にもかなり詳しく記述されているのである。[35] しかるに、佐々木氏が、別な論文で関説された『摩訶僧祇律』「明威儀法」中の一節[36]では、出家比丘の布薩のあり方が述べられているが、その一節によれば、布薩の開始に先立っては人に命じて寺院内が掃除され散花されて、在家信者はたとえ寺院に留ることを希望したものであっても、布薩の会場である恐らくは僧院からは閉め出されて出家者だけで布薩が行われるべきだとされる。私見によれば、その際、命じられて寺院内を掃除したり散花したり、あるいは在家信者を退出するように指示したりしている人こそ vaiyāvṛtyakara と呼ばれていた比丘ではなかったかと考えられるのである。[37] また、寺院に留ることを希望しながら出家者の集った直接の会場からは閉め出された在家者は、やはりその会場の近くに留ってその神秘的な儀式の霊力に預ろうとしたのではないかと思われる。そして、恐らく「大乗仏教」成立前後においては「在家菩薩」と呼ばれていたに違いないそのような在家者も、出家者たちだけの儀式ではない、同じ寺院の塔地内にある caitya や stūpa を中心に催される儀式には、施主として、「出家菩薩」たちの中に参加していたはずなのである。[38] しかも、かかる儀式の中で、「出家菩薩」であるはずの比丘がいかにあるべきかについて、同じ『摩訶僧祇律』は、かつて平川彰博士が注意された一節において次のように述べている。[39]

若四月八日及大会供養時、金銀塔菩薩像及幢幡蓋供養具一切、有金銀塗者、比丘不得自手捉。使浄人捉。

既に考察したように、私は、この「浄人」を vaiyāvṛtyakara もしくはそれに準ずるものと見做しているわけであるが、[40]彼らの出家教団内部における地位は、これまた既に指摘したように、同じ比丘でありながら決して高いものではなかった。世俗社会において、居士 (gṛha-pati) やその人的所有としての前出のごとき「奴婢や使用人や日雇い (dāsī-dāsa-karmakara-pauruṣeya)」の階層化が進んでいたように、出家社会においても、それを反映するかのような階層化が進んでいたのである。[41] そして、その両方の社会を代表するかのような「在家菩薩」と「出家菩薩」とが、例えば、上引の『摩訶僧祇律』を擁した大衆部 (Mahāsāṃghika) の寺院を媒介として、前者の布施や悪業の懺悔 (pāpa-deśanā) などの「作善」に応ずる後者の苦行的霊力による前者の霊魂の浄化という作善主義の儀式において相対していたようなことは、それ以外の部派、代表的には、説一切有部 (Sarvāstivāda) の寺院においても行われていたのであり、また、「大乗仏教」と言われる宗教運動といえども、かかる伝統的仏教寺院の外では興りえなかったと言わざるをえないであろう。大乗経典に頻出する歌舞音曲の描写も基本的に伝統的仏教寺院以外を舞台としたものでないことは言うまでもない。佐々木閑氏の御研究によれば、この時期の部派の律蔵文献は、仏陀供養のためならば伎楽観賞も許されるという特例を設けるように変化していたとのことである。[42] しかも、「在家菩薩」と称された、奴婢などをも所有する大富豪の在家寄進者は、その高価な寄進が無駄に帰さないためにも、霊験灼かな出家苦行者を擁し華美な儀式も可能であった伝統的な大仏教寺院にこそ寄進をなしたであろうと考えられる。それゆえに、かかる寄進を受領する (pratigraha) のは、伝統的部派教団もしくはそこに所属する比丘たちでなければならないという当然の結果になっているのであり、その典型的な銘文は、例えば、「説一切有部の阿闍梨たちの受領のために。この寄進が一切有情の利益と安楽のためになりますように。(acaryana sarvastivadina pratigrahe/ deya-dharme/ sarva-satvana hita-suhartha bhavatu/)」[43] のごとき

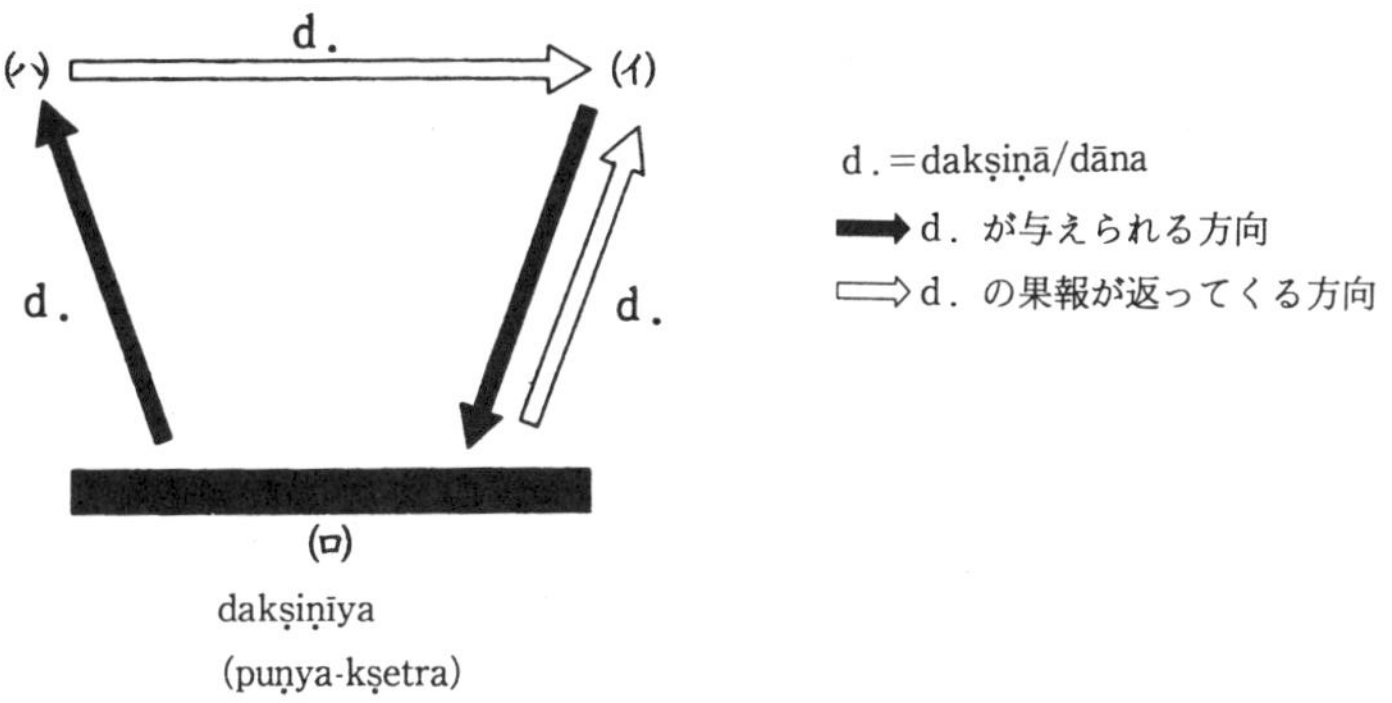

ものなのである。

さて、以上の考察を踏まえて、要約的に確認しておけば、作善主義とは、「在家菩薩」と「出家菩薩」という差別的役割分担に基づき、後者の苦行による霊魂（ātman）支配の力を暗黙の前提として、厳粛な宗教的儀式が執行される場において、前者が布施や懺悔などの善業（puṇya）を作すことによってその悪業（pāpa）が払拭され霊魂の解放もある程度果されるとする考え方であると見做すことができよう。その意味で、作善主義とは、終始インドにおいては圧倒的に支配的であった「解脱思想」の展開の中で押えるとするならば、苦行主義を経由した祭式主義が、ある程度解放された人々の階層化された差別社会において、復活したものであるといえなくもないのである。[44] そして、更にそういう意味で言うならば、作善主義とは、決して仏教の「思想」によってもたらされたものではないという認識が重要な視点とならなければならないであろう。そこで、以下に、既に考察したヴェーダ以来の dakṣiṇā の意義[45]をも踏まえながら、作善主義による悪業払拭の儀式を「作善主義の図」として上に示してみることにしたい。

図中の(イ)(ロ)(ハ)は、本第二部第十章末尾で用いた記号[46]と同じ意味をもたせたつもりであるが、そこで用いた(ニ)は、ここでは用いず、dakṣiṇā もしくは dāna を意味する d. に代えて示した。因みに理解の便宜のために、多少の変更は含むものの、(イ)(ロ)(ハ)の意味を再度示しておけば次のとおりである。

(イ)：在家菩薩（gṛhī bodhisattvaḥ）、即ち、gṛha-pati, rājā mūrdhābhiṣiktaḥ など

(ロ)：出家菩薩（pravrajito bodhisattvaḥ）; caitya, stūpa など、寺院、如来[47]
(ハ)：preta, deva、亡くなった父母など; sukha-hita, bodhi など

右図において、黒線(イ)(ロ)の方向の d. のもとに「福田」たる(ロ)の人や霊場に対して(イ)が puṇya（善、福業）を作せば、puṇya が(ロ)において増大し、黒線(ロ)(ハ)の方向に pariṇāmanā（廻向）がなされ、増大された puṇya が、白線(ロ)(イ)、白線(ハ)(イ)の方向で、(イ)に返ってきて pāpa（悪業）の払拭が果されると考えられていたのが「作善主義」である、と私は想定していることになるわけである。その場合に、d. が無駄に終らないためには、真の「福田（puṇya-kṣetra, dakṣiṇīya）たる(ロ)の人や霊場に「受領（pratigraha）」してもらう必要があるのだが、(ロ)の caitya や stūpa は人ではないためにその pratigraha を危ぶむ声もインドでは根強かったことが、次のような *Abhidharmakośabhāṣya* の記述[48]から知られる。

puṇyaṃ tyāgânvayaṃ..... paribhogânvayaṃ ca..... caitye [dakṣiṇā] tyagânvayaṃ puṇyaṃ paribhogânvayaṃ puṇyaṃ nâsti/ kathaṃ tatrâpratigṛhṇati kasmiṃścit puṇyam/..... yathā maitry-ādiṣv antareṇâpi pratigrāhakaṃ parânugrahaṃ vā puṇyaṃ bhavati sva-citta-prabhavaṃ tathā

福徳は、放捨に由来するものと……受用に由来するものとである。……caitya に対する〔dakṣiṇā（報酬、布施）〕は、放捨に由来する福徳であって、受用に由来する福徳ではない。その〔放捨の〕場合にはだれも受用することがないのにどうして福徳であるのか。……あたかも、慈などにおいては、受領者（pratigrāhaka）もしくは他者への援助（parânugraha）なしでも、自心の威力に因む福徳があるがごとくである。

しかし、そうとは言いながらも、実際には、先に見た銘文のごとくに、dakṣiṇā を確実なものにするためにも、受領者名を記し他者への援助を「一切有情の利益と安楽のため」と記す必要があったと考えられるのである。そうでない場合には、自心の威力（sva-citta-prabhava）に因む純然たる放捨（tyāga）が求められたにちがいないから、それが dakṣiṇā としての捨身の強調となって現われたのかもしれないが、これについては次章で触れたい。とにかく、以上のよ

うに見てくると、「作善主義」とは、決して仏教から生まれたものではなく、前章で見たC Hara 論文でも考察されていた「功徳の廻向（the transfer of merit, *puṇya-dāna）」のように、完全に通インド的宗教通念として出来上っていた観念の仏教側への投影としてのみ把握されるべきものだということが分かってくるのである。その意味では、同じく前章で見たB Oguibenine 論文がヴェーダの祭祀行為と仏教の帰依の行為とを比較して後者の自発的行為に注目した差異点は[49]、決してヴェーダと仏教との相違として把えるべきものではなくして、作善主義とは、苦行主義を経由してある程度人々が解放されその階層化も進んだ時代に復活した祭式主義であると見做しうる限り、その差異点は単に祭式主義と作善主義との違いを意味するにすぎないと把えるべきであろう。

註

（1）本書、第二部第十一章、註41で断ったように、阿満利麿『法然の衝撃』（人文書院、一九八九年）によるが、特に、同書、六七—九一頁において、法然の革命的なあり方が「苦行主義との訣別」と「作善主義との訣別」とから押えられており、その後者が私の本考察のヒントになったわけである。阿満氏は、法然の仏教の特質を「超越的宗教の発見」に求められており、その氏の御見解にも私は大いに共感する点があるのだが、同氏が清沢満之などを高く評価していることに私は大きな疑問をもっているので、私は必ずしも同書全体に賛意を示しているわけでないことだけは一応補足しておきたい。なお、阿満氏は「作善主義」命名の由来を説明したりその明確な定義を語っているわけでもなく、また、その概念を仏教史の展開の中でインドにまで跡付けているわけでもないので、同書は、私にとってあくまでも文字どおりのヒントにしか過ぎないが、よい切っ掛けを与えて下されたことを感謝し、ここにお名を記させて頂く次第である。なお、阿満氏が比較的よく参照されている『歎異抄』中に「自力作善のひとは、ひとへに他力をたのむこゝろかけたるあひだ、弥陀の本願にあらず。」（岩波文庫版、四〇頁）とあることはよく知られていることと思われる。

（2）なお、これとほぼ同じ図は、既に、本書、第二部第九章、三一八頁にも掲げられている。〔しかし、そこに断ったごとく、今回先の図は省略されている。〕ただし、本図は、先の図に「祭式主義」の語を加え、前註1で示した阿満氏のお考えをヒントに、先の図に「精神主義」とあったものを「作善主義」の語に変更したものである。また、この件については、本図の初出である、拙書『法然と明恵——日本仏教思想史序説——』（大蔵出版、一九九八年）、一六—二三頁、および、三五頁、註27も参照されたい。ところで、本文においては、本図中に示した「秘密主義」なるものは説明されていないので、かつての私自身の簡単な説明を借用しておけば、「秘密主義もやはり解脱思想ではあるが、これは霊魂の解放の手段を真言（マントラ）などの通常の言語理解を超えた秘密の力に見出す一種の神秘主義を指している。具体的にいえば密教がこれに相当するが、論理（言葉）による明確な「思想」表明を自ら放棄してしまった秘密主義の密教はもはや仏教ではありえず、従って当然のことのように十三世紀以降はヒンドゥー教の中に埋没してしまったのである。」（前掲拙書、二一頁）となろう。なお、この「秘密主義」については、津田真一『反密教学』（リブロポート、一九八七年）、特に、一一四―一一五頁で「自心の本初不生（rang gi sems ni gzod ma nas ma skyes pa）」と「最初の菩提心（byang chub kyi sems dang po）」という『大日経』の語を中心に、ほぼ完全に明らかにされていると思うので、参照をお勧めしたい。

（3）この「解脱思想」の本質の明確な分析と、「解脱思想」の仏教への滲透を物語る「涅槃」の語義内容の分析とについては、必ず、松本史朗『縁起と空――如来蔵思想批判――』（大蔵出版、一九八九年）、一九一―二二四頁、「解脱と涅槃――この非仏教的なもの――」を参照されたい。

（4）Kāśināthaśāstrī (ed.), *Aitareyabrāhmaṇam*, Ānandāśramasaṃskṛtagranthāvali, 32, Pt. 2, Poona, 1977, p. 956, ll. 2-4. なお、この一節を含むバラモンの呪力に因む文献の考察については、中村元『インド史』Ⅰ（中村元選集〔決定版〕、第五巻、春秋社、一九九七年）、一九二―一九五頁を参照されたい。また、この一節で予想されている purohita を「宮廷祭官」と訳すことについては、purohita の原義についての私のこれまでの不明を再度お詫びするとともに、本書、第二部第十一章、註7を参照されたい。

（5）この前後に記したインドの社会的変化については、中村元前掲書、二六一―五一七頁、「第三編　都市の成立――仏教興起の社会的基盤」を参照されたい。

（6）私がここで言わんとする仏教本来の「縁起」の思想的意義については、松本前掲書（前註3）、一一―九七頁、「縁起について――私の如来蔵思想批判――」を必ず参照されたい。

（7）Pradhan (ed.), *Abhidharmakośabhāṣya of Vasubandhu*, Patna, 1967, p. 2, l. 4, "prajñā dharma-pravicayaḥ（知性とは性質の分析である）" による。なお、これに先行する paññā/ prajñā, dhamma-vicaya, sammādiṭṭhi などの若干の用例については、拙稿「場所（topos）としての真如（発表資料篇）――「場所の哲学」批判――」『駒沢大学仏教学部研究紀要』第四八号（一九九〇年三月）、一八四―一八一頁参照。

（8）M. Winternitz の提唱になる、以上の二つの Literature（文学、文献）群については、本庄良文「南伝ニカーヤの思想」『インド仏教』2（岩波講座・東洋思想、第九巻、岩波書店、一九八八年）、四三―五四頁に手際よくまとめて論及されているので参照されたい。

（9）かつて触れたことのある以下の諸相については、本書、第二部第三章、一九〇―一九六頁、同、第四章、二〇六―二〇八頁、二二七—二一八頁、二二四—二二五頁、註36を参照されたい。

（10） 通インド的な意味で pāpa に対峙して用いられる puṇya の通俗的語義については、原實『古典インドの苦行』（春秋社、一九七九年）、および、田村芳朗「善悪一如」『悪』（仏教思想2、平楽寺書店、一九七六年）、一五八—一七四頁参照。kuśala に比して puṇya の方がより一般的で通俗的であるということは、例えば、kuśalakuśalāvyākṛta（善不善無記）という用法に対して puṇyâpuṇyâneñjya（福非福不動）という用法を対比させてみればよいかもしれない。*Abhidharmakośabhāṣya* (Pradhan, *op. cit.*（前註7）, p. 227, l. 13-p. 228, l. 2) では、「欲界における善業（śubhaṃ karma = kuśalaṃ karma）が福（puṇya）であり、……色と無色界とにかかわる善業が不動（āneñjya）である。」と言われ、更に、「しかるに、非福（apuṇya）業は不善（akuśala）であると世間で一般的に承認されており、また、世間的にその意味が一般的に承認されているようなものについては、敢えて労を取る必要はないのである。」とも述べられているのである。逆に、kuśalākuśalāvyākṛta の kuśala が、論理的な意味での「正しさ」を表わす場合の Abhidharma 的用例としては、sūtra-piṭaka と abhidharma-piṭaka を kuśala と見做し、vinaya-piṭaka を avyākṛta と見做す『発智論』や『大毘婆沙論』の例を挙げることができる。これについては、前掲拙書（前註2）、三九四—三九五頁を参照されたい。ところが、kuśala も pāpa と対峙して用いられる時には極めて通俗的な意味合いとなることについては、所謂の「七仏通戒偈」が参照されるべきであろうが、このことは、拙稿「七仏通戒偈ノート」『駒沢短期大学仏教論集』第一号（一九九五年十月）、二二四—一八一頁で論じられている。一方で、このように見ていけば puṇya にしても kuśala にしても、通俗的用法はあることになってしまうが、それでも puṇya の方を「作善主義」の「善」に当て嵌めるものと私が見做そうと思うのは、後の本文でも検討するように、puṇya には dakṣiṇā と同じようにそれ自体が増幅していくようなマジカルな霊力が宿っていると考えられていたようであるが、kuśala にはその側面が欠如しているからである。また、後の本文でも明らかにしていくように、「作善」の代表的な puṇya の実践には布施（dakṣiṇā/ dāna）が考えられるが、このような側面からみても、dakṣiṇā/ dāna とオーヴァーラップするような働きを持つ puṇya が「作善」の「善」に最適であろう。また、puñña/ puṇya が増幅するという意味に関しての用例としては、次のような Saṃyutta-Nikāya, I, p. 33, I. 5. 7, *Vanaropa* の頌（下線に注目）がある。

arāma-ropā vana-ropā// ye janā setu-kārakā// papañ ca udapānañ ca// ye dadanti upassayaṃ//
tesaṃ divā ca ratto ca// sadā puññaṃ pavaḍḍhati// dhammaṭṭhā sīla-sampannā// te janā sagga-gāmino//

これに対応する漢訳文については、中村元『インド史』II（中村元選集〔決定版〕、第六巻、春秋社、一九九七年）、一九六頁、註7の指摘により、大正蔵、一巻、一四頁中（『遊行経』）、同、二巻、二六一頁中（『雑阿含経』第九九七経）、同、二二巻、七九八頁中（『四分律』）、同、二六一頁上（『摩訶僧祇律』）を参照されたい。

（11） 原語として puñña/ puṇya を想定しているという立場からストレートに導かれる用語は「作福主義」でなければならないが、そうとはせずに「作善主義」のままとすることに一応の御理解を頂きたいという意味である。漢訳においては、puñña/puṇya に対しては「福」、kusala/kuśala に対しては「善」という区別がかなり厳密に守られているように感じられるにもかかわらず、敢えて阿満氏から借用した「作善主義」のままとしたことをお許し頂きたい。日本語でも、「善根（kuśala-mūla）」を積むなどと言う時の「善」は「福」に近いような意味でも用いられているように思う。因みに、前註で示した *Vanaropa* の頌中の下線部分に対する中村元博士の和訳は「善（puñña 功徳）は…増大する」（前掲書、一九三頁）である。

（12） 中村元『インド史』III（中村元選集〔決定版〕、第七巻、春秋社、一九九八年）、一八九―一九八頁、三四九―三八四頁参照。

（13） 本書、第二部第九章参照。

（14） 本書、第二部第十章、同、第十一章参照。

（15） 平川彰『初期大乗仏教の研究』（春秋社、一九六八年）、一二三―一二七頁：平川彰著作集、第三巻（春秋社、一九八九年）、二一七―二二〇頁参照。なお、この点については、本書、第二部第二章、一六四―一七三頁でも論及したので参照されたい。

（16） 本書、第二部第二章、一六五頁に和訳で引用した箇所を参照されたい。

（17） P. ed., No. 760-19, Zhi, 298a6ff.,『法鏡経』、大正蔵、一二巻、一五頁下五行以下参照。「在家菩薩」に対する gṛhī bodhisattvaḥ と「出家菩薩」に対する pravrajito bodhisattvaḥ とは、*Yogācārabhūmi* の「六四の有情の部類」のリスト（後註21の拙稿参照）中の⑯と⑰のサンスクリットより、順次に回収されたものである。なお、本経のチベット訳からの現代語訳については、櫻部建訳「郁伽長者所問経（ウグラ居士の問い）」『宝積部経典』（大乗仏典9、中央公論社、一九七四年）、二三一―三一三頁を参照されたい。

（18） 平川前掲書（前註15）の全体を参照されたい。

（19） 特に、本書、第二部第四章、二〇六―二一一頁以降において、平川彰博士の御見解を批判的に検討してきたつもりなので参照されたい。なお、前註17で記した *Yogācārabhūmi* の用例によって「在家菩薩」のサンスクリット原語は gṛhī bodhisattvaḥ と知られたので、本書、第二部第二章、一七四頁、九行の和訳「家長（gṛhin）として屋敷に住んでいる（gṛha-stha）菩薩」は、「屋敷に住んでいる在家菩薩（gṛha-stho gṛhī bodhisattvaḥ）」と訂正されるべきであり、本書、第二部第四章、二一〇頁、一四行の「在家菩薩（gṛhastha-bodhisattva）」は「在家菩薩（gṛhī bodhisattvaḥ）」へ、同、二二〇頁、註13の「屋敷に住んでいる菩薩」は「屋敷に住んでいる在家菩薩」へ改められるべきである。

（20） 平川前掲書（前註15）、五三一―五三二頁：一三〇―一三一頁、静谷正雄『初期大乗仏教の成立過程』（百華苑、一九七四年）、三六八―三六九頁参照。なお、櫻部前掲和訳（前註17）では、二七八頁がこの箇所に相当する。また、ここに列挙された一部の比丘の役割についての検討は、本書、第二部第三章、一九四―一九五頁、同、第五章、二三八―二三九頁でもなされている。

(21)　拙稿「*Yogācārabhūmi* における64種の有情分類リストについて」『駒沢短期大学研究紀要』第二七号（一九九九年三月刊行予定）〔その後、予定どおり刊行され、その一三九—一七二頁（横）に収録さる〕参照。

(22)　こうした私の見解と最も対立するのは、静谷正雄博士の御主張である。静谷前掲書（前註20）、四三—四四頁、四九頁、六三頁、一一一頁、一五二頁、二八六—二九〇頁、三〇三—三〇七頁、三六九—三七〇頁などに明らかなごとく、静谷博士は、dharma-kathika と dharma-bhāṇaka とを峻別し、前者を部派の比丘、後者を「大乗」の「法師」として、後者こそ大乗運動の創唱者であったとするのである。しかし、静谷博士がかかる区別を設ける場合の前提の一つが、チベット訳 chos smra ba はサンスクリット語の dharma-bhāṇaka に対応し、同じように、chos sgrog(s) pa は dharma-kathika に対応しているというものであるが、その前提は、例えば, Y. Ejima *et al., Index to the Saddharmapuṇḍarīkasūtra*, Fascicle V, Tokyo, 1988, p. 512 の dharma-kathika の項を見ればチベット訳は必ずしも固定したものではないこと、また、本第二部第十三章、註50下の本文に引用した *Abhidharmakośabhāṣya* 中の頌の dhārmakathika に対するチベット訳が chos smra ba とあり、しかも dakṣiṇā に値する対象とされていることなどから判断すると、崩れざるを得ないであろう。dharma-kathika, dharma-bhāṇaka の用いられ方には、伝統的仏教の部派間における違いが反映されていたことは充分に考えられるが、その違いが「小乗」と「大乗」とを分けるものではなかったことは、本第二部によって、大乗教団が別途に存在したわけではないことを知ってもらえれば、また当然の帰結ともなるわけである。

(23)　以下の引用箇所については、チベット訳, P. ed., No. 760-19, Zhi, 299b6-8:『法鏡経』、大正蔵、一二巻、一六頁上一七—二二行:『郁迦羅越問菩薩行経』、同、一二巻、二三頁下一七—二一行:「郁伽長者会」、同、一一巻、四七三頁上一二—一六行。

(24)　以下の四訳については、前註20で指摘した文献における表を参照されたい。

(25)　この場合についても、静谷博士が dharma-bhāṇaka を想定されていることは、静谷前掲書（前註20）、二八九頁によって知られる。それは、この場合のチベット訳 chos smra ba からは、むしろ当然の想定なのであるが、このチベット訳と寺院に居住する比丘一七種の第二を指すチベット訳 chos brjod pa とが内容的に同じものだとすれば、後者から想定される dharma-kathika と dharma-bhāṇaka とは特に異った対象を指すわけではないことにもなるのである。なお、この両語中の前者とほとんど同じ語である dhārmakathika は、本書、第二部第十三章、註50下の本文中の引用に示したように、*Abhidharmadīpa* では dharma-dātṛ（法施者）と置き換えられているが、これは、直前の本文中に引用した *Ugradattaparipṛcchā* の(4) dharma-dāna（法施）を動作者名詞で表現したものと見做すことができるのである。尤も、今の(4)の場合は「在家菩薩」の行うことであるのに対し、*Abhidharmadīpa* の場合は「出家菩薩」その人を指しているので、dāna の方向は逆になるが、いずれの場合も dharma に秘められた puṇya の力を指していることでは同じなのではないかと思う。

(26)　四種の作善の数え方は、四訳間で微妙に異る上、最後の pariṇāmanā に相当するものは『法鏡経』には見られないが、平川前掲書

（前註15）によって指摘され、静谷前掲書（前註20）によって追認されている「三品」の重視ということから推測すれば、pariṇāmanā に類する考えは『法鏡経』の成立時点にもあったと考えてよいと思われる。

(27) 本書、第二部第二章、一七四頁所引の経文参照。なお、古訳の『法鏡経』では、「奴客侍者」とあるのが、意味上、今の指摘の文に相当するであろう。

(28) Wogihara (ed.), *Bodhisattvabhūmi*, Tokyo, 1930-1936, repr. Tokyo, 1971, p. 119, l. 11 参照。

(29) 前掲拙稿（前註21）の註40下に引用した文例(c)を参照されたい。

(30) P. ed., No. 760-19, Zhi, 313b5-8. なお、『法鏡経』のこの箇所は、大正蔵、一二巻、一九頁上一五―二〇行に相当するが、いちいち対応させることは極めて難しい。また、この直後に他訳にはある在家に対比させて出家の利点を説くチベット訳のほぼ一葉分に相当する文が『法鏡経』には欠けていることに注意すべきである。しかし、それにもかかわらず、伝統的仏教教団にとって重要な儀式である uposatha/poṣadha-karman や pravāraṇa-karman は、『法鏡経』中にも、「斎戒罪酒禁制制（酒得禁制）」として書き留められていると考えてもよいように思われる。

(31) チベット訳 'dud pa から sāmīci を想定したのは、*Mvyut.* no. 1768 によるが、sāmīci/sāmīcī については、F. Edgerton, *Buddhist Hybrid Sanskrit Dictionary*, Yale, 1953, repr. Rinsen, Kyoto, 1985, p. 592 の当該項目を参照されたい。なお、パーリ語の sāmīci-kamman については、*Cullavagga*, Vinaya Piṭaka, Vol. II, p. 162, l. 20 参照。また、Childers, *A Dictionary of the Pali Language*, London, 1875, p. 432 の当該語の説明によれば、Minayeff 校訂, St. Petersburg, 1869 版の *Prātimokṣa Sūtra* xxix に "sabbaṃ cetiya-vandanâdi-sāmīci-kammaṃ niṭṭhapetvā（チェーティヤの礼拝などの全ての和敬の儀式を終えて）" とあるとされている。

(32) *Ākāśagarbha-sūtra* の sukṣetra については、前掲拙稿（前註21）の註49、50下に示した経文を参照されたい。dakṣiṇā, dakṣiṇīya については、本書、第二部第十章、三四三―三七二頁を中心に既に論じられたことを指す。

(33) Louis Renou, "Le jeûne du créancier dans l'Inde ancienne", *Journal Asiatique*, ccxxxiv (1943-1945), pp. 117-130, note additionnelle, Sukumar Dutt, *Buddhist Monks and Monasteries of India*, 1962, pp. 72-74、沖本克己「布薩について」『印仏研』二三―二（一九七五年三月）、二五九―二六五頁参照。なお、この情報は、佐々木後掲論文（後註34）、二一頁、註1によるものである。

(34) 佐々木閑「uposatha と pātimokkhuddesa」『仏教史学研究』第三〇巻第1号（一九八七年六月）、一―二二頁（横）参照。以下の引用は、一九頁と二〇頁とによる。なお、私は、この佐々木論文を近年になって知ったために、前掲拙稿（前註10）執筆当時は不明にしてこの論文を知らず、その結果、表現等に不充分な箇所も今にして思えば含まれているが、pātimokkhuddesa/prātimokṣôddeśa の権威づけられた儀式化の典型が「七仏通戒偈」であるとする私の見解については、その拙稿を参照されたい。また、この所謂の「七仏通戒偈」の部分について、梵文根本有部戒経の写本に直接基づいて、既刊の読みの訂正等を中心に公けにされた最近の論文には、松村恒「波羅提木叉末尾偈について」『西日本宗教学雑誌』第二〇号（一九九八年）、二三―三六頁があるので参照すべきである。

(35) Pradhan, *op. cit.* (前註7), p. 213, l. 10-p. 216, l. 11 参照。なお、和訳については、舟橋一哉『倶舎論の原典解明　業品』（法蔵館、一九八七年）、一六四―一七九頁を参照されたい。

(36) 大正蔵、二三巻、四九九頁中参照。なお、この一節を中心にして考察したものが、Shizuka Sasaki, "Buddhist Sects in the Aśoka Period (5) —— Presenting a Hypothesis——," 『仏教研究』第二四号（一九九五年三月）、一六五―二二五頁である。なお、vaiyāvṛtyakara については、本書、第二部第九章をも合わせて参照のこと。

(37) 特に、本書、第二部第六章、二五二―二五四頁所引の有部の *Vinayavibhaṅga*, pārājika 第三条に関する記載を参照されたい。

(38) この件に関しては、前註31中に示した、"sabbaṃ cetiya-vandanâdi-sāmīci-kammaṃ niṭṭhapetvā" などに絡めて、sāmīci-kamman/sāmīci-karman の内容も検討する必要があると思うが、今はその余裕のないことを遺憾とする。もとより、かかる sāmīci-kamman に関わる規定が、あくまでも厳格な出家比丘のためだけの規定であり、後代になってもいささかの変更もなかったとすれば、そのような儀式に在家者が参加することはありえなかったであろうが、後註42に見るように、律蔵における歌舞音曲の許容などという変化を想定すれば、これに絡んだ変更も大いにありえたのではないかと私は予測しているわけである。私が、前註35で触れた *Abhidharmakośa-bhāṣya* の記述に注目するのもそのような予測があってのことであることを白状しておきたい。

(39) 大正蔵、二二巻、三一二頁中。この一節に対する平川博士の論及については、平川前掲書（前註15）、六四九―六五〇頁：平川彰著作集、第四巻（春秋社、一九九〇年）、三〇三―三〇四頁参照。

(40) 本書、第二部第四章、二一二―二一五頁参照。

(41) 本書、第二部第九章、特に、三二〇―三二二頁参照。

(42) 佐々木閑「比丘と伎楽」『仏教史学研究』第三四巻第一号（一九九一年七月）、一―二四頁参照。ところで、本文中に簡単に要約せざるをえなかった律蔵文献中の変化とは、佐々木閑氏の段階説では第三段階に当るものである。これについて佐々木氏は、「第三段階の記述を読んで感じることだが、伎楽供養の主体になるのはあくまで在家者であって、出家者は後ろでそれをバックアップしていたように描かれている。平川説に従って、在家の仏塔崇拝運動を大乗仏教の起源と考えるなら、第三段階というのは、出家者が自分たちと無関係に広く社会運動として広がっていた大乗儀礼を後から取り入れていった痕跡ということになる。これなら伎楽供養の主体が在家者であることもうまく説明がつく。しかし、私は次のような可能性もあるのではないかと思う。「確かに仏塔崇拝は在家を中心として盛んになったものだろうけれど、それに対応して出家者内部から大乗的教義（「在家、出家を問わず、誰でも菩薩道を通って仏になれる」）

を説く者が現われ、この大乗在家と大乗出家がいっしょになって大乗集団を形成した」」（同論文、二〇頁）と述べておられる。極めて重要な指摘といわなければならないが、しかし、この時点で、佐々木氏は、平川説を全面的に否定するまでにはまだ至っていない。それを果したのが、佐々木閑「大乗仏教在家起源説の問題点」『花園大学文学部研究紀要』第二七号（一九九五年三月）、二九―六二頁である。この後の考察結果を踏まえると、佐々木氏の歌舞音曲に対するお考えは、私が本文中で述べたように、伝統的仏教寺院の中で次第に歌舞音曲が行われるように変化したというものであると見做してもよいように思われる。

(43) 所謂「カニシカ舎利容器」の銘文から引用したものであるが、私の引用は、極最近、新たな解読を提起された、定方晟「カニシカ舎利容器銘文解読の試み」『春秋』No. 401（一九九八年八・九月）、二九頁による〔ただし、統一のため「受納」とあるのを「受領」とさせて頂いた〕。なお, Sten Konow, *Kharoṣṭhī Inscriptions with the exception of those of Aśoka*, Culcutta, 1929, p. 137, No. 72 ほか、平川前掲書（前註15）、六六四―六六七頁、静谷前掲書（前註20）、二三六―二四六頁も参照されたい。ところで、この「カニシカ舎利容器」の銘文のみならず、他の場合にもよく現われる pratigrahe は、現代の学者によってほとんど例外なく dative で解釈されるものの、私は nominative と解し、「（xの）受領」と読みたいと思うが無理であろうか。また、私は、この「（xの）受領」においてxへ寄進をなす人を今の場合には原則として「在家菩薩」と考えているが、その考えは、時代が経過していけば、寄進者は、Schopen 教授が指摘された（本書、第二部第八章、三〇一―三〇五頁参照）ような出家比丘でもあったという事実を拒むものではないと思う。

(44) 祭式主義復活の兆しは、パーリ Dīgha Nikāya, I の *Kūṭadanta-sutta* にも既に現われていると思う。この経は yañña の正しいあり方を示す経典であるが、その前半で、世尊はクータダンタというバラモンに過去世の物語をなすが、そこに登場する寄進者として著名なマハーヴィジタ（Mahāvijita）王の purohita（宮廷祭官）が実は現在の世尊であると過去世の物語の結末（p. 143, ll. 26-27）で告げられる。この意味で世尊は purohita としての復活者なのである。なお、*Aitareyabrāhmaṇa* に描かれる purohita の役割については、前註4を参照されたい。

(45) 本書、第二部第十章、同、第十一章参照。

(46) 本書、第二部第十章、三五八―三五九頁参照。

(47) 如来が(ロ)であるとする典型的な例は、本書、第二部第十三章、註28を付した以下の本文中に引用した『華厳経』「菩薩明難品」の頌である。そのような場合には、如来が(ロ)の dakṣiṇīya であることは余りにも明白であるが、拙稿「初期大乗仏教運動における『法華経』――uddiśya の用例を中心として――」『勝呂信静博士古稀記念論文集』（同刊行会、一九九六年）、二三五―二五〇頁で考察したような、"tathāgatam uddiśya stūpaḥ/ caityaḥ kārāpitaḥ（如来の名義で stūpa/ caitya が造られる）" のごとき表現においては tathāgata は(ハ)であるようにも見える。そして、そのように考えたこともあるが、ここでは、あまり論証もないまま、その考えを改めて、『法華経』の如上のごとき表現中の tathāgata も、stūpa/caitya と同じく dakṣiṇīya であると信じられていたと見做しておくことにしたい。

(48) Pradhan, *op. cit.* (前註7), p. 272, ll. 6-13、チベット訳, P. ed., No. 5591, Gu, 261b8-262a5、玄奘訳、大正蔵、二九巻、九七頁上。なお、舟橋前掲書（前註35）、五一一—五一二頁参照。

(49) 本書、第二部第十一章、三八四—三八五頁参照。

〔研究小補〕 本章、註36、および、その本文で触れた『摩訶僧祇律』「明威儀法」は、その後、佐々木閑『インド仏教変移論——なぜ仏教は多様化したのか——』（大蔵出版、二〇〇〇年）、一七一—一七三頁、三七七—三七八頁、註5においても、再度取り上げられているが、この一段を含む、*Abhisamācārika-dharma* に基づく訳註と考察は、本書、第一部第五章、一二六—一三二頁に与えられているので参照されたい。なお、本書、同上箇所においては、本第二部第十二章執筆の時点であまり明確に想定されていなかった、註38の付された直前の記述中の「直接の会場からは閉め出された在家者」の様子についても、その後の考察を踏まえながら、多少とも具体的に想定できたのではないかと思う。また、本章、註42の後半に指示した、佐々木閑「大乗仏教在家起源説の問題点」は、その後、佐々木同上書、三〇七—三三四頁に、「付論2」として収録されているので、現時点では、こちらに依るべきかもしれない。本章、註43で触れた「カニシカ舎利容器」の銘文については、塚本啓祥『インド仏教碑銘の研究』I（平楽寺書店、一九九六年）、九九三—九九四頁, "Shāh-ji-kī Ḍherī 1" も参照されたい。

第十三章　大乗経典における dakṣiṇā と作善主義

前章末尾で、*Abhidharmakośabhāṣya* の1節に因み、受領者（pratigrāhaka）や他者への援助（parânugraha）を全く考慮しなくてもよい、自心の威力（sva-citta-prabhava）だけを頼む純然たる放捨（tyāga）が求められれば、それは dakṣiṇā としての捨身の強調となって現われるかもしれない、というようなことを書き記した。私が「三大捨身譚」と呼んでいるものの一つである『大般涅槃経』の「捨身聞偈」の語は[1]、かかる意味での捨身を充分に示していると考えられる。

ところで、自心の威力だけを頼む純然たる放捨とは、「作善」というよりはむしろ「苦行（tapas）」と言われなければならないが、事実、その「捨身聞偈」の話の中で、後世「雪山童子」として有名になる修行者は、文字通りの「苦行者（tapasvin）」として描かれている。その「苦行者」とは、実は、釈尊の前世なのであるが、彼は、彼が真の「苦行者」かどうかを試すために羅刹の姿になって現われたシャクラ神（śakro devānām Indraḥ、釈提桓因）から「無常偈」[2]の後半を聞くことを「捨身」で贖おうとするが、それは「捨不堅身、以易堅身」や「捨不堅身、得金剛身」[3]という、恐らくは、「自心の威力（sva-citta-prabhava）」のためなのである。確かに、彼は「為欲利益一切衆生故、捨此身」と利他を口にはしているものの、彼の本当の願いは、以下のように述べられている点[4]にある。

願、令一切慳惜之人、悉来見我捨離此身。若有少施起貢高者、亦令得見、我為一偈、捨此身命、如棄草木。

たった一偈のために「捨身」さえも厭わない自分の純然たる放捨を悋嗇者に見て欲しいというのがこの「苦行者」の真の願いであり、しかも、それを実行したからこそシャクラ神は彼を真の「苦行者」であり真の「菩薩」であると認めたのである。そのシャクラ神の言葉[5]を以下に示してみよう。

善哉、善哉、真是菩薩。能大利益無量衆生、欲於無明黒闇之中然（燃）大法炬。由我愛惜如来大法故、相嬈悩。唯願聴我懺悔罪咎。汝於未来、必定成就阿耨多羅三藐三菩提、願見済度。

これは、シャクラ神(イ)が、dakṣaṇīya たる「菩薩」(ロ)の面前で懺悔をなすことによって、bodhi (ハ)は明示されてはいないが暗示されつつ、将来の救済を願っているという点で「作善主義」を示したものである。経典はこの後でこの「苦行者」が現世における釈尊であることを明かすが、その意味での釈尊は、「不堅身」を捨て「堅身」や「金剛身」を得た最終解脱者でなければならないであろう。しかも、その最終解脱である「般涅槃 (parinirvāṇa)」を示すことが『大般涅槃経』の永遠の主題[(6)]であり、この箇所も、そのことを釈尊が迦葉菩薩に告げて終るのである。しかるに、その際も、釈尊による迦葉に対する呼びかけは、「在家菩薩 (gṛhī bodhisattvaḥ)」に対するのと同じ「善男子 (kula-putra)」であることに注意しておかなければならない。『大般涅槃経』全体もまた「在家菩薩」に対する「作善主義」の勧めとして説かれているからである。因みに、この「捨身聞偈」の箇所が始まるに当って、当の『大般涅槃経』を書写し流布させる功徳の大きさを示す一節では、次のようなことが述べられている[(7)]。

世尊。我於今者、実能堪忍、剝皮為紙、刺血為墨、以髄為水、折骨為筆、書写如是大涅槃経。書已、読誦令其通利、然後、為人広説其義。

経典中でこの言葉を発しているのは迦葉菩薩であるが、彼は「善男子」と呼びかけられる「在家菩薩」であるはずであるから、この場面は、「在家菩薩」(イ)が、「出家菩薩」の究極としての最終解脱者たる釈尊(ロ)の面前で「為人広説」という他人の sukha-hita (ハ)のために、「捨身」にも通ずる苛酷な写経という「作善」を dakṣiṇā として提供した、という作善主義を物語っているのである。このような意味での「在家菩薩」の行うべき布施波羅蜜多 (dāna-pāramitā) については、*Bodhisattvabhūmi* の「施品 (Dāna-paṭala)」においても、「自己の肉体を与える (sva-deham anuprayacchati)」場合には、「他の人々の支配下に入り服従すべく霊魂を与える (pareṣāṃ vaśyaṃ vidheyam ātmānam anuprayacchati)」ことのほかに、実質的にも、「手、足、眼、頭、肢、節を求めるものたちや、肉、血、筋を求めるものたちや、ないし髄を求めるものたちには、〔手から始まって〕ないし髄に至るまでのものを与える（kara-caraṇa-nayana-śiro-'ṅga-pratyaṃgâbhyarthināṃ māṃsa-rudhira-snāyv-arthināṃ yāvan majjârthināṃ yāvan majjānaṃ anuprayacchati)」ことがあると記されている。[8]

しかし、「在家菩薩」でありながら、自ら「出家菩薩」のごとき苦行者として「捨身」を行った有名な菩薩が、先の『大般涅槃経』の「捨身聞偈」の話と双璧をなす、*Suvarṇaprabhāsa-sūtra*（『金光明経』）の「捨身飼虎」の話に登場するマハーサットヴァ（Mahāsattva、摩訶薩埵）王子である。この話は、本経の「捨身品（Vyāgrī-parivarta）」で述べられる[9]が、その中心テーマは「舎利供養（śarīra-pūjā）」にある。しかるに、このテーマの中での「捨身品」の「作善主義」の構造を指摘すれば、王子マハーサットヴァが「在家菩薩」(イ)、仔を出産したばかりの、わざわざ「苦行女（tapasvinī）」と称されている飢えた牝虎（vyāgrī）が(ロ)、「世の人の利益のために無上の覚りを覚り（jagato hitârtham anuttarāṃ bodhiṃ vibudhya）」と王子によって誓われている「世の人（jagat）の利益（hita）」もしくは「覚り（bodhi）」が(ハ)であるということができよう。この構造の中で、(イ)が(ロ)に対して「霊魂を放捨すること（ātma-pratyāga）」が所謂の「捨身」であるが、これは、「堅固ならざる泡沫のごとき肉体（niḥsāraṃ phena-kalpaṃ tanum）」を捨てて「極清浄な法身（suśuddhaṃ dharma-kāyam）」を得ることによって「霊魂（ātman）」が本来の堅固な（sāra）真身である「舎利（śarīra）」として確立された（pratiṣṭhāpita）ことを示しているのである。[10]

しかも、この品の末尾において、そのマハーサットヴァ王子こそ現世の釈尊にほかならないことが明かされる[11]に至るわけだから、彼の「舎利」を仏塔（stūpa）として供養している王子の父母の姿を経典で読むか聞くかする現実の「在家菩薩」にとっては、先の「作善主義」もまた別な意味を持って受け取られていたに違いない。つまり、今度は、その話を知った自分が「在家菩薩」(イ)であり、それゆえに、現在はかつてのマハーサットヴァ王子に倣って自分が「捨身」に準ずるような dakṣiṇā（布施）を最終解脱を得た釈尊の「舎利」(ロ)に施し、それを一切有情の利益や安楽もしくは覚り(ハ)のために廻向することによって dakṣiṇā もしくは puṇya の見返りに預ろうとする構造なのである。そして、この構造は、先の『大般涅槃経』の「捨身聞偈」の場合にも当て嵌るであろう。しかも、この意味で、両者に共通する dakṣiṇīya もしくは puṇya-kṣetra としての(ロ)を一般化していえば、「捨身聞偈」の場合の「苦行者」としての菩薩にして現世の釈尊なる人の「堅身」や「金剛身」、あるいは、「捨身飼虎」の場合のマハーサットヴァ王子にして現世の釈尊なる人の「舎利」は、要するに「仏舎利（buddha-śarīra）」にほかならない。それゆえに、その意味の「舎利」を菩薩の段階で記述した *Suvarṇaprabhāsa-sūtra* の一節[12]は、釈尊をして次のように言わしめている。

vandata bhikṣavo bodhisattva-śarīrāṇi śīla-guṇa-vāsitāni parama-durlabhadarśanāni puṇya-kṣetra-bhūtāni/

比丘たちよ、習慣の功徳に滲透され最高に得難く見難い真実の福田である菩薩の舎利を礼拝するがよい。

曇無讖訳：汝等、今、可礼是舎利。此舎利者、是戒定慧之所熏修、甚難可得、最上福田。

現行のサンスクリット本によれば、「舎利礼拝（śarīra-vandanā）」を勧められているのは比丘である「出家菩薩」ということになるが、経典の変遷を考慮すれば、これは当初から「出家菩薩」であったのではなく、むしろ始めは「在家菩薩」であったものが「出家菩薩」に変わった形跡が濃厚である[13]。この点もより厳密な吟味が要求される重要な問題であるが、今は当面の問題である「作善主義」に的を絞れば、その本質はこの「舎利礼拝」の奨励という側面に凝縮されていると見なければならないと思う。なぜなら、「捨身」による「作善主義」とは実際に「捨身」が果された死を目的としたものではなく、その霊力に預ることを目的としたマジカルな儀式そのものでなければならないからである。しかも、そのマジカルな儀式の中心は、直前の引用中で puṇya-kṣetra（福田）と呼ばれていた「舎利（śarīra）」にこそある[14]。かかる霊力を秘めた「舎利」の意味は、通俗的な土着的霊魂観とも合致し易いものであるため、比較的流布も早く、七世紀前半の我が国には既に明白な形で受け容れられていたと考えられる。七世紀前半までの製作と推定される玉虫厨子には、石田尚豊博士の御報告(15)によれば、台座（須弥座）の右側には『金光明経』の「捨身飼虎」図、左側には『大般涅槃経』の「捨身聞偈」図、正面には「舎利供養」図が描かれ、特に「舎利供養」図にはマジカルな霊気が躍動しているような構図の絵が描かれているとされているからである。

では、マジカルな儀式そのものであることを本質としていたと考えられる「作善主義」がなにゆえに「捨身」を重んじなければならないのかといえば、インドにおいて、「作善主義」とは、先に指摘したように、「苦行主義」を経由したバラモンの「祭式主義」の復活と見做しうる要素が濃厚であることと密接に関係しているであろう。しかるに、その「祭式主義」の供犠（yajña、祭祀）においては、祭主が祭官たるバラモンに差し出すdakṣiṇā（報酬）は、本来は「捨身」であるべきものの代用としてなされたものであるとの指摘が、先に見たA Heesterman論文でなされていたわけである(16)。ここでは、その指摘に従って、*Āpastamba-śrauta-sūtra*の関連箇所(17)の原文とその試訳とを示してみることにしよう。

> aṅgāni dattvā tena tena yathā-liṅgaṃ niṣkrīṇīte yad dāsyan syāt/ 4 / hotar vācaṃ te dadāmi tāṃ te 'nena niṣkrīṇāmîti/ 5 / evaṃ brahmaṇe manaḥ/ adhvaryave prāṇam/ udgātre cakṣuḥ/ hotrakebhyaḥ śrotram/ camasâdhvaryubhyo 'ṅgāni/ prasarpakebhyo lomāni/ sadasyāyâtmānam/ 6 /

> 〔祭主は、声などの報酬（dakṣiṇā）の〕諸部分を与えて、それぞれ〔の報酬の部分〕ごとに、その特質に従って、与えるであろうものを贖う（niṣkrīṇīte）。/ 4 /「勧請僧（hotṛ）よ、私は汝のために声（vāc）を与える、私はそれを汝のためにこ〔の報酬の部分〕によって贖う」といって/ 5 /〔彼は、〕同様に、祈禱僧（brahman）のためには意（manas）を、祭供僧（adhvaryu）のためには息（prāṇa）を、詠歌僧（udgātṛ）のためには眼（cakṣus）を、勧請助力僧（hotraka）たちのためには耳（śrotra）を、持杯祭供僧（camasâdhvarya）たちのためには〔四〕肢を、参詣人（prasarpaka）たちのためには体毛（loman）を、参詣僧（sadasya）たちのためには胴体（ātman）を〔与

えて贖う」。/6/

「与えて贖う（dattvā niṣkrīṇīte）」ということの厳密な意味は私には分からないが、恐らく、祭主が dakṣiṇīya（布施に値する人）たるバラモン祭官に対して肉体の各部分に代わる dakṣiṇā を与えることによって、その dakṣiṇā を「買い戻す（niṣkrīṇīte）」と比喩的に言ったものだと考えられるのである。しかも、これと同じような用例は、極めてインド的で通俗的な物語を集成したジャータカの中にも認められ、布施王として名高いヴェッサンタラ（Vessantara）菩薩の話では、彼がバラモンに与えた二人の子供を、彼の父であり子供の祖父であるサンジャヤが「買い戻す（nikkiṇāti）」という場面で用いられるパーリ語の nikkiṇāti は先の *Āpastamba-śrauta-sūtra* で用いられていたサンスクリット語の niṣkriṇāti と全く同じものであることに注意しなければならないであろう。[18] このヴェッサンタラ菩薩の話は、dakkhiṇeyya = dakṣiṇīya（布施に値する人）に対する「過度の布施（atidāna）」を讃美するものであるが、ジャータカの常として、最後にそのヴェッサンタラ菩薩が現世における釈尊であると明かされることによって、atidāna の実行者である彼自身が dakkhiṇeyya であることが示唆されていることは言うまでもない。しかるに、この atidāna は、後に同じパーリ仏教の *Milindapañha* でも問題とされることになるが、これについては、パーリ仏教における十福業事などの問題と共に、浪花宣明博士によって論じられているので、[19] ここではこれ以上詳述することは避けたい。

ところで、atidāna 讃美が、却ってこのような通俗的物語においての方が生き生きと伝承されているということは、南伝仏教においてさえ、かかる菩薩観は通俗的な土着的霊魂観と馴染み易いものであったと言うことができるであろう。そして、ちょうど、ヴェッサンタラ菩薩が、先の「捨身飼虎」や「捨身聞偈」の「舎利」(ロ)に相当する dakkhiṇeyya/dakṣiṇīya もしくは puñña-kkhetta/puṇya-kṣetra のようになっているので、この菩薩に霊力が秘められていると信じて、自ら苦行をなすわけではなくして、ただこれを供養し礼拝して布施などの善行を作す人(イ)にとっては、(ロ)が「捨身」をも厭わない「過度の布施」の実行者、即ち「苦行者」であればあるほど、(ロ)の霊力が高いと通俗的に信じられていたことを、この話は示しているのである。しかも、その俗信を支えるものこそ、ヴェーダやウパニシャッドの時代にも通ずる「捨身」であったのだから、南伝仏教においてもまた、祭式主義が苦行主義を経由し作善主義として復活していたと見ることができるであろう。

従って、大乗仏教と称せられたその作善主義の顕在化とは、伝統仏教に押し寄せた通インド的観念である dakṣiṇā/puṇya もしくはそれに因む dakṣiṇīya/puṇya-kṣetra の霊力を儀式化によって宗教的に権威づけることであったとも捉えることができよう。そして、それが、上に見た『金光明経』の「捨身飼虎」および『大般涅槃経』の「捨身聞偈」の(ロ)としての「舎利」に対する供養という儀式化となって現われていたとも言えるのであるが、その両経典は、一般に中期大乗経典とされるものの中に含められるものであるから[20]、その現象は必ずしも初期の大乗経典の頃からあったものではないとの疑義もあるいは呈せられるかもしれない。しかし、私自身は決してそのようには考えないので、以下においては、所謂初期大乗経典といわれるものを中心に、dakṣiṇā や dakṣiṇīya に関連する記述や文例を取り上げて考察してみることにしよう。

さて、私は、前章において、平川彰博士によって大乗経典の最古層の一つと見做された『三品経（*Triskandhaka*）』の時点において既に作善主義の根本的性格は成立していたと考えていることを述べたが、その経典は現存せず、それゆえに、その考えは、あくまでも経名の「三品（tri-skandha）」から推測しうるだけにすぎないものであった。しかし、一方で、それを念頭に置きながら、初期大乗経典を dakṣiṇā/puṇya や dakṣiṇīya/puṇya-kṣetra などの用例を中心に渉猟していけば、徐々にその状況証拠を固めていけるのではないかと思う。しかるに、その際に、私などが感じる最も困難な点は、初期大乗経典といわれるものを形成している個々の経典の編纂形成史が必ずしも明確に跡付けられているわけではないということである。特に、今問題にしようとしている用例は、大部な『華厳経（*Buddhāvataṃsaka*）』にかなりまとまったものが見出しうるのであるが、『華厳経』を構成する各品の成立の前後関係、あるいは各品内部での増広発展の確定などはかなり困難な問題だと思われるのに、その問題をある程度不問に付して必要な用例だけを取り上げるようなことは不厳密の謗りを免れないであろうものの、ここでは、かかる処置に予め御海容を求めておくことにしたい。

『華厳経』の中で今の問題に関して一番問題にすべき大きな品は、その一部が *Vajradhvaja-sūtra* あるいは *Vajradhvaja-pariṇāmanā* として *Śikṣāsamuccaya* に引用されていることが既に知られている[21]「金剛幢菩薩十迴向品」あるいは「十迴向品[22]」であるが、この品の文献学的な研究については、いずれ別途に試みたいと思っているので、本第二部においては必要最小限において触れるのみとする。その前に、この品以外で気づいた『華厳経』の重要な用例について言及すれば次のとおりである。

まず、本第二部第十章末尾でも取り上げた「入法界品」冒頭の一節[23]について、その後の考察をも踏まえて、若干のコメントを加えておきたい。その時に取り上げた一節は、世尊のもとに集った菩薩と声聞と諸天とが願う言葉の中にあるものなのだが、コメントを容易にするために、サンスクリット原文のみを再度示し、その時には示さなかった和訳をもここでは示しておくことにしよう。

tathāgata-[sarva-][24]sattva-dakṣiṇā-pratigrahāṃś ca saṃdarśayet/ tathāgata-sarva-sattva-puṇya-dakṣiṇā-deśanā-prātihāryāṇy api saṃdarśayet/

〔世尊は恐らく、〕全ての有情の報酬を受領して下さる如来であることをまたはっきりと示し給うであろうし、全ての有情の福徳と報酬とを示す奇跡をなさる如来であることさえもはっきりと示し給うであろう。

ここで、如来が dakṣiṇā（報酬）を受領（pratigraha）して下さる方だと言われているのは、如来こそ完全な(ロ)だからであって、それゆえにこそ、如来に dakṣiṇā を受領してもらうことは間違いなく完全に dakṣiṇā が増幅されて施主に戻ってくることを意味する。従って、漢訳でも、この dakṣiṇā-pratigraha が「福田（puṇya-kṣetra = dakṣiṇīya）」とも訳されうるのである。恐らく、今の一句には、(イ)である全ての有情が(ロ)である如来に対して dakṣiṇā もしくは puṇya を与えることによって（dattvā）再びそれを間違いなく買い戻す（niṣkrīṇāti）ことができるほどに如来は完璧な(ロ)即ち puṇya-kṣetra であり dakṣiṇīya であるということが意図されているように思われる。次の一句の「福徳と報酬とを示す奇跡をなさる」と訳した puṇya-dakṣiṇā-deśanā-prātihārya は、私には必ずしも明白な語ではないが、puṇya と dakṣiṇā とは、他訳によっても支持されるように、同格の並列関係を示している可能性が高いとすれば(25)、そのうちの puṇya は一方的に差し出される単なる「善業」のみではなく、dakṣiṇā と同じように、素晴しい「福田」に施されれば増幅して戻ってくるごとき霊力を秘めたものとも考えられていたことを示唆しているであろう。そこで、如来には、puṇya や dakṣiṇā のかかる霊力を呼び醒ます奇跡的な力があるというのが、今問題の一句の意味するところであるのかもしれない。一方、このような諸句に込められた願いをもって菩薩や声聞や諸天が世尊のもとに集っているその場所とは、Śrāvastī（舎衛城）の Jetavana Anāthapiṇḍadasyârāma（祇樹給孤独園、祇園精舎）にある重閣講堂（kūṭāgāra）で(26)あるが、これは、かかる伝統的な仏教寺院において「在家菩薩」と「出家菩薩」とが一堂に会してこそマジカルな作善主義の儀式が最も有効に執行されうると考えられていたことを示唆しているように思われるのである。

さて、以上のような場面で始まる「入法界品」は、周知のごとく、商人会長の御曹子（śreṣṭhi-dāraka）である Sudhana（善財）が難行を求めてその場を離れ南へ旅立った後、五十二人の善友（kalyāṇa-mitra）と会って終に Samantabhadra（普賢）菩薩と会うことをもって終る。その Samantabhadra 菩薩がいかに自分が数々の苦行を積んできたかを Sudhana に語る言葉の一部を示せば次のとおりである(27)。

ahaṃ kula-putrânabhilāpyânabhilāpya-buddha-kṣetra-paramāṇu-rajaḥ-samān kalpān vicaritaḥ sarva-jñatā-cittam abhilaṣamāṇaḥ/ ekaikasmiṃś ca mahā-kalpe 'nabhilāpyânabhilāpya-buddha-kṣetra-paramāṇu-rajaḥ-samās.....

bodhi-cittaṃ pariśodhayatā/ ekaikasmiṃś (ca) mahā-kalpe sarva-tyāga-samāyuktāḥ sarva-loka-vighuṣṭā mahā-yajñā yaṣṭāḥ/..... putra-duhitṛ-bhāryāḥ parityaktāḥ/ sva-śarīra-māṃsāni parityaktāni, sva-kāyebhyo rudhiraṃ yācanakebhyaḥ parityaktam asthi-majjāḥ parityaktāḥ/ aṅga-pratyaṅgāni parityaktāni(/) karṇa-nāsāḥ parityaktāḥ (/) cakṣūṃṣi parityaktāni(/)

善男子よ、私は、不可説にも不可説な仏国土の極微塵にも等しきカルパにわたって実践し、一切智性の心を希求しつつやってきたが、また、それぞれの大カルパにおいて、不可説にも不可説な仏国土の極微塵にも等しき〔にわたって〕……菩提心を浄めた〔私〕によって、また、それぞれの大カルパにおいて、全ての放捨に叶った、全世界に鳴り響く大祭祀（mahā-yajña）が挙行され、……息子や娘や妻が放捨され、自分の骨や肉が放捨され、自分の身から血が懇願者たちのために放捨され、骨や髄が放捨され、肢節が放捨され、耳や鼻が放捨され、眼が放捨された。

なぜ Samantabhadra 菩薩が己れの過去世の苦行を語るのに「捨身」に触れざるを得なかったのかを理解するためには、どうしても太古のバラモンの祭祀における「捨身」と等価の dakṣiṇā の存在を想定する必要があるだろうが、実際、経典自身もまた Samanthabhadra 菩薩が過去世において複数の大祭祀（mahā-yajña）を行ったことを明記しているのである。

かくして、苦行主義を経由したことによって、儀式ではない実質上の「捨身」としての dakṣiṇā を過去に行ったと信じられている人は、作善主義においては、苦行のような「捨身」の結果、その人自身が dakṣiṇā を受領するに値する dakṣiṇīya、もしくは puṇya を受けてそれを増幅せしめうる puṇya-kṣetra と考えられるに至っているわけであるが、『華厳経』の「菩薩明難品（菩薩問明品）」中には、如来に託けて、かかる dakṣiṇīya もしくは puṇya-kṣetra をまとめて讃美している箇所[28]がある。以下にその一部を示してみよう。

そこで、マンジュシュリー（'Jam dpal, Mañjuśrī）菩薩がチャクシュフシュリー（Mig gi dpal, Cakṣuḥśrī）[29]菩薩に次のように語った。「おゝ、勝者の子（rgyal ba'i sras, jina-putra、仏子）よ、如来において善（dge ba, kuśala）を引き起すことは一つであっても、如来において善根（dge ba'i rtsa ba, kuśala-mūla）を引き起す有情たちは、容姿（gzugs, rūpa）が多様であり、色（kha dog, varṇa）が多様であり、階級（rigs, jāti）が多様であり、能力（dbang po, indriya）が多様であり、財産（longs spyod, bhoga）が多様であり[30]、随伴者（'khor, parivāra）が多様であり、功徳（yon tan, guṇa）が多様であり、貧富の差（phyug dbul）が多様であり、知性（shes rab, prajñā）が多様であるものとしても現われているが、如来は、だれに対しても不平等（mi mnyam pa, asama）もしくは差異の気持をいささかももたないとすれば、これは一体なんたることでありましょうか。」と。そこで、チャクシュフシュリー菩薩はマンジュシュリー菩薩に対して頌で語った。

あたかも、水は一味であっても、容器のあり方によって変化するように、同様に、福田（yon phul ba, dakṣiṇīya）[31]たる仏は、〔有情の〕相続（rgyud, saṃtāna）において変化する。

ここにおいて、如来は、過去世の永いカルパにわたる「捨身」に代表される「菩薩」の苦行の完成者として最終解脱に到達した全てを包括しうる一なる最高の「福田（yon phul ba, dakṣiṇīya）」として描かれ讃美されている。従って、かかる「福田」たる如来は、いかなる差別も感じることなく全てを別け隔てなく受領（pratigraha）しうる真の一者である。しかし、そこから返ってくるはずの dakṣiṇā や puṇya の果報は千差万別であり、それは有情の境遇に応じているだけであるから、差別は温存されたままであるに違いない[32]。とはいえ、dakṣiṇā や puṇya が「福田」に差し出されて「悪業払拭の儀式」が行われれば、有情のそれぞれの境遇に応じて悪業は解放されたと信じられていたわけであるから、これは、作善主義の儀式のマジカルで危険な側面をむしろ語っていると考えられるのである。

かかる作善主義をかなり大掛りに述べようとしたものが、論究を後廻わしにした『華厳経』の「〔金剛幢菩薩〕十廻向品」だと言ってもよいと思われる。この品は、前述のごとく、*Vajradhvaja-sūtra* もしくは *Vajradhvaja-pariṇāmanā* と呼ばれているので、単独の経典として流布していた形跡も濃厚なものである。この品で、言わば聞き手を務める主人公がヴァジュラドゥヴァジャ（Vajradhvaja、金剛幢）菩薩なのであるが、奇妙なことに彼に法を説く諸仏如来も同じ名前だとされている。ヴァジュラドゥヴァジャ菩薩は「善男子（kulaputra）」をもって呼び掛けられる明らかな「在家菩薩」であるが、恐らく、彼は、「出家菩薩」の究極である諸仏如来と同名であるとされることによって、この後者との同質性が約束されているのであろう。その両者の関係において、後者より前者へ示されるのがこの品のテーマである「十迴向（daśa pariṇāmanāḥ）」にほかならない。「十迴向」とは、以下古訳の仏駄跋陀羅訳[33]によって示すことにすれば、①救護一切衆生離衆生相迴向、②不壊迴向、③等一切仏迴向、④至一切処迴向、⑤無尽功徳蔵迴向、⑥随順平等善根迴向、⑦随順等観一切衆生迴向、⑧如相迴向、⑨無縛無著解脱迴向、⑩法界無量迴向である。このうちの、⑥随順平等善根迴向（dge ba'i rtsa ba thams cad dang mnyam pa nyid kyi rjes su song ba zhes bya ba yongs su bsngo ba, sarva-kuśala-mūla-samatānugata-nāma-pariṇāmanā）についての記述中に「捨身」に関連する重要な箇所も多いと思われるので、以下に、その冒頭箇所[34]を、やはり仏駄跋陀羅訳によって示し、重要な語についてはチベット訳およびそれから推測されるサンスクリット語を一部に補っておくことにしたい。

仏子（rgyal ba'i sras dag, jina-putrāḥ）、何等為菩薩摩訶薩第六随順一切堅固善根迴向。[35] 此菩薩摩訶薩、若為王時、得勝国土、安隠豊楽、降伏怨敵、治以正道、如法教化、功蓋天下、徳覆十方、万国帰順、無敢違命、兵杖不用、自然泰平。[36] 以四摂法、善摂衆生、転輪聖王七宝成就。此菩薩摩訶薩、堅固安住自在功徳、眷属和睦不可沮壊、端正第一、観者無厭、離一切悪、功徳具足、相好成満、顔容殊特、身体肢節端厳周備、鮮潔明浄、見者歓喜、体力堅固不可毀壊、摂取天帝那羅延身、離諸業障、得清浄業、具足修行一切布施、若施、飲食、種種美味、諸乗衣服、衆妙華鬘、雑香塗香、床座住処、房舎燈明、湯薬宝器、荘厳宝車、象馬宝王、衆妙宝座、諸蓋幢幡、種種雑宝、妙荘厳具、清浄天冠、髻中明珠。若見獄囚受諸楚毒、起大悲心、捨諸庫蔵妻子眷属、以身処獄、救苦衆生。見送獄囚趣於死地、自捨己身（bdag gi lus dang srog yongs su btang, sva-śarīra-jīvita-parityāga）、以代彼命。若有人乞連膚頂髪髻中明珠眼耳鼻根牙歯舌根頭手足、壊身出血髄肉及心腸腎肝肺肢節諸骨厚皮薄皮或手足指連肉指爪。為求正法、投身火坑。為求法故、挙身具受無量衆若。為法難得故（chos tshol zhing chos kyi tshig dang yi ge 'bru gcig gi phyir）、能捨大地四海国土（rgya mtsho mthar thug pa'i sa chen po）大小諸城村邑丘聚国土豊楽人民熾盛園林浴地華果繁茂無量荘厳天下太平無諸怨敵金銀宝蔵妻子眷属。自在法王、断除一切屠殺悪業、普施無畏、若見有人毀壊畜類及以人根令身残闕、起大慈悲而救度之、以大音声普告一切令聞仏名(de bzhin gshegs pa mngon par sangs rgyas par 'jig rten thams cad du sgrog)、或施大地起仏殿堂造僧房舎（gtsug lag khang dang pho brang gi longs spyod kyi phyir sa dang khams yongs su gtong ba）、安処菩薩聖衆福田、或建尊廟、随応一切、或施僮使（bran dang las byed pa'i mi, dāsa-karmakara-manuṣya）、供給三尊父母知識一切福田、以身布施一切給使（slong ba la rim gro bya ba'i phyir bdag nyid 'bul ba）、復以自身普覆諸仏（rang gi lus kyis de bzhin gshegs pa rim gro byed pa）、以自身施一切衆生（bdag nyid sems can thams cad gtong ba）、常以己身奉給諸仏（sangs rgyas thams cad la rim gro bya ba）、布施国土及王京都厳飾大城（rgyal srid yongs su gtong ba...... grong khyer dang rgyal po'i pho brang ngam rgyan thams cad kyis brgyan pa yongs su gtong ba）、又施宝女侍人眷属妻妾男女（bu dang bu mo dang chung ma, putra-duhitṛ-dāra）、或施以家種種荘厳遊戯園林、或設無数大衆施会（mchod sbyin, yajña）、遠離諸悪、浄衆生故、悉捨一切資生之具、心不貪著、不求果報、悉能捨離。若諸衆生、人与非人、貧賤富貴、或善或悪、種種福田、遠近諸方、一切悉来、或自来求、或不来求、一切悉施、無所慳吝、作如是念、「摂取随順一切堅固善根迴向（yongs su bsngo zhing dge ba'i rtsa ba thams cad kyi snying po'i rjes su song ba, pariṇāmayan sarva-kuśala-mūla-sāram anugacchan）[37]。摂取善色、随順一切堅固善根迴向。摂取善受想行識、随順一切堅固善根迴向。摂取国土、随順一切堅固善根迴向。摂取勝人、随順一切堅固善根迴向。摂取眷属、随順一切堅固善根迴向。摂取財利、随順一切堅固善根迴向。摂取一切恵施、随順一切堅固善根迴向。」（中略）如是等無量衆華（me tog, puṣpa）、菩薩摩訶薩、悉以供養現在十方一切諸仏（sangs rgyas bcom ldan 'das mngon du gyur pa, buddhā bhagavanto 'bhimukhibhūtāḥ）、及滅度後（yongs su mya ngan las 'das pa, parinirvṛta）供養塔廟（mchod rten, stūpa）諸法施者（chos dkon mchog la mchod par byed pa, dharma-ratna-pūjana）比丘僧宝（dge 'dun dkon mchog, saṃgha-ratna）一切菩薩諸善知識（dge ba'i bshes gnyen byang chub sems dpa', kalyāṇa-mitrā bodhisattvāḥ）声聞（nyan thos, śrāvaka）縁覚（rang sangs rgyas, pratyeka-buddha）父母（pha dang ma, mātā-pitṛ）親族乃至自身（bdag gi lus, sva-deha）下及貧賤（bkres pa 'phongs pa, bubhūkṣā-daridra）、菩薩摩訶薩、布施華時、如是迴向。(38)

長々しい引用になってしまったが、これでもこの品全体からみればほんの一部分にしかすぎない。しかし、以上のごとく、「十迴向」中の⑥についての冒頭部分を極わずか追っただけでも、『華厳経』のこの部分の成立段階で、作善主義による儀式は既にほぼ完全な形で出来上っていたことが分かるであろう。まず、「仏子（jina-putra）」の複数形で呼び掛けられているのは紛れもなく「在家菩薩」であり、彼らは、その話の例の取られ方からも分かるように、国王となって広大な領土を支配してもおかしくないクシャトリヤや大富豪のヴァイシュヤであり、彼らが「作善主義の図」中の(イ)を構成している。(ロ)に相当するものは必ずしも一義的ではないが、「施大地起仏殿堂造僧房舎」と記されている以上、彼らが伝統的仏教の大寺院に参詣していることは明らかであるので、そこに祀られている仏宝や法宝や「塔廟（stūpa）」そのものないしはそこに居住している「菩薩諸善知識声聞縁覚(39)」と言われる「出家菩薩」が(ロ)であったことは間違いないであろう。その彼ら(イ)が、これら(ロ)に対して、「為求正法」「為求法故」「為法難得故」と述べられている(ハ)のために、上引中に示されているような絢爛豪華な金品を寄進したのである。それと関連した記述のほとんどには「捨身」を意味する身体やその一部の放捨に纏わる表現が頻出しているが、それが死を意味するような実質的「捨身」

でなかったにもかかわらず好んで用いられているということは、「捨身」が太古のバラモン祭祀における dakṣiṇā を想起させうれば充分なほどに、作善主義が祭式主義の復活としての完全な儀式化をも意味していたからであると考えられる。その観点からすれば、上引中で、「在家菩薩」たちによって無数の yajña（大衆施会）が開催されたように記述されていることにはやはり注目すべきなのである。そして、彼ら「在家菩薩」の設けた yajña には、かつての purohita に代わるべき「出家菩薩」が必要であったはずである以上[40]、yajña は、伝統的大寺院で催されたか、王宮などのそれ以外の場所であれば「出家菩薩」が招かれた席で行われたかであろう。しかも、そのいずれの yajña の場合であろうとも、それを裏方として差配したのもまた一段身分は低いがやはり「出家菩薩」としての vaiyāvṛtyakara たちなどであったろうと推測されるのである。

『般若経』の dakṣiṇā に因む用例については、既に簡単に取り上げたことがある[41]。ここでも、それ以上に考察の範囲を拡げる用意はないが、『般若経』の古層であればあるほど dakṣiṇā に因む用例が少いことは事実である。しかし、その『般若経』においてさえ、既に梶山雄一博士が論証されたように、「廻向（pariṇāmanā）」の思想を中心に、B（種子）＋K（田）∪P（果）の論理が認められ、それは「作善主義（の図）」にも置き換え可能であるから、『般若経』もまた「作善主義」を反映した大乗経典であることは明らかであろう。ただ、かつて私がその梶山博士の論証に関して同時に指摘しておいたように[42]、この「作善主義」の論理が「空思想にもとづいてのみ可能」となることはありえないと思われる。もし梶山博士の論証どおりなら、「空思想」により根本的に色付けられている『般若経』の方に dakṣiṇā に因む用例が『華厳経』よりも圧倒的に多いはずであるが、事実は全く逆だからである。

『法華経』には、索引[43]による限りではあるが、dakṣiṇā に因む用例は全く認められない。また、puṇya は多いが、puṇya-kṣetra もない。更に、「廻向」に因む pariṇāmayat は一例認められるものの、実名詞としての pariṇāmanā は用いられていないようである。とはいえ、『法華経』にも、(ロ)である tathāgata や stūpa に対する(イ)の pūjā を(ハ)の samyak-saṃbodhi のためになすという考えは明瞭にあるから、『法華経』が作善主義の影響下に編纂増広されていったことは紛れもないことであろうが、[44]『法華経』の本質が、当時解放されつつあった種々の階層の人々に等しく教えうる正しい仏教は一つしかないことを「思想」的に主張することにあったとすれば、[45]『法華経』に太古のバラモンの祭祀以来の「習慣」とは本質的に齟齬する面があったとしても当然である。

しかし、そういう『法華経』にも作善主義の影響が色濃く及び、元々そうであった『華厳経』は言うに及ばず、『般若経』も後代の増広部分であればあるほど作善主義の色彩を強め、かかる増広過程と平行して *Ugradattaparipṛcchā* や *Upāliparipṛcchā, Ratnarāśi-sūtra, Ākāśagarbha-sūtra* など種々の大乗経典の制作も続けられ、終には、『大般涅槃経（*Mahāparinirvāṇa-sūtra*）』や『金光明経（*Suvarṇaprabhāsa-sūtra*）』などの登場をみるに至ったと考えられる。

しかも、このような作善主義の仏教への滲透の実状は、大乗経典の制作者も仏教論書の著述者も同じ仏教教団に所属し同じ寺院に居住していたと考えられる以上、前者のみならず後者によっても当然認識されていたであろう。『大毘婆沙論（*Mahāvibhāṣā*）』におけるそのような例については既に検討してみたことがあるので、[46]ここでは『大毘婆沙論』よりも更に遅い成立の『成実論（**Satyasiddhi-prakaraṇa*）』と *Abhidharmakośa-bhāṣya*（『阿毘達磨倶舎論』）とについて簡単に見ておくことにしたい。

『成実論』には、「福田品」[47]という比較的短い品があるが、この場合の「福田」の原語が puṇya-kṣetra か dakṣiṇīya かは決定することはできないものの、[48]その意味するところが「布施に値する人」であることは、その語が四向四果の有学人無学人のみを指していることから明らかである。その意味では、品名の「福田」としては dakṣiṇīya の方がより適切ではないかと思われるが、また、その命名理由の説明も[49]「解脱思想」のみを述べていると考えられる。更に、作善主義を明らかに示していると思われる文言を示せば、以下のとおりである。

於僧中施、必当成就、若二若三。一切善人、皆因衆僧、増益功徳。然後随意、回向菩提。

「(衆)僧」が(ロ)、「善人」が(イ)、「菩提」が(ハ)であることは、敢えて指摘するまでもないほどであろう。

次に、*Abhidharmakośa-bhāṣya* 中には dakṣiṇā に関する次のような頌が認められる。なお、*Abhidharmadīpa* 中にも内容的にこれと平行する頌のあることが知られているので、以下に、それらを順次に(a)(b)として示す。[50]

(a) mātṛ-pitṛ-glāna-dhārmakathikebhyo 'ntya-janmane/ bodhisattvāya câmeyā anāryebhyo 'pi dakṣiṇā//

(b) dharma-dātre 'pi bālāya pitre mātre 'tha rogiṇe/ ameyaṃ bodhisattvāya dānam anya-bhavāya ca//

厳密な意味ではまだ不明な点も残るが、要するに、頌中に挙げられているような(ロ)たる五種の人に対する dakṣiṇā/dāna は、たとえそれらの人が聖人でなくても無量であると肯定されていることだけは明らかである。

以上は、伝統的な仏教の部派の論書において作善主義がどう扱われていたかを簡単に示すためであったが、大乗仏教の動向を正面に肯定した大乗の論書に作善主義に基づく「悪業払拭の儀式」が肯定的に記述されていたとしても特に驚くようなことではない。とはいえ、そういう例を一つくらいは示しておいた方がよいと思われるので、以下に、『入大乗論』からの一節[51]のみを掲げておく。

若有衆生誹謗正法、如般若経及法花中広説、其謗法過逆罪、若能受持信解大乗、乃至五無間等、皆悉消尽。如仏所説偈。

所作重悪業　能深自悔責　敬信大乗法　抜除諸罪根

以上、本第二部では、「悪業払拭の儀式」に絡み、それに関連する諸経典等の文献を検討しながら、それと密接に関わる大乗仏教の成立に関しても新たな解釈を提示してきたつもりである。まだまだ取り上げて論ずべき問題も多いが、上掲の『入大乗論』の引用をもって一応の決着をつけておきたいと思うので、ここでひとまず擱筆させて頂くことにする。

註

(1) 北本、大正蔵、一二巻、四四九頁上一五行―四五一頁中五行：南本、同、六九一頁上九行―六九三頁中六行参照。なお、漢訳からの重訳であるため、第一次資料とはいえないが、参考までにチベット訳を挙げておけば、P. ed., No. 787, Ju, 239a4–245b2 が以上の相当箇所である。また、現代語訳には、田上太秀『ブッダ臨終の説法・完訳大般涅槃経』2（大蔵出版、一九九六年）、一六三―一七五頁がある。更に、本経に対する経典成立史的研究として注目すべき最近の業績として、下田正弘『涅槃経の研究――大乗経典の研究方法試論』（春秋社、一九九七年）がある。同書は、本経のテーマでもある「涅槃」の語義に関して、後註6で指摘するように、松本史朗博士の重要な研究成果に言及していないが、これは本書の名誉のためにも残念なことだとは思うものの、大乗仏教の成立に関しても多くの示唆に富む問題提起がなされていて注目に値する。その意味で、本第二部とオーヴァーラップする問題に関しては、同書の刊行がなされた以上、私も当然本文中においてこれに言及すべきであろうとは感じたものの、今はそこまで至れないのを遺憾とする。願わくは、同書刊行以前に既に公けになっていた私の本第二部の一部にでも下田博士の言及があれば、私もなんらかのコメントをなしやすかったのではないかとも感ずるが、今はしばらく時を置いて、いずれ互いに言及しあえる場合があればと願うのみである。そんな折も折、つい最近、（一九九八年）十一月十一日（水）に駒沢短期大学仏教科主催で行われた下田正弘博士の公開講演「仏とはなにか」を機に、下田博士ともお会いでき、双方のそういう気持を確認しあうことができた。少くとも私は、本書にコメントできる機会の早からんことを祈っている。

(2) 周知のものであろうが、念のために、漢訳（大正蔵、一二巻、四五〇頁上、四五一頁上：六九二頁上、四九三頁上）と、回収できるサンスクリット原文（*Udānavarga*, I-3）とを示しておく。

諸行無常　是生滅法　生滅滅已　寂滅為楽

anityā bata saṃskārā utpāda-vyaya-dharmiṇaḥ/ utpadya hi nirudhyante teṣāṃ vyupaśamaḥ sukham//

(3) 北本、大正蔵、一二巻、四五〇頁下：南本、同、六九二頁下。なお、これ以前に説かれる「譬如、真金三種試已、乃知其真、謂、焼打磨、試彼苦行者、亦当如是」の三種の方法である「焼（tāpa）」「打（cheda）」「磨（nikaṣa）」については、*Tattvasaṃgraha* 第三五八七頌より回収される Aśvaghoṣa の *Buddhacarita* 第二五章第四五頌で次のように言われている。

tāpāc chedāc ca nikaṣāt suvarṇam iva paṇḍitaiḥ/ parikṣya bhikṣavo grāhyaṃ mad-vaco na tu gauravāt//

この経緯等については、拙稿「『維摩経』批判資料」『駒沢大学仏教学部研究紀要』第四六号（一九八八年三月）、二八八―二八六頁、同「選別学派と典拠学派の無表論争」『駒沢短期大学研究紀要』第二三号（一九九五年三月）、四八―五〇頁を参照されたい。なお、上引の *Buddhacarita* の頌が Aśvaghoṣa 以前にはない彼の独創的な創作によるものとすれば、少なくとも、これを知っていた『涅槃経』

のこの箇所は、Aśvaghoṣa の後に成立したものだということになろうし、Aśvaghoṣa とも無縁のものではなかったということになろう。

（4）北本、大正蔵、一二巻、四五一頁上：南本、同、六九三頁上。

（5）北本、大正蔵、一二巻、四五一頁上：南本、同、六九三頁上。チベット訳は, P. ed., No. 787, Ju, 245a3-6 であるが、「唯願」以下「願見済度」までは、「私は如来の偉大な法を守り助けんがためにあなたの心を乱し傷つけるようにしたことを悔いて認めます。あなたは、未来の時において必ず無上正等覚を現等覚するであろうが、その時には、私たちもまた解脱されるようにお願いします。」の意味に訳されている。

（6）原始仏典の *Mahā-parinibbāna-suttanta* であれ大乗仏典の *Mahā-parinirvāṇa-sūtra* であれ、そこに共通する主題は parinibbāna/ parinirvāṇa であるが、その中核ともいうべき nibbāna/ nirvāṇa の語義の確定については、松本史朗『縁起と空——如来蔵思想批判——』（大蔵出版、一九八九年）、一九一—二二四頁を決して忘れるべきではない。そこにおいて、松本博士は、nibbāna/ nirvāṇa の原義を nir-√vṛ（覆いをとりのぞく）に由来する「離脱」や「解放」であることを一義的に確定し、nibbāna/ nirvāṇa の考え方とは、「A（アートマン）のB（非アートマン）からの離脱もしくは解放」を理想とする正真正銘のアートマン思想、即ち「解脱思想」にほかならないことを明らかにされたのである。更に、松本博士は、原始仏典の *Mahā-parinibbāna-suttanta* におけるこの思想を真っ直ぐに継承した大乗仏典としての *Mahā-parinirvāṇa-sūtra* についても、その後の論文「『涅槃経』とアートマン」前田専学博士還暦記念論集『〈我〉の思想』（春秋社、一九九一年）、一三九—一五三頁で論じられ、後者の法身常住の思想が「AのBからの離脱」というアートマン思想にほかならないことを論証された。従って、両経典に共通する主題にして、その nibbāna/ nirvāṇa に前接辞 pari-（完全に）を付しただけの parinibbāna/ parinirvāṇa は、やはり共通に、肉体（B）の完全な死によるアートマン（A）の完全な不死を意味していることになるのである。parinibbāna/ parinirvāṇa の意味がこのように明確に規定された以上、後続の研究は、賛否両論を含めて、かかる松本博士の業績に触れないことはあってはならないことではないかと思われる。下田正弘前掲書（前註1）は、大乗の『涅槃経』に関する秀れた研究であるだけに、この点の欠落が余計惜しまれるのである。ところで、私自身も、この註を付す段階になって、松本博士の「『涅槃経』とアートマン」を改めて読む機会をもって、危うく無視の汚名を注がれることから免れることができたことを記しておかなければならない。今回私は、本文中において、『涅槃経』の「捨身聞偈」の話と、『金光明経』の「捨身飼虎」の話とを取り上げたわけであるが、後者については、松本上掲論文でかなり詳しく論及されているのに気づいた。刊行当時に読んでいないはずのないものであるにもかかわらず、そのことが私の頭からはすっかり欠落していたのである。そのことを覚えていれば、本文の記述ももう少し手短かに記述できたかもしれないが、その私の取り上げ方は、私がここで提起している「作善主義」のとりわけ dakṣiṇīya や puṇya-kṣetra を中心としたものであり、本質的には松本博士のそれと密接なつながりをもつが、若干は違った視点からであるという理由で、敢えて書き改めることをしないのを諒とされたい。ただ、今回これを知った時に、一瞬冷や汗ものだったのは、この「捨身飼虎」とあたかも一対のごとき関係にある「捨身聞偈」について、かつて私がその「捨身」を、松本博士の同上書の研究に基づいて、自己否定ではありえない「我説」であると指摘した拙稿「自然批判としての仏教」『駒沢大学仏教学部論集』第二一号（一九九〇年十月）、三八〇—四〇三頁（問題の箇所は、三九五頁）と、松本上掲論文との前後関係だったのである。私は、「捨身」が「我説」であるということは自分の考えとして書いたつもりであったが、その前に松本上掲論文を知っていたとすれば、無断借用となってしまうからにほかならない。それゆえ、調べてみた拙稿の脱稿日は、一九九〇年七月二十三日、松本博士のそれは、一九九〇年十月八日であるから、私の「つもり」に誤りはなかったことになるので一応安堵することはできた。しかし、「捨身」について、その後に、松本上掲論文のような明確な考察が明らかになっていた以上は、拙書『法然と明恵——日本仏教思想史序説——』（大蔵出版、一九九八年）、二五頁の「捨身」の記述においては、この論文に触れておくべきであったと、気づいた今は反省している。

（7）南本、大正蔵、一二巻、四四九頁上：北本、同、六九一頁上。なお、「善男子」「善女人」の在家的性格については、平川彰『初期大乗仏教の研究』（春秋社、一九六八年）、二四三—二六二頁：平川彰著作集、第三巻（春秋社、一九八九年）、三五六—三七五頁参照。「苦行者」として有名な迦葉菩薩をストレートな形で「在家菩薩」と極め付けることには多少問題は残るかもしれないが、原始仏典における「苦行者」のイメージとは自ずと変化しているのではないかと思う。

（8）以上については、Wogihara (ed.), *Bodhisattvabhūmi*, Tokyo, 1930-1936, repr. Tokyo, 1971, p. 115, ll. 3-14 を参照されたい。

（9）S. Bagchi (ed.), *Suvarṇaprabhāsa-sūtra*, Buddhist Sanskrit Texts No. 8, Darbhanga, 1967, pp. 106-122、チベット訳, P. ed., No. 176, Pha, 54b2-61b4、大正蔵、一六巻、三五三頁下—三五六頁下、三九六頁下—三九九頁下、四五〇頁下—四五四頁中参照。なお、サンスクリット原典やチベット訳における品名 Vyāgrī-parivarta は捨身を受ける牝虎（vyāgrī）を主とし、漢訳の「捨身品」はその内容を主とした命名と考えられる。チベット訳には、上記訳を含め、漢訳からの重訳とで計三点あるが、いずれも、プトゥン目録（西岡 Nos. 209-210）では、「諸種の大乗経典（theg pa chen po'i mdo sde sna tshogs）」に含められているのに、現行大蔵経では「秘密部」に収められていることに注意。また、和訳には、泉芳璟『梵漢対照新訳金光明経』（大雄閣、一九三三年）、一六八—一九九頁、阿満得寿『梵文和訳金光明最勝王経』（光寿会、一九三四年）、一四六—一六九頁がある。このうち、後者は、その「序」において、刊行目的が「光寿会総裁大谷光瑞猊下ガ満州光寿会員ノタメニ御講演ノ講本ニ提供シタモノ」であり、その「満州新帝国ニ於テ猊下ノ御講演ハ誠ニ此上モナイ相応シイ御企」であると述べられているのは、ある意味で、本経典の本質を示したものである。また、松本前掲論文（前註6）、一四四—一四六頁には、この品の思想が的確に指摘されているので参照されたい。

(10) 以上に示したサンスクリット文は、Bagchi, *op. cit.*, p. 109, ll.11-20 より、適宜抜粋したものである。

(11) Bagchi, *op. cit.*, p. 114, ll. 5-6 では、"ahaṃ sa tena kālena tena samayena Mahāsattvo nāma rāja-kumāro 'bhūt/" であり、p. 122, ll. 1-3 では、"ahaṃ ca sa Śākyamunis tathāgataḥ pūrvaṃ Mahāsattva-varo babhūva/ putraś ca rājño hi Mahārathasya" である。

(12) Bagchi, *op. cit.*, p. 107, ll. 4-5、曇無讖訳、大正蔵、一六巻、三五四頁上。ここで、bhūta を「真実の」と訳したのは、本第二部第八章、二九七—二九八頁で取り上げた、Schopen 教授のA論文の考察の結果に従ったものである。なお、これと全く同じ経文が、松本前掲論文（前註6）、一四四頁に引用され考察されているので、結果的に同じようになったお詫びも含めて、それを参照されたい。

(13) 前註12下の本文中に引用した曇無讖訳に対応する他の漢訳をここに指摘しておけば、合部は、大正蔵、一六巻、三九七頁上、義浄訳は、同、四五一頁上である。これら諸訳間において、世尊に呼びかけられて「舎利礼拝」を勧められているのは、曇無讖訳と合部では、汝等＝（一切）大衆、義浄訳では、汝等苾芻＝諸苾芻（及諸大衆）で、サンスクリット原典、および、チベット訳, No. 176, Pha, 55b1-2 では、比丘 (bhikṣu, dge slong) たちだけである。これだけから判断すると、世尊によって呼びかけられた相手は、単に「大衆」だけだったものが、「大衆」を含んだ「苾芻」となり、最終的には「比丘」だけになったといえよう。この対告衆の問題は、前註7の「善男子」「善女人」の問題とも絡むと思うが、現在の私には、この問題に関し、明解な見解を示しうるまでには至っていないことをお断りしておきたい。因みに、「捨身品」冒頭の対告衆は kuladevatā である。なお、本書、第二部第十二章、四一二—四一三頁、四二二頁註43も参照のこと。

(14) 例えば、石田尚豊『聖徳太子と玉虫厨子』（東京美術、一九九八年）、三八—五六頁で明らかにされている玉虫厨子における「捨身供養図」は、マジカルな儀式そのものが描かれているからこそ見るものに意味をもつものとなっていたはずに違いない。この玉虫厨子全体を当時の貴人がどう見ていたかの想像については、同書、二三九—二四七頁に述べられているので参照されたい。

(15) 石田前掲書、同上箇所ほか、五—三七頁、五七—一〇五頁参照。また、冒頭には、口絵として、カラー図版ではないが、比較的よく絵図が分かるような図版が加えられていて便利。なお、玉虫厨子の制作時代については、同書、二四四—二四六頁参照。

(16) 本書、第二部第十一章、三七五—三七六頁、三八九頁、註5参照。

(17) Richard Garbe (ed.), *The Śrauta Sūtra of Āpastamba Belonging to the Taittirīya Saṃhitā with the Commentary of Rudradatta*, Vol. II, Calcutta, 1882-1902, Second ed., Munshiram Manoharlal Publishers, New Delhi, 1983, p. 470, l. 10-p.471, l. 6, XIII.6.4-6. なお, *Hiraṇyakeśiśrautasūtra*, X. 15 = *Satyāṣādhaviracitaṃ Śrautasūtram* ed. by Kāśīnātha Śāstrī, Ānandāśramasaṃskṛtagranthāvali, 53, Poona, 1908, p. 1009, ll. 14-21, W. Caland, *Das Jaiminīya-Brāhmaṇa in Auswahl: Txet, Übersetzung, Indices*, pp. 137-138 参照。上記の文献中、あまり役に立たなかった一番最後のもの以外は、全て遠藤康氏のお蔭によって入手できたものである。名古屋在住の遠藤氏と

は、本〔一九九八〕年、七月二十二日にお会いできたのを機会に、七月二十九日に文書にて上記の文献の入手をお願いしたところ、フランス旅行直前のお忙しい時期だったにもかかわらず、早速に種々の御教示と共に、上記二文献のコピーをお送り頂き、私はこれを八月三日に拝受することができた。ここに記して深謝の意を表したい。なお、本文中に示した *Āpastamba-śrauta-sūtra* の当該箇所の和訳については、一応 Rudradatta の註釈は参照したが、その前後の脈絡をほとんど押えていないために、全くと言ってよいほど自信がない。prasarpaka を「参詣人」、sadasya を「参詣僧」、ātman を「胴体」と訳したのも、厳密な根拠や区別のあってのことではないことをお断りしておきたい。〔その後の訂正については、本章末尾の「研究小補」冒頭参照のこと。〕

(18) *Vessantarajātaka*, The Jātaka, P. T. S., Vol. VI, p. 576, l. 29, "nikkiṇissāma", p. 577, l. 13, "nikkayaṁ", p. 577, l. 29, "nikkiṇitvā" など参照。この現代語訳には、辛島静志訳、『ジャータカ全集』10（春秋社、一九八八年）、第五四七話、二四〇—二四一頁がある。

(19) 浪花宣明『在家仏教の研究』（法蔵館、一九八七年）、一二五—一四〇頁、特に、一三二—一三四頁参照。なお、*Milindapañha* については、V. Trenckner (ed.), *The Milindapañho*, P. T. S., 1986, pp. 274-284: 中村元・早島鏡正訳『ミリンダ王の問い』3（東洋文庫28、平凡社、一九六四年）、三三—四七頁を参照されたい。

(20) 平川彰『インド仏教史』下巻（春秋社、一九七九年）、六四—九一頁参照。この両経典中、特に、『大般涅槃経』については、単純に、全体を中期大乗経典に含めてよしとするだけではすまない段階に至っていると思う。その形成史については、下田前掲書（前註1）、一五三—二三五頁、特に、一六三—一七一頁参照。下田博士は、その研究において、比較的古い、法顕訳とほぼ見合う、北本（四十巻本）の「一切大衆所問品」までの十巻を考察対象として取り上げ、それを第一類と第二類とに大別し、前者を中心に〈原始大乗涅槃経〉を設定して行く方向で検討を進めているが、その〈原始大乗涅槃経〉の古層と原始仏典の『大般涅槃経（*Mahā-parinibbāna-suttanta/ Mahā-parinirvāṇa-sūtra*）』の新しい層との間には、前註6のような視点を導入していけば、意外に深いところでつながっている可能性も大きいと考えられる。本章で取り上げた「捨身聞偈」の話を含む「聖行品」は、如上の形成史からも大きく外れる遅い成立の部分に属するが、それでも、そこから想定される「福田」思想は更に古い層へ遡ることができるのである。下田博士は、第一類に属す法顕訳「長者純陀品」の布施について、次のように指摘されている。即ち、「布施の成就と仏の常住とは密接な関係にある。なぜなら純陀品での布施は仏に対して行われるものであり、もしそこで仏が無常な存在であれば、その布施の果報自体も無常になってしまう。したがって、そうした布施の対象である仏は常住でなければならない。仏が永遠の福田であるからこそ、布施が意味をなすのである。」（同書、一九九頁）という御指摘であるが、下田博士は、同書において、特に「福田」思想をまとめて取り上げて考察されてはいないものの、この「福田（puṇya-kṣetra/ dakṣiṇīya）」思想を私は、仏教に入った明確なバラモン思想だと見做しているわけである。

(21) 山田龍城『梵語仏典の諸文献』（平楽寺書店、一九五九年）、九二頁、註4参照。

（22）六十巻本、大正蔵、九巻、四八八頁上―五三五頁下、八十巻本、同、一〇巻、一二四頁上―一七八頁中、チベット訳, P. ed., No. 7761, Ri, 134b1-Li, 49a5 参照。
（23）本書、第二部第十章、三五九頁参照。
（24）前註23の段階では校訂本どおりのままの引用ですませておいたが、チベット訳のみならず、漢訳三本と比較しても、sarva は補っておく方がよいと判断して今回付加した。
（25）前註23で指摘した箇所を参照して頂きたいが、puṇya-dakṣiṇā の複合語部分のみの他訳を示せば, "bsod nams dang yon"「功徳達嚫」、「布施功徳」「施功徳」である。チベット訳は明らかに dvaṃdva たることを示し、「功徳達嚫」もそれに近いことを示す。残り二つの漢訳もそう理解してよいが、厳密にいえば、そうとだけも言い切れない。「dakṣiṇā たる puṇya」「puṇya にして dakṣiṇā」のように karmadhāraya と解する可能性がないわけではないのである。そして、私自身は、本章を草しているうちに、この後者の解釈に大きく傾いてきたことを白状しておきたい。
（26）kūṭāgāra は Vaiśālī にある建物の固有名詞とされることもあるが、ここでは、Śrāvastī にある建物の様式を指す語と解しておく。これは尖端のある層をなした建築物のことを普通名詞で kūṭāgāra と呼ぶようであるが、恐らくは相当大きな建物であることが予測される。この意味での kūṭāgāra については, *Mahā-sudassana-suttanta*, Dīgha Nikāya, II, p. 182, E. Waldschmidt (ed.), *Das Mahāparinirvāṇa-sūtra*, Berlin, 1950, pp. 326-327 を参照されたい。
（27）Suzuki and Idzumi (ed.), *The Gandavyuha Sutra*, Pt. IV, Kyoto, 1949, p. 538, l. 23-p. 539, l. 9: Vaidya (ed.), *Gaṇḍavyūhasūtra*, Buddhist Sanskrit Texts, No. 5, Darbhanga, 1960, p. 425, l. 28-p. 426, l. 6: チベット訳, P. ed., No. 761, Hi, 245b6-246a5: 六十巻本、大正蔵、九巻、七八五頁上―中：八十巻本、同、一〇巻、四四一頁中：四十巻本、同、八四〇頁下。
（28）チベット訳, P. ed., No. 761, Yi, 222a2-b4: 六十巻本、大正蔵、九巻、四二八頁上、二四行―中、二〇行：八十巻本、同、一〇巻、六七頁中、一七行―下、一三行。その一部として、頌の箇所については、第二頌のみ引用した。
（29）チベット訳、Mig gi dpal からは、種々のサンスクリット語名が予測可能であるが、一応インド名の符牒として最も容易に推測しうる Cakṣuḥśrī を暫定的に当て嵌めておくのみである。
（30）この後に "dbang po sna tshogs dang/" がもう一つ繰り返されているが衍字とみて省略した。
（31）チベット訳の yon phul ba の phul baは、目下のものが目上のものに与えることを意味する語で、全体を直訳すれば「報酬（dakṣiṇā = yon）を差し上げるような尊い方」ということになろう。私は、他の文献中に、チベット語の yon phul ba とサンスクリット語の実際の対応を確認はしていないが、恐らく、チベット語の直訳的な意味からしても、dakṣiṇīya（報酬／布施に値する人）とはぴったり合致するものと判断し、yon phul ba の原語として dakṣiṇīya をほぼ確実なものとして想定した。因みに、漢訳中に一致している「福田」に dakṣiṇīya が対応している例はかなり多く確認されるのではないかと思う。

(32) ここに認められる差別主義は、ヒンドゥーイズムの、例えば、*Bhagavadgītā* などに見られるものと全く同じ構造のものなのである。これについての重要な考察には、Shiro Matsumoto, "Buddha-nature as the Principle of Discrimination"『駒沢大学仏教学部論集』第二七号（一九九六年十月), pp. 328-296 があるので参照されたい。

(33) 六十巻本、大正蔵、九巻、四八八頁中—下参照。なお、チベット訳については, P. ed., No. 761, Ri, 136a1-6、八十巻本については、大正蔵、一〇巻、一二四頁下参照。

(34) 六十巻本、大正蔵、九巻、四九九頁下—五〇〇頁下。チベット訳, P. ed., No. 761, Ri, 170a7-174a3、八十巻本、大正蔵、一〇巻、一三五頁中—一三六頁中参照。

(35) この「随順一切堅固善根廻向」は、順序からいえば、この品の冒頭に列挙される⑥「随順平等善根廻向」と同じになるはずであるが、実際上は一致しない。この事情は、八十巻本においても同じである。ただし、チベット訳には、このような不一致は見られない。一方、かかる不一致の生じた原因を推測してみると、この⑥の実際の内容中に、以下の本文中に引用した、註37を付した前後に見られる願文において、堅固（sāra）なものに順おうと誓うことになっているため、この内容が⑥の廻向名に投影される結果になったのかもしれないと思う。

(36)「安隠豊楽」以下この「自然泰平」に至るまでの文は、王権によって支配された国家の平安を描写するものであるが、かかる表現は、甚だ印象的なコメントだけで申し訳ないとは思うものの、例えば、本書、第二部第九章、註45で指摘したような表現とも類似しており、また、個人的印象としては、その種の表現をあちこちで見ているような気もする。仏教と王権を掌握できるようなクシャトリヤとの関係からいっても、今後、このような表現に注意すべきかと思う。

(37) チベット訳、同上, 172a1-3 によれば、「迴向しつつ、一切の善根の心髄（sāra ＝ 堅固）に随順することによって色（rūpa）をしっかりと摂取し、一切の善根の心髄に随順することによって受（vedanā）をしっかりと摂取し、……一切の善根の心髄に随順することによって識（vijñāna）をしっかりと摂取し」となるが、漢訳に対する句読点は、これに従って付すことができないので、一応、漢訳の流れに従って施しうると考えたものを加えておいたままである。

(38)「中略」とした箇所より以下ここまでに至る漢訳に相応するチベット訳（同上, 174a1-3）によれば、その意味は、「このごとき類の華々を、現前せる仏世尊と般涅槃した如来の仏塔（stūpa）に献上し、法宝（dharma-ratna）に供養し、僧宝（saṃgha-ratna）に献上し、善知識である菩薩に献上し、声聞と独覚と父と母とに布施をなす時に、最小限、自分の肉体とそうではない他の飢えた貧者や種々の懇願する受領者たちにそれらを布施すべき時に、それらの善根を次のように廻向して」である。後半には、私に不明な点もあるが、前半で三宝に対する大寺院における献華が述べられていることは明白である。

(39) 前註38を付した本文中の引用の註番号直前の漢訳、および前註38中に訳して示したチベット訳を参照されたい。

(40) purohita がなぜ必要であるかについては、前章の註4下に引用した *Aitareya-brāhmaṇa* の一文、および、それに関連する研究を参照されたい。

(41) 本書、第二部第十章、三五九頁、および、三七〇頁、註52参照。

(42) 本書、第二部第十章、三五四―三五五頁参照。

(43) Y. Ejima *et al.*, *Index to the Saddharmapuṇḍarīkasūtra*, Fascicles V, VI, The Reiyukai, Tokyo, 1988-1989 により、それぞれの関連項目を参照されたい。

(44) 平川前掲書（前註7）、五六九―五七三頁：平川彰著作集、第四巻（春秋社、一九九〇年）、二〇四―二一三頁参照。

(45) かかる『法華経』の本質を示した言葉が、"śraddadhādhvaṃ me Śāriputra pattiyatâvakalpayata/ na hi Śāriputra tathāgatānāṃ mṛṣā-vādaḥ saṃvidyate/ ekam evêdaṃ Śāriputra yānaṃ yad idaṃ buddha-yānam// (Kern and Nanjio ed., p. 44, ll. 3-4)" であると思う。これの和訳、および、若干のコメントについては、拙書『批判仏教』（大蔵出版、一九九〇年）を参照されたい。なお、かかる本質を『法華経』の増広部分が次第に覆い隠していったという形成史観に立つ注目すべき研究に、松本史朗「『法華経』の思想――「方便品」と「譬喩品」――」『駒沢大学大学院仏教学年報』第二八号（一九九五年五月）、一―二七頁がある。

(46) 本書、第二部第七章参照。

(47) 大正蔵、三二巻、二四六頁下―二四七頁中参照。

(48) しかし、この「福田品」中に引かれる経典が、『中阿含経』第一二七経「福田経」: Aṅguttara Nikāya, II, 4.4, *Dakkhiṇeyya*（赤沼智善『漢巴四部四阿含互照録』、法蔵館、一九八五年復刊、一七頁参照）であることが証明されれば、その対応パーリ経典名より、この品名中の「福田」も dakṣiṇīya であった可能性が極めて濃厚となるであろう。

(49) この品の前半が、とりもなおさず、なぜ「福田」というかの説明に費されているのであるが、その理由のうちの二つを示しておけば、「断貪恚等諸煩悩尽、故名福田」「能断除五種心縛、心得清浄、故名福田」である。なお、本文のこれ以下に示した引用は、大正蔵、三二巻、二四七頁上によるもの。

(50) (a)は, Pradhan (ed.), *Abhidharmakośabhāṣya of Vasubandhu*, Patna, 1967, p. 271, ll. 1-2, (b)は, S. Jaini (ed.), *Abhidharmadīpa with Vibhāṣāprabhāvṛtti*, Tibetan Sanskrit Works Series, Vol. IV, Patna, 1959, p. 213, ll. 14-15. なお、後者については、頌の直後に、

“ebhyaḥ pañcebhyaḥ pṛthagjanebhyo 'pi dānam aprameyaṃ bhavati（たとえ異生たちであろうとも、これらの五人に対する布施は無量なものとなる）”との簡単な註釈が付せられている。前者の和訳については、その註釈部分も含めて、舟橋一哉『倶舎論の原典解明 業品』（法蔵館、一九八七年）、五〇三—五〇五頁（dakṣiṇā は「布施」と訳されている）、後者の文献の思想的位置付けについては、吉元信行『アビダルマ思想』（法蔵館、一九八二年）、三八—八二頁参照。なお、(a)のチベット訳（P. ed., No. 5591, Gu, 260b7-8）を示せば、以下のとおりである。

'phags pa min yang pha ma dang// nad pa dang ni chos smra dang//
skye mtha'i byang chub sems dpa' la// yon ni gzhal du med pa yin//
（たとえ聖人ならざれども、父と母と病人と説法者と最後生の菩薩とに対する dakṣiṇā は無量である。）

dakṣiṇā/ dāna の対象たる五人を(a)(b)対照させれば次のとおりである。

(a)	mātṛ	pitṛ	glāna	dhārmakathika	antya-jamman-bodhisattva-
(b)	mātṛ	pitṛ	rogin	dharma-dātṛ	anya-bhava-bodhisattva-

(51) 大正蔵、三二巻、四九頁上—中。『入大乗論』については、宇井伯寿『宝性論研究』（岩波書店、一九五九年、一九七九年再刊）、四〇七—四二九頁、『仏書解説大辞典』第八巻、三五二—三五三頁（坂本幸男執筆）を参照されたい。

〔**追記**〕初校ゲラを待つ間に補足すべきと気づいたことを以下に記しておきたい。「捨身」がいかなる意味をもち、それがなぜ大乗経典で重視されたかということについては本章を中心に述べたがこの方面の研究資料として重要なものが『護国尊者所問経（*Rāṣṭrapālapari-pṛcchā*）』であることを、杉本卓洲「本生菩薩の大乗化」『菩薩観』（日本仏教学会編、平楽寺書店、一九八六年）、一五—二七頁によって知った。櫻部建博士の本経に対する解説（『宝積部経典』大乗仏典9、中央公論社、三四五頁）によれば、竺法護訳『徳光太子経』はこの古訳に相当するとのことであるから、その研究を介して「捨身」の古く根深い痕跡が一層よく確認されるかもしれない。また、『大智度論』第三四巻までに引用される約一〇〇ほどのジャータカ中、菩薩の「捨身」について述べた話が四〇もあることが、加藤純章「大智度論の世界」（『般若思想』講座・大乗仏教2、春秋社）、一七三頁で指摘されている。また、かかる「捨身」の一資料として本章では *Gaṇḍavyūha* にも触れたが、これの現代語訳には、梶山雄一監修『さとりへの遍歴』上下（中央公論社、一九九四年）がある。今まではこれのあることを知らず、従って、本第二部でも触れることがなかったが、ここに、その不明をお詫びし補足しておきたい。なお、本章中で触れた『成実論』については、この追記の直前に、平井俊榮・荒井裕明・池田道浩訳註『成実論』Ｉ（新国訳大蔵経インド撰述部、大蔵出版）が刊行された。「福田品」はその七六―七八頁に当るので参照されたい。次に、先の第十二章中の註36の箇所で触れた「明威儀法」の一節に関していえば、その漢訳の「明威儀法」全体に相当するサンスクリット写本の影印版が、これまた極最近、大正大学綜合仏教研究所比丘威儀法研究会編『大衆部説出世部律・比丘威儀法』として刊行された。なお、その全七 varga 中の第四 varga までは、影印版と一緒に公けにされた手引書中にローマナイズ転写されている。本書、第二部第十二章、註36の記載中で言及した佐々木閑氏の論文中で取り上げられている漢訳箇所に相当するものは、この転写本中でいえば、p. 44, l. 7-p. 45, l. 18 である。このサンスクリット本により、布薩の時の出家比丘の中には在家者の「報酬を指名する（dakṣiṇām ā-DIŚ-）」役割のものがいたことが分かる。なお、この dakṣiṇām ā-DIŚ- の表現も含む *Divyāvadāna* の一節には同、第十一章中の註42の箇所で触れたが、この一節とほぼ同文を有する懐妊譚の定型句が *Divyāvadāna* よりも古い *Avadānaśataka* (Speyer ed., I, p. 14, l. 11-p. 15, l. 2, p. 196, l. 10-p. 197, l. 4, p. 276, l. 13-p. 277, l. 3, II, p. 73, ll. 5-12, p. 180, ll. 9-15) にもあることが、出本充代氏の学位論文（京都大学提出）で指摘されていることを、その友人である佐々木閑氏の昨年四月十四日付のお手紙で知った。また、出本氏のその御論文中の訳によれば、拙訳「そ〔の子〕は下僕として贈物や食物を与えて実行しますように。」は、「養育した代わりに扶養してくれますように。遺産を相続してくれますように。」へ改められねばならぬと思う。本来、本文中に組み込んで述べるべきことであるのに、多少うっかりしてしまったことをお詫びすると共に、両氏に対して深謝の意を表しておきたい。同、第十二章中の註31の箇所で触れた sāmīci-karman については、拙稿「*Yogācārabhūmi* における64種の有情分類リストについて」『駒沢短期大学研究紀要』第二七号（一九九九年三月刊行予定）〔その後、予定どおり刊行され、一三九―一七二頁に収録さる〕の註62の箇所を指示することを失念してしまったので、ここで補っておく。本章、註50下に示した *Abhidharmadīpa* の頌第四句中の anya-bhavāya は、敢えて手を加えないでおいたが、antya-bhavāya と訂正すべきであることも、やはりここに補っておきたい。

（一九九九年二月十九日記）

〔**研究小補**〕　本章、註17下の本文中に引用した *Āpastamba-śrauta-sūtra* の第四―六節中の第五節については、榎本文雄博士の御教示により、既に、拙稿「菩薩成仏論と捨身二譚」『駒沢短期大学研究紀要』第二八号（二〇〇〇年三月）、三三七頁、註45に記したように訂正してあることをお断りしておきたい。本章、註18下の本文中で「過度の布施」に絡めて玉虫厨子の「捨身」にも触れたが、恐らくその「捨身」の思想に基づくであろう「慧可断臂」の話や、「捨身」の究極にあると信じられた「仏」より「成仏」の授記を得ることができずに「落胆のポーズ」を取ることになる菩薩像の思想背景については、拙稿「弥勒菩薩半跏思惟像考」木村清孝博士還暦記念『東アジア仏教の形成』（春秋社、二〇〇二年十月刊行予定）を参照されたい。本章、註21を付した直前の本文中で『華厳経』考察の導入部で触れた、『三品経（*Triskandhaka*）』と「三品（tri-skandha）」の解釈に関しては、私のその当時までの論稿への言及はないものの、最近の成果として、中御門敬教「三品の再解釈――大乗仏教文献を中心にして――」『印仏研』四九―一（二〇〇〇年十二月）、四二八―四二五頁がある。しかるに、私自身もまた、この問題に関する重要な先行業績を最近まで見落していたことは、本書、第一部第四章、註11、および、その本文中に記したとおりであるが、木村高尉博士の御厚意を得て入手した、同博士「梵文三品経について」を踏まえた上での、この問題に関する私自身の一番最近の見解については、同上箇所を参照されたい。本章、註22下の本文において、「十迴向品」について、近々文献学的研究を試みたいようなことを記してしまったが、今のところその予定はない。思わせ振りになっても困るのであえて付記しておきたい。本章、註28下の本文中に引用した「菩薩明難品」の一節中に、如来が「不平等もしくは差異の気持をいささかももたない」とあるのは、決して「平等思想」なのではなくして、本書、第一部第三章、註25下や、同、第五章、註35下に示した「斧と栴檀の法則」に従っただけの「怨親平等」でしかないことに注意されたい。本章、註36を付した「十迴向品」の一文につき、その註36中で記した印象は、その後、確実なものであることが確認された。この一文は、本書、第二部第九章の註45で触れたのと同じもので、それゆえ、その「研究小補」で指摘したごとく、Feer の分類による「常套句10」に当るものである。なお、本章、註1で、できるだけ早く、下田正弘博士の御著書に言及する機会をもちたいように記したが、必ずしも本格的なものではないものの、その一端としては、拙稿「icchantika（一闡提）の意味と lābha-satkāra」『仏教学セミナー』第七四号（二〇〇一年十月）、二〇―三四頁があるので参照されたい。

初出一覧

略号

「悪業」＝「悪業払拭の儀式関連経典雑考」
『駒仏紀』＝『駒沢大学仏教学部研究紀要』
『駒仏論』＝『駒沢大学仏教学部論集』
『駒短紀』＝『駒沢短期大学研究紀要』

第一部　書き下ろし

第二部　第一章、第二章：「悪業」(I)　一九九一年十二月十日脱稿、『駒仏紀』第五〇号（一九九二年三月）、二七四―二四七頁
第三章　　　：「悪業」(II)　一九九二年七月十八日脱稿、『駒仏論』第二三号（一九九二年十月）、四四二―四二三頁
第四章、第五章：「悪業」(III)　一九九二年十二月三十一日脱稿、『駒仏紀』第五一号（一九九三年三月）、三三七―二九八頁
第六章　　　：「悪業」(IV)　一九九三年七月二十三日脱稿、『駒仏論』第二四号（一九九三年十月）、四三四―四一三頁
第七章、第八章：「悪業」(V)　一九九四年十月三十日脱稿、『駒短紀』第二三号（一九九五年三月）、九五―一二七頁
第九章　　　：「悪業」(VI)　一九九五年十二月三日脱稿、『駒短紀』第二四号（一九九六年三月）、六七―九一頁
第十章　　　：「悪業」(VII)　一九九六年十二月二日脱稿、『駒短紀』第二五号（一九九七年三月）、一〇七―一三二頁
第十一章　　：「悪業」(VIII)　一九九七年十二月二日脱稿、『駒短紀』第二六号（一九九八年三月）、九一―一一三頁
第十二章、第十三章：「悪業」(IX)　一九九八年十一月十六日脱稿、『駒短紀』第二七号（一九九九年三月）、一七三―二二二頁

あとがき

大蔵出版の井上敏光氏のお世話になって、先の拙書『唯識思想論考』を出版してから、まだ一年も経ってはいない。その「あとがき」は昨年の七月十八日付であるが、そこに私は最末尾で次は『仏教教団史序』を書いてみたいようなことを記したのである。必ずしも私に具体的計画があったからなのではない。ただ自分で自分にそういう課題を選んでプレッシャーをかけておきたいと思ったからにすぎないような気がする。そして万一の機会のためには旧稿の「悪業払拭の儀式関連経典雑考」を中心に数篇の関連拙稿を選べばよいくらいに漠然と考えていただけなのである。

しかし、井上氏は決してそのようには受け取っていなかったらしい。『唯識思想論考』の出版に一段落がついて秋になるや、あの話はどうなったか、ぜひ進めてもらいたい、という井上氏の攻勢がやんわりと開始されるようになった。するとちょうどその頃に、やはりその前書の「あとがき」を見たのか、ある出版社からも、教団史関係の本をぜひ出したいとの声がかかったりもした。私は慌てて先約があるからと断ると、どうも専門書ではなく一般書のようで重複はしないようであるが、しかし、そうならば専門書の方を先に出しておきたいと思うのが人情というものかもしれない。私は、他律的ではあるが、次第に井上氏の勧めに積極的になっていった。とはいえ、私がやっと腰を上げて昨年の十一月十六日(金)に井上氏にお会いして手渡すことのできたものは、先の漠然とした私の考えのままに該当旧稿をコピーしたにすぎぬものだったのである。

だが、そうなってしまってからの井上氏の対応はいつも的確で素早い。四日後には、恐らくコピー分の旧稿を全て読み切った上でのお電話であったろうと思うが、次の具体的内容相談の日程の打診があった。それは十一月三十日(金)に行われることに決ったが、その日になると、井上氏は旧稿全てについて組み上げ予定頁数を算出された表を持参された上で、四百頁前後の本にしたいということで、目次風になった井上氏の案も提示された。私の漠然とした案のまで旧稿を全て一書に網羅するとかなりの頁数になってしまうことが、その時には一目瞭然となったが、私も今度は四百頁前後くらいの本が適当だと思っていたので、井上氏の案をできるだけ活かす方向で検討してみることを約束した。しかるに、私は、この時点では、一旦公けにしてしまった『仏教教団史序』というタイトルに固執する気持の方が強かったのであるが、井上氏の言葉の端々に、旧稿と付けたりの序論だけではなくて、大乗仏教を中心に新たに論ずる部分も増やしてもらいたいとの語勢を感じ取っていたことも事実だったのである。

十二月に入ってからは、そういう井上氏の語勢を確めるためにも、電話や郵便などで数度の交信があった。そのことによって、私の気持からは一旦公けにしたタイトルに対する固執が次第に消え、どうせなら新たに書き下ろす部分も増やそうという気にもなってきたのである。十二月の中旬には、そんな気持の変化を伝えがてら、今度の本のタイトルは『仏教教団史論』にしたいと井上氏に葉書で書き送ったように記憶する。

そこで、私の暮れから正月にかけては、新たな『仏教教団史論』というタイトルのもとで、その書き下ろし部分をどうするかの構想に費されることになった。旧稿の「悪業払拭の儀式関連経典雑考」だけはどんなことがあっても収録することに決めていたので、他の関連旧稿をどうするかが最後まで残った問題だったが、どれを採っても結局は中途半端になるしかないと分かったので、「悪業払拭の儀式関連経典雑考」以外は全て書き下ろしにすると決意するや、気持は急に軽くなった。正月には、その書き下ろし部分を第一部とする内容を目次風に認め、これを松の内明けの本年一月十一日（金）に井上氏とお会いした時に示して御了解を頂いたのである。

しかし、そうとは決まってからも、事は全て順調だったわけではない。大体その目次のとおり進めて行こうとは思って、細かな点を考えているうちに、どうしても書き始める前に、桑山正進博士の『カーピシー＝ガンダーラ史研究』を見ておかなければならないという気持にさせられた。しかし、その入手が意外にも困難なことが判明して途方に暮れたが、本書、第一部第一章、註2にも記したように、桑山博士御本人の御好意を得て、第一の難関は突破できた。ここに再度記してお礼申し上る次第であるが、その前後の頃は今思い返しても鮮明である。早く原稿に手を着けねばと思いつつ第一部の構想に焦った疲れが出たためか、一月の二十七、二十八、二十九の三日間は、四十度近い熱で寝込んでしまった。しかるに、桑山博士より人文科学研究所へ手配したとのお葉書を受け取ったのはその中日の二十八日のこと、同研究所より実際御著を拝受したのは、熱が平熱に戻って起き上った、一月三十日のことだったのである。

かくスタートしてからもいろいろなことがあったが、その都度不思議にもいろいろな方からの御助力を頂いて、切り抜けることができた。それら全ての方々のお名を記して感謝できたわけでもないと思うので、ここに、記し忘れたかもしれない方々へのお詫びも兼ねて謝意を表しておきたい。

お蔭で、原稿そのものは、予定より多少の遅れはあったものの、比較的順調に仕上った。第一部の原稿を全て井上氏にお渡しすることができたのは三月二十五日の卒業式の日のことである。第二部に「悪業払拭の儀式と作善主義の考察」と改題して収めることになった旧稿の「悪業払拭の儀式関連経典雑考」の点検は、その直後から開始して四月一日に完了した。「まえがき」に記したように、その前日に平川彰博士はお亡くなりになられたのである。私が点検済みの第二部の旧稿を井上氏にお渡しできたのは、博士の御葬儀の翌日の四月五日のことであった。

今日が六月三日であるから、その日から今日までは、厳密にいえば、二ヶ月にまだ数日足りないほどしか経っていないことになる。しかし、それがまるで嘘のように、非常に長く感じられる、いろいろなことのあった二ヶ月ではあるが、一冊の書物が出来上る実際に計量される時間としての二ヶ月は短い。それを可能にしたのは、迅速かつ的確な井上氏の御尽力の賜物以外のなにものでもない。その御尽力の深さを思えば、どんな謝辞を述べても月並みな表現に終るしかないように感じられるが、これまでの経緯を多少詳しく記したのも、月並みはできるだけ避けて謝意を表したいという気持があったからなのである。

しかし、井上氏は、以上に記した本書の内容構築のことのみならず、編集体裁上のことにも細心の注意を払って下さった。勿論その最終責任が私にあることは言うまでもないが、ほとんどのことについて私は井上氏の適切な御教示に従った。例えば、私の表現にはややもすると促音便が多かったりして砕けた形が見られるが、それは御教示によってしばしば正規の形に改められ、中には、「手前」を「自分」に改めたような語句変更の例もある。実際の数は必ずしも多くはないが、若干そういう箇所を改めたことによって、万一私の文章に少しでも格調の高くなった点があれば、それは全て井上氏のお蔭である。

さて、本書は、仏教の「哲学」や「思想」の側から「教団史」を論じたものであるが、万一これによって「全教団」的観点から「哲学」や「思想」上の論争が更に風通しのよいものになるなら、著者としてこれ以上の幸せはないというようなことは「まえがき」にも記したが、私自身もそのようにして生きていけたらと希っている。本書で充分に論じ切れなかった問題は、本書中にも記したごとく、できれば『律蔵説話研究』で検討してみたい。また、「仏教教団史」を論じた上では、伝統的仏教教団で実際に展開された「大乗非仏説」を再度厳密に考察し直してみる必要を感じており、また、かかる考察を踏まえた上で「大乗仏教」そのものを批判的に研究する必要もあると感じている。それを実行すれば、『大乗非仏説論』や『大乗仏教批判』も書かざるを得なくなるであろうし、一方、「哲学」や「思想」の側から「教団史」を論じるだけではなくて、仏教の「哲学」や「思想」そのものを論じるのでなければ、私自身が「生活」や「習慣」のうちに埋没してしまわないとも限らない。それを避けるためには、多少の困難は覚悟の上で、『仏教哲学思想』を論じなければならないかとも思う。しかし、あまり来年のことばかり言うと、その楽天性を鬼に笑われるかもしれない。井上氏には笑われずにいつまでもお付き合い頂きたいものと願っているが、ここでは、本書に関する御尽力に甚深の謝意を表させて頂く次第である。

二〇〇二年六月三日

著者

著者略歴

袴谷憲昭（はかまや　のりあき）

1943年12月25日　北海道根室市に生まれる。
1966年　駒沢大学仏教学部仏教学科卒業。
1969年　東京大学大学院修士課程（印度哲学）修了。
現　在　駒沢短期大学仏教科教授。
著　書　『阿毘達磨俱舎論索引』第1部～第3部（共著，大蔵出版）
『玄奘（人物中国の仏教）』（共著，大蔵出版）
『本覚思想批判』（大蔵出版）
『批判仏教』（大蔵出版）
『道元と仏教―十二巻本『正法眼蔵』の道元―』（大蔵出版）
『法然と明恵―日本仏教思想史序説―』（大蔵出版）
『唯識思想論考』（大蔵出版）
『唯識の解釈学―『解深密経』を読む―』（春秋社）

仏教教団史論

2002年7月1日　初版第1刷発行

著　者　袴　谷　憲　昭
発行者　鈴　木　正　明
発行所　大蔵出版株式会社
〒112-0015　東京都文京区目白台1-17-6
TEL.03(5956)3291　FAX.03(5956)3292
印刷所　㈱厚徳社・㈱興英文化社
製本所　㈱関山製本社

ISBN4-8043-0550-5 C3015